中国近代史学文献丛刊

王 东 李孝迁／主编

国家出版基金项目
NATIONAL PUBLICATION FOUNDATION

史学书评：唯物史观中国史卷

李孝迁／编校

上海古籍出版社

2022 年度国家出版基金资助项目

国家社科基金重大项目
"现代中国马克思主义史学文献的调查、整理和研究（1900–1949）"
（18ZDA169）

上海市教育委员会科研创新计划重大项目
"'行动的指针'：中共史家的国史书写（1941–1979）"
（2023SKZD06）

华东师范大学社会主义历史与文献研究院、
"中国历史学话语体系建设与国际传播基地"资助项目

丛刊缘起

　　学术的发展离不开新史料、新视野和新方法，而新史料则尤为关键。就史学而言，世人尝谓无史料便无史学。王国维曾说："古来新学问之起，大都由于新发现。"无独有偶，陈寅恪亦以为"一时代之学术，必有其新材料与新问题"，取用此材料，以研求问题，则为此时代学术之新潮流；顺此潮流者，谓之预流，否则谓之未入流。王、陈二氏所言，实为至论。抚今追昔，中国史学之发达，每每与新史料的发现有着内在联系。举凡学术领域之开拓、学术热点之生成，乃至学术风气之转移、研究方法之创新，往往均缘起于新史料之发现。职是之故，丛刊之编辑，即旨在为中国近代史学史学科向纵深推进，提供丰富的史料支持。

　　当下的数字化技术为发掘新史料提供了捷径。晚近以来大量文献数据库的推陈出新，中西文报刊图书资料的影印和数字化，各地图书馆、档案馆开放程度的提高，近代学人文集、书信、日记不断影印整理出版，凡此种种，都注定这个时代将是一个史料大发现的时代。我们有幸处在一个图书资讯极度发达的年代，当不负时代赋予我们的绝好机遇，做出更好的研究业绩。

　　以往研究中国近代史学，大多关注史家生平及其著作，所用材料以正式出版的书籍和期刊文献为主，研究主题和视野均有很大的局限。如果放宽学术视野，把史学作为整个社会、政治、思潮的有机组成部分，互相联络，那么研究中国近代史学所凭借的资料将甚为丰富，且对其也有更为立体动态的观察，而不仅就史论史。令人遗憾的是，近代史学文献资料尚未有系统全面的搜集和整理，从而成为学科发展的瓶颈之一。适值数字化时代，我们有志于从事这项为人作嫁衣裳的事业，推出《中国近代史学文献丛刊》，计划陆续出版各种文献资料，以飨学界同仁。

丛刊收录文献的原则：其一"详人所略，略人所详"，丛刊以发掘新史料为主，尤其是中西文报刊以及档案资料；其二"应有尽有，应无尽无"，丛刊并非常见文献的大杂烩，在文献搜集的广度和深度上，力求涸泽而渔，为研究者提供一份全新的资料，使之具有长久的学术价值。我们立志让丛刊成为相关研究者的案头必备。

这项资料整理工作，涉及面极广，非凭一手一足之力，亦非一朝一夕之功，便可期而成，必待众缘，发挥集体作业的优势，方能集腋成裘，形成规模。华东师范大学历史学系，在史学理论与史学史研究领域有着长久深厚的学术传统，素为海内外所共识。我们有责任，也有雄心和耐心为本学科的发展贡献绵薄之力。在当下的学术评价机制中，这些努力或许不被认可，然为学术自身计，不较一时得失，同仁仍勉力为之。

欢迎学界同道的批评！

前　言

　　20 世纪中国史学专业化的表现之一,即史学书评的产生与发展。中国现代书评或渊源于晚清报刊上的图书出版广告。此类文字一般对史著内容略作提要说明,除了称述其优点,间或衡论其不足,大量见于《申报》《东方杂志》《新民丛报》《游学译编》《译书汇编》等报刊。1902年梁启超在《新民丛报》连载《东籍月旦》,其中历史分世界史、东洋史、日本史、泰西国别史、杂史、史论、史学、传记八类评论日本出版的各种史书,每本虽仅有寥寥数语,但成为彼时中国知识界输入日本近代史学的津梁。与此同时,清季学界出版了各种新书提要著作,如徐维则《东西学书录》、上海通雅书局《新学书目提要》、顾燮光《译书经眼录》等,其性质与《东籍月旦》相似,皆评及历史作品的优劣和版本,已略具书评属性。到了五四以后,在史学专业化的推动下,学术性期刊和报纸副刊常设书评一栏,于是史学书评遂大量涌现,推动了中国近代史学的发展。

　　《中国近代史学文献丛刊》鉴于书评文献的独特价值,计划搜集、整理近代以来发表的各种史学书评,分若干专辑陆续出版。2020 年丛刊已出版贾鹏涛编校的"史学理论与史学史卷",本书则是"唯物史观中国史卷"。

　　自从唯物史观传入中国,学人很快尝试运用于历史研究,而这一研究取向最具代表性的阶段性成果则是 1930 年郭沫若《中国古代社会研究》,因此本辑所选书评以郭著始。在郭著之前,中国史学界已产生一些应用唯物史观研究历史的论著,但理论来源驳杂,作者的政治立场前后多有变化,更为重要的原因是,它们在史学史上的地位没有一本可与郭著相匹敌,所以此前相关书评一概不收。众所周知,在中国马克思主义史学发展史上，郭著之前有李大钊《史学要论》，也是一本重要的马克思主义史学著作，但史学界普遍承认只有到了郭氏《中国古代社会研究》问世，唯物史观中国史研究始真正进入学术化之途。

郭著之后，唯物史观中国史作品逐渐增多，如李鼎声（平心）《中国近代史》、吕振羽《史前期中国社会研究》《殷周时代的中国社会》、马乘风《中国经济史》等，其影响不限于一时一地。尤其1938年10月，毛泽东在中共六届六中全会上作题为《论新阶段》的政治报告，强调学习历史、研究历史的重要性："学习我们的历史遗产，用马克思主义的方法给以批判的总结，是我们学习的另一任务。我们这个大民族数千年的历史，有它的发展法则，有它的民族特点，有它的许多珍贵品。对于这个，我们还是小学生。今天的中国是历史的中国之一发展，我们是马克思主义的历史主义者，我们不应该割断历史。从孔夫子到孙中山，我们应该给以总结，我们要承继这一份珍贵的遗产。承继遗产，转过来就变为方法，对于指导当前的伟大运动，是有着重要的帮助的。"[1]毛泽东的指示促进了中共史家的创作热情，"伟大的人民领袖毛泽东同志这一伟大的号召，是被全国唯物史观历史学者们所热烈地响应着，他们分头从事于历史各部门的工作"。[2]据胡绳观察，"一九四〇年以后，抗战进入了相持阶段的最沉闷、最艰难的时期，社会实践和学术研究工作都遭遇到沉重的阻碍。实际的形势使人更加看出抗战的胜利和中国问题的解决绝不是短期间可以奏效的事，也就逼得人不能不从更深远处来研究中国的历史和实际，由这里来追寻解决中国问题的线索。所以就形成了这一时期中国历史研究风气的旺盛。拿抗战时期各方面的学术研究成绩来看，恐怕也不能否认，中国史的研究是比较最有成绩的一方面"。[3]到1948年，左派学人列举中国历史阅读书目，已洋洋大观，皆为唯物史观中国史作品。[4]

---

[1]　毛泽东：《论新阶段》，《解放》1938年第57期，第36页。

[2]　叶蠖生：《抗战以来的历史学》，李孝迁编校：《中国现代史学评论》，上海古籍出版社，2018年，第310页。

[3]　胡绳：《近五年间中国历史研究的成绩》，李孝迁编校：《中国现代史学评论》，第339页。

[4]　《阅读材料拟目：中国历史》，《读书与出版》1948年第3年第7期。

　　马克思主义史学个性鲜明,可与学院派史学分庭抗礼,是中国现代史学的主要部分。与学院派著作通常局限于学界不同,此派著述每每能引起学界与社会的关注,拥有更宽广的受众面,不论专门著作如《中国古代社会研究》《十批判书》,还是大众通俗读物如《中国史话》《二千年间》,时常能吸引各界人士的浓厚兴趣,由此产生了数量颇多的书评。这些良莠不齐的评文立场各异,褒贬不一,或详或略,是进一步认识20世纪中国史学尤其马克思主义史学不可缺少的文献。其史料价值主要有以下方面。

　　其一,衡估某部作品"历史的影响"的主要依据之一。时过境迁,当下学界对马克思主义史学的态度大体是"敬而远之",关注多集中在非马克思主义史学。由于研究者时常以"后见"倒推以往历史情境,形成了一些似是而非的认知。以范文澜旧本《中国通史简编》和钱穆《国史大纲》为例,时下钱著远比范著更受欢迎,拥有大量读者,而范著虽不能说毫无读者群,但大体已被视为"过时"的通史。不过,这两部名著出版之后在1940年代学界和社会所引用的关注度,钱著却远不及范著。钱穆晚年回忆《国史大纲》引论部分发表在报纸引起轰动云云,①实际只是他个人的一种说法,并无充分证据能予以说明。《国史大纲》虽被奉为大学丛书之一,但在当时学界反响平平,只有少数几篇书评;相比较之下,被今人所不甚看重的范著在1940年代产生了持续影响,这其中固然有因国民党政府过度敏感反而进一步激发了社会各界对《简编》的兴趣,但就学术层面来说,其在国人编著的通史作品群中也是独树一帜,时人承认范著可取之处颇多。这一点可从许多书评中得到印证。再如,胡绳《二千年间》这本小书,在中国马克思主义史学史上似没有突出的地位,但这本书发行量之大、流行之广,是其他许多马克思主义史学作品无法匹敌的。如果从唯物史观中国史观点下渗的角度来看,《二千年间》之类的历史读物恐比郭沫若、吕振羽、翦伯赞、侯外庐等人的著作发挥更大的作用。因此,欲相对准确把握马克思主义史学著作的"历史的影响",克服"后见"的认识误差,需要倾听这些书评的"历史的

---

① 钱穆:《八十忆双亲师友杂忆》,生活·读书·新知三联书店,2021年,第235页。

声音"。

其二，建构历史情境的媒介之一。以往研究马克思主义史学侧重分析、评论具体的历史观点（内史），较少措意于某部历史著作出版之后，在社会各界所引起的各种各样的反响（外史），而综合利用书评史料，则有可能还原在特定时期某部史著被接受的实况。如郭沫若《十批判书》，如果离开同时代所发表的诸多书评，则会失去不少有价值的历史信息。郭著出版后，引起学界广泛争论，不同读者对郭著的理解和感受千差万别，不仅涉及学术争鸣，也存在立场、意气、争胜等非学术成分。中共党报党刊积极宣传郭著，郭氏对自己的著作期许甚高，但读者却多持批评、质疑的态度，主要与他们对郭氏"褒孔贬墨"观点作泛政治化解读有关。通过分析书评，并结合其他史料反映读者多不明郭著的写作语境与真实意图，[1]肆意曲解、误读作品的本意，成为该书出版后长期相伴的"非常"现象。[2]此外，从学术角度评论郭著，学界对《十批判书》"毁誉参半"，一方面均指出郭氏"好作奇论"，[3]另一方面承认郭著"创辟的见解甚多，虽也不少证据不足、近于武断之处，然而证据凿确、精审不移之见解更多"。[4]研究郭著的"外史"，书评史料的重要性就自不待言了，而对"外史"的深入发掘又能推进对"内史"的认识。

其三，建立作者与读者关系的纽带之一。读者不完全是被动的接受者，有时通过书评方式在一定程度上参与了作品制作。仍以范文澜旧本《中国通史简编》为例，1950 年前此书经过三次修订，而相关内容的改动，有的则因读者书评引起。《中国通史简编》延安版在上海新知书店 1947 年翻印后，学术界发表了许多书评，其中不乏尖锐的批评，缪凤林的评文最为苛刻，但确实指出范著的一些硬伤。订正本某些细节的修改便与缪文直接相关，如延安版"周初大封建"一节谓"周公成王建立七十一国，其中兄弟十六人，同姓四十人"，[5]缪文指出此处据《左

---

① 参见李孝迁：《〈十批判书〉的写作语境与意图》，《历史研究》2021 年第 4 期。
② 参见李孝迁：《郭沫若〈十批判书〉的同时代反响》，《史学理论研究》2023 年第 2 期。
③ 少若（吴小如）：《温知随录——〈十批判书〉》（四），《天津民国日报》1947 年 4 月 6 日，第 6 版。
④ 张季同（岱年）：《十批判书》，上海《大公报》1947 年 4 月 6 日，第 9 版。
⑤ 中国历史研究会：《中国通史简编》上册，新华书店，1941 年，第 29 页。

传》，但转述有误，原文为"兄弟之国十有五人"。查范著订正本，1948
年9月上下册的订正本未改，仍为"十六人"，[①]而1949年9月上中下
三册的订正本则改为"十五人"，[②]说明范文澜是在1948年订正本出版
之后才见到缪文，而趁1949年订正本重印时据此修正。再如，延安版
谓"秦始皇即位时候（二四六）"，[③]缪文指出"即位"应改为"即王位"，因
为"秦王嬴政即位。在西历纪元前二四六年，即位第二十六（前二二
一），尽灭六国，李斯等始上'皇帝'的尊号，嬴政自号曰'始皇帝'，后人
则省称秦始皇"。缪氏建议在年代"二四六"上加一"前"字。1949年订
正本据此改为"嬴政即王位时候（前二四六年）"。[④]缪文还指出"柔然"
和"蠕蠕"本同族异名，范著误以为两族；"穆护教"即"摩尼教"，范著将
两者并立。范著订正了这些与史书记载明显有出入之处。[⑤]如不关联
缪氏书评，就无法解释范著为什么会如此改动。中国马克思主义史学
作品经常反复修改，其背后意图虽各有不同，而回应以往书评中所提出
的各种观点和史实问题，自然是初衷之一。

　　其四，转变马克思主义史学史研究路径必不可少的史料之一。无
史料无史学，史料的多寡、种类，很大程度上决定了史学研究的水准。
即便研究思路再精妙，若没有相应的史料支持，也只是徒有想法而难以
落实。平心而论，与非马克思主义史学相比，研究马克思主义史学所能
依托的史料种类单一、数量有限，不易突破陈见。总体来说，民国时期
马克思主义史学的生存空间逼仄，左翼史家又兼任政治使命，除了公开
发表的论著，其余如书信、日记之类的私密材料极少留存或无法公布。
作为一种有"组织"的史学，中共史家撰写论著背后一般都有所"指示"，
然而今人对这些"指挥棒"大多知之甚少，知情人对此往往秘而不宣，以
免违反组织纪律，导致研究中国马克思主义史学犹如"雾里探花"，不易
获识历史本相。除了充分发掘利用公开发表的论著，书评类史料或能

---

① 中国历史研究会：《中国通史简编》（上），华北新华书店，1948年，第53页。
② 中国历史研究会：《中国通史简编》（上册），新华书店，1949年，第53页。
③ 中国历史研究会：《中国通史简编》上册，新华书店，1941年，第68页。
④ 中国历史研究会：《中国通史简编》（上册），新华书店，1949年，第134页。
⑤ 缪凤林：《揭开它的伪装显露它的真相——评范文澜等〈中国通史简编〉》，《中央周刊》
　　1948年第10卷第5、14期。

发挥雪中送炭的功能。善用此类材料，将马克思主义史学研究从静态的文本分析中解放出来，加入读者视角，不仅沟通了作者与读者，而且不同立场的书评褒在何处，贬在何处，反作用于其他读者群或作者本人，从而对马克思主义史学发生影响。总之，要突破旧有研究取径，使马克思主义史学研究更具立体动态，离不开书评文献。

关于这本书评集说明如下：(1)所搜集对象是1949年前在中国报刊所发表的唯物史观中国史著作的书评。"唯物史观"不仅包括中共史学，也涵盖非中共学者的唯物史观作品，不以政治立场判定是否系唯物史观性质。外人的唯物史观中国史的书评，本书不予收录，将搜集在其他专辑。中国史既指通史，也包括专史。(2)书评均取自民国报刊，水准不一，有的仅概述各章大意，或纯为作者背书。为了全面反映这类书评的实况，本辑尽量兼顾各派观点和各层次的评论，但仍有意不收少数书评，或删节部分文字，以省略号提示。(3)民国报刊文字排误者多，文字使用不统一，如"妨碍"为"防碍"，若不影响文意，皆保留不改。除非明显错字、衍字、倒误等，始径改。当时书评时有脱字甚至脱句，文意前后不通，如王毓铨评朱其华《中国近代社会史解剖》一文第四小节，均保留原文，请读者留意。(4)书评引用原书文字，常与原文略有出入，此次整理多据原书酌情校订。(5)书评以书籍分类，以发表时间排序。

本辑从搜集书评到整理出版，前后延续了很多年，文献反复筛选，篇目随时增补，但遗漏不可免，甚至出版在即仍能检索到相关书评。这些文章只好暂时割爱，不然此书恐出版无期。处理民国旧报文献最大的困难是文字模糊，需要逐字识别之处颇多，我指导的几届研究生都帮忙做过部分文字的录入工作，反复校对，以免因文字输入而产生错误。其中唐益丹同学付出最多，占用了她许多宝贵的时间。对同学们在文献整理过程中予以协助，谨致谢感。不过该书校对中任何失误，概由我承担。

李孝迁

2024年秋于华东师大历史学系

目　录

吕振羽《殷周时代的中国社会》书评

马乘风《中国经济史》书评

王渔邨《中国社会经济史纲》书评

钱亦石《中国怎样降到半殖民地》书评

何干之《近代中国启蒙运动史》书评

中国现代史研究委员会《中国现代革命运动史》书评

吕见平《中国近百年史读本》书评

吕振羽《简明中国通史》书评

吕振羽《中国社会史诸问题》书评

中国历史研究会《中国通史简编》书评

许立群《中国史话》书评

辛安亭《中国历史讲话》书评

吴泽《中国社会简史》书评

侯外庐《中国古典社会史论》书评

吕振羽《中国原始社会史》书评

翦伯赞《中国史论集》书评

郭沫若《青铜时代》书评

郭沫若《先秦学说述林》书评

杨荣国《中国十七世纪思想史》书评

郭沫若《十批判书》书评

韩启农《中国近代史讲话》书评

吴泽等《中国历史论集》书评

杨荣国《孔墨的思想》书评

蒲韧《二千年间》书评

翦伯赞《中国史纲》第二卷书评

杜守素《先秦诸子思想》书评

华岗《中国历史的翻案》书评

曹伯韩《中国现代史读本》书评

郭沫若《中国古代社会研究》书评

读《中国古代社会研究》

讯

　　著作者：郭沫若，出版者：上海联合书店，出版日期：十九年一月二十日。全书面数：三四二。

《中国古代社会研究》一书，为郭沫若先生所著，据书贾言，该书消路颇广，青年学生购买是书者尤多，其在近来出版界之价值，于此可见一斑。余于此书到北平之后，立即托友人代购一册，穷四日之工，始将全书读完。对于郭先生的议论，大部分皆表赞同，但亦有数点为余所欲提出而与郭先生讨论者。

　　本书除自序、解题及导论以外，共分四篇：第一篇为"《周易》的时代背境与精神生产"，第二篇为"《诗》《书》时代的社会变革与其思想上之反映"，第三篇为"卜辞中之古代社会"，第四篇为"周金中的社会史观"。此外于本书之末又有"追论及补遗"一篇。

　　本书的导论，题目为"中国社会的历史的发展阶段"，是在去年《思想》第四期上发表过的，郭先生以其性质与本书相近，所以便收在这里作了本书的导论。第一第二两篇，也是发表过的，曾在"杜衎"的化名之下，登在去年的《东方杂志》上。以上三篇大率均为郭先生未十分研究甲骨文字及金文以前的作品，据郭先生自己在"解题"里说，在发表当时很有一些分析错误或论证不充分的地方。错误处在本书中业已改削，论证不充分之处则别出案语以补足之。其第三篇及第四篇，则皆为新近之作，并没有发表过。

　　本书的性质，据郭先生自己说是 Engels 的《家族私有财产及国家的起源》一书的续篇。我们都知道 Engels 此书乃根据了 Morgan 的

Ancient Society 一书而作，是近代西洋学术界的一本有价值的书。郭先生研究的方法便以它为响导，而于 Engels 及 Morgan 二氏所知道了的美洲的红种人，及欧洲的古代希腊与罗马人之社会情形以外，提出了他们未曾提及一字的中国的古代社会状况。

郭先生作这本书的目的，在想把"我们的国情不同"这句口头禅打破，想证明中国社会进化的程序，也与欧美各国一样，并没有什么特异的地方。他想把中国古代的实际情形，从新加以批判，不但只是知其然，并且还要知其所以然。他在本书里主张中国西周以前的社会形态是原始共产制（氏族社会），西周时代是奴隶制，春秋以后才是封建制。这在大体上，郭先生的论断我觉得都很有道理，但在郭先生所举的事实里，尚有几点是我所怀疑的。

现在让我举出两点来：

（一）对于《易经》与《易传》
的著作时代及著作者的疑问

据郭先生的研究，《易经》是由原始共产社会变成奴隶制时的社会的作品，约作于殷周之际。《易传》是由奴隶制确切的变成封建制度时的作品，是产在春秋战国时候的，并且还说：

> 孔子是研究过《易经》的，他对于易理当然发过些议论，我们在《易传》中可以看出不少的"子曰"云云的话，这便是证据。大约《易传》的产生至少是如像《论语》一样，是出于孔门弟子的笔录罢。（七十一面）

这话在表面看来，似乎很可信，但是我们若从《易经》及《易传》的内容上详细观察一下，则不能不令我们发生种种疑问。

郭先生以为"孔子是研究过《易经》的"，其原因在相信了《论语》及《庄子·天道》篇及《天运》篇的话。可是《论语》中虽有"五十以学《易》，可以无大过矣"一句话，但这是古《论语》（古文学派的《论语》本子）的文字，若鲁《论语》则作"五十以学，可以无犬过矣"。二者所说的既然不同,那末郭先生将根据那一个本子呢? 钱玄同先生以为《论语》原文的"易"实是"亦"字,因为秦汉以来有"孔子赞《易》"的话,故汉人改"亦"为"易"以图附合。(《古史辨》第一册中编)这么一来,孔子不是和《易经》不发生关系了吗? 至于郭先生因为《庄子·天道》篇说"孔子往见老聃,繙十二经以说",便采取了多数表决法以为十二经中一定有《易经》,这诚如郭先生所说的"有点滑稽",并且还犯了史家作史不应取决于多数的弊病呢,因为治学问者当求其真,不应当人云亦云,便算了事。

郭先生又因为在《易传》中看出不少的"子曰"云云的话,于是断定孔子"对于易理当然发过些议论",《易传》的产生,便是由弟子们笔录出来的。郭先生这种意见,我不很相信,因为顾颉刚先生曾这样说:

> 至孔子作《易传》,《系辞传》中似乎有一段很好的话足以证明:
>
> 子曰:"颜氏之子其殆庶几乎? 有不善,未尝不知;知之,未尝复行也。"《易》曰:"不远复,无祗悔,元吉。"
>
> 这里所谓"颜氏之子其殆庶几乎",即《论语·先进》篇中的"回也其庶乎",这里所谓"有不善……未尝复行",即《论语·雍也》篇中的"有颜回者好学,不迁怒,不贰过"。《系辞传》的话和《论语》所云这样的密合,足见"子曰"的子实即孔子。但是,我们倘使仅懂得了战国秦汉间人的攀附名人的癖性,和他们说话中称引古人的方式,就可以知道这是易学家拉拢孔子的一种手段。《礼记》里、《庄子》里,这类的话正多着呢。如果不信,那么孔子既经引了复卦的爻辞来赞美颜渊,为什么《论语》里却没有这一句? (见《燕京学报》第六期《周易卦爻辞中的故事》)

我觉得顾先生的话比郭先生所说的有理由。因为《易传》不但是不出于孔子,并且也不是一人的手笔,更不是出于孔门弟子们的笔录,这在欧阳修的《易童子问》里说得很透彻,我们只要检查一下,便可知其不误。即近来冯友兰先生在他的《孔子在中国历史中之地位》一文中(《燕京学报》第二期),也主张孔子不是《易传》的作者,并且还举出了许多证据来。因此,我对于郭先生所主张的《易传》"是出于孔门弟子的笔录"的话,便不能相信了。

至于《易经》和《易传》的著作年代，据顾颉刚先生的意见（《周易卦爻辞中的故事》）：

> 《易经》的著作时代在西周，那时没有儒家，没有他们的道统的故事……《易传》的著作时代至早不得过战国，迟则在西汉中叶……

顾先生并举出《易传》如何的受道家的影响，其中有几篇文字是汉宣帝时候才出来的。因此，这与郭先生的意见便不很相同了。郭先生以为《易经》作于殷周之际，那时是原始共产制转入奴隶制的时代，但此处则谓作于西周，其时代则为郭先生所说的奴隶制的时代了。郭先生以为《易传》是产生在春秋战国的时候，此处则谓自早不能过战国，迟则在西汉中叶，是以二者的著作时代也不相合。我对于郭先生所断定的时代既然发生了疑问，故对于郭先生由那时代所推论出来的种种事实，便不能确信不疑。

（二）对于古代帝王之诞生是表明社会的初期是男女杂交或血族群婚的疑问

郭先生为要证明中国古代曾经过一个血族群婚的母系社会，因此在本书里便有数处引古代帝王诞生的传说来作证据，在"导论"第十面说：

> 黄帝以来的五帝和三王祖先的诞生传说，都是"感天而生知有母而不知有父"，那正表明是一个野合的杂交时代或者血族群婚的母系社会。

又在《卜辞中之古代社会》第二六七面说：

> 中国有史以前之传说，其可信者如帝王诞生之知有母而不知有父，而且均系野合，这是表明社会的初期是男女杂交或血族群婚。

郭先生这种意见，我觉得理由不很充分，因为中国古代帝王的感生说并不如郭先生所说的这么简单。感生说初见于《诗经》的"玄鸟"与"生民"二篇,那时候的人以为他们的祖先都是天然的,是上帝特意要生出一个人来,繁衍他的种族在世界上的。商周二民族的祖先都不相同,商民族的祖先是上帝派一个天使带下来的(《玄鸟》篇谓"天命玄鸟,降而生商"),周民族的祖先是上帝自己挑选一个女子,叫她传种的(《生民》篇谓"厥初生民,时维姜嫄……履帝武敏歆……")这都是尊重祖先和夸扬自己的民族,所以才冒充为上帝的子孙的,并不是野合和杂交的现象。

到了战国,许多民族为统一的要求而有结合在一个系统下的趋势,于是才有了《帝系姓》的将东方民族的商和西方民族的周说成了同父昆弟的文字,而姜嫄和简狄于是也成了同夫之妇了。

后来又有五帝三王同源说,便把感生说完全打破,直到纬书出现,感生说才又复活,然而这时的感生说已不与《诗经》中之散漫的故事相似了,是有组织并且是在一个系统(太微五帝)之下的故事了。以为帝王之生既为天神的化身,帝王的成功也应当出于天的意志,于是就有了什么"受命"之说,"多□"之说,及帝王有特别的相貌的说法。我们只要一看纬书便可以知道其详细情形。

在我们明白了感生说的究竟以后,便不能不对郭先生的话发生了疑问,因为感生说的目的只在说帝王是天神的化身,他借了一个女子的肉体而下凡,并不是说帝王的母亲与人杂交,故不可知其父。那末郭先生何由而知其表明一个野合的杂交时代呢?

中国有史以前的社会,或男女杂交,或血族群婚,当然是可以有并且是可能的事,但是这个问题的材料决不能取自感生说,因为关于这个问题的材料,自周至汉都有同类的说法,如汉高祖的祖母梦赤鸟而生执嘉,他母亲又梦赤珠而生了他,假若我们以这个传说来表明一个杂交的时代,难道到了周秦之间还是一个男女杂交血族群婚的社会吗? 若一定这么承认,那末免就有点不通了。

除了以上提出来的两点以外,使我怀疑的地方还有许多,如以娥皇、女英共夫舜的传说为亚血族群婚的证据,以所谓"黎民"当作最早被汉民族征服了的棕黑色的先住民族等等,我觉得理由总不十分充足,想象的成分太多,实在难以叫人置信。

现在我再举出这书的几点好处来:

（一）这本书是在科学上有价值的一本书,是近年中国学术界不可多得的一本书,因为作者对于选择材料上很谨慎,并不苟且,所用的方法也很周密,条理也很清楚。他处处以西洋学者 Morgan 及 Engels 所研究出来的结果作根据,绝非一般只会说空话者可比。

（二）这本书是清理中国古代社会的一本书,把前人——如罗振玉、王国维等——研究的成绩总括的整理了并且批判了一下,无论其批判的对与不对,但这步工夫总算是已有人开始作了! 对于将来整理中国上古史的人一定有莫大的帮助。

（三）由《卜辞中之古代社会》一文中证明商代是金石并用的时代,由《周金中的社会史观》一文中证明周代是青铜器时代,由《〈诗〉〈书〉时代的社会变革与其思想上的反映》一文中,推论铁的发现应该在周初。这些话在中国上古史上都很重要,可与今日陆懋德先生的主张互相对看(陆先生之主张见《北大中国上古史讲义》第四页)。

（四）郭先生谓"八卦的根底我们很鲜明地可以看出是古代生殖器崇拜的'孑遗'"(见本书,二七面),这正与钱玄同先生所说的"原始的易卦,是生殖器崇拜底东西,'乾''坤'二卦即是两性的生殖器底符号"(见《古史辨》,七七面)前后相符合,实为对于八卦的一种新见解。

（五）郭先生在《卜辞中之古代社会》末后谓:

> 大抵宗教实起源于生殖崇拜,其事于骨文中大有启示。如祖先崇拜之祖妣字实即牡牝器之象征(骨文祖字作且,妣字作匕),一切神祇均称"示",示字作丁或 π 实即生殖器之倒悬。(第二九〇面)

这可以说是对于祖宗崇拜起源的一大发明! 在社会学上的意义很大。其详细之论证可于郭先生另外著作《甲骨文释》(本书尚未出版)中《释祖妣篇》以求之。

（六）井田制度是中国古代史上一个最大的疑问,古代的文献不全,我们不易知其究竟,虽然孟子曾加以相当的说明,但亦病其说得不清楚,不能据为信史。胡适之先生曾作一篇《井田辨》(《胡适文存》卷二),以为井田制是孟子的杜撰,后秦汉代的学者便依据了孟子的话,逐渐补添,遂渐成为"像煞有介事"的井田论。我们明白了这种情形以后,若以郭先生的《周金中的社会史观》对看,很可以得到一种启示。就是周金中实无井田制的痕迹,周代自始至终并无所谓井田制的施行。因此,胡氏的论断,很可以拿这个来作证据。

　　以上所述好点,不过略举其一二罢了,其他优点尚多,因限于篇幅,不能一一枚举。总起来说,全书各篇除有几点可议者外,多半都是很有见解的作品,尤其《卜辞中之古代社会》及《周金中的社会史观》两篇,因其系根据地下发现的实物而作,更为有价值的文字。凡研究中国社会史者,不可不入手一册也。虽然,郭先生这种工作,不过只开其端倪而已,中国古代社会进化的定论,尚待吾人之努力也。郭先生所说的:

　　　　草径已经开辟在这儿,我希望更有伟大的工程师,出来建筑铁路。

便是这个意思罢。

(《大公报》1930 年 7 月 15、18 日,第 11 版)

读郭沫若《中国古代社会研究》质疑

王扶生

原书上海联合书店出版，十九年三月初版，四月再版，五月三版。三个月间，共印出六千部，销行之广，为近时出版界所仅见。本文系依据他的第三版，这又经过了的八个多月，有无续出的第四版以至八版，还待调查。在他第三版书里的要目是：

而"第各篇"的目的，都在证说他在导论里所标题的"中国社会之历史的发展阶段"，这是读过这书就会知道的。而从他的自序里，又略知道他做这书的缘起和方法是要："把中国实际的社会清算出来……"因而接过外国学者昂格尔（Engels）的手，用他的"唯物辩证论"，来做昂格尔依据马克斯（Marx）遗嘱所写成的《家族私产国家的起源》的续篇。以为："谈'国故'的夫子们哟！你们除饱读戴东原、王念孙、章学诚之外，也应该要知道有 Marx、Engels 的著书，没有唯物辩证论的观念，连'国故'都不好让你轻谈。"（序页 6）开始便撮录着昂格尔的"几个必需知道的准备智识……第一，婚姻的进化是由杂交而纯粹的血族结婚而亚血族结婚而成最后的一夫一妇。……第二，氏族社会是以母系为中心的……当时的社会是没有父子相承的习惯的，为子的均要出嫁，所以不能承父。反是兄弟可以相承，因为兄弟是连翩出嫁的。第三，那种社会是没有私有财产的，一族内的财物都是共同享受，一族人都是相互扶持，但有一种民主的组织来管理族内的共同事务……"（导论页 2—7）大概就是所谓说国故者应有的观念了。而别有所谓辩证法者，是"辩证法并不是甚么神秘的事物，只要毫无成见不戴着色眼镜的自然观察者，他自然会得到这个方式"。（第一篇页 64—65）所以郭君主张："我们的要求就是要用人的观点来观察中国的社会，但这必要的条件是须要我们跳出一切成见的圈中。"（序页 2）他的研究，便依此而进行。而在自序里说："胡适的《中国哲学史大纲》，在中国的新学界上也支配了几年，但那对于中国古代的实际情形，几曾摩着了一些儿边际？"解题里说："大概的规模路径自信是没有错误。"当然是自信为摩着中国古代的实际情形，可以代替胡氏的书而支配中国学术界了！

　　读者为"跳出一切成见的圈中"一语所启发，虽然还没懂得所谓"人的观点"是甚么？"用人的观点"是怎样？它有甚么特质？它是怎般地发明于现在而不同于以前？它是怎般地发明于郭君而不同于别人？也就自然不敢戴上任何颜色的眼镜，而只"自然观察"着来读本书了。结果呢？可只看见近三十年来郭君所根据为出发点的王罗二先生（见序 4）所讨论所怀疑的古史，都给郭君为着例证般的需要而全称肯定下了。当然，在浅陋不学的读者，在考古事业还幼稚的中国，这疑难的古史，是多不易找出承认或否认的证据。然而，只从郭君所自负的"唯物辩证论""自然（？）辩证法"看来，便不但会感到郭君确有"以五经为我注脚"（页 284）之嫌，就是他所解释的昂格尔的三大准备智识，也不免有可令人怀疑之点。仅凭读者的"观察"，依着集中于导论和自序里的几个问题，略申所见，就质高明！

（一）

　　只要是一个人体，他的发展无论是红黄黑白，大抵相同。由人所组织成的社会也正是一样。中国人有一句口头禅，说是"我们的国情不同"。这种民族的偏见差不多各个民族都有。然而中国人不是神，也不是猴子，中国人所组成的社会不应该有甚么不同。

（序第 1）

　　这是郭君引用昂格尔的学说来辩证中国古史的根据。他的逻辑是：人类都该相同，因为中国人和美洲土人和檀香山土人和 Ilocoi 人都是人，所以中国的社会进程的一阶段，不应该和美洲土人和檀香山土人和 Ilocoi 人有甚么不同。而不是根据历史考古学毫无遗憾的结果，证明全世界各民族都和美洲土人和檀香山土人和 Ilocoi 人一样，中国人也和全世界各民族一样，所以人类都该相同。事实告诉我们，世界各国现行的语言、文字、习惯、礼节等，有旁行、有直写、有单音、有复音、有鞠躬、有接吻、有古装戏、有摩登舞，色色的不同，依据地理学的解释，是从风土气候的不同而变异。而风土气候的不同，并不起源于现在，从何证明他们进化的历程，总不会有变异呢？而且各种不同的民族经过接触以后，都不少同化的事例。可见人类只有从异而到同的倾向，不会有先同而后异的历史了；又从何去证明他们的发展是相同的呢？郭君既然在"相同"二字之上，加上"大抵"二字，就该有相同的程度问题了，怎会是"不应该有甚么不同"呢？如果郭君以为他所指的，只是"社会的组成"，而我所怀疑的，却是人类的行为。那末，我可以仿效他的语式说："只要是一个人类，他的行为，大抵不同；由人所组成的社会，也正是一样。"因为郭君既拿"人体的发展"来和"社会的组成"通了家，我不可以看人类的行为和社会的组成也正是一家吗？况且"中国人不是神，也不是猴子"，三教可以同源，人而猴可以看做大猩猩；人类既然受着地理的影响而生出不能否认的变异，他们所组成的社会，怎会像五芳斋的汤团，大小相仿？就是社会学家要在各不同的当中求出他们的相同之点，它们相同的程度，好像还该留个讨论的余地？

（二）

　　我们的要求是要用人的观点来观察中国的社会，但这必要的条件是须要我们跳出一切成见的圈中。（序页 2）

　　谈"国故"的夫子们哟！你们除饱读戴东原、王念孙、章学诚之外，也该要知道有 Marx、Engels 的著书。（序页 6）

戴、王、章是否一个圈？Marx、Engels 是否又是一个圈？

<h2 style="text-align:center">（三）</h2>

清算中国的社会，这也不是外人的能力所易办到。（序页 5）

外国学者已经替我们把路径开辟了，我们接手过来，正好是事半功倍。（序页 5）

外国的会计师，既不能清算中国社会的账，那末 Marx、Engels 的簿记式，又怎能配上中国的流水和誊清呢？

<h2 style="text-align:center">（四）</h2>

Morgan 氏在研究美洲土人的家族制度的时候，他发现出他们有一种奇怪的遗习，便是父之兄弟与母之姊妹之子皆为子，彼此间亦称为兄弟。父之姊妹与母之兄弟之子则皆为犹子，彼此间亦称为从兄弟姊妹。而且母之姊妹之夫，母亦夫视之；父之兄弟之妻，父亦妻视之。美洲土人的生活早为欧洲人所同化，这种制度的遗留和实际的家庭组织不适合，Morgan 氏起初很苦于说明。后来在檀香山的土人中才实际发现了这种实际的家庭组织。便是檀香山的土人一直到十九世纪的前半都还实行着异姓间兄弟姊妹的群婚，便是一切男子除开自己的同胞姊妹之外是一切女子的公夫，而一切女子除开自己的同胞兄弟之外是一切男子的公妻。这些成为公妻公夫的男女便不相谓为兄弟姊妹，而只相谓为"彭那鲁亚"。这个现象一发现，那美洲土人的遗制便迎刃而解了。Morgan 氏便称这样的血族为"彭那鲁亚家族"。我因为我们中国的《尔雅》上有"两壻相谓为亚"的文献，便双关二意地译为"亚血族结婚"。这种亚血族结婚一发现了后，实在是并不稀奇的现象，在现在的野蛮民族中很多还实行着，我们中国的西藏人便是一例，而且各文明族的祖先都是经过了这阶段来的，这个阶段事实上是氏族社会的典型的婚姻。（导论页 3—4）

这是郭君撮录着 Engels 的第一个"准备智识"中，用来解释"亚血族结婚"的一段。Morgan 氏发现美洲土人的遗习而取证于檀香山土人，郭君拿他的结果而加证于中国西藏人，确定为"氏族社会的典型的婚姻"，"各文明族的祖先都是经过这个阶段来"。中国人如果是文明族，当然也逃不出这个例外，所以有舜、象共妻娥皇、女英共夫的故事。（详第九段）这样的以偏证来概全体，就算是社会学的毫无问题的办法。然而一个事例须于相互取证时，它们的情形总该甲和乙或乙和丙能够完全相吻合，不该有过分或不足的地方才对。这里美洲土人的夫妇父子的相互亲视，只限于同胞的兄弟姊妹，而檀香山土人的实际婚姻却是除开自己同胞兄弟姊妹的一切男女，便是共妻不限于兄弟，共夫不限于姊妹了。如果郭君的"撮录"，是没有错误，岂不是 Morgan 氏所得着的说明不能适相吻合而有小头大帽之嫌吗？至如西藏人的婚姻，据一般的调查，只康斯地方有兄弟共娶一妻的风俗（地理学家却另有解释），却没有姊妹共嫁一夫的风俗，更没有一族的同胞兄弟嫁给另一族的同胞姊妹，或一族的同胞姊妹嫁给另一族的同胞兄弟的风俗。那末郭君所举的"一例"，岂不是不够证明而有大头小帽之嫌吗？"而且各文明族的祖先都……"云云，不但是叫人不要稀奇而且大有不要以为侮辱之意，可是不知道 Engels、Morgan 和郭君都各经过确实的证明没有？

（五）

……在以石器铜器为工具，以渔猎牧畜为生产本位的氏族社会，是以母系为中心的原始共产社会。但这种社会可以说因为铁器的发明便完全破坏了。因为铁器的发明促进了农业的进化发展，母系中心的社会便不能不转变为父系中心的社会。牧畜和农业的发明都是男子的事体。男子由渔猎中发明出牧畜的事业。由牧畜的刍秣中又发现出禾黍菽麦的种植，这是必然的经过。照原始的习惯各人随身的工具便是各人的私有，男子有渔猎用的弓矢，女子便有家庭。到牧畜种植一发明以后，男子也相沿地领有着六畜和五谷。这样生产的力量愈见增加，女子的家庭生产便不能不

降为附庸，而女子也就由中心的地位一降而为奴隶的地位。（导论页 4—5）

这是郭君撮录 Engels 的第二第三个"准备智识"后而加上的叙说。他的要点是：（一）以渔猎为生产本位的氏族社会，是原始共产社会。（二）这种氏族社会，是以母系为中心的社会。（三）因为男子生产力的增加，共产的社会被破坏了，母系中心的社会，便不能不一变而为父系中心的社会。看来似乎很分明，可是细读这叙说的全文，却也会发生几个不可解疑问：（一）"照原始的习惯各人随身的工具便是各人的私有"，便不是共产社会了。（二）父系中心社会的变成，是拿占有六畜和五谷为条件，便是拿经济的占有为条件。那末母系中心社会的初成，是否也须有这同样的条件？郭君既说"牧畜和农业都是男子的事体。男子由渔猎中发明出牧畜的事业……男子有渔猎用的弓矢……"等等，渔猎畜牧都认为男子的事了。那末在"以渔猎牧畜为生产本位的氏族社会"里，也便只男子才有生产了。这时生产者和占有者，似乎还没有分家，离开奴隶制的成立，奴隶意识的发生，也还很远，女子从何处去夺取男子的剩余，来做她们建设社会中心的条件？（三）"女子便有家庭"，有的，是些甚么？"女子的家庭生产"，生产的，是些甚么？未免太"微言大义"了一点！

（六）

我们中国的历史起源于甚么时候？《尚书》是开始于唐虞，《史记》是开始于黄帝，但这些都是靠不着的。我们根据最近考古学的智识所得的结果是：（一）中国的古物只出到商代……都还明明是金石并用的时期。（二）商代已有文字……但那文字还在形成的途中。（三）商代的末年还是以牧畜为主要的生产……我们就根据着这三个结论，可以断言的是商代才是中国历史的真正的起头！（导论页 8—9）

郭君所根据的"考古学的智识"，是三十年前在河南安阳县出土的贞卜文字。在普通的眼光看来，贞卜文字的发现，似乎只可证明商代历史的实在性，不足以推翻以前的历史。而从贞卜文字所得着的证明，也只可证明各个事件的实在性，不足以结论商代历史的全部。一因，贞卜文字是商代的遗物，本没有记载其他时代史实的必要，吾们似乎只可因其有而证其有，不能因其无而证其无。《史记·殷本纪》所载的殷代先王，多不见于其他书籍及其他古物；如果郭君生在四十年以前，或者贞卜文字到现在还没有发现，那末商代的历史，也该在郭君的断然没有之例。然而因为贞卜文字的发现，证明商先王世数多和《殷本纪》相合，足见《史记·殷本纪》并不是司马迁伪造的。郭君既断然相信了，而且断言为中国历史的真正起头了，那末，《史记·夏本纪》何以独是司马迁所伪造的呢？推之《五帝本纪》，虽然"它们的可靠性，只能依据时代的远近而递减"，而司马迁的不会作伪，已经从贞卜文字的发现而得到了证明。如果因为考古事业的没有发达，拿绝无仅有的古物来断定历史的有无，来推翻以前的历史，那就和罗两峰所画的鬼像，无法证明它的不是鬼一样困难了！二因，贞卜文字是遗留在甲骨上面，而且是专为贞卜事件之用，不是整个的历史记载。因为甲骨的纹性和刻字术的尚在幼稚的关系，它的写法是当然不能整齐一定，看来当然是尚在形成的途中。因为专用为贞卜事件的关系，它所遗留的当然只有和贞卜事件发生关系的文字，而多"牛""羊"了——就是近今的祭祀，也只用牛羊而不用五谷——我们也似乎只可以因其有而证其有，不能因其无而证其无。不能因甲骨上的文字而断定商代的文字决无例外，不能因贞卜用的文字而确定商代的整个历史。譬如，世界如果有一天遇着了特殊的大不幸，皮夹线装的书都归乌有，千百年以后的人们，再从地下掘得石刻的标语或传单！只见"拥护""打倒"等字样，而说"这样简陋的文字，二十世纪的中国决无郭沫若先生其人者能做出一部十万字以上的《古代社会研究》"，岂非笑谈？这样看来，中国历史的真正起头，和商代历史实际的全部结论，似乎都该留给考古学者一个研究的余地？

（七）

在商代都还在文字构造的途中，那吗唐虞时代绝对做不出甚么《帝典》《皋陶谟》《禹贡》。（导论9页）尧舜禹都是由众人公选出来的，我们在《帝典》中看那些"四岳""十二牧"九官二十二人在皇帝面前你推选一个人，我推选一个人，在那儿很客气的讨论。那不是一些各姓的酋长军长在开氏族评议会，在推选新的酋长或军长的吗？（导论页10）

《帝典》《皋陶谟》《禹贡》三篇的不可信，郭君既经断言，而在第二篇里，并列举着七证说："三篇是后世儒家伪托的，论理该是孔丘。"（98—102页）更详哉其言之！那末郭君这儿的"氏族评议会"，何以独不嫌矛盾地而借重于《帝典》呢？上文的两段，先后只隔着一页，郭君不是有意怎会这样的健忘？如果承认儒家的伪托，也有他们传说上的实迹存在。可是一经伪托，孰虚孰实，就很难于辨证了，尤其是尧舜禹的禅让事件，很客气的你推我让，完全是后世儒家"允恭克让"和"以礼让为国"的口吻，何以知道这就不是孔丘正在那儿粉饰尧舜的人格呢？郭君对他怀疑《尚书》所举证的第三点（参看原书第100页），又何以自解呢？而且传说上，人的行为的可靠性，决不能超过人的存在的可靠性。因为历史的论证不能像瞎子们的断匾，匾还没挂，字倒先有了。郭君既没有先承认尧舜人的存在，却相信他们在传说上的行为，这岂不是也正同瞎子断匾的一样吗？

（八）

事实上竟是这样！（一）商代的王位是"兄终弟及"，这是从来历史上已经有明文的。（二）据《殷虚书契》的研究，商人尊崇先妣，常常为先妣特祭。（三）《殷虚书契》据余所见殷代末年都有多父多母的现象。从这些事实上看来，商代不明明还是母系中心社会，而且那时候的家庭不明明是一种"彭那鲁亚家庭"吗？（导论页9）

这段里所举的三件"事实"，在证明他的两个结论：一是商代还是母系中心社会；二是商代还是"彭那鲁亚家庭"。郭君在第三篇267至

271 页里面,还加上很多的说明。第一件事实说:"三十一帝十七世而直接传子者仅十一二三,兄弟相及者在过半数以上。"(275 页)然而一查郭君所根据王静安先生"而略损益之"的《殷代世数异同表》,从主癸算到帝辛止,共三十二帝,除帝辛无传,共止三十一传。其中直接传子的,像主癸、汤、大甲、大庚、大戊、河亶甲、祖乙、小乙、武丁、祖甲、庚丁、武乙、大丁、帝乙凡十四传;传兄之子的,像中壬、沃甲、南庚凡三传;传弟的,像大丁、外丙、沃丁、小甲、雍己、中丁、外壬、祖辛、阳甲、盘庚、小辛、祖庚、廪辛凡十三传;传从兄弟的,像祖丁凡一传。我们来取决多数吧,就不同于郭君所说了。退一步讲,就算"兄终弟及"是定制,父终子及是例外,例外不妨多于定制,然而"兄终弟及",并非"姊终妹及",怎好来证明是母系中心呢? 郭君虽说:商称先王为"先后",后就是"毓",毓就是"母",所以"先后"就是"先母","王后"就是"王母",实母权时代之孑遗。(271 页)而在引用王静安先生的《先公先王考》时,改为《先公先母王考》(272 页),轻轻地加上一个"母"字,便把主癸以下的三十二帝都变成女性。直到帝辛,因为宠爱男色,恋上了一个名叫妲己的男子,便为一个手段很利害而且很恶辣的家伙——周公——所乘(139 页),不但是自己亡了国,而且全个民族都变成了"蠢殷"。(134 页)吁! 可哀也已! 无如中国考古学家太不长进,不能够"验明正身"来证实郭君的话,我们只好权认他们都是"兄终弟及"非"姊终妹及"的男性了。第二件事实说:"殷之先妣皆特祭(王氏所发现详见《殷礼征文》),此于卜辞之例,多至不可胜举,其数比祭先公先王者尤多。"(270 页)案查王氏《殷礼征文》,果然有"殷先妣皆特祭"的一篇,可是在这篇以前,却还有"商先公先王皆特祭"的一篇。前篇所举的例,有三公二十二王;后篇所举的,却只示癸、大乙、大丁、大甲、大戊、中丁、祖乙、小乙、武丁、祖甲、康丁、康祖丁、戊武乙等十三位"爽妣"。其数比祭先公先王者尤多云云,就须待考了! 其实,公王特祭妣亦特祭,只可证说这时的重男轻女观念还没有发生,如以为"母系中心"的证据,那就何以解说先公先王的特祭呢? 第三件事实,是用契文罗振玉考释中祖乙、祖丁、武丁三配,少康二姚,和契文中"多父""三父""父甲、父庚、父辛",金文中"大父曰癸,仲父曰癸,父曰癸,父曰辛,父曰己"等相参合,来证其所谓"亚血族群婚多夫多妻的现象"。(269 页)然而商代三十一帝,二三其配者,只此四帝,并不能够说"此乃常事"! 至于"多父"的解释,王静安先生《古史新证》说:"父者,父与诸父之通称。"因为称谓的区别名词,许是今繁于古:"伯""叔"字样,才见于金文;父辈的尊亲,商人只知用"大""仲"及其名以区别之,而通称之曰"父"。这一点,也正可以证说商代文字的尚在形成。郭君何以苛于记载的应用,说它"绝对做不出甚么《帝典》《皋陶谟》《禹贡》",独宽于称谓的应用,而以为从前的必像现在呢? 其实,现在郭君也许有称"伯""叔"为"伯父""叔父"的时候,"父一而已",岂有他哉? 这样看来,"多母"既不平常,"多父"也另有解释,"彭那鲁亚家庭"是怎样组织来的呢? 再退一步讲,就算他们有多母的也有多父的,可是多母的不能证其又多父,多父的不能证其又多母,都不能完足"彭那鲁亚"的条件。所以,"事实(并不是)这样"! 郭君的理想结论,便不会"明明"了!

(九)

尧皇帝的两个女儿同嫁给舜皇帝,舜和他的兄弟象却又共妻这两位姊妹。《孟子》上有象说的话,要"二嫂使治朕栖";《楚辞》《天问》篇上竟直说是"眩弟并淫"。所以舜与象是娥皇、女英的公夫,娥皇、女英也就是舜与象的公妻。他们或她们正是互为"彭那鲁亚"。(导论页 10)

两个配两个,不多也不少,正是郭君绝好的"彭那鲁亚"标本! 他造成这件标本的工程,见原书第二篇 197 页和第三篇 261—267 页。现在为着简明起见,把他的大意,依着他的工程步骤,撮录在下边:

第一步,据王静安先生的考证,商之先祖"帝喾",以声类求之,就是卜辞中的"高祖夒"。"夒"又可误为"浚","夋"又加"亻"作"俊",故屡见于《山海经》中的"帝俊"应当就是商的先祖"帝喾"。

第二步,据《山海经》,"帝俊妻娥皇生此三身之国",又"帝俊妻常羲生月十有二",可见帝俊是有两个妻子;而帝舜也有二女的传说,《帝典》:"厘降二女于沩汭,嫔于虞。"刘向《列女传》说:"二女,长曰娥皇,次曰女英。"舜的"娥皇"就是俊的"娥皇",舜的"女英"也就是俊的"常羲"的一音之变。可知二女都是一人,帝浚＝帝俊＝帝夔＝帝喾也应该都是一个人了。况且卜辞中又有"娥""义京"两个名字,就是"娥皇""常羲＝女英"的最初名字,其为商代的先母无疑,其为商代先祖帝俊的妻子也可无疑,所以舜也就是商代的先祖帝俊＝帝浚＝帝夔＝帝喾了。所以《鲁语》说:"殷人禘舜而祖契。"

　　第三步,据《孟子》书,舜曾封其弟象于"有庳"。"有庳"就是《天问》篇中的"有扈","有扈屡与殷人为仇,至上微甲始灭之,殆即象之后嗣,即象所封之有庳"。

　　第四步,既如舜是商代的先祖,象是有扈的先祖。那末《天问》篇说:"桀伐蒙山,何所得焉? 妹嬉何肆? 汤何殛焉? 舜闵在家,父何以鳏? 尧不姚告,二女何亲? 厥萌在初,何所亿焉? 璜台十成,谁所极焉? 登立为帝,孰道尚之? 女娲有体,孰制匠之? 舜服厥弟,终然为害;何肆犬豕,而厥身不危败? 吴获迄古,南岳是止。孰期去斯,得两男子? 缘鹄饰玉,后帝是飨;何承谋夏桀,终以灭丧? 帝乃降观,下逢伊挚;何条放致罚,而黎服大悦? 简狄在台,喾何宜? 玄鸟致贻,女何喜? 该秉季德,厥父是臧;胡终弊于有扈,牧夫牛羊? 干协时舞,何以怀之? 平胁曼肤,何以肥之? 有扈牧竖,云何而逢? 击床先出,其命何从? 恒秉季德,焉得夫朴牛? 何往营班禄,不但还来? 昏微遵迹,有狄不宁;何繁鸟萃棘,负子肆情? 眩弟并淫,危害厥兄;何变化以作诈,而后嗣逢长? 成汤东巡,有莘爰极;何乞彼小臣,而吉妃是得?"叙舜事于夏桀之后,于殷先公先王之前:叙有扈事于殷先公先王的中间。"眩弟并淫……"的四句,王逸《章句》指为象事,于此正得其当,也就是有扈的事了。

　　第五步,象,舜之弟也!"眩弟",象也!"并淫",非和他的"厥兄"共妻而何?

　　这上边所撮录着的,和郭君的原意,丝毫没有不尽不实之处,这是我可以负责的。他造成这标本的工程,可算是伟大了! 然而我们如果把它拆开来看,却是:

　　(1) 舜之所以为帝浚者,是因为二女的地位和名字都能相与证合。而舜的二妻是根据《山海经》,舜的二女是根据《帝典》,舜的二女名——

娥皇和女英——是根据刘向《列女传》。

（2）象的人格存在和封于有庳的事实，是根据《孟子》。

（3）"眩弟并淫……"四句为象事，是根据《天问》篇叙事的次序，和王逸的《楚辞章句》。

（4）"眩弟并淫，危害厥兄；何变化以作诈，而后嗣逢长？"四句，照郭君的解释应该是："眩（?）的弟象和着帝舜共淫于二女，而去危害他们的'厥兄'；何以这变化作诈的人，反而后嗣能够长久？"

（5）今人的"共妻"，就是古人所谓"并淫"；"共妻"非"并淫"不可，"并淫"非"共妻"而何？

（6）承认舜有分封的事，象曾经被封到了"有庳"。

（7）承认《帝典》的"厘降二女于沩汭，嫔于虞"，是"尧皇帝的两个女儿同嫁给舜皇帝"，而并不是舜皇帝和着弟象同出嫁给二女。

我们再从这几点一一去考较来：

（1）《山海经》算是信史！帝舜的二妻算是实在，可是"《帝典》……是后世儒家伪托的，论理该是孔丘"。（页98）舜的娶二女，安知不是孔丘伪托出来去完成后世帝王多妻的骗局的呢？舜的二女就算是实在，而二女名的指定，却始于刘向，我们都曾知道，刘向是西汉末年的人，并且也是作伪的嫌疑犯，安知他的二女名，又不是由他伪托出来去粉饰孔丘的骗局的呢？不然，何以不见于他以前的记载呢？那末，《帝典》的二女既不可靠，《列女传》的二女名字更不可靠，《山海经》中的帝浚二妻，干舜甚么事呢？如说"知帝浚之为帝舜，故知二妻即是二女；知二女之为二妻，故知帝舜即是帝浚"，岂不是太滑稽了吗？

（2）作伪的是儒家，郭君忘记了吗？孟子不是儒家之流吗？象在卜辞中，只是"殷人服象"的象，而不是有人格的人啊！怎么能够相信孟子的话而说它是人呢？"有庳"，更许是孟子的乌托邦，怎么能根据它来证实有庳呢？

（3）根据《天问》的次序来推定"眩弟并淫……"四句的系属，就须《天问》篇都能依着它们的次序解说出来才对，至少亦须所举出的一段能够确证它们都是商代的事。这一段中的该季恒昏微四人，是经王静安先生的考证而断为殷之先公先王了；简狄、女娲，也经郭君用"因知……故知……"的方式而肯定其为娥皇之女英之变了。可是"吴获迄古，南岳是止"的两句，王逸《章句》以为"吴"是吴国，"古"是古公亶父，从来没有异说；近人刘盼遂君的《天问校笺》，才以为"吴"是吴仲，"古"是姑苏。(《清华研究院国学论丛》二卷一号)可都说的是周之先世，而不是殷之先世。如果是拿周之先世来叙在殷事之中，《天问》篇次序的有无，就成为根本的问题。王逸《章句》说："楚有先王之庙……因书其壁，呵而问之……楚人哀惜屈原，因共论述，故其文义不次叙云尔！"那末《天问》一篇，只是后人纂集起来的屈原题壁诗，有甚么次序可以根据的呢？至于王逸《章句》的指为象事，可是他的解说，却和郭君的不同。《章句》解前两句说："言象为舜弟，眩惑其父母，并为淫泆之恶，欲其危害舜也。"他以为象所"并"的，是他的父母，"淫"，是"骄奢淫泆"的淫。郭君既根据他的指定为象事，何以不根据他的解说呢？

（4）"眩弟并淫……"四句，如照郭君的解说，文义上就不很通了。我们如认第一句的"并淫"有舜在内，那末第二句去危害的"厥兄"，就该不是舜，而是舜、象的"共兄"了；如认第二句的"厥兄"是舜，那末第一句的"并淫"，就该是眩弟和着另外的一个人或几个人了。至于三四两句，依郭君的意思，以为承上文上微甲(昏微)灭有扈(有狄)而言，"有扈屡与殷人为仇，至上微甲始灭之"，故言其"逢长"也。然而有扈既经被灭，也就不能长了！好像只有马二先生才这样的批道："屈原盖深疾夫有扈氏之变化作诈也，故虽于其灭国，而犹以为长焉！"

（5）就算"淫"字是解做两性关系的淫，不是王逸《章句》的"淫泆"之淫，可是舜、象这两个淫虫！也许是各有他们一个或多个的对手，不一定是要"共妻"而后淫之。

从这五点看来，可见郭君各步的工程，都不是很坚实可靠的了。我们再退一步、二步、三步、四步，以至五步来讲，就算上边的几点，都不成问题。可是在他的 Engels 三大"准备智识"里面，就会发生两个大矛盾。我们且看以上的两点。

（6）"准备智识"第三条，不是说过的吗？"氏族社会……但有一种民主的组织来管理族内的共同事务"，而西周以前，不是郭君指定的氏族社会吗？那末，怎么会有分封的事呢？象又怎么会被封到有庳呢？

如果象也是被有庳人民共推戴出来的酋长，那就和舜不是同在一个氏族了，而且不是兄弟了，"因为兄弟是要连翩出嫁"的！象又是怎样地来和舜共妻的呢？所以要证实舜、象的共妻，除缩短舜和有庳的距离外，非先撤消这第三条的"准备智识"不可。

（7）"准备智识"第二条说："氏族社会是以母系为中心的……当时的社会是没有父子相承的习惯的，为子的均要出嫁。"那末"尧皇帝的两个女儿同嫁给舜皇帝"，又是甚么话呢？舜呀！象呀！乃子乃孙，一嫁再嫁，嫁到上微甲的时候，不早嫁到爪哇国去了吗？怎么能够一个做殷的先祖，一个又做有庳的祖先呢？所以要证实舜、象共妻，也非先撤消了这第二条的"准备智识"不可。

这样的来，郭君这绝好的"彭那鲁亚"标本，分明是一件假古董！

（十）

那《瓜瓞》篇上所说的"古公亶父"……原本是一位穴居野处的牧人，他跟着河流西上走到岐山之下才嫁给一位姓姜的女酋长，到这儿才发起迹来，我们从这诗看来可以知道，周室到古公时都还是氏族社会。（导论页12）

按查《瓜瓞（绵）》一章云："古公亶父，陶复陶穴，未有家室。"二章云："古公亶父，来朝走马，率西水浒，至于岐下，爰及姜女，聿来胥宇。"我们要把它证成上段的事实，必须要这样的解说着：陶复陶穴的古公亶父（古公亶父，陶复陶穴），并未娶妻（未有家室），骑着马儿（走马）来朝见女酋长（来朝），跟着河流西上走到岐山之下（率西水浒，至于岐下），才（爰）嫁给（及）一位姜姓的女酋长（姜女），到这儿（聿来）才发迹起来。（胥宇……）不然，是无法可以解说的。就是这般，而"牧人"两字，还是丝毫不见影响，单骑着一匹马，是不能算是"牧人"。可是《毛传》解第一章云"室内曰家"，历来没有异义，而且下文三章的"筑室于兹"，五章的"俾立家室"，都是叙着建筑的事，可为铁证。所以郭君在第三篇里，也只说"未有家室""还在穴居野处"而已。（111页）那末，何以知道古公从前是个鳏夫，到了岐山才出嫁的呢？第二章的"来朝走马"，郑玄笺说

"言其辟恶早且疾也",那就不是"五载四朝觐"的来朝了。何以会知道姜女是一位女酋长呢?"爰及姜女",郑笺说"于是与其妃大姜","爰"字,本来是语词,解作"于是",已经是很勉强"才"字的意思,是更不会有的了。我们看这诗第三章的"爰始爰谋"一句,如果这般地解说着,岂不是"才才才谋"了吗?"及"字虽然是"与其"可是并不能断定是"嫁给"!"姜女"的"女"字也很平常,怎么会知道就是女酋长呢? 刘向《新序》引这诗说:"太王爰厥妃,出入必与之偕。"大概至少可以备郭君的参考。这样的看来,我们知道:"牧人""才""嫁给""才嫁给""女酋长"等字眼,都是郭君安上的了!

(十一)

> 《管子》本来不必是管仲自己做的书,但那书当得是齐国的国史。我们从那文字的古朴,繁复,并无假托的必要上看来,大约它总不会是后人的伪托。(导论页 14)

郭君大约是要来取证他的意见于《管子》,所以虽然是一部最夹杂最须辨别真伪的书,轻轻地加上几句考语,便把它的地域和时代都论定了;而且是"当得齐国的国史",国史也者,还不是很可靠的吗? 所谓"唯物辩证论"者,是何等的高妙而超然!

(十二)

> 本来当时的阶级的构成是分成"君子"和"小人"的。"君子"又叫做"百姓",便是当时的贵族。"小人"又叫做"民""庶民""黎民""群黎",实际就是当时的奴隶。这些黎民应该是和"庶殷"一样的来源,不过是早归化了的奴民。他们在平时做农夫百工,在战时就当兵当夫,这在《大雅》和《小雅》的各诗中,叙述得最为明白。并且如像"周余黎民,靡有孑遗"。(《云汉》)"民靡有黎,具祸以烬"。(《桑柔》)我们从这些话上看来,可以知道当时的奴隶是怎样的受着虐待了。(导论页 16)

　　郭君在第三篇 136 页还加上一段绝妙的解说："为什么一般被支配阶级的民众或者奴隶就专称'黎''黔首'呢……这是我们所晓得的。一般的都是黑头发，不会专称被支配者为黎为黔，我想那一定是以皮肤的色彩来分别的。黎民黔首就是黑面孔的人，这大约就是中国古代的先住民族，这种人或者就是马来人和四川的俾罗民族的祖先。"案查《诗》《书》上的"黎"字，从前的人都解做"齐也"或"众也"。就拿郭君所举的两首诗来说吧，《云汉》"周余黎民"，郑笺云："黎，众也。"《桑柔》"民靡有黎"，《毛传》云："黎齐也。"孔氏《正义》云："黎众也，众民皆然，是齐一之义。"胡承琪《后笺》云："黎齐，叠韵为训，《汉书》'乱齐民'。颜注：'无有贵贱，谓之齐民。'若今平民矣。"就算是"古人在这儿全没有注意"，或者是"民族一消灭了之后，所以连字的本义也就失掉了"，黎民、群黎只是黑面孔的马来人和俾罗人，当时的被支配阶级的民众和奴隶，而不是"无有贵贱谓之齐民"的齐民，可是黎民者奴隶也是一件事，奴隶的怎样受着虐待又是一件事，郭君既然承认上边所引的两句诗"是真正的事实了"（137 页），那末这两句诗的全章，不该都是真正的事实吗？我们且看《云汉》第二章云："旱既大甚，则不可推，兢兢业业，如霆如雷，周余黎民，靡有孑遗。"《桑柔》第二章云："乱生不夷，靡国不泯，民靡有黎，具祸以烬。"《云汉》诗上分明是说的因为"旱既大甚"，而"周余黎民，靡有孑遗"了啊！《桑柔》诗上也分明说的是因为"乱生不夷"，所以"民靡有黎，具祸以烬"的烬到孟子都看不见了！——（郭君在第三篇 137 页说："虽然孟二先生说：'……周余黎民，靡有孑遗。信是言也，是周无遗民也。'但周诗的所谓'黎民'，与孟子时代的所谓'民'是不同的。在西周末年已经是'靡有孑遗'的黎民，在孟子时代当然不知道他的存在了。因黎民的绝种和汉民族自身的局部的奴隶化，所以使黎民与庶民成为同样的意义。"看吧！"黎民的绝种"，一直绝成现在的马来人和俾罗人，距离西周约四百五十余年的孟子所不知道存在的，二千数百年后的郭君反而知道了，是多么不平常的一件事！）——一回是旱灾所加害，一回是变乱所造成。被支配被虐待的阶级，果然是黎民了，然而站在支配和虐待阶级上的，又是谁呢？而且自然界的旱灾，不是很势利的要分别所谓什么贵贱；变乱的时期，也正是平民占优胜的时期。所谓"黎民"，怎么会单是一个阶级呢? 郭君既然引用并且相信这两章诗了,正可以反证他的"黎民"解说的不确。

(十三)

周厉王跑了之后,一般的人去欢迎共伯和来做皇帝。他做了十四年的皇帝,后来终竟被复辟派的周召二公把他推翻了。(导论页 18)

案查周代共和的史实,从来有三种说法:一是《史记·周本纪》:"厉王出奔彘,召公、周公二相行政,号曰共和。"二是《国语》韦昭注:"彘之乱,公卿相与和而修政事,号曰共和。"三是《史记索隐》引《竹书纪年》云:"共伯和干王位。共音恭,共国,伯爵,言共伯摄王政,故云干王位也。"郭君因为把它证成是潮流激起的政治革命,并不是周厉王暴虐所得着的特殊结果,所以须有革命和保守(复辟派)两党的对立,更须有两党领袖的对立,所以就采用第三说来打底,采用第一说来镶边了。其实,这三种说法的当中,证据最不完全的,要算是第三说了。我们看过这书的第三篇 184 至 186 页,就该发生以下的几个问题:(一)郭君引用这事件的最早记载,是《左传》昭公二十六年的:"至于厉王,王心暴戾,万民弗忍,居王于彘。"可是下文便接着:"诸侯释位以间王政,宣王有志,而后效官。"这正和第二说相合,并没有提到共伯和其人者,郭君何以割断了而不谈?(二)《竹书纪年》:"干王位"的"干"字,或即《左传》"以间王政"的间字同音通假,《左传》杜注云:"间犹与也,去其位与治王之政事。"《史记索隐》解"干王政"做"摄王政",便不知道谁是本义了。"摄王政"可说只是一个人,"问王政"便不只是一个人了。"共伯和"的是否人名,便成了问题。(三)《太平御览》八百七十九引:"共和十四年大旱,火焚其屋,伯和篡位立,秋又大旱,其年周厉王死,宣王立。"王静安先生以为当出《纪年》。郭君便据以断言"伯和政府之存在"。其实,"共和"如果是共伯和做皇帝的称号,便不须等到十四年才去"篡位立",这里显然是矛盾,显然是两件事。《竹书纪年》是战国时魏人所作(王静安先生说),作者和周宣王至少须相隔三百六十多年,就是他自己"无作伪的必要"而不作,安知不是当时传说的歧误,把一件事变成了一事一人!（四）郭君根据《庄子》和《吕览》"许由娱于颍阳,共伯得乎共首"的一句说:"共伯,便是这位共伯和了。"可是许由呢? 便是《让王》篇"尧让天下于许由"的那位许由了吗?（五）郭君说:"共伯和的存在不见于《史记》,后世史家亦讳言其事。"我们就该问了,共伯和的存在何以不见于《史记》呢? 柳翼谋先生的《中国文化史》（中央大学出版）第二十二章说:"《史记·三代世表》自黄帝迄共和,《十二诸侯年表》自共和迄孔子。明共和以前之事,多不可考;而共和元年以后,诸侯谱谍,咸有可稽。"那末,司马迁的没有"共伯和",岂不是诸侯谱谍上本无其事吗? "后世史家讳言其事",我们也得问道:所谓后世史家,司马迁是否也在内? 他们又有什么讳言的必要而讳言呢? 我们从这五点看来,可以知道要算这第三种的证据最为薄弱了。况且,周召二公的推翻共和政府,也未尝见于记载,郭君果何所见而云然?

（十四）

> 那时候有"富人"阶级发生了出来,所谓"择三有事,亶侯多藏"——只要多有钱的人便可以做三卿了;有所谓"如贾三倍,君子是识"——商贾那样贱民的职业,贵族的"君子"也经营起来了。这些虽是很简短的文献,实是道破了当时的社会变革的机械。（导论19页）

这一段是紧接着上文的所谓共和政府的政治革命。这里边的"那时候",我们知道系指的西周末年的时候了。所引的两句诗,前一句出在《十月之交》,后一句出在《瞻卬》。《十月之交》,系经过唐朝天算博士的推定,确是周幽王六年的诗!《瞻卬》依着《毛诗序》说"凡伯刺幽王大坏也",也该是幽王时候的诗。时间上算是没有问题了。可是内容怎样呢? 我们就该统看全篇去决定它,不能够单词只义地来自矜创见。记得从前听过一件故事说:在前清咸丰年间,有个白莲教般的什么教? 它的教义,是要什么"载魄抱一"。它的教主,便根据他的教义来改注《论语》,他在第一句"子曰"两字所下的注解是:"子,了也;曰,口含一也。"岂不是绝伦的荒谬吗？他造成这荒谬的原因,便是摘字成说,不顾下文。我们引用《诗》《书》来证古史,如果不先从全篇的意义去求得它的确解,就难免不和这位教主一样的闹笑话了。我们再看这两句诗在全篇里应有的解说吧!《十月之交》第二章是:"皇父卿士……"第三章是:"抑此皇父……"第四章才是:"皇父孔圣,作都于向,择三有事,亶侯多藏,不憖遗一老,俾守我王,择有车马,以居徂向。"我们总该知道:皇父是人名——只是一个卿士,向是地名——只是一个卿士之都。显然描写皇父的侵公利己说:"这怪本事的皇父呵(皇父孔圣)！他作都城在向的地方(作都于向),在那儿任用他的三司(择三有事),信然只是会多藏的人儿(亶侯多藏),有经验的旧人,也还不肯勉强留下一位来(不憖遗一老),让他来侍候我们的国王(俾守我王),拣着有车马的(择有车马),都拿到向都去了(以居徂向)！"在这文里的"多藏"两字,《毛传》以为"贪淫多藏之人",便是贪淫着多藏之人,不是"多有钱"的人了。所以郑笺说是"聚敛之臣",聚敛之臣者,是有能力使他们的东家多藏之人,和自己的有多钱,意义是不相同。而且从这诗的上下文看来,皇父正需要的是这种人。《毛诗传笺》似乎都不会臆造。郭君只凭着单句的直觉,所以就会变成"多有钱的人"了。所关系着的下文,自然也不得不再加上一种曲解,第二篇 193 页说:"多藏和一老相对待的。'多藏'是有钱有车马而且年少新进的人,'一老'便是旧家的'黄发台背'。《十月之交》的作者是站在旧家的一方面慨叹当时的堕落。"199 页说:"有钱的人都做起官来了,所以周平王才那样叹息,'罔或耆寿俊在厥服'了。"他把"多藏"和"一老"又派成一个对立,以为"多藏"得势,"一老"便落伍了。其实"多藏"和"一老",都是皇父所要带到向都去的呀。"不憖遗一老,俾守我王",也只说"不肯剩下一老让给国王",以见其搜罗尽致而已,并不是不留"一老"在位,而都用"多藏"来代替了。郭君没有注意"作都于向"的向是皇父的都,"择三有事"的有事是皇父的有事,"不憖遗一老"是要"以居徂向",所以就会发生这单词只义的误解了。再来看《瞻卬》吧!《瞻卬》是幽王时诗,是经郭君引用了的,而幽王时的有褒姒之乱,其事散见于《竹书纪年》(《御览》一百四十七引)《国语》(《周语》《郑语》《鲁语》)及《史记·周本纪》,大概也是不能否认的史实。那末这篇"凡伯刺幽王大坏"的诗,第二章说:"哲夫成城,哲妇倾城。"第三章说:"懿厥哲妇,为枭为鸱,妇有长舌,维厉之阶,乱匪降自天,生自妇人,匪教匪诲,时维妇寺。"第四章说:"鞫人忮忒,谮始竟背,岂曰不极,伊胡为慝,如贾三倍,君子是识,妇无公事,休其蚕织。"写上这许的"妇"字而且十分的痛骂了,就该只有这位褒姒才可以胜任而愉快,不然,怎有这般无端侮辱女性的呢? 这诗中的六个"妇"字,也就该是责有攸归的一位特别人才,而不是郭君随笔可以扯到"出其东门"的平常妇女了。(参看原书 202 页)而且六个"妇"字,只是一个人,三章诗的"妇"字,也只是一个人。我们认清了这点,就可以相信郑笺"喻褒姒之言无善",孔疏"痛伤褒姒之乱国政也",都不会是臆造的了。那末孔氏《正义》第四章说:"上言长舌之恶(按指前三章),更说为恶之状(按释本章)。此妇人之长舌多谋虑者,乃好穷屈人之言语,出言则为人患害;(鞫人忮忒)且又变化无常,所言以不信为始,终竟违而背之;(谮始竟背)岂肯自曰我之此言不中正乎;(岂曰不极)反云惟我此言何用为恶,恶而不知其非故为可痛伤也;(伊胡为慝)既云出言不善,又责其干乱朝政,如商贾之求利三倍,乃君子之人于是识知之,非其宜也;(如贾三倍,君子是识)汝今妇人之不宜与朝廷公事,而休止养蚕织纴,干预男子之政。亦非宜也。(妇无公事,休其蚕织)"不是很确切的解说吗? 我们再抽出"如贾三倍,君子是识"两句来看,正只此"妇"干乱朝政的一种比喻,所以有个"如"字。"如"也者,没有真实之谓也。像《牧誓》的:"牝鸡无晨,牝鸡之晨惟家之索",一般的是绝对的比喻。它的目的,是要使人看着"岂有此理"。这岂有此理的比喻,能算是当时有这样的实事了吗? 所以郭君引用这句诗的论证,可说是适得其反,也正是喜用单词只义不顾全文的缘故了。郭君虽然惯用着以有证无的办法的批断古史,却也曾经有过一句名言说:《诗》上没有,不一定就是世上没有。"(206 页)准此,尽可不妨西周时的官儿是用钱卖,他们一面在做官,一面又在开交易所,可是要用这"很短的文献",来"道破了当时的社会变革的机械",却非细读全文不可了! 譬如某教主的教义,尽不妨是"载魄抱一",而要发挥"了一""含一"的妙谛,便须择地而施了!

这上边所列举的十四段,都只出在《自序》和《导论》两篇的里面,可说是没有够全书的十分之一。不过是比较的各篇篇所集中一点的问题罢了,所以这十四段也多有牵涉的其他各篇的。而其他各篇自身的问题,还尽多着哩!因为读者并没有发愿给这书做"疏证",所以就此结束留给高明去讨论吧!然而,我们单从这十四段里面看来,已经可以摸着郭君所自负的"(?)辩证法"的一点边际了。大概是:

（一）以偏概全　如第一、第四段。

（二）自相矛盾　如第二、第三、第七、第九段。

（三）移的就箭　如第四段。

（四）模糊影响　如第五、第十一段。

（五）以有证无　如第六段。

（六）瞎子断匾　如第七、第九段。

（七）掩耳盗钟　如第八段。

（八）以词害意　如第九、第十二、第十四段。

（九）削足适履　如第十三、第十四段。

关于这些,大概不会是郭君"饱读戴东原、王念孙、章学诚",所能得着的方法吧!

二十年二月四日

（《厦门大学学报》第 1 卷第 1 期,1931 年 12 月）

评郭沫若《中国古代社会研究》

文　甫

对于中国社会之科学的研究，是三年以来中国思想界的一个主潮。其在历史方面，郭沫若先生的《中国古代社会研究》，要算是震动一世的名著。就大体看，他那独创的精神，崭新的见解，扫除旧史学界的乌烟瘴气，而为新史学开其先路的功绩，自值得我们的敬仰。但是认真说来，他这部大著实在是粗！粗！粗。我们虽深谅其开荒的辛勤，但是对于他许多理论疏舛论证矛盾的地方，也似乎有指出的必要。兹就鄙见所及，写出几条，以供大家讨论。

（一）关于封建社会

郭先生有一个最奇特的诊断，就是说秦始皇是中国封建制的完成者。他不承认西周的封建制度，他说东周才是从奴隶制向封建制过渡的时代，而秦汉以后才算是真正的封建社会。我们知道现在所有各派论中国社会史的，不管他们说秦始皇以后中国已经是商业资本社会也好，说秦始皇并未曾破坏了封建制的基础也好，但是秦始皇对于封建制所起的作用，是破坏的而不是完成的，这一点他们大家却都没有什么异议。现在郭先生根本翻过来了。倘若他这篇翻案文章真有充足的论据，使各派间许多纠纷不解的问题因此得一刀两断，那倒是一件极痛快的事情。可惜他对于封建社会的认识，使我们不免有所怀疑。东周以降，直至秦始皇，有什么特征可以看出封建制正在完成呢？秦始皇的大事业，如统一中国，建立君主专制政体……纵然不足以摧毁封建制的基础，但是我们能说统一与专制正是封建制的特征吗？东周以降中国社会所起显著的变化，如贵族的没落，富商大贾的兴起，土地自由买卖的盛行……纵然尚不足证明已经进入初期资本社会，但是这种种反能说是封建制正在完成的表现吗？郭先生在《诗书时代的社会变革与其思想上的反映》篇中，描写东周时代"由奴隶制向封建制的推移"，总分三段：(1) 宗教思想的动摇；(2) 社会关系的动摇；(3) 产业的发达。讲封建社会而首先说到"宗教思想的动摇"，单看这个标题，已使我们不免起多少疑虑了。他文中更极力描写他们怎样不信天，不信祖宗，怎样"彻底的怀疑"，甚至什么"人的发现"，什么"高调人的价值"……这是在讲封建社会吗？我疑惑他在讲起欧洲近代思想史了。至于第二段讲"社会关系的动摇"，更足惊异。他共分三项：(第一)阶级意识的觉醒；(第二)旧家贵族的破产；(第三)新有产者的勃兴。他每项都援引《诗经》，描写得有声有色，倘若这段文章描写的是封建社会的动摇，那真是再好不过了。可是郭先生偏偏把这些都看作封建社会正在诞生的征象。不知道欧洲中古期的封建社会有没有这些特征？不知道十三世纪的意大利，或蔷薇战争时代的英吉利，他们的封建制是正在破坏呢，还是正在完成？贵族破产会诞生封建社会，新有产者勃兴会对于封建社会是有利的。以这种理论为根据，那末从商鞅到秦始皇的种种设施，当然都是在完成封建制而不是破坏封建制。封建社会居然成了"新有产者"的社会，这真是旷世的珍闻。郭先生在第三段"产业的发达"中，更追求东周社会变革的原因。别的姑且不说，其中有一条最使人惊异的，是"工商业的发达"。东周时代，工商业逐渐发达，这是个事实。但这不是破坏封建社会而反是促成它吗？工商业发达能成为封建制诞生的一个原因，这样理论，真使我们无从索解。平心而论，郭先生对于封建制又何至这样认识不清。当他正经说明封建社会的本身时，也未尝不把什么庄园制、地主、农夫、师傅、徒弟——写出一大堆。虽是严格说来，他这里面仍含有不少的错误（如过重行帮制农夫一辞意义之含糊等），但总还没有背道而驰。可是一等他放开笔，就云来雾去，把我们赚入迷魂阵了。从他那乌烟瘴气的文章里，会引出多少可笑的结论。

（二）关于奴隶社会

郭先生不承认西周的封建制度，他认定封建社会以前必须经过奴隶社会，而西周时代正和这个阶段相当。他从《诗》《书》《易》，从《周官》中，极力搜寻奴隶制的证据。西周时代之有奴隶，那是无疑的了。不过有奴隶不一定就可说是奴隶社会。汉代大规模的使用奴隶，不比周代更明显吗？与其苦心搜求周代奴隶制的证据，何不直截了当认汉代为奴隶社会呢？并且郭先生所提奴隶制的论据也不甚可靠。他所描写"奴隶"的种种情形，都尽可归之"农奴"，并不见得是奴隶制的特征。譬如他讲《七月》那首诗道：

> 这诗描写当时的农夫周年四季一天到晚都没有休息的时候。男的呢种田筑圃，女的呢养蚕织布。栽种出来的结果都献给公家，而自己吃的只是一些匏瓜苦菜。养织出来的结果呢是替"公子"做衣裳，而自己多是"无衣无褐"。农闲的时候打点猎，得了狐狸便要送去给"公子"做衣裳，得了野猪只好偷偷地把猪儿除了起来，大猪要贡给公家的。自己养的羔羊也要杀了来献上去，不消说也还要酿酒送酒。公家住的宫室要他们去整理，昼夜兼勤地用茅草盖好起来，而自己住的被耗子打穿成大垣小洞的土屋……女子好像还有别的一种公事。就是在春日艳阳的时候，公子们春情发动了，那就不免要遭一番蹂躏了。这并不是什么稀奇的事，据近世学者的研究，许多野蛮民族的首长对于一切的女子有"初夜权"……这些就是《七月流火》中所表示的农夫们一天到晚周年四季的生活，这是不是奴隶呢？（郭著一二六至一二七页）

郭先生可抓住题了，大描写而特描写。其实输租、贡礼、服从……这种种那一样不是农奴所有事？为什么一概归于奴隶？即如"初夜权"，欧洲中世纪的封建领主不是明明享受着吗？这何足拿来证明奴隶制之存在。郭先生对于徭役一层描写得很起劲。他历引《诗经》中《灵台》《出车》《东征》《破斧》《鸨羽》《击鼓》诸篇，《书经》中《康诰》《召诰》《多士》

《费誓》诸篇,证明当时徭役的繁重,人民为土木工役打仗戍城而牺牲的不知道有多少。直弄到:

> 民靡有黎,具祸以烬。(《桑柔》)
> 周余黎民,靡有孑遗。(《云汉》)

他以为这真足以证明当时奴隶制度之酷烈了。其实这种情形何必在奴隶制度下才能产生,农奴甚至半农奴也未尝不遭遇同样的运命。秦始皇、隋炀帝那时的徭役还不繁重吗? 杜甫、白居易等所描写唐代人民征戍从军的苦痛还不惨酷吗? 难道那时候都还是奴隶社会? 不错,郭先生曾经说过:

> 历代的改朝换代可以说本来都是奴隶的抗争,特别鲜明的不是秦朝的灭亡吗?(郭著二〇页)

照这样说,秦汉以后的社会似乎还建筑在大批的奴隶上,说它是奴隶社会倒也可以。然而郭先生却又明明说过秦汉以后是真正的封建社会了。既是封建社会,就似乎不会是建筑在奴隶上;建筑在奴隶上的社会,又似乎不可叫作封建社会,这个矛盾怎样解决呢? 郭先生论西周奴隶制度,是以希腊作比,是以恩格思《家庭私有财产及国家的起源》中的理论为根据的。然而郭先生的理论和恩格思又不一致。恩格思论梭伦以后的希腊道:

> 为社会的及政治的制度之基础的阶级对立,已不复是贵族与平民,而是奴隶与自由民,保护民与市民。在全盛时代,全雅典的自由市民,连女子及儿童在内,总数为九〇〇〇〇人,男女奴隶为三六五〇〇〇人,还有保护民——外国人及被解放的奴隶——四五〇〇〇人。故对于一个成年的男子市民,至少总有十八个奴隶与二人以上的保护民。(李膺扬译《家族私有财产及国家之起源》一八七页)

这样的奴隶社会,交换经济已有高度的发展。统治这个社会的,已不是贵族而是自由市民。但是郭先生却把贵族当作奴隶社会的基本阶级,而贵族的破产,与工商业的发达,都成为奴隶制动摇与封建社会将要到来的征兆,这和恩格思的理论怎能相合呢? 希腊是个奴隶社会,但这应该指梭伦以后的希腊而言,拿来和西周相比,似乎有点不伦。

(三)关于氏族社会

郭先生断定殷朝尚在氏族社会之末期,这大概是不错的。但是他把母权制度和亚血族群婚制说得似乎太过火了。母权制虽是氏族社会的主要特征,但当氏族社会的"末期",已为父权制所取而代之了。陆一远译俄国某学者《社会形式发展史》六六页有这样的记述:

> 在新石器时代的初期与中期,产生了新的社会组织——即父权氏族。这种父权氏族在耙耕农业开始时,就成了当时最普遍的社会组织之形式。

郭先生似乎不曾注意到氏族社会中包有所谓"父权氏族",所以他一方面既证明殷朝已经是金石并用时代,已经有农业发现,同时却又极力证明殷朝的母权制度,这似乎有点矛盾。他证明殷朝的母权制度,不外根据下列四点:(1)亚血族群婚;(2)先妣特祭;(3)帝王称"毓"(后);(4)兄终弟及。

这四点中,(2)(3)两项只是些礼俗称谓上的事情,那至多不过证明殷朝还存留着母权时代的遗习,并不足证明母权制在当时社会实际生活中还有什么作用。在极开化的社会中,原始时代的遗习也还可以看到。至于兄终弟及,郭先生说是:

> 因为是亚血族结婚的关系,兄弟是整个的嫁来,儿子是要整个的出嫁,所以只能够兄弟相承。(郭著一〇九页)

但是这里郭先生又不免自相矛盾。他曾经说过:"母系制度的社会,酋长多是女性。"(郭著四四页)那末,殷朝既被既为母权社会,也就该母女相承当酋长才是,为什么非"父死子继",就必须"兄终弟及"呢? 殷朝三十一代中可有几个女王? 说到亚血族群婚制,矛盾更多。郭先生最大的证据,不过是殷墟卜辞中"多父多母"的记述。但是那也只能认为亚血族群婚制的遗习,而不足为当时还实际施行着亚血族群婚制的证明。

摩尔根在易洛魁人中，发现那里的男子不仅称自己的小孩为子女，即对他的兄弟的小孩也称为子女，而他就被一切小孩都称为父；那里的女子也不分自己的或是她姊妹的小孩都称为子及女，而这些小孩们也通称她为母。这正是亚血族群婚制下的称谓，然而当时易洛魁人所实行的已不是这种制度，而是比这进一步的所谓"对偶婚"了。殷朝情形恐怕和这相类，多父多母的称谓虽还存留着，但亚血族群婚制实际上已不存在了。在这里郭先生又忘记了恩格思的话：

> 对偶家族发生于蒙昧与野蛮之间的境界上，大概是在蒙昧的上期，还有几处是在野蛮的下期。这是在野蛮时代的典型的家族形态，正犹集团婚之于蒙昧，一夫一妻制之于文明一样。（李译《家族私有财产及国家之起源》七七页）

郭先生认殷朝为金石并用时代，是至低也当发展到了野蛮中期，怎么又把这蒙昧的主要形态的群婚制拉给他呢？最妙的是郭先生讲《书经》上周武王声讨殷纣王那两句话：

> 昏弃厥遗王父母弟，不迪。
>
> 乃惟四方之多罪逋逃，是崇是长，是信是使，是以为大夫卿士，俾暴虐于百姓，以奸宄于商邑。（《牧誓》）

他讲前一句说：

> 因为王父母弟整个要出嫁，所以从敌人看来，就好像是"昏弃不迪"了。（郭著一一一页）

他讲后一句说：

> 因为本族的男子要出嫁，异族的男子不能不入赘，所以便不能不以为大夫卿士。（同上）

看他讲得多么巧妙新颖！但是从这里引出什么结论来呢？假使照这样说法，殷朝直到纣王时代亚血族群婚制还极有力的实行着，那真是典型的氏族社会，还说什么殷朝是氏族社会的"末期"呢？我们再把郭先生讲周人的话和这对比着看，更觉有趣。周武王数殷纣的罪状既如上所述，这必须是殷周社会相差甚远，周人离开亚血族群婚制已久，所以殷人极平常的事他们就觉着刺眼，认为很大的罪恶。倘若说周人当时也正行着亚血族群婚制，那末照郭先生所说，他们也该是"王父母弟整个出嫁"，"异族男子入赘，为大夫卿士"，还怎么会提出这些例行常事来声讨殷纣呢？然而郭先生竟然有下面一段话：

> "大姒嗣徽音，则百斯男"，这当然不免是诗人的夸张，但无论怎样的夸张，总要有四五十个儿子然后才可以举其成数而言"百"。一夫一妻的配偶要生四五十个男子是绝对不可能的。这儿只能有两种解释：一种是文王多妻，一种是亚血族结婚。在文王的祖母一代都还是女酋长制，应该以后一种解释为合理。又"文王十三生伯邑考，十五生武王"，伯邑考要算是文王十二岁时候的种子，这除解释为亚血族结婚外，也太不近情理。（郭著一一二页）

亚血族群婚制真是万应灵丹，什么不通的难题它都能解释。然而文王还实行着的亚血族群婚制，到了他的儿子武王就会一点不能了解，妄认为敌人的罪状，这也未免"不近情理"吧。

（《大公报》1931 年 10 月 12 日，第 10 版）

评郭沫若《中国古代社会研究》

素　痴

　　《中国古代社会研究》,郭沫若著,上海四马路中二邮区联合书店出版,一九三〇年三月初版,精装实价一元八角,平装实价一元五角,外省酌加寄费。编者按,本刊第百九十六期,已有文甫君批评此书一文,读者可以参阅。

　　郭沫若先生的《中国古代社会研究》是一九三〇年我国史界最重要两种出版品之一(其余一种不用说是顾颉刚先生的《古史辨》第二册)。它的贡献不仅在若干重要的发现和有力量的假说(积极方面,例如西周的奴隶制度、传说上舜与殷先祖之关系;消极方面,例如"周金中无井田制度的痕迹""周金中无五服五等之制"等等),尤在它例示研究古史的一条大道。那就是拿人类学上的结论作工具去爬梳古史的材料,替这些结论找寻中国记录上的佐证,同时也就建设中国古代社会演化的历程。这条研究古史的路径有好几种优点。第一,生产事业的情形和社会的组织,无疑是历史中主要的部分之一,较之同时某特个的人物或事件之虚实,其意义自然重大得多。第二,在古代记录中,因为直接的独立的见证之缺乏,大多数特殊人物和故事的可靠性简直无从考定,惟传说中这些人物和故事的社会背景不能凭空捏造,至少当可以映出传说产生时的社会情形。我们若从古代记录中考察史象之静的方面,其所得结论往往较为可靠。第三,社会制度的变迁多少有点"理性"或"历史的逻辑",例如铜器之先于铁器、农奴制之先于私人资本发达、神治思想之先于人治思想,其盖然性决比反面为大。许多时代成问题的古史料,我们可据其中所表现的制度而排列其产生的次序。因为这些原故,郭先生所例示的路径是值得后来史家的遵循的,但可惜郭先生研究的指针,乃是五十多年前穆尔刚的《古代社会》(Lewis H. Morgan: *Ancient Society*, 1877),那已经成了人类学史上的古董,其中的结论多半已被近今人类学者所摈弃。(看 R. H. Lowie: *Primitive Society*, P. V., New York, 1925)即使如此,我并不是说穆尔刚的书绝对不能为研究中国古史的帮助。穆尔刚和他同时许多人类学先驱者的根本错误,在以为社会的演化有一定之程序与方式,为各个社会所必经。他所建造的社会演化历程固不能适合于一切社会,但倘若郭先生预存戒心,不把他看作放四海而皆准的道理,而只用作一种初步的假说(preliminary hypothesis),拿中国古史去勘核它,而不拿它去附会中国古史,则结果或者对于穆尔刚的学说添一些反证或疑问,亦未可知。可惜郭先生不出此,竟无条件地承受了那久成陈迹的、十九世纪末年的"一条鞭式"(Unilinear)社会进化论,并担任用中国史来证明它,结果弄出许多牵强穿凿的地方。本文拟将书中成问题的要点提出讨论。

殷周两代制度的差异,如故王静安先生及郭先生所指出的,大部分是无可疑的。差异的原因在什么地方? 这是古史上一个很重要的问题。相信唯物史观的郭先生,很自然地会求这问题的答案于生产方法的变革。果然不差,他以为殷周社会组织递变的基本原因是"铁耕"的新发明。他说:

> 就因为有这铁器的发明,所以在周初的时候便急剧的把农业发达了起来,《诗经》上专门关于农业的诗便有《豳风》《豳雅》《豳颂》,从牧畜社会的经济组织一变而为农业的黄金时代。周室乃至中国的所谓"文明""文物"也骤然的焕发起来了。(页一五)

铁耕在周初已发明,这话有证据吗? 据郭先生看来,是有的:

(1) 是《大雅·公刘》的"取厉取锻,止基乃理"两句。郭先生说,"段"字《说文》注曰"椎物也"。案此乃"锻"之省。"锻,小冶也。""虽未明言冶铁,但铁以外之金属则无须乎椎炼。"

(2)《考工记》"段氏为镈器",虽未明言用什么金属,但郭先生说,从那"段"字可以引申是"铁"的意义看来,"那所做的镈器一定是铁器"。

（页一四至一五）

从"段"或"锻"字便可引申出铁的意义来吗？我看不见得。兵器用铁始于战国，前此悉以铜为之。此事经近人考证，确凿不移。（看章鸿钊《石器》附录《中国铜铁器时代考》，此点郭先生亦承认，见原书页二〇六）

而《书·费誓》却有"锻乃戈矛，砺乃锋刃"之语。《费誓》旧说以为作于周初，据友人余永梁先生所考亦作于春秋中叶。除非郭先生能证明《费誓》作于战国，或证明至迟春秋中叶已用铁兵，则"锻"字古义与铁有连之说，恐怕不易成立罢？且"锻"字古义不一。《庄子》有（手头无书，不能举篇名）"取石来锻之"之语，是"锻"本有椎击之义。铜器软而易挠，椎击以复其原状，奚为不可？即解作"小冶"（以金属入火淬而椎之），则铜器或氧化而蚀损致钝，锻而利之，亦无不可。

要之，周初发明铁耕之说，尚无丝毫证据。我们不能遽认为事实，以解释殷周间的史象。铁耕之记录始见于《管子》及《孟子》，《管子》书决非管仲时代产物可以断言，则铁耕的历史，吾人现在所能迹溯者，尚不出战国时代。固然这并不能证明战国以前没有铁做的农器。但从另一方面看来，铁镈和铁兵的发明，即使不在同一时代，也当相距不远。因为用铁来做锄头和用铁来做刀斧所差的不过椎炼、磨炼的工夫之程度而已。这一个程度的差异不应使两者隔了六七百年。我们从铁兵发明于战国的事实，可以推测铁耕的发明至早当在春秋中叶或末叶。

因此，我们似乎不能拿铁耕的新发明来解释殷周两代制度的更革。我的解释却平常得很。殷、周本来是两个对立的国家，它们的社会组织和文化程度原不一律。在一个时代，殷国特别强盛，东征西伐，占据了历史舞台的前景（初期的历史传说只是战争的追忆），后来周国强盛起来，武王把殷灭了，并征服了旁的许多国家或部落，把它们分给自己的家室。（《荀子·儒效》，周初"兼制天下立七十一国，姬姓独占五十三人"。《左传》成鱄对魏献子作"兄弟之国十有五人，姬姓之国四十人"。）

周人武力所及的地方，自然是周国制度所衣被的地方。更加以征服者与被征服者间的新关系所引起的重新适应（re-adjustment），故此黄河流域内的社会组织骤起重大的变化。

从上面看来，殷周两代社会的变更可以用民族的移徙（至于移徙的原因,我们却不知道)来解释,而无须诉诸生产方法的突然进步或圣人的制作。自然我这解释的大前提是:周在克殷以前文化程度和社会组织本与同时的殷国不同。我的证据如下:

(1)卜辞中所见殷代社会乃以牧畜为主要生产,而周国自其历史传说开始以来已是农业社会。

(2)武王以前,周室没有像殷国兄终弟及的习惯。周人传说,后稷生不窋,不窋生鞠陶,鞠陶生公刘,十世而太王迁岐,太王生王季,王季生文王,其间都是父子相承,毫无母系的痕迹。郭先生昧于殷周两国本来制度的差异,硬要把母系制度套上周人的社会。其取证之牵强,真有"出人意表之外"者。例如:

> 古公亶父,来朝走马,率西水浒,至于岐下。爰及姜女,聿来胥宇。

郭先生说,古公"骑着马儿,沿着河流走来。走到岐山之下,便找到一位姓姜的女酋长,便做了她的丈夫。这不明明是母系社会的铁证吗?"(页一一一)原文是"姜女",却忽然变为"一位姓姜的女酋长",已足使我们惊叹郭先生的魔术。一个男子从甲地迁到乙地,遇着一个女子,和她结了婚——这事实便足证明他们是在母系制度之下,那么,世界还有什么事不可以证明的呢? 郭先生以为古公"是一位游牧者,逐水草而居",因而走到岐山。我们诚然佩郭先生的诗人的想像,但依传说,古公之迁岐,乃因狄人侵迫。他并不是有闲情逸致,独自一人骑马儿,去找老婆的呀! 又如《周易》爻辞中"乘马班如求婚媾""乘马班如,匪寇婚媾"等语,从前梁任公先生用作抢婚制的证据,现在郭先生却用作"男子出嫁的证据"。(页四三)同一的记录,可用以证明相反的两说,则此记录对于两说之价值可知。其实一个男子骑着马儿赳赳地到别人门上求婚,这件事至多只能证明当时有男子到女家求婚的习俗。过此以往,紧严的史家惟应"阙疑"。不然,所得的结果,只是幻想,是诗,不是历史。又如《晋》六二爻辞中有"王母"二字,郭先生据此便断定"女酋长"的存在。其实"王母"即使不是祖母,何尝不解作"国王之母"呢?

郭先生以为殷人社会有母系(Matrilineal descent)甚至母权(Matriarchate)制的残遗,这是我们可以承认的。但关于原始共产制和亚血族群婚制在殷代之存在,他所举的证据离"充分"还很远很远,更说不上"确可成为断论"(页三一三)或"结论丝毫无可移易"(页二七〇)。

(一) 关于原始共产制存在的证据,郭先生举的如下:

(1) 卜辞中无攘盗窃夺等类文字,有寇字则限于族与族间的行为,这可见当时尚没有货财的私蓄。(页二八〇)

(2) 卜辞及殷金中无土田之赐予,这是表明殷代土地尚未开始分割。(页三一二)

(3) 卜辞及殷金中无赐臣仆的记录,这是说奴隶尚未成为个人私有。(页二八六及三一二)

观此可知郭先生立论全在默证(Argument from silence)——近人治中国古史所最喜欢用的方法。他在殷代龟契及金文中找不出(或找得很多)私产制和阶级制的遗迹,因而推断私产制和阶级在殷代未曾发生(或方始萌芽),这一类论证法的危险,我在别的地方也曾经指出。现在不妨更为申说。我们从现存的过去遗迹来推测过去的普遍情形,第一要注意这些遗迹所能代表过去的程度,违反了这个限度的推测只是幻想。研究古生物学和地质学的人莫不承认这种限制。人类史自然没有例外。达尔文在他的《种源论》里,于讨论地质学上的证据以前,特立一章,论"地质学的记录之不完全"(On the Incompleteness of the Geological Record),他归结说道:

　　那些相信地质学上的记录是完全(无论完全到什么程度)的人,无疑地会立刻摈弃此说(物种渐变说)。但就鄙见论,则用赖尔氏之喻……此地质学的记录,若视为世界之历史,纪载殊不完备且所用方言时常改变。于此历史吾人仅得最后一册,此册复残缺不全,仅此处彼处留一短章;每页之中仅具数行。此慢慢地变迁的语言中之每一字,在以下各章中略异其形者,或者代表若干生物之形式,埋藏于连续积成之诸层中,而被误认为突然加入者。以此观之,则上说之困难大大减少,或且消灭。(《种源论》页二九一至二九二,一九〇四年纽约精印本)

达尔文的大意是说,地质的记录虽然没有可以证明物种的变迁是积渐的,但这并不证明突变说,因为地质的记录并不完全。达氏的物种渐变说当否另是一问题,但他这里论证的方法是值得我们注意的。即如郭先生所说,在现存的殷代龟契及金文中找不出土地划分和货财及奴隶私有的证据,但这便足以证明殷人的社会是原始共产的社会吗?我们在这些遗迹中找不到证据的事情多着哩,若因此便断定当时没有,则殷代社会应当成个什么样子?我们可以套达尔文的话说,这些卜辞和铭文,若视为殷代历史,则记载殊不完全,而于此史书吾人仅得最末数页,且每页复多漫漶残缺,惟此处余数行、彼处剩数字而已。我们不能因此残缺的数页中记录的缺乏,便断定殷代实际上没有土地的划分和货财奴隶的私有。

　　即使置"默证"的限制不论,郭先生亦不易自固其说。第一层,甲骨文字,吾人所能认识者只有七百八十九字(或稍多于此),其所不识者,略与此数相等。安知在那些"待问"的字中没有"盗窃攘夺"等字呢?第二层,即使在甲骨文及殷金所涉及的时期中确没有或极少有"锡臣仆"和"锡土田"的事例,这也不足以证明当时奴隶未曾私有和土地未曾割分。因为王公之以奴隶或土田赏赐其臣下者,必定他们原来占有或新近得了些多余的奴隶或土地。倘若他们本来占有的不多,或经过了长期的分赐,所余无几,便不能永久散播这种恩惠。即如周朝锡土田臣仆的事,在初期是很寻常的,但自春秋中叶以后便不多见。安知殷代的情形不是如此?

　　(二)关于亚血族群婚制(即甲姓兄弟与乙姓姊妹群婚,甲姓兄弟中任何人为乙姓姊妹中任何人之夫)存在于殷代的推证,郭先生所用的方法全袭穆尔刚。穆尔刚间接推断亚血族群婚制的方法和结论,经 B. Malinowsky 氏(俄人侨寓英国者)等的纠谪,久已为人类学者所摈弃。(参看 R. H. Lowie: *Primitive Society*, pp.55—64)穆尔刚方法可以说是"从名断实"的方法。例如他在某社会发现子于其父之兄弟皆称为父,于其母之姊妹皆称为母的事实,便断定这是亚血族群婚的残遗,这个推断的大前提自然是父母等名,在原始社会的涵义和在现今社会的一样。这就是说,凡子称为父的人,一定与其母有夫妇关系;凡子称为母的人,一定与其父有夫妇的关系。但依现今人类学的智识,这个假设是不能成立的。路威教授说得好:"袭嫂制"(Levirate,其制:兄娶而死,则弟或族弟承接其嫂为妻)和"继姊制"(Sororate,其制:姊嫁而死,则妹或族妹承接其姊夫为夫)便可以完全解释为什么父与父之兄弟、母与母之姊妹同归一类。这些现象指示:亲属的称谓并不必然地表现实际上性的关系。(在"袭嫂制"的社会里)一个人可以永远没有机会承袭他的嫂子,或者因为嫂子死在哥哥之前,或者因为她被别一个兄弟承袭了。但尽管如此,他哥哥的儿子仍然称他为父。相当的事实见于"继姊制"的社会里。原则上可能与一人之母发生夫妇关系者有诸多人,这件事实便足使他们受同一的称呼。我们没有理由去假设:每逢那些土人用同一的亲属名词时,其所指示者必定超过社会地位的类似。(同上,页六一至六二)

郭先生以为"商代末年实显然犹有亚血族群婚制的存在",而他所举的证据不过如下:

(1)卜辞中一祖配数妣的记录(如祖乙之配曰妣己,又曰妣庚)。

(2)卜辞中有"多父"、"三父"之语,又有连举二父三父之名者。

(3)商勾刀铭云:"大父曰癸,大父曰癸,仲父曰癸。父曰癸,父曰辛,父曰己。"

父与父之兄弟同称为父,这不必表示他们实际群婚,即共妻,上文已经表过。假如商代是实行亚血族群婚制的,则卜辞上只应有数祖合配数妣的记录,而不应有一祖独配数妣的记录,因为在这制度之下,没有一个男子独配若干女子,亦没有若干女子专配一个男子。但卜辞上却只有一祖配数妣的记录,而无一妣配数祖或数祖合配数妣的记录,这岂不是亚血族群婚制存在的反证吗?

我以为郭先生所举三项事实之最满意的解释应是:殷代实行一夫多妻制而兼"袭嫂制"。前者可以解释第(1)事,后者可以解释第(2)及第(3)事。而殷代兄终弟及的习惯尤其为"袭嫂制"存在的旁证。兄死了弟承袭其嫂为妻,承受其侄为子,自然同时承受其兄所遗留的一切产业或权利了。

我很失望地发现,郭书中关于中国古史之最新颖的论点竟是最不易成立的论点,但这并不掩了本书他方面的重大贡献。(我抱歉在本文内没有机会去充分地指出)一个批评者对一部书有所纠绳,这并不就表示他对于这书的鄙薄。反之,郭先生初非国学专家,近在逋亡中涉手尘篇,竟有如许成绩,是很不容易的。我愿意于此致一个同情的读者的敬礼。

(《大公报》1932 年 1 月 4 日,第 8 版)

评郭沫若底《中国古代社会研究》

李麦麦

凭良心说，郭沫若的《中国古代社会研究》总算是近几年来中国出版界中最时髦、最出风头的一本著作。郭先生的文学家的笔调、丰丽的叙述及他在全书中流露出来的革命热情，在在都能使他的著作获得广多的读者和欢迎。

可是，时髦的著作不一定是科学的著作。有许多著作之所以轰动一时，全是因为此著作出世之时代关系和他应给了某种社会势力的待望，其著作的本身并无偌大价值。不但如此，而且有时完全错误。

郭沫若的《中国古代社会研究》也就是这么一回事！

郭先生的《中国古代社会研究》是用错误砌成的。

在我们批判这错误砌成的著作时，假使要把这些错误一一都加以批判或指示，一定使得郭先生"体无完肤"。可是这样，在笔者不胜其烦，在本文的读者也得不着一个系统的印象。不得已，我们还只有将郭先生底主要错误，即他对中国历史发展的阶段及其变革过程认识的错误加以批判。

（一）商代是什么社会？

郭先生底中国社会史研究是从商代起，我们的批判也从商代起，郭先生对于商代社会认识怎样呢？

他的认识是：

一，"商代和商代以前都是原始共产社会"。

二,"商代是畜牧盛行时代,农业已经发现时期,那吗商代的社会必然是一个原始共产的氏族社会"。

三,商代"是由原始共产制到奴隶制的转变"时代的社会(点是笔者加的)。

我们想不到,上面这些"梦呓不清"的肯定语句会出自以历史家自命的郭沫若之口!

考古学家说,远在二十万年以前原始社会已经出现。中国的原始社会是否在二十万年前或后出现,我们现在不得而知,想来在"金石并用"和"已有文字"的商代该不会是原始共产社会吧? 商代既是"畜牧盛行时代""农业已经发现时代",为什么商代还是原始共产社会呢?

又,原始共产社会与氏族社会是两个根本不同的社会形式。前者使用粗糙的石器,后者金石并用;前者是采集、渔猎经济,后者是畜牧、农业经济;前者的组织是杂血质的群,后者是同血质的族;前者是杂交,后者是亚血族结婚(早期)和一夫多妻或一夫一妻(晚期);前者没有剩余劳动或剩余生产物,后者有剩余劳动和剩余生产物;前者无奴隶,后者有奴隶。如何能把原始共产社会与氏族社会混为一谈,而说商代"是原始共产的氏族社会"呢?

至于说,原始共产制的社会转变为奴隶制的社会,这也是我们从未听过的。而且原始社会到奴隶制的社会中间还间隔两个社会——氏族社会与封建社会——试问原始共产社会如何转变为奴隶制的社会呢? 历史的发展是遵循着一定的因果律,郭先生说商代"是由原始共产制转变到奴隶制",可惜他没有指出这因果律。

郭先生底《周易》和卜辞研究对于商代经济生产和社会组织有以下的说明:

一,"商代中叶以后已由畜牧时代渐渐转入农业时代"。

二,商代已经有"行商的存在"。

三,商代"男子所以畜妻并且可以纳妾"。

四,商代的阶级是:

　　1. 大人——天子……王侯

2. 君子——武人……史巫

3. 小人——邑人……行人

4. 刑人——臣妾……童仆

五，商代有刑罚，且有执行刑罚的暴力机关——国家。

六，商代"有奴隶和奴隶私有"。

根据上面六个说明，我们已经可以断定商代不是氏族社会（更不是原始社会），商代不过是氏族社会到封建社会的一个转变阶段罢了。郭沫若也不否认商代是个转变时代，不过，他说商代是由原始共产制转变为奴隶制的时代。

我们对于上面六个说明还有所补充：就是商代经济决不是从中叶以后才由畜牧转入农业，农业在商代已是主要产业。这在《诗》《书》上都寻得出证明。

勿予祸适，稼穑匪害。（《商颂》）

今尔众，汝曰："我后不恤我众，舍我穑事而割正。"（《汤誓》）

若农力田，乃亦有秋。（《盘庚》）

惰农自安，不昏作劳，不服田亩，越其罔有黍稷。（同上）

这不是证明远在汤伐夏以前，中国已进入农业经济么？

"我后不恤我众"，这儿的"后"是指夏桀，桀不爱恤民众，所以民众才这样的怨恨他。"舍我穑事而割正"，更证明穑事在当时是举足轻重的产业。否则，夏民何以不说舍我猎事或畜事而割正，而独曰"舍我穑事而割正"？及商伐夏之后，取得夏族统治的商族对夏民一则曰"重我民，无尽刘"，再则曰"用奉畜汝众"，三则曰"汝共作我畜民"，这是说，商族未立中土以前，中土经济已经发展到有剩余劳动可资剥削，否则，不会有上面那种畜民的命令。留着羊子，原是想在羊子身上剪羊毛的。"我后不恤我众，舍我穑事而割正"，又可证明夏族是剥削了农民的剩余劳动。

这样看来，氏族社会内的军事酋长要求废去氏族遗传与原始民主制，历史上第一次激烈的流血斗争，远在商代以前已经开始了，并且建立了剥削制度。待游牧民族的商族入主中土的时候，不过和满清侵入中国一样，把旧有剥削组织变更一番，使自己一族成为最高的统治者罢了。

商族将当时的剥削组织变更到如何程度及其变更以后的新政治组织又怎样呢？这，我们先要看汤有天下以后的土地面积。《商颂·玄鸟》上说：

> 古帝命武汤，正域彼四方。
>
> 方命厥后，奄有九有……
>
> 邦畿千里，维民所止……
>
> 四海来假……

既然曰《颂》，多少总带有吹牛性质，不过我们从上面的引证中也可以看出商代国土面积一个大概。商代的土地面积约当现在，河南一省，直隶、山西、山东、陕西都有一部分，否则，便不能说是"奄有九有"。商的土地面积既然有这样大，在交换经济不发达的时候是否能建立像古代罗马或商业资本时代的集中的统一王权呢？绝对不可能！游牧民族的商族入主中土之后，一定要采取封建制。我们看《商颂·长发》吧：

> 玄王桓发，受小国是达，受大国是达。
>
> 受小球大球，为下国缀旒。
>
> 受小共大共，为下国骏庞。

《商颂·殷武》上也说：

> 命于下国，封建厥福。
>
> 自彼氐羌，莫敢不来享，莫敢不来王，曰商是常。

这两首诗都道出汤有天下之后，是采取分封授土的形式。这是不用怀疑的，游牧民族征服农业民族之后，总是建立封建制度，何况商未克夏以前，而夏族已经有剥削农民的事实。

我们应完结这一节的讨论和批评。

从我们的讨论和批评中证明商代：（1）不是原始共产制，（2）不是氏族制，（3）更不是原始共产制向奴隶制推移。正确的说：商代是中国封建制度起源时代，氏族制在商代只有孑遗形态。

（二）西周是奴隶制呢抑封建制呢？

郭沫若对于商代社会形式既然认识不正确，那末，他对于西周社会形式的认识是否正确？

他对于西周社会的认识是：

一，"周代上半期是奴隶制"。

二，"周代的社会历来以为是封建制度，然与社会进展的程序不合，因为在氏族社会崩溃以后，必尚有一个奴隶制的阶段，然后才进入封建社会。就我所见周代上半期正是奴隶制度"。

三，"中国的社会在西周的时候，刚好如古代的希腊，罗马一样，是一个纯粹的奴隶制的国家"。（点是笔者加的）

郭氏对于西周社会的肯定，糊涂已极！幼稚已极！郭先生在肯定商代社会阶段时把原始社会与氏族社会混为一个，在肯定西周社会形态时又把封建社会与奴隶制的社会弄个颠倒。由氏族社会进入到封建社会何以不合社会进展程序呢？难道要像郭先生说的由氏族社会直接进入古代罗马的奴隶社会是合乎社会进展程序的么？哈哈！郭先生才是开天下之大玩笑啦！

郭先生既然不了解封建制与古代罗马奴隶制之关系，我们为了郭先生——也可以说为了目下一切"时髦"的历史家——有说明这两种社会先后关系的必要。目下有许多历史家，在他们讲授社会史或编著社会进化史时，常常和郭先生一样，总是将古代奴隶社会放在原始社会之后，而把封建社会放在奴隶制的社会之后，这是再错误没有！他们这样的安排社会进展的阶段，正证明他们不了解社会发展的因果性。

我们要晓得古代奴隶制是古代封建制发展的结果。古代罗马社会崩溃以后，在其废墟上建立起来的封建社会，不是人类历史的进步，而是人类历史的退步。不论从那一方面说，古代希腊和罗马社会的文化要比中世纪的欧洲文化为高。古代希腊、罗马底奴隶企业的大生产制、建筑、道路、运河、政治组织、艺术等，在在都比中世纪的封建制为高。夸扬古代文化的，说近代欧洲文化只是希腊、罗马文化之再生，这不是无原因的。

古代封建制度在希腊是在纪元前几百年已经出现。古代奴隶制在希腊是在纪元前六百年，在罗马是在纪元左右始出现。

波格达诺夫说：

> 东方专制诸国及古代世界奴隶所有制度的发展，其出发点均在封建制度的存在。我们试回看特罗扬战争时代的希腊，就可见封建社会的活画……这个制度成为后世奴隶所有制度的基础，而这种奴隶所有制度，又是随着交换的发展，在封建制度的胎内发展的。

显然地，古代奴隶制度是古代封建社会内交换发展的结果。古代封建的社会其所以有那么发展的交换关系，又是由于希腊、罗马的地理条件使然。

古代奴隶制的社会既然是发展的商品经济的结果，于是保证这种发达的商品经济的政治组织遂成为绝对的必要，因而产生古代集中的统一的古代国家。郭说"中国社会在西周时，刚好如古代希腊、罗马一样是一个纯粹的奴隶制的国家"，其证据安在？郭先生是否说西周文化和古代希腊、罗马一样？是否说西周时代有基于奴隶生产的大企业组织、工场组织？是否说西周时代有罗马那么发达的商品经济及道路建筑？是否说西周文化高于东周？显然地，西周文化是不能比拟古代罗马文化的，同时西周文化也绝对比不上春秋战国时候的文化。

是的，奴隶在氏族社会之中已经存在。但此时的奴隶，乃是战争的俘虏，被强制的编入血缘不同的集团内，而为该集团的螟蛉。他们的劳动虽然促进了氏族的分化，然而氏族社会转入封建时，他们反离开农业，而住于诸侯的府第，成为诸侯的"奴婢"、从属人民。这时的奴隶制，在经济生活上，没有什么重大意义。古代希腊、罗马的奴隶制的社会，便完全不同。奴隶在生产上具有一定的职能，而且整个社会都建筑在奴隶生产上面，奴隶的数量超过自由民几多倍（罗马有一千三四万人的奴隶，自由民不过六七万人，希腊也同样有这种情形），郭先生是否说西周时也有这种情形？

现在我们氏族社会转入封建社会的过程。郭先生认由氏族社会进入封建社会是"不合社会进展程"的,但我们认为这是再合历史发展的逻辑没有。

当氏族社会使用奴隶劳动和氏族社会内的交换不仅具有获得食品及各种使用品时,氏族社会内部便起了贫富之分。氏族社会既有了贫富之分,于借贷和以土地抵偿借贷的事例便应运而生。以土地抵偿借贷同时也就是土地私有形成的表示。总说一句,氏族社会内奴隶的使用和交换的发展便引起氏族社会的灭亡,而导出阶级社会来。氏族社会内发生阶级之后,必然的有阶级斗争,于是氏族社会内的富人便把氏族的民主制作为他们专权的缓冲工具,为保障富人和军事酋长的土地私有,很快的便在氏族社会的废墟上建立起军事专政。

这是典型的封建制度发生的过程之第一个阶段。

封建酋长之进一步的表示,便是用他的军事力量去占有公社的土地或者用战争去占领别一种族的土地,这样,他们便是该领土上的主宰。一切行政、法律、赋税都由他们独立经理。此种独立诸侯,在他们战争获得更多领土时,他们便将这些土地赐给他的臣仆亲属,而从他们面前取得一定的贡税。这样,便形成封土制。受封的人得按功劳和土地面积之大而分为许多等,而造成一个封建的金字塔。

另一种封建国制度之形成过程,是由于游牧民族对定居的农业民族之征服,这在奥木海末尔的《国家论》中有很好的举例。他并且说游牧民在农业民建立封建国,是游牧民从劫夺蜂蜜的"熊"的阶段进入"养蜂者"的阶段。要而言之,这两种过程有时是互为影响的,而且这种过程在中国历史上都存在。

郭先生说:"周金中有不少的锡土田或者以土田为赔偿抵债的纪录。"我们这些穷小子也买不起郭先生的《甲骨文释》,也无从找得周金来作我们批评的参考。不过郭先生这句话我们是相信的。我们还要应补说的,就是以土田为赔偿或抵债不自周代始。它在夏商之际应当成为常见的社会现象,因为夏商已经有国家的萌芽。至于克鼎上的"锡汝田于埜,锡汝田于渒,锡汝井家(邢家)𠷎田于畯山,以(与)厥臣妾,锡汝田于康,锡汝田于匽,锡汝田陮原,锡汝田于寒山,锡汝史小臣霝龠鼓钟，锡汝井迭匐人耤，锡汝井人奔于㮚"，这不简直是封疆赐土的说明吗？是的，郭先生自己也不否认，你看他说："土田与臣仆人们共为赐与之品，是证明周代已实行土地分割。"请问郭先生：土地分割不是封建制度的实质是什么？

周是西方的游牧民族。当武王未剪商以前，中原已进入农业社会，及武王剪商以后，则在农业为主业的社会内当然只能建立起剥削农民的国家——封建国家。如果说西周时代的国家没有后来的儒家所粉饰的那么兴盛，那是当然的。因为国家制度是逐渐完成的，但无论如何不能说西周不是封建制度。因为在西周时代没有建立他种国家的经济基础。《鲁颂》上说：

> 王曰叔父，建尔元子，俾侯于鲁，大启尔宇，为周室辅。
>
> 乃命鲁公，俾侯于东，锡之山川，土田附庸。

这不是后来的历史家说周得天下后大封姬姓说明么？

郭先生在阐明周初经济基础时，他例举了十五篇文字，他自己说："这十五篇文字中有十篇说来说去差不多都要说到农业上来。"试问单纯的农业经济能建筑古代罗马帝国么？郭先生以为古代罗马国家的经济基础是单纯的农业经济么？

如果说郭先生应用《诗经》上的文字说明周初的经济基础是正确的，那末，他应用《诗经》上的文字说明西周的阶级关系便完全不正确。他把《豳风·七月》《小雅·甫田》等描写农民和农奴生活的诗歌统认为是描写奴隶的。他说："总之所谓农夫，所谓庶民，都是当时的奴隶。这些奴隶在平时便做农，在有土木工事的时候便供徭役，在征战的时候便不免要当兵或是夫役了。"好了，还有比郭沫若更糊涂的历史家么？"所谓农夫，所谓庶民，都是当时的奴隶"，那吗西周时代的社会不是根本没有自由民么？我们要晓得奴隶与农奴、农民是有分别的。农奴虽然和奴隶一样，个人自由被剥夺，然而却有自己的小房屋和家庭，耕作自己的小地面，或者在自己的工作场从事小些职业，对于封建诸侯支付封建的租税或封建的赋役。至于封建社会内的农民，他们是自由民。他们有的向地主租得一块土地，有的是自己所有一块土地，不管是前者或后者都要向封主纳赋税或力役。奴隶便根本不同了。奴隶不仅没有自己的小地面或工作场,就是自己的劳动力,也不归自己所有。在古代奴隶社会中,奴隶是不担任赋税的,因为奴隶每日从奴隶所有主那里领得的只是自己最低限度的消费,国家义务由奴隶所有主担任。奴隶是不能用去作战的,因为奴隶是战争时夺来的捕虏,叫这种人上战线上去是很危险的,且奴隶主残酷使用奴隶劳动,强壮的人一做奴隶之后,身体便无形枯萎,所以古代国家的军队成分是自由的小农,而不是奴隶,封建的赋税和徭役都完全落在农民和农奴身上。因为封建国家就是一个剥削农民的国家。

> 曾孙之稼,如茨如梁,曾孙之庾。如坻如京,乃求千斯仓,乃求万斯箱,黍稷稻粱,农夫之庆。
> 我黍与与,我稷翼翼,我仓既盈,我庾维亿,以为酒食,以享以祀。

这完全写的是封建的领主,绝不是奴隶主。

> 雨我公田,遂及我私。
> 倬彼甫田,岁取十千,我取其陈,食我农。

这简直是说明西周农奴公社的存在。在郭沫若的《中国古代社会研究》中,他极力反对古代有公田或井田制。实则,不正确。"井田九百亩,八家皆私百亩,其中为公田",这只是孟子把当时的公田制加以理想化罢了,但我们不能说古代没有类似孟子所说的那种田制。封建社会里面的农村公社、农奴公社,在英、法、德、俄各国历史上都找得出来,说孟子的话有"理想"成分可以,说中国古代根本没有这类东西不可以。中国的农村公社到秦用商鞅政策以后才大行破坏。孟子想恢复在过去曾保障农民没有积极分化而在他的时代已成统治者的剥削机关的公社制度,一定是因为这种制度在当时还有势力。否则,孟子绝对提不出与当时实际情形全无关系的土地制。根本否认井田制度,是没有历史常识的。

我们说西周是封建经济,我们从西周的宗教信仰上也可得着证明。西周时代的祭天池、祭山川、祭社神、祭祖考完全是落后的农业社会的特色。中国古代历史上没有郭先生所说的那种统一的天神。中国古代人呼天，就给近代人穷促时呼天的意义一样，断乎不是基督教的统一神——上帝。郭先生的西周宗教思想的研究，全是意创、瞎说。郭先生根本不懂宗教与实际生活之相互关系，而他的全文也无批评的价值。

本段的结论是：西周的经济基础是农业。西周的阶级对立是地主和农民或农奴。西周的国家组织是分立的封建国家。总说一句：西周是个典型的封建社会，而不是郭沫若所说的什么奴隶制的社会。

（三）西周末到战国末是奴隶制崩溃过程呢 抑封建制崩溃过程呢？

郭沫若说，西周末年有过一次奴隶革命。他并且说："这次革命是中国历史上第一次的平民暴动……激烈的情形，不亚于法兰西的巴黎暴动和苏俄的十月暴动。从那时起中国历史上便起了一个长久的变乱，社会的阶级层、民族的分配、政治的组织都起了一个天翻地覆的变更。奴隶主人周室完全失掉了他宗主的权威。……周室东迁以后，中国社会才由奴隶制转入了真正的封建制度。"（点是笔者加的）

在前一节我们曾经说郭氏不了解奴隶制的社会之发生，本节我们还要说明郭氏不了解奴隶制的社会之消灭亡。我们要晓得古代的奴隶的斗争是没有出路的。古代社会的奴隶不能合封建社会的资产阶级或资本主义社会的无产阶级一样有解放的经济条件。他们虽然成千成百的在一个企业或一个工场内工作，但他们使用的工具是零细的。他们推倒到奴隶所有主，他们便不能和从前一样有集体性。他们分有了奴隶所有主的工具，第一不够分配，第二即或分有了，便瓦解了奴隶集团自身。所以古代奴隶斗争的出路不在地上，而在天上（趋于灵魂的报复）。至于古代奴隶制度之灭亡过程与西周末年以后中国历史上所生的变革亦绝不相似。

古代奴隶制的社会之灭亡有四个原因：（1）技术的停滞。旧社会的灭亡都是由技术的进步生出来的，可是古代社会的灭亡反因技术的停滞所引起。自奴隶所有阶级放弃其在生产关系上的组织机能后，技术便非常弛缓。事实上,这一阶级,乃是生活条件,给与发展的机会的惟一阶级,但此时他不向生产方面前进,而向着寄生消费方面前进,便不能发展对自然斗争的社会势力。(2)是奴隶的堕落和死亡。因为奴隶只是奴隶主能言的工具(Instrumenta vecalia),奴隶所有主对于他们不惜加以惨酷的剥削。使这一阶级在精神方面,肉体方面俱形退化,缩短了他们的生命,引他们的子孙上急烈的堕落和破坏的道路,使他们死亡率超过增加率。(3)战争,赋税和奴隶生产促进了小农和小手工业者的破产过程,使他们变为流氓无产者。(4)各民族的独立和强悍的日耳曼民族的进攻,破坏了罗马帝国剥削殖民地,便破坏了生产少而消费多的罗马经济生活。古代社会的交通事业在其结局时在经济生活上亦不显作用,于是统一的集中的政治组织也不着,强悍的日耳曼人便在帝国的废墟上建立起一种国家——封建国家。

这是古代社会灭亡的原因,也就是罗马封建再生的原因,我们现在来看一看中国在西周末年是否有此过程。

不错,从西周末年到秦并六国这是中国社会史上一个巨大的变革过程。这是秦以后各朝学者都知道的,就是先秦的学者也知道。可是这个过程是否是奴隶制灭亡和封建制成形过程呢?绝对不是!从西周末到战国末是中国历史上典型封建制度的崩溃过程。郭说周厉王十二年是奴隶革命并且奴隶从此得到解放,可惜他没说出这一革命之经济过程和阶级转变的关系,革命的暴乱不是一朝从海里翻腾出来,何况据郭说当时的奴隶从此得到成功? 郭先生说:

> 到铁的冶金术愈见发达、农业愈见进步……以前的贵族习久于养尊处优的习惯,日渐与产业相离,而产业的生产权却操在多量的奴隶阶级的手里。这已经成了太阿倒持的形势,到这儿便不能不来一个第二次的社会变革,便是贵族倒溃,奴隶阶级中的狡黠者的抬头,这自然会成为一种分析的地方割据形式……在政治的反映上便成为封建诸侯,于是奴隶制的社会又一变而为封建制的社会。

郭先生这一段奴隶革命和封建制形成的解说真是前无古人后无来者的

古典解说！奴隶之所以能革命，是因为"生产权操纵在多量奴隶阶级的手里"和"奴隶中的狡黠者"！……不过，我要问郭先生，数量超过资产阶级数倍的、掌握生产权且其狡黠程度不亚于古代奴隶的近代无产阶级，假使他们参与的生产不是机器的，集体的，他们有没有解放和建立一个新社会的可能？稍有社会学知识的也知道不可能。郭沫若是在丢丑！阶级斗争或阶级解放不是由物质条件决定的，而是"生产权"！"狡黠"！郭沫若的奴隶革命的解说在世界任何国的历史上都找不着实际的证明。

我们还要追问：即令周厉王十二年是奴隶革命成功的表示，试问如何"会成为一种分析的地方割的形式"？换句话说，如何会"由奴隶制社会又一变为封建制的社会"呢？郭沫若以为古代罗马崩溃后，是奴隶在其废墟上建立了封建制度么？看了我们前面的说明，便知道在古代社会废墟上建立封建制的不是罗马社会的奴隶，而是野蛮的日耳曼人。野蛮的日耳曼人取得罗马的统治之后，罗马的奴隶仍然是握"生产权"的被剥削者，他们之中的"狡黠者"并未抬头，其最幸遇的不过变为新主人面前的佃户或农奴。

我们这样说：西周末年中国历史上并无奴隶解放运动，更无奴隶革命成功的纪念碑！西周末年以后中国的社会变革是封建制度的崩溃，下面我们便说明这一过程之经济原因和阶级的关系。

由西周末到战国末中国社会的变革是由一个根本动力造成，这根本动力便是封建社会内部交换的发展。

《诗经》大部分是西周时代的产品。可是在《诗经》上已经可以看出许多"城"的记载。自然这些"城"大半是诸侯的"城堡"，不过城堡的周围常常是交易的所在，因此城堡有时即是城市。当城市的手工业者仅限于与城市附近采邑进行交换时，交换对封建经济不生重大影响，一当交换超过地方性，而发展到城市与城市或国际贸易时，于是便把固步自封的封建经济转入交换经济范围之内，便破坏封建经济自身。由春秋至战国中国封建社会的国内贸易和国际贸易的发展有许多史例可资证明，甚至孔门之徒——子贡也从事营商。

封建社会内部发展了交换经济，其对于封建社会的阶级关系要生出什么影响呢？第一，它使地主对农民的剥削加深。在封建社会内地主剥削农民的程度常常为他的肚子所限制，过多的剥削农民的生产物没有用途。交换一旦发达之后，地主便以剩余的生产物投入到交换中换取手工业者的生产品或奢侈品，有时地主借此参与商业资本的剥削（地主参与商业活动，便是郭先生引用《诗经》上的话"如贾三倍，君子是识"）。另一方面，商业的发达便生出高利贷资本，这种资本也是以农民为其剥削的对象。高利贷资本在战国时盛行，在春秋时一定也有。所有这些剥削，再加上战争频繁和赋税过多之苦，必然的要迫着农民意识的醒觉。

> 坎坎伐檀兮，置之河之干兮，河水清且涟猗，不稼不穑，胡取禾三百廛兮？不狩不猎，胡瞻尔庭有悬貆兮？彼君子兮，不素餐兮！

这自然是农民阶级的意识的觉悟。至于

> 东人之子，职劳不来；西人之子，粲粲其衣；舟人之子，熊罴是裘；私人之子，百僚是试。

这不仅是阶级意识的醒觉，而且是民族意识的醒觉。

第二，是一部分贵族的破产。交换经济的发展使坐食山崩的封建地主或贵族必然的要遭受破败而罹入高利贷的铁蹄之下。这在各国封建经济破坏时不乏此例。这种破产的贵族在《诗经》也表现出他们社会意识。

> 有兔爰爰，雉离于罗。我生之初，尚无为，我生之后，逢此百罹，尚寐无吪。
>
> 有兔爰爰，雉离于罦。我生之初，尚无造，我生之后，逢此百忧，尚寐无觉。
>
> 有兔爰爰，雉离于罿。我生之初，尚无庸，我生之后，逢此百凶，尚寐无聪。

这当然是不会应付目前转变世界的失败的贵族的叫声，"我生之初，尚无为……尚无造……尚无庸……"便知道他以前的社会是一种蔽塞的自足自给的社会，现在"逢此百罹……逢此百忧……"他便觉得应付不来。这种意识发展之最后结果便是后来庄子一派无出路的顽世思想。

第三,是商人阶级的抬头。当城市与其附近采邑进行交换时,手工业者与农民是直接进行交换。当时几无商人的出现,一当城市与城市或国际贸易发生后,商人阶级便是封建社会内一新兴的社会势力。他们在经济上占有优越势力,他们不仅剥削农民、手工业者,甚至剥削破落的贵族,所以在封建社会内贵族特别贱视商人。

> 维鹈在梁,不濡其翼,彼其之子,不称其服。

这不是郭先生所说的骂"由奴隶伸出头来的人",而骂的是当时的商人,奴隶如何能伸出头来变为富人?

商人抬头之另一证据,便是表现于政治上的五霸七雄之争。商业发展了,封主便设立关卡向商人收税,有时简直劫夺外商的货物,于是便有代表商人利益的政治力量出现,兼并这些林立的小诸侯,而使政权趋于统一,这过程直到秦并六国才完成。

我们说由春秋至战国是中国封建制度崩溃过程还可以从那一时代的焕发的思想运动得到佐证。当时的思想家只不过是当时阶级斗争的武士。各阶级都有自己的代表,发表本阶级的思想和要求。这些思想和要求之实现与否,可以看出社会历史的发展是怎样不顾人类的意志,而人类的意志也只有在一定的条件之下才能得着回声。当时的思想家大致是如是的代表当时的各阶级:

(1) 老子和战国时候的陈良、许行为一派。他们是当时经济落后的南方人物,他们拥护自然经济、拥护为商品经济破坏了的农民利益,他们反对商品经济、反对商品经济时代的"利心",反对剥削农民。另一方面,他们主"破斗折衡",主张"小国寡民",主张"贤君与民并耕而食",总括一句,他们主张自然经济的黄金时代的农业社会。这一派虽激烈,革命,然而他们的思想是反动的。

(2) 孔子一派。他们是封建阶级的改良派。他们一方面主张保留封建的等级制,另一方面,他们也不反对商业资本的统一要求。这一派人物的思想和政策在谋缓和各阶级的冲突(农民与地主的冲突、商人与地主的冲突、农民和商业资本高利贷冲突),在实质上是拥护封建阶级的利益。

（3）庄子。庄子这派是代表当时社会上无出路的贵族底思想，他们对一切取冷淡态度，消极。

（4）荀子、韩非子、商君这流人在政治思想上都是代表商人利益。他们主张废去封建经济而代以国民经济，废去封建政权，代以法治的统一的中央政权。

当时的思想家大致归纳为以上四派，这各派思想之形成无一不是封建社会内商品经济发展的结果。如果按郭沫若说西周末到战国末是"奴隶制向封建制的推移"，那吗我们便不能说明先秦思想之社会原因。因为在任何国家历史上，在其封建制度出现的时候是不会有这样焕发的思潮出现。

本节的结语是：西周末至战国末，从经济动因说、阶级的转变说、先秦思想运动上说都证明是中国封建制度崩溃过程。

（四）秦始皇何人也？

"秦始皇何人也"？这不是说我们不晓得秦始皇个人的出世。他个人的出世——咸阳大商的儿子——这是我们早已知道的，我们所问的是秦始皇代表何种政权？

郭沫若说"秦始皇不愧是中国社会史上完成了封建制的元勋"，秦以后的郡县制实际上就是适应于这种庄园式的农业与行帮制的工商业的真正的封建制度。所以各省的封疆大臣在习惯上称谓"封疆天子"，各地的府县吏称谓"文田大人"或"青天老爷"，所不同的只是封建诸侯的世袭与郡县官吏的不世袭罢了。

上面这段话当然够说明郭先生对秦代和秦代以后的政权的了解。可惜郭先生这种了解是太无历史常识的了解，换句话说，是完全错误的了解。

秦代的政权是春秋至战国的商品经济发展的结果。这种政权从五霸时即蕴酿起，经过战国，到秦始皇才完成。这种政权之出现既异于它以前的典型封建制，又异于它以后的君主立宪制，它是专制的王权。在此种专制王权统治之下，地主虽仍保有藉土地剥削农民的权利，然他们以前不受中央管理的独立的政治权力概被取消，从此封建时代的诸侯、领主一变而为失去政权的贵族。今后的王侯不过是法律上的特权阶级，凡帝王子弟若不兼为郡县官吏，则没有主持地方的权威。国家政治组织趋于统一的中央集权，这完全是适应商人阶级的要求。因为在这种政权下商人才可进行无阻碍的贸易。是的，郭先生也知道"封建诸侯的世袭与郡县官吏的不世袭"，但这是一个很大的差别，这个差别是王权消灭封主的结果。这是我们了解秦以前的国家与秦以后国家之关键。诚然，秦朝灭亡以后，各朝代时常有地主谋复辟运动，"每每有倾向到世袭的危险"，但历代的王权没不同这种倾向斗争。秦汉以后，大抵说来官僚政治是代替了封建统治。在几次外族侵入和农民暴动之后，总有一次封建复辟运动，但不旋踵又被兴起的商业资本所克服。如果我们说这种专制的王权在一九一一年的前夜是反革命的，那末，它在秦代是绝对革命的。它不幸在其初生之夜便牺牲在破产的贵族、复辟的地主和农民的联合战线之下。秦代的专制虽然推翻了，继秦以后的政权在本质上与秦无甚差别。秦始皇摧落的封建制度始终不能恢复旧观，因此秦以后的政权永远有别于秦以前的政权。把秦始皇认为是真正封建制度的元勋，或者把秦以前的政治制度与秦以前政治制度认为是一样的都是没有历史常识的说话。

（五）结　　论

我把郭沫若的错误既已作了系统的指示，似乎已尽本文的任务，然而我还想作进一步的追求，即追求郭沫若底错误之产生。在我看来，郭先生的错误的来源只有一个，即他的史学智识的幼稚。

郭先生说："真实的要阐明中国的古代的社会还须要大规模的作地下挖掘，就是仰仗'锄头考古学'的力量。"在我看来，"锄头考古学"自然重要，但还要一双历史家的眼光来认识锄头挖出来的东西，并且要认识被挖出来的某种东西产生某种社会。照"锄头考古学"的说明，商代是"金石并用时代"，照郭沫若的说明，"商代是原始共产社会"，那不是地下面（挖得的古代工具）与地上面（古代社会形式）不接头么？重要的，是历史家要知道何种工具产生何种社会，换句话说，历史家要知道人与自然的关系决定人与人的关系。郭先生底商代社会研究便是不了解此种关系之露骨的表现。

其次郭先生对于人类历史发展的整个过程或程序也太少了解，换句话说，郭先生简直缺少一般的历史概念，他的研究全仗他所有的一点相浅的唯物方法。

郭先生在《新思潮》上讥笑陶希圣说"从氏族社会进入封建社会"谓"跳得好快"！他并且应用 Marx 的《政治经济学的批判》上的话来反驳陶希圣。

> 大体上亚细亚的（即氏族社会）、古典的（即罗马的奴隶制）、封建的及近代资本家的生产方法，是可以作为经济的社会体制之发达的期段。

郭沫若怎样来了解马克思这段话呢？我所知道郭沫若是依据马克思这段话说"由氏族社会进入封建社会是不合历史程序"的。因此，他说"跳得好快……而且中间还跳脱了一个阶段"！！！

马克思的话是举其历史的大概而言。马克思并不是说古典的社会是直接从亚细亚社会产生出来的，他也不是说封建的社会直接要从古典的社会产生出来。我们在前面说过，在罗马和希腊奴隶制的社会未出现以前，已经有过封建主义。不过那时的封建主义没有中世纪的封建主义那么普遍有力，古代罗马和希腊的奴隶都是从封建制出发的。

至于古代罗马社会崩溃之后又产生封建主义，那只是历史的重复。罗马社会崩溃的时候固然有产生封建主义之经济原因，但这是经济退步，而不是进步。正确的说，中世纪的封建制度，就北欧（英、法、德）说是进步的，因为它是由氏族社会发生出来的，它助长了生产力的发展；就南欧（意大利或希腊）说退步的，因为他是高度生产力破坏的结果。这样看来，由奴隶制社会而复入封建社会是特殊的，由氏族进入封建社会是世界历史发展的公律，为什么是"跳得好快"？为什么是不合乎社会进展程序呢？

　　由于郭先生对于世界历史的发展抱了错误的观念，他硬在中国历史发展上插上一个奴隶制的社会阶段，（他说"周代正和希腊、罗马相同"）这样，便把整个中国历史发展的阶段弄得不接头。而且使每个社会变革得不着经济的和社会阶级的说明，这是郭先生底《中国古代社会研究》底根本破点。

　　他在材料的整理方面常常得出正确的历史前提，然而由他说明之中总是产生错误的结论。这种现象不是偶然的，这种现象证明郭沫若不是一个历史家！郭先生如真想做一个历史家，真想填写"世界文化史中……这一片白纸"，真想使自己的著作是"Engels 的《家族私产国家的起源》的续篇"，郭先生还有饱读世界史的必要。仅只看了一部谟尔干的《古代社会》是不够的。

　　　　（《读书杂志》第 2 卷第 6 期，1932 年 6 月 30 日）

郭沫若的《中国古代社会研究》

程　憬

上海联合书店刊行，一九三〇年五月三版，平装一元五角，精装一元八角。

一

据自序说："本书的性质可以说就是 Engels 的《家族私产国家的起源》的续篇。"假使有人不识这个洋字，我敢替代郭君告诉他说，这就是指那位尝与马克斯先生共同起草《共产党宣言》的昂格尔或昂格斯先生。

昂格尔先生的书是根据了摩根（Morgan）的《古代社会》缩写而成的，故在郭君的大著里面，到处可以发见摩根的痕迹。并且郭君还"根据了《古代社会》的研究"，造成一个什么"先史民族之进化阶段"表（郭著四三页）。但是我看了郭君的表，觉得这个表差不多是出于郭君的杜撰，和摩根的意见相差甚远。我现在提出两点来说——因为这两点是郭书的骨干。

（一）郭表的"杂交时代"，支配了摩根所说的先史前期——蒙昧时代的全部（自"巢居"以至"新石器之使用"），而且还是"女性中心"的。从这点上，可以看出郭君的社会科学知识殊属不甚丰富。人类的原始时代，究竟有没有"杂交"现象？这还是一个疑问。对于这个疑问，不但是一般的社会学者和人类学者不敢轻下断语，就是摩根的答案亦不十分肯定。他只承认了"杂交"在理论上推测是必然有的，但还拿不出正确的事实来证明。所以他只假定"杂交"的现象当在人类的蒙昧时代的上段、中段与下段是不会有的。那时候火尚未曾发明，人们还不会制造石器。那时候的人和那些不能言语的动物大概还没有多大区别。他们不知道结婚，男男女女都可以自由性交，甚至于父女可交，母子亦可交！像这样的禽兽式之"杂交"，那里可以算是"女性中心"？可惜郭君未明此理，竟把"杂交时代"支配了摩根所拟定的"蒙昧时代"的全部，并且是"以女性为中心的"先史之一部，于是他的书里，东也是"这是杂交"，西也是"这是杂交"。"杂交"！"杂交"！它真支配了中国的上古史吗？郭君曰然！

> 例如五帝和三王祖先的诞生都是感天而生，知有母而不知有父，那便是自然发生的现象，那暗射出一个杂交时代或者群婚时代的影子。（二六一）

但是我们的看法，稍有异于郭君的看法。（甲）姑认"杂交"为千真万确的事实吧，但这究与"群婚"有别——两者不可混为一谈。仅就假定的年代而论，它们中间至少要相隔着十万八千年！想不到郭君用了一个"或"字，便能轻描淡写地转一大湾！（乙）郭君以为"知有母而不知有父"便是"暗射出一个杂交"或"群婚"的影子。但是我们要问：究竟是"杂交"？还是"群婚"？假定是"杂交"，郭君何敢担保那些小杂种长成之后定知其母？假定是"群婚"，郭君从那方面证明当时人真个"不知有父"？

（二）郭君因为深信了"氏族社会是以母系为中心的"（四页），所以只把氏族社会看做"女性中心"的先史之一部，并将"固定的夫妇"制（按即一夫一妻制），"男性中心"的先史划出"氏族社会"之外，完全放在"国家之形成"的阶段之上。像这样的排列方法，如果出之于别人的心裁，倒也不足为怪。但郭君的大著是私淑摩根的，那就可以非议了。摩根不是说氏族社会的内容可以分做女系的和男系的两种吗？他何尝将"男性中心"推出于氏族社会之外？他几时说？一夫一妻制在氏族社会里绝对不会出现？请郭君去翻一翻《古代社会》看罢！可怜中国的古代社会因此变色了？在郭君的书里，东也是这是"母系"，西也是"这是群婚"。"母系"和"群婚"，支配了中国的整个古代！别的民族在差不多一万年以前或曾有过的制度,我们的祖先却在距今三千年的当儿还跳不出这个圈套!

据郭君说,昂格尔的书是依照马克斯的遗嘱做的。自然哪,郭君的"续篇"当然也要依据马克斯的理论了。

> 自有历史以来,这种(社会)发展的阶段,马克斯在他的经济学研究的一般结论上说:"亚细亚的、古典的、封建的,和近代资产阶级的生产方法,大体是可以作为经济的社会形成之发展的阶段。"他这儿所说的"亚细亚的",是指古代的原始共产社会,"古典的"是指希腊罗马的奴隶制,"封建的"是指欧洲中世的经济上的行帮制,政治表现上的封建诸侯,"近世资产阶级的"那不用说就是现在的资本制度了。(一七五——一七六)

从这一段话里,我们很可看出郭君对于马克斯的了解程度。高明的读者也许要在那里笑了。但这不关本题,没有深究的必要。

现在姑且假定郭君所了解的马克斯公式是对的吧,我们也不妨说:马克斯所拟定的公式不过是指人类社会一般的发展程序,在大体上是如此而已。他并没有肯定世界上所有一切民族的社会发展都是这样的。然而郭君的思想不肯如此迁就逻辑。他觉得这个公式是历千古而不变,放四海而皆准的。于是中国的历史只好跟了他所误解的公式而发展了。据说:

> 这样的进化的阶段在中国的历史上也是很正确的存在着的。大抵在西周以前就是所谓"亚细亚的"原始共产社会;西周是与希腊罗马的奴隶制时代相当;东周以后,特别在秦以后,才真正的入了封建时代。(一七六)

这么一来,西周以前的古人——甚至于使用青铜器的,甲骨文字的殷人,都被视为"杂交"之人!"封建"先生在西周时代便从他的宝座上滚了下来!此外,郭君还发见了一个"古人也已注意到了的"什么"关键":

> 由氏族社会转移到奴隶制国家的这个关键,古人也是注意到了的,用古代的话说来便是"由帝而王"。古时的人以为尧、舜传

贤,夏禹传子是家天下的开始,所以贬称帝号为王。所以在夏禹以前都是帝,在夏禹以后便成了三王。但这帝王递禅的时期也有更说得迟一点的。……荀子的《议兵》篇上也称尧、舜、禹、汤为"四帝",称文王、武王为"二王",这可见古人把那第一次的社会革命的时期也有看在殷周之际的时候的。(十一)

"由帝而王"是一个"社会革命"的"关键",是一位自命为经济史观论者,怀疑传说的古史者说出来的话,叫人真个要笑得痛肚皮了! 并且,在"也有更说得迟一点的"一语之下,便把前一说取消了,这未免太方便了罢! 由此"关键",他又在另一处说:

> 历来的经学家讲皇帝王霸,以为中国古代历史的推移是由皇而帝,由帝而王,由王而霸,周室东迁就是由王而霸的关键。其实这皇、帝、王、霸照我们现代的眼光看来,皇就是完全的神话时代,帝是原始共产社会。王是奴隶制的社会,霸是封建的社会。(一七五)

高明的读者想想:我们即使承认皇帝王霸真是这样的"移转"的话,"帝"与"原始共产社会"有什么必然的关系?"王"与"奴隶制的社会"有什么因果的连络? 郭君的脑筋里假使没有什么"公式"在那里作怪,会有这样的"新解"吗?

像这样的"创见",郭书中很多很多!

二

郭君是最尊重"锄头考古学"的。所以他根据了由地下掘出的甲骨文字和金文而作成的两篇文字,当然是最重要的文字了。我的批评便也特别在这两篇文字上留意。

在《卜辞中之古代社会的序说》里面,郭君说:

> 得见甲骨文字以后,古代社会之真情实况灿然如在目前。得见甲骨文字以后,《诗》《书》《易》中的各种社会机构和意识才得到了它们的泉源。……所以我现在即就诸家所已拓印之卜辞,以新

兴科学的观点来研究中国社会的古代。(原书二二七)

在别处,他又说:

> 由《诗》《书》《易》的研究,我发觉了中国的殷代还是氏族社会。这由卜辞的研究已得到究极的证明。(二九三)

这是何等的得意! 何等的自负! 他自命是第一个人,以"新兴科学的观点来研究"卜辞,而"发觉了""证明"了"中国的殷代还是氏族社会"。其实,我在郭君的大著出版(一九三〇年初版)之前三年(一九二八年)已经做过一篇《商民族的氏族社会》,连载在广州中山大学语言历史研究所《周刊》第四集第三十九期至四十二期。试将两文对照如下:

　　　　拙文　　　　　　郭著

第一,物质基础——社会基础的生产状况,本论一

第二,社会组织

第三,社会阶级 〉上层建筑的社会组织,本论二

第四,自然崇拜与
祖宗崇拜 ——精神生活(宗教等),本论三

不但表面上的结构相同,就是内容亦多"不谋而合"之处。例如我在概论里说:

> 从卜辞里看去,当时商民族的社会是一种父系制的氏族社会。……今由种种研究,知卜辞时代商民族的氏族组织已经发展到一个较高的程阶。

而郭君也说:

> 由上各项之分析考核,可知殷代已到了氏族社会之末期。(二八七)

一个说是氏族社会的较高的程阶,一个说是氏族社会之末期!

关于甲骨时代的经济状况,我曾根据《盘庚》及卜辞说:

> 据我的推测,大概当时商人的生活状态虽已越过纯粹的田渔和牧畜时代的两层经济的发展程阶,进到一种粗耕的农业时代;然

终以农业的生产技术之幼稚,农作所收获的物品不甚丰富,不足以供给全年生活上之需要,故仍不废牧畜的事业,且时时稍助以渔捞与狩猎。

郭君也说:

产业状况已经超过了渔猎时期,而进展到牧畜的最盛时期。

农业已经发现,但尚未十分发达。

商代的产业是由牧畜进展到农业的时期。(二五四)

这中间似乎没有多大差别。从字里行间看来,郭书中最得意的一句恐莫过于:

据余所见在殷代末年都有多父多母的现象。(九页)

在原书的二六七至二六八页还举了什么"多父""多母"和"父甲一牡,父庚一牡,父辛一牡"等来证明。但不幸郭君的"据余所见",在人家的文字中亦已见过!拙文中亦曾提起这些史实,并说:

商人的亲族制度中有一特殊的现象。……照当时的习俗,兄弟的儿子称伯父与叔父均称为父,称伯母与叔母均呼为母。所以在祭祀或贞卜时,向一人则云父某或母某,向众父则云"多父""多母",或连云父某父某或母某母某。

这么讲来,郭君的"据余所见",似可改为"据余等所见"了!但我自愧读书不多,不敢担保别人没有先我而有所见,故实不敢享此荣幸,说说笑话便罢。希望郭君再写什么"续篇"之时,稍为客气一点,不要开口就说"这是我的发见"!"那是我的新解"!便是一定要说什么"发见"或"新解"的话,也应该仔细查查别人所已发表的文字。比如郭君的大著里还有许多"新解",就我的记忆,早经人家说过了。例如对于"井田制"的怀疑,和"五等"说之不可信,胡适之和傅孟真两位先生早已说过了。

三

现在再来谈谈郭君的"母系制的氏族社会"。郭君的证据是:

（一）商代的王位是"兄终弟及"，这是从来的历史上已经有明文的。

（二）……商人尊崇先妣，常常专为先妣特祭。

（三）……据余所见在殷代末年都有多母多父的现象。

从这些事实上看来，商代不明明还是母系中心的社会，而且那时候的家庭不明明还是一种"彭那鲁亚家庭"吗？（九页）

其实，郭君这三个证据没有一个可以证明商代是"母系制"的。

第一，依王氏的《殷代世数表》（见郭引，二七四），《殷本纪》三十一帝中，父子相传者十七，兄弟相及者十三。郭君解："所谓父子亦不必便是真实的父子。"（二七五）为了郭君自己的方便，便借重那历史上已经有了的明文；为了自己的方便，便说明文上所说的父子关系"亦不必便是真实的"！明文的证据价值，如此而已！抑我又有疑者，郭君根据了"兄弟相及"，便可以证明商代是"以母系为中心"的；那末，郭君所认为封建制的时代中，例如晋，不也是有"兄终弟及"的事实吗？（晋自武帝至恭帝，其中除武帝外，每世均兄终弟及）郭君为什么不说那时候是母系时代呢？郭君也许要说，晋行此制，多出自跋扈之臣，中有废弑者。但我可以声明：我们难保商代亦无此种现象。何况伊尹废太甲，不也是这样的把戏吗？

第二，商代的"先妣特祭"，诚是事实；但根据了"特祭"便可以证明那时代是"母权中心"的时代吗？郭君此说，原本王襄。王氏未说"商则诸妣无不特祭，与先公先王同"吗？假使我们根据了"先王先公特祭"而说商代是"父系"的，是"父权中心"的，郭君有什么理由可以反对？

第三，是郭君的"据余所见"。他说：

此"彭那鲁亚"家族的亚血族结婚制，自男女而言为多妻多夫，自子女而言则为多父多母。（二六七）

又"案"：

此习于春秋战国时代犹有遗存。《淮南·氾论训》"苍梧绕娶妻而美以让兄"，注云"孔子时人"。又孟卯妻其嫂有五人焉，而相魏。（二七〇）

"案"得妙极！先看他论"多母"——同时也是"多妻"：

> a　祖乙之配曰妣己，又曰妣癸。
>
> b　祖丁之配曰妣己，又曰妣癸。
>
> c　武丁之配曰妣辛，又曰妣癸，又曰妣戊。
>
> 罗氏曰："诸帝皆一配，祖乙、祖丁、武丁三配者，犹少康之二姚
> 欤？抑先妣而后继欤？不可知矣。"案实则多妻或多母之现象。

（二六八）

"案"得对啊！其实，郭君之所谓"彭那鲁亚家族的亚血族结婚制"者，不
但盛行于殷代，就是所谓"新兴阶级"的领袖们亦在竭力保存国粹！郭
君的处女作《三叶集》上所讲的一段故事，便是明证。惟罗振玉氏尝谓
"诸帝皆一配"（想是卜辞中的事实），郭君并未加以否认，那又怎样讲
呢？我在《商民族的氏族社会》里说：

> 考卜辞，夫妻之外有"妾"，如云"王亥妾""示壬妾"……王亥、
> 示壬等均商之先王先公——即是王族之长。

郭君对于此说，未知有何见教。难道因为她们的生理功用相同，便可视
妾为妻吗？但在这里，郭君既讲制度之"制"，便不可不重法律上的区别。

关于"多父"，我曾如此说过：

> 所谓"多父"即诸父，"多母"即诸母。父者，父及诸父之通称
> （用王静安师语）；母者，母与诸母之通称。

郭君也引三商勾刀铭说：

> 其一为……"大祖曰己，祖曰丁，祖曰乙，祖曰庚，祖曰丁，祖曰
> 己，祖曰己"……曰"大兄曰乙，兄曰戊，兄曰壬，兄曰癸，兄曰癸，兄
> 曰丙"；一……曰"祖曰乙，大父曰癸，大父曰癸，仲父曰癸，父曰癸，
> 父曰辛，父曰己"。……此"大父"王静安谓即《尔雅·释亲》之"世
> 父"，古世大字通用。（二六九）

根据此二"大父"，一"仲氏"，一"大祖"，一"大兄"，已足证实郭说之非，
虽然郭君仍旧一口咬定了"视此则商末实显然犹有亚血族群婚制"。

其实,不用我们来驳,郭君自己也说:

> 以上四项(1)亚血族群婚,(2)先妣特祭,(3)帝王称毓,(4)兄终弟及,均系以母姓为中心的氏族社会之现象或其孑遗。(二七五)

又说:

> "毓"即后字。甲骨文酷肖产子之形……余谓字乃母权时代之孑遗,母权时代宗长为王母,故以母之最高属德之生育以尊称之。……然卜辞于今王称为"王",仅于先王称为"毓",则女酋长之事似已退下了中国政治之舞台,而相距则当亦不甚远。(二七〇——二七一)

既是"或其孑遗",既是仅于先王称为"毓",既是"女酋长……似已退下了……政治之舞台",那末,殷代(尤其殷末)那里还有什么"母系时代"?不过郭君总有点舍不得他的"发觉",他的"妙解",所以终于在"或"、在"当亦"、在"似已"的观念之下,永远徘徊着了!

该章的结语又说:

> 周礼有仲春通淫之习,地官媒氏掌万民之判。"中春之月令会男女,于是时也奔者不禁;若无故而不用令者罚之。司男女之无夫家者而会之",此犹是杂交时代之孑遗,女子欲求贞操者公家犹加以禁止。此习于春秋时代犹有留存,如《鄘风》之《桑中》,一人而御孟姜、孟弋、孟庸三女,《郑风》之《溱洧》,男女殷盈相谑而乐,所歌咏者均即此事……亦即此野合之遗习。(二八八)

我还可以替郭君接下去说,"此习于"郭君的"时代犹有留存",例如:各地报纸的社会新闻栏中,常见有"一人而御三女",四女,甚至五女。"此犹是杂交时代之孑遗"! 敬谢郭君! 他给一般社会学者所怀疑或承认的"杂交说"加了一个说明! 原来"杂交"就是"野合"!

四

最荒谬绝伦的恐莫过于郭君所做的《周金中的社会史观》了。他举

出了许多似是而非的,甚至于和封建制度并不发生什么必然关系的证据来证明西周不是封建制的,而是奴隶制的。且听他说:

> 周代的社会历来以为是封建制度,然与社会进展的程序不合,因在氏族制崩溃以后,必尚有一个奴隶制度的阶段,即国家生成的阶级,然后才能进展到封建社会。(二九三)

此处所说的"社会进展的程序"当然是指马克斯的公式而言。但这公式是靠不住的,常与过去的史实不合。郭君是马克斯的信徒,当然不肯,而且不敢,相信马克斯的公式也有什么错误,于是便拿"必尚有"来打倒"历来"的"以为"。接着,他说:

> 周初并不是封建时代,所有以前的典籍俨然有封建时代的规模者,乃出于晚周及其后的儒家的粉饰。(三〇九)

因此,他要"翻案"(二九三)而使马克斯所不能作主的历史和那马克斯所欲如此的公式符合!

但是郭君"一个人坐在斗室之中",一方面"心纪念着一件事情",一方面在周金中要找"一些古物上的证明";找来找去,觉得"这个命题从来也不曾有人着手",于是只找着了"一点发凡"。(三一四)

"发凡"五点,其中可以拿来证明"西周上半期是奴隶制度"而"非封建制度"的,只有以下三点:

一,周金中的奴隶制度

二,周金中无井田制度

三,周金中无五服五等之制

郭君自谓"我自信我这个观点是十分正确"的。真的吗?周金中有奴隶制度便可以反证西周不是封建社会吗?封建社会里一定没有奴隶制度吗?周金中无井田制度便可以反证西周不是封建社会吗?封建社会里一定要有井田制度吗?周金中无五服五等之制便可以反证西周不是封建社会吗?封建社会里一定要有五服五等之制吗?据郭君说:

> 周金中锡臣仆的记载颇多,人民亦用以锡予(以下列举周金为证。但是所举的证中,如齐侯镈乃是春秋时代的器物。而春秋时

代乃郭君所认为是封建社会者）。……庶人就是奴隶。……庶人
较臣尤贱。……由上可知周代的奴隶，正是一种主要的财产！！！
（二九六—二九九）

就算如郭君所说"庶人就是奴隶"（奴隶当然是一种财产），而且"较臣犹
贱"罢。但是封建时代的王公没有奴隶吗？没有"锡臣仆"给他们的贵
族武士的事实吗？请郭君看《左传》：

> 晋侯逆夫人嬴氏以归，秦伯送卫于晋，三千人实纪纲之仆。

（僖公二十四年）

这里所谓"三千人实纪纲之仆"，和周金中"锡臣仆"之事有什么分别？
春秋时代不是郭君所承认为封建时代吗？假如郭君还不肯承认《左传》
是信史，那么，我们只得请他去买一本欧洲中古史来读读，看看欧洲中
古的封建社会里是不是有奴隶！

反过来，我们在郭君所引的许多周金中，却寻见了许多封建制度的
事实。例如：

> 伯氏曰，不㛎，汝小子肇敏于戎工。锡女弓一，矢束，臣五家，
> 田十田。（二九六）
> 锡汝田于埶，锡汝田于淖……以（与）厥臣妾。（二九九）

"锡田……以厥臣妾"，这不是证明西周的王公可以将他所有的田邑人
民分割给那些贵族武士吗？这种"分割制度"不明明是一种封建制度
吗？可是郭君虽不否认这种事实，而犹不肯承认这种分割制度是一种
封建制度。

他的独见似乎认定封建制度底下的田制只是井田制。周金中虽曾
提到土地之分割，却没有井田的遗迹。他再三的说：

> ……周金中有不少的锡土田或者以土田为赔偿抵债（？）的记
> 录，我们在这里面却寻不出有井田制的丝毫的痕迹。（二九九）
> 克鼎纪王以井之土田遗民锡克。……可见西周已有土地之分
> 割，已无井田制之痕迹。（三〇〇）
> ……是可见当时之王臣亦可以自由以田邑分割于其子孙。

（三〇一）

综合以上的材料可得一断案，便是周代自始至终并无所谓井田制的施行。（三〇五）

郭君以为既无井田制，当然是没有封建制了！既不是封建制，当然是奴隶制了！那知道"井田制度"本是儒家的一种理想，是孟子以后的儒家逐渐杜造出来的！在实际上，上古时代并没有那么一回事。关于这个问题，郭君所瞧不起的胡适之先生早已说过了。郭君在"我看"之下，亦曾袭用其说（一三一页）。故从西周之无井田制上，不能推断出西周之非封建制，更不能反证出西周之为奴隶制——一种罗马式的奴隶制。不然的话，我要请问：郭君所认定的"春秋以后至近百年的封建社会"里有什么"井田制"？

《诗》里本将周时的农奴制表现十足，有《大田》《七月》《甫田》为证。《大田》的"雨我公田，遂及我私"一语，更将封建制度底下的田制显明的指示了出来。郭君却要抹煞这些事实。例如他解《大田》道：

> 这首诗的性质稍稍不同，这是一首小农生活的诗。他自己是"曾孙"的农夫，但同时也有他的私田。所谓"雨我公田，遂及我私"……当时的土地一切都是公田，农人只是食陈的奴隶；但当时未经开垦的土地当然很多，农人们利用自己的余力去开垦了出来，当然就成为自己的私地了。（一三一）

读完了这段妙解以后，我们不幸而要深抱遗憾地怀疑到郭君的诚意与常识。他所描写的"小农"，究竟是上古式的纯粹奴隶？是中古式的农奴？还是近代式的自由小农？（一）若说他是一种纯粹的奴隶——"是主人的一种财产"罢，那末，他的劳动力的全部当然是为主人所有了，因为他的身份不过等于牛马。然而郭君却又说他可以"利用自己的余力去开垦"那些当时未经开垦的土地，而且当然可把那些土地算为"自己的私地"！（二）若说他是中古式的封建制的"农奴"罢，而郭君又说那时候（西周）的社会是奴隶制的，不是封建制的！（三）若说他是近代式的自由小农罢，但按郭君所信的"公式"看去，确又太"不符合"！

让我们来老实说罢：那"曾孙"便是贵族，便是地主。那"小农"便是

"曾孙"的"农奴"。"公田"与"私田"虽与"井田制"无关,但确是封建制度底下的一种田制。"公田"当然是"曾孙"的;那"私田"的所有权也当然是"曾孙"的。"公田"与"私田"的差别,也许仅在于前者的出产归于"曾孙",而后者的出产可为"小农"所有。

郭君又曾费了九牛二虎之力来考证"周金中无五服五等之制"。他说:

> 五服九畿是虚造,同样五等六瑞也是虚造。(三〇五)
> ……从可知自周初以来中国即已大一统,已分天下为九畿,分封诸侯为五等之说,完全是东周以后的儒者所捏造。(三〇九)

这是千真万确的。但"五服五等之制"是一件事情,封建制度又是一件事情。封建制度一定要有"五等五服之制"吗? 根据了"无五服五等之制",便可以说"周初并不是封建时代"吗?"五等制"在春秋时尚未成立,这是郭君自己承认的。郭君为什么不说春秋时代亦非封建制的? 汉以后至近百年中也没有什么"五服制",郭君为什么又要硬说那时代是什么封建制的?

写到这里,一个朋友送了一部三版的本子来。我打开一看,在《追论及补遗》里忽然看见有这样一段的妙文:

> 由此论述亦若殷代已有封建制度者然,然此可称为封建制度之萌芽,不必即是后世儒家所称之封建制度,更不必如现代之观点以封建的经济组织为基础之封建制度。(一四)

这叫我吃了一惊。原来郭君也说殷代已经有了"可称为封建制度之萌芽"! 虽然他在下文接了两个"不必"! 这两个"不必",在《追论及补遗》中殊属"不必",因为我们在其未"追"未"补"之前,早已知道了郭君实不肯信,且不敢信,凡与他所了解的马克斯公式稍有冲突的证据! 郭君又说:

> 又如周初之所谓封建制度实无殊于今之所谓殖民。(一四)

这叫我们更不懂了。"殖民"和"封建制"是势不并立的吗?"殖民"又是一定等于"奴隶制"吗? 诚然,古希腊人的"殖民",曾经建立了奴隶制度的社会国家。然而日尔曼人的"殖民",不是侵占了罗马人的一部分土地而构成了一种封建制的社会国家吗? 说到"殖民",郭君在《追论及补遗》里还有这样一段:

《鲁颂·閟宫》……"乃命鲁公,俾侯于东,锡之山川,土田附庸"。……此土田附庸……当是附墉垣于土田周围。……此可窥见周代(按指西周)之殖民制度,后世之城垣当即起源于此。又此制度,于《诗经》中犹有可考见者。《小雅·崧高》"王命申伯,式是南邦,因是谢人,以作尔庸(庸亦当读为墉)。王命召伯,彻申伯土田,王命傅御,迁其私人"。……凡此均可以见其殖民方法之实际。……左氏……云"封卫于楚丘","诸侯城楚丘而封卫",可知春秋初年之所谓封建,犹不过筑城垣建宫室之移民运动而已。春秋之初年犹如是,则周代之初年更可知。故余始终相信,西周时代之社会断非封建制度。(一九)

这是什么话?《閟宫》《崧高》明明是两首记"封建"的诗。《閟宫》的"锡之……附庸",拿《崧高》的"因是谢人,以作尔庸"去解释,最易明白。在封建时代,一个封建诸侯,除了他所占取的土田之外,还有若干受他保护的小国——即所谓附庸。例如申伯封在"南邦",同时又以谢人(南邦的小国)作为附庸。郭君以"附庸"为"当是附墉垣于土田周围",真是一种"新解"! 我们对于新兴科学(也许就是日本的医学?)不甚了解,简直不懂郭君的"当是"为什么"当是"。而且"周围附有墉垣之土田",各时代皆有之,不仅限于周代。郭君虽能加土于庸,使变为墉,却不能使庸变为奴啊! 所谓"殖民""移民""筑城垣""建宫室"之类,都和奴隶制度没有什么必然的因果关系;除了郭君,谁也不能根据了这种魔术家的法宝来断定"西周时代之社会断非封建制度"的。

因此,我今认识了郭君不是一个货真价实的辩证法唯物论者,而是一个怕难为情的武断派唯心论者。他的武断方式是:

我始相信,

我终相信,

你们也得相信!

一九三二·八·二十九于青岛。

《中国古代社会研究》

张纯明

郭沫若著，上海联合书局一九三〇年出版，定价一元五角。

这本书是这几年来很有名的一部著作，其支配青年之思想，有似十年前胡适之的《中国哲学史大纲》。作者是位天才的诗人，现在已经抛弃诗人的生活而从事于社会史的研究。因此我们的诗坛上失去一员健将，而社会史界却添了一支生力军。郭君以敏锐的眼光从《诗》《书》《易》、"甲骨文"和"周金"里边找出来不少新颖的材料，发见了不少新颖的事实。我们虽不能完全赞同郭君的结论，但我们不能不佩服他的勤勉，他的努力，和他那开辟新途径的功劳。

郭君站在唯物史观的立场上研究中国古代社会，认定"人类社会的发展是以经济基础的发展为前提"，"而人类经济的发展却依他的工具的发展为前提。大抵在人类只知道利用石器或兼用铜器的时候，他的产业只是能限渔猎和牧畜，他所能加工于自然物的力量只能有这一点。当时的社会便是由动物般的群居生活进化到以母系为中心的氏族社会"。（第一页）他根据美国的穆尔刚的《古代社会》（Lewis Morgan, *Ancient Society*, 1877）和德国的昂格斯的《家族私有财产及国家之起源》（Engels, *Der Ursprung der Familie, des Privateigentums und des Staats*, 1884）二书，说古代的社会在婚姻上是先由杂交而纯粹的血族结婚，而亚血族结婚，而成最后的一夫一妇。所谓亚血族结婚即穆尔刚所说的"彭那鲁亚家庭"（Punaluan family）。在这制度之下，同母兄弟与异母姊妹共婚。氏族社会以女性为中心的，是没有私产的。后来因为铁器的发明，这社会便破坏了。因铁器促进了农业的发展，母系中心的社会便不能不转变为父系中心的社会。私业制度成立，奴隶的使用，阶级的划分，帝王和国家的出现，都在这个时代。当国家初成立的时候，社会是建筑在奴隶制度上的。奴隶的来源，是被征的民族与同族中落伍之弱者。后来铁的使用愈广，农业愈进步，而产业的生产权渐为奴隶阶级所操纵，于是奴隶社会又一变而为封建社会。（以上见二至六页）

郭君按此公式以律中国的社会史，以为中国真正历史开幕于商朝，商朝以前的黄帝、五帝三皇都还是杂交野合或者是血族群婚的母系社会，商朝金石并用，以牧畜为主要产业，农业虽已发明而是很幼稚的，那时还是一个共产制的氏族社会，以母系为中心，尚有"彭那鲁亚的家庭"的遗迹。（以上见七至九页）在殷周之际始由共产制而转入奴隶制。奴隶制最盛的时期为周穆王的时候。到周东迁后，才由奴隶制转入真正的封建制度。这封建制度并未被秦始皇打倒，它还是巍然存在，一直到近百年以前。（十二至十七页）

这是郭君对于中国社会史的分析。当我们没有讨论郭君的分析以前，我们先要看一看穆尔刚和昂格斯的学说。因为郭君在理论上根据是二氏的书。

穆尔刚的《古代社会》是一部很有价值的书。他费了毕生的精力去研究美洲的土人，发现了许多的事实，使我们对于古代美洲土人的社会有明白的了解。但在理论一方面穆氏未免有点不可靠。他生在十九世达尔文的生物进化论正流行的时候，所以他把人类社会也看成单线的进化（Unilateral Evolution）。他根据他在美国所得到材料，把人类在未有史以前的社会分成若干阶段，以为全世界的人类都要经过这按步就班、有条不紊的阶段。

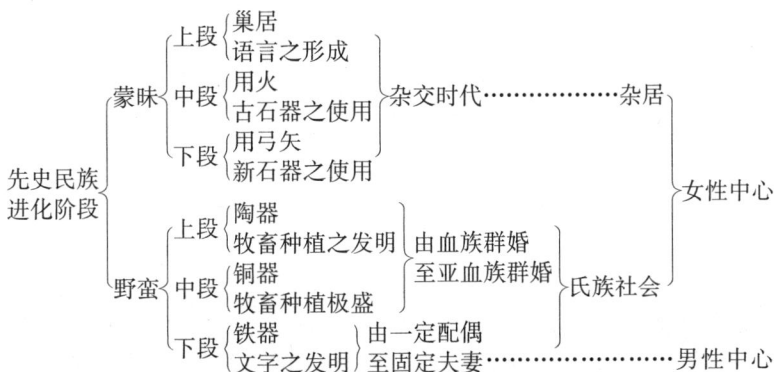

每一阶段有某一种生活基础和某一种的社会组织,那么,我们看见一个民族,我就可以"按图索骥"了。只要我们知道这个民族的生活基础,我们就可以知道他的社会是以女性为中心或以男性为中心? 是杂交,或是亚血族群婚? 这是多么简单!

昂格斯与马克斯在一八四八年刊出他们的《公产宣言书》,又三十年穆氏的《古代社会》问世。他们见此书很合他们"唯物史观"的口胃,于是便发愤要采取穆氏书里的材料,另作一本书以证明其历史哲学,未几而马克斯死,昂氏遵其遗嘱而成了一部《家族私有财产及国家之起源》。到一九三〇年我们的中国遂有了郭沫若先生的《中国古代社会研究》。

来源既明,我们现在可进而论穆、昂、郭三氏的学说的价值。

(一) 原 始 共 产 制

按穆、昂两氏说,在农业未发明以前,私产还未发生,那时期是个共产的时期。然据现代的人类学家的研究,这是靠不住的。例如渔猎的社会里,渔者猎者个人所获的鱼兽是个人的。若是群人出猎,这些草昧的人还有个一定的方法去分他们的渔猎品。这明明是有私产的概念了。不过,有时候酋长、老人等,虽没有出猎,都要分一份,但这是习俗上的"客气",不见得就是"共产"。

我们现在知道草昧的民族每每有他们的特别"猎场"。在这"猎场"范围以内,别的民族是不能侵犯的。这"猎场"内边又往往划分为许多的小块儿,这些小块儿是为私人所有的,共产云乎哉? (参阅 Wissler, *Social Anthropology*, 1929)穆氏对于此项没有彻底的认识,所以有共产的假设,昂氏不察,遂为穆氏所误了。郭君依据二氏的学说,所以他的那中国古代共产的结论不攻自破。在他的书上第一百〇三页以"原始共产的反映"来标目,但是我们找来找去始终找不出郭君所能举出的事实来。

(二) 杂 　 交

按穆、昂二氏的理想逻辑,在没有婚姻制度以前,当然是杂交。但据现代的生物学理推测之,这杂交的社会,大概是不可能的。因为杂交可以减少儿童的生存率(The Survival Rate of Children)。施行杂交的社会,根本上似乎不能存在。况且,经五六十年的研究,人类学家还没有找到一个杂交的社会哩!穆氏的学说是"假设",并非事实。郭君也只能举出《吕氏春秋》上所说的"昔太古尝无君矣,其民众生群处,知母不知父,无亲戚夫妻男女之别"以为左证,不知这也不过是一种悬揣,《吕氏春秋》的作者,生在周秦之际,又何尝见过杂交的社会呢?

(三)母系中心的氏族社会。

母系社会在美洲、澳洲、亚洲、非洲都可找到。但穆昂二氏的差误在认此制度为父系社会以前的一阶段,并且认农业的发达为由母系转入父系的关键。我们现在知道这两种制度是平行的,并没有甚么阶段的衔接。取美洲为例,在北美的西北部以母系为中心的社会有 Tlingit、Haida、Tsimshian 等民族,以父系为中心的有 Kwakiutl 和 Salish 民族。在文化发展的程度上比较起来,以母系为中心的各民族,真是超过以父系中心的社会远的多了。那么,还能说母系是父系前的一阶段吗?(见 Kroeber, *Anthropology*)

在有历史以后的民族实行母系制度的,有南印度 Dravidian,罗马帝国时有小亚西亚的 Lydians 民族,西班牙未征服南美前之 Incas、Chibchan 等民族。这些民族都有很高的文化,简直可以说有"文明"了,不得谓之"草昧"。(见 MacLeod, *Origin and History of Politics*)况且这些民族都有很兴旺的农业,穆、昂、郭三氏所说农业发达为由母系转入父系的关键的理论,已经不能成立了。

郭氏认定殷代还是以母系为中心的氏族社会。郭氏在甲骨文里所发见当时先妣皆特祭,帝王称毓,毓即后字等证据,似乎殷代有母系的痕迹,但不能证明殷代即是以母系为中心的社会。郭君在第四十四页上曾说过"母系的酋长多是女性",但在第二百七十二页却说殷代帝王是"兄终弟及",这显然是矛盾,最妙不可言的是郭君引用《周易》上的几句话以证明当时的"男子出嫁"。

屯如,邅如,乘马班如,匪寇,婚媾。(屯六二)

乘马班如,求婚媾。(屯六四)

贲如,皤如,白马翰如,匪寇,婚媾。(贲六四)

先张之弧,后说之弧,匪寇,婚媾。(睽上九)

郭氏的解释是:"这骑在马上挟着弓矢赳赳昂昂而来的当然是男子,起初还以为他是为抢劫而来,后来才知道是来求婚媾。这显然是女子重于男子。"(页四四)以我们的浅识,这并不见得怎么的"显然"! 并且"求婚媾"不一定就是"出嫁"呢!

郭君对于古书的新解甚多,我们在此短评内不能一一举出,读者若参考他的原书,就可以见郭君诚不愧为诗人,他的想象力真是活泼,真是超绝无伦!

(四)殷代的产业

郭君在第九页上说:"商代都还是牧畜盛行的时代,那么商代的社会必然还是一个原始共产制的氏族社会。"原始共产制之不可靠,我们在前面已经说过了。郭君在第三篇"卜辞中之古代社会"里,由甲骨文中看出来商代在农业上"从种植一方面来说,有圃,有果,有树,有桑,有粟;和种植相关连的工艺品则有丝有帛,大约养蚕的方法在当时已经发明了。从耕稼一方面说来,则有田,有畴,有禾,有啬,有黍,有粟,有米,有麦,和耕稼相关连的工艺品则有酒,有鬯,酒鬯多用于祭祀,祭鬯之数有多至一百卣之例"。(第二四六页)当时工艺已发达到相当程度(第二四九至二五一页),且已开始贸易了。(第二五一至二五四页)这都不具共产的现象。郭君必定也见到他自己的矛盾,所以他说:"殷代,大约就在它的末年,已经有私有财产的成立。"(第二七九至二八〇页)

(五)奴隶社会

自来历史家都以周代是封建社会。郭君先具有昂格斯的偏见,觉着这"与社会进展的程序不合,因在氏族制崩溃以后,必尚有一个奴隶制度的阶段,即国家生成的阶段"。先有了这个偏见,所以他要极力的去向《诗》《书》《易》、"周金"里剔出奴隶的痕迹,以做他的翻案文章。从《诗经》他找到的材料最多。他从《七月》那首诗里看出来"那时的农夫周年四季,一天到晚没有休息的时候"。他接着问道:"这是不是奴隶呢?"又从《楚茨》《甫田》《大田》等诗里看出农夫的痛苦和公子们的享乐,于是他便结论:"总之,当时的农民就是奴隶,已是可以断言的。这些奴隶不仅做农夫,平时还要工事,供徭役。"(第一二六至一三二页)

从周金里边他也找到不少像"庶民""人民"等字的,他断定"庶民"便是奴隶。(第二九七至二九九页)

总之,西周有奴隶的存在是无问题的,但不见得就可以说是奴隶世界。以我们的眼光看来,那《七月》等诗所描写的是封建制度下的农奴,不是奴隶社会下之奴隶。我们读《史记》《汉书》可以看见汉代的奴隶才多呢。卓氏有"僮至八百",皇帝赐赏,动辄奴隶数百,那么,与其说西周是奴隶社会,还不如说西汉是奴隶社会为恰当。但这与郭君的固定进化阶段不合,他宁牺牲事实,绝不牺牲阶段!

(六)由奴隶向封建的推移

郭君以为奴隶最盛于周穆王时候,但是到厉王十二年起了奴隶暴动,到周室东迁以后"中国的社会才由奴隶制转入真正的封建制度"。秦统一天下"在名目上虽然是废封建而为郡县,其实中国的封建制度一直到最近百年都是巍然的存在着的"。(第十九页)如果郭君有事实可证,我们当然要谢谢他给我们这新见解,可是他在《诗经》里找出来的事实却和他的结论相反。那时宗教思想的摇动——"对于天的怨望","对于天的责骂","彻底的怀疑","愤懑的厌世","厌世的享乐","祖宗崇拜的怀疑","人的发现"……社会关系的动摇——"阶级意识的觉醒","旧家贵族的破产","新有产者之勃兴"……产业的发达——"刑罚的卖买","爵禄的卖买","工商业的发达","农业的发达",这明明都是封建崩溃,那能说是完成呢?

　　总之,郭君的眼光是很高的,可惜他戴着昂格斯式的红近镜子,结果是他看见的东西都呈红色,而非原来的本色了,我们觉着郭君如果放弃这副镜子,用真正的科学方法去研究中国社会史,他一定要有较充实、较满意的贡献。

(《大公报》1933 年 3 月 8、15 日,第 11 版)

评郭沫若《中国古代社会研究》

亦　侬

　　本书出版,颇风靡一时,评的人很多了。我近翻阅一遍,觉可介绍于同仁大家一读。

　　第一是他对古代社会的认识很新。我们从前差不多都以为古代圣帝贤王功德巍巍,衮冕黼黻文章美极了,礼乐射御书数文明极了。那知实际还在野蛮时期。如像三王五帝是天字第一号的圣人,郭沫若却说黄帝以来的五帝和三王祖先的诞生传说,都是“感天而生,知有母而不知有父”,那正表明是一个野合的杂交时代,或者血族群婚的母系社会。特别有趣的是尧舜的传说。尧把二女嫁舜,昔人都以为尧乃试舜如何处家,但郭沫若说是舜与其弟象共妻这两位姊妹,《孟子》有象说要二嫂使治朕栖的话,《楚辞·天问》有“眩弟并淫”的叙述,乃因他们兄弟姊妹互为彭那鲁亚(公夫公妻之意,今日西藏犹是此俗)。尧不传位于丹朱,舜不传位于商均,昔人都以为是丹朱与商均不肖,郭沫若则说当时是母系社会,丹朱与商均都要嫁出去,所以遇到本族发生领袖问题的时候,要由四岳十二牧等等酋长军长开个民族会议来推举。但后人却说是禅让。并且天无二日,民无二王,在中国似是天经地义。郭沫若却说尧、舜、禹当时都是二头政长,在尧未退位以前是尧舜二头,在尧退位以后是舜禹二头,尧时又有帝挚为对(与西印度之二头盟主相合)。这都是氏族社会的表现。尧舜以后传到三代,古人称为“由帝而王”,到了春秋时候,群雄争霸,古人又称为“由王而伯”,好像世道日衰的样子。但郭沫若却说由帝而王,乃是由原始共产社会变到奴隶制的国家,转机在商朝。“由王而伯”乃是奴隶社会变到封建社会,转机在周室东迁以后。

到了清季，市民阶级兴起，资本主义抬头，中国才"由伯而大总统"。这些说法都是奇闻，郭沫若真是大胆。但他先有莫耳根的《古代社会》、恩格尔的《家族私有财产及国家之起源》在心中，拿来推论中国社会，以彼例此，自然说来像煞有介事了。他把中国三千年的历史列表如左（他以为中国历史在商代始开幕）：

中国社会的历史的发展阶段

时　代	社会形态	组织成分	阶级性
西周以前	原始共产制	氏族社会	无阶级
西周时代	奴隶制	王侯百姓（贵族） 庶民空臣仆奴隶	
秦秋以后	封建制	官僚——人民 地主——农夫 师傅——徒弟	身份与阶级
最近百年	资本制	帝国主义——弱小民族 资本家——无产者	最后形态的阶级对立

郭沫若说中国社会也算经过了三次社会革命，表列如左：

次　数	性　质	时　期	文化的反映
第一次	奴隶制的革命	殷周之际	《诗》《书》《易》诸书
第二次	封建制的革命	周秦之际	儒道墨诸家
第三次	资本制的革命	满清末年	科学的输入

郭氏这种假定的理论，他不能仅拿外国史实来说明，必要在中国固有的材料中搜取证据，因此古书古物乃不可少。《周易》《诗》《书》与殷墟所掘卜辞，周朝所遗金文，就是他利赖的宝库。所以他写了四篇文章：第一篇是《〈周易〉时代背景与精神生产》，第二篇是《〈诗〉〈书〉时代的社会变革及其思想上之反映》，第三篇是《卜辞中的古代社会》，第四篇是《周金中的社会史观》。关于《周易》与《诗》《书》的著作时代，历来考证已多，我们早已知非伏羲文王□唐虞夏商的作品，郭沫若于此，并未新有发明，可奇的就是他于圣经的态度，及其对于文字的新解释，颇为独出心裁，大胆论断。譬如八卦，我们以前把他看得何等神圣，郭沫

若却说是古代生殖器崇拜的孑遗,画一以像男根,分而为二以像女阴,由此而演出男女父母阴阳刚柔天地的观念。原始人以三为最多,由一阴一阳的一划错综重叠而成三,刚好可以得出八种不同的形式,于是生殖器崇拜与数学的秘密合而演成八卦,再相重便得出六十四种的不同的形式,自然也就有人来附会些意义了。这本是偶然的创获,他要说是伏羲或神农或夏禹或周文王所造,那是不可信的。他说《易经》是古代卜筮的底本,就给我们现代的各种神祠、佛寺的灵签符咒一样,它的作者不必是一个人,作的时期也不是一个时代,卦辞爻辞大都是说一些现实社会的生活。揭去后人所加上的一切神秘的衣裳,我们就可看出那是怎样的一个野蛮在作裸体跳舞。例如《易经》上"屯如邅如,乘马班如,匪寇婚媾"(屯六二),"张之弧,后说之弧,匪寇婚媾"(睽上九),这样骑在马挟着弓矢赳赳昂昂而来的当然是男子,初以为是为抢劫先来,后才知道为求婚媾而来,郭沫若名之曰"男子出嫁"。《诗经》上说"古公亶父,来朝走马,率西水浒。至于歧下,爰及姜女,聿来胥宇",这也是说古公是一位游牧者逐水草而居,骑着马沿着河走来,到岐山下,遇着一位姓姜的女酋长,便做了他的丈夫。《诗经》上又说"大姒嗣徽音,则百斯男",据郭沫若的意见,此亦是亚血族结婚的结果。又"文王十三生伯邑考,十五生武王",伯邑考算是文王十二岁时的种子,这除解释为亚血族结婚外,也大不近情理。按莫耳根发现美洲土人谓父之兄弟与母之姊妹之子皆为子,彼此间亦称这为兄弟,而且母之姊妹之夫,母亦夫视之,父之兄弟之妻,父亦妻视之。莫耳根称这样的血族为"彭彼那鲁亚家族",郭沫若则称此为亚血族结婚。像这样的解释古书,确有新意义,但有时也觉牵强。如《诗经》上说"有兔爰爰,雉离于罗。我生之初尚无为,我生之后逢此百罹,尚寐无吪",郭沫若说此是一首破产贵族的诗,兔与雉的取譬,明明是包含得有上下两阶级的意思,是在下位的人狡猾鹰扬而在上位的人反失掉自由。这似乎是望文生义。又如《诗经》上说"君子屡盟,乱是用长,君子信盗,乱是用暴",这儿所谓盗,郭沫若说是"盗国"那样的大盗,非穿窬的小盗,在奴隶制变为真正封建制的时候,新兴暴发户从破落户的旧贵族看起来,当然要被骂为强盗。此皆系郭氏先挟一成见而后引古书以附会之。结果难免如孟子之称大王好色公刘好货,都是随意牵扯,断章取义。不过他总算大胆,敢言人之所不言,看之很有趣味,可为迷信古书古注者一清心剂。

(《总行通讯》第 48 期,1941 年 8 月 15 日)

重读郭沫若《中国古代社会研究》
——郭沫若社会史研究批判之发端

易　生

　　郭沫若的《中国古代社会研究》一书,最近又将有新版发行了;这一本书还是远远地发表在二十五年之前的,郭沫若所写的第一个社会史研究的著作,同时一般的它也被认为是在中国社会史的研究领域内,继用了唯物史观来作研究方法并得出了马克思主义形式结论之第一个著作。因此不仅在国内学术界一直起着巨大的作用,同时也获取了很大的国际声誉。虽则经过了悠长的岁月之后,郭沫若在抗战期中又完成了《十批判书》和《青铜时代》这两部社会史论文集的巨构,并且就在《十批判书》中的第一篇《古代研究的自我批判》中,还根本地否定了他自己在《中国古代社会研究》一书里所阐发的见解,但他所到达的新结论,却仍未符客观史实,而又重蹈了写作《中国古代社会研究》时代那种"主观主义"的作风,因此对于郭沫若社会史研究成果之批判,在今天仍为历史研究工作者之重要任务。并且为了要对郭氏的社会史见解作一完整的剖解,则这个批判工作也仍当自对《中国古代社会研究》一书开始。所以本文之写就,也就是进而批判《十批判书》和《青铜时代》二书的一个发端。在中国社会史的研究仍有其重大客观现实意义的今天,这一工作当也不是多余的事,但限于篇幅,这里所先提供的也只能是一个提纲絜领的批判大纲而已。

　　在《中国古代社会研究》一书内,郭氏所应用了的材料,重要的是《易经》《左传》《诗经》《书经》、卜辞及周金等种,在每一种材料的征列和据而为之论断的联系上,郭氏诚然是有着最大的热诚和努力的,他所得

到的中国社会发展底历史形态的结论是如此:

（一）西周以前……原始共产制

（二）西周时代……奴隶制

（三）春秋以后……封建制

（四）最近百年……资本制

在"古代社会"的规范下,这本著作是只主要的论述了第一第二两种的原始共产制和奴隶制,并约略地阐述到了封建制的成立为止的,郭氏的中心企图,即在要推翻了传统的以商为奴隶制及周为封建制的观点,而证实商还只是处在原始的氏族社会,以及周代上半期(西周)也还是滞留在奴隶制的阶段。

这样的论证是否完全正确呢? 据我们所看到的就是一个否定的答复。

我们先来讨论一下,商代究竟是否还是隶属于原始的氏族社会?

郭氏下这个论断所持的最大的例证便是在说明商代还是属于母系中心的社会,在《导论》的"中国社会之历史的发展阶段"一文中,他举出了以下各点:

一、商代的王位是"兄终弟及",这是从来历史上已经有明文的。

二、据《殷虚书契》的研究,商人尊崇先妣,常常专为先妣特祭。（自周以后,妣不特祭,须附于祖）

三、《殷虚书契》据余所见在殷代末年都有多父多母的现象。

可是这样的论证是很不充分的,我们很可能就据此而得出另一否定观点:

（一）王位既是"兄终弟及"的,那么男性显然已成为政治的中心。

（二）商人特祭先妣可解释为母系中心社会底遗制,却不能断言商代还滞留在母系中心社会,如周代也同样有特祭先妣的事实存在,可不能以周代为母系中心的社会。

（三）多父多母的现象,更不能作为母系中心的证据。

（四）且夏以后帝位已是父子相承,这也更足证明父权之已经成立。

其后我们再来看西周,到底是否还是隶属于奴隶制社会。

郭氏所据肯定论的例证是这样的。(《导论》页五——一七)

一、在《书经》《诗经》里面,可以看见他使用着多量的奴隶来大兴土木,开辟土地,供徭征战。

二、《周书》的十七篇中(自《牧誓》至《文侯之命》)有八篇便是专门对付殷人说的话,完全表示着把被征服的民族,当奴隶使用。

三、当时阶级的构成是分成"君子"和"小人","君子"便是当时的贵族,"小人"就是当时的奴隶。

但即就根据这个材料,我们同样也可以导引出一个相反的结论:

(一)西周虽仍有大量奴隶的存在,但并非用来从事于基本底生产任务的,而农业才是基本的生产样式,而农业本身正是封建的生产样式,同时农奴也一样可以用来兴土木、开辟土地、供徭役征战的。(徭役地租底直接表现)

二、"君子"和"小人"两阶级的对立,同样可解释是封建主和农奴的对立。

三、从当时的小人可以占有私产的一点上,也可证明其为封建制下的农奴而非奴隶制度下的奴隶。

我们再从本书中其他的材料来证实一下这一否定论断的合理性。

(一)我们看看商的产业状况是怎样的,郭氏在本书二五四页上写着如此的结论:

一、商代是金石并用的时代。

二、产业状况已经超过了渔猎时期而进展到牧畜的最盛时期。

三、农业已发现,但尚未十分发达。

四、在产业界的一隅已经有商行为的存在,然其实尚在实物交易与货币交易之推移中。

这里我们已非常显明地看到了当时的生产力较原始的氏族社会是有飞跃的发展了,由于商行为的存在,则更足证明当时已有私产的发生,而第二个结论当然是阶级也已验现了,在这个情况之下,我们实在是再也没有理由以原始的氏族社会来目商的。

(二)据郭氏在本书内的观点,农业在商代还只是一个发端,而盛行的生产方式则是牧畜,他并以卜辞中卜年、卜风雨的记录很多与牧畜一定大有关系(P.二四四),而事实上卜年的亟繁真是说明了农业已非常发达的证明,这一点也是充分地可以推论商已决计不是再滞留在原始社会的阶段了。

(三)根据了卜辞的推断,郭氏同样引论了商还有着母权中心之痕迹(P.二七)。但痕迹总于还只是痕迹罢了。试看好几千年以后的现在,像非洲半开化的国家,以及摩尔根研究下的美洲各处,再近到中国的西藏,不是一样还都有着母权中心的痕迹吗?

(四)我们再积极的举出几个有肯定意义的证据来。

一、从夏以后国家形态已经完成。

二、父传子、兄传弟,都是母权中心已毁坏的启示。

三、商自盘庚以后已定居,这说明了已完全由牧畜的生产,转化到了农业的生产。

四、卜辞中已有奚奴臣仆等字存在,这正证明了实际上奴隶的存在,并还从事于各项生产例如:

1. 戊戌卜大占奴,癸巳卜令牧坐

2. 贞、小臣令众黍

3. 三、乎多臣伐品方

由于上面的论证,我们足可以商代确不再是属于原始的氏族社会,而已是相当道地的奴隶社会了。

同样的,进一步我们也可以看到商的灭亡在经济的意义上正是奴隶制的崩溃,而周的革命,也正是农业的生产力不能与奴隶的生产关系再调协的一个飞跃。

我们试用下面理由来证实它。

(一)政治上的封建形态之存在……周武王为天子后,大封同姓及功臣的史实,想总不能随便抹杀了吧,而这作为上层机构的政治形态也正是下层经济基础的反映,已经是蠹然建立了。

（二）农业的鼎盛，以及封建主与农奴之对立……周的兴起实就是由于农业的发达，建国后农业更极度发展，而被作为了基本的生产形式，这我们在无论那一种史册上都能很清楚的看出来，而当时的阶级对立，所谓"君子"与"小人"也正是封建主与农奴的对立（小人可以占有私产）。

（三）宗教的固定性……由庶物崇拜已发展到人格神的确立，而已有了强固的教会（宗教信仰）确立，而这一点也正是完成了的封建制的特征。

（四）货币经济交易之推进，也是封建社会下才得有存在的可能性。

因此根据上面的论证，正确的结论仍该是这样的：

（一）商……奴隶制社会。

（二）周……封建制社会。

因此，这一结论都显然也是和郭沫若现在在《十批判书》和《青铜时代》二书内所提出的新见解，即把商和东西二周看做为奴隶社会这一点有着差别的。对于后二书，笔者当再另撰文予以批判，不这样无疑地封建的生产关系在本文的范围之内了。

（《中坚》第 3 卷第 5 期，1947 年 3 月 20 日）

嵇文甫《先秦诸子政治社会思想述要》书评

思想与社会

——读嵇文甫《先秦诸子政治社会思想述要》想到
  思想之社会基础的意义

李长之

上、书的介绍批评和疑问

用新兴社会科学的观点来研究中国上古的思想史,这无论如何是件新颖的工作,却又是需要有人来专费精神致力的工作,嵇先生此著,恰于此际出现,我们是决不能轻视的。

他说到他的根本观念:"一切思想学说,都是当时社会实际生活的反映。"(页一四五)

从这个根本观念,他分析到先秦诸子政治社会思想的阶级背影,他说:"儒家学说是当时日就衰落的贵族思想的结晶,法家学说是当时新兴自由地主思想的结晶,墨家学说是当时行会中劳动者思想的结晶,道家学说是当时自由小农思想的结晶。"(页一四七)

全书的要义就在这两段话中。

嵇先生的态度是非常可以赞称的,他说:"思想史自是思想史,倘若说我懂得社会史了,思想史上的一切问题都可以迎刃而解,这是把唯物史观简单化了的机械观点,未免把事情看得太容易。"(序页二)说真的,嵇先生是不是没蹈把唯物史观简单化了的机械观点的覆辙,究竟还是疑问,然而他竟注意到小心到这件事,并不像有的武断的论者的轻举妄为,这态度,纵然只是态度,我便以为是非常可以称赞的。治学原不必以为一定成功,试验的精神却是缺不了的,所以,嵇先生的工作无论成败若何,似乎可以同般敬重。

书有两种卓见,我认为是很值得介绍的。一是他说到儒学对"仁"的一观念之不同,他说:"墨子所谓'仁'和'兼爱',与儒家所谓'仁'有一个根本的差别,就是:墨子是站在实利主义上的,而儒家是站在非实利主义上的。……儒家所谓'仁',是从心中流出来的;墨子所谓'兼爱',是从社会全体利害上计算出来的。"(页一三〇,一三一)这个说明是非常中肯,精透,能抓得住要点的。二是他说到孟子并不是一个民权主义者,也不是一个社会主义者。他说:"孟子只有重民思想,而并没有民权思想。……孟子无论怎样尊重民意,无论怎样反对暴君,但是他始终没有想到让民众自己支配政权。"又说:"有人说孟子是个社会主义者,这和说他是民权主义者一样的误会。实际上,孟子所讲的'王政''仁政',只是一种保育政策。"(页六九至八〇)这也是比前人观察更精细更近实际的。

但我也有几点不能赞同的,是重复的地方太多,如讲老子:

> 肚子吃得饱饱的,什么都不去管它,这真是彻底的利己主义,这真是小农生活的摄影。(页四五)

> 肚子吃得饱饱的,养得个"顽健"的躯体,什么都不必管了。这是怎样彻底的一种实利主义呀!(页一三三)

> 肚子吃得饱饱的,什么都不去管它,这真是彻底的利己主义,这真是小农生活的摄影。(页一五九)

同样的意思,如此重见,而全书也才不过一百多页,这固然不能说是嵇先生的扩充篇幅主义,却显然是尚未把材料组织得十分好的地方,或则是因为书的性质有不得不然者罢。

其次,他对于古书有误解处。在页五四,他误解庄子的比方,以为真事,便见出"有一种几乎直觉的神秘的玩意儿"。胡适之先生于《淮南王书》中很指明这一点,便是因上古文字的运用不纯熟,遂不能不借用比方,比方却是容易使人误会为真事的。在页六三,他引了庄子的话"故礼义法度者,应时而变者也"以后,又说:"然则一定要强后世声明文物之社会去返淳还朴,又是什么道理呢?"在嵇先生指为矛盾。其实这话可由两方面讲:第一,庄子反对礼义法度的不应时而变,庄子主张返

淳还朴,是说话情形的不同;第二,应时而变,也不一定不许变到返朴还
淳上去。所以并不见得矛盾。

最根本的一点,我究竟不很信一个思想的社会基础如何这句话。
嵇先生说庄子是代表自由小农思想的,试看,庄子是什么人物呢,且不
管他惊动过帝王的礼聘,作过什么漆园吏,就看他这样文艺的哲学的天
才,如何能是陶育于自由小农生活的呢? 倘若不是那样实际生活,也可
以有那样生活所反映的思想,那社会基础一词的可靠性如何也就可想
而知了。我以为思想之社会基础,是一个问题,留在下面说。如何思想
之社会基础没有问题,庄子是否代表自由小农思想,又是一个问题。至
少,嵇先生对后一个问题,还没说得十分正确,所以,我以为嵇先生是否
免掉把唯物史观简单化了的机械观点,实在还是疑问。

下、我 的 意 见

我看过这本书后,我便想思想之社会基础,究竟是怎么回事? 按说
并不难懂,所谓社会基础,不过是实际生活之反映的意思罢了,如嵇先
生所说。如果更进一步,实际生活之反映,如何使思想上有相当的分野
呢? 是不是一个人的出身,所隶属的阶级生活,就能反映成他的思想
呢? 可是一个阶级,或一个集团,便有为其本身利益的思想,乃找一代
言者以发表出来呢? 抑还是每一个社会变动的到来,便有大哲预感着,
早画就那阶级的集团的思想轮廓呢? 倒是社会上本没变动,只是有智
识者创出思想,乃使社会掀动起什么变化呢?

我觉得都不对,因为都犯了把事情简单化了的毛病。我以为社会
基础对思想的关系,与其说是直接的,勿宁说是间接的,详细说来,便有
三个意义:

第一,环境影响思想家本人。我本想用实际生活这个名词,但后想
不如环境一词的包括。这种环境的影响,除了横的方面之刺激反射使
思想有变化外,还不能忘记那纵的方面之文化、习惯、遗传,也就是过去
生活经验之累积等之蛮性遗留的意味。然而真正大思想家,反而冲开
了本身所隶属的阶级基础,所谓环境的影响,遂不能不是只使他感得问

题的严重性,又给他一种解决问题的方便性而已,如马克思。

第二,思想的阶级选择。真正大思想家,既是能冲开本身所隶属的阶级基础,但他的思想仍不能不反映一种阶级的利益,乃是阶级选择的结果。这犹之乎生物学说的天演。凡不合于统治阶级的利益的思想,都不能生存,在积极一方面,可以焚书坑人(倒不必限于儒),在消极一方面,不理这种思想。不但统治阶级为然,就是被统治阶级中,如果某一阶段将有抬头的可能的时候,也便有选择思想的力量。在社会大变动的时候,思想往往各色各样,这也就是选择思想的阶级之杂然并存的关系。实则思想家的思想,只是被选择的,并不一定是什么畅所欲言。不过,社会上阶级的此起彼伏,也就使各种思想也或者仍有被承认的机会,然而其中有了早晚的分别。

第三,不要脸的思想家之故意迎合统治阶级。在古代,便有李斯,是个好例。他的学问是学自荀卿的,应该是儒家,也就应该是没落的贵族阶级的思想,然而他为作官,便行了法家的主张,这就一跃而为新兴自由地主思想的反映了。我们看见过,凡一个军阀到某地时,便有民众代表欢迎,这代表的意义,犹之乎有时某人代表某阶级思想的意义。

嵇先生把先秦诸子之政治社会思想,找出了社会基础以后,有"原来也不过如此"的感觉(页一二○),我想过社会基础的意义以后,也是同样地"原来也不过如此"呵!

(《大公报》1933 年 3 月 16 日,第 11 版)

《先秦诸子政治社会思想述要》之评介

赵 真

嵇文甫著,北平开拓社出版。

用新兴社会科学观点,来研究中国思想史,只是最近四五年才有的事情,不要说还没有一本系统的完整的中国社会史出现,就连一般社会史的分期问题,亦尚在聚讼纷纭,找不出真确可靠的答案。现在幸有嵇文甫先生来做这尝试的工作,实在是中国学术界很好的现象。

在周末正是思想解放的时代,诸子百家,各树一帜,各执一说,在中国的学术思想史上放出一道异彩,至今一般学者尚是努力于先秦学术的探讨。因此,可以发现出社会进化之因果律,藉以从过去之历史的演进上,推测出将来之社会之必然的趋势。那时代,真是学术思想史上之黄金时代。

在本书里缕列出先秦诸子之学说的重心,指摘出其错误与好处,不偏不倚,理论正直;更作此家与彼家利弊之比较,发明其与现代新兴社会科学之理论相吻合及其冲突处,以及说出其学说发生之背景和其所代表之阶级;有条不紊,确为一部有系统的完整的学术思想史。

这本书里所提及的诸子,都是先秦思想界的权威,在当时或后世都曾抓住过大部分人的信仰,无论是赞成也罢,反对也罢,然而都是值得人们注意过的,这就值得我们研究了。这里面有孔子、墨子、老子、庄子、孟子、荀子、韩非子,这附带提到申不害、慎到,惟独没有提起杨朱。

被封建时代的统治者尊为万世师表的孔子,崇拜他的至今还很多,"一言足为万世法,一举足为万世师",真是中国的了不起的圣人哩!谁敢说他不是。这种盲从的崇拜偶像的态度,在中国是在在如是。前两年林语堂在《奔流》上发表过一篇戏剧——《子见南子》,对于孔子只可以说是谩骂,虽是无道理,倒也有些地方骂得有意思;以后熊得山在《中国社会思想史》上指出孔子与封建社会之密切关系,也算抹了孔子一鼻子灰。至嵇文甫先生此书出,则首先提出这位先圣来研究,不是无意识的谩骂,也不是盲从式的人云亦云的捧场。既指出他的好处,又摘出他的错误,实在是拿出学者的态度来加以批判的。

论孔子的第一节说到孔子与贵族社会之关系,和熊得山先生的《中国社会思想史》上持着同一的论调;二谈到孔子的人文社会的理想;三论及孔子的名正则言顺的正名主义;四说到孔子的德化主义;第五节是余论,对孔子有四种严正的批评。

墨子是注重实际的人,他不好唱高调骗人,不好用着脑筋空想自己的空中楼阁,不是动机论者,是个实行家,是很可以医治现在一般好夸大的人们的。我先前也很觉得是对的,但在看了这本书以后,便知道这种见解也是很错误的。这种人也自有其强点可寻。社会不是这样简单,不是想实行就可实行的。本章一节墨子的实用主义,叙述透彻,引证详明,煞尾引荀子之“墨子蔽于用而不知文”及庄子之“其生也勤,其死也薄,其道大觳。使人忧,使人悲,其见难为也”的话来批评他,是很切实的。二节评论墨子的齐一思想,也引荀子所说“墨子有见有齐无见于畸”来批评。齐一思想这名词似乎生硬。墨子凡事听天由命,人力所不能为者,待决于天,饶有西欧之迷信上帝,像教皇同一态度,故第三节说他是想用教皇政治,只可使之与摩尔之乌托邦相比,但其精神的确有可取。这一章里引用他的著述里的原句很多,从此亦可见其著作全部之一斑。

第三章为老子,老子在中国学术史、宗教史上为一不可泯灭之人,亦为一迷离恍惚之人物,既传为孔子之师,复尊为道教之祖,时而“博大真人”也,时而“玄元皇帝”也,时而“太上老君”也,时而“老聃”,时而“李耳”,时而“老莱子”,时而“太史儋”也,简直成了人神不属的四不相子。在这一章的第一节里,引证了许多材料证明老子是生在孔墨之后。孔子问礼于老子的那个“老子”为另有其人。第二节评述老子的无为主义,并说明其无为,实正有为。与甘地之不合作主义同,名虽不抵抗,实则莫此抵抗之为甚！末后陈述老子与小农社会之关系，并使之与当代之哲学论著相比较，把他挤入到唯心论者的阵伍中去，"他注重精神生活，而轻视物质，用大智慧，求大解脱，其实他是生活战场上的失败者，只好以精神世界为他的避难所"。这评语是很恰当的。

第四章庄子。开头便是庄子与老子之比较，这是很适合一般研究者的心理的。因为凡是想到老子的人，便一定的会联想到庄子，原因是他两个思想言论有很多相同的地方，如动辄称孔孟一样。但这一节里却分别出他们的差别不同的处所来。"圣人和之以是非而休乎天钧，是之谓两行"，"万物皆种也，以不同形相禅，始卒若环，莫得其伦，是谓天均。天均者，天倪也"。庄子知道宇宙是动的，变的，是在矛盾中发展的，所以他要休乎天均，而任其是非两行，他的见识比老子进化了许多，的确是高明得多的。这重要的天均论，本节里有一番详明的解释。"闻在宥天下，不闻治天下也。在之也者，恐天下之淫其性也；宥之也者，恐天下之迁其德也。天下不淫其性，不迁其德，有治天下者哉。"这一段是"在宥"中的原语，本书把这一部分名之曰"在宥论"。庄子这样极端的放任主义，一切都"宥使自在"，以不治治之。他崇尚自然的态度，和老子是同样的，而发挥得却格外透彻。本书批评他这"弃仁绝义，弃贤绝圣"的见解是谬误的，"圣人不死，大盗不止"，这是很值得惊奇的说法，但在这里除举出其理由外，并批评其错处。

第五章孟子。先述其王霸论。战国时代的确是中国社会变动之一大关键，修明的政治久不得见，孟子日击时艰，无力挽救，于是不得不高呼"王霸之论"，所以，这"王霸论"实是他的学说之精华。次叙其重民思想，"民为贵，社稷次之，君为轻。……得乎丘民为天子"，从这一段话里，知道孟子的确是为民请命。但却不是民权思想，他只不过替民人向统治者哀求而已，只要有人民安居乐业的机会，他便"于愿已足"了。这种不彻底的救民的办法，何能为力呢？末论孟子的保育政策，"有人说孟子是个社会主义者，这和说他是个民权主义者一样的误会。实际上，孟子所讲的'王政''仁政'，只是一种保育政策。""保民而王，莫之能御也"，这是他劝齐宣王的话。怎样能保民，只要推爱牛之心以爱百姓好了，只要推不忍见牛之"无罪而就死地"，而使百姓都不致"无罪而就死地"好了。至于具体的方案，他也屡屡提到。本节都有明了的叙述和批评。

第六章荀子。荀子是个性恶论者，是个戡天主义者，是一个非常认真的批评家。这第一节是他的礼义法度起源论，他论到礼义法度的起源，他无论如何，是不肯拿"天意""良心"这些字眼来搪塞的。他对于这个问题，下了一种理智主义和功利主义的解释。第二节是荀子的法后王与古今一理观，第三节为荀子对于等级制度的拥护。荀子的主要著述，凡足以代表他的思想之重心如"荣辱""解蔽""正名""非相""不苟""王制""天论""非十二子""劝学""富国""君道""正论""大略"等篇，这里都引用着。

第七章韩非子。韩非子是中国学术政治史上的一个怪杰，正如莫索里尼之在意大利一样，很值得使人注意的。他唯一的主张是法治国家，不重感情。无论是谁，只要是犯了法律上的某一条，就照规定处罚，不能以情乱法。他很反对儒墨两家，在《五蠹》篇里看得很清楚。他把"必"字尊作神祇，充分的表现出其要富国强兵，必自法治始的神气。在这一章里，共分五节：

(1) 韩非关于"法""术""势"的理论

(2) 韩非子的反德化主义

(3) 韩非子的功用主义

(4) 韩非子的历史思想

(5) 韩非的经济思想

这一章嵇先生下的结论是这样："这种拥护富豪利益的理论，可谓生辣之至。与孟子的育民政策比较着看，殊有意味。但韩非子却也反对商工，说他们'修治苦窳之器，聚弗靡之财，蓄积待时而侔农之利'，把他们列为五蠹之一，他主张'趣本务而减末作'。这和他的极端狭的功用主义自然很有关系。他究竟是个重农主义者，所代表的是地主不是商人。"

此外尚有附录两篇：(一)《"仁"的观念之社会的观察》，(二)《老庄思想与小农社会》。第一篇附录的确是作者的精心之作，把先秦诸子的对于"仁"所取之态度及言论的表现，很有系统的叙述出来，并说明其所以产生之背景及其影响于社会之处。其摘要(1)建筑在自然经济上的"仁"的社会;(2)自然经济之破坏与"仁"的学说之发生;(3)商品经济之发展与各家对于"仁"的观念之攻击;(4)秦汉以后新兴地主之贵族与"仁"的观念之空灵化;(5)国际资本势力的侵入与"仁"字的新装。关于"仁"字的解释及演进,这里叙述不谓不详矣,而说明其背景,亦无不尽致。"儒家所代表的是衰落的贵族,故不屑屑于打算盘,而高谈其'仁'的社会。墨家所代表的是行会中的劳动者,虽未脱封建制度的约束,但因其接近生产界,故实利的观念特盛。道家所代表的是自由小农,只求安居乐业,什么仁义圣智之类,都不敢领教。法家所代表的是新兴地主,生气泼辣,一意进取,封建社会的思想信仰,都被他们看得不值一文,故对'仁'的攻击最为强烈,而实利主义的色彩也最为鲜明"。这真是一段很简明的结论。

附录之二,叙述老庄思想之造成与影响及其与小农社会之特殊关系。本书说老庄思想是小农社会生活的反映,从五方面证明出来:(1)复古与因时两种矛盾思想之并存;(2)对于政府的消极的反抗;(3)知足守分,随遇而安;(4)打小算盘;(5)自然崇拜和性崇拜的遗迹。老庄的思想,向来玄之又玄,然传其道者,亦莫不以之神秘化,把老庄的学说于是形成了一种形而上的不可解的东西,在这本书里,嵇先生道出了他的根底,说出了他的来源,并指明了他的应走之一条路。

再者,此二附录,前者曾发表于《北大学生》创刊号;后者曾披露于《女师大学术季刊》第一期,当时真是脍炙人口。

评价者余话:"这本书把旧的东西重来估定其新的价值,把紊乱的先秦的学说,用快刀斩乱麻的方法整理其头绪,把中国学术的演进分门别类的叙述其阶段之历程,理论正确,不偏于何党何派,文字浅明,适合于参考教材,洵为一部好的中国政治社会思想史也。"

此书为一九三二年新出版,定价五角五分。

(《中国新书月报》第 2 卷第 8 号,1932 年 8 月)

施复亮《中国现代经济史》书评

评《中国现代经济史》

扬　子

> 现代中国史丛书之一，施复亮著，孙师毅编，良友出版，定价四元。

"中国将往何处去？"

这个当前的急待解答的严重问题，诚如现代中国史丛书的编者孙师毅所说，"这无疑地却是每一个身受着剥削与压迫的中国人横梗于心中而急求解答的一个当面问题"。

因此，自一九二八年以来，在中国论坛上，以这个论题为中心而掀起的理论论争，一直延续到了现在。

据现代中国史丛书编者告诉我们："现代中国史丛书底编行，目的便是拟践行这一重历史的任务。"

这以上是介绍现代中国史丛书编行的旨趣和《中国现代经济史》与丛书的联系任务。

现在我要说到《中国现代经济史》所给予我们的内容了。我不是来替《中国现代经济史》作介绍，但也不敢说是评或批判，因为著者是"学究"，而我是学生。

在未说明本书内容以前，首先应向读者说明的，便是当我读这部数十万言"比较深入的研究"的大作时，我是没有系统的对于本书作总的研究——关于统计材料，我是没有完全看的，这因为他引的统计材料在其他关于中国社会经济研究的诸著作里，大概是都已看过了，所以我下面所说的只偏重于理论的方面。

我觉得研究现代中国经济史，或研究现代中国经济性质，最重要的是农村经济方面。同时最感到困难的,也是农村经济方面。如果对于中国农村经济,因为研究较为困难,结果予以忽略,而来解答中国经济性质,这是千万不可能的事情,否则只会求得错误或歪曲的结论。

然而本书的著者,在本书的著述中,却犯了这个毛病。如著者在自序中所说:

> 最令我自己不满意的是关于农村经济的一章,未免过于简略(?)。

虽是著者说是"那根本的原因,是由于找不到全国范围的可靠的材料",而著者于农村经济"过于简略"的研究中,竟敢肯定了中国经济性质,是一种殖民地化的复合的资本主义经济,这是何等不可宽恕的恶意的歪曲。

再说到著者在第八章里关于农村经济的变化的简略研究,著者仅仅引了金陵大学在比较发达的县中所调查的农民生活的统计,便推论这种农村经济受商品经济支配的现象,已成了全国农村经济一般的趋势。这又是何等武断"学究"式的逻辑。帝国主义商品投销到中国农村,大部分中国农村经济受商品经济的支配,这是事实;但我们要知道,中国农村经济卷入列强帝国主义商品生产过程中,这是帝国主义侵略殖民地的历史的必然,这只是证明中国半封建的农村经济,在受了帝国主义的商品破坏后,中国半封建的农村经济已走上急速没落的道路,而不是证明中国民族工业的发展和民族资本的自由成长。又如著者在第八章里,所引的关于米、小麦、棉花等输入输出的统计,这固如著者所说:"可知中国农村经济底崩坏情形,已经非常严重的了。"但这正是证明中国农村经济没有资本主义化,或农村经济没有发展到资本制之经营,和没有出路。

虽是如著者在第八章里,曾力引农业经营底资本主义化的统计,如著者所说:还有农业机器底输入,资本制农业底发生,也使中国农村经济起了重大的变化。现在中国农村,因资本主义势力的侵入,已有资本主义的农业公司存在。这种公司,以江苏省为最发达。淮南及沿海底各盐垦、垦植、垦牧等公司就是例子。从南通吕四底通海垦牧公司算起,共计达四十所以上,其耕地遍及南通、如皋、东台、盐城、阜宁五县,长约八百余里，其投资额已达三千余万元，雇用劳动者数亦不在少数。这不仅表示农村经济底商业化，而且表示农业经营底资本主义化。据《农商统计》所载，从一九一二年至一九一九年，这种农业团体数及其已缴资本额如下：

年 次	团体数	已缴资本额（元）
一九一二	一七一	六，三五一，六七二
一三	一四二	六，〇〇九，九六二
一四	一二九	四，九六〇，二〇九
一五	一二九	六，二四一，〇七五
一六	一三三	九，七九一，四八九
一七	一三二	一〇，六六三，四五六
一八	一九一	九，四九八，三〇九
一九	一〇二	一二，四六八，八〇四

但这也只是证明"资本制农业的发生"和极小部分的存在，而不是极大部分的存在或普遍的存在。据我们知道，在东北、蒙古等地带，虽已有少数较大的资本主义式的农业经济，如农业公司等，可是他们大半还是过渡式的半资本主义居多（仍旧采用出租制度），但这种东北的农业资本主义的发展，多半还是由于日本帝国主义的作用，仍旧属于殖民地的经济形式。

我们知道，在封建式的生产方式之下，全部的土地都是隶属于大地主的，农民与地主的关系，是完全处于农奴制之下，我们因耕种地主的土地，必须纳付贡物，或为地主耕种土地。中国的土地关系是怎样的呢？中国所有可以耕种的土地，极大部分（根据一九二七年武汉国民政府调查为百分之六十二，根据《中国年鉴》统计则为百分之六十三）尤其是肥沃的土地，都是集中在地主阶级之手。农民自己所有可以耕种的土地，相反的是非常之少，而且很瘠瘦，占土地所有者人口三分之二的农民（贫农、中农）所有土地，还不到五分之一（根据武汉国民政府调查及《中国年鉴》统计均约为百分之十九）。从以上土地所有关系看来，中国差不多没有欧洲式的地主经济,而是过渡式的小农经济占着优势。现在我们再来说到农民被剥削的情形,在小农经济占着优势的中国广大的农民,除受中国社会中有钱的(高利贷者)、有地的(地主)、有货的(商人)的剥削而外,还有另一种的剥削制度,就是军阀的课税制度。这种课税制度,实际上还是封建式的"军事赋税"。除此以外,各地军阀的强迫拉夫、抽丁当兵、强征牲口粮食等等,这也是一种封建式的"军事徭役"。我们综以上土地所有关系和农民所被剥削事实看来,中国农村经济性质,事实上到并不如著者所肯定一样。

我在前面已经说过,研究中国经济性质,而将农村经济予以忽略,或"简略"(?)"研究",这是只会求得错误或歪曲的结论的。从上述事实总括来说,中国农村经济乃是与欧洲式"地主经济"和资本制农业经济截然不同,过渡式的"小农经济"占着优势。所以我敢肯定中国农村经济,还是一种过渡式的半封建的经济性质。

在另一方面,在本书里仍有一部分可供参考的地方,就是著者能以"输出商品""搜括土地""输出资本"三个阶级来说明帝国主义对于中国经济的作用,虽是有些地方没有详细地加以说明,但在这点上,可以说是相当正确地说明了帝国主义与中国经济的关系。

综上所说,当然是很简单和不够的,但我相信著者在中国现代经济史研究中,理论上所犯的最严重的错误和相当正确的地方是被指明出来了。

(《学风》第 2 卷第 10 期,1932 年 12 月 15 日)

《中国现代经济史》的介绍与批评

相　安

施复亮著,上海良友图书公司出版,一九三二年三月初版,全书四〇四页,定价四元。

(一) 中国社会科学的厄运

文化后进的国家学术进步的途径,总是先由翻译外国的名著,然后参照外国的著作,编译本国的著作,最后才能融会外国的理论与本国的事实,完成独立的著作。日本近几十年来,将世界各国的名著,都陆续译成日文了,所以一个不懂得外国文的日本人,可以由日文译本,读到世界各国的名著。最近几年来,日本的学术界,开始将以前的各种译本加以整理,编成各种的全集,用大量生产的方法,使售价低廉,以求学术的普及。如春秋社出版的《世界大思想全集》,改造社出版的《马克斯恩格斯全集》,都是很著名的例子。最近几年日本的学术界,虽仍然努力翻译各国新出版的名著,然日本人自己的著作,已经渐渐地多起来了。例如改造社出版的《经济学全集》《日本统制经济全集》,日本评论社出版的《现代经济学全集》,就都是日本学者自己的著作。中国自新文化运动以来,起初是介绍外国的文学和哲学思想,自十七年北伐成功以后,国人多注意社会科学的研究,故社会科学方面的名著,渐渐有了中文的译本。虽然初出的译本,不免有许多错误,然既聊胜于无,且可由粗译而进于精译,方冀国人对于社会科学的研究,能由翻译而进于著述。不意年来大学教育中的重理工而轻文法,与最近各种新书的禁止印售,常此下去,中国不但无可入之学,亦将无可读之书,中国学术的进步,实在是一种莫大的危机。

由上所述,中国的社会科学界,既因受压迫而陷于停顿的状态,所以近一两年来,无论是外国名著的译本或国人有价值的著作,都很少出版。因此要想找几本值得介绍值得批评的中文新书,实在不可多得。我现在拿两年多前出版的《中国现代经济史》,向大家介绍,就是因为这种原故。

(二)《中国现代经济史》的介绍

《中国现代经济史》,是中国社会科学界的名家施复亮(即施存统)先生所著的。施先生所翻译的名著,如波格达诺夫的《经济科学大纲》及高畠素之的《资本论大纲》(日文原名《马克斯经济学》)等书,凡是看过的人,都说译得很好。施先生对于一般的经济发达史及新派的经济学说,既有了基本的训练,则他进一步来研究中国近代经济史,一定能有很好的成绩,所以当他这本《中国现代经济史》出版之后,我就赶快去买它。这本书只有四百多页,宽行大字,定价高至四元,所以我当时很有点踌躇,不买则于心不安,买又嫌它太贵,考虑的结果,以为施先生的大著,必有一读的价值,乃决定买了一本。

本书是良友图书公司出版的现代中国史丛书的第一册,所以开始有编纂者孙师毅先生的引言,说明该丛书发行的旨趣。这篇引言,虽然占了七页之多,然对于该丛书发行的旨趣与计划,并没有说得清楚,如果遇到没有耐心的读者,恐怕看不完这篇引言,就打住了。其次是著者的自序,施先生说他想藉此机会对于中国的经济问题,作一番深入的研究,并想藉此清算他自己过去一部分的错误思想。他说以一九三一年的六月起到十二月止,差不多全部的时间和精力,都用在写述这本书上。研究中国经济问题,他说应该以资本主义的生长性上去把握问题,不应该以封建经济的没落性上去把握问题。他说今后要继续研究中国经济问题,希望能在三五年内再写一本比较完备的中国资本主义发展史。至于这本《中国现代经济史》,只算是他研究中国经济问题的最初的成果。在序文的终了，他说他对于一切客观的严正的批评，是准备虚心接受和诚意答复的。我们现在对于本书的介绍和批评，也都是站在纯学术的立场上，而不敢夹杂丝毫的成见。如有批评失当之处，还希望作者和读者，与以批判之批判。

　　本书共分九章。第一章是帝国主义与中国经济。中国近代的经济史，是各帝国主义的国家对于中国的经济侵略史，所以要想了解中国近代经济史，非先明白帝国主义与中国经济的关系不可。本书以此为第一章，且做为以下各章的总论，是很对的。

　　第二章是近代企业的发展过程。说明自清季以来，中国工业发展的经过。他把中日战争（一八九五年）以前，做为中国近代企业的萌芽时期，中日战争以后，做为中国近代企业的勃兴时期。在中日战争之前，各国对于中国的经济侵略，是以输入商品为主要目的。而中国的官商资产阶级，也只觉得外国的船坚炮利，所以当时所兴办的工业，是以军用工业为主。及中日战败之后，形势就大不相同了。此时各资本主义国家的经济，已经发达到帝国主义的阶段，所以各国对华的经济侵略，由单纯的商品输出，进到商品与资本的同时输出。而中国近代企业之发展，亦由外资的输入时期，经过民业的抬头时期而至民国以来的自动振兴时期。在这个时期最发达的工业是纺织工业，其次是饮食工业，再其次是化学工业和机器工业。而工业最发达的省份是江苏，上海一埠约占全国工厂总数的一半。其次是东三省，而以大连为东北工业的中心。

　　第三章是近代交通的发展。各帝国主义的国家，为实行其对华的经济侵略和政治侵略，争相夺取中国铁路的敷设权或投资权。所以全国的铁路，几乎都有外资的关系，各国以其投资之铁路为其势力范围，既可以大批地输入商品，又可以得到廉价的原料，一旦有战事发生，又可运输军队到中国的内地。再者自外国的轮船得自由航行于中国的沿海与内河以来，中国的航业，几乎完全为英日等帝国主义的国家所操纵，中国旧有的帆船，既不能望其项背，而中国自办的轮船公司，如招商局之类，都不能与外轮竞争。

　　第四章是近代矿业的发展。中国是煤铁最丰富的国家，所以各国对于中国的经济侵略,很注重中国煤铁等矿开采权的获得。最显著的例子,是日本人开采的抚顺煤矿与英国人开采的开滦煤矿,都是中国最大的煤矿。而汉冶萍公司亦因借有日债的关系,每年须供给日人以多量的铁砂。其余中国各地的煤矿,亦多半有外人插足其间。故中国矿业的大权,至今还在外人的掌握之中。

第五章是近代工业的发展。其中最主要的纺纱业、缫丝业、面粉业、电气业等等。中国地当温带,人口要多,故每年对于棉织品的需要,为数最大。我们看几十年来的海关报告,棉货每年进口之巨,就可以知道。国人有见于此,故于自办的轻工业中,最注重纺织业的兴办。当欧战期间,欧美各国无暇东顾之时,中国的纺织业者,曾大发其财。自欧战之后,各国都运输其大宗的棉纱、棉布来华倾销,加以日英两国在华皆设有纱厂,而尤以日本在华的纱厂,数目既多,规模又大,日人又利用其精良之技术与低廉之工资,故其出品物美价廉,华商纱厂的出品,绝不能和它竞争。故中国纺织业,近几年来越陷于衰颓的境地。其次,中国的缫丝业,近数十年来虽有很迅速的发展,然近几年来,外受世界经济恐慌的影响,销路因之减少,再加以日丝在欧美市场的倾销,故中国的丝业几乎陷于停顿的状态。再其次是面粉工业,也是中国新兴工业之一种,其发达之速,仅次于纺织业。因中国人的食料,大部分以面为主,喜欢吃米的南方人,年来亦渐习面食,故中国的面粉业,能有这样迅速的发展。惟自一九二二年以来,面粉每年皆为入超,一九二九年,入超竟至一千一百万担以上。年来中国的面粉业,内受原料——小麦——缺乏的影响,外受洋面输入的打击,故中国的面粉业呈逐年衰落的情况。最后,中国的电气业,近些年来虽有迅速的发展,惟规模宏大的发电厂,多为外人所经营,故中国的电气业也是在帝国主义者的支配之下的。

第六章是近代银行的发达。各国对华的经济侵略,以贸易与投资为主要的手段,两者皆需要金融机关为之辅助,所以列强在华首先成立银行,如英之麦加利与汇丰两银行,法之东方汇理银行,德之德华银行,日之正金银行,美之花旗银行,都是各国对华经济侵略之中心机关。其主要的业务,是操纵中国的国际汇兑,经营对华的借款与投资。中国的金融,完全受外商银行的支配。至于本国的银行,除中国、交通、中央三行,带有国家银行的性质外,其余所有的国内银行,多半是私人成立的商业银行。然而所有的国内银行,其主要的业务是买卖公债、经营地产等投机事业,其势力虽逐渐扩大,然至今不能与外商银行相竞争。

第七章是对外贸易的进展。近七十年来的中国对外贸易,完全处在帝国主义的压迫之下,关税既系协定,故外国过剩的商品源源而来,中国的出口货物,初以丝茶为大宗,近些年来,均已衰落不堪,代之而起的大宗出口货物,是东北所出的豆类。自一八六四年以来,除最初数年当为出超外,其余几十年来,都是一贯的入超。与中国有贸易关系的国家,虽不下数十,然最主要为英日美三国。欧战前英国居中国对外贸易的第一位,日本次之,美国又次之。战后日本跃居第一位,美国进居第二位,英国退居第三位。最近几年,美国跃居第一位,日本次之,英国又次之。此英日美三国对华贸易盛衰之大概情形也。至于主要的入口货物,则为棉制品、食粮、煤油、机器等物,主要的出口货物则为丝、茶、大豆、兽皮、花生等物。而最大的商埠是上海,其次是大连、天津、广州、汉口等埠。

第八章是农村经济的变化。中国的人口有百分之七十五以上是农民。在资本主义的商品未侵入中国的农村以前,它们是能够自给自足的。在价廉物美的洋货流入农村之后,中国的农村经济就起了很大的变化。它们所用的煤油、火柴、洋布等日用品,都要仰给于都市或外国的工业品,而它们的重要农产物如棉花、小麦之类,都要输入都市做为纺织业和面粉业的原料。农村与都市有了不可分离的经济关系。近几年来,中国的农村,外受帝国主义廉价农产物输入的压迫,内受天灾人祸、苛捐杂税、高利贷等的摧残与剥削,所以中国的农村成了普遍崩溃的现象。以农产国自夸的中国,年来反有大批的棉麦米等的输入,而本国农产物丰收的地方,反酿成丰收成灾、谷残伤的怪现象。近来高唱入云的农村复兴运动,其能否复兴农村,实在是个很大的疑问。

第九章是中国经济的性质及其前途。施先生在这最末后的一章中,根据他以前各章对于中国经济各部门的分析,断定中国经济不是封建经济,也不是半封建经济或前资本主义的经济,而是资本主义的经济。惟中国的资本主义的经济，与历史上的商业、工业及最近的金融等资本主义不同，与英、美、德、法、日本与帝俄等的资本主义也不同。中国的资本主义经济，是在各帝国主义支配之下的资本主义的经济，是一种殖民地化的资本主义的经济。其次，中国军阀官僚的资本，在中国的资本主义经济中占着重要的地位，中国商业资本和银行资本的势力，超过中国工业资本的势力。中国资本主义的经济，既有了上述的这几种特征，所以中国的资本主义经济，是一种殖民地化的复合的资本主义的经济。至于中国经济的前途，不外下述的两条道路：（一）是推翻帝国主义在华的一切势力，使中国经济走向社会主义的发展之路；（二）是投降各帝国主义，使中国经济更加隶属于各帝国主义者。

（三）《中国现代经济史》的批评

本书各章的大意，已如上述，现在把我对于本书的几点意见，分述如下：

（一）名实的不符。本书名为《中国现代经济史》，其实全书的内容，都是中国近代经济史。固然现代与近代，没有严格的界限，然以一本论述近七八十年来中国经济史的书，似命名为中国近代经济史较为名符其实。这或许是因为该丛书总名为现代中国史丛书，故各分册亦以现代二字名其书也。

（二）内容的贫乏。以一部讲中国近代经济史的书，其包括的范围既广，而时间又长，施先生若肯多搜集些材料，详加研究，然后执笔，则本书的内容，决不至如此贫乏。即就其已经讲到的几个部门，都觉其过于简略。而与中国经济有密切关系的中国近代的财政问题，则一字不提，不能不算是一个很大的缺点。因为各帝国主义者对华的经济侵略，除工商交通各业外，就是对于中国的借款与赔款，中国的关盐等重要税收，几乎都做了外债的担保。而中国新兴的金融资本家的支配中国政治，也是用购买政府公债及为政府垫款的形式。中国的财政当局既始终仰中外金融资本家的鼻息，所以中国的政治始终受他们的支配。中国内战的频仍与人民负担的繁重，都与此有密切的关系。讲中国财政问题的书,并不算少,不知施先生为什么一字不提。

（三）本书的编制。本书的编制,首述帝国主义与中国经济的关系,以下分章叙述中国近代企业、交通、矿业、工业、银行,对外贸易与农村经济等部门的发展,最后叙述中国经济的性质及其前途。这种的编制方法,在叙述半殖民地的中国经济的发展史,大体上尚属适当,惟各国对华的经济侵略,最早的是商业侵略,故对外贸易一章,应置于交通、矿业各章之前。

（四）著者的观点。施先生认为中国的经济,既不是纯粹的封建经济,也不是正常的资本主义的经济,而是在帝国主义支配之下的殖民地化的资本主义的经济。并谓中国经济的前途,不走向社会主义之路,必更隶属于帝国主义者,这由近两年中国对于欧美帝国主义的乞怜,与对于日本帝国主义的屈服,已经完全证实了。

一九三四,七,二十七,北平

（《众志月刊》第 1 卷第 4 期,1934 年 7 月 15 日）

介绍《中国现代经济史》

中 一

施复亮著,良友图书公司出版,定价四元。

年来研究中国经济的思潮,虽有蓬勃的气象,但关于中国经济史的著作,却是缺乏得很。不论书的内容如何,在书摊上很难找到一部中国经济史!

施先生这部《中国现代经济史》,虽只是中国经济史的一部分,在这种著书缺乏的今日,实是很值得一读的。这部书不像现在一般著作家那样的粗制滥造,而是有相当研究的著作。

这书共分九章,第一章说明中国经济与帝国主义结成一种有机的关系。第二章述说中国近代企业的发展过程。在这两章里,给我们中国近代经济的变动及其发展的一个明确概念。第三、四、五、六、七各章,将中国近代的交通、矿业、工业、银行及对外贸易的发展,很简括的分别说明了。第八章为农村经济的变化,稍嫌简略,但并不空泛。这六章是用证据来证明前二章的总论,将我们得到的概念充实起来。第九章为施先生研究的结论——论中国经济的性质及其前途,也是很值得我们注意的一种见解。

施先生的这部书,不唯结构紧严,系统清晰,取材正确,而且叙述得非常明白,使人一目了然。这书本属专门的性质,但因述说的得法,即便一个不大有这种知识的人看了之后,也能得到明确的印象的。这书,因为篇幅的关系,不能引证,好在原书并非孤本,容易买到(唯定价太高,书贾居奇可恨!),翻一翻原书就可知道了。

不过,我们也不能完全满意,认为这是一部完善的著作。这书,我们觉得还有缺点——没有说明中国近代经济发展的内在条件。

中国经济的发展,帝国主义的侵入虽是一个重要的要素,但中国社会的内在预备条件,也不能够忽视。如果将内在的条件忽视了,那就陷于"外铄"论的错误。施先生的这书,就有偏重帝国主义的作用,忽视中国社会内在条件的缺憾。我们知道,中国商业早已发展,不是自足自给的经济了。这不用远说,就由施先生的书中,也可以看出来。如该书二五九页所列历年输出入贸易表,一八六四年总输出额为四八·六五四·五一二关平两,一八七四年总输出额为六六·七一二·八六八关平两。这时为施先生所定之中日战前(一八九五)近代企业萌芽时期,输出俱为土货。如果商业不发展,自足自给的社会能有这样多的输出品吗?而且,中国不但已生产大量商品,商业资本的蓄积也达到某种程度了,钱庄的发达就是显明的事实。施先生把这些都忽视了,说中国是自足自给的经济,不能说不是美中不足了。

其次,有些地方也太嫌以意为说,如:

> 中国底出口贸易,并非因为中国的产业过于发达,非向外输出不可,乃是……中国非设法输出相当的土货以抵偿外货输入的损失及满足帝国主义者采集原料的要求不可。(页二八九)

如果产业没有相当的发展,中国能设法抵偿输入的损失及满足帝国主义者的要求,岂非意识支配了经济?这种地方,实在是施先生的脑子作了中国经济的主人翁了。

这些虽不免为施先生的大著之疵,但总观全书,则仍为一部有价值的著作,我们不能以此而埋没了它的价值的。

(《华北日报》1934 年 11 月 1 日,第 7 版)

华岗《中国大革命史》书评

中国大革命史应当这样写的么？

——对于华岗的《中国大革命史》的批评

范　亢

一

一九二五——二七年的中国大革命的历史，不但对于中国的劳动民众有极伟大的意义，而且对于全世界的劳动民众，尤其是殖民地的劳动民众，例如印度、高丽、南洋群岛等等的民众，也有极重要的教训。中国革命的历史，不但对于中国无产阶级和共产党是最重要的斗争的经验，而且对于国际无产阶级和共产国际，正是布尔塞维克主义克服一切种种"中国式"的及非中国式的机会主义的斗争的纪录。华岗的《中国大革命史》，正在中国共产党第六次大会之后的四中全会的时候写好，并且付印；很自然的——他应当根据共产国际和中国共产党的正确路线，来总结一九二五——二七年革命的经验，揭露一切种种错误的机会主义的"理论"，严格的审查和分析中国革命的事实，中国革命的社会经济的基础，中国共产党领导机关的过去的错误。首先，这里要有坚决的无产阶级的布尔塞维克的阶级立场。但是，事实上呢？华岗同志在这部《革命史》里竟没有这样的立场，竟犯了腐化的自由主义的错误，甚至于偷运机会主义的私货。

华岗同志编辑《革命史》的方法，根本就是不对的。它没有根据共产国际对于中国革命的一贯的正确路线，来有系统的整理和分析中国革命的事变，阶级力量的变动，共产党的政策和口号的意义。他却是根据过去中国共产党领导机关的各种时期的论调——这些论调之中常常有许多是错误的,有许多是只能够代表当时个别的领导同志的意见的——他却根据了这些论调,七拼八凑的汇集了许多材料,就算编好了一部《大革命史》。自然,他所根据的材料之中,也有好些共产国际的文件,可是,他并不能够根据这些材料,正确的去分析中国的事实;他只是机械的把这些正确的论断,混合在一些模糊的错误的意见里面。这样,他这部《大革命史》——本身就包含着许多矛盾,没有统一的一贯的见解。与其说是《大革命史》,还不如说是《中国革命史材料汇录》;假使真是这样编法,那他也应当在每一段每一篇的材料底下注明白:某人某年某月的论文,或者某一个机关某年某月的决议等等。而他不是这样做的,他把一切错误都自己担负了起来,同时,他又想把一切正确的意见也包含进去。结果,就表现了对于一切种种"左"右机会主义的腐化的自由主义。这正足以暴露他的立场根本也是机会主义的,他的不一贯,正是他的一贯的机会主义的表现。

二

首先,他的方法论上,根本就有反马克思主义的错误——他在《大革命史》的第二版序言里说:

> 老实说,历史的记述,是没有所谓"纯客观的"。……但是我们始终以工农阶级的解放利益为前提,以马克思列宁主义的原则与革命的教训为立场,能够正确的去把握并理解社会发展的本质,也就始终要比国民党第三党及取消派更客观些、根本些、彻底些。(注——《大革命史》的第二版没有付印,我所引的是华岗同志的原稿)

这里,他简直把马克思列宁主义的科学和所谓客观事实对立起来,照他的意思,马克思列宁主义的历史学并不是唯一正确的,唯一合于客观事实的历史,而只不过是比较国民党第三党托陈派"更客观些"罢了。这种口气,仿佛是要求马克思列宁主义的历史学和资产阶级的历史学并存起来,只要求自己的一些自由,而并不要求完全打倒国民党等等造谣诳骗的历史，并不指出国民党等等的历史根本是违反客观事实的——反而承认他们也有一些"客观"，只不过比较我们更不客观些罢了。列宁说的：

> 真正相信自己是在推动科学前进的人，并不要求新的观点和旧的观点有并存的自由，而要求用新的观点去代替旧的。(《列宁文集》卷五，一二二页——《怎么干》)

斯达林在反对腐化的自由主义的信里面也说：

> 任务是在于"把布尔塞维克主义的历史问题提到应当有的高度，把我们党史的研究放在科学的布尔塞维克的轨道上，使大家着重的注意去反对托洛斯基主义的，以及其他对于我们党史的造谣的人，有系统的去揭穿他们的假面具"。

可见得马克思列宁主义的历史学，不是什么"比国民党第三党托陈派更客观些"的问题，而且要完全打倒他们的造谣历史，而建立唯一正确的历史。所谓布尔塞维克的，也就是科学的。反布尔塞维克的，一定也就是反科学的，违背客观事实的。苏联耶洛斯拉夫斯基总编辑的四卷头的《党史》里面，曾经有了偷运托洛斯基主义的错误。直接对于这些错误负责的敏茨等等，企图辩护自己的错误，他们说：这是"因为太客观了，所以忘记了政治上的不适当"。苏联共产党的中央就特别指出这种辩护的荒谬："问题正在于敏茨编的《党史》不是客观的历史……敏茨同志和他的一些好朋友，自己以为做了一本'客观的'历史，其实是一本非常之主观的历史，正因为这个缘故，所以他们替那些最恶意的对于党史造谣诬蔑的人帮了忙。"(卞岗诺维支)

华岗同志的《中国大革命史》，事实也犯着同样的错误，他并且在自己的第二版序言里，很直爽的说：他的这一部历史不过比国民党等等"更客观些"！其实，一定要有真正布尔塞维克的，真正阶级的，也就是真正科学的，真正客观的立场，方才能够正确的分析革命的历史；这种布尔塞维克的历史的目的，应当是完全打倒国民党第三党托陈派的造谣诳骗伪造的历史，而用自己去代替地主、资产阶级的一切种种主观的历史。

三

　　华岗同志对于中国大革命的社会经济基础的分析是模糊的杂乱的,是一种反马克思列宁主义的多元论的观点。他把发动中国革命危机的经济基础,机械的分割成为三大矛盾,几乎是互相没有联系的并列起来。这所谓三大矛盾是什么呢? 一是"中国民族资本主义要求抵抗帝国主义的侵略,要求脱离帝国主义的箝制和束缚,要求从帝国主义压迫之下解放出来,争取自由发展的条件,这是中国大革命的第一个经济基础"。二是"封建势力与民族资本主义的冲突,这可以说是中国经济生活之中的第二个大矛盾,也就是中国大革命的第二个经济基础"。三是土地革命的斗争,"客观上是在力争农村经济资本主义发展的自由条件,这种斗争是反映农民经济与封建势力的冲突,这是中国大革命第三个经济基础"。而无产阶级呢? 工人和资本家的阶级斗争呢? 工人和本国的外国的资产阶级之间的矛盾呢? 华岗并没有把这个重要的矛盾放在中国大革命的"经济基础"里面。固然,他描写了许多中国工人的生活状况和劳动条件,但是,他的结论只是"中国无产阶级也很有利于推翻帝国主义地主买办军阀豪绅的反动统治,以保障发展工人运动的德谟克拉西的条件"。

　　这样,如果微细的研究华岗同志的意见,那就不能够不说:华岗同志偷运了陈独秀主义的私货。照他的意思:中国大革命的经济基础,差不多完全是在"民族资本主义"——反对帝国主义的是民族资本主义,反对封建势力的是民族资本主义,甚至于要求土地革命的也只是民族资本主义。他特别对于"民族资本主义"加上了一个注解,说是:"读者要注意:不可以把这里所说的民族资本主义,完全看成民族资产阶级。"这个意思自然是说,农民群众的土地革命也是为着民族资本主义,民族资产阶级的要求也是为着民族资本主义。而无产阶级在这个"民族资本主义的革命"之中,只不过要求一些"德谟克拉西的条件"(华岗同志,忘记了加上一个形容词:应当是"资产阶级的"德谟克拉西的条件)。结论是什么? 自然应当和当初陈独秀的结论一样:推动资产阶级去领导革命和取得政权,而工人自己只要得到一些自由和德谟克拉西的条件好了!　固然,中国大革命(一九二五——二七年)的主要的经济基础,是广大的劳动民众反对帝国主义和封建残余的统治,固然,这是资产阶级民权主义的革命,这还没有超越资本主义的范围——但是,第一,最主要的反对帝国主义的力量是工人和广大的劳动民众,而不是什么民族资本主义;第二,最主要的真正彻底反对封建势力是工人阶级领导的农民群众——小资产阶级的基本群众,而不是什么民族资本主义;第三,这种反帝国主义的反封建的革命之中,开展着无产阶级反对资产阶级的阶级斗争,无产阶级用自己的阶级斗争争取着革命之中的领导权——争取着工农民权独裁的实现——这个革命的开展将要超越民权主义的范围,而促进转变到无产阶级革命的时机。中国革命史的叙述和分析,必须着重在无产阶级领导权的争取,着重在工人的阶级斗争对于反帝国主义革命和农民反对地主的土地革命的领导,着重在民族资产阶级的叛变的必然性和经济上的根源。而华岗同志的写法,却是相反的,他十二分的着重在"民族资本主义"的作用,几十次的证明中国革命不能够超越资本主义的范围,他事实上忽视了无产阶级领导权的问题,忽视了资产阶级民权革命之中的劳资矛盾的发展和作用。他也许自以为这是反对托洛斯基主义的不断革命论的方法,殊不知道:他自己陷落到了右倾机会主义的泥坑,同时,也就帮助了托洛斯基主义,他曲解了列宁的"争取工人运动充分发展阶级斗争的自由条件"的方针,而替托陈派想出了一种"理论上的基础",可以去辩护所谓国民会议的民权要求——就是不要参加当时的革命政权,而只要一些"德谟克拉西的条件",并且他根本没有分析民族资产阶级在经济上和封建地主以及帝国主义的联系。华岗同志的这种错误和瞿秋白同志以前的错误是很相像的,他的全部《大革命史》之中有许多地方简直是直抄秋白同志以前的文章,完全没有经过坚决的清楚的批判。

四

　　关于一九二五——二七年中国大革命的经济基础和革命任务,革

命的前途,共产国际有明显的唯一的正确的分析和政治上的路线:

> 共产国际的路线:封建残余,以及依据在封建残余之上的官僚军阀的上层建筑,被各国帝国主义所竭力维持的——这是中国现在实际状况之中的主要事实。中国现在发展着的土地革命,反对着封建残余,同样也反对着帝国主义。土地革命是中国资产阶级民权革命的基础和内容。武汉的国民党和武汉政府是资产阶级民权革命运动的中心。南京国民党和南京政府是反革命的中心。"赞助武汉"的政策,同时就是开展资产阶级民权革命的政策,因此,就有其他许多必要的办法。因此,共产党参加武汉的国民党和武汉政府;这种参加不但不使共产党员要停止对于国民党的批评,而且要共产党员对于国民党里的同盟者的不彻底和动摇,加以努力的批评。共产党员的参加国民党和政府,是要赞助无产阶级在中国资产阶级民权革命之中的领导作用的,是要促进转变到无产阶级革命的时机的。等到那个时候——资产阶级民权革命将要接近完全胜利的时候,在资产阶级革命的过程之中将要发现转变到无产阶级革命的道路的时候——到那种时候,就要建立工农兵代表会议(苏维埃),作为两重政权的动力,作为争取新政权的斗争机关,作为新政权——苏维埃政权的机关。(斯达林:《中国革命和共产国际的任务》——一九二七年五月二十一日,在共产国际执委第八次全体会议上的演说)

这里,我们可以看见共产国际的分析,是清清楚楚的认定中国革命之中的主要事实是:国际帝国主义所竭力维持的封建残余的官阀军阀的统治,土地革命的中国革命的基础和内容,这是反对封建残余的,同时也是反对帝国主义的革命,可是,这个革命之中最主要的力量是无产阶级的领导权,无产阶级要争取革命的胜利,就必须争取自己在革命政权之中的参加——决不仅是什么"德谟克拉西的条件"——而且这种参加,是为着要促进革命的转变的,为着要开辟民权革命——资产阶级革命过程之中的革命转变的道路的。而华岗的分析,虽然也提起"领导权",也提起"建设社会主义的前途",可是,他主要的结论只是:这个革命正在"争取资本主义自由发展的条件"！

五

帝国主义侵略之下的中国，封建残余的经济固然是在崩溃，资本主义的经济关系固然是在它的内心发展出来；但是，中国经济发展的道路，却是地主资产阶级和工农群众之间的斗争的中心问题。中国的地主阶级企图"逐渐的适应资本主义的条件"，而同时保存着地主阶级独占土地的地位，保存着地主阶级的政权。中国的资产阶级虽然在一个短时间内，曾经赞助反对帝国主义的斗争，但是它和地主阶级的联系特别密切，它在土地革命的问题上是绝对站在地主阶级方面的，这也是它背叛民族解放革命的一个原因。这样，起先是地主阶级，随后是地主资产阶级的联盟，竭力的企图适应着帝国主义的统治，使中国经济的发展，保存着封建残余的优势，而向着殖民地化的道路前进。这是一方面。另一方面，是无产阶级争取对于广大的小资产阶级的群众，尤其是农民基本群众的领导权，要用革命的手段，肃清封建残余，推翻帝国主义的统治，解放几万万的被压迫被剥削的小资产阶级的农民群众，而开辟非资本主义的社会主义的发展道路。

中国革命史——从鸦片战争、太平天国、戊戌政变、辛亥革命、五四运动，直到五卅的一九二五——二七年大革命，以至于广州公社所开辟的现时的苏维埃阶段——就应当在分析上面所说的中心问题的过程里，来加以详细的研究。只有这样，才能够正确的发见每一时期的阶级力量的对比，阶级力量的转变，真正坚定的站在阶级立场上面去分析群众和剥削阶级的斗争，真正明显的着重的指出历史发展之中的群众的作用。而华岗同志却没有抓住这个中心问题。

因此，他对于戊戌政变和义和团暴动的论断，完全没有阶级的立场，除出一般新闻记者式的描写一些帝国主义军队的残暴，描写一些康梁派和李鸿章、张之洞等等的所谓"文人派""实力派"的互相勾结、互相斗争之外，简直没有什么经济上的分析，更没有去发露阶级斗争的背景。列宁对于俄国"农奴解放"之后直到二月革命的历史的分析，可以

做我们分析中国历史的最好的模范,他说:

"农奴主和自由派之间的著名的斗争——我们的自由派历史家和自由主义的民粹派历史家所铺张修饰得这样有劲的斗争——其实只是统治阶级内部的斗争,大半还只是地主阶级内部的斗争,完完全全只是为着让步的方法和形式的斗争。自由派和农奴主是一样的,也是站在承认地主的政权和财产的基础之上的,他们很气忿的批驳一切要想消灭这个财产,要想完全推翻这个政权的革命思想"。这是一派。这些"自由派要想'从上面'来'解放'俄国,既然不毁坏俄皇的帝制制度,也不毁坏地主独占土地的制度和地主的政权,而不过警告他们要对于'时代精神'让些步"。……地主的实行一八六一年的所谓"解放农奴的大改良",一方面是"因为经济发展的力量,把俄国拉上了资本主义的道路,别方面是恐惧农民的革命"。那次"农民改良,是农奴主所实行的资产阶级式的改良"。这是把俄国变成资产阶级的帝制制度的一步。但是,当时就另外有一派。这就是"赤尔纳塞夫斯基,他是革命的民权主义者,他会对于当时的一切政治事变,表现革命精神的影响,表现群众要求推翻一切旧政权的斗争的思想"。

这两个历史上的倾向,从一八六一年二月十九之后,一直发展了半世纪,一天天的清楚的分离开来,一天天的确定下来,一天天的坚决起来。自由派帝制主义的资产阶级的力量是在生长,他们宣传只要有"文化"工作就可以满意的了,他们反对秘密的革命运动。而民权主义和社会主义的力量也在生长,起先是混合在一个乌托邦思想里的,混合在智识分子的民意党和革命的民粹派的斗争里的,而从前一世纪的九十年代起,就跟着革命斗争从恐怖主义和个人宣传进到几个革命阶级自己的斗争的过程,而分化起来。

一九〇五年的革命里,这两个一八六一年还只不过刚刚发现的倾向,刚刚表现在文学里的倾向——就发展了出来,生长了出来,表现在群众的运动里面,表现在许多政党的斗争里面,表现在一切种种的方面:机关报上、群众大会上、群众团体里、罢工、暴动以及国会里面。

一八六一年产生了一九〇五年。那第一次的"伟大的"资产阶级式改良的农奴主的性质，使发展受着困难，使农民受着几千几万种的磨难，可是，并没有改变发展的方向，并没有能够预防一九〇五年的资产阶级革命。一八六一年的改良使爆发的日期延迟了一些，放开了一个相当的出气洞给了资本主义相当的生长；然而它并没有取消不可避免的爆发，这个爆发到了一九〇五年就出现了，这是非常之广大的战场，这是群众的袭击，这是对于俄皇的专制和农奴主地主的袭击。……（以上见《列宁文集》第二版第十五卷，一四二——一四六页）

第三届国会，从新的方面，在新的环境里，更加证实了俄国政治力量和俄国政党的主要的分化状态，这样分化，从十九世纪中叶就完全确定的发现了的，而从一八六一年到一九〇五年，一天天的更加形成起来；一九〇五——〇七年，这种分化爆发了出来，在群众的公开战斗的舞台上锢定了下来，一九〇八——一二年仍旧是这个样子。为什么这种分化到现在仍旧是这样呢？因为俄国历史发展的客观任务没有解决——这些客观的任务是民权主义的改革和民权主义的革命的内容，到处都是一样的，从一七八九年的法国直到一九一一年的中国。（《列宁文集》，同上，第四〇七页）

我在这里引了这样长的列宁的话，目的是在指出整个中国历史的方法——列宁主义的方法。华岗同志根本就没有了解这种抓住历史的中心问题的方法。他在戊戌政变之中，没有发见"社会群众的基础"，他反而说这是"因为当时所谓士大夫（官僚与智识阶级！）受战败的刺激"。这显然是唯心论的观点。因此，他也没有暴露康梁党的根本目的是在预防革命。

同样，他也没有发见清朝贵族和地主阶级的利用义和团运动，目的是在把农民群众反对剥削制度的刀锋移到所谓"洋鬼子"身上去，而自己避开革命的袭击。他只说：这是当时的反帝国主义运动，而"打着扶清灭洋的尊皇旗号，不免有保护旧制度的反动意味"。他不知道戊戌政变和慈禧太后的利用义和团，原本是"地主阶级内部的斗争"；康梁的维新主义和慈禧的利用义和团，手段虽然不同，而主要的目的却都在于

"保存地主制度和地主的政权",他们内部的争论只在于怎样去适应帝国主义侵略的方法。

辛亥革命之中,从袁世凯等等直到各省的督军和绅士,一方面闹着所谓"铁路民有"和"收回权利"的运动,别方面,"非常之迅速的"从君主立宪以及绝对专制的立场转变到"光复共和"的政纲。这些真的同假的自由派的转变——怎样去说明呢? 也是当时的地主贵族阶级和官僚资产阶级"预防"农民革命,"预防"反帝国主义革命的手段。华岗同志对辛亥革命的论断,却完全着重在所谓"资产阶级力争铁路商办",说这"实在是一种反帝国主义的运动"。他虽然提起了几句关于"各处乡民反抗官吏苛敛运动"的话,但是,他并没有把这种群众运动看做农民的革命运动的浪潮,看做客观上反对绅士地主的一种运动,看做和绅商阶级的倾向绝对相反的、互相斗争着的一种运动。这和以前彭述之的议论有相同的错误。

六

因此,华岗同志对于一九二五——二七年大革命的中心问题,也就不能够抓住它的枢纽。一切革命的中心问题,是阶级的政权问题。中国辛亥革命的失败,在于政权仍旧保持在封建残余的地主官僚手里。所谓军阀制度就是这种封建残余的统治和商人资本结合的经济基础的上层建筑。斯达林说:

> 这种最初积累式的商业资本,很特别的在中国乡村之中和封建主的统治结合着,而且商业资本继承着封建主对于农民的中世纪式的剥削和压迫方法。同志们问题是在这里。拉狄克同志的错误,就在于他没有了解这个特点,没有了解这种结合——封建残余的统治和中国乡村之中商人资本的存在结合着,而且保存着对于农民的封建中世纪式的剥削和压迫方法。军阀制度、督军省长,一切种种现在的强盗式的魔王似的军事官僚和非军事官僚,正就是中国这种特点之上的上层建筑。而帝国主义,是在维持并且巩固这整个的封建官僚的机器。至于说军阀占着土地,同时又是工业

企业的主人——这种情形并没有根本改变军阀的实质。许多俄国的地主当时也管过工厂，以及其他的工业企业，可是，这并没有妨碍他们仍旧做封建残余的代表。如果在许多区域里面，农民收入的百分之七十要归绅士和地主；如果地主在经济上、行政上、司法上都有实际的政权；如果直到现在，在许多省份里面，还有贩卖妇女和儿童的事实——那么，就要承认这种中世纪的环境里面：统治的力量是封建残余的力量，是地主的力量，是地主性的官僚的力量，是军事官僚和非军事官僚的力量，他们很特别的商业资本的力量结合着。（斯达林：《和孙中山大学的学生的谈话》——一九二七年五月十三日）

但是，华岗同志怎么说呢？他说：因为辛亥革命的领袖"尊重外人在华的条约权利，因此(!)，一九一一年武昌起义，清帝退位，而政权依旧移入另一个反革命势力——封建军阀袁世凯手里"。固然，放弃反帝国主义的任务，是辛亥革命的领袖的最严重的罪恶，但是，问题还在于为什么这些"革命领袖"这样妥协和不彻底？这就因为大多数的辛亥革命"元勋"，本来就不要革命，他们的出现，根本是为着要挽救地主阶级的政权的，根本的为着挽救帝国主义的统治的。辛亥革命时候的平均地权的口号和农民群众的暴动，却表现着另外一种力量，另外一种社会阶级。这种力量在当时是被反动势力镇压着、出卖着、蒙蔽着。这两种力量之间的斗争的分析，应当是辛亥革命历史的中心。

辛亥革命的失败，是由于政权仍旧保持在地主阶级手里，因为这个缘故，所以这些稍稍改头换面的地主性的官僚军阀，必然的尊重"外人在华的条约权利"。而当时的资产阶级，主要的土著的商人资本，完全不要反对地主的封建势力，却正在这个时候，进一步的和封建残余结合，形成割据的军阀制度的经济基础。

五四运动和一九二五年的五卅运动，正是在这种背景之上发展出来的资产阶级民权革命的新的浪潮。这时候，工业无产阶级逐渐的表现自己的独立的政治力量，一直到争取革命的领导权。革命的中心问题，是无产阶级要联合农民群众去推翻帝国主义所维持的一切南北军阀的政权，而建立工农民权独裁的政权。工业的民族资产阶级，在最初一期是赞助这个反帝国主义的革命运动的，是想利用群众达到自己的目的的。但是，许多小军阀，尤其是南方的军阀，跟着群众的革命斗争的发展，也在混进革命的营垒。从杨希闵直到冯玉祥、唐生智，都又成了"革命军人"了！这是辛亥革命时候的老调，这又是企图用欺骗的手段，来预防农民的土地革命，想改换一些形式而实际上保存买办地主的政权。华岗同志对于这种现象怎么解释呢？他说："固然这种军阀地主为吃醋争风而'参加'革命……但在客观上，这种资产阶级南方军阀地主对北洋军阀反抗之中，必定要叫出些革命口号，客观上在一个相当情形之下，是有利于革命之发展的。"这和一九二六年蔡和森同志主张"西南团结，暂时不必北伐，而要在南方做出革命政府的模范"的理由，是非常之相像的。这明明白白是机会主义的观点。这些南方军阀为着反革命的目的而混进革命的营垒，他们被群众斗争威迫着逐渐混进来，以便从容布置抵制和压迫土地革命的步骤；而华岗同志不暴露他们的阶级的实质，不指出对于这些军阀的容忍妥协和不敢批评——正是中国共产党领导机关过去机会主义的根源之一；他反而跟着过去的错误，再来说明一次这些军阀怎样"有利于革命之发展"！

七

华岗同志对于一九二五——二七年大革命本身的叙述，因为上面所说的阶级观点的模糊，也就重复着过去共产党领导机关的各种错误。关于五四运动，关于海员罢工和二七屠杀，关于国民党改组，关于商团事变，关于国民会议运动，他都只收集了每一个时期的当时流行的意见，用一种庸俗的新闻记者的笔调，随随便便的描写过去。这里，我们看不见阶级的立场，看不见马克思列宁主义的分析——对于阶级力量的对比关系的变动和革命口号的转变，都没有抓住了中心问题做分析的枢纽。

至于五卅前夜的罢工浪潮，一直到广州暴动的革命事变的经过，在华岗同志的叙述里面，也同样没有清楚明了的阶段。而最主要的，是他的叙述没有把中国革命里阶级关系的变动来做中心。我们简直没有可能每一段的详细的来批评。举例来说，他简直完全忘记了一九二七年三月三十一日的南京屠杀——而那次英日美帝国主义在上海暴动之后，联合进攻中国革命而炮轰南京的事实，是中国大革命之中的一个主要关键。同样，像廖仲恺被刺的事变——关系到整个所谓"广州时期"的事变，他也会完全忘记的。他的叙述，有些只是抄袭当时新闻记者的"生动的文章"——例如说到国民党第一次东江之战的时候，他随随便便的写了几句："香港政府至此态度为之一变，报纸都骂陈军'抢了就跑'，并盛称'国民政府'是受过教育的人。"这样的例子，举不胜举。而"广州时期"的南方"革命军阀"怎样一批一批的反叛，农民群众怎样一天天的起来斗争，工人阶级的阶级斗争怎样影响到广大的小资产阶级群众，中国革命怎样从这个第一阶段转变到第二阶段……他都没有分析的。同样，他对于"武汉时期"和苏维埃时期的转变过程，也是没有辩证法的论断和叙述的。

　　关于中国大革命的阶段，必须要根据中国阶级关系的变动和无产阶级争取领导权的过程，来做整个许多丰富的事实材料的方针，这样，才能够写出真正布尔塞维克的中国大革命史。斯大林说：

> 中国革命的第一阶段的时期，当时的革命是全民的联合战线的革命（广州时期），无产阶级的同盟者是农民、城市贫民、小资产阶级的智识分子、民族资产阶级。中国革命的特点之中的一个，正是这些阶级的代表和共产党员共同工作，都包含在一个资产阶级革命的组织里面，这个组织就叫做国民党。这些同盟者不是同样靠得住的，也不会是同样靠得住的。他们之中，有些是多少总是靠得住的（农民、城市贫民），有些是不大靠得住的，而且是动摇的（小资产阶级的智识分子），第三种是简直靠不住的（民族资产阶级）。当时的国民党，多少总是一个群众的组织，这是没有什么争论的事实。共产党员在国民党内的政策是：使民族资产阶级的代表（右派）孤立，为着革命的利益而利用他们，推动小资产阶级的智识分子（左派），使他们左倾，而使农民和城市贫民团结在无产阶级的周围。当时的广州是不是中国革命运动的中心呢？无条件是的。……

革命第二阶段的时期,当时蒋介石和民族资产阶级已经转变到了反革命营垒里去了,而革命运动的中心从广州移到了武汉,无产阶级的同盟者是农民、城市贫民、小资产阶级的智识分子。为什么民族资产阶级走到反革命营垒里去呢?因为民族资产阶级害怕工人革命运动的规模——这是第一,上海方面帝国主义对于民族资产阶级的压迫——这是第二。(斯达林在另外一篇文章——《中国革命的问题》里说:"南京的炮火,在这个意义上来说,正是中国互相斗争的力量的新的转变的信号。帝国主义炮轰南京,并且提出哀的美敦书,他们是要说明:他们正在找寻民族资产阶级的赞助,为的要共同来反对革命。蒋介石屠杀工人而实行政变,这就是答复帝国主义说——他愿意民族资产阶级也勾结着帝国主义去反对工人和农民。")这样,革命失掉了民族资产阶级。这是革命的部分的损伤。然而正因为这个缘故,革命进到了更高的阶段,进到了土地革命的阶段,更加接近的吸收了广大的农民群众。这是对于革命的优点。当时,在第二阶段的时候,国民党是不是群众的组织呢?无条件是的。它比广州时期的国民党更加是群众的组织了,这是没有什么争论的。当时,武汉是不是革命的中心呢?无条件是的。只有瞎子才会否认。如果不是,那么,在武汉的区域里(湖北、湖南),就不会是共产党所领导的最大限度发展的土地革命的根据地。共产党员对于国民党的政策是:推动它使它左倾,使它变成工农革命民权独裁的干部。当时有没有这种转变的可能呢?有的。至少,没有理由认为这种可能是不存在的。我们当时简直就说得明明白白的——为着要使武汉国民党变成工农革命民权独裁的干部,至少必须有两个条件:国民党的极端民主化和国民党的直接赞助土地革命。假使共产党员放弃这种转变的企图,那才是蠢呢。

现在的时期的特点,是武汉国民党的领导机关走到了反革命营垒里去,小资产阶级的智识分子离开了革命。这种分离的原因,第一是小资产阶级的智识分子害怕正在生长的土地革命,以及封建势力对于武汉领袖的威迫,第二是帝国主义在天津方面的压迫,帝国主义要求国民党和共产党员分裂,作为放任国民党往北发展的代价。反对派(托洛斯基——齐诺维耶夫派)怀疑中国有封建残余。但是,现在人人都明白了:封建残余不但在中国存在着,而且在现在时候还比革命袭击的力量强些呢。革命在这一次暂时失败了。革命失掉了小资产阶级的智识分子。这正是革命暂时失败的征象。然而正因为这个缘故,革命更加密切的把农民和城市贫民团结在无产阶级的周围,因此而造成无产阶级领导权的基础。这是对于革命的优点。(斯达林:《对于时局问题的杂记》——一九二七年七月二十八日《真理报》)

大家读过了斯达林的这一段话,一定可以很明显的看出中国大革命的过程,看出中国革命之中各种阶级力量转变的关键,帝国主义压迫革命的力量,封建残余维持自己的统治的企图,以及无产阶级团结自己的同盟者,进攻反革命,进攻背叛革命的靠不住的革命同盟者……等等的路线。而华岗同志的《大革命史》写了二百五十页的"中国大革命的经过",还是不能够给读者一个清楚明了的印象。

八

最后,要说到华岗的《中国大革命史》对于中国共产党在革命之中的作用的估量。固然,他说了一句:"中国共产党显然都演着极重要的作用。"固然,他时时提到共产国际路线的正确,提到共产国际对于中国共产党的指示,对于中国革命的领导。但是,照他的全部叙述来看,中国共产党只有消极的作用,没有积极的作用,或者,共产国际的路线虽然正确,可是完全因为共产党对于共产国际路线的怠工,所以并没有实现。对于整个共产党的作用,没有正确的估量。这种叙述是不正确的——他的题目是"大革命中的中国共产党",而他的文章只是中国共产党领导机关的错误路线。

中国共产党的一九二七年八七会议,就在国际执委的领导之下,指出当时中国共产党领导机关(独秀、述之、秋白、国焘、和森等等)的极严重的机会主义路线,但是同时指出中国共产党的群众,整个共产党是革命的战士，是为着无产阶级的利益，为着革命的前途而斗争的。共产国际的路线，在一九二三——二七年之间，是经过中国共产党而领导着中国革命的向前发展的。斯达林说：

> 共产党在这第一时期的成绩是什么？革命地域的推广，广州军队达到了长江；无产阶级公开组织（工会、罢工委员会）的可能，共产主义者的组织形成了党；开始建立农民组织的支部（农民协会）；共产党员参加军队。

> 可见，共产国际在这一时期的领导是完全正确的。……

> 共产党在这第二时期的成绩是什么？中国共产党在这时期从五六千党员发展到五六万党员。工人的工会组织了全国的总会，总共将近有三百万的会员。最初的农民组织也发展成了极大的团体，包含到几千万的农民。农民的土地革命运动发展到了极伟大的规模，在中国的革命运动里占了中心地位。中国共产党争取了公开组织革命的可能。共产党成为土地革命的指导者。无产阶级的领导权，已经从一种愿望开始变成事实。固然，中国共产党没有曾利用这一时期的一切可能。固然，中国共产党中央在这一时期做了极大的错误。然而想要中国共产党根据共产国际的指示，就一下子成为真正布尔塞维克的党，那才可笑呢……真正布尔塞维克的党不是一下子就生出来的。

> 这样，可见这一时期共产国际的领导完全是正确的。……

> 无产阶级在这时间能够把广大的农民群众从民族资产阶级和小资产阶级智识分子那里夺过来，使他们围绕着自己的旗帜。共产党，经过广州的第一阶段的联合民族资产阶级的政策，扩大了革命的地域，变成了群众的党，创造了公开组织无产阶级的可能，开辟了接近农民的道路。共产党，经过联合武汉国民党的小资产阶级智识分子的政策，在革命的第二阶段增加了自己的力量，扩大了无产阶级的组织，从国民党领导方面夺取了广大的农民群众，而创造了无产阶级领导权的条件。民族资产阶级，丧失了和广大民众的联系，而走到了反革命营垒里去了。武汉国民党的小资产阶级智识分子，被土地革命吓坏了，在几千万农民群众的眼光里完全丧

失了自己的信用,而跟着民族资产阶级去了。然而正因为如此,几千万农民群众看见了无产阶级是他们的唯一的靠得住的领袖和指导者,所以更密切的团结在无产阶级的周围。(见同上)

这里,我们可以看见一方面共产党领导机关过去错误的严重,另方面,中国共产党在大革命之中的真正的作用,它在斗争的过程之中,在共产国际的领导之下,改造着自己,锻炼着自己,肃清一切机会主义的分子,提高自己的斗争的力量。可是在华岗的《大革命史》里,我们只看见零零碎碎的没有系统的关于共产党领导机关的错误。而且华岗同志对于这些错误的认识也是不充分的。因此,他在许多地方偷运了机会主义的私货:

第一,他说:"当时广东的党一方面反映着阶级斗争的发展,别方面在广东的国际代表鲍罗廷在那时还能相当执行国际的指示。"这是机会主义者企图把所谓广东路线和上海路线对立起来,说当时上海的中央虽然是一贯的孟塞维克的路线,而广东的党部却有布尔塞维克的路线。其实,广东党部虽然在当时(一九二五——二六年)做了很多的群众工作,而政治路线上却也是放弃无产阶级的领导权的斗争,想要请左派国民党去做"唯一的领导"的。

第二,他说:"上海三次暴动是中国革命史上伟大的一页,是暴动的艺术上伟大的成功,可以垂为历史的教训。"这也是错误的估量。固然,上海暴动是中国革命史上的"伟大的一页",然而上海暴动之中错误很多,决不能够说是"艺术上的成功"。这是机会主义者彼彼尔(现在已经被共产国际开除了的,以前是美国共产党右派洛夫斯敦一派的一个领袖),他企图说广州暴动是盲动,所以故意把上海暴动的"艺术上的成功"描写出来,去和广州暴动对立起来。

第三,他说到瞿秋白的《中国革命的争论问题》的错误,但是,他所指出的错误仅仅是秋白同志自己在六次大会之前承认的错误,还没有根本发露秋白的盲动机会主义的根源。因此,他不但没有指出六次大会上秋白的《中国革命和中国共产党》的报告之中的错误,并且差不多完全继承秋白当时的错误:对于中国经济的分析,完全只着重在民族资本主义和帝国主义封建势力之间的种种矛盾,而不把无产阶级和资产阶级的矛盾当做革命的一个重要的基础。固然，中国资产阶级民权革命的当前的阶级对抗——主要的还是农民和地主的阶级矛盾——列宁所谓封建社会里阶级对抗——然而如果无产阶级和资产阶级的对抗还没有了相当的发展，那末，这个革命的动力之中怎么会有无产阶级，而且无产阶级还会是革命的领袖阶级呢?! 那末，这个资产阶级民权革命怎么会有转变到社会主义革命的前途呢!? 华岗同志继承着这种错误的分析，这就难怪他一方面引着共产国际执委第七次扩大会议的议决案说："中国革命如果不超越资产阶级民权革命的范围，决不能够推翻帝国主义的"，而同时，他在另一方面，对于中国经济和阶级的全部分析里，却几十次的说明：中国革命"所要直接与可能完成的任务并没有超过资本主义存在的范围，反之，在客观上他正是争取资本主义自由发展的条件"。

这样，华岗同志事实上偷运了"广东路线""彼彼尔理论""秋白主义"……的机会主义的私货。

总之，华岗这部《革命史》，因为上面所说的许多原因，所以包含着无数的大大小小的错误——简直没有办法详细的批驳，因为这样一来，可以写出一部比他的原书还要大的"大作"。我们这里所指出来的，只是一些例子罢了。而综合起来，应当肯定说：这是非布尔塞维克的、非马克思列宁主义的《革命史》。

一九三二年五月八日

×　　×　　×

范亢同志这篇批评文章虽是打击了华岗同志在他的《大革命史》中所犯的严重的机会主义的错误，提出了如何去研究"中国革命史"的中心问题，但是他对于中国革命史中阶级关系的转变问题，还缺乏清楚的了解，把许多重大的革命事变简单的看做了是地主资产阶级上层领袖们的变动，而不看到在某一时期，某一上层阶级（如民族资产阶级）的代表所有的群众基础与他们所领导的运动的革命意义，因此他不能把无产阶级同资产阶级争取革命领导权的问题,加以明确的解释。

其次,范亢同志对于中国一九二五——二七年大革命的教训究竟在那里,可惜没有能够在批评华岗同志的《大革命史》中指点出来。同时范亢同志也没有能够把中国共产党过去陈独秀、瞿秋白时代机会主义的根本错误在那里指出来。而这两个基本问题的指出,在批评华岗同志的《大革命史》时是完全必要的。

编者　——五月二十五日——

(《布尔塞维克》第 5 卷第 1 期,1932 年 7 月)

李鼎声《中国近代史》书评

《中国近代史》

胡御铨

李鼎声著,光明书局发行,二十二年九月出版,实价每册大洋一元。

最近几年来关于中国近代史的著作,有李泰棻的《中国近百年史》、高博彦《中国近百年史大纲》、孟世杰《中国近百年史》、梁东元《中国近代史》等。李泰棻氏之作,似已成过去,而高孟二氏之作,华北各高中多采为教本,然似犹不及梁东元之作为进步。最近出版李鼎声的《中国近代史》,在某几点上,较前几种更能令我们满意。

这书的内容,从量的方面说,与高、孟、梁诸人所作差不多,都是从鸦片战争起到热河沦陷止。全书共四百三十二页,除绪论外共分十八章。文笔简明流畅,不亚于高、孟,而组织结构似有过之,如于每章首端附有"提要",为全章之缩影,章以下依史事分节,节中各段均附有简明清晰的眉标,在章末除了附有便于记忆的"复习问题"外,并提出"研究问题"若干则,为研究之目标,颇便于自修或教学。

其次从质的方面说,此书亦多可称之点。他以辩证法的法则去说明近百年来中国社会受国际资本主义的商品与金元的袭击,因而引起中国社会、政治、经济所发生的剧烈变动的原因及其成果,也就是说明中国民族殖民地化的过程,以及在这过程中所发生阶级的分化与革命洪流的高潮及其泛滥,在整个的历史线索上把握了世界史的一环。

这本书的好处很多,用不着辞费,但有几点似乎是美中不足。

一,是忽视了文化生活的史实,现在新的史观里面:那种偏重于人类文化生活的记载,却是不能说明文化兴衰嬗递的全过程的历史,这点著作在绪论里也曾提到,但此书既名为"中国近代史",关于文化方面,虽不必如何精详的说明,但亦当明其梗概,才无遗漏之嫌。偏重固可诟病,若完全略而不提,便不能了解全社会的各种形态的反映与关联,在解释史实上便缺少了一个有力的论证。而李氏仅在绪论里面提到"中国文化与世界文化交流的影响"一句,以后各章,完全没有提及,似觉遗憾。

二,解释事象有近于牵强附会,如关于叙述乾嘉间的"临清事变""台湾事变"及海盗抢劫,李氏却小题大做,认为农民革命斗争(六十九页),这未免有些强词夺理。至于真正的民族反帝运动的"九五"惨案、"三卅一"惨案,反而一字不提。这不但轻重倒置,而是把重的完全忽视。

三,事变的因果,说明似嫌不够,如辛亥革命的原因(三百〇七页)、"五四"运动的历史意义(三百三十七页),只浮泛地肤浅地去估价,没有具体的充分去说明。至于"一二八事变"(四百二十三页)把一般的因果说到,关于重要的特殊原因与结果,没有尽说明的能事,只是说了一句不负责任的话"读者查一查当时的报纸,就可了然于胸",这是不能令我们满意的。

四,在把近代史全部叙完之后,照例应该有个总结,这个总结的性质,一方面作为全书总结;另一方面根据已往史实的变迁以推测将来,即对于今后中国社会的演变、革命的动向、民族的前途等作个梗概的说明或暗示,才不负研究近代史的作用。可是,李氏在末章虽标题为"九一八事变以来的中国民族之危机",但是并不如所企望的叙述,即是随着时代而来的一切,李氏完全没有提及,仅在书末作"冷叹"似的说了一句"我们作相当的准备",究竟如何准备,还是个不得而知!

总起来说,此书虽然有了上述的些许缺点,但是对整个的量和质两方面没有多大关系,便是说全书的优劣两相比较起来,优点多于劣点,因此仍不损全书的价值。

一九三四,四,一日

(《大公报》1935 年 1 月 17 日,第 11 版)

《中国近代史》

胡　绳

李鼎声编，光明书局刊行，定价一元。

五月又来了，正在中国的大众在历史的舞台上主演着一幕伟大的抗争的戏剧的时候，来纪念五月的几个血的日子是更有重大意义的。除了国际性的"五一"以外，"五卅""五四""五九""五三"都是在中国近代史上的鲜明的时代的标帜。回顾这些纪念日的历史并不是"怀古"，而是更深刻地领略中国民族在帝国主义铁蹄下的悲惨的命运，并且去接受过去每一次民族解放斗争中的用血换来的经验——这自然是对于开展当前的实践有重大帮助的。

为了认识五月中的几个纪念日的历史和它们的意义，我们应当仔细地研究一下中国近一世纪来的整个历史。——现在我要来向读者们介绍一下这一本《中国近代史》。书店里买得到的讲现代中国历史的书虽然不少，但以我所看到的而论，当以现在我所介绍的这一本最好。

这本书在"绪论"中就指出："中国近代史的主要的任务就是要说明国际资本主义侵入中国以来，社会、经济、政治所引起的重大变化，中国民族的殖民地化的过程，以及在此过程中所发生的社会阶级之分化和革命斗争的发展、起落。"又特别指出中国近代史并不是如有些人所想象的那样是"中国资本主义的独立发展的历史"，却是"中国的近代史完全不能与资本主义国家的近代史相提并论，后者是一部资本主义的发达史，而前者却是一部中国民族沦为半殖民地及国民经济受着帝国主义破坏的历史，这部编年史是用血与火来写成的。我们在这里，主要的亦就是要暴露国际资本的群魔怎样从中国吸吮着膏血来膨胀它们自身，怎样驱使它们的鹰犬来榨取中国的广大的勤劳人口，以及中国被压榨的奴隶大众怎样用自己的战斗力量来反抗此种残酷的吸血与绞榨"。从这两段话里面，我们可以知道，这本书的作者是很正确地把握到现代中国社会发展的本质的，而且在他这本书中间是负起了应负的任务的。

这本书从鸦片战争讲起，一直叙到一九三三年日本侵占热河察哈尔为止，全书共分十八章：

第一章　鸦片战争

第二章　英法联军之役与中俄交涉

第三章　太平天国革命运动（上）

第四章　太平天国革命运动（下）

第五章　捻党叛乱与回民暴动

第六章　清同光间与日英俄交涉

第七章　法并安南与英并缅甸

第八章　中日战争

第九章　列强在中国划定势力范围之竞争

第十章　戊戌变法运动的始末

第十一章　义和团暴动与八国联军攻华

第十二章　清末列强的斗争与侵华

第十三章　辛亥革命运动

第十四章　袁世凯的独裁与蒙藏问题

第十五章　自二十一条交涉至五四运动

第十六章　循环不息的军阀内战

第十七章　五卅运动以后的中国大革命

第十八章　九一八事变以来中国民族之危机

看了这一张目录表，我们也就可以大致知道这本书的体系和在它叙述中间的着重的地方了。我们更可以举出这本书的两个重要的特点来：

第一，近代的中国是"世界的中国"，叙述现代的中国自然不能忘记了整个世界的动态。我们知道，现代的世界是充满着矛盾的：帝国主义与帝国主义的矛盾、帝国主义与殖民地的矛盾、帝国主义内部阶级的矛盾,这些矛盾随着历史的进展而一天天地尖锐化。在欧洲大战以后更增加了资本主义国家与社会主义国家这一基本的矛盾。现代中国的历史正是以这许多矛盾为条件而发展着的。处处顾到中国历史底世界的背景——这可算是《中国近代史》这本书的特色之一。

第二,这本书对于中国近代史中间的许多常被误解或恶意歪曲的重要事变都有很有力的说明。它不但积极发挥了太平天国革命运动的历史意义,而且对于稍后的"捻党叛乱""回民暴动"以至"义和团",都从整个社会发展上,做了公平的估价。并且它也并不像有些人那样地盲目地把洪秀全等人捧上"民族英雄"的宝座就算了事,它对于太平天国失败原因的分析,对于义和团被清政府所利用而残酷地失败的解释,都能给我们很多教训——这可算是本书的另一个特色。

历史虽然不是循环的重复,但是知道了过去确是可以帮助我们理解现在。我们读近代中国历史,读到帝国主义帮助清政府扑灭太平天国,我们能不连想到现在广田三原则中的"协作防共"么?再读到曾国藩之类效忠清朝,求助帝国主义以扫除广大民众的革命运动为己责,更不能不起今昔之感了。

五四时代的学生运动与民众运动,自然也可使我们得到许多的教训。而再看到伟大的五卅,我们就可读到当时南京路上的血怎样地被廉价地拍卖,我们也读到继续五卅之后是多少的英勇的抗争和流血——这些都可以督促,激励我们走上更新的抗争中去!

在这本《近代中国史》中,缺点也是有的。最显著的缺点就是,它对于"国际资本主义侵入中国以来中国经济上的变化",解说得还欠周到。固然它在解释每一件历史事实的时候,并没有忘了当时的社会经济的背景,譬如它也提到五四时代民族资本的微弱的发展,也说到五四时代民族资本和封建势力的妥协,以及新兴阶级的出现等等。但是国际资本、中国民族资本、封建势力这几方面的微妙的复杂的关系是不能只用几句概念式的话就算表过的,在一本中国现代史上是应该详细地举出具体事实以及发展过程和动向来的。

其次,还可提到一点,就是这本书的叙述并不"通俗化"。有许多地方的记述事实似乎是从旁的用文言文写作书籍中转录下来的,所以书中便夹着许多很容易改成更明快一点的文章。自然,这点也不能全怪作者。我们很希望有人能用最通俗的文笔写一本内容正确充实的中国现代史,因为这实在是大众最迫切需要的智识。但这样的通俗的历史书是更应该把过去的史实和现在的实践联系起来,所根据的材料来源更要审慎地加以选择,内容更不能有一点歪曲和掩饰,若不能做到这几点,则虽然作者读了多少"厚册"的名著,喧喧然要人承认他的天才,也还是得不到大众的感谢的。

　　这是在介绍这本《中国近代史》题外的话了,但也附带地说一说,对于有些写"史话"的先生是不无益处的吧?

一九三六年四月廿八日

(《读书生活》第 4 卷第 1 期,1936 年 5 月 10 日)

《中国近代史》

杨鹏翔

当这狂风暴雨的时代，每一个稍有认识的青年，谁不关心他们或她们的国事呢？这是无须说明的事实吧！

自鸦片战后，就潜伏了中华民族的生存的危机。换句话说，自这次战后，中国的国势已每况愈下而将不可收拾了，尤其是"九一八"与"一二八"××所掷下的两颗燃烧弹，更加使我们心中的烈火无限的狂烧起来。啊，现在已经是我们的民族达到最危急的时候，亦是我们应负最重大最光荣的使命的时候了。

我们既能认清了我们应负的责任，那么我们就应当发挥出各个的力量来，使全民族的力量充实了，那时才可救民族的安危于万一。

积极的准备抵抗当然是最重要的事情，而在抵抗的时期，我们亦应有认清帝国主义的面目的必要。

《中国近代史》一书指示我们去剖视一切帝国主义的狰狞的面孔，与万恶的心肝的最普之工具。因此凡我国人非读一读本书不可。

到这里我来把这书介绍一下。

"中国近代史为一部帝国主义侵略史，故本书各章咸注重各国帝国主义的活动与其相互矛盾分合之分析。各政治集团有帝国主义为背景者，必列举事实揭露无讳。"（见本书"编辑凡例"四）作者这样在书本里指示出这种事情的面目来，实在使我们更深刻的明白帝国主义的压迫我们的行为了。

"本书取材偏重富于历史意义之事实，如农民之战斗、民众之反帝运动、劳工之政治斗争、帝国主义之对立与阴谋等，每易为一般教科书所疏略，本书对于此类史料独尽量采纳。而名人之言行、宫廷之变故、官吏之陟黜、政府之组织，则概从略。"（见本书"编辑凡例"六）作者能够打破其它的书之不好习惯，独树一帜的写出这一本注重大众的活动历史的书，这更使我们明解大众的力量。今后我们的抗×应该发动起全民族的力量啊！

"全书分十八章（外绪编一章），每章依史事分节，每节分段，以便读者阅读查考。"（"编辑凡例"七）

"每章首端附一'提要'，成为本章史事之缩影，末尾则附有'复习问题'（偏于记忆）与'研究问题'（偏于思考）若干则，无论教学自修，均适用之。"（"编辑凡例"八）这可见作者的为读者们的设想周到处。

总之，我觉得这是一本好书，它能教给我去认识国家的命运，认识我有所不知道事情，因此我说这一册《中国近代史》是我最爱读的一本书哟！

是书定价一元，光明版，李鼎声编。

（《学生生活》第 1 卷第 25 期，1936 年 11 月 16 日）

介绍《中国近代史》

东　田

李鼎声编。

李鼎声先生这部著作——《中国近代史》，论述自资本主义把中国的关城冲破后，一直到"九一八"的社会政治之变迁。它把中国近百年来的历史作一个总结。内容新颖丰富，颇多精辟独到之处，堪称史书中的杰作。虽然这本书是在民国二十二年初版，到现在已再版十二次，其为人所欢迎，可想而知了。

这书的观点是很正确的。它以"求进步的人民大众为主角"，同时，给人民的领导者适当的历史地位。对于每一件史事，既叙述其原委，同时予以扼要之剖析。态度是进步的、严肃的，对历史的教训，不是曲解盲从，而作深刻掘发；对于现实的缺陷，采取严肃批判，不用谩骂嘲讽。所以它是具有战斗精神，和指导作用，这是此书之特长处。

这书，它的序编里，能从理论上写出中国社会近一世纪来发展的法则、革命的动力，以及其交错复杂之关系的过程。更清楚地剖析到中国未来的真正前途，这些知识是中国每一个人，特别青年，需要深刻认识与熟习把握的，否则，在思想上、行动上、政治上，易犯了难免的过失。

这本著作对于史事演变与发展的社会、国际背景、经济基础，每一重大事变之因果与其演变过程，必多方的阐明，使读者由此获得明确的历史概念。同时它把中国的社会、政治、经济与文化各个运动，作统一的论叙。而且把具有最重要历史意义的事实，如农民之战斗、民众之反帝运动、劳工之政治斗争、帝国主义之对立与阴谋等着重地阐述，这是别的历史教科书所疏略的。本书每章首端附有一"提要"，成为本章的缩写，末端有些复习问题和研究问题，这种问题对于我们研究历史有很大的帮助，增加很大的兴趣。这些都是本书的特长处。

这部著作是可宝贵的，每个男女知识青年，和历史教师，应该详细的阅读研究，它可以作中国政治的、民族的、思想的、文化的近代信史去读，同时也可以在这书中学习理论的运用，它确是我们所需要的精神食粮与行动的指针，希望青年朋友们把这本有价值的巨著，细细的咀嚼完毕，让我们得到明确的历史观念，从而了解民族的过去、现在和未来。

（香港《大公报》1941 年 9 月 30 日，第 8 版）

《中国近代史》

日　木

李鼎声著,光明书局出版。

我们中国的人民,二千余年来一向受着封建的训练,直到现在,依然是在受训!诸位只要看看眼前的种种事实,官僚资本的活跃与御用报纸的高论,就可知道。马叙伦先生也说:"清政府残害的革命党人,及北洋军阀屠杀的革命党人的总和,都没有牺牲在现在的国民党政府的异己政策下的人才多!"

正如马先生所说,现在残害的人才,更胜于清与北洋军阀,这我们都可以在铁的事实上看透。可是,我们既然懂得现在的黑暗形势,是需要我们去奋斗而争取光明的。对于过去的形态,我们也需要明白与了解,因为明白了过去的革命经过、成果,于目前的奋斗道路,也会由此而获得。所以《近代史》,是我们必须要了解的。

以前我介绍薛暮桥先生的《经济学》时,已经略说研究近代史的必要,马克斯、恩格斯曾说:"历史的行动愈彻底,则推动这一历史行动的群众的力量愈广泛。"由此,我们更需相信,近代各种革命的行动,我们定然要去知道它。

然而我们要研究知道,而苦于没有方法,那么,就请诸位看这本并不深奥而很有系统的《中国近代史》。本书的作者,也有这样一段话:

　　　　如果我们没有正确的方法,要想理解中国近代史的真实内容与每一种事变的历史意义及因果关系,还是不可能的。举例来说罢:鸦片战争在普通的历史书上,认为只是林则徐烧毁鸦片与清廷的昏庸引起来的,而不知道这是国际资本主义侵略中国的必然结果;太平天国之乱在一般人认为只是洪杨与满清争天下的斗争,而不知道这是广大的农民群众在残酷的封建榨取下所爆发的革命运动;义和团之乱一向是视为土匪的骚动,而不知道这是农民与城市贫民反帝国主义的暴动;民国以来的军阀内战,浅识者流只看见这是武人争地盘与权利之战,而不知道此等战争的策动者是国际帝国主义……

由于这一段话,诸位就会明白这书里面是有较正确的内容的。不错,鸦片战争是国际资本主义武力掠夺中国之始,并摧毁了中国政治经济的城壁。至《南京条约》签订(一八四二年),中国已走上十足奴隶之路。英法联军之役,中法、中美、中俄诸条约,使中国更成十足奴隶腔。至是太平天国轰轰烈烈的革命震荡全国,这蔓延十七省的农民革命运动,终为反革命势力淹没于血海中。其所有失败原因是缺乏强有力的领导阶级,不能使革命深入于广大之群众间。愚民们还以为"长毛"是盗匪,其不能联系全国革命力量,扑灭反革命中心势力,以至失败。

其后反封建的统治与剥削,北方农民"捻党"起了暴动。"义和团"的暴动乃是一种初期反帝国主义运动,其均因为组织之不能健全,而淹于反革命之势力。

谁都知道,武昌起义乃为辛亥革命之成功,民军组织临时政府于南京,清帝退位,南北算是统一。是的,辛亥革命虽推翻清政府,但并未完成民主革命之任务,仍是在五色旗之下掩盖着反动的封建势力。革命渐渐为反革命的幽魂所摧残、所缢杀。反动势力于其尚未巩固战线,乘时反攻,终而造成军阀之混战。名义上之民国虽已建立,反革命仍在伺隙反攻,渐而产生独裁的袁世凯。

中国革命,直至二七运动后,才已显示劳动阶级之领导实力,至一九二五年五卅运动,国内反帝反封建之革命浪潮乃有一发而不复过之势。国共合作,而使广东省政府肃清全省反革命势力,然后举师北伐,关于北伐军在各地所获得的伟大的胜利,是靠各地农民与城市革命民众的援助,书里记着:

　　在革命军的势力伸展于东南之时，就不难看出劳动者的活跃与领导，是革命战胜反革命的一个主要动力。还在革命军没有进逼淞沪之前，上海的劳动者、贫民群众已经作了三次伟大的暴动响应革命军，特别是第三次武装暴动，显示了劳动者战胜反革命的伟大力量。当鲁军前锋进抵上海，杭州失守之时，上海工人即举行了大罢工，从来没有受过正式军事训练的劳动者居然有组织、有秩序的拿着武器与奉鲁军抗战数日之久，终于将反革命军击得溃不成军，北车站已由工人占领了，许多反革命军的武装被解除了。正在这时，革命军已由杭州攻来上海，与上海武装劳动者联成一气，上海为革命所占有了。万众都在欢欣腾跃。

在这些事实的记载里，我们深信劳动者与群众的力量的广大。眼前中国号称"民国"已三十四年过去，可是尚没有踏到民主政治的大道，人民仍在痛苦的煎熬中。要踏上这条大道，也正需要人民的力量去奋斗而得到。对于这过去伟大的人民胜利，是会给予我们鼓励和指导的。

　　九一八事件，帝国主义者在中国统治者不抵抗政策下杀进了奉天沈阳城，造成世界史上罕有的惨剧，疯狂的帝国主义者骄傲的一个征服弱小民族的胜利纪念日。

　　光荣的胜利，洗刷了这个可耻的日子。可是这大地重入了我们中国之手后，现在是作为"内战"的导火线，好战者以武力想统一，又造成可耻的地方。

　　在大学或中学求学的同学们，名义上是大中学生，历史也念过，但，若使你问近代许多革命战争的事件，同学们也会瞠目不知所答。像"五卅"等极普通的运动，名词是很熟，可是它的起因始末却不详细知道，这真是惭愧为一大中学生的。那么乘现在是暑假，请你们一读这本书。这书读完之后，再请诸位去读华岗先生的《中国民族解放运动史》，现已出二卷，在这书里比较更详细的述及解放革命运动的始末。

一九四六·七·八

（《文汇报》1946年8月8日，第8版）

《中国近代史》

隽 之

李鼎声著，光明书局出版，三十五年胜利后二版出书。

我们要了解中国近百年来，社会经济发展，中国革命发展的规律性，及其历史的趋向，从而才能明白现实的环境，及它底解救方法，这是每个青年的职责。

近百年来，中国人民一向在过着"奴才"的生活，到今天仍未跃出半封建半殖民地的绊索。要跳出这根绊索，也正需明了历史的趋向，由于过去种种史实的教训，得出一条光明的道路来。

在学校里，一般都有历史这一课程。可是大半青年对于近代史的认识很模糊，试问以"五卅""五四"之类很熟的名称，也竟回答不出它底底蕴。

因之，在这里介绍一册用正确新史观所写的近代史书籍《中国近代史》，这本书可供中大学生来阅读，读后可有系统地明了中国近代史的各阶段。

作者指出："如果我们没有正确的方法，要想理解中国近代史的真实内容与每一种事变的历史意义及因果关系，还是不可能的。"这话也充分告诉我们，如果不读一本用正确方法写成的史书，那么你便不能理解每一历史阶段的意义。例如，鸦片战争在普通的历史书上，认为只是林则徐英勇的烧毁鸦片与清廷昏庸所引起的，而不知道这是国际资本主义——帝国主义性的侵略中国的必然结果；再如太平天国之乱，在一般人认为是洪杨之乱与清廷争天下的斗争，而不知这是广大的农民群众在残酷的封建榨取下所爆发的革命运动；义和团之乱一向是视为匪之骚动,而不知这是农民与城市贫民反帝国主义的暴动;民国以来的军阀内战,浅识者只看见武人争地盘、夺权利之战,而不知道此等战争的策动者是国际帝国主义。

这些浅识的观点,在青年群、中学生群中存在着很普遍,因为一般的教科书,它底作者也很多是没有正确的看法的。所以,在课外找到对中国近代史正确的认识是必需的。

本书就是指示我们正确的认识,它用正确的观点,把每一历史过程的史实告诉我们。

它从鸦片战争——国际资本主义掠夺中国之始,并摧毁了中国政治经济的城壁。这一阶段起,作者伸引出正确的史实,以止于"九一八"事变,均作简明的阐述。

其间,所经的各历史阶段,有英法联军之役、太平天国革命运动、捻党叛乱、中日英俄交涉、法夺安南英并缅甸、中日之战、列强在华之暴政、戊戌变法、义和团暴动、八国联军攻华、清末列强的侵华。这些近代中国所受的遭难,历历地通过作者描绘的方法,活生生地表现在我们眼前,这各阶段所经过的历史行动,可以说都是用血来造成的。呈现在我们眼前的也正是一部"痛苦的历史"。同时,这"痛苦的历史"也正是每个人所要理解——帝国主义是那么施以弱者以无比的苦楚,时至今日,它们依旧是不愿放手!

此后,二七运动后中国革命运动进入了新的阶段,因此时起已显示劳动阶级领导之实力,国内的革命浪潮也汹涌地冲制。国共合作,而使广东省肃清全省的反革命势力,然后举师北伐,北伐军在各地所获得伟大的胜利,也全靠着各地农民与城市革命民众的援助,人民的力量是最伟大的呀!书中有这样一段事实的报告:

> 还在革命军没有进逼淞沪之前,上海的劳动者、贫民群众已经作了三次伟大的暴动响应革命军,特别是第三次武装暴动显示了劳动者战胜反革命的伟大力量。当鲁军前锋进抵上海,杭州失守之时,上海工人即举行了大罢工,从来没有受过正式军事训练的劳动者居然有组织有秩序的拿着武器与奉鲁军抗战数日之久,终于将反革命军击得溃不成军,北车站已由工人占领了,许多反革命军

的武装被解除了。正在这时,革命军已由杭州攻来上海,与上海武装劳动者联成一气,上海为革命所占有了。万众都在欢欣腾跃。

由此证明,无论那一个革命运动,它是不能离开人民的力量的。

至于"九一八"事件,帝国主义者在中国统治者不抵抗政策下,杀进了奉天沈阳城,而造成近代史上罕见的惨剧,也是帝国主义者一个征服弱小民族的胜利纪念日。

这些惨痛的中国近代史,本书在这里告一段落。这正是一部中国"奴隶"发展史,身为中国人的青年,是不可不一读的。

最后,我在这里附介绍一本研究中国近代史有价值的书:最近由新知书店出版的《中国近代史研究纲要》,是由历史研究社编著。

本书是指导我们怎样研究和学习中国近代史,它指出中国革命问题的研究法。

关于每一阶段的重要研究和学习部分,本书均明确指出其性质、关系、原因、影响、环境,从而我们更可明白中国近代史的内容。将本书配合着一起来读,我们的得益和理解可更深入。

(《学生日报》1946年12月8日,第2版)

朱其华《中国近代社会史解剖》书评

介绍《中国近代社会史解剖》

郑桂泉

　　著者:朱其华,出版者:上海新新出版社,作者书社总代售,定价:二元。

　　看到这本书的预约广告是在半年前的时候了,当初的心理里不过不关痛痒的掠了一下,中国预约书是江湖上卖膏药的勾当,过了些时也就忘了。最近承好友李君寄来一本,为了他的好意,我在功课繁忙之余,匆匆翻阅过。

　　记得暑假里读过同一著者的另一自传式的《一九二七年底回忆》,当时作者给我的印象是一个劣根性十足的智识分子,是一位才子,但却不是一位革命者。

　　作者在这本书的理论也是极其动摇的,里面有许多可谘议待商榷的地方,政治观点把握得不很正确(容后再为文详细商讨)。我所以敢把这本介绍于读者之前者,是因为关于近代中国社会史之资料还很少人来提供,至于著作成书者尤属稀少,朱君的著作不能不算是新的尝试。尝试不见得会成功,但"自古成功在尝试"的。

　　目前中国是横着一个重要的问题:"中国往何处去?"年来风起云涌的社会史论战,就是这一反响。但参加论战的人多偏于上古史方面,自然我们也不一定是看轻古代史的,但我们总觉得放掉一个呻吟病床的将死的人不管,医生们先去挖病人的祖先坟墓,研究研究他的肌胃是怎样构造,似乎也有点缓不济急,我们相信在目前彷徨社会只有研究近代的社会才能找到一把适应的锁钥以打开这一问题之门。

　　朱其华先生的著作就是作着这一种尝试的。

全书除自序外凡二十六章计二十余万字。作者把中国近代史的开端放在鸦片战争,这是对的,因为这正是"封建的经济形态,在中国经过了数千年的统治,直至西欧资本主义侵入以后,才开始崩溃,而直至现在,还在崩溃的过程中。"

作者抱定了"中国的近代社会史",是一部西欧资本主义侵略下的封建社会崩溃史一前提,将近代中国社会史逐渐展开。

鸦片战争的失败,招起内部对政府的不信任,这个不满在农村革命——太平天国与捻民运动而显露。那时统治阶级典型的代表人物可以曾国藩为代表。

中枢政府鉴于外"夷"之不可侮,知非学新,不足以图强。振兴工业的结果是造成第三阶级的基础。戊戌政变是封建文化受了资本主义文化的一种改革运动,康有为氏是初期的第三阶级温和的代表人。当作急进的第三阶级思想家出现有谭嗣同氏。

一九〇〇年,中国北部所发生反帝国主义的原始暴动——义和团运动,是农村经济破产危机的总爆发。这种运动虽遭失败,不久第二个运动也随之而来,同盟会继义和团失败之后而起。一九一一年革命是受了第三阶级的最大的影响。第三阶级成熟期的代表人梁启超在晚年落伍,孙逸仙代之而起。

孙逸仙主义(即三民主义)的内容,始终是极其复杂,但就其主要的分派,可列成如下的公式:

孙逸仙主义系统表

孙逸仙主义
- 右翼
  - 戴传贤主义(继承尧舜禹汤文武周公孔子的道统)
  - 右翼——极端的民族主义(法西斯蒂)
- 中间派——改组主义(改良主义)
- 左翼——陈独秀主义

五四运动是第三阶级的第一次活跃,在欧战中,中国工业得到相当的发展,第四阶级孕育完成。代表第四阶级政治主张的政党的成立是在一九二〇年。"工人们要在与民主主义联合战线里,不至为小资产阶级的附属物,同时又能为自己阶级的利益奋斗,那么工人们要组织在第四政党和工会里面,是非常重要的,所以工人们要时常记得他们是一个独立的阶级,训练自己的组织力与战争力,预备与贫农联合组织,达到完全解放的目的……"

五卅运动起一九二五——二七革命的前奏曲,第三阶级也曾参加了的,但不坚决。后来是第三阶级背叛革命,这原因:第一,帝国主义与封建残余勾结的反动势力高涨;第二,第四阶级领导的革命势力的发展,超过了第三阶级的控制能力。

作者在史的方面的叙述供给极多的资料,但也并不是没有缺点。

第一,统计太多。凡是读过作者的《中国经济之发展》的人们该有同感,统计诚然有补于事实,但太多抄了《海关贸易册》,徒占篇幅显得借统计以遮理论之不充足。

第二,第二十五章经济危机与农村革命以字数太多而删去,固可原谅,但第二十六章不曾给我们一具体结论是不可恕的。结论——中国往何处去,正是许多人所期待的,岂容以"我又觉得没有什么话说"轻轻一笔了事? 我们希望最近作者把这一笔文债偿付了吧。

(《清华周刊》第 40 卷第 11、12 期合刊,1934 年 1 月 8 日)

《中国近代社会史解剖》的解剖

王毓铨

朱其华著,上海新新出版社出版,价二·〇〇元。

余性喜读中国社会史,尤喜中国近代社会史,故凡关中国近代史之著述一出,必急购读之,时有所得。朱其华(即朱新繁),吾虽素知其为"文抄公"也,但因其书亦关吾所好,故亦购阅——呜乎! 果然就上了大当! 因为此文,敬告关心中国近代社会史而尚未读朱书者。

一　引言——介绍朱其华先生

"朱其华"三个字,也似乎响亮了一时,但他的响亮并不是由于他在其所著《一九二七年的回忆》里有什么惊人的革命行动,亦不是由于他的"主要著作,全部是以外国译文发表"的,更不是由于他那著作的"译文都是非常忠实可靠,甚至比我(朱自称)的原作更有价值",因而亦震惊国内的,倒是由于他的无耻。(以上所引见《关于中国社会史论战的一封公开的信》,《社会史论战》第二辑)

严灵峰曾说他"是一个连常识也很缺乏的最浅薄无聊和大言不惭的知识分子",是个"投机的和不知羞耻的小资产阶级的典型","他是史达林学派中所派生出来之自我吹牛的标本角色!"(均见《关于任曙、朱新繁及其他》,《社会史论战》第三辑)也有其他的人说他是"只知道生吞活剥干部派之理论而莫明其所以然","挂羊头卖狗肉的朱新繁"(见《社会史论战》第一辑附录),及今读朱之近著《中国近代社会史解剖》一书,更知此言非误。

在本书里,除却万般胡诌、颠倒是非、杂乱抄袭、浅薄无聊……以外,简直一无可取,皇皇然五六百页之巨著中,甚至连历史的正确史料都不能提供于读者。朱先生有何面目以对百般辛苦的排字工人,和坦白忠实的青年读者?

二　社会史乎? 垃圾堆乎?

纸非垃圾,但一经印上朱之胡言乱语,则变为垃圾;所引史料亦非垃圾,但一经朱杂乱抄袭,则亦变为垃圾。既名之曰中国近代社会史,那么就应当对于近代中国社会发展的各方面,加以全般的说明才对;即使环境不允许如此繁重的工作,那么至少也应该把近代中国社会经济结构之变化及其发展、社会组织——如阶级等——之构成及变化,予以充分的解释,然后才能配称为《中国近代社会史解剖》。朱先生不是之图,却大耍起他的"挂羊头卖狗肉"的把戏来了。试观名为社会史的朱先生的著作的内容,有那一点能给我们详细说明中国近代社会史上的经济构造与社会组织及此二者之发展变化的呢?

全书共分二十六章,虽然其中之"第二十五章"经济危机与农村革命""因字数太多……故全部删去"(页五五九)及"第二十六章"结论——中国往何处去","又觉得没有什么话可说"(页五六〇),而未作出外,下余尚有二十四章,占大本篇幅五百五十八页之多,如此之劳作,不得不谓之为巨著了。但在这五百五十八页之中,有一大部分是该书不应采纳,而为一般读者所不需要的。

自然,我们绝不是故意怨枉朱先生的,事实上,在本书的目录里,还可以找到"鸦片战争以前的社会状况""产业落后原因的检讨""从军用工业到官办工业的发展"三章是与叙述社会情形有关系的,可是就是连这与基本问题有关系的三篇文章,也使我们读后而大失所望。

举个例子吧:

"在十九世纪初叶以前,中国最大的商业是盐、木、典当三种,而以盐为尤甚"(本书页九)。这可真是个大笑话! 朱先生不读中国史料,难道连中外学者的有系统的著作(如《中国经济大纲》《中国社会发展史》

《中国的经济与社会》《中国国际贸易史》《中国商业史》等)也不读吗?即使不读书,难道还不曾听过别的人说吗? 不然,何至说十九世纪以前的中国最大商业是盐、木、典当三种,而把自汉唐以来即著名中外的丝茶贸易置诸不提呢?

对于中国社会经济本身尚未能认识,故其论中国产业落后之原因,亦依样贫乏,而且泛而不实,错误百出。此问题涉及理论,本文内难以说明。至于"从军用工业到官办工业的发展"一章,除却一个简略的李鸿章等之新建设名目表,几封冗长的函件以外,其真正关于新兴工业,及此新兴工业发展后对其时之社会经济、社会组织、社会思想各方面之影响,可说是完全没有。

本书自第七章而后,则完全是革命人物和其政治思想的叙述了,社会之基础构造早已置之九霄之外了。

自然,革命人物和其政治思想,也是"社会史"里的重要课题,二者有密切关系,但只"重要"而已,"关系密切"而已,却不能以此便通融就事,而代替了"社会史",更不能说"革命人物及其政治思想史",就等于"社会史"。在内容的分配上,在叙述的方法上,是应当全般顾及,而且应将社会之基础构造先予以充分解明的。如果,"革命人物及其政治思想史",即为"社会史",朱先生又何必名其著作曰"社会史"? 二者在朱先生看来,也或许是名辞不同而内容完全相同的东西吧? 不然,又何至以全书十分之七以上的篇幅去叙述革命人物而忽略了社会之分析呢?是史料缺乏? 还是学识缺乏?

"画虎不成反类狗",朱先生的著作,甚至连这种意义上的"狗"也不如! 初观其目录,真像煞有介事似的,什么"第三阶级意识形态的曲线发展"啦,什么"五四运动——第三阶级的第二次活跃"啦,什么"陈独秀主义——第三阶级的最左翼"啦,什么"革命形式的转变——陈独秀主义的发展及其没落"啦……唐哉! 皇哉! 五花八门! 然而一究其实,则空无一物而且荒谬绝伦! 不知朱先生听了谁的三言两语,就大事引申,做其文章来了,这不可谓之为无耻吗?

花样虽新,名辞虽奇,但于其书的内容,却毫无裨益;即以革命史读之,亦茫无头绪,如朱先生抛弃了他那要花枪的伎俩,而忠实的叙述革命,分清楚革命发展之阶段(如辛亥革命为中国第一次大革命,一九二五——二七为第二次大革命……),充实其内容,尚不失为一种著述,读者的那两元大洋也不致白费,但惜朱先生即此亦未能也!

本文之贫乏荒谬,既是如此可惊,他在"结论——中国到何处去?"内未说一字,到是一件幸事,如那时毫不顾忌而胡诌一套时,那还不知道变成了什么样子!

三　解剖乎? 推论乎?

现在我们再来看朱先生的"解剖"工作。

名其书曰"社会史解剖",其意不只在将中国近代社会的发展予以有系统的叙述,而在进一步去解剖其发展过程,找出此发展过程之根源。像这样的工作,确是万分迫切的,革命者、政治家、经济学者及一般知识分子,无一不欲明了这个问题。因此凡关于中国社会史——特别是近代社会史——的书籍出版,自然会很惹人注目。朱其华的书,自然也托福了(这也许是他有意的投机)。然而有一事是我们深以为不幸的,便是他这本巨著(至少是这部中文的著作!)"名不符实"。

既名之曰"解剖",当然是着重在近代社会发展过程之内部的说明,也就是说,工作之主要目的是在将这个阶级中的社会经济结构,及社会生产关系,加以清楚的剖白。但朱先生独不然! 在响亮的命名之下,他填上了一堆肮脏垃圾。

现在我们随便检一个题目看吧!

例如在上面所提出的"鸦片战争以前的社会状况"一章,就很能表示出这个毛病。他的意思是想藉此说明中国是重农业而不重商业的国家,因此中国是一个纯粹的农业国家,不像十七八世纪的英国或法国。但若彻底解释此问题,只能在中国社会本身上找说明,绝不如朱先生以几道帝王的诏令就可了事的。试观朱先生把帝王的重农诏令当作了解释中国是农业社会的张本,并且不管此种诏令的实行程度,以及它给与当时社会的影响如何,就生吞活剥的说在中国社会里所存在的只有农业。从这里我们很容易看出朱先生的错误两点:第一,解剖社会,而不在社会本身着点，这是"名不符实"；第二，由几道提倡农业的诏令就说"中国……工商业很难发展"，"农业的生产方法，不待说还是和二千年以前没有分别，完全人工灌溉的半自然的（此二名词相联是如何生硬！）小农经济，在中国自耶稣纪元以前，直至十九世纪初期，可说完全没有变动……"是何等无耻的武断！

其最荒唐的，莫如以顺治、康熙、雍正三朝的铸造"制钱"，说明其时中国商业之不发达。在这里朱其华先生便犯了逻辑的形式主义的错误，放弃了社会的说明。即是货币——"制钱"——之多少，能给商业状况一充分的说明，朱先生的"解剖"工作也不能即完全以此为满足！看到这里，我们始恍然大悟：朱其华是不懂"辩证法"的！不然他何至于如此机械，如此浅薄！中国商业之不发达（其实十九世纪中国的商业是很发达的，不过未能由商业迅速转向工业吧了——王），是可以只以"制钱"的数目说明的吗！其时中国的货币只有"制钱"？那时的正货是什么？副币又是什么？朱先生不只认识错误（因为他认为十九世纪初期中国的商业不发达），方法错误，而且还用错了自己的错误的方法！

再就他所提出的几次革命运动而论，他更是在囫囵吞枣、蒙蔽欺人。

关于太平天国等革命运动的原因，朱先生说："……在资本主义与本国统治阶级的两重剥削之下，饥寒交迫的结果，自然而必然的暴发了原始的（又是个错误的名词——王）武装暴动——这就是一八五〇年开始的太平天国运动。"（本书，页八八）"资本主义"的剥削，我们且置而不问，我们单问满清政府怎样加紧剥削民众的？农民在此情况下的实在生活又如何？若只因为"饥寒"，为什么暴发了和"捻民"暴动绝不相同的"太平天国"呢？朱先生不屑于问这些，他只知道"饥寒交迫"，革命必然暴发。然而，这到底是解剖呢？还是生吞呢？还是形式的推论？

"饥寒交迫"能解释革命的暴发吗？我们说：只以此而忽其他，是不能的。托罗茨基在其所著《俄国革命史》第二卷序言里说的很明白：若只以经济情形的恶劣以解释革命之暴发，是不充分的、机械的、庸俗的见解（大意如此，因手下无此书故未能引用原文）。他又说，如果说一九一七年的俄国大革命是由于当时俄国社会经济情况恶劣之故，那么，为什么"十月革命后不再继续发生革命呢？那时工人和农民不是也在闹着面包饥荒吗？"

依照托氏的意见，社会革命之暴发，绝不能单以经济的原因撇过一切，经济的原因不过是最基本的原因而已，若无其他政治的社会的原因交织着，革命亦难即刻有组织的暴发。朱其华先生也知道这些吗？若并此而不知，又焉能下手"解剖"！

"义和团""辛亥革命"到临了，那时统计表也有了，于朱先生的文章里也随着添了一翻新花样。

论到"义和团"，他先给了我们一个"贸易入超表"，接着又是一篇帝国主义者在华的投资表，于是论曰："义和团运动是由于帝国主义的经济侵略以致农村经济破产所激起的原始排外运动。"（同上页二三六）

朱先生的论断确是不错的，不过我们深引以为憾的是他本人所标出的"解剖"二字，本人并未十分注意。空洞的结论，我们现在不需要了，我们所需要的历史上的事实，是那时"农村经济破产"的真实情况，是"解剖"，不是"推论"。洋洋数十万言之巨著，反不如拉狄克的几页文章（拉氏著有《中国革命运动史》）。

"义和团运动"的后三章，便是"一九一一年革命"。一论到这个问题，不消说，又是一大片"贸易入超表"，及帝国主义者在华的投资数字。引用入超表和投资数目，简直变成了朱先生"解剖"社会的不二法门（请注意：我们并非反对引用，所反对的是只以此而代其他一切解释浅薄文字）。原因恐怕是入超数字，容易找容易抄，而记载当时社会情况的文字难寻觅，难搜集。因此我们又看出朱先生的毛病除浅薄外，还有懒；但浅薄与懒正是研究工作的死敌。

幸而朱先生尚多少有点常识，还晓得辛亥革命是什么"第三阶级"的革命。但所谓"第三阶级"者又怎样发生的？怎样成长的？怎样左右社会的？像此等重要问题，以浅薄兼懒的朱先生，确实难以应付。但他"穷急计生"，就又抄了一个中国新兴工业发展的表，并断曰："国内的新兴企业既然渐渐抬起头来，也就是第三阶级渐渐抬起头来。"（同上页三六四）头是抬起来了，但怎样向前迈进啊？庸俗的似是而非的把戏，在此又要了一翻。不幸的读者，读过本文以后，发生什么感想？——失望、懊丧、愤恨!"骗人的东西千万当心!"——这是我个人那时心里的话。

四　著作乎? 滥抄乎?

现在我们先找出朱先生滥抄的证据,再说明他滥抄之不当。

本书第五章,是叙述并评论太平天国革命运动的。全章共二十二页,而其中所抄之原文,则占十三页之多,即二分之一有奇。这不算得不大胆了。

如其所抄为适当而且必需的材料那倒也罢了,但所抄大部分皆为多余的、无用的,吾无以名之,故名之曰"滥抄",不悉朱先生以为然否?

如《奉天讨胡檄》及《天朝田亩制度》的原文,皆全部引用,似可不必。假如朱先生稍费思索,将《奉天讨胡檄》全文的意义,用几句适当而扼要的话总结一下,或摘引其中精粹的几段文章出来,给读者一个明白的概念,作者的责任便算完了,何必如是证引一些无意义的不需要的文章而滥充篇幅?

《天朝田亩制度》全文浩繁,当然更需扼要,所需要的是其颁行均田制度的革命及其土地分字左右,即能应用,又何妄事抄袭?

假如朱先生也想编一部《太平天国诗文钞》,如又嫌不足了。然而朱先生是解剖中国近代的社会题之下,他所应提出解决的问题还非常之多,所以来,在本书的体系上说来,他不该如此征引的。因为的征引,不只犯了滥抄的毛病,而且还侵占了其他。不信,请看他用全体精力只抄录《奉天讨胡檄》和《天朝田亩制度》去,竟把其他重大问题忽而不谈了。翻遍该章全文,太平天国之社会改革、政治建设,及其对旧封建社会和破坏来呢? 谁能找出其经济上的改革与农民生来呢? 朱先生将如许重要问题忽而不述(也许根识此等问题!)反而留出篇幅来去作无味的滥抄,"社会史解剖"吗?

像这样的例子,几遍全书,如"从军用工业到官办工业的发展"中之张謇奏劾李鸿章的疏,征引原文约二千字,"第三阶级的出现及其最初的政治要求"中的孙中山先生之上李鸿章的书约万余言,"成熟的第三阶级思想的出现"……文章的过分引用,皆其明证之一般。尤其是孙先生上李鸿章的信,占全章三十三页中的十五页之多。幸而此信只有一封,如有第二封,朱先生那时将怎样按排?三十三页皆作原文引用之用吧?总之,这样的征引,太繁重了;而且读者读此,真有莫辩是读《中国近代社会史解剖》呢?还是在读孙氏上李氏之信之概!再本章除引用此信以外,尚征引有入超表一,兴中会宣言一,兴中会与香港总督求援信一,及《平治章程六则》,又占去本章八页。如此我们谓朱先生你滥抄,不致有什么怨言了吧?

前面我们已经说过,抄也不要紧,只要抄的得当,引也不妨,只要引的合适。谁想朱先生全不顾此,藉征引以充篇幅,这倒底有什么意义呢?即不为读者的时间与经济打算,难道也不为自己的名誉打算,不为自己的书的销路打算吗?

"关于滥抄",朱先生个人也许有不得已的苦衷,不得不然。可是读者对于朱先生的苦衷,只能找得到一种解释:即藉此滥充篇幅,遮掩自己的无识,并且增多稿费。不信,请看,凡有可征引的文章的章目中,其文必长,征引愈多,文亦随之而愈长,反之,无可抄的之章目中,其文必极短;至于此章在全书中地位之重要与否,则全不顾及矣。

这件事,确是本书的一大毛病,朱先生此后若不急图之,来日恐于营业有关。

(《中国经济》第 3 卷第 3 期,1935 年 3 月 1 日)

吕振羽《史前期中国社会研究》书评

《史前期中国社会研究》

乃 鼎

吕振羽，二十三年六月北平人文书店出版，定价一元三角。

近年以来，从事中国社会史之研究者颇不乏人，然或以殷代以至西周仍为氏族制之社会，或以两汉以至魏晋仍为奴隶制之社会，复有主张所谓商业资本社会，亚细亚生产方法为中国社会发展之特征者，论战纷纷，莫衷一是，而得有正确之理解者，则殊罕觏。是书著者吕振羽氏对于中国社会经济史并有甚深之探究，近复依据仰韶各期出土物、甲骨、金文诸史料，以及古籍之传说记载，写为是书，取材甚属新颖可喜。以为传说中之尧舜禹时代为中国女性中心之氏族社会时代，传说中之启时代为由女系本位转入男系本位时代，殷代为奴隶制社会时代，周代为初期封建社会时代，由秦代至鸦片战争为变种的封建社会时代，由鸦片战争至今为半殖民地半封建社会时代。此则吾人征之卜辞中之先王先公、大占奴、多臣，商勾刀之大祖、大父、大兄、仲父，矢彝及《酒诰》中之侯、甸、男、卫、邦伯，足见殷代已非氏族制社会，而周初已为封建制社会。著者此说，盖极正确。

是书于材料方面，亦极尽量搜采，征引诸子百家，旁及秘纬图说，然一方面谓"那班作伪的诸子百家"，"专门有作伪特长的孟轲"，对于孟轲诸子并不信任，既未免失之太苛，而一方面又采用《伪古文尚书》各篇，今本《竹书纪年》，晚出之伪《列子》，理想国之《周官》，真赝杂陈，不能割爱。寻著者之意，虽一概以传说视之，然终不如稍加别择，使全书所采列为比较可信之传说，而无后人层累的造成或向壁虚造之说，必更便利于一般的读者也。他如以"賔"为埋入地下作为祭品，《周礼·秋官》薙氏、羁氏等为氏族之名称,或误从他人之说,或由于一时失检。然以全书论,创获甚多,此等处于全书之价值当无若何重大影响。

又,是书对于古代社会之发展的阶段,仍依据莫尔甘之《古代社会》为说。莫氏之书,虽比较的为有系统之叙述,且于阶段之划分亦甚清晰,最便于说明古代社会之情形,然是书出版既久,且其中有一部分已为近来欧美学者否认,著者如更依据较近出版关于古代社会之著述,如Lowie:*Primitive Society*等书,则其成绩当更可观。是则所望于著者,是书修正之再版及其行将出版之第二、三、四各册也。

(《大公报》1934 年 9 月 22 日,第 11 版)

《史前期中国社会研究》

兰

吕振羽著，北平人文书店出版。

在目前正在开荒期中的中国史研究的著作，无论其内容如何，都值得我们去珍视。因而即使是陶希圣的关于中国史的各种著作和神州国光社的《中国社会史论战》，都引起学术界的巨大注意；至于郭沫若的《中国古代社会研究》、沙发诺夫的《中国社会发展史》，那就更比较是难能可贵的作品。但是陶希圣和神州国光社的多数作者，始终都还只能算作"半截唯物论"的历史研究者，郭沫若在其执笔写《中国古代社会研究》时，他的社会科学的基础智识还极不充分，沙发诺夫是一个不认得汉字的苏俄历史家，所以他对中国史研究的著作终不免太空泛。

其次在中国史研究的出版物中，最使我们感觉失望，大抵都集中在殷周两代的研究，关于殷周以前和殷周以后，就似乎视为无足轻重而无人去过问。

吕振羽教授的这本著作——《史前期中国社会研究》，确能使我们比较的感觉满意，一方面诚如李达先生在本书的序言中所说："著者对于方法论的应用，可说是很严谨；关于史料的搜集上，也是很谨慎。"一方面我觉得著者不但对世界史的智识有较深的素养，即对国学的智识也素养很深似的。其次我尤其同情著者之趋重理论的探讨而力避叫嚣与狂骂的英雄式的态度。

著者对于中国史的发展的时代的划分，确认传说中之"尧舜禹"的时代为母系本位的氏族社会，"启"的时代为由母系本位到男系本位之社会的变革期，殷代为奴隶制，周代为初期封建制，由秦到鸦片战争前这一阶段为"变种的封建制",现代为半封建制。本书是关于殷以前的研究,根据著者所抄集的材料和论述,是有相当正确的。至于殷代是否是奴隶制? 我们还不能不期望能读到著者的《中国社会史纲》第二册之后才能批判。至于现代中国的社会性,那却是一个无问题的问题。

本书出版距今虽还不到两月,据说销路已大有可观,已冲破了"杂志年"的单行本推销的记录。并闻日本方面已着手日译,莫斯科的东方研究院也在着手俄译;而国内除却一些谩骂式的批评外,却还不见有一篇负责的评介文字。

最末,据著者在自序中说,本书为其《中国社会史纲》的第一分册,以后还有二三四分册继续出版,希望吕先生不要对我们失信。同时敬祝吕先生的健乐,能在预定期内完成全部工作。其次,本书的定价未免过高,许是由于版权费太高的原故吧? 于此,我希望著者和书店方面能顾虑到读者的购买力。

兰于北大东斋

（《出版消息》第 41 期,1934 年 9 月 16 日）

读《史前期中国社会研究》

谌小岑

吕振羽著,北平人文书店出版。

史前期的中国社会倒底是一种甚么形态,我们到现在还没有弄清白。因为中国的儒家的托古改制把已往的历史渲染得天花乱坠,使它合于自己的理想。他们虽不能否认史前期的"圣人"也是茹毛饮血,男女乱交,可是仍然要说一些鬼话来烘托他们之所谓"圣人",如"履巨人迹"一类的鬼话,正是最好的例子。

自从莫尔甘(A. Morgan)、恩格斯(F. Engels)等西欧伟大社会学家的著作到了中国以后,儒家的老套似乎有点为人所不信任了。但能运用新的方法的新著作家还是不多见,即偶有一些关于中国古代史的研究的著作问世,也感觉太过于粗枝大叶,材料方面也似乎太不够。

现在吕振羽君所著《史前期中国社会研究》出版了,这确是一件可喜的事。因吕君能根据莫尔甘和恩格斯的著述,用史的唯物辩证法,对于史前期的中国社会形态作了一次揭示的冒险尝试。在吕君虽自认为是初次的冒险,在我们也觉得这一种冒险是可宝贵的。把握着正确的法子以研究中国史前期社会乃新史学家最最迫切的任务,这一本为吕君所著《中国社会史纲》第一部。其第二部据说可于今年年底以前出版,研究三代的奴隶制及初期封建制。第三部为周代的变种的封建制,第四部为秦以后之半封建制,预定在明年年内可以出版。我们希望等其余三部史纲出版后,再来作一个总的批评。

但我对于这已出版的一部,仍不无一些补充的意见,现在略述如后。

第一,本书作者因自认其工作为一种冒险,故不免心怀惊悸,惟恐或失，所以有若干处所尚未能大胆引用恩格斯的方式，似嫌不足。

第二，中国的变种封建，是以建立男系中心的家族制度为其主要目标，所以将母系氏族社会中这一段"知有母而不知有父"的乱交历史只轻描淡写的提一下，不去详细研究。本书对于此一时期明白指出是最有力的处所。惟"尧舜禹"三人乃由母系氏族社会转入男系本位氏族社会这一过程中最有力的"男英雄"，"尧"之世，母系氏族社会已临于殁落，此亦儒家所以讴歌三人的一大原因。书中考察"舜"之婚姻为"对偶婚"之形式，已可知道乱交的母系中心社会已不复居于领导地位了。及至"夏禹传子"，男系中心之氏族社会乃完全形成，这是十分正确的。其时，劳动尚未成为剥削对象，社会制度受血统关系支配却已显然。中国之男系中心的家族制度在三千年来虽或多或少经过一些变动，但直到最近九十年来才遇着最大力量的摧毁。

我们再看自"夏禹"以后，奴隶制度之形成，妇女之可以买卖，更可知道由母系氏族社会转到男系氏族社会并不是以"禹"一身为其Turning Point，而应为"尧舜禹"三人之统治时代，甚至还在"尧"以前，如伏羲、神农、黄帝之世，母系氏族社会已开始摇动了。这是说的对于"尧舜禹"三人历史地位的一种认识。因之后来的先生们便不吝对于他们加以或多或少的渲染。

第三，当时属于这几位所谓"三皇五帝"的英雄们活动的区域已是很广，所包括的民族也不止一个，其进展程度之不一致是必然的情形。这种错杂的社会形态最难整理，况且每一朝代都各有其宣传家，如"商汤"之于"夏桀"、"周"之于"商纣"更是特别诋毁得厉害。本书对于这种错杂的情形虽已尽其所能，但仍不能令我们完全满意。自然，也是由于材料的缺乏。

总之，本书颇可尽其应尽的责任，根据史的辩证法，与吾人以较清楚的史前期中国社会的印象，希望著者在再版时有完善的补充。同时更希望另有人作同一样的研究，展开这一研究的讨论。据闻本书在华北销场甚佳，第一版已销售殆尽，可见中国社会目前是如何需要理论啊！

（《读书生活》第 1 卷第 2 期，1934 年 11 月 25 日）

《史前期中国社会研究》

戴家祥

著者吕振羽，北平人文书店出版，定价大洋一元三角。

近数年来，中国学术界研究古史之风大炽，讨论半字之差，表彰一事之异，报章杂志不少概见。就中注意社会问题者，有程憬《商民族的氏族社会》、郭沫若《中国古代社会研究》等。然而尽神州如丝如麻之史料，理董而讲贯之，终今以来尚未有也。近有吕君振羽者将继诸家之后有述焉，其书以《史前期中国社会研究》为名，分为十章：

（一）序幕

（二）中国社会形势发展的阶段

（三）古代社会特征的一般

（四）神话传说所暗示之野蛮时代的中国社会形态

（五）传说中之尧舜禹的时代

（六）传说中的夏代

（七）神话传说所暗示由氏族到市区之转变的形迹

（八）仰韶各期出土物与传说时代

（九）中国古代各民族系别的探讨

（十）洪水的传说和其时代

大都根据穆尔刚《古代社会》、恩格斯《家族私有财产及国家之起源》、卢森堡《经济学入门》等书为立论张本。佐以中央研究院《殷虚发掘报告》、地质调查所《地质汇报》，及郭沫若《中国古代社会研究》《甲骨文释》等书。材料既甚新奇，题目又复时尚，宜乎有所创获矣。

顾中国古代社会，见于百家所述者，神话居其大半。《诗》《书》所言，虽为近似，然尧舜禹"允恭克让"之风，未始言非溢美，故近代主今文经学者率疑为儒家托古改制所想象者也。吾人苟离开旧日神话式底古史之立场而创为新编古史，材料又仅限于甘肃、辽宁、河南、山西几处石器遗址，器物单简，文字无有，给予吾人历史知识者，仅为旧日古史之反证而已。好学深思之士虽为之引据人类进化之程序，作种种之假定，譬犹盲人断匾，其所争议之对象，根本无有也。果孰得而孰失哉？惟殷虚甲骨刻辞诏示吾人者，知殷人习俗异于周人甚多。以社会组织言之，亲属中有"多父多母"现象，"先妣特祭"，兄弟叔侄之间称"诸父""诸兄"。以政治组织言之，王位继承"兄终弟及"，"王朝""诸侯"无君臣之序。以社会生活言之，盘庚虽有"务农""力穑"之大令，而人民奉行未广（观《商书·盘庚》篇人民不愿迁都之辞，与《周书》无逸、大诰、梓材等篇，责殷王不知稼穑之艰难，可见当时农业之实况矣），迄至季世，犹以渔猎游牧为重要产业。（《殷虚书契前后编》共得卜辞千一百六十九，而卜渔猎者占百九十七，由此可见渔猎之盛也。卜辞卜祭祀，有用牛羊至百余者，畜牧之盛，亦可知矣。）较之西周社会男女有别，嫡庶不乱，诸侯天子之间，尊卑划然。而农村富裕景象，乃至"千斯仓万斯箱"，皆非殷代社会所得比拟。然则中华文化之端绪，殆以有殷为肇始。研究古代社会者，只能上溯及此，此所谓有史期也。

近日中国史学界之缺点，在乎缺乏一贯精神，一面大倡"史前期""石器时代"，一面又三皇在胸，五帝挂口，纵有所得，谯周、皇甫谧之唾余耳矣。虽以郭沫若之器识，犹认舜妻尧女、夏禹传子，俨然若有其事者，其余诸子，我何讥焉？

虽然，郭氏研究纵有附会穿凿之弊，引用材料大都尚存缺疑之旨。如谓殷代亲属关系与穆尔刚（Morgan）、殷干尔（Engels）二氏所称为"彭那鲁亚"家庭者（Punaluan family，Punalua familie）相似；西周金文纪天子赏赐功臣，田若干臣几家，为奴隶社会；甲骨文字百分之八十以上为象形图画等等，皆非无根之说。今吕君将中国文化远溯千余年，而为反驳郭氏之说曰：

> 从甲骨文字看，并不如郭沫若先生所断定，为原始象形文字，实际而是已发展到了声音文字阶段的文字。照人类发明文字的演

进程序去推断,中国文字从原始象形图画发展到甲骨文字的阶段,至少应已有千年以上的历史。(序幕第三页)

不知中国文字本无所谓"形系""声系"之程序,汉人言"六书",其意盖谓"假借""谐声",即所以济其用之穷也。吾固不敢言文字之始即有"六书",然文字构造之迹肇端于语言。故中国文字形与声,若形影之相依,乃耳目聪明之所系也,岂可舍其一哉! 诚如吕君所言,有形有声应有千年以上之历史,终今以来并无实物相印证,又何必操此无稽之说也!

吕君更谓传说中之尧舜时代为母系氏族社会。夏禹传子为男系本位氏族社会。殷代为商业发展后之奴隶社会,西周为封建社会。凡所考论,徒据古代传说,故虽反复辨论,不惟无损郭氏,且令上古史迹大起混乱矣。

且吾人尝见殷虚发掘之结果,知仰韶文化仅早于殷虚若干年。殷虚虽曾发现铜器,而石器尚在兼用之列。学者疑为石铜并用,非无因也。若夫仰韶遗址,非但铜器未见,即陶器花纹亦无近似文字者,安特生氏《甘肃考古记》言辛店、寺洼、沙井三期文化已有铜器,而年代推断为纪元年前一千七百年至二千六百年者,乃安氏一时之疏也。氏于一九三十年在瑞典《远东古生物馆杂志》第一期撰"Der Weg über die Steppen"(*Bulletin* No. Ⅰ, Östasiatiska Samlingarna)一文,已将"沙井期"文化重订为公元前一百年至六百年。此说若确,则沙井、寺洼、辛店三期文化,至早不出东周,然则殷商以前,中国固未尝用铜也。吕君误信《左传》"禹铸九鼎",及宋人薛尚功《钟鼎款识》夏珊戈、夏带钩二器,遂认夏代为金石并用时代。不知古书传说,多无参验,薛氏《款识》,颇有臆定。倘不加以别择,冒然从之,史实不复得,而身为识者笑矣。况古书言金器之用者,不独夏后氏也,黄帝尝获"宝鼎"矣(见《史记・五帝本纪》),伶伦尝铸十二"钟"矣(见《吕氏春秋・古乐》篇),尧舜尝以"金"作赎刑矣(见《尚书・帝典》),将谓"五帝"以前,已入铜器时代可乎?

虽然,此犹不足为该书病也,至其取材之滥,识见之差,不敢恭赞一词。盖中国伪书,愈古愈多,别择虽感不易,诚经前人考定已成铁案者,吾侪宜具知之,否则征引考证,徒费精神。今观吕君自序知该书材料选择,得北京大学教授罗膺中先生、中国大学国学系主任吴承仕先生之指导。立论要旨,承教于业师李鹤鸣先生,李氏序文亦认:"著者在着手以前,曾提出许多问题来和我商榷,本书写成以后,也经我阅读过一遍。"又云:"著者对于方法论的应用,可说是很严谨,关于史料的搜集上也是很慎重。"由此观之,吕君此书最少亦当为专家意识之一部,因其饮助者皆专家也。谁知书中引证《伪古文尚书·大禹谟》者二(见一六一、一六七页)、《五子之歌》三(见二一五、二一六、二六七页)、《胤征》二(见二一七、二一八页)、《伊训》二(见二三六、二七〇页)《仲虺之诰》一(见二四四页)、《太甲》一(见二六六页),引《伪竹书纪年》者二十余处(见四五、九七、二一〇、二一一、二二三、二四五、二五四、二五八、二五九、二六一、二六二、二六六、三七〇等页),斯二书者,伪作之迹,昭然若揭。且径太原阎百诗(《古文尚书疏证》)、元和惠定宇(《古文尚书考》)、海宁王静安(《今本竹书纪年疏证》《古本竹书纪年辑校》)诸先辈一一疏其出处,是犹捕盗者之获得真赃。吕君岂未知之耶?余如《尸子》《尉缭子》《列子》等书,曾见摈于宋濂(《诸子辨》)、姚际恒(《古今伪书考》),《穆天子传》《山海经》《吴越春秋》《越绝书》以及类书所引之谶纬,吾人虽不知其成书年代,要之考史者无所取资也。吕君不问"牛溲、马勃、败鼓之皮,兼收并蓄"。未知李鹤鸣先生盛称其方法严谨、搜集慎重者,果何在也?专家所指导者,果何在也?

不宁唯是,作者未有著述修养,欠缺国学根柢,此亦不待吾人讳也!例如引证古书,不注明篇名者十之七,单注篇名或书名者十之三。甚有任意自安,使人不明所以(如一四七页云:"世纪及皇甫谧语""朱子集注"。二〇九页云:"洪兴祖"),未知中外作家曾有此例否?至于援引现成材料,不知字误者,更难偻指数(如二〇九页云:"《楚辞·天问》《墨子·尚贤》篇、《吕氏春秋》等书,又皆称伊尹为'小人'。""小人"盖"小臣"之误。二五二页云:"周人也再三的说'我有夏','复禹之绩'。"案"复禹之绩"当为《左传》哀元年"复禹之绩"或《大雅·文王有声》篇"维禹之绩"之误)。然此犹可委曰:手民之过也。宋人李方舟著《续博物志》,苟见其书者,当知其人姓李名石。吕君乃云:李石续《博物志》。《吕氏春秋·慎势》篇云:"汤武之贤……功名著乎槃盂,铭篆著乎壶鉴,其势不厌尊,其实不厌多。""槃盂""壶鉴"皆器名,"壶鉴"亦作"壶滥";

上文《节丧》篇云：夫玩好货宝钟鼎"壶滥"。《墨子·节葬》篇："又必多为屋幕鼎鼓几挺'壶滥'戈剑羽旄齿革寝而埋之。"皆其证也。"槃盂"二字更为古书所习见，上文《求人》篇云："故功绩铭乎金石，著于盘盂。"《墨子·尚贤下》："故书之竹帛，琢之槃盂。"《兼爱下》："镂于金石，琢于槃盂。"《天志中》："书于竹帛，镂之金石，琢之槃盂。"《明鬼下》："故琢之槃盂，镂之金石。"《非命下》："是以书之竹帛，镂之金石，琢之槃盂。"《韩非·大体》篇："豪杰不著名于图书，不录功于槃盂。"其义均与《吕览》同，且"功名著乎'槃盂'，铭篆著乎'壶鉴'"。以文法言之，适成对举，非有诘诎聱牙不可索解者闲乎其间也。吕君竟云："传说的记载则说汤武之贤……功名铸乎槃于铭篆，著乎壶鉴，其势不厌尊，其实不厌多。"不但字误，并复失其句读（并见二四九页）。余如《舜典》："帝曰：'畴若予上下草木鸟兽？'佥曰：'益哉！'帝曰：'俞！咨益，作朕虞。'"文之结论在"作朕虞"三字。吕君则以"咨益"为断（见一六〇页）。《舜典》又曰："月正元日，舜格于文祖。询于四岳，辟四门。明四目，达四聪。咨十有二牧。曰：食哉！惟时。"文之句读，应以"惟时"为断。故《伪孔传》云："所重在于民食，惟当敬授民时。"吕君仅引至"食哉"为止（见一六二页）。似此横断古书，足征根柢浅薄，累累十数万言，究于"中国史前社会"无与也。《论语》云："工欲善其事，必先利其器。"器尚未利，遑论其他！故敢就管见所及，标而出之，一言以蔽，三隅自反。世之读此书者，幸留意焉！若乃组织不精，行文欠雅，斯皆该书之小节，非不佞所敢具论耳。

（《政治经济学报》第 3 卷第 2 期，1935 年 1 月）

《中国社会史纲》

史 明

吕振羽著，全书四分册，第一册人文书店版。

人类社会的进化与发展，基于社会生产力的澎涨与增大。在私产制存在的社会内，代表生产力的阶级负着创造人类历史的使命。因而，这一阶级的意识形态，是该时代内最正确最有权威的。现时代的这一个王座无疑地是要属于代表劳动大众的新兴的意识形态了。

在当每次社会变革的过程中，必定有大敌对的势力呈现着。一方是崛起的被压迫阶级肩起它的使命，循着历史的必然，做推动社会进化的动力；他方是垂死的支配阶级，忽视了历史进化的规律，盲目地企图死命的挣扎，做了防碍社会变革的阻力。历史的演进，固然需要推动，然而扫除轨道上的障碍，也是不能少的工作。

理论是行动的向导，行动是理论的证实，我们客观地检查多年来中国的革命，不能不承认具有理论与政策之错误的成分，而形成有"革命浪费"之可惜的现象。因此，我们宁视现在理论的斗争为极可喜的现象，因为真理只有在论争的过程中，才得展开的。

如果不明了现在，则对于未来的希望是渺茫的；为要对于将来的胜利获得决定的把握，必须对于现在我们自己所生逢的时代有明确的认识；可是不能正确的认清了人类的过去，则对于我们现在的认识也是模糊的。因而中国社会之史的清算或解答，在我们身上便课着很重要的任务。

各阶级为着要确定或辩护他自己阶级的利益，从而布尔乔亚与封建社会的意识形态便极其能事于欺骗宣传，这对广大群众犹具有巨大的影响。在文化领域内盘据着一切奇怪理论，都是亟图以所谓"正义""自由"来掩没社会内的实质，以所谓合理的方策，来取消群众的行动。因之，在所谓中国社会史论战的战野上，便搅扰得乌烟瘴气，混淆颠倒了历史事实，这显然是社会前进轨道上的一种障碍；在批判的研究之中来检讨它们，也就是发扬正确的理论之一种工作。《中国社会史纲》，不敢说已完全负担或解答了上述□切的任务或意义，但著者严谨地在主观上履行着，此种途径是无疑的。

至于在理论斗争上所应具的态度，李初梨先生在一九二八年批评钱杏邨先生的那段话提示得很正确："我觉得在我们的××文艺阵营里面'理论斗争'是件刻不容缓的急务。而且在目前只讲演绎，没有是非，把批评当作骂人或捧场的工具的中国文坛里面我们活活泼泼的'理论斗争'正好作他们的榜样。不过我们'理论斗争'，要真是'理论'的'斗争'，决不是'意气'的'争执'，尤其是不应'无理取闹'。所以我们的态度应该'光明磊落'，正正堂堂，勇敢地，诚恳地，不妥协，不轻浮。那末我们的'理论斗争'过后，仍是光风霁月，朋友还朋友，同志还同志，决不因此生出感情的问题来，这是我们应当遵守的道德！"

本书的作者，确是严守着此种态度，在其第一分册自序中表现得明白："我并不敢说凭我这点研究，就把史前期的中国社会完全正确的理解出来了。""我之来参加中国社会史研究的动机，完全由于感觉这一问题的重要，已迫切的需要解决，我还要声明一句我的能力和时间都是十分有限，因而错误或者是难免的。不过我不敢有丝毫成见，我愿意诚恳的去领取学术界前辈和读者的批评——不论是善意的或恶意的——使我知道去改正。其次我在我的研究中，对几位前辈的意见，不免尝有所指摘和批评，这并不是对个人有何憎恶，或完全想把他人抹煞，而是在想把问题弄明白。因为真理是要仗多数人去发现，一点一滴的积起来的，并不能仗任何个人完全给我们发现，我们就只有享现成。我的研究的态度是如此的，这应该能取得无成见的人们的原谅吧。"这是何等的正确与宝贵的态度呵！

其次说到本书的实质上，诚如李达先生的评语："著者对于方法论的应用，可说是很严谨，关于史料的搜集上，也是很慎重"的。

著者对中国史发展阶段的划分,先把中国史和世界史作比较的研究,以探讨其一般性;又从中国史本身所具有的种种固有独特之点,以指出其特殊性。因此,著者把中国史划分为如次的连续的发展阶级:

一、传说中之"尧舜禹"的时代,为中国女性中心的氏族社会时代;

二、传说中之"启"的时代,为中国史由女系本位转入男系本位的时代;

三、殷代为中国史的奴隶制社会的时代;

四、周代为中国史的初期封建社会时代;

五、由秦代到鸦片战争前这一阶级,为变种的封建社会时代;

六、由鸦片战争到现在,为半殖民地半封建社会时代。

除此对中国社会之史的阶段的划分,□有很大的新的发现外,本书的最显著特点是:

一、本书的著者,采取谨严的态度,一方面指出波格达诺夫主义的"商业资本社会"论的错误,一方面指出马扎尔派"亚细亚生产方法"论的错误;同时,又从世界史的观点,指出非奴隶制度社会论的错误,坚决的确认奴隶制度为社会发展过程中必经的阶段。

二、对于殷代以前的那一长远的历史时期,著者根据莫尔干的《古代社会》,恩格斯的《家族私有财产及国家之起源》,卢森堡的《经济学入门》等著,探求出史前期人类社会的一般特征;根据中国古籍中神话传说式的记载和仰韶各期古物,探求中国史前期社会的一般特征,对这一历史时期,整理出一个整然的系统。(第一册——史前期)

复次,关于本书的内容是:

第一分册——史前期中国社会研究——殷以前那一悠久的传说时代。

第二分册——奴隶制,初期封建制=殷代周代(殷代约当纪前一七六六至一一二二;周代当纪前一一二二至二五六年)

第三分册——变种的封建制=由秦到鸦片战争前夜(纪前二五六至纪元一八三九年)

第四分册——半殖民地半封建制=由一八四〇鸦片战争到现在。

自第三分册以后是属于文明时代(有史时代),即政治社会=阶级社会的领域,著者在体系上分为社会的下层基础(经济的构造)与上层建筑(政治形态与意识形态)去说明这种社会史的写法是非常科学而完善的。

该书第二分册已在排印中,三、四分册亦将陆续问世。

(《清华周刊》第 43 卷第 12 期,1935 年 10 月 5 日)

《史前期中国社会研究》

苏若愚

北平人文书店出版，定价大洋一元三角，北平中国学院教授吕振羽著。

近年来，研究中国社会史学的，虽不乏人，但是究竟给予中国文化界以何种的贡献呢？仅有的一二本关于这类研究的专攻杂志及专著，在质的方面又有何种价值呢？这一问，不能不使中国学术家们苦闷、烦恼，感到冷意，而尤其是对于中国史研究的课题。

退后一步说，我们承认中国文化未能达世界文化的水准，但我们确不能不承认中国文化在近年头内是进步的。年内刊行的几本可宝贵的文献看，与过去一般的比较论价一下，就有天壤之别，不论在量的方面和质的方面，都有了相当的收获，也可以说是意外的。本文所欲加以评介的吕振羽氏所著的《史前期中国社会研究》一书，便是一部中国社会史专论的巨著。过去，曾有人评介一过，但笔者尚有所不能已于言者，在此再一申论，以享《中国学生》之有志中国社会史研究者。

第一，关于方法论部门的。有许多人说，在五年前的中国学术家，只要谁认得"唯物史观""辩证法则"的几句术语式的名辞的，只要在其开口说话，动笔写文章时，拉上这段漂亮话，写下这几句文辞，便不管内容是什么，就认为那一厚本书或那一大堆话，是神秘的深奥到常人不懂得的学理了，一块金字招牌，于是"神而敬之"，可是近年来已不然了。吕氏在自序中说：

其次深深的感觉一般中国史研究者——自认为所谓辩证的

"历史家"们，大抵不是在履行着实验主义的方法论，便又走入了机械论的歧途。结果虽然给我们提出了一些问题，但不曾替我们解决了问题。对历史事实的混淆颠倒，徒然又替中国史朦上一层新面具，因而使我不能不冒险来尝试。

郭沫若的《古代社会研究》便是十足的实验主义者的结晶品。李季等便是机械论的巨头，郭李二氏的著述，读者定多了然，无需赘述。而吕氏则能生动的应用史的唯物论，而一笔摘出了从来因此而误入实验主义和机械论的结症。这不能不说是本书的特色。

缘自顾颉刚、罗根泽、胡适之、钱玄同等的古史辨者，全盘的否认古史，总动员疑古起来，这正是中国史学界的一个大反动时期。而王国维、钱穆等则从锄头考古学上发掘出的甲骨文字研究，更用古籍来相互的论证，而一反疑古派的极端观念论。然则吕振羽氏之方法论如何呢？全书里面，皆依出土遗物为主要史料，其他古籍、神话传说、民间习俗为副料。主张中国社会发展法则与世界历史法则同一，"不能在这个共同的法则之外，另有一个途径"，故著者研究莫尔甘、恩格斯、卢森堡等诸伟大的社会学、考古学、古生物学、人种学、土俗学作具体的研究。与中国史前社会作比较，竭力主张史的一元说，从而创导世界史的研究，这是前人所未备的。

第二，果断的精神与虚心治学的态度。"因而史的唯物辩证法，不啻是我们解剖人类社会的唯一武器，史的唯物论是唯一的历史学方法论。"

"如果人类的历史发展法则的一般性不得确立，便可以使我们对中国古代社会的研究，不能前进一步。如我们所见，像胡适博士从美国布尔乔亚学者那里抄来一些术语，从所谓实验主义出发，把其所谓中国哲学史粉饰一段之后，便无法再继续下去。像李季先生，他或者并不是有心想创造历史发展法则之一新的理论，但是因为其本质上限定他对史的唯物辩证法之隔阂，使他对中国社会史研究所作的结论，不能不陷于机械论、定型化的谬误……"这种精辟锐芒的论调，令人读了寒战。吕氏果不失其湖南人的刚强性、中原人物的风格。可是每一论述到学术前途的研究时，就谦逊地表现其全心向学的态度来了。他说："我的能力和时间，都十分有限，因而错说或者是难免的。不过我不敢有丝毫成见，我愿意诚恳的去领取学术界前辈和读者的批评——不论是善意的或恶意的——使我知道去改正。……而是在想把问题弄明白。因为真理是要仗多数人去发现，一点一滴的积起来的，并不能仗任何个人完全给我们发现，我们就只去享现成。"

第三，几点独特的见解。明白了吕氏学说的立场，研究其学说内容，便可迎刃而解了。为篇幅关系，不能详论，兹述其要点一二如次：

A. 本书原系著者《中国社会史纲》之第一分册（共分四册，间第二册不日当可出版），吕氏把中国史划分为如下的连续发展阶段：（一）传说中之"尧舜禹"的时代，为中国女性中心的氏族社会时代；（二）传说中之启明时代，为中国史由女性本位转入男系本位的时代；（三）殷代为中国史的奴隶制社会的时代；（四）周代为中国史的初期封建社会时代；（五）由秦代到鸦片战争前这一阶段，为变形的封建社会时代；（六）由鸦片战争到现在，为半殖民地半封建社会时代。本书便是论述（一）（二）两点的。这一新的社会发展阶段的分划，是吕氏学说之结晶处，我们当不能忽略这一点。

B. 确定仰韶各期文化与传说中各时代的关系。仰韶期是相当于母系本位的氏族社会，是对偶婚制度，是氏族、胞族、部族的完成时代；韦店、寺洼、沙井各期属于中期未开化时代，亦即父系氏族社会。著者按出土遗物所指示的经济社会来决定传说时代，并且证明仰韶期的文化与安阳文化之间，有一个相当空白，而不能连接，这是吕氏的一点巨大的发现。

C. 暴露了"尧舜禹"禅让、"夏禹"传子的真相，而认古代社会是二头军务总司令官制度，先为尧挚二头；挚死，成为尧舜二头；尧死，成为舜禹二头，舜死，成为禹益二头，完全是古代民主政治的特色，氏族社会中的酋长制度。儒家所说禅让，全是梦话！更而认夏禹传子，不是传贤不传贤的问题，而是从禹时起，中国社会便转变为父系本位的社会了。这不啻给儒家当头一闷棍。

D. 整理出中国古代婚姻制度，认燧人、伏羲、神农氏之前后是杂交时期和群婚制；尧、舜、禹时代是对偶婚制；夏桀时代是一夫多妻制时代。政治制度则是原始民主政治时代。

综上所述,吕氏广征博引,读书之多,方法论之完备,是令人惊服!他说:"在今日的可能条件之下,去探究中国史前的社会,无疑是带着几分冒险尝试性的,然而在时代的需要上,这种冒险的尝试,似乎还是必要的。""因而使我不能不冒险来尝试。"著者目睹一般缩首缩脑的学者,都在发疯似专攻古书,不知其他,论战看两周两汉史等,而对于古代史前社会之如夏代等竟无人问津,置之不理。最多也不过粗粗的谈及殷代之一二而已。固然,中国史前社会太难解决了,难道,因此就不研究吗?问题让天,上帝来托梦告诉我们吗?著者一颗热诚的心,迫着逼着他去研究,并且苦闷地叫了:"使我不能不冒险来尝试。"

可惜的,著者在其全文中,只就著者自己研究之结果加以阐明,并没有整个地历来诸社会史家作一种研究之研究,以资发扬光大,然而它也并不失为一种较好的著作呀!

(《中国学生》第 1 卷第 7、8 期,1935 年 11 月 1、8 日)

吕振羽《史前期中国社会研究》批评

童丕绳

　　《史前期中国社会研究》一书的作者吕振羽君据说是最近唯物史观一派的史学家后起之秀。他著这部书的目的，据自序是想"给无人过问的史前期整理出一个粗略的系统"。但是我们读了这部大著，觉得这个"粗略的系统"仍是不成其为系统，只是一些乱说罢了，我们且举出几个最显著的例子来考查它乱说到什么程度。

　　一、引书错误因胡说的例。著者引《礼运》"不亲其亲，不子其子"两语证明"原始群团的状态"，连直系母子的关系都还不曾被了解。（页八九——页九〇）案《礼运》原文作"故人不独亲其亲，不独子其子"，作者去了两个"独"字，意义便大变了。

　　二、随意附会的例子。著者引《龙鱼河图》"蚩尤兄弟八十一人，并兽身人语"，《列子》"庖牺氏、女娲氏、神龙（自注"农"）氏、夏后氏，蛇身人面，牛首虎鼻……有非人之状"等话，证明原始野人还不曾和兽类完全分离出来。（页八七——页八八）案伏牺、女娲、神农、蚩尤，甚至于夏后氏时候的中国人还未完全脱离兽类，这真是古史上的一件大发明。

　　三、不学鄙陋的例子。著者引《春秋公羊传》"圣人皆无父，感天而生"的话，不从原书去引，却去转引李泰棻的《西周史征》。（页一三六）真是奇怪，李泰棻能看到的书，我们博学的（?）吕先生却会看不到？（其实李氏所引的是《五经异义》里引的春秋公羊说）

　　四、取材立论全凭主观成见的例。著者说"感天而生之类的神话，无疑是母系时代的传说"，所以他采取和承认了许多荒诞无稽的神话，但同时他却又说"这种传说，如果加到男系氏族社会成立后的人们身上去,便属完全附会"。(页一三六——页一三九)。他却又不采取和承认这类神话的一部分。其实这类神话出现的时代和制造的目的差不多是一样的。(参看顾颉刚先生《汉代学术史略》)著者所以信任"华胥履巨人迹而生太昊"等传说,而不信任"扶都感黑帝而生汤"等传说,只因为前者合于著者从莫尔甘抄来的公式,而后者不合于这些公式的缘故。

五、无中生有的例。著者据《吴越春秋》"后稷母,有邰氏女,稷亦封于邰",《诗·大雅》"厥初生民,时维姜嫄"两段话,说"稷以他母的氏姓邰氏为他自己的氏姓"。(页一四〇)《吴越春秋》这书只说后稷封于邰,姜嫄是周室的祖,并没有说"后稷姓邰",我们知道后稷姓姬。"后稷姓邰"的说法,不知作他从何处看出?

六、错解古书的例。《天问》说"简狄在台,喾何宜之",著者说这是"简狄始终都住在她母方的台氏族中,喾何能得而娶她呢?"(页一四一)著者在"台"上增入"始终都"等字,"台"下又增入"氏族"二字,这是不是犯了"增字解经"的弊病?况且《离骚》明明说"望瑶台之偃蹇兮,见有娀之佚女",《吕氏春秋》也说"有娀氏有二佚女,为之九成之台……"这两个台"字难道也能解作"台氏族"吗?

七、叙述荒诞的例。著者说:"鲧为崇氏,禹反为涂山氏,尧为陶唐氏,丹朱反为有扈氏。"(页一四四)"禹为涂山氏","丹朱为有扈氏",不知作者根据的是什么古书?

八、无考证学常识的例。著者说:"顾颉刚先生根据《帝系姓》等名书推论出来的'舜娶曾祖姑'那一问题,去反证《帝系姓》各书之为无根据的穿凿附会。"(页一四五)著者把□□□等的发现,做人情转送给顾先生,我想顾先生也是不便领情的。

九、无古书常识的例。著者引《五经正义》有"虞有三苗"的传说。(页一六八)案这是《左传》里的话(见昭公元年传),《五经正义》是几部书的总名,难道著者连这些都还不知道吗?

十、叙述粗心的例。著者说:"浇(寒浇)可以公开的去同有夫之妇的女歧行性交。"(页二二三)案女歧是浇的儿媳,浇的嫂嫂,与浇有通奸的故事(见《楚辞·天问》□生),浇何□? 著者没有看清古书的文义,便妄加解释,其荒谬如此。又著者引《竹书纪年》注文有"女艾与浇先性交,后因而杀之"的传说。(同上)案《纪年》注文并无此说,不知著者又是根据何书?

像上面所举的十类错误,在著者这部大著里,真是多到不可胜举,以上不过略示大凡而已。此外如引《天问》有"舜葬于苍梧之野,二妃葬于洞庭"的话(页二六〇),引《尚书》有"处浇于过,处豷于戈"和"少康邑于纶"等话(页二六七——二六八),又拿姬姓的郑国与妘姓的郐国混合为一(页三一〇——三一一),也都是写荒乎其唐,绝不可宽恕的大错误!至于乱引伪书(如《伪古文尚书》等)作证、望文生义等等,在这部大著里,还算比较可以原谅的过失呢!

（《东南日报》1936 年 11 月 21 日,第 3 版）

评吕君振羽著《史前期中国社会研究》

童丕绳

　　"继郭沫若而起新的中国社会史专家"吕振羽君所著的名作《史前期中国社会研究》，在最近一年中，我因为消遣，拜读了两次。细细钻研的结果，只落得空叹了两口气！

　　吕君在序文里很客气的说道："我的能力和时间都是十分有限，因而错误或者是难免的。不过我不敢有丝毫成见，我愿意诚恳的去领取学术界前辈和读者的批评——不论是善意的或恶意的——使我知道去改正。"因此，我现在敬以读者的资格向吕君进一番忠告。

　　严格地说，吕君这部大著在史料考证和应用方面，是无一评的价值的！例如他连少典氏与有蟜氏女婚等传说的出处都不知道（这话最早见于《国语·晋语》"昔少典娶于有蟜氏"），而去转引向乃祺的《土地政策讲义》（见原书页一〇〇）。又不知"圣人皆无父，感天而生"两句话的出处，而去转引李泰棻的《西周史征》（页一三六。据吕君说，这是《公羊传》里的话，难道吕君连《公羊传》都备不起吗？我手头也没有书，但这两句话记得似乎是《礼记正义》（？）引许慎《五经异义》所引的公羊家说）。更不知"虞有三苗"是《左传》里的话，却去转引《五经正义》（页一六八。我很疑心吕君不知道《五经正义》是五部书，而当作一部书的名字）。又如吕君引《夏书》"少康邑于纶"（页二六八），惭愧我们学问浅陋，不知吕君是根据的什么本子的《尚书》，或许是秦火未焚前的孤本罢？最奇怪的，如吕君不认识"鄟"字和"邻"字的区别，却把陆终之后妘姓的邻国和夏禹之后的鄟国合并成一个，因之产生出"楚亦应为夏族的一个支派"的结论。（页三一〇——三一〇）

　　像以上这类的错误,细细勘校起来,总可以写成一部与原书卷帙相埒的批评巨著。可惜我们没有这么多的闲功夫来替吕君当差。而且倘若这样做了,人家或许还要笑话我们是与吕君差不多的识见哩!

　　批评"史料考证"的话终止于此。现在再来检讨吕君这部大著所使用的史学方法——这是这部大著的生命线!

　　吕君在"序幕"一章里很得意地说:

　　　　史的唯物辩证法,不啻是我们解剖人类社会的唯一武器;史的唯物论,是唯一的历史学方法论。

　　　　我们握住这副工具来解剖中国社会发展的全过程,一切问题都不难迎刃而解。而且对于史料问题,不惟搀杂在真史中的伪的成分能够分别出去,即伪史中的真的成分,也不难分别出来,供正确的引用。(页七)

　　关于"史的唯物辩证法"是不是唯一的史学方法,这因为牵涉历史哲学的范围,是一辈子打不清的官司,我们姑且可以不谈,免得惹人们多骂我们几句"布尔乔亚的哲学者"。但是说这副工具可以解决一切问题,可以当作考证史料的唯一方法,这使我们不能不怀疑,譬如历史上一个人物的存在与否的问题,一件事迹的真伪问题,就决不是唯物辩证法所能整部包办的,也似乎不需要劳动"唯物辩证法"的大驾才能解决的!举个例子来说:如吕君引《夏书》经注里所载羿距太康和立其弟仲康的事,说这是罢免酋长之神话的传说,是酋长的男系世袭权之确立的一种传说。他全不知道这些只是魏晋以后人的文字,魏晋以后人那里知道什么"由男系代替母系社会的一大变革期"? 他们头脑里有的只是曹丕、司马炎等的故事,这类传说只是曹丕、司马炎的故事的反映。吕君毫无古书常识,竟把这种决不可信的想象当做了至珍至贵的古代史料。这类问题的解决,所需要的仅仅是史学常识,不是唯物史观,也无待于唯物史观的。

　　吕君又说:

　　　　那些散见于各种记载中的神话传说的来源,我们虽不敢完全确定,但它们能代表历史上一个时代的真际意义,是我们敢于确定的。

这段话是吕君这部大著的中心观念，不把这个中心观念整个打破，一般人还是会依赖他，迷信他的。我们且对它下一番根本批判的功夫。以下略举吕君用这个观念求出来的几条奇妙不可思议的中国古代社会的说明，请大家看看他荒谬到了什么程度！

吕君举"蚩尤兄弟八十一人，并兽身人语"等记载，说这完全是"刚从兽类脱离出来只是知道言语的人类的形状"（页八七）。我们倒要请教吕君，在那一时代，会有"蛇身人面""牛首虎鼻""龙身牛首"的人类？这简直连最普通的生物学常识都没有了，虽是一个小学生也不会说出这样可笑的话来，但是我们的吕君却是一位大学教授！（在页一〇七里，吕君又说："究竟人类是怎样从兽类脱化出来的？从那一部分开始变化？那一部分在最后才脱化的？其确切的情形，我们都不知道。这些怪物般的人对这些问题，他们却给了我们不少的确切的暗示。""人类怎样从兽类脱化（应当说进化，不能说脱化）出来"，吕君若不知道，便该读读达尔文的《物种由来记》。要靠这些怪物来确切的暗示，那是使一切生物学家、人类学家都要大惊失色的。）

吕君又举《山海经》里的小人国，说这是一个小人阶级——幼年人阶级。女子国是新石器时代母系社会的写真（页一〇八——一〇九）。乖乖！照这样说起来，鬼国（亦见《山海经》）定是鬼阶级——鸦片鬼阶级，犬封国（并见《山海经》）定是狗阶级——走狗阶级。而丈夫国定是铜器时代或铁器时代父系社会的写真了。像这样的妙论，亏吕君说得出，也亏得一班读者会信他，崇拜他。又如《海内北经》说："西王母……其南有三青鸟，为西王母取食。"这是说三青鸟替西王母当差取食物。所以司马相如的《大人赋》便说："吾乃今日睹西王母，暠然白首，戴胜而穴处兮，亦幸有三足乌（注，张揖曰：三足乌，三足青鸟也）为之使。"可证三足乌并不曾为西王母所食。吕君却说"那一位神化的王母全靠三青鸟充任食物之主要来源"（页一〇七），"食三青鸟的部落，便被呼为三青鸟图腾"。（页一二一）连这样浅近的古书还读不懂的人，就有资格来研究什么"史前期中国社会"吗？就有资格来胡骂他人吗？

吕君又举"太昊庖牺之母履巨人迹而生太昊"等话，说这是母系时代的传说。虽然牵强附会，倒也罢了。但他太不该又说："这种传说如果加到男系氏族社会成立后的人们身上去，便属完全附会……因而所谓'扶都感黑帝而生汤'……这无疑都是汉代阴阳五行之谶纬家们有意的附会。"（页一三六——一三九）喔！不合于吕君的公式的，便无疑地是有意的附会，合于他的公式的，那便是千真万确的史料，如果唯物辩证法真是这样的，我想大家还是不研究它，还可以保存脑子的清楚。

吕君又举《楚辞·天问》等记载，说娥皇、女英姊妹和舜象兄弟实行共夫和共妻的性交关系。舜是娥皇（或女英）的主要之夫，娥皇（或女英）是舜的主要之妻，这本是真正以唯物辩证法来治中国史的开创大师郭鼎堂先生（沫若）一时失检的误说，在郭先生本人早已弃之如遗的，不料吕君拾了余唾当作宝贝，用以证明对偶婚在中国史上的存在。他全不想想叔子与嫂子通奸（假定这是事实）是后世常有的事情，我们还能在民国时代找出对偶婚存在的证据哩！何况舜象等究竟实有其人否，"二嫂使治朕栖"，"眃弟并淫"，究竟实有其事否，还大是问题，吕君之不学和头脑不清于此得到证明！（关于舜象的故事，闻一多先生将有详细的考证，在未得闻先生同意之前，我们不能随便发表他的考证和结论。）

吕君又举《史记索隐》"尧娶散宜氏之子曰女皇，生丹朱，又有庶子九人"的话，说："尧有一个主要的妻，生出他的直系的一个孩子，叫作丹朱。此外他还有九个旁系的孩子，这九人是尧的庶子，尧当然也是这九人的庶父了。……自己的直系儿子是没有什么庶不庶之分的。"（页一五○——一五一）吕君竟不知道古代有嫡庶制的存在！这一段极平常的话，给吕君异想天开的一附会，竟变做一段对偶婚时代的奇迹了。吕君之无常识和他的方法的不可靠，于此确然可见！

吕君又举《尚书》和《孟子》等书里所记的尧舜禹禅让说，以证明"部族联合的民主制度"。（页一五三——一六六）这也是拾的郭鼎堂先生已完全丢弃的余唾。关于吕君的这点错误，可参看郭先生的近著《先秦天道观之进展》和顾颉刚先生的《禅让传说起于墨家考》（北平研究院《史学集刊》第一期）。想我对他不多加批评了。

吕君又举今本伪《竹书纪年》注"浞娶纯狐氏女，有子早死，其妇曰女歧，寡居。浇强圉往至其户，阳有所求，女歧为之缝裳，共舍而宿"一段文字，说浞"可以公开的去同有夫之妇的女歧行性交，似乎还视为当然的"。(页二二三)粗看吕君的话,我们简直一点摸不清头脑。因为《纪年》原文是说浞子浇和他的嫂嫂通奸,这也是一段后代常有的事情。《楚辞·天问》王逸注说:"女歧,浇嫂也……言女歧与浇淫佚,为之缝裳,于是共舍而宿止也。"这段话就是《纪年》注所本。吕君却偏说是"浞去同有夫之妇的女歧行性交",空白地替浞加上了一个扒灰老的徽号,这是什么缘故呢? 仔细一想,才恍然大悟,原来吕君看不懂这段文字,他以为纯狐氏女有一个儿子死了,他的妇孤单的寡居着,浞去与她通奸。吕君一时眼花,误把"浇"字认做浞字了——这决不是手民之误,因为吕君在页三五里又说"浞与浇(?)的子媳共宿",这句话错误得更令人莫明其妙!

吕君又引《伪古文尚书·汤诰》和《仲虺之诰》《伊训》等得意洋洋地来证明"汤大圣人的本来面目"(页二三九——二四三),他全不知道这是什么时代的作品! 吕君把"简贤附势,实繁有徒"两句话解成"伐桀的同志,大家无界限的在参加着"。他全不知道《伪古文尚书》与《伪孔安国传》是同时一人的作品(这已是研究古代史的人人人应具备的常识了),《伪孔传》就说:"简,略也;贤而无势则略之,不贤有势则附之,若是者,繁多有徒象,无道之世所常。"所以"简贤附势"两语翻成现代的话便是"怠慢贤者而趋奉有势力者,这样的人是很多的"。这与参加伐桀的同志何干? 附会的结果附会出大笑话来了! 又如"臣下不匡,其刑墨",是说"臣不正君,服墨刑"(《伪孔传》),吕君却说是:"若是普通人和奴隶们也不守这种法章……我使要加等的刑罚。"真不知其何所见而云然? 总先得懂得中国文字,看得懂古书才好!

据上面的批判,吕君的史学方法——用唯物辩证法(公式)从神话传说中寻取古代社会的真相(想象)——我们已经可以大致了然。最后,我们且举真正以唯物辩证法来研究中国社会的陶希圣先生的一段话:

> 史学不能创造历史。反之,历史的研究产生史学,这个道理太显明了,显明到一般人多瞧不见。他们要凭他们的史学创造历史。
> 于今的学者不独把欧洲的史学当做中国史的自身,并且把中国古代学者的史学当做古代史的自身。笑话太闹得悲惨了。我们

因此发下一个小小的誓愿,愿把这悲惨的笑话转换为真实的工夫。
(《中国社会史丛书刊行缘起》)

研究中国社会史,自有正当的道路可走。我们已有许多前辈和同辈做出可观的成绩,可供参考;又有考据家供给的许多材料,可以利用。我们应该知道,那一半错误的莫尔甘的《古代社会》,至多可当参考;至于全盘胡说的吕振羽的《史前期中国社会研究》,那就太丢唯物辩证法的脸了。

附:编后

　　本期发表的童丕绳先生的文章,是专批评吕振羽先生的《史前期中国社会研究》的。吕先生的书在前数年曾风行一时。因为中国近来研究古史的人虽然很多,但能够把中国原始社会整个的考察一下的人却很少。这完全是由于中国地下的史料发现尚少,而纸上的史料又多不可靠。吕先生在这种情况下,另辟了一个新途径,即是根据神话传说来探索中国的原始社会。所以,他这本书出版以后,很引起一般古史研究者的兴趣。童丕绳先生是一位很著名的古史学家,在《禹贡半月刊》《史学年报》《史学集刊》上都常有他的大作发表。其读书之渊博、考证之精缜,均为读者所熟知。他现在以博雅古史家的见解,来批评这部风行一时的古史巨著,当然是很值得我们注意的。虽然其中有些地方是太重意气,但在内容上却很可以贯彻了他考据家和疑古史家的见解。

　　据吕先生自己在该书中说,他用古代神话来探索中国原始社会,原是一种试验性质,不一定即是研究中国原始社会史很正确的方法。底确,这个方法是重要,但又是很容易发生流弊。所以重要者,便是因为在目前这一阶段,中国原始社会的研究虽是很需要,但又限于史料而没有正常的研究途径。所有的只是"根据神话来推测"这一个方法。如果这一个方法能够应用,那对于中国原始社会以及中国社会史的研究无疑的是一件重要事项。所以容易发生流弊者,便是因为神话本身变化太多,其中往往杂有故意伪造和自然改变的成分。如果我们对神话本身没有精缜的考证而于随便引用，那一定要弄出许多错误来。所以，我很希望热心研究中国社会史和热心追求真理的人对此多多讨论一下。这种讨论和批判乃是为了中国古史的研究，决不是对某个私人有什么恶感或拥戴。即使在文中虽然有些太重意气的地方，彼此也应当看轻一些。吕先生这次在他这本大著中所作的试探——根据神话研究中国原始社会的试探，诚然有些地方是犯了上述的那种流弊，对于史料的考订太疏忽了一点。童先生对他的批评便是由这点而发。不过，童先生由于吕先生对史料的疏忽，进而反对到这种研究方法的本身，却大有讨论的余地。刘亚生先生曾在我这里预先见到童先生这篇文章，他表示不同意童先生后一半的见解。现在已在着手写一篇反驳童先生的文章，大约在本刊下期即可发表。很希望读者在读了童先生这篇文章以后，再注意一下下期刘先生的文章，并且希望踊跃的参加讨论。

（《华北日报》1937 年 5 月 20 日，第 7 版）

评童君《评吕君振羽著〈史前期
中国社会研究〉》

刘亚生

　　无意间从《史学周刊》编者安华兄处，见到了童丕绳君的批判吕振羽所著《史前期中国社会研究》的一篇大稿，笔者感到一些高兴。本来，在目前关于中国古代社会的著作，可以说非常贫乏，至多也不过有两三本而已；而在这两三本中间，不能不以吕振羽先生的《史前期中国社会研究》一书，为较满人意的著作。惟其如此，所以吕振羽先生的《史前期中国社会研究》年来为一般研究中国社会史的人所注意，这能说没有相当原因吗？实在说，目前整理出一部完备的原始社会史著作来，确乎不是一件轻而易举的事，这一方面固然需要有正确的科学的历史方法论——史的唯物论，另一方面还需要具有丰富的人类学、民俗学、语言学以及古生物学等等知识。在这种繁难的负担下，而中国原始社会的研究尤其要加倍困难，原因是：到今天，中国原始社会研究所依据的地下材料既非常缺乏，而神话传说又大都杂乱无章，散见于历代的真伪各书。这种艰巨的工作，完全等待着治中国原始社会史的人来勇敢的垦荒，因此，如果我们要站在学术的立场上，如果我们抛弃了个人的成见，恐怕任何人也不能不对吕振羽先生这一垦荒的收获——《史前期中国社会研究》相当置重的吧！当然，我们不相信吕先生的这一著作便是万世不移的名著，其中没有丝毫的错误，这在吕先生个人恐怕也不敢这样承认，如他说："我的能力和时间都是十分有限，因而错误或者是难免的。"（原书三页）但是我们绝不能因在吕先生的著作中有一些不可免的错误，便根本否认了他的全部功绩。要知道人类对真理的认识，绝不是从天上落下来的，也不是人类从开始就完全把握住了的。人类对于真理的认识，是需要人类自身继续不断的从实践过程中努力获得来的；同样在学术研究上，在中国原始社会史的研究上，也是需要研究中国社会史的人去继续不断的踏着前人的收获，藉助于今人的成绩而向前推进，使之从点点滴滴的层层积垒中建立起一部整然而真实的中国原始社会史来。因此之故，对于一部书的客观的科学的批判，是十分必要的事，这不但对原著者有指导的作用，而且对学术的开发上还有着不小的推进哩！基于此，所以在我看到了童君所写的大作《评吕君振羽著〈史前期中国社会研究〉》这一标题之后，马上便涌起了浓厚的兴趣。

但在我没有看到半页之后，便使我感到了非常的失望，使我深深的感觉到童君并没有对吕先生的著作加以客观的严正的批判，而似乎完全是以一种游戏的手笔发泄个人情感（或系经济集团间的情感）的漫骂式的态度来处理着。如童君开宗明义第一段便说：“……吕振羽君所著的名作《史前期中国社会研究》，在最近一年中，我因为消遣，拜读了两次。细细钻研的结果，只落得空叹了两口气！”（点是我加的——亚）在这里，童君自己说对吕先生的前揭一书，是为了消遣才看的，可见童君已经失去学术研究的态度，那末，还谈得上什么批判？但是，虽然童君一方面说是“因为消遣”，而同时又说曾“拜读了两次”，我真想不到作为一般人认为干燥无味的中国古代社会史，竟对童君发生了比《红楼梦》《水浒传》这类的书还大的吸引力！纵然结果，使童君“只落得空叹了两口气”，而这终竟还是“细细钻研”而来的，而不是“消遣”而得的呀！

现在我们对童君的盛气凌人千万丈的态度以及其没有学术修养的风格暂且撇开不提，因为这似乎在我们所应注意的问题范围之外；于此，我们要对童君对吕氏所著《史前期中国社会研究》所批判的内容试加以简单的检讨。

童君对吕氏前揭一书的批评，分两方面：一方面，是史料考证和应用，另一方面，是该书所使用的史学方法论，现在我们也从这两方面来说。

诚如李达先生在该书序言中所云：“在中国史研究的课题中，有两个重要问题：第一是历史方法论的问题，第二是史料的缺乏及其真伪考辨的问题。关于第一问题如果能够生动的应用而不误入实验主义或机械论的歧途,困难还容易解决。关于第二问题,史料的缺乏,阻碍我们研究的进行,而史料的真伪的鉴别如有错误,结果必会颠倒历史的真相。这两个问题是密切的联系着,我们必须连同去解决,才能着手研究。"确实的,方法论和史料的真伪的鉴别,是研究中国原始社会当前的两大问题。其中,史料真伪的鉴别尤为重要;但此困难问题的解决,还须藉助于科学的历史方法论,才不致于被古人所欺骗,被古董所蒙蔽。虽然如此,但在目前史料缺乏的情形下,我们相信吕氏的这一著作——《史前期中国社会研究》——所引的史料,将仍然不能避免了一些错误。如果考据家们能够在中国原始社会研究这一课题下,提供出正确的批判来,这恐怕不仅对吕先生是难能可贵的事,亦将是中国学术界上的无限光明。

但可惜的很,可惜的是童君在批判吕氏该书一文中,并没有满足我们的这一要求。他在这方面——史料考证和应用方面——所提供出来的,只是一些书虫子的工夫。他——童君只能举出吕先生不应该把"少典与有蟜氏女婚等传说"去转引向乃祺的《土地政策讲义》,而应当去从它的最早出处《国语·晋语》中去引用,并举出"圣人皆无父,感天而生"的两句话,不应从李泰棻的《西周史征》去转引,而应从其原书《公羊传》中去引用之类的几点而已。说真的,我们不能不钦佩童君把古书背了个烂熟,但不幸,这一切对于批判吕氏的著作并没有丝毫的用处,对我们研究中国原始社会问题没有一点儿帮助。这只不过表示童君是一个故纸堆中的书虫子而已,至多也不过是一个古董百科大辞典(其实,童君恐怕还不配称为古董百科大辞典吧)。

雷哈德氏说得好:"当经济学者探究原始共产主义问题时所遇到的最大困难,至少在于适应于必要而如何去利用民俗学、考古学及其他的资料。例如,年代记只有在和地质学的资料之对比上才能表示出来;生产力的发展,特别是技术的发展如不考察考古学的资料,便不能指示出来;而且对经济学者为基础问题的生产问题,要求着检讨民俗学的资料等等。从而,在这些问题上面,在需要利用和考察此外的科学资料上,直接引用该方面的专门家的著作,把它立于经济的见地上批判而私用

之；此外，不用我们去吟味非常专门的得不到手似的资料和搜集新的事实资料了。"（所著《前资本主义社会经济史论》）

其次，我们要说到第二方面——史学方法论。

李达先生在该书序言中曾说："著者对于方法论的应用，可说是很严谨。"真的，客观的说，我们不能不承认吕先生在该书中所使用的方法，是正确的科学的历史方法论——史的唯物论。这在批判吕先生的童君也是完全承认的。在这里成为问题的，只是童君根本否认"史的唯物论"这一科学的历史理论是唯一的历史学方法论，童君认为这"牵涉（到）——亚生加上的——历史哲学的范围，是一辈子打不清的官司"，在目前，此问题果真是"一辈子打不清的官司"吗？我想，凡是稍具有社会科学的理论或历史科学常识的人，自会耻笑童君之浅薄和无知的。我们诚恳的希望童君于钻研古董之暇抽出一点儿时间来，能够抛除了个人成见，虚心的稍微涉猎一些历史科学的 ABC。不然的话，纵然童君不愿谈历史哲学的问题，"免得惹人们多骂我们几句'布尔乔亚的哲学者'"。但是，童君对于问题的处置上依然逃不出童君所不愿听的被人们骂的"布尔乔亚的"历史观啊！

童君怀疑"这副工具（史的唯物论——亚）可以解决一切问题，可以当作考证史料的唯一方法"，并且说，"历史上一个人物的存在与否的问题，一件事迹的真伪问题，就决不是唯物辩证法能整部包办的，也似乎不需要劳动'唯物辩证法'的大驾才能解决的"（点是我加的——亚。唯物辩证法之上加上"劳动"二字，真使我们莫名其土地堂了）。那么，在童君看来，什么是解决一切问题以及考证史料的唯一方法呢？干脆而坦白的说，童君所使用的唯一方法是：是——是否——否的地道十足的形式逻辑。这，在童君虽怕人骂他是"布尔乔亚的哲学者"，没有明白的说出来，但他对问题的处理上，是百分之百的形式逻辑的，我们又怎能冤屈了童君？

现在，我们仅就童君所提出的问题，来加以考察。

童君谓吕先生所引《书经》注中"羿废太康，而立其弟仲康为天子"，不应解释为"是酋长的男系世袭权之确立的一种传说"，依童先生看来，这既是"魏晋以后人的文字"（究竟是不是魏晋以后人的文字，我们可以不管——亚),因而依童君的"是——是否——否"的形式逻辑的推论,当然是产生此文字的"魏晋时代之曹丕、司马炎等故事的反映"了!!事实果真如此的话,我们要问:所谓有巢氏、伏羲、神农……等等这些传说,又应该是那一朝代和那一朝代的故事之反映呢?当然,童君可以凭其个人脑子里的想象随意的编排一下,但是,这对于问题解决本身丝毫不发生关系,所谓童君的"史学常识",恐怕只是空中楼阁的个人玩弄的常识而已。

其次,童君认吕先生下列一段话"有蚩尤兄弟八十一人,并兽身人语"不应解释为是"刚从兽类脱离出来的只是知道言语的人类的形状"——即原始人,而大骂吕先生"连最普通的生物学常识都没有","虽是一个小学生也不会说出这样可笑的话来"。的确,在小学生看来,这真是天大的笑话,普通初中生物学教科书也不会说明这种"普通生物学常识";但是,如果童君真能把头脑冷静一下,翻一翻高等生物学,达尔文的物种由来说,以及恩格斯的《猿进化到人类的劳动之任务》,或《自然辩证法》,和尼克里斯基的《人类的起源》等等名著的话,童君总不会说出这样无知的话吧?

恩格斯说:"在几十万年以前,在地质学者称为第三纪的地质时代,不能很确定在这期的什么时候,大概是在末期,在热带的某一个地方——大概在印度的洋底,那时还是一个广大的大陆——居住着一种非常进步的类人猿。达尔文对我们的这些祖先,曾有一个近似的记述。他们体生丛毛,有发,有尖的耳朵,成群的居住在树上","恐怕在最初,这些类人猿因为在攀援登树时,手足的功用完全不同,慢慢的在平地上移动时,也就无需乎手的帮助,逐渐养成了直立步行的习惯。这是猿之所以进化为人类的一个重要的步骤。""总之,由动物形成的人类,渐觉有相互通达语言的必要了"。"最初是劳动,其后是语言,这是两个最基本的动力,在这两个动力的影响之下,猿的头脑在根本的构造方面,就慢慢的完全变为人类的头脑了。"(《自然辩证法》)

当然,我们绝不相信会有"蛇身人面""牛首虎鼻"等等奇怪的人类,但是这种神话传说,可以使我们晓得最初从动物分离出来的中国原始人的形迹来,这是无疑的。只钻古董未具有一点儿必要的社会科学常识的童君，当然要对这种神话传说莫名其妙了。

因此，同样的，童君不能从批判之中去理解《山海经》里的"小人国""女子国"，以及"西王母……其南有三青鸟，为西王母取食"等等神话传说，更是极其自然的事。童君不是运用其形式逻辑的方法论根本否认《山海经》里的"小人国"的这些传说，便是过信古人完全确认西王母指使三足鸟为之当差的这种无稽的故事。他凭藉着司马相如的《大人赋》"吾乃今日睹西王母，暠然白首，戴胜而穴处兮，亦幸有三足乌为之使"，便以为这是确有其事，但是如果童君稍有一些科学知识的话，他将不会如此的吧？童君过于迷信古人了，以致走到宗教迷信的泥坑！

此外，童君又指出"吕君又举《楚辞·天问》等记载，视娥皇、女英姊妹和舜象兄弟实行共夫和共妻的性交关系"之错误。（在这里，我们姑不管吕先生是不是拾的郭沫若先生的余唾，即使是拾的郭先生的说法，这正是证明了如果能运用科学的历史方法论来整理中国古代社会史时，是一定要得出共同的结论来的。但可笑的是，童君谓主张这种说法的郭沫若先生是"真正以唯物辩证法来治中国史的开创大师"，而反认为主张这种说法的吕先生狗屁不值！我真想不到在今日中国的学术界，竟会发生了这种现象，我们不免为中国的学术界感到无限的耻辱，如果中国的学术界上能让这种现象存在的话，我敢断言中国新文化的前途，一定要在不久的将来而归于灭亡！）但是他的错误在那里呢？童君没有给我们一个解答，而且他也是不能解答的。童君只能又搬出他的形式逻辑的法宝来，否定了中国原始社会的特殊性，而把各种特定的不同的社会形式一般化起来，以现社会的情形推论已往的中国原始社会。他泰然的说："叔子与嫂子通奸是后世常有的事情，我们还能在民国时代找出对偶婚存在的证据哩！"不错，"叔子和嫂子通奸是后世常有的事情"，这并没有什么稀奇，但是，童君又那里知道这在几千年几万年之前，并不是常有的事呀！不光不常有，而且根本就没有这种事情存在呀！有的，只是男女间极其自然的性交关系，而根本无所谓"通奸"。

同样，童君关于吕先生对《史记索隐》"尧娶散宜氏之子曰女皇……"这一段的正确解释，以及尧舜禹禅让等等神话传说之说明，都以其"是——是否——否"的思考方法而加以否定。童君觉得几千万年以前的原始社会是和现社会一般无二的,那末,今日既有嫡庶制的存在,当然古代也有"嫡庶制的存在"喽!可怜的童君!像这样批判人的人,我们还有什么话可说?

　　总之,童君批评吕先生的《史前期中国社会研究》的这篇大文章,无一可取的地方——无论对史料的考证上更无论在方法论上。本来,诚如李达先生所说,史料考证和方法论"是密切的联系着,我们必须连同去解决,才能着手研究"。如果只以形式逻辑的方法论来处理问题,我敢断言,不但童君不能理解中国古代社会的一切问题,不能对他人的著作抓到一点痒处,即便在自己纯玩弄古董的工作上,亦将是莫知古董的所以然,而不得不被古董抬高到五里云雾中的。

　　我写这篇文章,绝不是有意的给吕先生来辩护,我是纯乎站在学术的立场上,客观的,为着拥护真理而发的。我并不是说,吕先生所著《史前期中国社会研究》无丝毫错误,相反的,该书中是包含着一些错误的——据笔者所能感到的,在全书的系统方面不十分好,在材料方面也有许多冗杂无用的。但是,像童君这样批判的文章,未免有点"那个"。本来,像童君的这样批判人的文章,老实不客气说,我是不想花费我的一丝儿工夫来批评的,不过,我想那想研究中国古代史而抱着童君这种观点的人,还不只童君一人,因而我觉的写这篇文章,总不至白费笔墨空耽误大好时光,愧对读者诸君吧?

　　最后,我们诚恳的希望那终日埋头于破纸堆中的考据者们,能够抛除了个人的成见,虚心的看一点历史科学的书,果能如此,我想这不但对他们研究古董有无限的帮助,而且他们将凭藉着他们对史料的纯熟而对中国古代史的开发上,有无限的光明哩!

　　真理的探求,是不需要我们抱着抹杀一切的成见的。

一九三七年五月九日于北平

(《华北日报》1937 年 5 月 27 日、6 月 3 日,第 7 版)

吕振羽《殷周时代的中国社会》书评

评吕振羽的中国奴隶社会论

王宜昌

一　罪　言

近两年来,当我的心猿意马驰骛于现代中国经济领域时,便对于中国社会史领域上的开垦工作,保持着相当的缄默。虽然也曾零碎的发表意见,甚且批评他人的中国社会史论,但,为着对于许多虽然包含着些错误但也包含着较多真理的史论底保持缄默的联络,所以对于某些中国社会史论上的猫,便不想认真去杀。当有人问我对于某人的社会史论或某种中国社会史著作的意见时,我只保持缄默。我以为我零碎发表的一些批评对于一位值得我保持沉默联络的人,已经尽了我的指摘与称扬的至意了。

然而,近半年来的情势,却使我不能不认真去杀中国社会史论上的猫。不然,当论敌三番两次地向我挑战,而我还不拔出剑来,那未免怯懦。而且,又未免太不为某一社会层的历史科学底阐扬尽力了。更何况"我对于某些曲笔,素不甘以缄默"(载《食货》半月刊)呢。

当吕振羽先生出版其第一册著作《史前期中国社会研究》后,我在保持缄默中零碎地表示过两种意见:一则是称扬地说,这著作"第一,减少了对于古书的怀疑;第二,减少了对于考古学全能的信赖;第三,充分地将摩尔甘所记世界古代历史和中国古代成文记载比勘,而解说了夏禹前后的古史。单就这方法而论,我以为研究中国远古历史的好方法"(载《新社会科学季刊》);二则是指摘地说,据书后广告"吕振羽君且将第作中国奴隶社会前的封建社会之著作"(载《文化批判》)。在吕振羽先生看来，这两则评论中，前者或者是"善意的批评"，"是值得私衷的感谢又不免感觉惭愧的"。而后者呢，则他很不满意，以为有人说："吕振羽认为历史的封建制存在于奴隶制的阶段之前。其用意如何，殊不敢'深加追究'，不过我在文字上或口头上从不曾发表过这样无智的'谰言'，是大家所知道的，但却不能不使我怀疑这种批评者的根本态度。"（吕著《殷周时代的中国社会》跋文）

　　吕振羽先生的跋文虽然文章写得漂亮，而且登载在他的第二册著作的开篇，但可惜自己在跋文里放的"谰言"，掩盖不住本书里吕先生自己所作对于我所指摘的在"中国奴隶社会前的封建社会"的事实证明。吕先生固可夸口说他在"口头上"没有放过"这样无智的谰言"，因为我们虽同住在北京城和南京城，且彼此中间还有着共同的朋友，但我们没见过面，我自然听它不得。但吕先生还有谰言说不曾"在文字上发表过这篇无知的谰言"，则他的第一册著作后的广告，及第二册著作里的根本理论，便将打自己的嘴巴。吕先生如此"谰言"的"用意如何"，我殊不欲"加以追究"，而且对于第一册著作里的种种方面，我仍想保持缄默。以下的批评只就其第二册著作中，关于中国奴隶社会论者立论，以就正于吕先生和读者。

二　公式主义

　　虽然有许多人反对过这种意见，但我却认为研究中国社会史，永远是要从"搬家主义"和"公式主义"出发的。现在我便从这出发点来检讨吕先生的中国奴隶社会论。

　　吕先生的第二册著作分两大部分：第一为"殷代＝种族国家的奴隶制"，第二为"两周＝初期封建制"。殷代之为奴隶社会，在今日固可无多异论。但两周之为初期封建制，吕先生虽用以证明他自己底商代奴隶社会确存在于封建社会之前底议论。而从下面的批评看来，吕先生不过把中国封建社会勉强移置于中国典型的奴隶社会之前，以便和他自己所主张的奴隶社会消灭之期相接续罢了。

　　吕先生主张中国奴隶社会在殷代便灭亡了，于是在殷代之后的两周,便不得不变成封建社会。但从下面的批评看来,吕先生显然是不理解半开化时代与文明时代及其过渡,也不理解奴隶社会与封建社会及其过渡的。

摩尔甘和恩格斯对于半开化时代的分划,以铁矿的溶解和文献纪录之存在,作为半开化时代末期的特征。又,此时期的成就,有改良的铁器、鞴、手捣臼、陶器制造、油及酒的制造、较为发达的金属工、货车及战车、用梁及板的造船术、艺术建筑的开始、有塔及土墙的城市、叙事诗及神话等。在此以前的半开化时代中期,青铜已供工具及武器制造之用,但未能代替了石器;又有织机、历法、表意文字和象形文字的发明。这是研究社会史者所知道的。

吕先生对于"殷代=种族国家的奴隶制"的关于青铜、历法、诗、城市、车、金属工、酒……繁富的证明,就摩尔甘和恩格斯的半开化时代诸"公式""搬家"地看来,其即得结论是:殷代不过是自半开化中期的社会,还没有发达到半开化末期的极盛时代——至多是初踏进半开化时代期。在半开化时代末期,我固然承认它也可以成就奴隶社会底初期发展,但决不能承认它便可以把奴隶社会发展至于最高阶段,达到不过渡到封建社会便要使社会停滞而灭亡的景况。不论何人,将不能承认在半开化时代中期便可以发达奴隶社会或"种族国家的奴隶制"的吧? 不论何人,也将不能承认奴隶社会的发展并不走到文明时代,而只在半开化时代末期便发展完结了的吧? 然则,当吕振羽先生把"殷代=种族国家的奴隶制",安放在青铜器并未代替石器半开化时代中期,而且将中国古代奴隶社会的发展,在半开化时代末期便加以结束,这诚难免令我这"公式主义"者生出"无智的谰言"之感了。

恩格斯以为,典型的奴隶社会,是文明时代的社会阶段了。她在种种的朝代和种族支配的变化中,在经济政治和文化诸方面,为近世资本文明打定了基础,也为中世封建文明打定了基础。在极高度的奴隶文明之后,此种奴隶生产方法是无出路的矛盾,只有由发展到半开化时代末期的氏族制度加以征服而过渡到封建社会。这也是研究社会史者所知道的。

吕先生对于殷代的=中国的奴隶社会本身,并未曾证明其高度的经济、政治、文化等的发展，亦未证明其奴隶生产方法的无出路，仅只证明了殷代末期的荒淫及周族的强大。于是乎产生了一个如恩格斯所说的，"由另一较强民族对此将死的社会加以暴力的征服，而后依然停顿在奴隶劳动上"（《自然辩证法》中译本，二七九页）的朝代变革，此种变革和奴隶社会的消灭过程不同。吕先生对于殷代的＝中国的奴隶社会本身及其向封建社会的必然推移，没有合于恩格斯底论理的证明，而只有着把奴隶社会中的朝代变革作为奴隶社会灭亡的误认。

因而，吕先生所谓周人的初期封建制度下的"新的国家的社会机构，一方面从奴隶所有者社会的世界原理＝国家的土地所有和国家支配下的公社组织的原理出发，一方面从其自身的氏族社会的世界原理出发，这两种原理的合流而创造其国家的新机构。易言之，从国家的土地所有之种族财产形态以及国家支配下之公社内的家族财产形态，和其氏族村落公社的氏族财产形态，各种要素之矛盾斗争的统一而转化为庄园制的封建财产形态和农奴经济"。（《殷周时代的中国社会》，一六二页）这种意见，是"公式主义"和"搬家主义"的误用，是货真价实的"公式主义"！

事实上，周代并未将封建生产方法来代替奴隶生产方法。周代只是将殷代已经相当发展的奴隶制度更加以发展，把人类由半开化时代推进于文明时代，周代才发展了较为典型的古代奴隶社会。

而且，封建生产方法的起源，决不能由"种族奴隶制"与"氏族公社"相结合而成，而只能由极发展的奴隶制度末期的小生产与氏族公社相结合而成。恩格斯的"公式"，实又与吕先生的"公式"不相侔的。

吕先生既为其错误的公式所引导，把两周认为中国的"初期封建社会"，于是我们便在吕先生的封建社会底战国秦汉诸时代，看见此封建的科学和哲学的非常发达，同时却看不见封建特征之一的宗教神学寺院僧侣的发达。恩格斯认为没有奴隶制度，则古代文化的昌盛是不可能的。卡尔以为中世封建社会是宗教演着重要的角色。但在吕先生的"公式"中，则战国时代高度的文化是封建文化，而中国初期封建社会里，宗教完全是不重要的角色！

三　话　鬼

对于中国社会史的研究,我曾比喻成为绘画,是"画鬼容易画人难"的(载《中国经济》)。鬼,因为其真实形状如何,没有人知道,其生长死灭过程,也没有人知道。所以,可以让自作聪明的画家,胡诌出一个或老或少或俊或丑的鬼像来。至于人,是真实地存在着的事物,并不存在于画家的任意想象之中。人的老少丑俊,也是一般人所知道的,若自作聪明的画家,随便画上一个自己的想象,以为便是某某人,一般人是容易判断其错误的。研究而且报告出中国社会史,如果自作聪明的史家,任意捏造一个社会制度,因为一般人不知道此制度的内容,那是可以愚弄人的。但他要任意描出一个轮廓,认为这便是某某社会,则一般人都知道某某社会的内容,决不会受欺的。自作聪明的画家,不画人而画鬼,是怕人非难其画的不真;自作聪明的史家,不按照"公式"或按照真实去描述,而任意创造一个社会阶段的内容与生灭过程,"其用意如何"宁待"深加追究"吗?

我想趁此话画鬼的机会,从中国古代社会的鬼的观念之研究,来简单论证西晋以前非封建社会而为奴隶社会。

甲骨文中已有鬼字,一般是作某个部落之名的解释。但由鬼畏禺三字源同为白而言,则古代半开化人和文明人,假借凶恶的鬼族人之名称为鬼魂之鬼,是可知的。凡可畏的事物,古代均有鬼义。天神地祇与祖先,均不过鬼之别种。这一些鬼,半开化人和初期文明人,因为文化还未经过高度的发达,一时还没有为他们建立好理想上的天堂与地狱,而把他们安放在实在的地方,祖先则在坟墓宗庙之中,天神则在云雾之上,而其他一切鬼魂,则归聚于某山上或某特殊地位。殷周的宗庙,是祖先所居,《楚辞》里的天神是居云雾之上。《招魂》里的诸方鬼物,是住居在诸方实地上的。战国以来的神仙,亦居海外或西方的高山之上。而秦汉以来的鬼魂,则或居泰山,或居蒿里。《招魂》底与四方对举的"九天"与"幽都",非天堂亦非地狱,《薤露》底"聚敛魂魄无贤愚"的蒿里,亦不能谓为地狱或天堂的。东汉之末汉中张氏以鬼道治民,其鬼亦只罚人于生前,而未设置惩人于死后的地狱。初期文明人关于鬼的思想,在中国自身,只发展至此而止。它只准备了鬼神惩罚罪人的观念,以为接收印度天堂、地狱、轮回等观念的基础。

没有天堂亦没有地狱时,僧侣等级初时只在文字经验上统治人,如殷周秘史之类是,而不能在宗教思想上统治人,如在封建社会中者。战国、秦汉、魏晋僧侣等级之无势力,便因文字经验既已普及于平民与奴隶,而发展出了非宗教的科学与哲学,宗教思想又只在形成过程之中底缘故。晋代以后,中国古代社会所发展了的科学哲学,一切与印度的宗教思想合流。僧侣在俗人与天堂地狱间获得了一个存在的位置。这才是卡尔所谓宗教演着重要角色的封建社会。

吕振羽先生关于殷周时代的哲学科学与宗教说些什么呢?关于他所主张的"两周＝初期封建制"中的宗教神学寺院僧侣等说些什么呢?吕先生是曾从整个社会结构之统一性,及上层建筑与下层构造之适应性上去观察过殷周时代的中国社会吗?在两周宗教的天国里,曾反映过两周"封建"的地上王国吗?这不待我详论了。

四 赘 语

法国人有一句话是:"批评容易而制作为难。"对于中国社会史著作,正可云如此。然而我想补充一点意见是:在我制作难,批评亦觉不易。我写出我对于吕振羽先生的批评,是颇觉不易下手的。吕先生的著作的好处,应该让给他人去说。我只指出我所认为吕先生作了"谰言"的一些地方便了。

我虽然批评吕振羽先生,说他把殷代证明为半开化时代中期,遽而把奴隶社会安放在此半开化中期之上。但这并不是说我主张殷代以至夏代非奴隶社会。反之,我却是主张夏代便是初期奴隶社会,便入于半开化末期的。正面的说明,当在另文详论夏代历史时,此处权作声明。

一九三七年一月于北平

(《思想月刊》第 1 卷第 2 期,1937 年 3 月 1 日)

是活的历史还是死的公式？
——答王宜昌君

吕振羽

数年来,国内外学术界对于我的中国社会史见解作批评的,无论说好说歹,都已不少。我除去在拙著《中国社会史》第二册的跋文中略为提及外,却从未答辩过。这并不是我的怯懦,而是因为中国社会史的研究,至今还不曾得出一个十分正确的决定的意见,所以我宁肯给人家以尽量批评的机会,然后再来作一总的讨论,并期待能在总的讨论中对中国社会史问题能获得正确的进步的结论。其次我认为对中国社会史意见之不一致,主要是由于各种不同的政治成见在横梗着。所以在政治见解相同人们间,在一个共同的倾向上,自然能由相互的辩论而达到共同的见解;然在政治见解各异的人们间,无论在形式上有着何种的共同点,本质上是难能获得共同的结论的。因此,数年来我对于我的批评者的意见,如果是正确的话,便都毫不犹疑的虚心接受;如果是"别有用意"的话,便也无暇去作正面的论争,只从我的中国史研究之"立"的方面去答复,意在巩固自己的阵营,充实理论斗争的内容。

王宜昌先生是一位发表中国社会史批评文字最多的人,同时也可说是一位十分肯留意我的中国社会史意见的人。这次因为我在拙著《中国社会史》第二册的跋文中曾说:"有人'不谋而同'的说吕振羽认为历史的封建制存在于奴隶制的阶段之前。其用意如何,殊不敢'深加追究';不过我在文字上或口头上从不曾发表过这样无智的'谰言',是大家所知道的,但却不能不使我怀疑到这种批评者的根本态度。"便因此而引起王先生的恼怒,在《思想月刊》第二期发表其半武断半谩骂的《评吕振羽的中国奴隶社会论》的大著;虽然王先生还说了许多令我自己也感觉赫然的情面的客套话,例如他说:"在我制作难,批评亦觉不易。我写出对于吕振羽先生的批评,是颇觉不易下手的。"其实从王先生的公然的"公式主义"出发,自然便不须再去顾及到活的历史的具体性的问题,从而无论任何批评文字的"写出",自能"得心应手",绝不会"颇觉不易下手的"。

王宜昌先生在批评我时,他明白的标出他的根本立场说:"公式主义","虽然有许多人反对过这种意见,但我却认为研究中国社会史,永远是要从'搬家主义'和'公式主义'出发的。现在我便从这出发点来检讨吕先生的'中国奴隶社会论'。"当我读过这段高论后,若从学者式的研究的立场来说,实在再无话可讲了。独是尚不能不说的,还是关于王君的"公式主义"的本身。在王君脑子里的历史发展过程的"公式",是单一的西欧希腊、罗马、日尔曼的历史的形式,并且王君所知道的也只是西欧的"古代"和"中古"史的现象形式,并不曾懂得其活的内容。从而在王君的脑子中,便认为奴隶制时代的最主要的特征,是"科学和哲学将非常发达",而作为封建制时代主要特征的,却是"宗教神学寺院僧侣的发达",一若在以这种现象作为特征的前提下,便可以决定一个时代的社会性质似的;从而那具有历史的决定意义的生产方法,在王君看来,一若成了"无关宏旨"的次要的东西了。王君个人应用着这种"公式",我们本不欲非议,而他却硬将他自己的这种"独出心裁"的公式,托附于卡尔和恩格思,我们便难于容忍了。

王君关于生产方法的理解,不知生产方法是生产力和生产关系之矛盾斗争的统一,而生产力的内容又有其物质性的和社会性的两方面之矛盾斗争的对立和统一性,所以终肯把生产方法庸俗的还元为单纯的技术的内容。从而当他看见"未开化时代"的物质技术诸现象和后来"文明时代"的物质技术诸现象的类似的地方,便不管其社会性的内容如何,更不管其时代的一切社会因素的联系性如何,而以现象第一主义去概括一切。形式主义者每容易为历史的现象所迷惑,便在这里。可惜在中国,自陶希圣先生以至王宜昌先生等人也同样遭遇了这种苦闷。

王宜昌先生依照他的这种"公式主义"和"搬家主义"来研究中国社

会史,便由王君的脑子制造一个中国社会发展的图式,指定中国自"夏"商以至魏晋为奴隶制度时代。主要的理由即这一时期的"科学和哲学非常发达",南北朝以后则为封建制,主要的理由是有"宗教神学寺院僧侣的发达"。

从这里他进行其对于我的批评,依照他们指出的我的错误,第一因为我确认"两周"为"初期封建制"。但是"两周"何以不是"初期封建制"呢? 因为有"科学和哲学的非常发达",而没有"宗教神学寺院僧侣的发达",自然,最根本的还是因为我没有符合到王君所描画的"公式"。此外王君便再没有举出否定我的见解的任何理由和史证,也没有举出确证其自己主张的任何理由和史证。我想,这种批评是绝不致"颇觉不易下手的"吧。

其次,因为我的殷代——奴隶所有者社会的"公式",颇与王君的殷代奴隶社会的"公式"不相符合。因为我系从生产方法以致社会诸阶级的剥削关系的构成上去进行研究,从可靠的史料作根据,不自量的想把殷代社会的活的历史的具体性理解出来;而王君呢,却要"从'搬家主义'和'公式主义'出发",从历史现象之部分的表征上着眼,不要信赖可靠史料,专门信赖自己的脑子和伪书……这样,在我和王君之间自然便找不出相同的地方,从而难怪会引起王君的非难和不满的。因而从苏联的生产技术条件的表征上去看,还和资本主义国家的生产技术条件看不出多大的分别之现象下,难怪王君们也不肯承认苏联的生产方法是社会主义的生产方法了。而况王君所批评我的,却并不是从我的系统的理论上着手,而是一种只去截取几个单字的"盲天过海"的手段。可是王君还同时提出了"上层建筑与下层构造之适应性"的问题。这即出之王君的尊口,我真不知作何解释了。

关于殷代的历史,王君纵不肯相信我的见解,同时他若留心到柯瓦例夫和列哈德等人的著作和在苏联及日本的史家的新的动向,也或者不致发生那么大的误会。

最后我要提出一点意见和刻苦勤学的王君商量的:我们研究中国史,拿它和世界史作比较的研究是重要的;但在从这方面去了解历史的活的规律,并不是从这方面去"搬家"和套死"公式"。从正确的历史方法论出发,才能够正确的去利用一切史料;只注重"公式"而不去注重史料,那么所写出的仍不外是自己的脑筋,而不是活的具体的历史本身。我这点浅薄的意见,不知王先生以为如何?

一九三七,三,二三,于潭,道中

(《文化动向》第 1 卷第 3 号,1937 年 4 月 5 日)

介绍《殷周时代的中国社会》一书

景　云

著者:吕振羽先生,发行:不二书店,出版:中华民国二十五年十一月初版。

关于中国社会,在西方人看来是一个"谜",在中国人看来是一个"宝"。因为它是一个"谜",便觉得它的本身富于神秘性,于是布尔乔亚的学者称之为东方文明,比较进步的学者称之为亚细亚的社会。总之,它是和西方的社会走着截然不同的路线。因为它是一个"宝",便以为奇货可居,你和它画一个神像,他替它穿一套衣裳,而且向人作骄傲之言曰:这个宝贝是我的。这几年来,形形色色的理论,都是在这种心理下产生的。本来各持各的见解,倒不是一种罪过,问题是固执自己的成见而绝对非难人家的理论,换句话说:我的就是对的,你的全不对。

这种千奇百怪的论争,概括之,可以分作两派:第一派是马札尔的亚细亚社会的追随者,更彻底地说,是波卡诺夫的商业资本主义论的尾巴,其具体的表现,有商业资本论、过渡社会论、半封建论、合金社会论、专制主义论、前资本主义论、长期封建停滞论、佃佣社会论。关于这些理论,由于苏联历史理论清算的成功,觉得东西社会的发展,都是循着一定的路线——原始的、古代的、中世的、资本主义的、社会主义的——向前走的,即或有差别,也不过是程度上的悬殊而已,绝不会达到截然不同的结果。

第二派承认中国的社会是和西方的社会循着同样的路线,然而对于这个路线的发展的各个阶段,却有着不同的见解。以奴隶社会论,有的认为在殷代,有的认为在殷周,有的认为在秦汉,有的认为自夏至西晋以前。在这里我还要重复一句,即是论争并无害于真理,问题是要不以成见为真理就得了。

本书著者吕振羽先生,在其《史前期中国社会研究》出版时,即在自序上声明态度说:"我并不敢说凭我这点研究,就把史前期的中国社会完全正确的理解了。"本书出版,又在跋文上说道:"拙著《中国社会史》的问世,本是一种大胆的尝试,这是我累次声明过的;而且,我认为较完满的中国社会史的产生,实有期待于集团工作的必要——至少我个人至今还这样相信。"从这里的字里行间,吕先生的态度非常坦白而明了,即是他只在提供一种意见,而没有希冀成为时代的成果。

可是有一类批评家如王宜昌先生,他为坚持自己的成见,不惜出以污蔑的手段,把原则和事实混同起来。他根据一个书后广告"吕振羽君且将弟作中国奴隶社会前的封建社会之著作"(引自《思想月刊》第一卷第二期,案此文颇有语病,谅非达者所作)——而证明吕先生把封建社会摆在奴隶社会之前。即至看到后面,他又说道:"则他第一册著作后的广告,及第二册著作里的根本理论,便将打自己的嘴巴。"至于他所说的根本理论是什么呢? 他说:"其即得结论是:殷代不过是自半开化中期的社会(有误——作者),还没有发达到半开化末期的极盛时代——至多只是踏进半开化时代末期。在半开化时代末期,我固然承认它可以成就奴隶社会底初期发展(只能说发生——作者),但决不能承认它便可以把奴隶社会发展至于最高阶段,达到不过渡到封建社会便要使社会停滞而灭亡的景况。"原来,如果照吕先生的说法,则周代就是封建社会,而照王先生的说法,则西晋以后才是封建社会,如此便是把封建社会摆在奴隶社会之前而打自己的嘴巴。这未免太笑话了吧。前者是原则上的错误,后者是事实上的距离,把两者混同起来以"诬栽"人家,岂是平心之论吗!?

当然,我并不是这样一来,就承认殷代是奴隶社会而周代是封建社会。因为如王先生所说战国时代的高度文化,决不是一个初期封建社会转变时的产物。然而王先生的错误是更加严重了。他一方面承认殷代只是"半开化中期的社会,还没有发达到半开化末期的极盛时代——至多是初踏进半开化时代末期",在另一方面他又主张中国的奴隶社会从夏代到西晋以前。这真是咄咄怪事，稍有常识的人，都知道奴隶社会是文明时代的产物，是私有财产社会的最初形态。为什么还在半开化中期以前的夏代就成为奴隶社会了？这只有王先生才晓得。同样，为什么在高度文化发展以后，还不能划分一个阶段而要一直到西晋以前呢？这也只有王先生的哲学才能解释。或许有人替王先生辩护，以为他是包括发生和残存而言的，我也可以回答，中国现在到处都还有奴隶残存着，最好说现在也是奴隶社会好了。

问题还得拉回来，吕先生的这部劳作，虽然在时代的划分上我不能同意，然而就现阶段关于社会史的著作而言，它的确是值得一读的参考书。体系的谨严，参考的详博，都超过了任何一部著作。尤其是当理论的清算尚未正确，材料的提供尚极贫乏的今日，成此一部劳作，并不是一件容易的事情。小心记着：丰富的营养，才能产生健全的体魄。我们切不可学一般浅薄之流"诬栽"人家的罪名，而"菲薄"人家的劳绩。因此，我们只要吸其精华而弃其糟粕，比之那些不食烟火的神仙是要高明多多的。

（《劳动季报》第 1 卷第 11 期，1937 年 5 月）

从《殷周时代的中国社会》说到《史前期中国社会研究》

王直夫

一

吕振羽先生是我们青年史学家中的一颗巨星，是新史学体系建设的领导者。他凭着热忱真理的一颗赤心，对现实作过毫不假借的英雄的斗争；在其现实生活方式是如此；对于理论斗争，更确切的把握住了和布尔乔亚史学家，即一切新机械论、新观念论的观念论史学体系作猛烈的进攻。在谭丕模先生主编的《北平晨报·史学周刊》创刊号上，吕氏写了一篇《史学新论》，简短的数千字中，就通论了十年来中国社会史研究过程上的方法论的问题，给一切所谓"唯实主义""实验主义""经验论""机械论"及一切冒牌唯物辩证法的修正主义者，做了一个严肃的总预算，——的穷根究渊，找着了哲学上党派上的"老家"，揭破了妖艳惑人的假脸罩，一针针刺入了鬼心肠。自然，"忠言逆耳"，何况有意玩把戏，正在干着"官梦"勾当的，听了能不伤心病狂！所以吕氏《史前期中国社会研究》的"序幕"，盛岳译拉狄克《史学新动向》中吕氏序言，及《世界文化》吴泽著《中国先阶级社会史》(在付印中)吕氏序文，以及所著《殷周时代的中国社会》的跋文等等，其对于中国史学家猛烈的攻击批判与评价，那种锋刃样的字句自然寒气凛人，激起旧时代的残卒起来作无耻的反攻！

从而《史前期中国社会研究》一行世，马上就引起了一般专为"帝皇修家谱"和做"相砍书"的儒家正统老牌的史学者的不安。一连环的在南开大学《政治经济学报》及《太白》等刊物上，歪斜曲解，在方法论与苏联史学家波特卡诺夫共被指为"历史原理论者"，在史料上因吕氏对古籍的文词有重新断句处及印刷工人在排印上有句点错误处，就被指摘以为吕氏对古书无断句的能力。这本劳作放到无具史学和世界史的常识的实验主义者面前，进一步的在原来主张中国社会是从殷代开始的戴教授，自然就认吕氏加在殷代前的所谓"史前期"和什么新石器时代，当然认为"完全是糊说"；那末，吴泽氏《中国先阶级社会史·自序》中所说的一段话，在戴教授看来，那简直是"糊说又糊说"了："但是真正的严谨地运用新科学方法来系统地研究的，我们还感到不十分满意，而尤其是殷代前一部先阶级社会史……简直少人问津，即殷代社会正面研究的，也是很少很少。那末，如果人类历史是五万年的话，则史前四万五千年长长的一个古史阶段，就此让它永久'空白'不成？能无遗憾！"奇怪，谁说殷代前还有那末长的一个"古史阶段"吗？所谓"先阶级"社会正的在《尚书》《左传》《论语》《孟子》中就从来没有见过啊！中国人研究中国史，还要闲管什么"世界史"吗？中国历史从殷代开始(?)历史的开始是氏族社会；殷代所以见氏族社会？西周又什么原始封建氏族社会，秦汉三国又是奴隶社会？《政治经济学批判》宣言：亚细亚的、古代的、封建的，及近代资本主义的社会发展之相续的阶段，便也是"糊说"？什么历史一元论？什么历史科学？什么唯物辩证法史学体系，在陶希圣食货派师徒们是不愿要的。王宜昌先生提出了反对"不懂得历史科学的人读历史"，陶主师就怒恼了(详见陶希圣《中国社会史丛书刊行底缘起》全文及《中国经济》二卷十期陶希圣《读中国经济史研究专号上册以后》及《食货》半月刊陶、王论文)。吕振羽提起了研究世界史对于治中国史学的重要(《食货》某期吕振羽给陶希圣的信)，虽然并未有何直接反对文字发表，而总是闷闷不乐的。

二

一波未平，一波又起。民国二十三年，《史前期中国社会研究》在文化界所激荡的巨浪，真正高涨；而第二个浪涛《殷周时代的中国社会》，又从海底翻腾出来，吞噬旧世界，于是和戴教授、陈伯达、陶希圣等相当近缘的王宜昌先生，就不甘沉默了。在《思想月刊》第一卷第二期上写了一篇《评吕振羽的中国奴隶社会论》，内中似乎以鬼话一段为最得力了！我们佩服王先生有"妙笔生花"的天才，一段写来，笔法并不有逊于《聊斋志异》！然而，不幸被景云先生在《劳动季报》十一期《介绍〈殷周时代的中国社会〉一书》中，指摘出了一段"鬼话"的不巧妙。景云这样写道："可是有一类批评家如王宜昌先生，他为坚持自己的成见，不惜出以污蔑的手段，把原则和事实混同起来。他根据一个书后广告'吕振羽君且将弟作中国奴隶社会前的封建社会之著作'（引自《思想月刊》第一卷第二期，案此文颇有语病，谅非达者所作）——而证明吕先生把封建社会摆在奴隶社会之前。即至看到后面，他又说道：'则他第一册著作后的广告，及第二册著作里的根本理论，便将打自己的嘴巴。'至于他所说的根本理论是什么呢？他说：'其即得结论是：殷代不过是自半开化中期的社会（有误——作者）还没有发达到半开化末期的极盛时代，我固然承认它可以成就奴隶社会底初期发展（只能说发生——作者），但决不能承认它便可以把奴隶社会发展至于最高阶段，达到不过渡到封建社会便要使社会停滞而灭亡的景况。'原来，如果照吕先生的说法，则周代就是封建社会，而照王先生的说法，则西晋以后才是封建社会，如此便是把封建社会摆在奴隶社会之前而打自己的嘴巴。这未免大笑话了吧。前者是原则上的错误，后者是事实上的距离，把两者混同起来以'诬栽'人家，岂见平心之论吗！?"王先生或许是大意了吧！而且王先生这篇批评文章，只是零星的批评；重要的系统的规律的批判，态度上或许可以严谨点，不易如此"诬栽"人家；只有系统的批判，方能从"破"的工作中有所"建立"，而且可以免去读者们怀疑先生非"平心之论"；固然，批评人容易，真正的批评确实不易！不，"话鬼"那样的兜圈子说话，王先生移去了问题的重心，在文字技巧上玩弄"诬栽"，态度上会使读者对王先生的存意怀疑！

王先生的所以如此说，原因是吕振羽把殷代当作奴隶社会看待，西周便步入了初期封建社会；而王宜昌先生头脑里的中国社会发展阶段，封建社会是由西晋开始的，秦汉三国还是奴隶社会，那末前秦汉三国的吕氏底西周初期封建社会论,在王先生的公式上,便成为反卡尔主义《政治经济学批判》前述定则,和循环论者"诬栽"吕氏以"历史的封建制存在于奴隶制的阶段之前",这使吕氏怀疑"其用意如何,殊不敢'深加追究'"(跋文)。其实,王先生早就在方法论上犯了大大的错误。先先后后的把封建社会的农奴与古代奴隶社会的奴隶的本质混同了,把农奴当作了奴隶,把残存封建社会内的奴隶当作奴隶社会的奴隶,明明白白地《诗·大雅》所载"经始灵台,经之营之,庶民攻之,不日成之,经始勿亟,庶民子来"的农奴经役制度,把《尚书·多士》篇"亦惟尔多士,攸服奔走,足我多逊,尔乃尚有尔土,尔乃尚宁轩止。……尔不克敬,不啻,不有尔土,予亦致天之罚于尔躬;今尔惟时宅尔宅,继而居,尔厥有干,有事于兹洛,尔小子乃兴从尔迁",那领有自己的土地的封建农奴把《诗·硕鼠》《伐檀》"不稼不穑,胡取禾三百尘兮",及《七月流火》"我取其陈食我农人""雨我公田,遂及我私",《孟子》之"陈良之徒陈相与其弟辛,负耒耜而定之滕""农夫岂其出疆,舍其禾耜哉"……这一切的一切,都是具有自己的土地、家庭、生产工具的直接生产者,稍有自由人格的封建社会的农奴,那里是"和牛马一样的生产工具"的奴隶生产制呢!王先生的所谓"历史科学",我认为有正面研究唯物辩证法的必要;这里,尤得提矛盾的主导与隶属作用及本质与现象的法则问题;否则,巧言诡辩,徒然废纸废墨,把不住问题的核心的。王先生本身对西周秦汉三国社会性质的错误理解,而"诬栽"人家,硬把人拉进陶希圣、胡秋原、李麦麦、马扎亚尔等的"循环论""退化论",即整个的观念论阵营去,未免叫吕先生"受冤",不知王先生"用意如何"了?

　　不,还得提出的,王先生反驳吕先生殷代半开化时代末期能够"把奴隶社会发展至于最高阶段,达到不过渡到封建社会便要使社会停滞而灭亡的景况"(《思想月刊》王文),然而,王先生并未反对殷代为半开化中期社会;那末,使景云先生也为王先生发急了,认王先生主张中国夏代迄于西晋前夕奴隶制,"为什么还在半开化中期以前的夏代就成为奴隶社会了!"呢?因为奴隶制是人类社会最初阶级的形态!那末,应当在文明时代开始才是呀!其实景云先生无需大惊小怪,一切卡——伊主义之修正者,都与观念论的后门相通,他们是不懂得部分与全体、特殊与一般，以及主导与残余的诸法则的。王先生把残余在封建社会中的旧有的奴隶社会的奴隶，误认成为封建社会，把不韦、张良、嫪毐们的家僮，家内奴隶的残遗，当作了奴隶生产制的奴隶，于是乎，封建社会西周秦汉三国时主要生产者的农奴，王先生误认为奴隶社会的奴隶。更可怜的，又把不参加直接生产的家内奴隶和直接生产的奴隶社会的奴隶混同了，所以西周以至于三国都是奴隶社会了！有什么奇怪！直到现在，奴隶还残存在中国社会，主导和属隶、发生和残余法则不必要时，如有人说从夏代家内奴隶开始存在直到现在，可以划为奴隶社会，也不算奇！

　　王先生告诉我们说："我们由实际的历史走到理论的哲学。我以为哲学的抽象，而不能包括一切变异具体事实。所谓内在矛盾发展的问题，就是宇宙全体说，或某些事实是对的。宇宙只有内的矛盾发展而无外因，某些事实只有内在矛盾便能发展，但某些事实则不然。"（《史学周刊》一二八期《论封建社会的起源》）宇宙间没有孤立的东西，内的矛盾与外的矛盾是不可分离相互渗透着的，"哲学的抽象，不能包括一切变异的具体事实"，卡——伊主义者如何应用新哲学？聪敏的读者，王先生的"史学""历史科学"的基础是建筑在那里的啊？如此的方法论，产生出如上的中国社会史论也不算奇，更不算怪，一切学术思想都有他哲学的老家。

三

　　关于吕先生《史前期中国社会研究》，受国内外学术界热烈的批判注视，能在苦闷无出路的中国史学家，吸一下新鲜空气，大有重整旗鼓起来对抗之势，一开中国古史划时代的学说。从前儒家传统思想的无条件"信古"阶段，被顾颉刚、疑古（钱）玄同的"疑古派"推翻了，而掀起了一大批货真价实的布尔乔亚有闲阶级的考经据典，连连的把传说中"尧""舜""禹"大圣人，化之"乌有"，正的，似乎殷代以前的中国社会，是一个没有动物更没有人类的"大荒世界"，中国史似乎该从西周开始才是的！？于是老牌胡适之博士，《食货》派大师陶希圣等，成天的啃古书，考真伪，中国史学界大部分都停留在考据工作上，对于史学体系毫无建树，对于古史则更无置论。直待近数年来吕振羽等相继地异军突起，对疑古派及食货派等所谓"实验主义"及"机械论者"迎头痛击，开辟了等三阶段的新史学进程，虽然尚在初创中，但《史前期中国社会研究》及《殷周时代的中国社会》二书，确给中国古代史一个新的启示。青年史学家翦伯赞、谭丕模、吴泽、刘亚生诸氏，更是这一阶段上有力的生力军。吴泽氏对于殷代以前先阶级社会史，继吕氏作进一步的发挥，努力建立古史体系。因古史史料缺乏，运用神话学与地下出土物及世界史来整理古史，自然为"疑古派""食货派"等所不理解，而认为是"糊说"，为要维持其第二阶段的史学权威，就只有对《史前期中国社会研究》以污蔑无耻的反动与攻击，甚而至于有戴教授那样的老羞成怒的谩骂，王宜昌对《殷周时代的中国社会》"话鬼"态度的"诬栽"。

其实，由于他们不理解神话学的本质，由于他们不懂得辩证法，不懂得世界史，又无半点考古学的常识，自然，是不能了解所谓"史前期""新石器时期""先阶级社会"是什么东西。那末，吕氏受人攻击，在所难免，对于史料部分便成为反攻的焦点。这里，为篇幅所限，不能泛论古史方法论；这里仅就古籍真伪问题，即神话学运用的问题作一说明。

吕振羽氏在《史前期中国社会研究》中曾说："因为谁也不是疯子，便不会误神话传说能对历史作圆满说明。"所以运用神话传说的终极目的"在把不同时代的结合一起的又穿上了一件神秘外衣的神话传说各还原主"。是知吕氏不是无条件的滥用古书，只是当作副料看待的东西。在自序中说："我在这一部分的研究所根据的材料，第一为各种古籍中的神话传说式的记载，第二为仰韶各期的出土物。可说是以后者为正料，而以前者为副料的。"吴泽在"现代丛刊"《现阶段中国文化界批判》的《十年来中国社会史诸问题的批判》中说过："在无文字可作信史记载的史料，予以应用的殷及殷以前各时代，只有地下的出土物是我们唯一的宝贵的史料。这里，我们把地下出土物当作骨干、主要材料，而以神话传说文献记载作为构成此骨干四周的筋脉，与表皮看待，当作副料应用……能够生生地应用卓绝的土俗学、考古学、社会学、古生物学、人种学、语言学、神话学等等方法论和史料，化合地辩证法的分析史实的,在目前文化水准上确还不够,这只有待于吾们的努力。"至于如何辩证法地结合史料与方法论辩证法的应用,同文中有详论。

至于神话传说的本质,也并非绝无根据或张本而来的伪史实,相反,他自有其史料存在的价值的。"历史(神话传说也在内)是过去各时间人类在其社会生活上所实践的经历和累积。现实社会,便是不可知的去计算年限的远古人类祖先生活的开始,经过各种相互连续之发展下来的一个积合体。神话传说也是不同时代不同人类社会所反映的制造物。现代人去解释神话、认识神话,便把时代性和空间性结合一起,混玄了传说的原形。所以神话传说越远便越是'神秘',越是'不可思议'。……神话中所指示的社会皆景和意识物,其全部未必可信;但神话中之内在里,我们可以找出其骨髓来。在一字一句中的造句中,我们只要能真确的应用历史科学和世界史前期社会史之一发展法则,来解剖中国古代神话所蕴涵之基底的那种古代社会的意境的成分。"(《劳动学报》第八期吴泽《中国原始共产社会经济研究》)"这样应用今日世界历史科学来分析并解释证实神话,那个是后人加上的'外衣',那个是历史的原主? 便不难抽绎出来,把他重新来一个估价。"(同上)

吕氏本人在《殷周时代的中国社会》跋文中更曾提出:"但有一大部分专从考据的立场上来下批评的朋友们,大抵都指摘我对古籍的真伪不分为拙著的一大缺陷。自然,这种意见是值得尊重的。不过我认为关于中国史前史的研究,从后代文字上的取材,无论出自真书或伪书,都只有神话传说的价值;既一律当作神话传说看,当然便没有真伪之别了。"如果能真正理解神话学的本质,而当作副料看待,我是同意吴吕二氏的意见的。

至于旧石器时代,因为缺乏出土遗物作史料,在无可奈何中,为要完成中国古史体系,全部运用神话传说,"做我们古史的暂时的'假定',用为古史的'补白'",我认为是需要的。吴泽先生在《中国先阶级社会史自序》中的一段,值得注意:"在传说中'神农''黄帝'之后的新石器时代(相当于氏族共产社会时代),由于出土遗物相当具备,可以当作主要材料,而以神话传说记载为副料,故尚易于着手研究,可是传说中'神农''黄帝'前全部旧石器时代(相当于原始共产社会时代),因为旧石器出土遗物的阙如,无可奈何,暂时只有先以全部神话传说作主要史料,而严谨地抽绎出古史的原主来,立成'假定',另方面,等待地下出土物来作证明!部分的错误,甚而至于全部的被否定,我毫无半点成见,我们忧的是真理,绝对真理的认识也是一个矫正之矫正的过程而已,谁能有较接近真理的意见提供出来,这不是使我们受制于现时空间知识水准的失败的憾事,倒而是说明中国史学水准的一度提升,谁说不是该欣喜的呢?自始至终我的治学态度是如此。"至于传说人物如"黄帝""尧""舜""禹"等所与附着的社会情况之论究,吴先生也说的明白:"只是舞台剧本里张三李四或甲乙丙丁一样的假定或代名词,只见相对的一个抽象的具体而已。"那末,吕先生跋文上引关于神话传说之简短的语句,批评吕先生对古籍真伪不分的大胆应用,正是因为吕氏能严正的把握神话学之应用。短见者流存心"诬栽",那只有待决于来日史学的成果了!

在这新史学体系的初创阶段,"我(吕氏自称——胡)并不敢说凭我这点研究,就把史前期的中国社会完全正确的理解了"。(自序)《殷周时代之中国社会》跋文上也说:"拙著《中国社会史》的问世,本是一种大胆的尝试,这是我累次声明过的;而且,我认为较完满的中国社会史的产生,实有期待于集团工作的必要——至少我个人至今还这样相信。"这种态度,配合着这部劳作,我们相信,无门户之见的青年学者,是一致爱戴的。我们热望着吕先生第三、四、五册早日出版,摆出严尊的新史学体系来,不怕敌人"不投降",尽是中国社会动荡、理论的斗争,便紧紧需要。

最后,关于《殷周时代的中国社会》全文,隔日当作详细的严谨的评作;虽则大部分我是同意吕先生的,其中如"亚细亚生产方法"及殷周社会发展之规律性,拟专文详论,暂止于此了!

（《文化批判》第 4 卷第 3 期,1937 年 7 月 10 日）

马乘风《中国经济史》书评

《中国经济史》

基　夫

著者：马乘风，出版日期及地点：一九三五，五月，中国经济研究会，全书页数：五五六，定价：精装三元二角，平装二元。

基于客观事实的要求，中国社会的本质问题，在最近的八九年间，已由"不值一顾"的地位而提升到学者间争论的时髦问题了；尤其自一九二七年后中国革命的转变，一般从实际斗争生活中退回来的战士，觉悟到从前的盲从蠢动，及革命对象的模糊，以致形成了一九二七年后整个的失败。在热血蓬勃中，对中国社会本质问题了解的需要，较任何人为迫切，故当时即有一般投机取巧的冒牌学者，提出中国社会的本质问题，因各人阶级立场的不同，所得结论亦人人殊，其中尤以中国夏、商、周，以及春秋战国，直抵帝国主义侵入中国以前的长时期中国社会本质问题争论最烈。因其有辩证性在，故各人都是以自己所在立场的便宜而窃取历史的片段，藉此自圆其说。故自中国社会本质问题提出迄今，其间虽经多方的争执，仍少有科学的结论。但自《读书杂志》揭起中国社会史论战的战旗以后，经过多方的冲杀，中国社会的本质问题，虽没有具体的结论，但在没有结论之中，在客观上实较得着刻板的结论为优。盖因自此次论战以后，中国社会史的中心问题大致都已趋于一致，所剩余的枝节问题，既不关重要，且不妨可以藉此推动各人更进一步的探求，故近年来中国社会史的争论，似又趋于沉寂，这是新旧学者又回到书房里埋首研究的另一证明。

在各学者对中国社会史埋首研究的过程中，于本年五月出版了一本《中国经济史》。依作者的企图看来，大致分几本出版，现在只出了第一本。作者既非名流想亦非教授,看来是个初出茅庐的中国社会史的研究者。为欲了解中国社会的本质,而从中国经济史着手,实为正确的方法。

本书分四篇:第一篇西周时代,第二篇春秋时代,第三篇战国时代,第四篇诸家批判。站在为真理而批评的立场,略评如下:

① 西周时代。马君对这一时代性质的认识,是较郭沫若的见解为当,郭氏认西周时代为奴隶社会,实是模糊了奴隶与农奴的本质。马氏藉以往各学者研究的成果,坚决地提出西周时代为农奴社会,这是马氏的敏锐处。其次关于生产工具问题,以前郭沫若等皆认为是铁器时代,事实上铁的应用实较青铜为晚,证诸西洋古代社会亦莫不然,马君认西周时代为铜器占优势时代,倒是恰当的。

② 春秋时代。认中国社会在春秋时期已成为商业资本的国家——封建制度已崩溃的学者,都把春秋时代的工商业经济特别夸大,认春秋时期的工商业经济已和农业经济并驾齐驱,甚至有人认工商业经济已为社会经济的核心,此实为过分夸大之辞。马君认春秋时期仍以农业经济为骨干,工商业经济只有辅助的作用,确为客观的观察。当时唯一的生产手段即为土地,而土地全为贵族诸侯所占,故当时的农民是随着封建贵族的兴衰而移动,土地所有权同样和在西周时代一样,根本谈不到。

③ 战国到秦末。该时期为中国社会一大转变时期,基因于生产技术的进步,交换方式的日臻完善,阶级关系的显明,势必引起社会上层的极大纷争,但在农民的肩上却因战争的纷繁和商业资本的发达,加重了负担。

战国时期农业生产技术较前大为进步,铁制工具已能应用,翻土工具的犁亦已应用,灌溉事业已较兴盛,马君对马札亚尔认中国国家政权建立于水利灌溉之上的批评,亦颇确切。以前中国学者总认洋人之言为是,实亦大误!马君能从可靠的我国古代文献中提出证据,确是治中国社会史的好现象。基于农业的进步,工商业的发达,交易的媒介,势必由物物交换进至金属货币时代。秦国之所以能够统一天下,此亦为主要之原因。因封建制内在矛盾的发展,过去的土地氏族公有制,势必崩溃无疑,代之而兴者为土地私有制,基于土地私有,地主阶级的形成,工商业的发达,社会的寄生生活者——知识分子亦即出现,流氓无产者亦成为社会上的有力分子,秦朝的灭亡即亡于彼辈之手。农民无产者亦受彼辈之欺骗,而供其牺牲,等他们夺得政权以后,农民群众仍陷于凄惨可怜之境。

④ 诸家批判。关于批判李麦麦的部分,马君摘李君把春秋时代工商业经济的过分夸大是正确的,事实上春秋时的工商业经济不会如李君所言之甚! 至于批评孔子是否代表封建阶级,这马君似有吹毛求疵之嫌!

陶希圣是研究中国社会史的有数学者,但往往有许多莫明其妙、前后矛盾的论调出现,马君所指各节,实为陶希圣自己都感到不可磨灭的错误,证之过去陶希圣的自己清算,即可知陶君把握的不定。但马君即以此直责陶君不懂中国社会史,不免言之太苛,且背于治学精神,因为谁都是在研究的过程中啊!

其次马君对叶青和李麦麦的墨子代表阶级的估计,叶、李认墨子是代表有产阶级,反映工商业经济的要求去攻打封建贵族,更反对胡适的见解,认墨子是"创教的教主"。我们站在科学史实上观之,叶、李的见解不算太差。但马君只认墨子是代表生产者——农工的要求去反对贵族封建主的骄奢淫逸,这在整个的社会史上衡之,马君之意见与叶、李的见解只有量上的差别。

顾颉刚的《古史辨》为我国治社会史的一大文献,过去曾宣威一时,但因其过分抹杀史实,主观太重,故《古史辨》虽为治中国社会史的一大借镜,但亦因疑古太过,同样成为一部不可全信的"新伪书"了。顾君基本的错误,在于方法论上的二元所致,马君对古史的批判各点,尚属扼要而切实。但马君以孟子对许行的信奉神农不加批驳,即认神农为早有的人物,并非后人所托,实亦不见正确。

末后对王宜昌的无批判地引用古书,这确是王君近日发表文章尚有的事实,治社会史引证古书文固为必要工具,但中国古书的可靠性殊为薄弱,若一味引证不加批判地拿来应用,实有害于真理的发现。

马乘风的《中国经济史》第一册,在贫弱的中国社会史研究的今日,总算是一部比较可看的书,单以前三篇而论,大体上总算没有多大的错误,这一方面由于马君方法论的握紧,同时得力于过去几年间的论战亦复不少,总之文化是累积起来的,但马君的盛气似应稍耐!

中国经济已有四千余年之历史,迄今没有见过一篇完整的中国经济史,马君能埋头苦干从事这繁重的工作,实是可喜的事!

末后,本书值得治中国社会史者和经济史者一读,并非捧场,不过经济恐慌吃人的今日,定价似嫌过高耳!

一八三五、五、十读毕后书

王渔邨《中国社会经济史纲》书评

《中国社会经济史纲》

燕 铭

王渔邨著,生活书店印行,一九三六年七月出版,定价一元。

自郭沫若先生的《中国古代社会研究》出版以后,中国历史的研究已走上一个新的阶段。固然这部书中有些地方理论不免幼稚,此前曾被人指出过了,但是这一段"开山"的功劳,确是不可磨灭的。

《中国古代社会研究》是在一九二九年出版的。七年以来,关于中国历史问题的论文和专著虽也不少,但竟还没有一部简明该要有首有尾的中国社会发展史,给有志研究中国史的青年做一个入门的导师。比较有见解可以供青年们一读的中国史,几年以来还只是两部外国人的著作:一部是拉狄克的《中国历史之理论的分析》(又名《中国革命运动史》);一部是沙发若夫的《中国社会发展史》。这两部书的本身当然也自有它的评价,但理论方面已经发见不少谬误,在现在看来不免有些过时了。只因没有比较更好的新著继起,取以这两部书直到现在仍然要算青年的良好的中国史读物。这真是一件很大的憾事。

对于中国社会发展过程的认识,实是今日青年的一件迫切的需要。这种认识不但帮助青年们理解现实,并且更能指导青年们从如何的途程上去开展新的历史。在中国目前,这种历史的剧变当中,本书的出版实在含有最大的意义。

本书是一个不到四百面的中型读物,极适于青年们课外和业余的阅读。内容连同绪论共分七编:第一编绪论,第二编原始时代,第三编初期的封建制社会成立时代,第四编官僚主义封建制度的成立时代,第五编中古分立的封建局面的出现;第六编官僚主义封建制的发展时代;

第七编官僚主义封建制的完成及其崩溃时代。

本书的绪论分为两章：第一章简明的介绍唯物史观的基本理论，第二章对于所谓亚细亚生产方法及中国奴隶制度的两个重要问题，做了个扼要的批判，最后指出中国社会发展的途径。这几节文字给初学者以方法论的启示，是很重许的。从第二篇以下每一时期或每一重要的段落的前面，都有一节"序言"，对于下面一段供给读者以一个概念的明了，这种编制的方法是编著入门读物可以取法的。

不过，本书在理论上却有一个很大缺憾，即是对于中国秦以后的封建社会似乎还理解得不甚深刻。中国历史从秦到清这一时期，向未曾只认做是中国历史之"谜"的阶段。不过讨论到了今天，差不多都已承认它是封建社会，大约已是没有什么疑问了。至于对于这一段变态的封建社会的解释却仍有许多不同的说法。在此我也不必把诸家主张一一罗列加以批评，只单就本书而论，是近于马扎尔的"亚细亚生产方式"和专制主义的理论的混合。作者虽然在绪论中批判了马扎尔的学说，但在书中却一再说：

> 中国封建制的特征，是官僚主义的中央集权化，中央集权化的物质基础，主要虽为大规模的治水组织与灌溉制度，防御外敌的要求，亦颇有关系。（25 页）
>
> ……但中国社会之集权的官僚主义封建制度所由成立的本质要求，即主要对外防御外敌，对内施行大规模治水事业，乃恢复一般社会生产力的要求，却不但未因此受到任何改变，且反而益加吃紧了。（185 页）
>
> 中国单为防阻外敌，已经要求一种中央集权的统治。（238 页）

从上面所引的三条中，可以看到本书对于中央集权政府形成原因的解释，比马扎尔不同的仅是增加了一条"防阻外敌"。历史的发展是决定于生产基础中内在的矛盾，外敌的侵扰并不是历史的物质基础。作者虽然在有些地方也声明生产的阻害和破坏是外敌侵入的诱因（如 186 页），但在这里基本观点上已经犯了外烁论的错误了。

国家，是代表着阶级社会中的支配者的利益而产生的机关。封建社会当然也不能例外，封建社会的支配者是土地所有者，所以自秦以下历代专制政府之形成，实在既不是有什么超社会的力量，也不是有什么另外的物质基础，只是代表着当时地主阶级的利益而形成的统治机关而已。秦以后封建社会，地主与商业资本、高利贷资本相互勾结起来的，司马迁《史记》描写当时的地主"以末致财，以本守结之；以武一切，用文持之"（本＝农业，末＝商业）。这种勾结的剥削，加深的阻碍了封建社会生产力的发展，这才是中国封建社会长期停滞的根本原因。中央集权的专制政府是一种政治形态，是建筑在这种变态的封建社会基础之上的政治形态。中央集权的专制政府不是这个社会真正的主人，而地主阶级反倒专政府真正的主人。本书对于这点完全令忽略了，所以对于周代和秦以后封建社会的殊异，就不能有正确的指出：

> 周代对其领内可以榨取的农奴劳动剩余，直接让诸子功臣分别自行处理；而秦始皇则把这些农奴劳动剩余，全都收归己有，然后再由给俸形式，"以公赋税重赏赐之"，以此观之，秦之官僚主义的专制机构，与周代封建机构，同是建立于农奴生产形态上面……从而把秦代这种政治装置，称为专制的官僚主义的封建制，就没有什么说不过去了。（108 页）

忽略了封建社会地主与农民对立的本质，而把专制政府当作此期社会的惟一支配者，就不免将此期历史实际发展过程单纯化了。结果必定要过分的重视政治形态上的中央集权制，而把中央集权认为中国变态的封建社会的本质：

> 就本质不讲，中国封建制度是有甚异于欧洲封建制度的特征。就中显然而易见之点，就是中国典型的封建制，都是中央集权的官僚主义。（333 页）

本书虽然包含着这一些错误的理论，但有些分析处还是为今日一般的历史读本所没有的，如在第五编中指出商业资本的发达在封建社会中所起的作用：

> 因为在这封建局面下的全商业循环，是以庞大的物质——如

谷物、米、丝、大麻等为依据,从而现物地租,就成为商品货币关系发展的基础。以此现物地租为基础的商业循环的扩大,必然要因加强封建利润的追求,加强封建的榨取,而破坏农业发展的基础,而在此种过程上破坏农业发展基础所取的方式,则是照着以次的程序展开的。

农业劳动生产力的发达,一方面会促成商业循环的扩大,引起豪民并吞趋势的加强,同时则依着现物地租成为商品货币关系之基础的事实,使封建权力集中化,并使其由保障商人阶级利益,保障豪民利益,而显示出异常浓厚的商业性质。事实上,官僚、豪民与商人阶级为构成封建上层机构的要素,他们活动的方面虽有不同,彼此间并无绝对的分野,在某种场合下,商人变为官僚,也变为豪民;在官僚,在豪民,也是如此。(156页)

封建上层机构的要素实在即是地主,差不多就是所谓豪民。至于商人官僚……诚如所说"活动方面不同"而已,在此种复杂变化的现象中,作者失去本质的把握,于是使这段分析为不彻底。但在一般青年通俗历史读物中已是不可多得的了。又如:

由是,都市经济的兴替,主要就要看农业劳动生产力,从而农业劳动生产剩余是否增进。然而都市商业资本的封建性,或封建主义的商业性,结局必然要因商人与封建官僚的协力的榨取,使农业劳动生产力受到破坏;同时,由封建的政治设施的弛懈所引起的水灾旱灾,更会加深并扩大整个社会的不安,以致使封建的统治受到动摇。

在欧洲中世的末期,封建统治的动摇,恰好是都市获取"自由",或由封建束缚解脱的机会;但中国型的都市,却不能取得并利用这种机会;因为它不但不能成为封建主义的对立物,且反而与封建主义结有存亡休戚与共的内缘。所以中国封建王朝每溃崩一次,中国的商业,从而中国的商业都市,都必然要随着蒙受一次致命的摧毁。

这也算中国社会经济长期停滞在封建阶段的一个症结。(292页)

地主与商业资本勾结紧缩和破坏了封建社会的生产力,因而使得中国封建社会长期停滞,这种解释是十分正确而根本的。

其余如关于唐代税制的变革,及庄园的成立(第六编第三章、第四章)、中国工业进展过程(第七编第二章)的各章,都是极简明而扼要的叙述。所以本书在理论上虽然有些错误,在目前大体上仍可作一部中国历史入门的读物。

最后,在本书的例言中曾声明:"本书自第二编以下,大体是根据日本章华社出版的森谷克己氏的著《支那社会经济史》编译而成,而编者附加的意见则详见第一编中,故这里不多所赘述。"近日觅到一本森谷的原著,和本书比照一下,才知道本书除绪编一编是森谷原书所没有的外,的确自本书第二编起以下,都是依了森谷氏书编译而成的,目次之间,仅有两三处移动和删并。内容我虽没有仔细对照,大致本书译的成分总在十分之九,既然此种情形,我想作者实在应当忠实的翻译一本森谷氏的原著,自己如有意见,可作一较长的序文,做为补充。况且如要编的话,则近来早川二郎的许多论文及苏联方面对于中国历史的许多讨论都可采取,何必专据森谷氏的一本?

因为中国历史的入门书实在很少,而青年们的需要又很迫切,所以我介绍这一部书并且拉杂的陈述一些我个人对于这书的意见。

一九三六年十月二十九日

(《时代文化》第 1 卷第 1 号,1936 年 11 月 17 日)

钱亦石《中国怎样降到半殖民地》书评

《中国怎样降到半殖民地》

邹伯咏

著者:钱亦石,发行者:上海生活书店,定价:国币四角。

在今日的中华民国,名义上是一个独立国家,可是事实上乃是一个半殖民地的国家。在一个独立的国家里,怎会有那么一大串的卖身契——不平等条约呢?看吧!在我们的地图上,四围藩篱尽撤,割据的割据,租借的租借。外国的军队,可以驻扎于我们的大商埠,外轮可以航行到内地,以他们的商品,换取我们廉价的原料,以致原有的手工业都被摧残殆尽,促成农村破产。他们又有着领事裁判权,可以在中国境内,气焰万丈,无恶不作!尤其是"九一八"以来,"友邦"占领了我们一万万余方公里的土地,杀戮我们不计其数的同胞;一方面还用"走私"的手段来吸收我们最后的一点血。还有设立在全国各地的所谓特务机关,侦探我们的军情,并阴谋暴动以推翻我们的政府。还有公然贩售毒物以消灭中华民族的人种,逼我们修改教科书以奴化我们的民众。这些这些一时数也数不清,总而言之,是政治、军事、经济、文化,都操纵在帝国主义的掌握里!查遍了古今中外,再也没有像现在中国一样的国家了!这样地一个十足的半殖民地的国家,怎么还可以算作独立的国家呢?

生活在这样的一个国家里的劳苦大众,他们遭遇的悲惨是必然的。他们一年不如一年地过着悲惨的生活,所有的希望都被现实打得粉碎!他们在这种环境之下,看不出前途有没有光明,找不到可走的出路,只觉得一团漆黑。所以就很容易被一般帝国主义的代言人所欺骗,以为这是中国的命运使然,是无可反抗的,只有镇静的忍耐,埋头吃苦。他们到了苦到不能生存的时候,只得弱者死于沟壑,壮者挺而走险了。

可是我们有着四万万五千万同胞的中华民族,真的会没有出路吗?事实告诉我们:不,绝对是不! 我们有着很光明正确的出路,只是没有举国一致地去实践,才弄得国难日益严重啊!

"我们要预测未来,就得要明白过去。我们要中国跳出半殖民地,就得明白中国怎样降到半殖民地。"这是钱亦石先生在他著的一本《中国怎样降到半殖民地》序文里的话。是的,我们降到半殖民地的惨境,并不是偶然的,同时我们要证明我们的遭遇不是命运注定,也只有从"怎样降到"的历史的事实上去找。

这本书内容共分十章。从一八四〇年的鸦片战争说起,一直到去年的成都、北海事件止,把所有帝国主义侵略的经过,有系统地告诉我们。

在第一章"不堪回首话当年"里面,告诉我们在鸦片战争以前,因为我们是有五千年悠久历史的泱泱大国,虽然在封建十足的清政府下面,政治黑暗,经济落后,可是外国人还不敢大胆地来侵略,一方面清政府还是以"夷狄"看待他们。在鸦片战争以前,帝国主义想和我们通商,那时候的乾隆皇帝给英国的敕谕上曾说:"天朝物产丰盈,无所不有,原不假外夷货物以通有无。"以拒绝他们的请求。不过外患的侵略,常常总有赖于汉奸作内线来帮他们的忙。据说澳门租给葡萄牙,是都指挥黄庆受了葡萄牙人的钱,替他们向清政府讲话才租给他们的。从此就开了恶例,黄庆要算是第一个勾结西洋人的汉奸了。

在那时候虽然已开始和外人通商,可是还有许多的限制,像《防范洋商章程》里,我们可以看到处处严密地防范"洋商",和保持自己主权的尊严。

自从一八四二年鸦片战争失败,签订了丧权辱国的《南京条约》以后,庞然大国的纸老虎已被戳穿,于是强盗们就成群结队的来了。各帝国主义都来向我们侵略,结果是签订了一大堆的不平等条约。先是从一八四三年至一八七六年的卅多年里面,就有着《中英虎门条约》《中美修好条约》《中法修好条约》《中俄瑗珲条约》《中英天津条约》《中法天津条约》《中俄天津条约》《中英北京条约》《中法北京条约》《中俄北京条约》《中英芝罘条约》等。这些条约的内容,大都是割地、赔款、开放租界,以及允许他们有领事裁判权、军队驻扎权和协定关税等。帝国主义都是很聪明的,他们谁也不肯让谁独占了很多的利益,所以竟在条约上规定"利益均沾"。只要有一国新得到中国的"惠",这一群已和我们签订不平等条约的强盗,就大家"有福同享",谁都可以援例享受。

至于我们的"友邦"——日本,他侵略我们比较迟一点,可是他后来居上。自从并吞我们的朝鲜,割据我们的台湾、琉球等领土以后,到了现在竟强占我们的东三省、热河、冀东、察北等地方,还不断地进攻华北。条约方面最毒辣的有《二十一条》和最胁逼我们签订的所谓《防共协定》。

这许多领土的断送,和不平等条约的签订,大都由于战败了以后的屈服——不过《二十一条》的签订,那是完全由于袁世凯的皇帝梦在作祟——可是我们在这里就要检讨它是怎样才会失败的。

失败的重要原因:(一)政府没有一定的国策和国防。在鸦片战争以前,以"天朝"自居,轻视外人。等到战事开展,除广东一隅的林则徐有相当的国防,使英军无隙可乘外,其余沿海各地,都门户洞开,毫无准备,英军得以长驱直入,逼近京畿。于是清廷就不得不作了城下之盟!帝国主义用武力来侵略我们的时候,主战主和,都是手忙脚乱。到了中日战争失败以后,索性不准备了。(二)政府和官僚的昏庸,不顾民族利益。像李鸿章在一八九八年三月二十七日,接受了俄国的贿赂五十万两——这是俄国十月革命后从沙皇的外交档案中揭穿的——他就签订了《旅顺大连租借条约》。袁世凯为着要实现他的皇帝梦,竟不惜签订亡国的《二十一条》。还有"我军在谅山起初是失败的,后由老将冯子材应战,收回许多失地……不料前线正节节胜利,而主和派的李鸿章反在天津与法国媾和(一八八五年《中法媾和条约》),白白的把安南送掉"。例子很多,这不过略举一二而已。(三)在外患侵入的时候,即使是抵抗,也只限于一隅,让敌人各个击破。尤其可叹惜的是"政府本身既无力对外,或者不愿对外,而又不让民众抬头,甚至在民众自动起来抗战的时候(如三元里的"平英团"),政府官吏反站到敌人方面,把民众镇压下去,以博得帝国主义的谅解与欢心"。一个国家既有了这些严重的错误和罪恶,自然要一天天降到半殖民地的火坑里去了! 我们还可以说它是命运注定的吗?

我们既明了了失败的原因,就应该马上纠正以前的错误,把全国的人力、财力都团结起来,发动举国一致的抗战,以争取我们中华民族的自由解放!

在本书的第十章里,拟定了一个抗战的纲领:(一)成立全民族抗敌的最高国防机关,指挥全国军队,武装全国民,讨伐东北、冀东等傀儡组织,收回五年来被敌人占领的土地。(二)用全国军民武装的力量,驱逐敌人在中国各处的海陆空军与警察,夺回敌人在中国境内所占据或建筑的军事要塞与军事设备(如飞机场与军用铁路等)。(三)废除中×间的不平等条约与秘密协定,取消敌人在中国的一切特权(如租界、领事裁判权、内河航行权……等)。(四)封闭敌人在中国的经济侵略机关与文化侵略机关(如报纸、学校之类)。(五)没收敌人在中国的银行、工厂、公司、矿坑、铁路、轮船……等等。(六)抗战不是“排外”。凡敌国在华的侨民不参加侵略活动者,我们仍给以营业与居住的自由;凡敌人的军队、警察及傀儡组织下被胁从的军队,愿意解除武装者,我们更给以优良的待遇。(七)对一切汉奸与亲敌通敌的官僚政客,设立特别法庭,公开审判,严加惩罚。(八)释放一切政治犯,共同参加抗战工作。(九)保障全国人民有救国爱国的集会、言论、行动……等自由。(十)在“抗敌第一”的原则之下,与各友邦携手,并欢迎国际上的一切援助。最后它还特别注明这纲领是有着不可分割性的,参加抗战的人都要忠实地履行。这就是中华民族唯一的出路!

本书是用“故事体”写成的。有对话,有读书札记,有少数人的“集体研究”,有广大群众的“公开讨论”,甚至有工作报告,有会议纪录,而以“集体写作”的论文结束全书,使读者不仅明白“史实”,并且在实际活用上也多得一种参考。全书注重趣味化,所以简直像故事小说。

在这全民族抗战将发动的时候,特介绍本书,以供同胞们参考。

(《女青年》第 16 卷第 2 期,1937 年 2 月 20 日)

《中国怎样降到半殖民地》

文　彬

青年自学丛书，钱亦石著，上海生活书店发行，每册定价四角。

夏天的中午，火样的热。

醒华汗淋淋的从外面跑回来，一口气的奔进他的卧室，把头上的帽狠狠丢到床上去。

"华儿！回来了吗？"母亲从隔壁听到声响，就问。

"哦！"

"这么热的天气，一早就跑出去，成天的闹什么……"

母亲带着慈爱的口吻，唠唠叨叨的责备醒华，但这没有引起他的注意。当时，占据了他的神经中枢的却是另一个问题；那个问题使这个年纪刚刚十七岁，又活泼又热情的初中毕业生感受十分的苦恼。

上面引的便是本书在第一章开始时的文字，若果我们曾将这包含有对话、读书札记、工作报告、会议记录等等方式的"故事体"的本书读竟而发现许多关于目前民族存亡危机的严重问题讨论及其解答时，我们也许会认它真的是一本"趣味"化的故事的吧！用了极通俗的语句，几种不同的文章形式，问题材料的适当处理，在这本篇幅不冗长的小册，叙述出一般视为枯燥乏味的史实，使读者读本书时都会保持而且加增兴味与热忱，数读不厌。这是作者在本书中第一件表现成功的地方。

从上面引出过的"第一章不堪回首话当年"起始，作者用一个代表目前热心从事救亡运动的典型青年——醒华，在他"忙得'不亦乐乎'"

地做实际工作的某一天，却遇见一位"中国必亡论"的表伯，"上下古今，滔滔不绝"地责他"只知其一，不知其二"。而这套亡国论的结论便是"有人救也是亡，没有人救也是亡，中国总逃不掉亡国的厄运"，"中国是没有生路的，而是历史先生注定我们'命该如此'！"醒华以前是对于"掌故"不大留心研究的，但是因了这次吃了"亡国奴的历史观"者的败仗，碰了汉奸理论的"定命论"的钉子，于是他就开始"觉得历史知识是宝贵的"了。

他跑到那现已有九十多岁的"马家的老头子"——识途的老马——那里去，"仿佛吃败仗的战士去求救兵一样"，向老头子请教。老头子的正确的见解，丰富的阅历，对于中国必亡论是作出了有力的否定的，他对醒华，不，他是在对许多热心救亡运动的青年们，打开话匣，把中华民族的"命"重新"算"一下。这样，本书便逐渐地像步入了那引人入胜的佳丽地一样，开始保持着，增加着兴味，涉及到一些重要史实的回忆——中国怎样降到半殖民地？和几个当前最重要问题的检讨——中国能跳出半殖民地吗？

作者用醒华和老马的对谈，记述出了欧洲的资本主义者们如何受了马可·波罗的影响，而几经波折地到中国来强求通商，以及因之而发生的初期的中外关系。醒华在听了老马这次的谈话，"感到非常满足……而且改变了（他）自己的兴趣"。他现在已有了"历史癖"了，他读老头子借给他的《中国近代史》《帝国主义压迫中国史》。他读了又记札记，条分缕析地记出那"敲破中国之门"的"英帝国主义第一次用大炮轰击中国的鸦片战争"。其原因，其经过，和其结果。不消说，这里是作者善于运用文字的方式，而作趣味、警辟的记述。

接着又用醒华邀上他的"在救亡运动中"与他"很亲密"的朋友平东，一同到马家老头子那里所作的二次谈话，记出《南京条约》以后，各帝国主义对华的加紧侵略，大批不平等条约的签订，各帝国主义者当时在华的狼狈为奸，"分赃"，"斗智"，特别指明"当时的北京政府不准备抵抗，一味媚敌"，在"安内"以后，仍没有"攘外"，也决不肯"攘外"，正是"因为清廷不断的'丧权辱国'，当然'内'不能'安'；要'安内'，必须借重'外力'……所以我们最后终须不能希望清廷'攘外'的"。

"依照历史顺序",于是他们又来研究中日甲午战争。现在他们参加讨论的人增多了,采用的是集体研究的方式。他们相继地发表出他们个别的对"中日战争的原因与结果"的各个方面的考察和见解,老马也临场指导,参加了补充的见解。

现在他们轮到讨论庚子联军之役,讨论的方式换用国耻纪念群众大会了。这是醒华他们的设计,也即是作者在本书本节中的设计。这次与会群众,有大学生,有生意人,有排字工人,有教授。而纪念会的程序中,则有三个报告和上述与会群众的热烈而简短的演说,就他们自身所经验到所感触到的发表出很有力的见解,指出:"农民反帝运动的义和团","因受清廷利用,而陷入盲目排外的歧途……在《辛丑条约》签字以后,中国害上'一种慢性的亡国症',中了'一种杀人不见血的阴谋';而帝国主义对华进攻,也可以说是由'瓜分'进到'共管'。……正因为清廷继续投降,把中国弄得'一团糟',所以'有志之士'都从睡梦里醒过来,奔走革命,以救中国。孙中山先生所组织的同盟会成立于一九〇五年,便是最显明的例证。"

在中国降到半殖民地的过程中——国难史上,后于国际帝国主义武装联合进攻的八国联军之严重事件,自然就要算民四日本的进兵山东和强迫承认那足以亡我奴我而有余的毒辣的《廿一条》!也就是本书所谓"日本,这个东方的黑花脸……它利用西方帝国主义火并,便向中国下手"的"木屐儿独霸东亚",日本的对华横暴进攻,中国的汉奸袁世凯卖国降敌,中华民族经历了一个空前的生死危难的时期。作者在本节特别警告我们:袁世凯的骗取各国承认北京政府,借承认而举债,"利用外债以击破南方的国民党的革命势力",和他的"皇帝梦",他的同"友邦"勾结,以及他的"不抵抗""等待论",结果只留下一个卖国贼的头衔,只断送了中国许多主权,"使中国更降到半殖民地化的地位",而落空而失败。他要我们"必须不走袁世凯的旧路"。本节是用一个群众讨论会的工作报告的方式写出的。

此外,作者更用"九七纪念会"的记录来写"从大战结束",到"九一八前夜止"的一段时期,"睡狮从酣梦中醒了"的反帝怒潮,以及国民革命因分化而受挫,因对帝国主义让步同取消抗争而"种下了'九一八'事变的因子"的经过。

　　"中国能跳出半殖民地吗?"绝对能够!"历史是对立发展的……一方面是侵略者与卖国贼狼狈为奸,一方面是民族解放运动发扬光大"……"全世界的侵略者利害是一致的。全世界的被侵略者利害也是一致的"。在全民族大联合抗敌纲领之下,我们既不薄弱,也不孤单,胜利是有绝对的把握的。"抗战是中华民族的出路,我们应该向这条生路迈步前进!"这是作者在本书末章用"集体研究"的论文方式所作出的结论。

　　　　　　　　　　　　(《创进》新第 1 卷第 10 期,1937 年 5 月 1 日)

《中国怎样降到半殖民地》

林永正

在抗战已经进入严重阶段的今天，我来介绍这么一本书《中国怎样降到半殖民地》，也许有人以为是"不合时宜"吧！可是，事实上，诚如作者在序言里所说："我们要预测未来，就得明白过去。我们想使中国跳出半殖民地，就得明白中国怎样降到半殖民地。"这本书对于每一个献身于抗建工作的现代青年，都是值得一读的好书。

全书共分十章。以"故事"的体裁，生动流畅的笔法，把中国近百年来外交上失败的"史实"，源源本本丝毫不苟地描写出来。同时，"在形式上又尽量避免单调，有对话，有读书札记，有少数人的'集体研究'，有广大群众的'公开讨论'，还有工作报告、会议记录，而以'集体写作'的论文结束全书"。不愧为"一册通俗化、趣味化的中国近代史的成功之作"（金枫先生评语）。在这本书里，我们不仅可以获得了关于过去"史实"的一个概念，而且能够学到了种种学习的方法，来作为我们工作实践上的一种参考。因此，我敢郑重的提出了这本书，推荐给一切亲爱的读者。

在第一章到第三章里，作者正确地指出了《马可孛罗游记》对于中国影响的重大。在十六世纪的时候，它把许多的欧洲人引到中国来"观光"，因而，由于资本主义生产的发展，英国便首先以鸦片战争的姿态"敲破中国之门"，成立了中国历史上第一次丧权辱国的条约——《南京条约》。从此以后，东亚的"纸老虎"被戳破了，"强盗成群结队的来了"，十足封建的清政府，在"宁赠友邦，勿与家奴"的政策之下，便接连地订下了一大堆的不平等条约，造成了此后帝国主义者侵略中国的康庄大道！

第四章"东方的黑花脸上了台"，给予一八九四年的"中日战争的原因与结果"以详尽的阐发，并从军事、政治、经济等各方面的条件，来观察中国所以失败的原因。诚非寻常书本上所能找得到的史料。

第五章"侵略者的天罗地网"，把中日战争以后，帝俄、法、德、英、日等帝国主义在华的势力范围，以及美国对华的门户开放政策，加以各别的叙述，充分的暴露了帝国主义侵略的本质。

第六章"又一次首都沦陷"，是一段庚子八国联军之役前后经过的简史。在这一章里，作者特别指出了义和团暴动的本质，是"在帝国主义蹂躏之下挺而走险的群众"的集团暴动，而决不是所谓的"拳匪之乱"。同时，并根据于联军首领瓦德西的自供，证明了真正为"匪"作乱的，倒不是这般被称为"拳匪"的义和团，而却是那些自命为"剿匪"的"文明军队"。最后，更说明了"当时中国免于瓜分"的原因，和"逃过瓜分的危机又进到共管的危机"的中国，易于爆发革命的社会背景。

第七章"木屐儿独霸东亚"，讲述暴日利用欧洲大战的机会，和当时封建余孽的北京政府——尤其是拿承认《二十一条》来换得自己"高升"的袁世凯，互相勾结狼狈为奸的情形。从这一个历史上的教训，我们不难推想到当前的汪派奸徒妥协分子，所干的到底是怎样的勾当。

第八章到第十章，都是讲述欧洲大战以后至绥东抗战以前这一阶段内中国历史演变的情形。第八章专讲"睡狮从酣梦中醒了"以后，所引起的五四运动和国民革命军誓师北伐的经过全程。第九章则把从一九三一到一九三六这"五年来的血债"，加以一笔的总清算。从而便解决了第十章"中国能跳出半殖民地吗"的问题，阐明了"惟有全面全民族的抗战，才是中华民族唯一的生路"这句话的真理所在。

在我自己最初把这本书一口气读完的时候，觉得从前在学校里读了七八个月的中国现代史，倒反不如现在花了几点钟的工夫，印象来得深刻，意义来得更明晰些，这可说是本书的最大优点。我想，每个读过这本书的人，大概都会有同样的感觉吧！

在这里，引以为憾的，便是本书的著作时间，离开现在差不多将有三年的光景了。在这三年当中，中国的整个局面已经改观，作者热烈希望的"大家站在一条阵线上向敌人瞄准,向敌人冲锋",也已经在继续的进行了。因此本书往往不能和目前的抗战形势联系起来,不能和三年来事实的发展联系起来,作整个的更进一步的分析和论述。更不幸的是,本书的作者钱亦石先生,在八一三全面抗战以后,为着领导江南战区的战地服务工作,因而积劳成疾,竟然与世长辞了。是以,当着本书再版三版的时候,又都没有人把这些缺点补充上去。这是本书美中不足的地方。

(《现代青年》新第 1 卷第 3 期,1940 年 1 月 10 日)

《中国怎样降到半殖民地》

鲁　迅

钱亦石著，生活书店发行。

在青年自学丛书里，钱亦石先生曾经用对话的体裁写过本《产业革命讲话》，现在这一本《中国怎样降到半殖民地》，则是用小说的体裁写成的，可说是两本通俗的姊妹杰作。

我们知道，而且在我们口头也常常说着的，说我们中国是一个半殖民地半封建的国家，然而要问问它怎么会沦到这个地步的呢，能够答得出的人那就很少了。尤其奇怪的在世界任何国家中，要末是独立国，要末是殖民地附属国；在整个历史社会的发展中，要末是封建制度的存在，要末是资本主义的生产方式冲破了封建制度的堡垒，而成为资本主义的社会，而怎末能弄出两个"半"字来呢？的确，纯根据学理来说，这样的说法也许有其不合逻辑的地方，然而，如果能冷静地审察一下当前中国的社会、经济、政治以致于上层建筑的艺术、道德的客观事实，我们对于这样的说法，又不得不表示首肯。

第一点我想说明的，半殖民地半封建的形成，这两个中间是由着相因相果的作用在的。对外中国如果是个独立自主的国家，那末在内决不会形成半封建的僵弱状态，对内中国如果是一个已经冲破了封建制度的樊因，而跨进了康庄的资本主义的大道的话，那末中国又将成为一个先进的国家，也决不会被其他的国家侵凌到这么个悲惨的地步。所以明白了其中的一个，那末与他有着极大关连的另一面，也是不难道出其中的真谛的。

中国所以会走上半殖民地的道路的，在这本书里很明白的指出，那是由于从鸦片战争以来一连串列强侵略战争，以及由这些战争给予我国种种不平等条约的签订的约束。假使鸦片战争是第一次国难的话，那末，自第一次国难以后，第二次，第三次……国难都接踵而来。举其重要者则有英法联军之役（一八五八——六〇年）、中法战争（一八八四年）、中日战争（一八九四年）、八国联军之役（一九〇〇年），一直到九一八事变（一九三一年），甚至在表面上似乎与中国无关，如日俄战争（一九〇四——〇五年）与日德战争（一九一四年）之类，其实遭殃者还是"咱们贵国"。像这样充满了血迹的历史，真使我们想起来沉痛，说起来伤心。这些这些，如果我们再把它仔细来分析一下的话，我们可这样的说：从鸦片战争到八国联军，这是我国半殖民地半封建化的时代；由于当时当政者的媚外和惧外的种种条件的配合，所以从八国联军到九一八事变可说是我国的半殖民地半封建的形成和深化的时期；从一二八到七七全民抗战的这一阶段，乃是我民族觉醒、半殖民地半封建的最后阶段。由此我们可以看出，我国半殖民地半封建所以形成，外在的条件是由于列强的不断的侵略，而内在的条件也是由于过去当政者的糊涂腐败，只为个人或一个集团的利益着想，作着媚外谄外勾当，让民族国家任人宰割，于是授敌人以得陇望蜀的机会。更因为要巩固个人的政权，所以一方面尽量愚弄人民，一方面在尽量勾结外力形成内外相应的局面。这种局面的形成，于是自然而然地使我们的国家跨进了这一个不三不四的社会形式。所以本书很着重的指出，如果中国要脱出这么个桎梏，只要四万万五千万的同胞都能觉悟，都能不把对宰割我们的敌人的抗战作为投机取巧的开玩笑，那末争民族独立自由，争民权自主解放，争民生和平幸福全属有望的，而辛亥革命、五四运动、五卅运动、九一八事变、淞沪战争、长城战争、一二九所展开的全国救亡运动……这一连串历史上辉煌的先例是足可作为我们矢志的前范的。尤其经过了这次八年的抗战，这路线给我们指示得更清楚了。然而，抗战胜利以后，事实又似乎踏着历史的覆辙了，但是历史是决不会倒退的，历史给我们的经验是深刻而具体的，解脱半殖民地半封建的桎梏，由于人民的普遍的觉醒，不久就会呈现在我们的眼前的。这是本书所给与我们宝贵的启示。

《前线日报》1947 年 4 月 18 日，第 6 版）

何干之《近代中国启蒙运动史》书评

《近代中国启蒙运动史》

朱伯康

何干之著（生活）。

这是一年来中国出版界能够立得住足，值得向读者推荐的一本好书。内容的新颖，材料的丰富，编排层次的清楚，著者思想的敏锐，批评的严正勇敢，以及行文雄畅有力，都是本书的特色。全书共分七章，目次如下：一启蒙运动的意义及其社会基础，二新政派的洋务运动，三戊戌维新运动，四五四新文化运动，五新社会科学运动，六国难与新启蒙运动，七目前思想文化问题。如果我们欲了解鸦片战争以后，东西文化接触以来中国社会所起之变化，中国思想上所反应的变迁痕迹，那这一本书是最好的读物。它是一部近百年来中国文化思想史，它给我们画出一个明确的图画，活泼而清楚，使我们知道八十余年来中国文化思想发展的轮廓与趋势。全书第三章、第四章、第六章写得最好，而其中描写戊戌维新中之谭嗣同，五四运动中之李守常、吴虞、陈仲甫尤为有声有色，须眉生动。第五章关于新社会科学运动，著者则以中国社会史论战中的战士姿态而出现，旁证博引，虽材料丰富，言论正确，总不免有"少叙述，多议论"，减削了史家的风度，有美中不足之感。第七章虽为问题的综述，其实则为本书的结论，将新启蒙运动归纳于四个概念中，即爱国主义运动、自由主义运动、理性运动，及创造现代中国新文化运动是也，文笔之生动有力，以此章为最。而写得最不好的是第一章，著者对于启蒙二字的解释，似乎只是从常识从字面去求满足，并没有作过很科学的严谨的研究，对于欧洲文化史或哲学史上所叙录的启蒙时期的事实及意识形态，著者似未用来作明白清楚的参证。而对于启蒙运动的概念之广泛,如第二页所云"文艺复兴的标帜——人的解放,是启蒙运动;十八十九世纪各国唯物论者、无神论者、自然科学者,都是反封建的战士,都是启蒙运动者",甚有毛病。而第一页所云的"启蒙运动是资本主义兴起以后的产物",这句话尤有毛病,不能同意。

启蒙(Aufklarung)运动,就西洋各种著述中,尤其在文化史及哲学史中所下界说,决不如著者所说之广泛,上起文艺复兴时期而下至十八十九世纪之唯物论、无神论及自然科学者都包括在内。启蒙运动,通指文艺复兴及宗教改革以后,中世纪宗教黑暗统治衰落时期,市民阶级获得统治以前之一种思想自由运动。其期间,为介乎封建专制过渡到集权专制之时,在经济上相当于重商主义时代,为资本主义将要产生时之一个思想运动,为资本主义怀胎时期的一个产物,决不是资本主义"兴起以后"的一个产物。启蒙运动在思想上之特征,为反对迷信,反对盲从,反对武断与独断,把人类的思想从天国拖到地上,要人们很客观的认识现实,什么东西都要问"为什么",什么都要给他一个合理的"解释",提倡表疑,尊重独立批判的精神,而基本一切则必归根于理性。再具体言之,在史的发展上,此种思想运动为紧接着文艺复兴末期(十七世纪)适应着西欧各国开明专制的一种意识形态。其起也,为反迷信,反旧教,提倡所谓自然宗教即理性宗教的一种运动,其末也,则为提倡理性的一种较为普遍的思潮,应适着英法德三国之开明专制时期——在英为十七世纪下半叶十八世纪上半叶,在法为十八世纪初中叶,在德为十八世纪下半叶而止于十九世纪初叶——其代表人物,在英国为培根(F. Bacon, 1561—1621)、洛克(J. Locke, 1632—1704)、休谟(D. Hume, 1711—1776);在法国为笛卡儿(R. Descartes, 1596—1650)、孟德斯鸠(Charles de Montesquieu, 1689—1755)、服尔泰(F. M. A. Voltaire, 1694—1778)、卢骚(Jean Jacques Rousseau, 1712—1778),以及百科全书派;在德国则为莱比尼兹(G. E. Leibniz, 1646—1716)、门德尔斯崇(M. Mendelssohn, 1729—1786)、勒新(C. E. Lessing, 1729—1781),至康德(Immanuel Kant, 1725—1804)而集其大成。但十八十九世纪之一切自然科学者、无神论者、唯物论者,决不包括在内。著者在本书中对于启蒙运动之意义及历史阶段,只是磨糊其词,广泛其范围,似为一个缺点,似为美中不足,似为在再版时有修正之必要。

在中国,如著者所指出,自新政派的洋务运动中经戊戌维新运动、五四运动、新社会科学运动,以至于国难期间的各种爱国思想的运动,统可名之为启蒙运动。但启蒙运动中即又有所谓"新启蒙运动"则在科学上未免有"不十分确当"之慊。其实,维新运动、五四运动之与新社会科学运动相较,在历史时代意义上相距甚远,前者为资本主义胚胎时期的产物,后者为资本主义兴盛以后要求社会革命时期的产物。然而,在客观实践上,遑论新社会科学运动未有结果,即维新运动及五四运动中所表现之要求,至今日尚未完成;此种运动,在今日仍有继续之必要。启蒙运动这一历史任务是整个的,无须乎有新旧之分。

此处应该确实的指出,中国在经济上如果没有进步,如果没有工商业的发展,如果没有市民阶级的抬头,则中国的启蒙运动不会成为过去,封建思想不会完全肃清,而科学也永不会抬头。今日中国所确实需要的是思想上的自由解放,政治上的开明民主,经济上的重商主义的建设与发展,使中国脱离封建的与殖民地的两重桎梏,走上独立自由现代化的大道。这本书在思想上是给我们一个很好的了解的帮助。

启蒙运动在文化思想上是进化的必经阶段,在中国未曾完成,未成过去,此运动必须继续,愿大家起来:"自由研究,自由发表,自由批判,自由论争","反对束缚,反对迷信,反对盲从,反对武断,反对偶像,反对因袭,反对权威,一切要拿出理性来",以实现"思想的自由与自由的思想"。愿大家继续努力此启蒙运动,愿大家一读此书以为参考。

(《新战线》第 2 卷第 3 期,1938 年 10 月 1 日)

《中国启蒙运动史》

张 豪

何干之著,生活书店版。

资本主义的兴起,必然地要求着解放人们头颅的束缚,使人们了解为什么这样和应该怎样做的问题。启蒙运动是资本主义萌芽时期不可避免的产物。所谓启蒙运动就是"打破欺蒙,扫除蒙蔽,廓清蒙昧"的以理性为主宰的人的思想的解放运动。从愚蒙、迷信、盲从的封建制度转化到以个人的自由平等为标榜的资本主义,启蒙运动是有着它的不可泯灭的功绩的。

至于中国的启蒙运动,因为在中国资本主义生产发展的特别呆滞,和封建经济衰落的特别迟慢——这是因为中国社会的实质上是半殖民地的,所以必然演成半封建社会经济的不能立即死去,和新兴的不能及早发芽繁茂,而停滞在方生未死的过渡形态中——也就表现得特别软弱无力。何干之先生的这本书中,就是记述着在中国社会半殖民地化和半封建化这样的二个矛盾要素纵横交错的社会关系中的中国启蒙运动的发展过程。

中国的启蒙运动的发展过程,清楚地可分为五个阶段。第一阶段应该是从启蒙运动的开始鸦片烟战争(一八四○年)至一八九五年甲午中日战争的《马关条约》。这时期的启蒙运动的主潮是中学为体、西学为用的洋务运动。第二阶段则直《马关条约》起至戊戌维新运动的失败。这时期的启蒙运动的主潮是谈小康而不可谈大同,谈改良而不可谈革命,捧住一个懦怯无能的好好皇帝,以实现他们的"雄图大略"。第三阶段则为一九一九年的五四新文化运动,这时期启蒙运动的主潮是反封建、反帝国主义,拥护科学和民主,培养怀疑和评判的精神,反对伦常纲纪,反旧礼教,提倡新文学。这些都是资本主义文化的主要内容,所以这也就是资本主义文化运动。第四个阶段则为一九二五年的国民革命起的新社会科学运动,那时以新哲学为中心,以新的观点来重新估量中国社会的性质。第五个阶段则自这次国难开始,何干之先生特别把这时期的思想运动称为新启蒙运动,因为这是过去启蒙运动的综合,经历了扬弃后的启蒙运动,这时期的新启蒙运动就是文化思想上的爱国主义运动、自由主义运动、理性运动。这时期的思想文化运动是以抗敌救亡、民族解放为依归,以自由研究、自由发表、自由批判、自由讨论为前提,未发扬理性,广泛的深入的批判一切中国西洋的文化,以建立现代中国新文化的运动。并且,这新启蒙运动,打破了以前一切社会运动狭隘性,一举而解决民族的社会的两重任务,而展开一个全民族的思想解放的抗争。

"我们的新启蒙运动,是要把四万万同胞,从复古、迷信、盲徒的愚昧精神生活中唤醒起来,要使四万万同胞过着有文化、理性的光明的独立的精神生活。"

中国的新启蒙运动在发展中,启蒙运动的根本任务,在于唤醒全国同胞,怎样去认识中国社会,推动他们怎样再造中国社会。那末,有光有热的未来的光明社会该是不远了。

(《时代日报》1947 年 7 月 27 日,第 3 版)

中国现代史研究委员会
《中国现代革命运动史》书评

《中国现代革命运动史》

毛　玲

　　著作者：中国现代史研究委员会，总经售：新知书店，定价：七角。

　　记得在儿童时代，从祖母和一班老年人口中，常常听到关于"长毛"的故事，把长毛描写得特别怕人，长毛究竟是些什么人，谁也不知道，只不过有一个杀人魔王的印象。一提到这个名字，就会担心着有一种无可避免的灾难来临。春天来了，布谷在长空里婉啭着幽美的歌喉，除了大人先生们把它形容成"割麦插禾，统一山河……"这一类教训人的话而外，乡下人们又模仿成"长毛到高埠"，于是孩子们就起了一种恐慌，以为真的长毛到了，忧愁得吃不下饭去。

　　上面引了这一段故事，意思是说历史的事实，常常会被人有意无意的歪曲了！装到孩子的头脑里，变成可怕映象。在我的头脑里，长毛的映象以后虽然渐渐改变了，可是一直到我读《中国现代革命运动史》之前，还没有能对长毛下一个正确的评价。所谓"长毛"，就是指十九世纪五十年代的太平天国革命，而《中国现代革命运动史》正是从太平天国着手的。在这书中，对于太平天国革命运动的真意义是怎样解释呢？"太平天国以前的农民战争是一种带着浓厚的宗教色彩与原始暴动的特性"的反对清朝统治的行为，而太平天国则不能这样简单看待，因为"问题是中国已不是简单闭关自守的中国了"。所以"在这时候，农民战争恰成为资产阶级民主革命的序幕"。本书指出："太平天国是民族资产阶级性的农民战争。""太平天国所理想的社会是一种原始的共产主义的乌托邦。"对于太平天国所以能有十五年历史，其成功的因素以及终归失败的原因，本书都根据当时的社会背景而详细地分析和说明了。虽只简短的六节，在这里读者可能对当时前后半世纪的中国社会革命运动的全景了然了。

从太平天国到现在，将近一世纪的年月中，中国社会又经过许多变革，这中间的史实有没有被人歪曲呢？自然是有的。在这一时期前后的孩子们，对这些史实一定是模糊不清，而且有时有相反的观念！戊戌政变是什么企图，是代表什么人的幻想？有没有社会基础？义和团和八国联军是些什么企图，在怎样的环境下才产生这样的史剧而有着那样的过程？……要得到这些问题的正确答案，就必须读这本书，本书是辩证地处理了这些史料。

因为帝国主义不断地进行着大规模的经济侵略，通过银行、钱庄、当铺，通过各种经纪人（地主、商人、高利贷者）控制着中国经济的命脉。因为帝国主义的对华投资，又刺激了中国资本主义的发展。更因为清政府的封建腐败的统治，引起了全民的不满，两个营垒（革命与反革命）的对立愈益明化了，就在这种矛盾的基础上（生产力与生产关系的矛盾），促成了民族资产阶级和革命阶级的大联合，展开了辛亥革命。辛亥革命终于失败了，失败在什么地方呢？"重要原因之一，也就是因为当时革命统一战线的分裂。因为反帝意识不明确，当时以同盟会为中心的统一战线联盟仅仅是在推翻清政府的共同目标下形成的。"其余还有是第二"可以说是还没有把广大群众真正动员起来"；第三"是革命对反革命的妥协"；第四"是帝国主义者援助反革命进攻革命"。

辛亥革命失败之后，中国革命运动又开始进入新的阶段，这就是著名的"五四"的新文化运动。五四运动是怎样开展起来的呢？"跟着资本主义的发展，中国资产阶级的力量比较强大，无产阶级的力量也更加壮大了。"这样就奠下了"五四"运动的社会经济的基础。"至于五四运动的真意义，是在科学社会主义思潮开始有系统地介绍到中国来和中国知识分子内部开始了明显的分化。五四运动是反帝反封建的民族民主的群众革命运动。"尤其是反日。"同时它也是一九二五——一九二七年中国大革命前夜的启蒙运动"。

对辛亥革命和五四运动的全部经过以及它的社会基础，本书都分析得异常清楚，对于经验和教训也都清算了。

第五、六两讲是说明国共两党在半殖民地半封建的社会基础上，在中国革命过程中发生发展的成长的经过，和国共两党的合作在中国革命运动中所起的作用。最后一讲是"一九二五——一九二七年的中国大革命"，这一讲占全书篇幅二分之一，因为它愈接近于现代了，它是现代中国革命运动最精彩的一幕，同时又演出了一幕悲惨的结局。五六两讲和最后一讲构成本书的重要部分，它不但包含着光荣的历史和宝贵的教训，同时它是直接关联着现代革命运动的。

本书的特点是在它的扼要简明和观点的正确，对每一阶段的革命运动的发生、发展和结果，都有详细的分析和检讨。没有一点偏见、虚伪的成分，没有捏造事实！

（《抗建论坛》第 2 卷第 3 期，1938 年 12 月 21 日）

《中国革命运动史》

扬

近百年来，中国革命运动的中心目标——反封建和反帝——当然，形式是不一定基于反封建及反帝上的，但是，可以综合起来说，便是大众被压迫到忍无可忍底地步的时候就起来反抗了。

《中国现代革命运动史》给我们一个百年来中国革命运动史迹的总底概略。

全书分七讲：第一讲是"太平天国革命运动"，第二讲是"戊戌政变与义和团运动"，第三讲是"辛亥革命"。在这三讲中，从外国资本主义侵入中国前的中国经济政治概况，外国资本主义的正式入侵造成鸦片战争等影响，太平天国的革命运动经过与失败等说起，直至中日战争引起了中国在国际上地位的下坠而促成了戊戌政变，终至于掀起了推翻帝制，争取民主的辛亥革命的浪潮为止。

在这三讲中，我们可以看到编者对于各革命运动前的社会背景是分析得十分正确和详细的，对于各革命运动的失败及教训也很明白地说出来。

第四讲的"五四运动"，第五讲的"中国共产党的产生与中国工人运动的发展"，第六讲的"中国国民党的改组与国共合作"和最后一讲的"一九二五到二七年的中国大革命"等也都是具有良好的优点，尤其是第五、六讲的全部，和第七讲中大革命底两个阶段之发展及其失败、教训。我们现在看了，是更会知道目前抗日民族统一战线的巩固和扩大底重要性！

中国现代史研究委员会编著的这本书的精神是值得我们佩服的，

在目下孤岛上的出版界（包括一切书籍的翻版），尤其是中国革命史的书堆中，《中国现代革命运动史》是一朵奇葩！

　　一般人都感到在社会科学中，历史是最枯燥无味的一门；其实呢，我们真也不能忽视历史，尤其是革命运动史的重要性。当然，历史是不会重演的。但至少，像革命运动那样的斗争精神及其血的经验是值得我学取的！目前的中国抗战，争取解放和自由的战争，也就是一种民族革命战争，我们更应当分析过去革命运动底历史，而《中国革命运动史》是一本值得介绍的书。好吧，让我们学取以前的血底经验和明了了中国百年以来革命运动史底发展，来完成目下最大的任务——争取抗日战争的最后胜利罢！

　　　　　　　（《青年大众》第 1 卷第 5 期，1939 年 1 月 20 日）

《中国现代革命运动史》

麦　里

　　本书之能出版，还不过是几个月以前的事情，因为在过去十年间，诚然如前几期失之先生所说的，"由于'国策'的原故"，而列入禁书之类，读者也不是轻易能读到的。

　　那末，本书究竟是一部怎样的书呢？不是的，这是一部极平凡的书，里面不过叙述了一点近百年来中国勤劳大众在封建及帝国主义的重重淫威之下，起来为求生存而作的斗争。

　　斗争的开始，较能有系统地记载的是从"太平天国运动"起。太平天国在一般历史上都称为"发匪之乱"，好像是流寇之类的东西，而根本抹杀了太平军的革命性；并且更忽视了当时环境的限止——没有明确的政纲、目标，及先进政党的领导。但是本书就以准确的观点，来分析这一事变，并称之曰"资产阶级性的民主革命"，从这一点上可见本书价值之一斑了。

　　其后，便循着历史而讲述下去：戊戌政变与义和团运动、辛亥革命……在辛亥革命一章中，值得提出的是本书指出辛亥革命的失败——"辛亥革命并没有完成推翻帝国主义、肃清封建势力的革命任务，并没有开辟中国资本主义独立发展的道路，而整个中国民众，且由于北洋军阀的出卖，则依然并进一步在帝国主义的奴役下，封建势力的榨取下，度着黑暗凄惨的生活"。

　　于是"五四运动"了。"五四运动"是非常重要的，因为这是中国近代史上转变的一个机钮。由于它才启导了广大人民的觉悟，准备革命力量的团结，更产生了中央及改组国民党，所以我们可以说它为后来一九二五——二七的大革命埋下了种子。

经过了"五四运动"，中国无产阶级才开始觉悟和团结起来，便产生了"中共"。由于"中共"的领导，所以各地的工农大众，都风起云涌地向旧军阀反动势力作残酷的斗争。同时，酿成惨无人道的大屠杀，一九二三年的"二七"惨杀，便是其中的一个例子。

"二七"惨案教训了中国的无产阶级必须要参加到资产阶级的民主革命中去，同时正由于国民党的改组，便产生了中国历史上第一次的"国共合作"，于是各处革命便突飞猛进地发展了。

接着，是大革命的开始。首先是"五卅运动"，它在中国革命史上占着划时代的一页，是一九二五——二七年大革命的序幕，主要的，它使中国民众认清了各帝国主义狰狞的面目，而激起了民族觉醒，及反帝统一战线的建立，并且更进一步地推动了大革命的到来。

当时中国内部由于封建残余及帝国主义势力的尚未清除，便在"国共合作"下发动了历史上有名的北伐，但是由于资产阶级的缺乏独立性，所以至革命中途而叛变了。

虽然资产阶级是叛变了，但是假如没有中共领导机关机会主义路线的错误，大革命是不会失败的。由于路线的错误才丧失许多机会及优势，而给反动势力以重新抬头。

因之，在我认为看本书的目的是要习取革命先进者的斗争精神，来指导我们斗争的实践。

（《大美晚报》1939 年 3 月 5 日，第 8 版）

从"历史完形论"说到
《中国现代革命运动史》

子 冬

　　说起来似乎可怜，偌大一个"古文明"的中国，竟会没有一本像样点的历史书。从小学直到大学的教科书里，我们读到的就只是朝代变换，以及什么皇帝老子的"懿行盛业"。甚至把成吉思汗的征服"斡罗斯"看做中国人的光荣，实际上，"斡罗斯"倒有比中国本部先做蒙古人的奴隶的"光荣"呢。要想从这些历史书中找什么"历史发展的必然法则"，那真是连半点影子都没有了。

　　胡曼兹先生在《公论丛书》第一辑里，对于过去的许多历史书的缺点，作了一个精确而有力的批评，指出所谓"编年体""纪传体""纪年体"都这样那样地割裂了"历史的完整性"，然而可惜的是胡先生并没有说明为什么过去的史家写不出客观的历史来。

　　照我看起来，这不只是怎样处理史料的技术问题，而实在是采取什么史观的政治问题。只会捧捧皇帝老爷粗腿的"史家"，当然不会重视广大民众的动态。要让日本的代言人来写中日战史，怕不会把"皇军"的功德捧到三十三天上去？从来的"史家"把太平天国看作"洪杨之乱"，而中山先生却认定它是个民族革命运动，这当然不是偶然的。

　　惟有站在革命的阶级的立场上的人，想改造社会而不是要粉饰太平的人，才能够认识并敢于说出真理，才能把握社会发展的必然趋势，才不会"割裂历史的完整"。

　　除了这个阶级的实践以外，"客观"的标准是没有别的了。对于"人类活动之自身"的认识，却也是人类活动的结果呢，而这一点可惜正是胡先生所忽略掉的，因此他在反对"强史就我"的资鉴说的时候，就有意无意地低估了研究历史的实践的意义，而把它限制在"求知"，走进了分裂理论和实践的客观主义。

在民族革命战争中，加强对中华民族的历史的研究是非常要紧的事。日本正在修改沦陷区的历史教科书，汪贼也曾用"明末流寇"来诬蔑过游击战争。尤其严重的是有许多人至今还因为不明一九二七统一战线破裂的真实经过，因而怀疑国共合作的前途。而日本和托匪就利用了这一弱点肆行其挑拨离间的阴谋。

所以我觉得最近出版的一本《中国现代革命运动史》，是非常值得重视的。我所看到的还只是上册，分量不多，然而内容却很坚实。里面共分七讲，从太平天国、戊戌政变、义和团、辛亥革命、五四运动，讲到第一次国共合作以至一九二七大革命失败为止，对于每一个革命运动都加以科学的分析，指出了当时的经济状况，阶级力量对比，斗争的经过和结果，并估计了每个运动的意义和教训。

这本书的第一个特点就是其客观性与真实性。它是处处根据事实，而能从许多表面现象，看到事情的本质，发掘出历史发展的必然法则。它从每个时期的经济状况，看出了当时的各阶级结合和分化的形势，把每个运动，当作各阶级和集团的斗争过程来分析，因而就既非把史料随便堆在一起，也不是专述些"名人"轶事。它比任何别的历史书都重视作为历史变动的底流的下层群众的动态，在这一点上说来，它是最不破坏所谓"历史的完形"的。

这本书的又一特点，就是正因为它忠实地说明了"人类活动的本身"，所以它又是最能教给人类怎样去"活动"，也就是说最足"资鉴"的。譬如它指出从太平天国到辛亥革命，每次失败大都是因为缺乏前进的阶级的正确领导，缺乏进攻的坚决性，缺乏广大群众的发动。而一九二五——二七的大革命的所以能蓬勃一时，也正因为最革命的阶级——工人阶级及先锋队已踏上了政治舞台，国共合作统一了革命的力量，全国工农运动的发展激发了群众的积极性的缘故。这一切教训，对于目前的民族革命有着极大的意义。

尤其重要的是，它精密地分析了第一次国共合作的经过和分裂的惨痛教训,指出大革命失败的主要原因是帝国主义的阻挠,上层分子的动摇,革命发展的不平衡,革命政党指导机关的机会主义等等。我们若把当时这些情况和现在帝国主义间的分裂,敌人侵略的残酷性和战争的长期性,迫使一切阶层都非长期地团结抵抗不可,广大群众在战争中的普遍觉醒,和革命阶级及其政党的力量和经验的丰富,两相比较,优劣立见,那就决不会怀疑统一战线长期合作的光明前途了。

可惜这书在上海还只有上册,我们等待着述说一九二八——三九的下册马上能出现。

(《译报周刊》第 26 期,1939 年 4 月 13 日)

评《中国现代革命运动史》(节选)

刘　竞

　　上册，一九三八年六月出版，中国现代史研究委员会编，实价四角。

　　这的确是一件很惭愧的事情，现代中国已经有过好几次蓬蓬勃勃的革命，占了中国现代史上最可宝贵最光荣的一页，但是一直到现在，有系统的正确见解、立论公允、足以和中国的革命永垂不朽的著述，当然是不用说了，即是一本稍稍能够令人惬意的记载还是依然缺乏。《中国现代革命运动史》，不消说，是想把中国的现代革命运动，作一个有系统的记述；关于这一点，我们只要看这本书的编者，不是由于某一个人，而是由于中国现代史研究委员会的集体创造，便可以知道他们是怎样郑重其事的。

　　首先应该表示遗憾的，便是我们对于这本书的编者，无法知道究竟是出于何人的手笔。因为在原书上，我们只能看到，是由"中国现代史研究委员会编"，而这个委员会，到底那些人是委员以及委员的人数有若干，也都无法知道，从而也不能对他或他们表示敬意。其次，这本书只写了一个上册，全书到底共有几册，是上中下三册呢，还是上下二册呢，也无法知道；但是不管怎样，这本书还不能成为完全的著作，当然是毫无疑义的，因此，我们的第二个遗憾，便是没有能够读到研究委员会诸委员的心血的全部结晶。除了上述两个遗憾之外，我们还有一个遗憾——这个遗憾，倒不一定是对研究委员会诸位委员而发的——这本书虽然有它的自己的体系，但是见解却不一定正确，而立论也不十分公允，而其结果呢，也依旧不能令人惬意！

　　闲话休说，我们现在还是来谈一谈本书的内容罢。

　　这本书的编制体例，用了"讲"的名词来代替"章"，好像是演讲辞的记录，但是从全书的文句和修辞来说，却又不像演讲辞。这也算是一个小小的特点。全书上册，共分七讲。开始于太平天国革命运动，而终于一九二五——二七年的中国大革命（见全书目次）。这正所谓"以革命始，以革命终"，和原书的标题倒是名实相符的。就其内容来说，在每一讲的开端，都是先从当时经济状况说起，很明显的，这是不折不扣的唯物史观的派头，而在每一讲后面，还都加上一节，说明其失败的原因和教训（只有五四运动一讲中，没有"失败"）。在研究委员会诸公的目光中，好像中国现代的革命运动——自然，一九二五——二七年的大革命，也不能例外——没有一次是不"失败"的。虽然屡次在革命失败后获得丰富的教训，但是当屡次新的革命运动发生后，其所得的结果，还是失败。不过在这里，我们却不能不无疑义，就是本书中所谓"失败"，它的主体究竟是指什么而言？太平天国革命运动，是以太平天国为革命运动的主体，当然，它是失败了，因为掌握太平天国的政权者，都为其敌人所消灭。戊戌政变和义和团运动，前者是以康梁为发动变法的主体，后者是以义和团为主体，结果也是失败了。在前一事件中，是康梁的逃窜和新党的入狱，在后一事件中，则为义和团的消灭。辛亥革命，是以同盟会为其主体，虽然实现了一部分的目的（推翻清朝），但是仍旧为反对派所利用，而引起同盟会本身的分裂，结果也是"失败"了。但是一九二五——二七年的大革命，是以中国国民党为推动革命的主体的。由中国国民党所组成的国民政府，其寿命不仅延长到现在，而且还要延续到不可知的将来；国民党所信奉的三民主义，有些已经实现了，有些则正在着着求其实现，难道这也可以算是"失败"吗？这究竟是谁的失败呢？

　　这本书的唯一特点，便是夺取唯物史观的公式，来解释中国的现代革命运动；但是也正因为夺取唯物史观的公式，所以也发生很多的缺点。例如当叙述太平天国的失败原因时，认为最基本的原因，是当时的历史条件限制所致。"农民战争要取得胜利，要在资产阶级（如在过去法国）或无产阶级（如在俄国）领导下才有可能"（二八页）。而当时的历史条件怎样呢？"鸦片战争后,中国开始在转化为半封建半殖民地的社会,同时也在酝酿着资本主义的种子。但当时还没有新兴的资产阶级与无产阶级,还没有可能组织与形成一个资产阶级或无产阶级的政党来领导太平天国",所以"便走向失败"(同页)。这种理论,一般地说来,的确是非常动听,但是他们只是忽略了一点,这就是中国社会的特殊性。就中国全部历史来说,以农民战争的形式,而能够取得胜利的,并不是没有先例。早一点的有刘邦,迟一点的有朱元璋,在那个时候,中国的社会并不"在酝酿着资本主义的种子",而近代式的"新兴的资产阶级与无产阶级",不仅"没有可能组织与形成一个资产阶级或无产阶级"的党,连影子也没有,指导当然更谈不到。如果我们也拿"法国"或"俄国"来做例证,结论是必然的失败;但是不管农民是"落后的、保守的、散漫的、无组织的",刘邦和朱元璋的革命运动都成功了。因之,农民战争要取得胜利,"要在资产阶级或无产阶级领导下才有可能"这一前提,在中国就不十分适切。唯物辩证论的公式主义者常常说人犯了"只看见树而没有看见森林"的弊病,但是一般公式主义者,却正犯了"只看见森林而看不见树"的毛病。

其实,在这二三七页的著作当中,使我们感觉到兴趣的,毋宁是最后的三讲(第五讲——第七讲),包括中国共产党的发生、国共合作和一九二五——二七年大革命。这三讲可以说是本书最主要的部分,所以在分量上几乎占据了全书的十分之七。特别是最后的一讲,篇幅超过了开头四讲的总和。可是数量和质量,有时常常是在两个相反方向进行,譬如数量是少罢,质量不一定跟着就坏。反转来说,数量纵然多,质量也并不一定好。这本书所表现的,也是如此。所以几乎占据全书十分之七的主要部分,不仅内容的矛盾特别来得多,而对于史实的记载更有不少歪曲的地方。

中国共产的发生,一如本书所述,是基于当时的客观环境而产生的。中国当时的社会是怎样的一个社会呢？这在本书中也曾经屡屡提到是一个半殖民地半封建的社会。因为中国是"半殖民地",所以要受帝国主义的剥削;而且因为是"半封建"的,所以同时又要受封建残余(军阀)的支配。要谋中国无产阶级的解放,"必须首先经过打倒帝国主义在中国的势力和推翻军阀统治的道路,才有可能"(———页)。但是这两项任务,并不是中国无产阶级——自然也不是中国共产党的独特的任务,而是整个中华民族的任务。因之,在共产党经过"二七"事变的血腥的教训后,才明白"无产阶级的利益与中国民族的利益正是一致"(同页)。

无产阶级的利益与中国民族的利益的一致,说明了中国共产党与中国国民党的任务的同一。中国国民党斗争的方针,据说除提出了竭诚拥护"革命的三民主义"外,还有五个项目:(一)修改不平等条约;(二)实行普选制;(三)确定人民有集会、结社、言论、出版、居住、信仰之绝对自由权;(四)制定工人保护法,以改良劳动者的生活状况,改良农村组织,增进农民生活,确认妇女男子与地位的平等;(五)由国家规定土地法,使用土地法和地价法(全书一一九页)。如果拿这个纲领和第二次共产党全国代表大会所定的目标相比较,便可知道后者并不比前者更高明。这些目标如次:(一)消除内乱,打倒军阀;(二)推翻国际帝国主义的压迫;(三)工人和农人有无限制的选举权,言论、出版、集会、结社、罢工绝对自由;(四)改良工人待遇,废除丁漕等税,废除一切束缚女子的法律(一二七页)。这样的一个政纲,要是不预先在上面声明这是共产党全国代表大会所定的纲领,我敢相信没有一个人能够认定它是由共产党所定的。因为在这些纲领中,根本看不出有和国民党不同的地方。他们同样要求统一,他们同样要求民族解放;他们同样要求普选,他们更同样要求以合法的手段,改良工人、农人和妇女的生活和地位。国民党所要求的,共产党也要求,国民党所没有要求的,共产党也没有,所以不管共产党说得怎样好听,它的政纲早已丧失了独特的性质。

因为两党纲领的相似,所以国共合作,便成为必然的结果。共产党国际执委在一九二三年一月作了下述的决定:"因为中国独立的工人运动尚居薄弱,因为中国目前的中心任务是反对帝国主义及其在华代理人——中国军阀;尤其因为解决民族革命问题,直接有利于工人阶级,而现时工人阶级又尚未充分化成为完全独立的社会力量——所以共产国际执委认为年轻的中国共产党与国民党实行合作是必要的。"（一三〇页）这样，此后的共产党，便专为国民党的国民革命而努力了。

　　共产党加入国民党，为国民党的主张而共同努力，则共产党与国民党的合并，当然是理论的□结。但据此书所说，实际上"这种合并，对于国民党及民族革命事业，并无好处，而且会使国民党失了独立的诤友，使国民党失了劳动大众力量的组织者和集中者，使中国革命失了最好的舵手"（一三〇页）。不过在这里还应该加上一句，便是"将使中国丧失造成十年来纷争不断的内战的主要因素"。

　　国共合作后，中国革命运动"有着突飞猛进的发展"，当然是事实。但是隐藏在这件事实的后面，是共产党自身力量的膨大。共产党的数字，在北伐以前，由二百名增至五万名。……

　　一九二五年的大革命，不待说，是在中国国民党领导下的一个民族革命。而决定中国这次革命的性质的，则如"斯太林同志"所说："决定中国革命性质主要因素如下：（一）中国是一个半殖民地的国家，帝国主义统治着中国的财政和经济；（二）封建残余的压迫，因军阀制度及官僚之压迫而更加深重；（三）无数百万工农群众反封建官僚的压迫、反军阀制度、反帝国主义的斗争，日益增长；（四）民族资产阶级在政治上软弱无能，它依赖于帝国主义的势力，它畏惧革命运动的发展；（五）无产阶级底革命积极性日益增长，它在广大劳苦群众中间的威信日益增长；（六）中国和无产阶级专政国家相邻近。"而根据这些主要因素，却获得下列的结论，即是不管资产阶级怎样畏惧革命运动，也不管无产阶级在广大劳苦群众中间的"威信"（?）日益增长，中国大革命性质，还是"资产阶级性的民主革命"（一四七页）！

　　因为中国大革命的性质是资产阶级性的民主革命，所以共产党在大革命中，也只能占着辅助的地位。如果要想由这辅助地位转变为主要的地位，则悲剧的发生是必然不可避免的。可是本书的编者诸公，不知道他们并没有看见这一点呢，还是看见了这一点而不肯明白说出，对于"四一二"的清党运动（四一二的清党，他们称为"四一二的苦迭达"。"苦迭达"的原意，是指以武装暴动的形式夺取政权而言。当时的共产党，根本就没有执到政权，所以"迭达"也就无从"苦"起），反转来嫁祸到人家头上,说是资产阶级拘泥于"控制革命"和"夺取领导权"的狭窄胸襟所引起的。其实,当时的领导权,毫无疑义的,是握在国民党的手里;而国民党的成分,则又如"斯太林同志"所说是"四大阶级同盟"(《论反对派》),所以拘泥于"控制革命"和"夺取领导权"的狭窄胸襟的,却正是当时中国共产党自身!

在北伐过程中,正表现了国共合作的"互相帮助,互相发展","国共合作是互利,历史正是这样做了的;而这种互利,正是有利于中国革命,有利于中国民族"。反之,反对国共合作,其企图"不仅在加害于共产党,而也正是加害于国民党,同时也就是加害于中国民族"(一八八页)。可是这应该由谁来负责呢?

第一是帝国主义者,因为帝国主义者正是"反对国共合作"而又"反对国共互利"的(同页);第二是反革命派,这派包括资产阶级、陈独秀机会主义和托洛斯基主义者。资产阶级的罪名,"是缺乏政治的沉着与远见,不幸上了帝国主义者的挑拨离间诡计的圈套",把敌人和友人混淆不清,同时又拘泥于"控制革命"和"夺取领导权"的狭窄胸襟(一八四页)。陈独秀机会主义的罪名,是空喊"过火"口号,"事先既完全解除了革命的警戒,事后又完全解除了真正的革命准备,这就是他罪恶的继续"(一八七页)。而"帮助了反革命阴谋的实现"(二〇三页)。托洛斯基主义者的罪名,是主张上海工人要采取决死的战斗,这又正是"斯太林同志"所说的一样,"反对派不懂得在不顺利的条件之下,要是不避免(要是可以避免的时候)决死的战斗,这就等于帮助革命的敌人"(一八七页)。这样一来,破坏国共合作的责任,一下子就推得干干净净。我不晓得研究委员会的诸公的籍贯,但是看他们的锐利的笔锋,倒有点似于过去绍兴师爷的笔调。但是事实上呢? 正如在上面所说过的一样,是应该由那时候的共产党自身来负的。中国大革命的性质,如"斯太林同志"所说,是资产阶级性的民主革命。要是研究委员会诸君承认"斯太林同志"的话是不错的,那末他的结论是如下:在资产阶级性的民主革命中,我们几时看见过无产阶级乃至共产党曾经发生过领导的作用? 在竭力主张"历史条件的限制"为最基本原因的理论家身上,忽然要想打破历史条件的限制,其最后的遭遇,当然是不可救药的失败。

总之，在中国大革命中，共产党运动的失败，如果借他们的一句话来说，就是当时历史条件的限制所致。这在国共合作的时候，共产国际执委已经明明指出中国独立的工人运动尚居薄弱，不能成为完全独立的社会力量。国民党和共产党的合作，是在一九二四年一月以后，而国民革命军的北伐，则在一九二六年七月，在这两年半中间，即使工人运动像鸟飞一样的进展，总还没有"成为完全独立的社会力量"。要使没有成为完全独立的社会力量，来担任完全独立的社会任务，而希冀其获得成功，简直是完全一种空想，和所谓科学的马克思主义，其相去岂可以道里计？

本书的编著者，对于各次的现代中国革命运动的失败，都还能够探求失败的客观的原因，可是对于中国共产党的失败，却不肯寻求这"最基本的原因"，拼命把责任推到人家身上。如本书的编著者，认为共产党的失败，是陈独秀机会主义者领导得不好，"斯太林同志"则又认为是托洛斯基派认识的错误。但是在反托洛斯基的毛泽东同志领导底下的"革命运动"，又是怎样呢？其实他们自己也明明知道中国客观的环境，不适宜于中国共产党的发展（这在上面所引述的"斯太林同志"及共产国际的指示，都已认清这一点），但是他们却不肯死心踏地放弃"控制革命，夺取领导权"的"狭窄胸襟"，硬要和"历史条件的限制"作斗争，想摧毁这"四大阶级同盟"的政权，而在"半殖民地半封建"的古老社会中，树立起镰刀和斧头的鲜红的旗帜，但历史条件的无情的发展，却硬和他们的理论相背驰，演成一出令人啼笑皆非的悲喜剧？

一九二五——二七年中国大革命的"失败"，并不是革命的失败，而是中国共产党的失败，是中国共产党忽视了历史条件的限制的"失败"。这一"失败"，虽然含有极丰富的教训，但人类有时到底还带点健忘的特性，昨天虽然因火烫燕了手，而今天却又不自觉地把手接近在鲜红的火烙上。现在，中华民族要想脱离"帝国主义"的羁缚的要求是更加强烈了，需要国共的合作也更加迫切了，万一有人忽视了这个特殊的客观情势，而想自作聪明的在统一抗日的烟幕底下，掩蔽自己的"夺取领导权"

的"狭窄胸襟",则将来所能引起的唯一的结果,便是要比中国现代革命运动中任何一次都要来得更大更严重的失败。这是我们读完这本书所得唯一的教训。

(《时代精神》第 1 卷第 2 期,1939 年 9 月 10 日)

评《中国现代革命运动史》(节选)

宗　明

　　《中国现代革命运动史》上册，是中共的中国现代史研究委员会所编，民国二十八年(一九三八)出版，上起太平天国革命运动，下迄一九二五——二七年的大革命。据说还有下册，用油印印出，因为有许多地方不便公开，所以未曾发行于外，我所见的只有上册，就把上册评论一下。

　　本书编者是共产党人，共产党对于历史，是采唯物史观的观点的，本书当然不能例外。就我看来，经济当然是对历史有重大影响的，但经济条件并不能决定历史，决定历史的是政治、经济、地理，乃至心理各种因素。本书因为是采取唯物史观，所以对太平天国失败的检讨，首先就说：太平天国失败"最基本的原因是当时历史条件的限制所致。鸦片战争后，中国开始在转化为半封建半殖民地的社会……但当时还没有新兴的资产阶级与无产阶级，还没有可能组织与形成一个资产阶级或无产阶级的政党来领导太平天国，而农民则在基本上还是落后的、保守的、散漫的、无组织的，农民战争要取得胜利，要在资产阶级或无产阶级领导下才有可能，农民要彻底解放，则唯有在无产阶级的领导下才能达到。当时历史条件的限制就使太平天国没有那样一个革命阶级与政党领导而走向失败"。这不是历史夙命论吗？关于太平天国失败的真原因，孙中山先生在《太平天国战史》说得最好："满清窃国二百余年，明遗老之流风遗韵，荡然无存，士大夫又久处异族笼络压抑之下，习与相忘，廉耻道丧，莫此为甚。虽以罗、曾、左、郭号称学者，终不明春秋大义，日陷于以汉攻汉之策，太平天国遂底于亡。"章太炎先生谓："洪氏以夏人挞建夷,不修德政而暴戮是闻,又扩张神教以铁干之。"可以为孙中山先生前说补充,中共的批评完全荒谬。

关于民十六年中国国民党清党一事,本书把他叫做大革命的失败,抄录中国共产党六次大会指出大革命失败的原因如下:"一、中国革命的主要敌人,帝国主义,是一切反动力量的组织者支配者,帝国主义利用自己政治上经济上的威力,对于民族资产阶级做些小小的让步,威逼利诱的分裂民族联合战线,用贿买军阀的旧方法,用武力的炮舰政策压迫革命,实行经济封锁,利用自己的强大威力(银行、公司、军舰、军队等)——造成阻碍中国革命发展和胜利的最严重困难之一。""二,民族资产阶级背叛革命的联合战线,资产阶级在革命的初期是参加革命的,这一事实早已伏下它必然要退出革命战线的叛变,民族资产阶级的叛变,暂时削弱了革命的势力而加强了反革命的联盟。"这就是说,中国国民党是代表资产阶级的政党,清党事件之发生,是中国国民党受了帝国主义威胁利诱,投降了帝国主义,所以背叛革命,破坏革命,这又是假托唯物论调,欺人自欺之谈。……中国国民党是革命的政党,他的组成是各阶层的前进分子,绝非资产阶级政党,他之取得政权,是数十年流血革命得来,并非资本家予以经济援助,他之政策,自然不受资产阶级的影响,他之革命,是与帝国主义利益根本相冲突的,自无投降帝国主义之理,亦无其事。

编著历史,自然难免错误,但编者无论如何,是想减少错误的,中共编著这书,却有意歪曲史事,欺骗世人,这是最不可饶恕的地方。举例如下:

一,该书六四页说:"兴中会与同盟会纲领虽则都同样地表现了自己痛切当时列强的环伺,国势的阽危,对于救亡图存,大声疾呼,但也有其共同缺点,就是两者都没有明确提出反帝的具体主张,没有明确将反帝当作一个斗争的任务。"略读历史的人,都知道兴中会成立地点是在檀香山,同盟会成立地点是在东京,都是在帝国主义领土以内,那时候革命党人如果明确的提出反帝国主义,革命党不是举世无立足之地吗?共产党人不应不思虑及此。

二,该书八五——八六页叙说五四运动,称"李大钊、鲁迅、吴虞——这些人实是当时最猛进最优秀的代表。陈独秀虽是因《新青年》的编辑而得到了大名,但思想上究竟不如他们深刻,而且随处表现了悲观主义,毁诬民意,在哲学上,陈独秀正表现了自己是一个标本的二元论者。"对于陈独秀很有贬词,实际陈独秀在五四时代,对新文化运动影响之大,为李大钊、鲁迅、吴虞诸人所望尘莫及,谁不知道,连《毛泽东自传》也说:"我和陈独秀第一次相见在北京,当我在北大的时候,他给我的影响,也许比那里任何人所给我的都大。""我第二次赴沪时,我曾和陈独秀讨论我所读过的马克思主义书籍,陈本人信仰的坚定不移,在这时,也许是我一生极重要的时期,给我以深刻的印象。"郑学稼先生因此很感慨的说:"所以我常感觉毛泽东氏要比他的部下较有政治良心些。"实则各有原因,《毛泽东自传》出版之时,陈独秀还在狱中,抬高陈独秀没有甚么关系,《中国现代革命运动史》出版之时,陈独秀已经出狱,而且不答应中共邀请,重回该党,犯有托派嫌疑,怎么不大肆攻击呢?

三,该书一〇〇页说:"一次大会原拟讨论:(一)中国共产党宣言,(二)中国共产党章程,(三)劳动运动问题。后因各种关系,中共宣言没有讨论(原来起草之宣言,会后以小册形式印发)……"那有第一次大会不讨论宣言,而在会后竟以小册子形式印发,这其中必有不可告人之隐,该书是这样含胡的说,实在是有意掩饰。

四,关于中国国民党联俄容共一事,最重要的文献是民国十二年一月二十六日中山先生与苏俄代表越飞联合发表的《孙越宣言》,其内容大概如下:(一)孙先生认共产组织及苏维埃制度,均不能引用于中国,越飞亦经同意。(二)孙先生认为中国最紧要之问题,为完成统一,取得完全自由独立资格,越飞承认苏俄对此点,能热烈为实际的帮助。(三)越飞重行向孙先生声明一九二〇年十月之对华宣言,并连同抛弃中东铁路合同,更切实的实践宣言原则,重新开始改约谈判,但孙先生承认在条约改订未完成前,苏俄得保持中东铁路原状。(四)越飞向孙先生担保,苏俄决不要外蒙与中国分立,但孙先生承认在中国政府未有力量来管外蒙前,苏俄军队暂不撤退。此时孙先生因满意苏俄的态度,遂接受中国共产党徒加入国民党的要求,同时李大钊亦声明以个人资格加入国民党,服从三民主义,遵守国民党党章,参加国民革命,绝对非想将国民党化为共产党。今该书对于孙越宣言和李大钊在中国国民党第一次全国代表大会席上声明之词,一字不提,单独□录中山先生致蒋介石先生的信:"今日革命非学俄国不可……我党今后之革命,非以俄为师,断无成就。"遂断定"孙中山先生认为中国革命必须是俄派之革命",岂不是歪曲事实。

五,民十五年国民革命军出师北伐,中共奉第三国际之命,竭力加以阻挠。黄伟涵著《中国共产党之发展及其没落》,言之甚详,该书一六八页竟将此事,完全推诿于陈独秀个人。它说:"一九二六年七月国民革命军的北伐是完全正确的。中国共产党就是当时北伐的最有力的主动者。……但当时陈独秀个人却反对北伐,违反中共中央的决定,在《向导周报》上发表《论北伐》一文,对于时局有了很错误的估计,对于北伐采取消极的态度。显然的,这是陈独秀右倾机会主义思想表现的一方面,是完全错误的。"陈独秀是中共当时家长式的领袖,《向导周报》是中共中央的机关刊物,难道竟然和中共中央决定相违背吗? 显然是嫁罪之词。

六,该书一六五页说:"经过这次事变(按指民十五年三月二十日事变)共产党及左倾革命青年,就退出了国民革命军第一军。但这对于革命没有好处,对于国民党也没有好处。因为第一次第二次东征之后,业已证明了共产主义青年军官在战斗中出生入死的勇敢,国民革命军就是由他们的帮助,克服大敌的;而且他们的退出,事实上大大地削弱了自己的战斗力,这是在后来北伐中王柏龄所统率的第一军作战的经过所明白证实了的。"又在一六九页说:"凡是这种影响的程度特别强大的(按指共产党的影响),则其战绩必特别出人头地;如国民革命军第四军,这是众所周知有战斗力的'铁军';第二军、第六军在广东时,本来是没有赫赫之名的,但在后来北伐中,其战绩却有特别的记录(当时第二军政治部主任是共产党员李富春,第六军的政治部主任,是老同盟会员后来又是共产党员的林祖涵),转向革命的第八军,在后来北伐进行中,也特别表现了战斗力,这些都正是因为急进的革命影响在那里加强而获得的。"这就是说国民革命军北伐时的所向无敌,完全是受共产党在军队所起的影响,果如所云,何应钦所率的第一军,由粤而闽而浙,李宗仁所率的第七军,在赣,在皖,在苏,均著卓越战绩,又是受谁的影响? 民十七年完成北伐,也难道是共产党的功劳,真是夸大已极。

七、该书一九六页说:"武汉上层分子从动摇到变节的明显表现, 便是所谓发现第三国际'破坏'国民党之决议案(由罗易交与汪精卫 看)。所谓阴谋,就是:第一,实行土地革命,从下而上、从上而下的来没 收与分配土地。第二,消灭不可靠的将领,武装两万共产党员,加上从 两湖挑选的五万工农分子,组织新军队。第三,改造国民党,使国民党 成为群众的组织。如果当时第三国际真的有这样主张,也不过是完全 为着革命的利益,为着革命的需要,为着国民党的巩固与发展,这是青 天白日堂堂正正的希望和主张,并非所谓阴谋。"据当时报纸所载,罗易 出示汪精卫之第三国际执委第七次全会决议,主要者有下列六项:(一) 土地革命不要政府下令,而先领导自发之没收土地运动。(二)在国民 党中央增加新领袖代替老领袖。(三)改造国民党组织。(四)消灭国民 党中不可靠之将领。(五)武装两万共产党员及五万工农分子。(六)工 农军的土地不没收。该书将六项改为三项,辞句亦有变更,又为闪烁之 辞,认为如果真有这样的决议,也是为革命利益,为国民党的巩固与发 展,不算阴谋。直到今日,中共真还不知道这事的有或无吗?

……其余无心之错,如该书一七页谓"朱九畴倡上帝会,洪秀全与 冯云山往师事之",诸如此类,不可胜数,恕我不举了。

毛泽东在延安干部会上讲《改造我们的学习》,提出三项意见,其第 二项是"对于中国近百年史,聚集人材,分工合作研究"。我的意思,应 该修正如下:"对于中国近百年史,聚集人材,分工合作制造。"这一本 书,才是□□。

(《文化导报》第 6 卷第 3、4 期合刊,1944 年 10 月 30 日)

钱亦石《中国外交史》书评

《中国外交史》

金　枫

钱亦石著，生活书店发行，二十七年九月初版。

我想一定有不少的读者，曾经读过钱亦石先生著的《中国怎样降到半殖民地》，那是一册通俗化、趣味化的中国近代史的成功作。从那册书里，不仅会使读者知道近百年中中国在外交上许多失败的"史实"，并且可以使读者获得种种学习的方法。凡是读过那册书的人，是不会忘记钱先生那种生动流畅的叙述，以及使你非要一口气将它读完不肯放手的那种吸引力！

不幸的很，钱先生于"八一三"全面抗战发动以后，因领导江南战区的战地服务及宣传工作，由于劳碌过度，以致染疾逝世了。所以要在这里介绍的这本《中国外交史》，已是钱先生的遗著之一。

《中国外交史》和《中国怎样降到半殖民地》比较起来，它是一种系统的分析的中高级的读物。内容分八章，除第一章绪论外，以下将中国的外交史分为七个时期：(一)国际资本主义前期中的中国外交，(二)资本主义侵入中国时期的外交，(三)帝国主义初期的中国外交，(四)世界大战中的中国外交，(五)全国民众觉醒中的中国外交，(六)国民革命胜利后的中国外交，(七)世界经济危机中的中国外交，全书共约十万言。

中国从明代(十五世纪)起始和外人发生通商的关系以来，经过了"闭关自守"，"丧权辱国"，"以夷制夷"，"革命外交"，"依赖国际"几个阶段的变迁，一直到现在，都是处在被侵略被宰割的地位，没有主动的外交可言。五四时代和北伐时代的外交，也只不过是我国民众和当时的政府对帝国主义侵略政策的一种反抗，还是谈不到主动的外交政策的。

这四百多年来中国外交所以失败的原因,一般人所晓得的,是清政府和北京政府时代政治的黑暗和窳败,没有明确的政纲和政策,因此外交没有依据;同时由于一班当政者的昏庸苟且,不懂得怎样去运用外交来保障人民的权益,反而给人民留下许多的耻辱。

钱先生在这本书中所指示给我们的却是另一方面,他说中国的所以被侵略被宰割,是由于帝国主义政策的发展。自从十八世纪产业革命以后,于是产生了资本主义。资本主义的国家,因为大量生产和资本集中的原故,商品的生产量大大的增加,而国内人民的购买力却大大的减低,为推销它的商品,都争先恐后的向海外寻找市场。当资本主义的商品最初运销到中国来的时候,曾经中国"拒而不纳",但资本主义对于这块肥美的市场,绝不甘心放弃,在资本主义发展过程中,也绝不能放弃,因为资本主义必须向着将世界市场分割完竣这一阶段走的,所以资本主义在遭受中国"闭关"的拒绝以后,它们的办法就是用枪炮击开中国的门户,然后挟其商品汹涌而入,在南京、北京、芝罘、中法等次条约中都有开放某某等地为通商口岸的条文,这就是很明显的事实。资本主义发展到帝国主义的阶段,它对外的侵略更进了一步,帝国主义所需要的不仅是能够销售商品的市场,而且需要能够大量投资的地方,换句话说,帝国主义不仅是商品输出,而且是资本输出。殖民地的交通、运输、工业、开矿、垦殖种种的建设生产事业,都由帝国主义借给资本来经营,帝国主义并且可以在殖民地开设银行,以操纵该地的金融,像这类的实例在中国也是举不胜举的。最后由于各帝国主义间经济上的争逐,而引起了政治上的斗争,因此各帝国主义对中国就产生了两种矛盾的外交方式,即所谓"门户开放"与"门罗主义",前者是各帝国主义企图瓜分中国,后者是某一帝国主义企图独占中国,这就是帝国主义侵略下中国外交的特点。全书根据世界经济的背境,对于帝国主义整个的政策作全面的观察,从资本主义的发展过程中,从帝国主义间及帝国主义与中国间的相互关系中,去把握我们研究的中心——中国外交问题,就是这本书的最大特色。它绝然不是其他记载着一堆史料的史书所能比拟,是可以想见的。

抗战期中如何可以在国际间进行适当的外交,以获得各国对我的同情与援助，使国际形势更有利于我，使我们的抗战获得胜利，这个问题太过重要了。"外交是潜在的战争"，如果我国的外交能和抗战军事方面取得适当的配合，足以促成我国抗战胜利的早日实现，也是毫无疑问的。从武汉撤退，广州失守以后，我国是处在非常艰难的境遇中，但出于意料之外的，最近在外交上我国却获得了胜利，就是中美、中英信用借款的成立。这次胜利的获得，当然大部分是由于我们自身的努力，坚持抗战，但敌人的狂妄言行，各国在中国利益的破坏有以促成，这一原因也是不可忽略的。敌首相近卫在十一月三日明治节的演说中声明所谓"东亚是东亚人的东亚"，最近敌外首有田一再声明九国公约无效，近卫亦声明要建立"东亚新秩序"，英美要求开放长江航运，亦迟迟得不到敌人的允许，敌人并在各沦陷区指使伪组织禁止非日货进口。以上这许多事实所表现的就是日本帝国主义要将其他各国，尤其是英美两国排斥出中国以外，而由它独霸，实现它的"东亚门罗主义"。目前这种局势正就是前面所说帝国主义各国对中国外交矛盾的尖锐化。我们应该怎样根据目前的情势，继续中美、中英信用借款成立的胜利，在外交上给我们的敌人以严重的打击呢？

我们要对于抗战现阶段的外交问题有深切了解，对于过去外交史实的本源和变迁先要彻底的明了，《中国外交史》恰是能够满足这样要求的一本好书。

（《读书月报》第 1 卷第 1 期，1939 年 2 月 1 日）

《中国外交史》

孟　琨

钱亦石著，卅六年上海生活书店，基价七元五角。

在这一书第一章"绪论"的第一节"外交史的内容"中，除了先指出"史，应是一种科学，使我们了解过去，了解过去某一类事实的因果关系，以至对于目前这类事实，能有更有把握的认识，更有计划的处理……"外，复指出外交史的实质，他说："外交史要讲什么？它决不应讲些历来外交上许许多多琐屑事情，应该讲的是历来外交政策的变迁，这种变迁的根据和其得失。我们知道，外交，并不是它自身能够单独存在的东西，它只是某一种政治系统之下，在邦交关系上运用一种手段来完成这个政治任务的策略。如果要离开政策来讲外交，就决无外交可言，勉强要讲，也只是些无意义的外交故事，不能成为外交史。"这一段话，是在稀有的中国外交史书籍中最简洁地阐述到外交和外交史的警语，也可看出本书所以异于其余外交史的地方。简洁，尤其是本书的一些特质。

中国的正式有外交，该是明末清初的事，但那时是片面的，这是近代史的开头，也是中国外交史的正文的序幕。本书就从这时期入手。这书的分期是按照国际社会阶段的进展而分的，因为中国的外交亦就是相应着各国的经济发展和顿折而起的。除"绪论"外共有七章，略分为这么七个时期："国际资本主义前期中的中国外交"，自最初的欧人来华叙至尼布楚条约与恰克图条约；"资本主义侵入期的中国外交"，自鸦片战争叙至伊犁条约，这二者是中国根本未懂得什么是外交的时代；"帝国主义初期的中国外交"，自各国在华已划有势力范围起，经过美国"开放门户"的呼喊，义和团事变，日俄战争，叙至辛亥革命前后；"世界大战中的中国外交",此系指首次欧战而言;"全国民众觉醒中的中国外交",自五四运动叙至初期的革命军北伐,是中国外交的转捩段;"国民革命胜利后的中国外交",自济南惨案叙至收回威海卫;"世界经济危机中的中国外交",自万宝山事件叙至抗战前夕。在这末期,作者因参加抗战而牺牲,所以留下了空白,不过这也是目前所有中国外交史的空白。全书文字通俗,文笔流利、生动、有趣、多例、深刻。

在这书的前段,作者指出中国历来的外交过程有"深闭固拒","洋人有如天人","以毒攻毒",和"革命外交"四步骤;关于弱国是否有外交,作者提出"中国在开始和他国发生外交关系时是赫然一个强国……","我们看到许多弱国确有很好的外交","弱国需要外交的地方才更大更多"等三点理由以为反驳;至于研究中国外交史的方法与意义,作者亦有明智的启发;此外,作者复不止一次地讲到中国外交史的规迹只是受外国帝国主义的发展所派生等等,那是其他外交史书中不大涉及的原则问题,值得勾出来推荐、介绍和表扬。

(《中央日报》1947 年 11 月 23 日,第 10 版)

钱亦石《中国政治史讲话》书评

读了钱著《中国政治史讲话》以后

赵　荇

　　读完《中国政治史讲话》所立刻引起的感想就是目前在中国有更加深刻地解释和介绍历史唯物论的必要。在中国历史的研究中，正确的方法论还是一个首要的问题。

　　钱亦石先生批评了熊得山、周谷城、陶希圣、郭沫若、杨东莼、李季等人以后，把他自己关于中国社会史分期的见解提了出来：

　　　　（一）原始共产社会——伏羲以前
　　　　（二）氏族社会——从伏羲到殷末
　　　　（三）封建社会——从西周到满清时的鸦片战争
　　　　（四）帝国主义统治下的半封建社会——从鸦片战争到现在

这里有两点值得讨论：第一，原始共产社会和氏族社会是不是两个不同的社会经济形态，是不是社会发展史上两个独立的时期？钱先生的答复是肯定的，他引用了氏族社会研究专家瓦列夫斯基的话："氏族社会在本质上是以氏族为单位的一种社会组织，是原始共产社会崩溃之后，生产经济代替了采集经济的一种新的社会形式。"但是许多历史唯物论的书籍都认为氏族社会只是原始共产社会的一个阶段，原始共产社会经过几个阶段：氏族社会以前的社会、氏族社会、农村公社。农村公社是原始社会的最后阶段，也就是从无阶级社会到阶级社会的过渡阶段。氏族社会以前固然是原始共产社会，氏族社会也是原始共产社会，因为这一切时代的基础都是"劳动者和生产手段之原始的统一"（《剩余价值论》）的缘故。考瓦列夫斯基见解的不妥当是很明显的，他认为氏族社会不是原始共产社会,是存在于原始共产社会崩溃以后,他区别前者为生产经济而后者为采集经济。瓦氏没有从生产方法的不同来区别各个社会经济形态。钱先生把这意见应用到中国社会史的分期上,自然也是不妥当的。

第二,钱先生认为中国历史根本没有一个奴隶社会的阶段。(钱著二〇页)其实,任何民族的历史都经过奴隶社会的阶段,只要它没有被敌人所消灭。七八年前,有人严厉地批评过胡秋原分中国社会史为十阶段论,因为他不根据历史唯物论的结论,胡乱来划分中国社会的时期。原始共产社会、奴隶社会、封建社会等是每个民族所必然经过的连续诸阶段,不会多一个,也不会少一个。(本文不可能详细阐述历史唯物论理论,引证东西洋各国的历史,更不可能详细论证中国奴隶社会的存在。在这里,只要提出这样一点意见,即假如紧紧把握住"人们适应着一定发展阶段而形成生产关系"这个论调,则在原始社会崩溃时的生产力,怎么能够发达到产生封建制度的程度呢?封建制度的产生需要以奴隶制时更高度的生产力为前提,这在原始社会的阶段中无论如何是产生不出来的。农村公社的分化只能产生奴隶主与奴隶的对立,而绝不能发生封建主与农民的对立。钱先生对这一问题的见解,也是值得商榷的。)

上面二点,都不是什么特出的意见,都是很平凡的见解,苏联社会科学界老早就进行过这种论争,并有了结论,国内也有人介绍过。

钱先生在中国社会科学上的功绩是谁也不能否认的,他的造诣也很少有人能赶得上,这本书的写成,恐怕还是很早,以致有上述的毛病。我们在读本书时是应该注意到的。

(《读书月报》第 1 卷第 11 期,1940 年 1 月 1 日)

《中国政治史讲话》

克 俭

钱亦石著,生活书店发行。

我们读钱先生这本未完成的遗著,要从他所贡献于新史学的方面来看,而不是当作中国政治史的唯一可读之书。

有几处,新史学的现阶段的研究,已经超过了本书的成就。列举如下:

(1)钱先生否认中国社会发展史上有奴隶制阶段,而现在,无论中国奴隶制的特点和起迄年代还争论未决,新史学界除极少的人外,已认奴隶制阶段的存在。

(2)关于亚细亚生产方法问题在苏联和在中国都不能说得到了最后的解决。或者,更确当的说,这个问题的最后解决的门已经打开了(斯大林的《论辩证唯物论与历史唯物论》,未曾把亚细亚生产方法作为一种独立的或特殊的生产方法),但具体的答案还没有定论。钱先生在这个问题上是受杜博洛夫斯基的影响的,而现在杜氏之说已被清算过了。

(3)沙发诺夫的见解也在本书有显著的影响,而沙氏在今日也是大家都知道其错误了。

这是较为重要的地方,但我们须知本书写于八九年前,不足为怪。倘钱先生今日而尚健在,这种地方一定会修正的。

我们所要说的本书贡献于新史学的方面,可以概举为下列几点:

(1)两汉以后,我国历史似乎走上“循环式”的轨道,兜了几个圈子。钱先生指出这是一种错误看法,两汉以后的中国社会是在曲折中不断前进的。而朝代更替的政治风暴，实未曾毁坏握住社会经济命脉的地主的统治地位。

（2）断定秦的政权不是依靠"商业资本阶级"的，汉的政权也决不是"农民政权"。秦汉以来的政权都是地主阶级的。所谓"重农抑商"，不是防止商人剥削农民，而是防止商人进攻地主。

（3）抨击了某些学者说科举制度有"破除阶级的大功"，而指出这制度只将极少数攀龙附凤的士大夫提拔到统治机关里去，把政权的阶级性稍为掩饰一下。

（4）秦汉以来，皇帝、封君、外戚、宦官及拥有武力的大臣，固然都是统治机关里的主要人物，他们之间的矛盾斗争，造成了许多内乱。

（5）内乱的中国，自不能抵御外族的入侵，结果是人民更倒霉。本书解释南朝之所以被北朝征服，经济较发展者反被经济落后者征服，是由于异族统治下的北方农民得到了相当的休养生息，足供驱使。

（6）此外，如对于尧舜禅让、夏禹治水、伊尹放太甲、井田制度、周召共和、秦之统一、王莽变法等问题所发表的见解，以今日新史学已达到的水准来看，固然多少应修正或补充，但其批评过去的历史家之处仍是有光辉的。

本书是讲义体裁，叙述求其简要。或者也因此，关于农民战争诸问题，只作了大概的观察。而农民的失败，仅以势力散漫、缺乏粮食、内部分化、统治阶级之勾结外力数语说明，似亦不足。

（《读书与出版》复第 6 期，1946 年 10 月 1 日）

评《中国政治史讲话》

鲍文生

作者钱亦石，三十五年八月胜利后第一版。

一

中国历史之成为科学，以科学的方法来研究，不过是最近二十年的事。五四运动后，科学的历史观随同西欧其他新思潮，一并被介绍到中国来，但是一直到北伐之后，革命形式转入新阶段，由于对中国社会性质需要更进一步的了解，开始了对中国历史研究的兴趣。这期间，继中国社会性质论战，而有中国史论战，之后整个中国史成了广泛研究的课题，获得了新的发展。

一开始便与旧史学不同，研究的目的不在说明或考证，而是要寻求历史发展的规律，以之指导行动，因之，和专门在文物典章中兜圈子的旧史家不同，其研究方法是着重于理论。这样把历史从玄学的掌握，拖回到现实的尘世上，但是缺点也就在这里，没有事实根据的理论成了空谈。一个"亚细亚生产方法"有的以为是指"原始社会"，有的以为是指"古代社会"，有的则以为是亚洲所独有的，每种说法只引证一部分对他有利的史实来说明。从理论反对旧史学，以"原始、古代、封建、资本"这套公式否定"上古、中古、近代、现代"，容易被旧史家嘲为空谈的。

这在中国历史科学的研究过程是不可免的。这期间的理论工作正如同清代的考据学其本身不能建树历史体系一样，都是给后来的研究打下基础。抗战以来，中国学术界痛感理论之空洞，要求"学术中国化",打倒公式八股,一切实事求是。中国历史的研究在这个要求下,走上了新的途径,在颠沛困厄中克服过去的倾向,逐渐建立起新的历史体系。但是,距离正确和完善仍然很远,许多缺点仍待克服。钱亦石先生所著《中国政治史讲话》写于战前,但是在目前的出版界中还是一本新书,因此提出来予以检讨,也许不无价值。

钱先生牺牲于抗战,这本书止写到隋唐,是一部不能完成的著作了。名称虽是"中国政治史",对于决定政治的经济基础,作者曾以相当大的篇幅申说其发展过程,其中对汉代以前的夏殷周秦的论述几占全书的三分之二。我们检讨的范围,因此也不限于政治。

二

依据经济内容,作者对于政治史的分期有如下的见解:

（一）原始社会——伏羲以前为无政治制度时期

（二）氏族社会——伏羲到殷末为氏族政治制度时期

（三）封建社会——西周到鸦片战争为封建政治制度时期

（四）帝国主义统治下的半封建社会——鸦片战争到现在为帝国主义支配中国政治时期

这里便存在两个问题:（一）氏族社会的本质是什么? 能否在封建社会之前,原始社会之后,成一独立阶段? 而所谓氏族社会的政治制度又是什么?（二）夏殷王朝本质如何? 为什么也是属于氏族政治的时代?

作者根据考瓦列夫斯基的意见:"氏族社会在本质上是以氏族为单位的一种社会组织,是原始共产社会崩溃之后,生产经济代替了采集经济的一种新的社会形式",而确认氏族社会是社会发展史上的独立阶段。因为,这时期的经济内容,新石器代替了旧石器,驯养牲畜、栽培植物代替了简单的渔猎,随后"剩余生产物之日多,私有财产便跟着出现……到了这一步,氏族社会便走上末日"。如作者所说,原始社会的特征是生产工具公有,没有个人的私有财产,以需要为目的之生产和共同生产共同分配;但是,在氏族社会里主要的生产工具——土地,也仍是公有的,分配的方式和原始社会一样,也是"绝无剥削人的现象"。冒然以氏族社会在生产工具上较原始社会进步,以生产经济代替采集经济之不同,而断定两者的截然不同是不正确的。因为社会史的分期应该以人与生产工具结合的方式为标准,譬如封建社会与资本主义社会之不同,在于前者是以农奴的生产为基础,而后者则是工厂制度下出卖劳动力的工人了。封建社会下有领主经济与地主经济之分,资本主义社会中有自由竞争与垄断统制之不同,但是他们的基础仍然没有变动。因此,氏族社会与原始社会一样,分配与生产是统一的,在社会史的分期上,应该属于同一范畴。

在"绝无剥削"的社会中,不可能有阶级的分化。作者既然肯定政治是"支配阶级强制被支配阶级的武器",可是却从不存在阶级对立的社会中,抽出了所谓"氏族政治制度时期",这种自相矛盾的说法,正是没有看清政治制度与社会制度、阶级支配者与生产指导者的不同。作者"断定从伏羲到帝喾,确已进到氏族政治制度的初期",但是,典籍上的记载"养牺牲以充庖厨,故曰庖牺","斫木为耜,揉木为耒,耒耜之用,以教万人,始教耕,故号神农氏",黄帝也不过是衣裳、舟楫、杵臼、弧矢、宫室等之发明者;后来尧的"茅茨土阶",舜的"耕历山,渔雷泽,陶河滨,作什器于寿丘",禹的"尽力乎沟洫";而且尧时有研营种之木的弃,敬授民时的羲和,舜命后稷播时百谷、教民稼穑等等,都不出生产指导者的范围,谈不到政治的。

凭空把政治放入氏族社会,其实是不得已的,因为作者给氏族社会拖上一个太长的尾巴。夏殷时代,阶级分裂业已形成,从甲骨文、《易卦爻辞》和《书·盘庚》各篇中可以看有天子、帝、王、公、侯、大人、卿史、巫、邦伯、吏等高高在上,从事直接生产者则是小人、臣、牧臣、耤臣、臧、仆、奴、宰、奚、童、妾等等;所谓彘奴、人方牧、土方牧、臣吕方、邘奴,正是以战俘为奴隶;"旅即次,怀其资,得童仆"是说明奴隶可以买卖,荀子说刑名从商,韩非子说商代法律,街上弃灰者斩手,法律和酷刑已经存在;再听盘庚所说"乃有不吉不迪,颠越不恭,暂遇奸宄,我乃劓殄灭之,无遗育","古我先后既劳,乃祖乃父,汝共作我畜民"。所有这些和作者认为氏族社会的优点是"没有军队、宪兵、警察、没有贵族、国王、总督、知事或法官,没有监狱,又没有诉讼……一切都是自由平等的,妇女亦在自由平等之列。此时尚无奴隶,也无压迫其他部落的事情发生"等等,恰恰相反,而作者却把夏殷时代算做氏族社会,于是只好划出一个"氏族社会政治制度时期"来。

从夏代才开始的子承父业,兄终弟继的家天下制,对于所谓氏族政治也是一个极端不利的反证。作者勉强解释的结果,竟说夏殷虽是世袭,尧舜禹也是世袭,只不过"一是氏族世袭,一是父子世袭"而已,其根据是在《史记》的三代世袭表中找到的,在该表中,尧舜也好,禹启也好,原来都是黄帝的子孙。姑不论按该表,尧是黄帝的玄孙,舜是七代孙,如何能同时,禹比舜大四辈又如何能承继,即作者自己说过的"在氏族政治制度之下,酋长是由各氏族选举,已成根深蒂固的习惯。尧舜当然不可违反这种习惯而自便其私",也不能同意这种氏族世袭论。另外,作者认为夏代"在农业相当发展的基础上,便成立了父系氏族制度,在父系氏族制度的基础上便成立了父子相承制度"。那么,夏代以前的母系氏族制度中又焉能祖孙或孙祖相承继呢!

世袭制代替了禅让制,也就是私有财产破坏了氏族公社的社会制度。有扈氏反对启破坏旧制,有扈战败,启罚他做牧奴,《淮南子·齐俗训》也说"昔有扈氏为义而亡"。至于启,乃至他以后的子孙,《墨子·非乐》说"启乃淫溢康乐,野于饮食,将将铭苋,磬以力,湛浊于酒,渝食于野,万舞翼翼,章闻于大,天用弗式",《楚辞》的《离骚》也有"启《九辩》与《九歌》兮,夏康娱以自纵,不顾难以图后兮,五子用失乎家巷。羿淫游以佚畋兮,又好射夫封狐;固乱流其鲜终兮,浞又贪夫厥家,浇身被服强圉兮,纵欲而不忍;日康娱而自忘兮,厥首用夫颠陨",再加上夏桀、殷纣之虐政,其腐化情形岂不正是阶级统治者的写照!

氏族社会之破灭,国家之形成正是在启的时候,战国以前的典籍,从不称夏禹,止称禹;开始居大夏的是启,子孙虽然迁居,仍沿用夏的名称,这种区别,表示两人属于不同的时代。

夏殷时代开始祭天,讲到天帝、上帝、天命,这和氏族社会中每一氏族是一个独立单位而有的万物有灵的拜物教,截然不同。作者拉出了陶希圣的说法:"天与祖在商族的信仰上谁重谁轻?我疑以为商族是重祖的",而牵强解释为"氏族社会末期,已开'祭天'之端",但在国家成立之前,不只有了统一的宗教思想,而且有了统一宗教崇拜的仪式,是根本讲不通的。

钱先生说:"在私有财产已经发生,阶级制度已有萌芽之后,氏族公有制与民族平等制便宣告破产,封建制度便成了新时代的主人,国家这个怪东西便活跃于历史舞台之上。"否认中国历史上有过奴隶社会的存在,把夏殷千余年的历史□到氏族社会里面去,于是就无一是处了。

三

周之能够灭商,我们不能只从周的本身寻找原因。商末,其周围的异族如庸、蜀、羌、髳、微、卢、彭、濮等不堪商的压迫,纷纷反叛,三分天下只余其一。在武王起师伐纣时不期而"会盟津者八百诸侯"。奴隶国家的统治者以对外的军事胜利夺取战败国的人民为奴隶,从事生产,但其本身腐化,对奴隶剥削加剧的结果,削弱了对外征服的能力。我们看到《周书·武成》篇记述商周一战:"既戊午,师逾孟津,癸亥,陈于商郊,俟天休命。甲子昧爽,受率其旅若林,会于牧野,罔有敌于我师!前徒倒戈,攻于后以北,血流漂杵,一戎衣,天下大定。"这样一战而天下大定,"前徒倒戈"的关系很大,这正是商的军队中的奴隶背叛,不然,七十万大军不会只有一个多月便溃散的。

奴隶经济的前提是劳动能有剩余,以供统治的榨取。但是当时的生产力所能提供的剩余劳动相当有限,把人民当做牛马来使用才能维持统治者的荒淫。这固然比原始社会杀戮战俘、老人较为进步,但奴隶的死亡率仍相当大,威胁生产的进行。因此,一当生产力发展到某一程度而奴隶来源也显得枯竭的时候,农奴制必然产生。就是以土地分给奴隶,人民本身不再是其主人的生产工具,获得了半独立的人格,只以劳动的一部分或生产的一部分供献给土地所有者。这是农奴制代替奴隶制的根源,也是周灭商后以封建制立国的原因。

钱先生说"商周间变革之剧烈,其原动力自然由于生产技术之不同,商代本是金石并用时期,而周代即进到青铜器极盛时期",又考证武王以前"周这个部落的经济情形,比商已进一步",这个结论自然不错,但纯以生产技术和经济情形来解释,仍不足说明商周间转变的历史内容的。

商业资本只是一种交换关系,并不代表一种生产关系,因之也不能建立自己的政权,但其作用,不只是腐蚀自然经济,加强封建剥削。譬如秦初"一法度衡石丈尺,车同轨,书同文""为驰道于天下,东穷燕齐,南极吴楚",正是反映了商业资本对于政权所要求的。钱先生只看到商鞅之重农抑商"发诸尝逋亡人,赘婿,贾人,略取陆梁地",把商人与罪犯同等看待,便认为"商人在政治上是卑卑不足道的",实际上这只是片面的看法。

说秦代的政权是建筑在商业资本上自然不正确,但是钱先生以为是"建筑在土地资本上"也还是没有把握得历史的本质。商业资本是封建经济下的必然产物,其对于政权的要求,也透过封建的统治集团而得到发展。吕不韦出身商人而为丞相是最好的说明。重农抑商政策实施的结果,农民负担反而加重,"秦田租口赋盐铁之利二十倍于官,或耕豪民之田,见税十五"(《文献通考》),商业也益形发达。因为抑商的内容并非摧残商业,只是压迫小商人,剥削小商人而独占商业利润,这一点也恰是大商人的要求。

这种情形到汉代更形明显,盐铁国营的政策是通过东郭咸阳(齐之大盐商)、孔仅(南阳大冶)、桑弘羊(洛阳贾人子)之流而实施,因此"除故盐铁家富者为吏,吏道益杂不选而多贾人",钱先生说这是武帝"破格任用",其实,这恰是极其自然的发展。在汉代钱先生又看见有所谓"抑商政策",于是又断言"商人在政治上是失势的",可是,钱先生在分析西汉的对外政策时说过:"政治的统一,经济的进展,不能不向国外扩大市场。扩大市场的要求,即是汉代击匈奴,通西域,开西南夷的根本动力。"那么,这种政治经济的发展如果不是指商业资本,又如何解释?

两汉以后,六朝隋唐间,一乱一治,钱先生并不以历史的循环论为满足,说"在'循环式'的过程中,能够窥见一些前进的'轨迹'",但是中国封建社会为什么自西周至鸦片战争一直延长了三千年,而鸦片战争后封建残余仍没有根除? 钱先生根据战乱之际"生民道尽,或死于干戈,或毙于饥馑,其幸而自存者盖十五焉"(《魏书·食货志》),说"其幸而自存者十分之五,便是那遗脱的富贵之人"。这样说来,好像农民暴动或异族入侵独对这十分之五特别优待!既使由此而得出"社会经济原素的结构未受破坏之证",再加上"窥见一些前进的轨迹"的说法,用以反驳循环论尚可,对于中国封建社会之迟滞则根本不能理解。

问题是在于秦汉以来,大地主、大商人和大官僚已形成三位一体的统治集团,共同压榨农民,也共同剥削小商人。但是,他们攫取的所得只供他们淫荡和挥霍,尤其因为商业资本没有形成单一的经济力量,不能由控制手工业生产而转化为工业的生产资本,因此原始的资本积累便不能完成。其次邻近的异民族一概是野蛮而落后的,当其侵入中原的时候,有的尚处于氏族社会,让中原的肥沃农田长起草来,给他们放牛牧马,其对于生产力的破坏影响了封建经济的发展。另外,以土地集中、民不堪命为内容的农民暴动和军阀混战所招致的大叛乱,生产因之停顿,人口也因之锐减,但土地问题却因此而和缓下来,新王朝在旧王朝的废墟上,也得以建立起相类的政权。

钱先生不理解商人与地主合流,说抑商"是防止商人进攻地主",说北朝"似乎在某一时期已回复到自然经济",《隋书·食货志》也载有"魏初至于太和(文帝年号),钱货无所周流",又说"南朝亦有与此相类的情形",但是却不曾说明是什么原因使然的。

在政治上,如同商业经济之依附封建经济,中央集权也并不排除地方政权之相当独立性。秦始皇的努力没有能够阻止六国后代复燃,汉初七国之乱正是地方政权尾大不掉。中央与地方之争在封建社会中便一再的以不同形式出现。但如钱先生所说,汉初七国乱后,削弱诸侯封地,"迄于东汉'光武既定天下,未尝有尽王子弟以镇服天下之意。盖是时封建之实已亡,尺土一民,皆自上制之'(《文献通考·封建门》)","封君在经济上既与地主相冲突,复受商人的蚕食,正在没落中",对于之后六朝隋唐之"军阀更迭主政",只得归因于"黄巾贼"扰乱后,汉室为收拾残局起见,派九卿出任州牧,这样一来,就播下了军阀的种子。或"司马炎由军阀升为天子,惩魏氏孤立之弊,大封宗室,子弟为王者二十余人,令诸侯皆得'选吏''置军'",这种解释是流于主观,而且庸俗了。

四

历史上的人物是体现其时代的主流,站在自己的立场上创造历史,有相当的能动性,对历史的进展有加速或延迟的作用。但是,钱先生对历史人物的关切比一本普通的历史教科书还要贫乏。张骞、班超之通西域固有当时的经济背景,他们本身的努力也不可忽视。而对于历史人物的分析,也不能以其出身背景一概而论。汉代太学生干政,李膺、陈藩等危言深论,不隐豪强,反对宦官祸国,而终为宦官所捕杀,这正是士大夫威武不能屈的劲节。旧史家以人的主观意愿说明一切,固然不对,但是抹杀了人为的作用,而且说太学生反对宦官的目的,不过是为了铲除"仕进"前途的障碍物……以谋自己的"官运亨通",则也不能算公正。

历史固然以经济为基础,但是经济的发展只是规定历史发展趋势的主导原因,其他人为的、民族的、地理的条件同样不能忽略。譬如,论及周之代商,秦灭六国,只是归因到周秦经济之较为发达,对于南北朝时落后异族的嚣张,只好引证普力汉诺夫的话"生产力发展在低度的时候,在经济发展不同的民族之间(如游牧民族与定居的农业民族),其武装的差异,并不如经济发展达于高度者为大。加之,经济发展的进程,使某一民族的性质受了特殊的影响,减缩其战斗力,常常不能抵抗经济落后而惯于战争的敌人。这即是常常看到和平的务农的民族为善战的民族所征服之故"来为自己解脱。但是,这和钱先生对周秦之论据,恰恰矛盾,这正是企图以经济概括全部史实的危机。

科学方法让我们一切从事实着手,如果以科学方法玩弄历史,以抽象的历史理论代替历史,把历史事实填空白式的纳入公式里,结果,历史本身也抽象化了,而且必然是自相矛盾的。

一部未完成的巨著

——《中国政治史讲话》读后

胡膺东

钱亦石著，生活书店版。

对于中国政治史的研究，能够具有先进的观点的著作，坊间不易多觏，钱亦石先生这部《中国政治史讲话》的上半部遗作，可说是一部珍贵的作品，惜乎造物者不假钱先生予天年，当他在未完成这书的下半部的时候，便病故于抗战期中了，这不能不说是中国学术界的一大损失。

钱先生这本《中国政治史讲话》的特色，是在于他能运用社会经济史的基本观点，来解剖中国社会的政治的、精神的生活过程。他认为"所谓政治生活不过是上层建筑中之一种，而为生产关系所决定的东西"，因此政治史的定义，并不是把历史看作死的事实，而应该把它看作"研究政治生活发展的过程，从支配阶级与被支配阶级五花八门的政治斗争中，将求其因果关系的科学"。钱先生从社会变革的动力——生产力和生产关系的冲突引起经济基础的变动，引起上层建筑（包括政治在内）的变革，而看中国社会的政治生活的演变过程，这方法是够科学够正确的。

"手工磨机给我们以封建王公统治的社会，而蒸汽磨机则给我们以工业资本来统治的社会"（见《哲学之贫困》），可见政治的形态是决定于经济结构的。本着这一贯的社会科学的路线，来观察中国社会史的演变，当然是比较一般俗流的看法显得不同了。其次关于中国社会史的分期，钱先生列举了熊得山、周谷城、陶希圣、郭沫若、杨东莼、李季等种种代表意见，分别予以批判地介绍，同时更说出他自己的分期法，他以

为必需把氏族社会看成社会经济发展史上的一个独立时期,所以钱先生的分期顺序是:

　　(一)原始共产社会——伏羲前,为无政治制度时期

　　(二)伏羲到殷末(氏族社会),为氏族政治制度时期

　　(三)封建社会——从西周到清代鸦片战争,为封建政治制度时期

　　(四)帝国主义统治下的半封建社会——从鸦片战争到现在,为帝国主义支配中国政治时期

综合钱先生以上的分期法,我们可以极清楚地看到钱先生的意见:第一,他是强调氏族社会(从伏羲到殷末)的独立性的,这意见跟郭沫若、杨东莼的奴隶社会的看法不同;第二,他认为中国社会目前已进到资本制一点,表示不够正确,因为在目前中国经济结构中,虽有资本主义成分,但一般说来还不是正式的资本主义生产方法,而只能说是帝国主义统治下的半封建社会。我们对钱先生的看法虽不能完全同意,但是他的认真面对现实的拘谨的眼光,是值得我们注意的。本来,中国社会的分期,各执一词,俱言之成理,直到现在似乎还没有一个确切的答案,那么钱先生的分期法,还是值得我们保留研究的。

　　《中国政治史讲话》在整个研究方法上说,它是运用着唯物辩证的观点的。普遍地说来,中国政治史上几千年来农民反抗地主的暴动,便是支配阶级与被支配阶级血肉相搏的悲剧,而新旧制度的否定,更足以说明中国政治上的大小变迁史。如果我们再进一步研究这长长的历史过程,那末这由渐变到突变的必然性也会相应而体现的。

　　本书分六章,第一章是绪论,第二章讲无政治制度时期,对原始社会的经济形式与生产关系、社会思想予以史的剖白,由于古代史料的贫乏,只有间接的史料可资考证;第三章是氏族政治制度时期,在这一章中,钱先生把氏族政治制度的实例、优点予以科学的介绍,同时更说明了夏禹治水问题并不是中国历史研究的锁钥,以及致力于氏族政治的地盘与异族斗争等的记述;第四章封建政治制度时期是写从周代生产技术所体现的西周封建政治的矛盾发展到秦的统治政策与农民暴动为

止;第五章则写西汉地主经济及政制的矛盾展开,到王莽变法与太学生干政,以至于赤眉黄巾之乱;第六章则写六朝隋唐的社会经济,三国两晋、南北朝以及六朝隋唐的政治组织、科举制度,隋唐末叶的农民暴动、黄巢之乱为止。

中国政治史的资料是汗牛充栋,浩如烟海,够得我们去发掘和探索,钱先生这本《中国政治史讲话》的上册,在观点与方法上可以是正确的,如果我们再进而看它的内容及见解的精湛卓越的地方,更觉得这一位社会历史科学家,确实是用过极大的苦功的。总之,这是一□社会科学研究者必需阅读的好书,它可以帮助我们了解中国社会的政治经济形态,更可以给吾人对于现实的社会政治问题的看法,予科学的借鉴。谨以钱先生这本宝贵的遗作《中国政治史讲话》上册介绍给有志于研究社会科学的读者们。

(《前线日报》1948 年 10 月 26 日,第 4 版)

华岗《中国民族解放运动史》书评

评《中国民族解放运动史》

周光岐

华岗编著，鸡鸣书店，民国二十九年八月初版，民国三十五年三月三版。

《中国民族解放运动史》系由《中国大革命史》（春耕书局印行）改编扩充而成的。

本书共分为三卷，第一卷中包括了一篇三万余言的绪论，以及鸦片战争、太平天国、中法战争与甲午战争、戊戌政变与义和团运动、辛亥革命、五四运动诸篇。第二卷是专讲述一九二五年至二七年的大革命，其中分为十章：民族解放的生力军——现代工人运动的发轫、国民党改组与第一次国共合作、掀起中国大革命高潮的五卅运动、从五卅运动到北伐、北伐战争的胜利与收回汉口九江租界、上海起义与"四一二"惨变，武汉的革命与反革命、广州起义与中国民族运动解放的新旗帜、一九二五年至二七年中国大革命的总结。以上两卷已经出版，在街坊书铺里都能买得到的，第三卷包括大革命以后到抗战为止，这卷至今尚未刊出。

从以上的编制方面来看，这本书所研究的范围不是广义的中国民族运动或种族革命史，而是近百年来中国民族解放运动史。从鸦片战争以后中国民族解放的史实给以忠实的记载和扼要的分析，指出这些运动的根源、特征和教训，以便对于当前抗战建国大业有所借镜和帮助。我们能在这部书中看出中国在这一百年来，国际资本主义如何来吸吮中国人民的膏血，同时这部书中又看出中国在这一百年来，如何来争取民族的解放和自由。如果详细读完这部书，真会使人引起无限的愤怒和兴奋。

这部书有许多地方是值得注意的:

（一）它把中国民族解放运动与中国内部的社会解放运动联系在一起,这是相当有意义的看法。的确,中国民族解放运动与社会解放是不能分开。如果没有民族革命战争的胜利,固然谈不上社会解放。但,如果没有社会解放的实现,要消灭民族的压迫是不可能的事。因为一部民族的斗争史,也就是一部阶级斗争史,这真理在苏联已经证实了。对于中国民族解放运动如此的看法,可说是本书特点之一。

（二）它把中国民族解放运动放在世界殖民地半殖民地解放运动中来观察。的确,中国民族解放运动是不能脱离世界殖民地半殖民地解放运动而孤立,它是世界殖民地半殖民地解放运动的一环,这就是说:民族问题与国际环境不能分开,而必须与国际环境、世界的事变及革命的发展前途联系起来。这正确的看法可以指示我们研究中国民族解放运动史的一个方向。

（三）它把中国民族解放运动看作农民问题,这是相当有见地的。民族问题虽然不是等于农民问题,可是民族问题的内在的本质却是农民问题。因为农民是民族运动的基本军队,没有农民的队伍,就没有而且也不会有强大的民族运动。同时,帝国主义对于中国的压迫是依据农村中的封建关系,所以消灭一切封建社会关系之残余,合理地解决土地问题,与推翻帝国主义的压迫,乃是中国民族革命的整个责任。

（四）这书特别注意民族解放运动的根源、特征和教训,尤其注意一九二五年至二七年的中国大革命的根源、特征和教训。这对于当前建国大业中有所借镜和帮助。所以研究近代中国历史唯有着重在革命运动的根源、特征和教训上才有意义,如果只是将革命运动叙述一遍,这是不能指示历史由歪曲走上正途的。

关于近百年中国历史的书籍,较有分量和灼见的,最先出版的是李鼎声的《中国近代史》;次之是张健甫的《中国近百年史教程》;最近是华岗的《中国民族解放运动史》,这三本书以史观论,或编制论,或史料论,依我的私见认为《中国民族解放运动史》为最正确。在这里,希望华岗能把这本书的第三卷早日刊出,你知道多少读者在等候着呢!

（《大晚报》1946 年 5 月 14 日,第 2 版）

《中国民族解放运动史》

见 平

华岗著。

新近我买到了华岗先生所著《中国民族解放运动史》第一卷，略略披阅一过，顿觉此书所采史观的正确，所叙史事的绵密，所作论断的详晰，值得介绍给一切青年读者细细阅读。著者在自序里说起，此书共分三卷，现在先刊行第一卷。此卷共分七章，除第一章的"绪论"外，以下六章从"鸦片战争""太平天国革命"……直叙至"辛亥革命""五四运动"为止。

关于近百年的中国史，坊间所出的本子大约不算少，可惜大都是把这百年来中国历史发展过程的真相给掩蔽或歪曲了。有的散散漫漫地记叙些"大"事件，好像记流水帐一般，毫不探求其间纵横两方面的联系性、因果性与规律性。这可以算是最坏的一套历史书，大约不配称为历史吧？但同时却又是极常见的正经历史书，实在贻误学子不浅。还有的除了散散漫漫地记叙"大"事件外，同时还采取某种偏狭的、庸俗的、貌为科学的史观，如"人口史观""人物史观""政治史观"之类，作为这些大事件的联系性与因果性的解释。这一套历史书，惯于掩蔽基本的史实——人类社会的经济基础，忽视主要的历史上因果关系——人类社会的下层基础与上层建筑的关系，而偏要执着偏狭的、庸俗的、貌为科学的一种史观运用善于说辞的妙笔，说得头头是道。这一套历史书贻误学子的程度，恐怕比前一套还有过之而无不及。幸亏近来除了以上两套之外，还有几本异军突起的本子，像李鼎声的《中国近代史》、中国现代史研究会的《中国现代革命运动史》，以及钱亦石的《近代中国经济史》等，却能采用正确的、科学的史观，叙述真实的、主要的史实，把近百年来中国历史发展过程的真面目相当地披露出来。还有华岗先生的《中国大革命史》出版更比以上三书为早，可惜我未曾寓目，但可以断定是这一套本子中的重要本子。总之，这一套可以算得真历史的本子，直到如今还像凤毛麟角一般，寥寥可数。

现在华岗先生这一部《中国民族解放运动史》，他在《自序》里说明是由《中国大革命史》改编扩充而成，可见它的内容主要是以后者为蓝本。我们单就《中国民族解放运动史》第一卷看来，其叙述与分析的绵密和丰赡，都超过了前述的《中国近代史》和《中国现代革命运动史》。那么《中国大革命史》与《中国民族解放运动史》这两大部著作，在今日中国历史界的地位，可以不言而喻了。同时《中国民族解放运动史》还着重于过去史实对当前的教训，直把全书的精神贯注到当前的现实，这更是本书的一大特色。著者在《自序》里有说："本书的范围只是把鸦片战争以后中国民族解放的史实给以忠实的记载和扼要的分析，指出这些运动的根源、特征和教训，以便对于当前抗战建国大业有所借镜和帮助。"我们固然不能同意于古人所谓"以古为鉴"，但是近百年的中国民族解放运动实在是一直连贯到当前的现实的，在历史上应当划归"现代"，所以实际上也就是"今"而非"古"，这种过去不久而且一贯相连的"今"的经验和教训，的确是我们所应当借镜的，而这一点也正是中国近百年史所以特别重要的所在。

叙述史实的失检是一切史书所难免的。华岗先生这一本伟大的著作，也免不了有失检之处。我且指出偶然留意到的一点，表示我对贤者的求全责备之意。该书第五十五页所述《南京条约》的结果第四项，将承认领事裁判权、内河航行权等都连带叙述，但是事实上这些特权的允许却是"第二次鸦片战争"的结果。而这一点在《中国近代史》中也有同样的发现。像这种失检之处，对全书的关系是极微末的，但仍希望华岗先生于再版时加以修正。

平心《中国现代史初编》书评

《中国现代史初编》

无 咎

香港国泰出版公司出版,上海兄弟图书杂志公司代售。

大概在去年宪政运动揭起的时候,平心先生来写这册《中国现代史初编》,距今整个一个年头了。我们接读了这三十五六万字的巨著,这是如何欢欣的事。

记得去年这时候,我们几个朋友,受香港无名社的委托,写一册宪政问题读本,平心先生是其中的一个。我们对于中国宪政运动的历史,都不很熟稔,关于这一章的稿件,大家都推平心先生负担。平心最初是推辞,认为这项材料不易搜集,但经我们再三的劝诱,终于答应下来了。我们大家都约定在一个月中交稿。我由该社的委托,担任校对的责任。当初一看到平心先生的稿件,就知道他不但因此有了写一册《中国民主宪政运动史》的计划,而且对于民主宪政运动有个基本而且正确的立场,那就是把民主宪政运动作为民族革命运动的主要的一环来看的立场,那就是同时又把民族革命运动作为民主宪政运动的基础来看的立场。这确实可以打破一些人仅把民主宪政运动看作为上层的政治运动的见解,也可以打破另一些人在民族革命运动过程中忽略用宪政保障人民的民主权利足以推进革命运动的重大意义。

从写这一册读本开始,平心先生就计划要写的《中国民主运动宪政史》,现在就是以《中国现代史初编》的形式来出版。平心先生以文化服务于抗战的目的,而完成这一巨著,其对于新中国的贡献,那是不待我们说的了。

照我个人的看法,这书也的确可以当作中国近百年史读。虽然平心先生在完成这书后,还在计划写一册八十万字的中国近百年史,但在这一书里至少已广泛地包括了百年来中国历史发展的各个侧面。正如卷首所说明的,是"致力于史实的部叙,以阐释中国现代民主运动与宪政运动的演史和发展",并"包括了下列重要项目:(一)民主运动史,(二)政治改良运动史,(三)民族解放运动史,(四)民主思想史与社会思想史,(五)文化运动史,(六)民众运动史,(七)制宪史与宪法述评"等等。所以,实际上是可以当作近百年来中国政治运动史读的。

作为这书主要的优点的,是把民众革命运动作为文化思想运动的基础,而又以文化思想运动的扩大与深入,作为民主宪政及政治改良运动的基础,来从事写作的。同样,这一个发展路线,又给予以及影响的说明。它分作三个阶段来写:自太平天国而至变法维新(在这一节里,平心先生特别注重于文化思想的叙述),而归结辛亥民族革命及其制宪工作,这是第一阶段。再从辛亥革命而至五四新文化运动而至国民革命,这是第二阶段。但第三阶段,则是一九二五年的二七事件,作为新式的民众革命运动的开始,汇集于国民革命,而至新兴社会科学的运动及苏维埃运动,归结到今日的民族革命战争及其宪政运动。第三阶段的政治运动的形态,是比较第一第二阶段更复杂更错综了。但中国民主政治的前途也从这里可以看出是更光明了。这将是本书给予每一个读者以自信力与勇气的吧。

比较简略的,我认为是一九二七年到一九三六年的文化运动的叙述,但作历史的人,最难执笔的,也是最近的史实。因为一有坦白的叙述,将成出版的障碍。平心先生也许于此有所顾忌吧。而使我们感到非常亲切有味的,是民族革命战争的进行这一切,平心先生给予我们扼要而有系统的叙述。

以上,仅就我个人的所见及的略为介绍。因为这年头生活并不容易,吃饭的工作要做正多。因之,我近来看书也采取了"闪电战术",即首先看这书的整个的布局,之后抓住我自己认为主要的几个据点进攻。我读这书里的侧重点,是民众运动史与文化运动史两个项目。所以我的介绍的意见,也许是极不完全的。好在介绍本在号召我们读者去看这书,我也不用多说了。

(《上海周报》第 2 卷第 17 期,1940 年 10 月 5 日)

评《中国现代史初编》

彤　枫

　　平心先生这部巨著，原名《中国民主宪政运动史》，是近百年历史的总结。内容新颖丰富，颇多精辟独到之处，堪称史书中之铮铮者。不到半年的时光，即行再版，其为人所欢迎，可想而知了。

　　这书的立场是很正确的。它以"求进步的人民大众为主角"，同时给人民的领导者以适当的历史地位，写作的方法论是历史主义的，忠实的客观的辩证的述列史事，因而又是新写实主义的产品。态度是公允严肃的，对历史的遗产，不是曲解盲从，而是批判承受，对于现实的缺陷，采取忠劝理争，不用谩骂嘲讽，所以它具备了战斗精神和指导作用。

　　编著中国现代史，应该贯注一个主要的轴心：即是旧式民主革命与新式民主革命截然不同。这书充分的把握了这个观念，它彻头彻尾，字里行间，按伏着这根线索，是最基本的特色之一。

　　因此，它的序编里，能从理论上写出了中国社会近一世纪来发展的法则，明确地指示出中国社会性质、革命任务、革命动力，以及其交错复杂之关系与过程，更清楚的剖析到中国非资本主义前途的必然性与规定性，这些是中国每个人，特别青年知识分子与实际行动家，需要深刻认识与熟习把握的，否则，将会在思想上行动上政治上犯很难免的过失。

　　本编则以史实阐释民主运动演变与发展。它不只说明了新式民主运动如何代替旧式民主运动，而且主要的提示出这个新编的矛盾，存在于自始至终的过程中。现在应该接受历史上的经验教训，以新的克服旧的。我认为本书的显著特色，是平心先生以史家的匠手，写出中国人不可忘记的五点:一,是中山先生勇敢的反对旧民主主义,热情的倾向新民主主义,把伟大的三大政策,作为三民主义最重要的不可分离部分。二,是新民主主义如何找到了新的阶级基础,这个新思想与劳动人民、革命政党密切结合起来,已经是不可征服的势力。三,是十年内战引起的民族危机,其责任应该由放弃三大政策的阶级集团和它的代表担负,罪过却不在坚持反帝反封建之阶级与政党的身上。这一点经常为俗流的史家所曲解,被当事的人物所诋讹。四,是毫不讳言的指出反对新式民主的旧民主主义者,大有人在,他们是抗建中的大逆流,时刻企图改变历史发展的道路,要人民大众永作奴隶之奴隶。五,是描绘了三民主义新中国的远景,和达成的具体道路。

所有这一些,给了我们一个尺度,使大众认清谁是中山主义的叛徒和企图叛变者,谁是民族的公开或隐藏的罪人,又谁是中山主义和国家民族的坚决维护者与忠实朋友,更使人们知道如何友友仇仇,面向着新中国走自己的路。在今天野心家阴谋反共内战,走向分裂投降,时局严重的当儿,了解历史的教训,更其需要。我想读了《中国现代史初编》的人,绝不难明白反对内战和反对投降派,是"抗胜建成"的必要步骤。因此,这书是指导实践的好读本,是一种打击反动文化武器。

此外,这书还有个特色:它除了叙述一般的工农民众运动,把妇女解放运动列为独立节目来检讨,这对妇女是一种鼓舞,也是应有的重视和指导。对于那鄙薄妇女,不愿她们有独立人格和政治权利的顽固分子,不啻是有力的反击。从本编第五章起到最终的一页,它没有丝毫忽视妇女解放运动,是新民主主义运动相当重要的一个环节。

这本书的优点当然尚有很多,因为它内容包括得很广泛。可是我往往对一种著作爱之愈切,便也求之愈苛,故而想指出它的一点美中之不足:一,关于中山先生的思想体系,虽然说到有历史限制性,但很少详细的指出。二,个别论点的过时。如关于国际绥靖运动及国内局势的分析,目前实有补充和订正之必要。还有说"民主运动的内容与形式……决不能由人们自由选择",这话应请读者仔细体味一下,因为人们认识客观规律与具体条件后,是能自由选择的,我记得普列哈诺夫曾说:"在必然的条件之下,自由的选择是容许存在的,这也便是辩证法之承认偶然的存在的意义。"平心先生在该书六十四面的标题说："在一定的革命阶段上提出适当的民主任务。"我认为就是自由选择的体现。

这里所举的未尽善之处，算是我的吹毛求疵罢了。还有平心先生在序中说过为了顾虑环境，不得不在用语方面想出一些变通办法，这使我们痛心的感到：要写民主运动史，而没有应有的民主自由。如果读此书者，觉到不痛快的话，幸勿徒事叹伤，还是努力为新民主主义的实现，多作些具体工作好一些。

总之，细小的缺欠，绝不妨大体，这部巨著是可宝贵的，每个男女知识青年，应该详细阅读和研究。它可作中国政治的、民族的、思想的、文化的、民众的、宪法的各种近代信史去读，同时也可以在其中学习新哲学的运用。它确实是我们需要的很好的精神食粮与行动南针。

我希望青年朋友们讨论这有价值的巨著，我更盼待着八十万字的中国现代史诞生。

（《学习》第 3 卷第 8 期，1941 年 1 月 16 日）

杨松、邓力群《中国近代史参考资料》书评

《中国近代史参考资料》

焕

杨邓编，第一集，读书出版社发行。

中国史料的搜集、纂辑、整理，迄今已有很多的进步和成就，然而大都重视古代而忽略了近代。战前郑振铎先生编《晚清文选》，曾慨叹于不古的东西之难觅。经过战时的大变动，国内所藏近代史料的散失与毁灭，当更多了。

我们研究历史，并非出发于怀古的幽情。研究古代，仍是为了了解近代。且古代的研究代替不了近代的研究，也是显而易见的。近代史料既没有好好保存和整理，自然谈不到特别有价值的研究。甚至可以说，认识古代的障翳，倒一层层的揭开了不少，而于近代，虽已把握到了大概的轮廓和发展方向，许多地方却还朦胧模糊的。（现已刊布的近代史研究诸作，比较有成就的，似乎只有太平天国部分，其他如对外关系史，注意的人尚不多。）

当然，搜辑和整理近代史料的工作，由私人来做，会有不少困难；属望于现在的国家学术机关，则又不能。在这种情形下，私人也只好就力之所及，一点一滴做起来。

史料不足，对于专门研究固然是种限制，即一般要正确了解一点近代史的人，也常苦于所读的书大抵有空泛的毛病。但现在可以不必有这种苦闷了，这是由于杨邓编《中国近代史参考资料》的出版。

供一般参考的近代史料的辑集，过去也有过几种。它们的缺陷是只搜罗了重要的文件之类，并没有提供一些新的正确的看法。有人会说，史料辑集，只要收录得当，考订精审，就已达到目的，又何必提供看法? 其实,这是客观主义。而且,所谓收录得当,就已带着主观性了,考订也何尝不会受主观之蔽呢! 如果当时或稍后,有人对于一个历史事件发表了精辟的见解,把这种见解放在史料辑集里,何去何从,仍要读者自己抉择,那又有什么不可以? 对于一般读者,这正是很必要的呢。杨邓编的《参考资料》,把马、恩、列的几篇论中国问题的文章也收了进去,可以说是很大的特色。

这部《参考资料》,既然供一般读者应用,自然不求搜罗的广博,而只须选择最重要的文件就够。

他这部《参考资料》,据预告说共有两集。第一集包括七辑:两次鸦片战争、太平革命、中法战争、甲午战争、戊戌政变、庚子之役。这都是晚清最重大的政治事件。然而,像曾李的洋务,像中山先生的初期革命运动,都不能说是不重大的,也应当有专辑。

其次,供一般参考之用,固然不需要详密的考订,但简要注释,似乎也是不可缺少的。这第一集,仅少数几篇转录有原文出处的小记。如李秀成供词之被窜改,不能因知道的人较多而不加注明的。

记者这些苛求,无害于如下的结论:这部《参考资料》是学习中国近代史所必备的。

(《读书与出版》第 2 年第 9 期,1947 年 9 月 15 日)

杨荣国《中国古代唯物论研究》书评

《中国古代唯物论研究》

归　墨

杨荣国著，一百三十页，一九四二年，桂林写读出版社发行。

著者此书分为六章，末附一后记。第一章"绪论"，第二章"老子"，第三章"墨子"，第四章"杨朱"，第五章"荀子"，第六章"王充"。据后记云，此书不是依次写成的，而是搜集几篇讨论古代哲学的文章编成的。书中"墨子""荀子""王充"三章写得极好，"老子""杨朱"两章次之。

近年来研究唯物哲学而懂得外国东西的太多，研究唯物哲学而懂得中国东西的人太少。这是一个毛病。著者对中国的重要哲学书籍，的确读过。因此，学术途径还不错。现在一般人只知道欧洲哲学史上有心物之争，不知中国哲学史上也有心物之争。其实自先秦时代名实之争起，至清代理器之争止，实际都是心物之争。著者在"墨子"一章谓："自孔子倡正名主义以来，谓社会的存在，应由正名来决定，认为名是第一次的，而社会的存在只不过是被派生的，因而定出了一些什么礼教名分之类来；墨子站在进步的立场上，首先对此揭出反对的旗帜，认为第一次的不是名，而是实；我们不能正名，'名'只是从'实'所派生出来的。"据此可见著者把名字断定为心字，把实字断定为物字，确能严守唯物论的家法。

中国学术思想，在殷商以前，业已萌芽。这个时期的思想可以拿一"帝"字作中心。有帝然后有禘，帝与禘就是祖先崇拜。到了西周，可以拿一"天"字作中心。有天然后有命。天与命就是支配人类一切的主宰。由帝而天，这是说明祖先崇拜思想，已无统治新局面的能力，而初期唯心思想不能不代之而起。孔子的思想不是突如其来的。此老是继承西周以来"天"的思想而创造一个学术系统的人。如果说，孔子是中国学术史上第一个唯心论者,墨子便是第一个唯物论者。既然孔子是唯心论者,儒家当然是唯心论者。为什么著者把儒家荀子的思想当作唯物的思想来看待呢?这因为荀子是儒家的左派。冯友兰谓:"孟子在儒家可谓为左派之代表,荀子可谓为右派的代表。"(见《古史辨》第二册,二一五页)这句话不对。孟子是右派,只有荀子才算左派。著者谓:"从荀子主张的性恶论中,否定了孟子所谓先天的良知的存在。换句话说,就是不承认人类有什么先验的知识,一切俱是由后天所习得的经验才有所知的。"著者对荀子的看法,大体类是。

王充是东汉时代的一个怪杰。在中国唯物思想史上,他是一颗彗星。西汉社会经过赤眉动乱之后,本已百孔千疮。光武中兴,勉强镇压住了。这时学术上出现一个王充,也是应该的。著者谓:"王充是个唯物论者:第一他认定了宇宙的本体,不是神,不是上帝,而是物质;其次他确定人类的行为,是决定于食粮,决定于生活预算;第三,他以感觉为认识之根源;第四,王充否定了灵魂不灭说,并倡导无神论。而他的第四点,是于廓清汉代的一切迷妄思想,尤为一大功绩。"著者如此推崇王充,似不过分。

著者在此书中虽未将中国古代唯物思想作一更有系统的研究,但将"墨子""荀子""王充"三篇连贯读来,亦不无脉络可寻。我认为著者治学有一优点,就是不在儒家道统中搜求唯物思想。反之,唯物思想在中国学术史上,每每不数传而绝。墨子成了绝学,荀子成了绝学,王充成了绝学,甚至连明末遗老王船山也不免成了绝学。我希望著者此书,能够引起一点续绝学的作用。

"老子"一章所根据者为现存《老子》一书。不过老子及现存《老子》一书的时代问题,尚待考证。而且《老子》一书,近乎杂凑,在中国学术上的地位,远不及《庄子》。此书是西汉黄老之学的重要经典,所谓"君人南面之术也"。其后流而为"内老外儒"之学。里面是否有唯物思想,我还不敢断定,故亦不敢苟同于著者。至于"杨朱"一章,用胡适说,辨伪态度,似欠谨严,皆不论列。

张健甫《中国近百年史教程》书评

介绍《中国近百年史教程》

李　滨

作者张健甫,定价一元八角,桂林文化供应社出版。

从鸦片战争开始到今年(一八四〇——一九四〇)这整整的一百年间,"可抵过去数千年全部的历史,这倒并不仅是因为近百年来中国史料之量的方面特别丰富,而是在这百年间中国社会发生本质的根本变化"。

鸦片战争以前中国是一个闭关自守的大封建王国,社会构成关系很是单纯,基本利害对立只有地主和农民,商业除了广州、澳门为对外人在中国境内贸易之地,稍形发达以外,内地经商仍被鄙视;工业完全是家庭手工业式,就是有比较具些规模的如景德镇的陶瓷业,江浙一带的蚕丝业,湖南刺绣业,也因为受着封建制度和自然经济的束缚,不能顺利的发展生长。但是等英国以大炮与鸦片打开中国的大门以后,清政府昏聩无能的弱点暴露无遗,欧美列强挟着犀利的武器,先后效尤,纷纷要求割地通商,使中国日益加速地沦入殖民地的过程———一面以其国内的剩余商品和剩余资本作经济的侵略,使中国农村破产,农民失业;一面以传教为名,而行文化侵略之实,麻醉落后的人民,以掩饰强盗般的掠夺行为。

社会学家和历史学家把这一百年的历史划为帝国主义统治下的半封建社会时期。在这个时期里,"一面是中华民族和帝国主义势力的搏斗,一面是国内民主势力与封建势力的搏斗。而帝国主义与恶势力则互相勾结,进行缢杀中国革命的阴谋。同时帝国主义内部的对立,随着产业资本、金融资本的发展,而日益尖锐化,造成国民革命运动北伐以前的中国空前未有的大混战……"而"九一八"以后,日本强盗突破国际均势,实行它的鲸吞的幻梦,而中华民族的总危机也就到来,一直到"七七"芦沟桥事变,日本帝国主义企图以武力征服中国,完成其大陆政策的全部计划。我国全民族则在蒋总裁的领导下,奋起与敌人作殊死战,以求全民族的生存。

如上所述,中国近年间,敌人是运用种种狰狞残暴的手段要置至我们在死地而后已,我们是运用种种有效的力量给敌人以打击,保卫中华民族的延续、自由和幸福。所以这百年的历史,也可以说是中华民族复兴史。这个历史的过程,也就是中华民族和敌人的斗争过程。

这本《中国近百年史教程》,顾名就不是一部浩浩巨帙。全书共有三百六十八面,分为(一)鸦片战争,(二)太平天国革命运动,(三)边境纠纷与藩属之丧失,(四)中日战争的前因后果,(五)从戊戌政变到八国联军,(六)辛亥革命的成功与失败,(七)从鲁案二十一条到五四运动,(八)中国国民党的改组与北伐,(九)从九一八事变到七七全面抗战,(十)一百年中国历史的回顾与前瞻。共计十讲,扼要的叙述讲清政府底昏庸的封建政体怎样溃解,中国怎样降到半殖民地,列强怎样的由武装掠夺的势力共管,日本强盗怎样的突破国际均势开始实行它的大亚细亚主义,和中华民族怎样的从单纯的农民革命的太平天国起一直到动员全民族的民族革命为止,在革命的历史战斗中,作者指出历次革命的成果,一次大于一次,保证抗战的必然胜利。

在抗战进入更艰苦的相持阶段,我们争取为反攻阶段早日达到,必须检讨自己过去的历史,发扬它的优点,克服它的弱点。换句话说,现在我们正在创造的历史,历史的发展是不能把它割裂开来的,它告诉我们过去革命的具体情形,作为我们实际行动的指标。

这本书最主要特点有两点:一是对中国近代革命史的发展有正确分析和研究。它指出近百年中国历次革命成功和失败的主要原因,当为一般只是用史料堆积来的历史书所找不到的;二是对中国在近百年间先后发生的大事,都作有机的贯串。可以使最初研究历史的读者,一读了这本书,对于近代中国历史的发展,就有一个鲜明的概念。何况除了正文以外,还有丰富的参考书附录和每讲后面复习问题,更适宜于失学青年作为自习之入门用。同时对于一般读过一些"以历史写历史书"的历史读物的读者们,也有一读的必要。

(《浙江青年》第 2 卷第 3 期,1940 年 10 月 21 日)

《中国近百年史教程》

云 周

　　张健甫著，二十九年出版，桂林文化供应社发行，定价一元八角。

　　近百年的中国历史，可抵过去数千年全部的中国历史，因为自周以至清末中国社会是长期停滞着像一个平静的大湖，动也不动一下，到一八四〇年（清道光二十年）鸦片战争以后，国际资本主义的浪潮，冲破了中国金城汤池的闭关的大门，中国社会起了倒转乾坤的大变。本书即从鸦片战争叙起，到七七芦沟桥抗战为止，共分十讲。作者不同一般庸俗的历史学者生硬的把一部历史划分为几期，但他没有忽略近百年历史发展的阶段以及每个阶段的特质，作者认为这一百年的中国历史可以分下面五个阶段：

　　第一个阶段，自鸦片战争到甲午战争之前止。这个时期的特质是帝国主义开始侵略中国，同时中国降到半殖民地，但是此期的帝国主义还只限于武力的侵略，而中国的革命运动也还是固于灭满复汉的狭义种族思想。

　　第二个阶段，自甲午战争到一九一四年欧洲大战前止。本期的特质是帝国主义由武力的侵略进为资源的掠夺、资本的移殖，而中国革命运动也进入民族民主的正确途程，卒能推翻满清，建立民国。

　　第三个阶段，自一九一四年欧战发生至一九二一年华盛顿会议前止。这一时期因为帝国主义的大战，造成日本对华独占的形式，同时中国经五四运动以后革命方式也由军事冒险主义进于政治的民众运动。

　　第四个阶段，自一九二一年华盛顿会议起至九一八事变前止。这一时期的特质：因为欧战结束恢复远东的均势，帝国主义乃各在中国扶植一系军阀，造成连年不息的内乱，正因为帝国主义军阀双重剥削的加深，中国革命运动也更蹈进一个鲜明的反帝反封建的新阶段，造成北伐的伟大胜利。

第五个阶段，自一九三一年九一八事变起至一九三七年七七事变止。因为国际资本主义空前的经济恐荒，造成二次分割殖民地的大战，造成世界尤其是中国的危机，但中国全面抗战的胜利无疑的要结束近百年的耻辱，完成三民主义的革命建设。

全书三百五十页，每一讲后附有复习的问题，提示全讲的要点，帮助读者回忆与思考。每一节后附有参考资料，辑录事实，以备读者研究参考。以治史的眼光来批评本书，它有下面三个特点：

一、科学的方法——许多人治史作书多重视目的论，而忽略方法论，其实没有科学的方法，结论也要失去正确性。中国近二十年来学术史上比较成就的著作有两部：一部是胡适之的《中国哲学史大纲》，一部是郭沫若的《中国古代社会研究》，这两部书恰恰是用两种不同的治学方法写成的。胡适之是用所谓实验主义的治学方法，其缺点是静态的观察事物，个别的孤立研究事变，是"见树不见林"的方法；郭沫若是用Engels、Morgan 等对于社会发展的一般概念公式化的应用到中国社会的分析上，其缺点是机械武断，所谓"见林不见树"的方法。至于这部《中国近百年史教程》，在创作上也许不能与前二书相提并论，但在方法上是综合了二书之长，他重视方法而不机械的应用公式，看到了独立的树也看到了全部的林。换句话说，能从小以见大，从一以见全。

二、国际的眼光——近百年中国历史是与古代中国截然不同的：古代中国因为闭关自守与世界无关，社会是自给的孤立的；自鸦片战争英国首先打开中国的封建大门，从此也变成国际问题的一员——中国问题成为世界问题的一部分。作者特别把握了这一点，对一事变的叙述分析都没脱离国际的范畴。譬如国内军阀的混战是国际间列强矛盾加深的表现，北伐前后中国革命的发展正是受了世界革命的影响，而中国抗战胜利，将来可使整个国际局势改观！

三、经济学的基础——作者是研究社会科学的，所以作者认为历史上一切问题,绝不是偶然发生的,而是基于当时客观的社会经济情形决定的。因此作者对每一事变的叙述分析都把握了问题的核心,读者可以了然于全部历史的来龙去脉。譬如叙述列强帝国主义侵略中国,是因为中国社会经济落后,同光时代的新政一直没有成功,是因为当时执政的只模仿西洋表面的物质文明,没有从根本上去改造社会;又如光绪以前,中国的革命运动,何以只限于太平天国式的狭义的种族相仇,与私人争夺天下的观念? 作者指出这完全因为当时是一个落后的农业社会,迨后曾、李提倡洋务,终以张之洞等"倡办实业",中国新兴的民族资产阶级逐渐形同一种势力,中国革命运动才进入民主革命的阶段。治史尤其是治中国近百年史,假如不从中国社会经济问题下手,永不能得其症结。

作者以行云流水的文笔,一气写成这部书,尤其革命情绪充溢字里行间,令读者易于理解。正因为感慨太浓厚了,主观的批评多,客观的叙述少,因为过于重视方法,史料不免为方法而设。换句话说,有时为己见所蔽,戴东原尝说"不以人蔽己,不以己蔽人",以人蔽己尚易摆脱,自己成见不愿抛弃,难免武断附会!

总之,在中国近代史中,本书不失为成功之作,尤其他以史家的眼光,正确的指出中国社会经济的性质,国民革命的任务以及三民主义必然实现的规律。

(《王曲》第 6 卷第 6 期,1941 年 9 月 16 日)

《中国近百年史教程》

维

张健甫著,二十九年五月初版,桂林文化供应社印行,平装一册,陆·三五二面,定价一圆八角。

张氏以中国近百年历史,分为十讲,每讲又分若干节,论述简明。所论列之事实,则以小字附录于每讲之后,更赘以复习问题,盖教程之体制然也。第一讲为鸦片战争。所论战争原委、因果、影响,均能得其要领所在。第二讲为太平天国革命运动。附以捻子及云贵陕甘等回民反清运动,而黔西、湖南等苗民之变,不详。第三讲为边境纠纷与藩国之丧失。而浩罕之内侵,暹罗之独立,从略。第四讲为中日战争的前因后果。所谓中日战争者,指甲午战役言也。第二节述日本侵略中国的原因及中日历史关系,甚为明晰简当。第五讲为从戊戌变法到八国联军,而兼及日俄大战与东北之被分割。分隶似有未当! 第六讲为辛亥革命的成功与失败。记述溯自兴中会之建立,以其为革命的前史也。讫袁氏窃国与二次革命的失败,以其为辛亥革命失败之结果也。第七讲为从鲁案二十一条,到五四运动,而护法运动与参战大借款,亦于此讲记述之。第八讲为中国国民党改组与北伐。第九讲为从九一八事变到七七全面抗战。第十讲为一百年中国历史的回顾与前瞻。文中分百年中国历史为五时期:(一)鸦片战争至甲午前为帝国主义开始侵略时期,亦即中国始由独立国家降至半殖民地之时期。(二)甲午战争至第一次欧洲大战前,为中国屈服于帝国主义,清朝专门压制人民革命运动之时期。(三)第一次欧战至华盛顿会议前,为日本单独侵略中国时期,亦即中国由军事革命方式,进入政治的民众运动时期。(四)华府会议至九一八事变前，为帝国主义在远东之均势时期。（五）九一八事变至七七全面抗战，为国际资本主义之经济恐慌时期，亦即日本转移国内革命目标，向我侵略之时期。此等时代之划分，见仁见智，亦未为不可。

其书以帝国主义侵略之消长历程上，站在经济之立场，分期叙述中国近百年政治。而经济情况，非其所详，而尤侧重于政治。于近百年社会之演变、文化之递进、学术之进步，甚至国内之争雄割据、边地之名存实亡，以及国共之战争，均不详为论列。谓为中国近百年整个历史，实非其伦。英国福利曼（Freeman）曾谓："历史者，过去之政治也。"语实偏驳。是书又未能免此讥议也！

是书附录作者主要参考书籍，凡十九种。其著名者，有萧一山之《清代通史》，有刘彦之《帝国主义压迫中国史》《被侵略之中国》，有王芸生之《六十年来中国与日本》，有蒋廷黻之《近代中国外交史料辑要》。案，王、蒋诸氏所录中国近代官家史料，挂漏极多，即重要文书档案亦每遗略。试以国立北平故宫博物院文献馆所刊印《光绪朝外交史料》，及《筹办夷务始末》诸书比观，可略知之。本书既以教程为名，所取资料理应以直接史料、原始史料为主，而舍故宫文献馆之书，仅取私人所辑之间接史料、孳生史料，深非所宜。惟抗战以还，交通阻塞，后方得书不易，为学人最感困难之事实，作者或难致之，固未可厚非也。要之，其书大体简要明确，亦多可取者。

（《图书月刊》第 2 卷第 4 期，1942 年 11 月）

《中国近百年史教程》读后
H.T.

读中国近百年史，我的心，愈往下读就愈沉重的。

由于教科书的编制和学校实际教授时间不相洽接，因此，厚厚的一册或二册的本国史就很难有教完的。以我个人的经验来说，初中读到明代，高中还是念到明代，而进大学念的是历史系，但还不曾选到近世史。因此，所谓近百年史，对于我却完全是无字天书！这是多么不合理呵，一套什么"尧舜禅让""贞观之治"，我们倒很熟悉，什么是"鸦片战争"？如何爆发"中日之战"？我们大概也可以知道些，但"宁汉分裂"为什么？"军阀混战"是怎么一回事？这就怕有点模糊了。

离我们生活愈亲近的，我们应该愈清楚，也愈需要清楚，但事实是我们大半不清楚。念历史的人多浸在古书里，难得好好研究一下近世的历史！不念历史的人，那就更对历史不闻问。但历史必须要明白的，什么"以古为鉴"的道理，不需要说了，中学的历史教师都说过的。那末，我的确以为，作为今日的中国青年，应该熟读近百年史！这"以为"，就是我读了《中国近百年史教程》后的第一个感想。

《中国近百年史教程》，张健甫先生著，文化出版社出版，也许坊间不容易买到。张先生以正确的观点，给我们扼要地述说我们中国近百年的痛心事！既不噜嗦，也不太过简略。对于一个初学的人，我以为是恰到好处的。读完了这本书，我们对中国近百年来的史实可以知道个"大概"，而这大概很可以帮助我们理解目前中日现状的根源。举个例说，袁世凯是怎样做皇帝的？袁世凯的梦如何破碎的？如果我们清楚了这些，那末，我们不难明白：袁世凯的余毒是否还存在？袁世凯的鬼魂是否还作祟?

　　我已经说了,读这本书,我们可以得到个大概,假若我们要想知道得更详细,我们还必须涉猎别的史籍。但是,假若我们连这跟中国"现在"息息相关的近百年史还没知道个"大概",那末,无论如何,我们得抽一点时间,念一念这本书! 自然,我不是说这本书是最好的,据我所知,李鼎声先生的《中国近代史》也很值得一读。

　　《中国近百年史教程》从"鸦片战争"叙起,到"七七抗战"。至于从"七七抗战"到现在,那是我们目击和身受的,我们本身已或多或少从战争的苦痛中得到了一些教训。我说过,读中国近百年史,我的心,愈读愈沉重。而读完以后,闭目想想,我的心还无法平静,也无法轻松起来。要在中国历史上写一页新的足以令我们欢欣兴奋的事实,还得要你我我们流汗甚至于流血呵!

(《大公报》1948 年 7 月 10 日,第 6 版)

吕见平《中国近百年史读本》书评

《中国近百年史读本》

洪 亮

吕见平著，无名出版社。

只要随便找一个中学生来问一下，就可以知道目前一般学校中，是没有多少人把本国史这门功课当作一回事的。在上这堂课的时候，大家不是做算学习题，便是解理化问答，或是写小纸条，画教师的漫像，谈天，以致打瞌睡之类。而教师们也大多眼开眼闭，自管自在讲堂上开"留声机器"。当然有这种现象的不只是这一堂课，但本国史在学校中受一般人轻视，却是很明显的事实。造成这现象的原因是什么呢？学校的不关心，教师的不负责，进而至于整个教育制度的不良，当然都是一部分原因。而学生的不注意，也不能说完全没有关系。但撇开教育制度，学校当局，教师方面的缺陷不谈的话，难道大多数学生都对自己国家的历史这样不关心吗？我以为主要的恐怕倒不是由于学生，而是目前一般本国史教材的内容问题。

普通高中，本国史都有一年的学程，而历史书差不多都是上下两册，那末每学期照例应该读完一册。但事实却不是这样，大多数学校上学期是读不完上册的。而且，上学期剩下的便留到下学期来读，下学期既要读完上册，再要来读下册，就更来不及，于是草草了事，后面一部分总是读不到的来得多。然而这读不到的部分正是中国沦为半殖民地半封建地位的近百年史。其实所以读不完，并不是由于时间不够的缘故，而是历史教师怕谈到这部近百年史。本来，在过去一直到现在的有形无形的统制下，讲解时事总容易招罪。因此，历史教员只好谈谈古时的事情，"庶几免于罪"也。而要大多数学生对和他们不相干或离得很远的东西发生兴趣，当然不可能。但教师们却宁愿他们不听讲，也不敢因此就来教现代史。这虽不能说是造成学生不关心本国史的全部原因，但至少是很重要的一部分。

在社会中也是相同，青年们想买些历史书来研究研究本国史。但那些书大都是在"考古"，对于北伐以后的中国情形，或竟略而不谈，就是谈到，也类多语焉不详。生得晚些的青年如我们者，便活该倒霉，只好知道些秦始皇焚书、项羽烧阿房宫之类的事，于中国近代史却大都茫然。

抗战以后，总算有些言论自由了。到现在已出版的有：《中国现代革命运动史》、华岗的《中国民族解放运动史》以及平心的《中国现代史初编》。最近又出版了吕见平的《中国近百年史读本》，便赶紧找来读了一遍。

《中国现代革命运动史》《中国民族解放运动史》以及《中国现代史初编》都是以革命运动史或宪政运动史作中心的，所以便把从太平天国经过辛亥革命、五四运动、大革命而到苏维埃运动的史实依次列成各章而加以叙述。这样编排，以革命运动史的观点上来看，当然无可非议。况且人类的历史就是斗争的历史，革命运动史也就足以烘托整个时期的历史了。但每前后两个革命行动之间所发生的事，只在后一章中予以简单的叙述，则作为本国史来看，多少有些缺乏历史的连续性。而其中《中国现代革命运动史》因为是集体执写的，更不免有这现象。所以如果要读一本全面的简括的中国近代历史，这本《中国近百年史读本》是最合适的。全书一气呵成，简洁扼要，可以作一本中学生的良好参考书。

本书另一个优点，是它所包括的时期，从鸦片战争以前，一直到目前抗战以后三年半，甚至发生于最近的皖南新四军事件也被写了进去。这在目前国内历史书中是很少有的（只有《中国现代史初编》写到抗战后将近三年中的发展），所以这个优点是值得指出的。全书共分十四章，约十五万言。其中首五章述辛亥革命以前中国逐渐沦入半殖民地的历史；次五章述民国时代到大革命以前革命势力的生长；第十一章叙大革命史实；第十二章写大革命以后的政治发展，对各方面都有深刻的分析和正确的把握；第十三章则是九一八以后国内形势的演变，及民族统一战线的形成；最后一章专述抗战以来的政治发展，前途展望，并且指出全国人民目前应努力的方向。

此外，本书还有一个特点，就是作者对于各阶段的革命史实材料，收集得相当详尽。全书没有十足的理论气味，因此读来不觉得枯燥。并且有许多处所列着可以参考的书籍或报章。如果读者不以本书所述为满足，而希望更详尽地了解当时具体事实的话，是很便利的。所以本书不仅可作中学参考书，还是一本很好的初级历史读物，可用作再进一步研究的基础。

当然，有些地方还不免有些缺点。如引证他书的处所似嫌稍多，有的也只是把他书的材料改写一遍。而且作为历史读物来看，有的地方尚觉粗率、简略。此外，本书是用半文半白的笔调写的。虽然并没有不易了解的地方，但如能完全用白话体写的话，也许更要好些。

但就总的说来，这是一本良好的本国史参考书和初级读物，值得热诚地介绍给中学生和青年读者的。

（《上海周报》第 3 卷第 18 期，1941 年 4 月 26 日）

吕振羽《简明中国通史》书评

《简明中国通史》

甫

吕振羽著，骆驼书店出版，本港各书店均代售，国币三元二角。

近七八年来，中国学术界可喜现象之一，即为新史学之蓬勃发达。一部二十四史，誉之者称之为历代典章文物之总汇，毁之者称之为断烂朝报。平心而言，中国有史料而无史，有关于史料之钩稽抉剔，而无史学，则亦为事实。五千年历史之民族而并无一部鉴往以知来的、站在科学方法的、新史学立场上的通史，不能不说是遗憾。是故近年来史学之发达，实为中国学术界一大事件。由于新史学之发达，治中国史者乃如航行于大海者有了罗盘，有了海图，崭新面目的中国通史之作，乃有可能。

其次，近三十年来罗（振玉）王（国维）诸氏对于金文及甲骨文之研究考证，结果在中国上古史之存疑部分，注射一线光明，使从来成问题者不成问题，而一向视为不成问题者乃发生了问题。新史学家得此一部分新的材料，遂能智珠在握，爬梳董理，而最难下笔之中国史上古部分，乃可得而处理。

本书作者吕振羽先生，在新史学家中，夙具权威。此书上起远古，下迄秦之一统，举凡政治经济之变迁、典章文物之沿革，皆条贯缕析，纲举目张，但具结论，尽删考证，故题曰"简明"。要而言之，本书实为数年来中国历史上诸多曾引起论争问题之一笔总结，为将来更完善之中国通史开一先河，而且这又是引导学子进一步研究中国历史之良好的启蒙。

（《笔谈》第 1 期，1941 年 9 月）

《简明中国通史》

胡　绳

　　吕振羽著，骆驼书店印行，一九四一年六月初版，一五六页，定价国币三元二角。

　　在本书的序言中，作者说："我的写法与从来的中国通史著作颇多不同，最重要的：第一，我是把中国史作为一个发展的过程在把握。第二，我注重于历史的具体性，力避原理、原则式的叙述和抽象的论断。第三，我尽可能照顾中国各民族的历史和其相互作用，极力避免大民族中心主义的观点渗入……"这三点确实是非常重要的。一般庸俗的历史的教科书与著作总是不能从无数的历史事件的平面叙述中看出其内在的相互连接与发展法则；而到了抗战时期，民族复兴之声既轰然盈耳，于是粉饰与改变历史，使符合于大民族中心主义的倾向更盛。但在另一方面，进步的历史家们又常拘囿于若干基本的观点与法则之上，纵然这些观点与法则是完全正确的，但倘不展开抽象的论断而使整个民族生活中的各方面的现象具体地再现出来，却也不能算是成功。

　　已经早有人提出过历史大众化的问题。事实上，历史是记叙千百年来人民大众是怎样地生活与斗争下来的，是怎样地从过去引向到今日的人民大众的生活与斗争来的。要把大众的历史还于大众，就必须注意到历史的具体性。

　　意识地克服这些错误与缺点而写出来的这本通史是值得欢迎的。在作者自序中所提出那三点注意个中，第一第三这两点是相当完满地达到了的，只有关于第二点，因为本书的简明性还不能悉如理想地实现。

　　已出版的是本书的上册——共含七章,从远古时代到"战国",下册将含八章,直到半殖民地半封建时代,我们热望那也能很快地出版。同时我们希望有更多历史家来努力除通史以外写出更详细的分期的历史,因为认识我们的民族的过去,由过去来认识目前、推断将来,已经是今日一般的读书人的共同要求了。

　　　　　　　　　　　(《大众生活》新第 12 号,1941 年 8 月 2 日)

吕振羽《中国社会史诸问题》书评

读《中国社会史诸问题》

吉　甫

　　吕振羽先生结集了近年来所写的论文,都是讨论中国社会史上的问题的,成为此书。吕先生认为自一九二九到"七七"的几度中国社会史论战的过程中,所留下未解决的主要问题,有亚细亚的生产方法问题,中国社会史上奴隶制时期问题,中国社会史上的诸阶段划分问题,中国社会的停滞性问题。抗战时,在创造民族新文化的现实要求上,又有继承民族文化遗产的问题,吸收世界文化进步成果的问题,以及在民族文化遗产的继承问题下面产生的哲学史问题等,都是吕先生这本书所要讨论的。

　　全书共收论文四篇,附录两篇。第一篇泛论以上各问题,是全书的提纲。第二篇以下,分论上列各问题,并叙述各问题的发展过程,批判各种不同的意见。特别着重于对日本侵略主义的中国史观的批判。吕先生结集成这本书的用意,想帮助读者对中国社会发展诸阶段获得较具体的认识,并作为青年研究中国通史的线索,和集体讨论的大纲。

　　就全书所讨论的各种问题□:第一是亚细亚生产方法问题。这个问题是马克斯所提出,吕先生认为已由科瓦列夫等加以解决了。其特点是:一面具有奴主和奴隶之社会集团,这与古希腊罗马相同;一面又具备着土地国有中央集权公社形态国家主持治水事业等特殊形态,这是古希腊罗马所不具的。因了这种差异,所以有亚细亚生产方法一名词的创立。

　　第二是中国社会史上奴隶制时期问题。吕先生的结论是殷商是中国史上的奴隶制阶段。

　　第三关于中国社会史上诸阶段划分问题。吕先生在第一篇泛论各问题时有所论列,尚未作专篇讨论。

　　第四是中国社会的停滞性问题。吕先生认为中国的地大物博,使社会内部的剩余劳动力得以尽量向边远地方发展,生产力和生产关系的矛盾得到缓和,阻滞中国社会生产力的发展,此其一。历代异族的侵入,给予中国社会的生产力以残暴的破坏,此其二。四周各民族的生产都比中国落后,使中国社会生产力的发展,不能在对四周各民族的物品交换上获得满足,而用在奢侈物品的制作上,使生产力不能获得正常的发展,此其三。鸦片战争后阻滞中国社会发展的主力,是国际帝国主义,此其四。

　　第五是继承民族文化遗产问题。吕先生指出三民主义的民族新文化,是要珍重民族文化遗产,批判地继承其优良传统。如中国民族有汤武革命的优良传统,有反抗侵略者的优良传统。在哲学上,有老庄孔孟等的观念论哲学,朱子等二元论哲学,《易经》的直观的辩证唯物观的哲学,墨子的革命的经验主义哲学,王充等的唯物论哲学,这些哲学中多少包含着辩证法的系统。在政治思想的优良传统上,有墨子的古代民主主义,鲍敬言的无政府无君主义,王夫之的进化论,黄梨洲的民主论,康有为的《大同书》。在社会伦理上,有爱和平、重信义、刚毅坚忍、临难不苟、见危授命等优良传统。在文学和艺术方面,也都有惊人的成果。在这些优良的传统中,采取有现实性的积极的进步因素,经过批判地改造,才是有用的。

　　第六是吸收世界文化进步成果问题。吕先生认为三民主义的民族新文化,在本质上是反对帝国主义文化的。所以中国对于世界文化的吸收,不应学习资本主义的文化,应该迎头赶上,吸取苏联社会主义文化的进步成果。因为社会主义文化是扬弃了资本主义文化的毒素,吸收了它的积极因素,成为更进步的新文化。

　　末了,吕先生对于日本法西斯蒂的中国历史观,加以无情的抨击,揭发他们文化侵略的用心。对于中国历史的研究,也有新的见解。

　　在中国社会史上种种问题没有得到定论以前,这本书所提供的研究是值得讨论的。就大体看来,对于日人曲解中国史以遂其侵略野心这方面,吕先生的抨击最最有力,差不多已成为定论,不容我们再加饶舌。其余各问题,吕先生也提供了不少珍贵的意见,值得我们加以虚心探讨的。

(《民国日报》1946 年 2 月 18 日,第 4 版)

中国历史研究会《中国通史简编》书评

《中国通史简编》是怎样写成的

金灿然

《中国通史简编》（上），中国历史研究会编著，新华书店出版，定价十元。

《中国通史简编》是由范文澜同志领导的中国历史研究会同人的集体创作。上册已经出版。我现在以一个参与编辑者的资格，将《通史简编》的编写情形，简单介绍一些。

首先，《通史简编》的写作，贯穿着一定的观点、一定的方法论。这观点、这方法论便是为马克斯所发明、应用，又为其优秀的继承人所发展了的唯物史观。

这种科学的历史观输入中国，已有廿年左右的历史。近十多年来，它更依靠着革命的实践与理论的斗争，在中国史学界取得了压倒的支配的地位。凡属严肃的治史学者，不管他的政治立场如何，无不或全部、或部分承认并运用这个学说于中国历史的研究。

大家都知道，唯物史观的基本要点是：第一，生产方式、社会经济形态是下层基础，在它上面，建立起政治、法律、道德、文化、艺术等等上层建筑。社会存在决定社会意识，而社会意识又给社会存在以反作用。

第二，社会发展有一定的规律，从低级的原始共产社会，经过奴隶社会、封建社会、资本主义社会，达到将来的共产主义社会。在每个社会中间，都有一个或长或短的过渡阶段。

第三，自原始社会崩溃以后到未来的共产主义社会之前，一切人类的历史都是阶级斗争（加上一定条件下与阶级斗争结合着的民族斗争）的历史。

　　将第一个要点用之于中国历史的研究,那首先要求我们研究各时代的生产力与生产关系,只有把这个社会的基础构成弄明白以后,才能着手研究第一次——政治法律等——及第二次——文学艺术等——的上层建筑。《通史简编》的编者们,以很大的注意力倾注于这方面,在每一个历史时期内,都用相当大的比重来阐述生产力的发展水平及阶级关系的实际状况。在说明任何大的政治形势及文化学派时,都竭力找出它最后的经济因素。同时,也没有忽略掉上层建筑对下层基础的反作用。如商鞅变法之于秦的经济发展,儒家思想于中国封建社会长期停滞等等。

　　将第二个要点用之于中国历史的研究,那便要在中国历史上找出适应于资本主义社会以前的各个社会历史阶段,并用具体的历史材料,描画出各该阶段的真实状况。从而证明,中国历史的发展有它的一般性(当然也有它的特殊性),打破一切民粹的国情论者的谬误观点。过去企图用唯物史观的方法于中国历史研究的人的共同缺点,在于花费了过分的气力于中国某个社会阶段的有无,及其应在那个时代的空洞争论,而忽略了具体历史材料的搜集与论证。《通史简编》克服了这个缺点,它通过了大量的历史事实来说明各个社会阶段的真实状况,而不抽象的拿社会历史发展的公式硬套在中国历史上。

　　它对于中国历史阶段的排列次序是:

一、原始共产主义社会——夏以前

二、奴隶社会——殷商

三、封建社会——西周至鸦片战争

四、半封建半殖民地社会(过渡阶段)——鸦片战争至现在

　　在每个社会历史阶段中,它都配合上中国的各个朝代,而不用一个笼统的轮廓代替具体的历史时代,使人不能得到明显的历史顺序。它将长期停滞的封建社会,逐朝叙述,并指明它们的发展联系,和禅递因革之迹。按照社会发展及政治发展的状况,赋予每个朝代以一个显著的特点。在封建经济的叙述中,随时指点出资本主义生产方式的萌芽形态——尤其是唐宋以后——及其被阻抑摧毁的情形。

　　将第三个要点用之于中国历史的研究,那我们便不能将各个封建

王朝的变换归之天意,归之一个王朝的末代皇帝的荒淫,或继起王朝的某一个人物的雄才大略;我们要更深一步找出它的阶级斗争(还有民族斗争)的根源,将朝代的更谢禅递认为是阶级斗争(还有民族斗争)的必然结果。汉武帝、唐太宗的开疆拓土,他们个人的气魄与英武固有作用,但决定他们的志愿,和使他们的志愿得以实现的,仍需求之于经济发展与阶级斗争。王莽、王安石的变法,不是由于他们的好奇和爱幻想,也不是由于他们的慈悲为怀,而是为了想给当时高度化的阶级矛盾以一付调和剂;他们的失败,从当时少数保守派、顽固派的反对中得不到彻底的解释,亦必需求之于阶级斗争才能解决。儒家思想为什么能在中国封建社会中长期占支配地位,佛教为什么盛于南北朝,明末清初输入中国的西洋资本主义思潮为什么不能发展,凡此等等,也都只有从阶级斗争(及与阶级斗争相结合的民族斗争中)才能求得真实的解答。《通史简编》中贯穿着这种用阶级斗争及民族斗争来说明事实、解释历史的观点。

在阶级社会中,少数统治阶级用血腥的手段来剥削被统治阶级,将被统治阶级的全部剩余生产品,甚至一部分必要生产品攫为己有,用来供养大批爪牙——官僚军队,并尽情挥霍、享乐,过着无耻的荒淫生活。对于这一些残暴肮脏的事实,过去中国历史的著作,不是把它们隐避了,便是将它们美化了;而《通史简编》中,却以锋利与痛恨的词句,把它们尽量暴露出来,让大家看看统治阶级的罪行,与阶级社会所必然造成的恶果。

统治阶级残酷剥削与压迫被统治阶级的结果,使被统治阶级的广大群众陷于悲惨的地位,他们吃菜根,啃树皮,赤身露宿,流离失所,困顿四方。《通史简编》上,曾以生动的笔墨,描画了他们的苦状。而当这些被压迫者忍无可忍,挺身反抗的时候,统治阶级却指挥着那些爪牙给以无情的杀戮,迫得他们团结起来,汇合成一个暴动的主流,摧毁旧的统治王朝,给新的王朝打通一条道路。《通史简编》上,曾把这种反抗行为及它们给予历史发展的推进作用,给以恰当的估价和活泼动人的申述。

读者如果高兴追求中国封建社会长期停滞的原因时,在长期的阶级压迫与阶级斗争中,正可以找到具体的说明材料。

仅次于这个唯物史观的基本观点的掌握与运用的,是《通史简编》对于民族问题及民族斗争问题的处理。

《通史简编》的编者们,认为中国的历史是中国境内各民族的历史,不是任何一个民族的单独的历史;中国历史的创造与发展,各民族都曾尽了它的伟大作用。这样便在历史上扫除了认为其他少数民族非夷即蛮的大汉族主义的观点。

《通史简编》中,赞成中国境内各民族的互相团结,互相帮助,互相发展。对每一个在历史上有作用的民族,在各个民族的互相关联当中,却叙述到它们的独特的历史。对各民族的日益壮大,以崇高的敬意给以宣扬。但当它们的统治者一旦为了自己的狭隘的利益向外扩张,妨碍其他民族的发展,更进而侵略其他民族时,却又无情的揭发这种罪恶的行动。秦皇、汉武的好大喜功,遭受了严正的贬斥,五胡、女真、蒙古民族的侵入中原,屠杀与压迫汉族,也获得应有的谴责。对于被压迫被统治的民族反抗统治和压迫民族作英勇斗争,则加以热烈的歌颂。汉族抵抗北方落后民族的侵略与少数民族抵抗汉族的杀伐,都得到同样高尚的评价。

对于高兴探求中国封建社会长期停滞原因的读者,更可以在残酷的民族斗争及落后民族统治下对先进民族生产力的破坏(人民的屠杀、田地的荒芜、耕具的毁弃等等)的叙述中,找到部分的解答。

有了上述的基本观点,进一步便要来掌握材料。在过去,苏联及中国的新的史学家,往往走了捷径,采取投机取巧的办法,把社会发展的公式代替具体历史材料的摄取。其恶果便是:使读者只领会了一般的社会史的轮廓,而得不到真实的历史知识。《通史简编》的编者们,便特别注意到这一点,将他们所持的观点和方法论,用大量的具体的历史材料给以表现。在全书中,几乎找不到他们特意解释自己的观点的地方,然而在历史事件的叙述中却到处被上述的观点贯穿着。将观点、方法藏在材料的隐避物内,所写出的才是真实的中国历史,而不是架空的社会发展的公式。

《通史简编》中吸收了大量的历史材料,它从"甲骨钟鼎、经传诸子、史书地志、小说笔记、哲学宗教、诗文考证、歌谣戏曲……这广泛纷乱的大堆材料中去寻找"（见《通史简编·序》）原料。就材料的丰富来讲，的确可说超过任何现有的中国历史教科书。

过去中国历史课本的通病，在于引用材料时往往直接抄录原文，不加翻译、溶化，致使对中国的文言文素养较□的读者见而生畏，不能卒读。《通史简编》的总编辑人范文澜同志，曾花费了很大的力气，把所引用的比较艰深一点的材料都翻译成通行的白话文，以减少读者在文字上所遇到的困难，而增加阅读的兴趣。

譬如在本书上册二四页上，有着这样的话：

> 盘庚训告众民说：你们不听我话，天上的先王要忿怒，说，你们为什么不顺从我的小孙子！你们的祖先，都请求先王，大大降刑给你们，把你们杀绝，不留种子。

这是很明白的晓畅，生动易读的，但在《尚书·盘庚》篇的原文上，却是这样诘倨聱牙的文字：

> 盘庚乃登进厥民，曰："明听朕言，无荒失朕命……先后丕降与汝罪疾，曰：'曷不暨朕幼孙有比？'……乃祖乃父，丕乃告我高后曰：'作丕刑于朕孙。'……我乃劓殄灭之，无遗育。"

像这样的例子非常多，因篇幅关系，不一一列举。

因为枯燥的历史材料的叙述，往往不能引起读者的兴趣，所以在行文中不时插用些生动可笑的故事，如：

> 山东策士聚在赵国谋攻秦。秦相魏冉说不妨事。秦和策士没有怨仇，他们无非谋自己的富贵，所以谋攻秦。好比狗，有卧的，有起的，有走的，有立的，彼此没有斗意，投下一块骨头，立刻起来争夺了。（六五页）

这不简单是个笑话，笑话的后面隐藏着服务于统治阶级的一部分知识分子——士的本色。在秦王听了魏冉的话以后，费了三千金，便使赵国的策士像恶狗一样彼此厮斗争夺起来了。

又如二三四页上说：

> 俊臣问兴，囚犯不承，当用何法。兴说，这很容易，取大瓮四面
> 烧红炭，令囚入中，何事不承。俊臣如法布置，起立道：奉旨讯兄，
> 请兄入瓮。

特务人员用酷刑对待人民，不料这种酷刑也要落在自己的头上，而执刑
者不是别人，正是自己的同行兄弟。

过去中国的史学家，有一个共同的倾向，那便是好古——喜欢古代
史（春秋以前），不高兴研究近古史及近代史（隋唐以后）。他们之中，有
不少人主张并实行"书不读秦汉以下"。用新方法研究中国史的学者，
因任务与时间的关系，也多半把更多的精神照顾到古代史上，很少涉足
于近代史。因此便造成几本流行的历史教科书中的头大脚轻的毛病。
这是一种不良倾向。研究历史的目的既然主要的在认识中国，帮助目
前的革命实践，在这种意义上，近古史的重要性便远过于古代史，近世
史的重要性更远过于近古史。

《通史简编》力改了这个毛病，秦以前的二千多年的历史，它只给了
八分之一（只就已写出的两册来说）的篇幅，而隋唐以后至鸦片战争一
千二百余年的历史，却给了三分之二的篇幅。它给与近代史有关的封
建社会后半期的历史以比较详细的叙述，以较大的比重来阐明中国封
建社会晚期的发展规律和发展状况，这是完全应该的。在写作的计划
中，将以整个的一册给予鸦片战争后的半封建半殖民地的历史，那将使
完整的中国通史取得了一个新的面貌。

在行文上，《通史简编》力求其简练，极力避免空洞的议论，和无味
的铺张，只求其能表达出历史事变的真象。可说每一句话，都有出处，
都有所指，有时一句话的出处不只一个，有时几个字里便包含着两种以
上的不同意思。例如叙述到战国末年，山东诸国为秦所灭的原因
时，说：

> 山东各国互相猜忌，不能合纵，供养食客，浪费资财，固然是灭
> 亡的原因，但主要原因是下层民众，在水深火热的境遇里，不能生
> 活下去。（六九页）

简短的五十余字，包括了丰富的史实，并说明了山东诸国灭亡的主要原

因及次要原因。山东诸国的互相猜忌、互相斗争，是战国时代的历史特点。整个战国时代的一百八十余年的历史，充满了山东诸国互相厮杀的无数血腥事实。各国统治者间的利害冲突，为秦所乘，使他们互相团结西御强敌的良策——合纵，只三年便告破产。那些统治者，以他们从人民身上剥削来的脂膏的一部分，供养一些鼓唇弄舌的寄生人物——士，希图他们为自己划策，为自己扬名，作自己政治斗争上的爪牙。其实这些所谓士，却都是些寡廉鲜耻的吹牛大家，在主子有钱有势时，都像狗一样的寄生门下，一旦主子失势了，他们便作鸟兽散，投靠到他人——有时是原来的主子的敌人怀抱里。由于山东诸国的剧烈战争，由于其统治者对民众的加紧压迫、剥削，使得其人民流离失所，发出"吾及汝偕亡"的喊声，这便给西陲的强秦造成东下取天下的物质基础。

文字的简明是《通史简编》在写作上的特点，但这并不是说，句句准确，字字恰当。由于写作的仓促，某些辞句上的疏忽仍是在所不免的。

《通史简编》的写作方针及其特点，大体便是如此。

那么，是否这本书就非常完美，毫无缺点了呢？在现代中国的史学水平下，又受了种种客观条件——如有些必要的参考书不易找到，没有机会同全国的史学家广泛的交换意见等等——的限制，再加上编者们学力、时间的缺乏，致使这本书还有很多不能尽满人意的地方。

在经济史的材料上，里面收集得不够充分，尤其代表生产力发展水平的材料，颇感欠缺。这一方面由于中国封建社会的各项著作（它们的作者都是士大夫），对于这种"形而下"的东西记载较少，钩沉淘金的功夫不易做；另一方面由于中国近代的学者们在整理这项材料上临阵脱逃，使我们无从利用他们的成果。同时编者们的才学不逮，当然也不能不在这个缺点的形成上，加了一个法码。假使我们把讲文化的各章与讲经济的各节对比起来阅读，便会感觉到前者生动充实，后者略现贫乏与晦涩。

其次，材料的充实是这本书的一个特点，也正因为太珍惜材料，致使在其取舍排比上留下了遗憾。有些地方，不免把各项材料一视同仁，无分轩轾的应用起来，应该强调的材料未曾强调，无关重要的材料又不忍割爱，这就造成了某些叙述的略现杂乱，读起来一时不容易得到要领。这种现象,在财政经济各节中较为显著。

由于顾虑到印刷与制版的困难,全书中没有一张图表——如历代疆域图、户口统计表、田亩统计表、大事年表等等,因此减少了这本书的明确性,减低了读者的兴趣。好在这个缺点已有了补救的办法,不久将有配合《通史简编》的《中西历史大事年表》补助读物的出版。

由于顾虑到这本书的读者没有时间翻阅中国旧史料作参考,同时又受到字数及印刷条件的限制,因此,没有把原引材料附进去,也没有在每编每章后列举参考书。这对于想依据这本著作作加深的专门研究的人,当然有很多不方便。

除了上述的缺点以外,本书其他不能满意的地方一定还有,希望国内外研究中国历史的学者们、朋友们,不吝赐予批评指正,使本书得以更加完备,并且以共同的努力把中国史学的研究,推向一个更高的阶段。

（《解放日报》1941 年 12 月 13、14 日,第 3 版）

中国人应该读的一本书

——介绍《中国通史简编》

小　黎

我们常常说,我们中华民族有好几千年悠久的历史,有光辉灿烂的文化,并且常常引为荣耀。是的,这是值得我们夸耀的。可是,这几千年中,中华民族是怎样发生和发展的呢? 在降为半殖民地半封建社会以前的长久年代里,中国社会的经济结构怎样,政治建筑怎样,意识形态又怎样呢? 在"巍哉巍哉"赞颂之余,对于古老祖国究竟是怎样国度这一问题,往往"望洋兴叹",为自己的无知而觉得觍觍惭愧。于是,古老中国,在外国人看来是"神秘"之邦,似乎只是皇帝、鬼神、孔子的混合物而已。就是中华民族的分子,有的景慕秦始皇或者仰怀汉唐,以为古代的一切一切却比现代好,以为古代中国是歌舞升平的世界,没有民族斗争也没有阶级斗争,于是高唱"复古"。在更多的人们底脑海里,所浮现的却是"五十年一大乱,三十年一小乱"、"真命天子出世"等等附会概念。有一些热心的人士,曾经试图打破这种僵局,把古代中国社会的轮廓画给人们看。可是有的把握不住正确的历史观,有的机械地把社会发展的一般法则硬套在中国具体而复杂的历史上,结果怎样使中外人士一窥古代和近古中国社会的近似正确的面貌的问题,始终没有获得解决。

最近,《中国通史简编》的出世,却使这个问题获得比较圆满的解决了。《中国通史简编》,使对于古文即使缺乏了修养的读者,也能够以最经济的时间,吸收关于古代和近古中国社会的相当丰富而正确的知识。

在全书中近古代史的篇幅多于古代史,材料的丰富超过任何现有的历史教科书，以客观的令人入趣的叙述代替令人疲倦的说理，文字简明洁练（引用的古文都有白话文注释），古代地名都注有今名——这些都是《中国通史简编》的优点。这些优点对于阅读能力稍差或者阅读时间较少的读者，有多大的帮助，是不言而喻的。然而《中国通史简编》的最大优点不在这里。

《中国通史简编》的最大优点在于：

第一，正确地运用唯物史观的观点和方法来研究中国历史，不是公式主义的搬用它。即是说，《中国通史简编》的编者们以马克思在其《政治经济学批判》论文中所阐明的社会构成的一般法则——生产力和生产关系、基础和上层建筑、社会存在和社会意识之相互关系的一般法则，历史发展的一般规律——从原始公社社会，经过阶级社会（奴隶社会、封建社会、资本主义社会），到共产主义社会的顺次发展的规律，以及马、恩所指出的，"自原始公社土地占有制瓦解之时起，全部历史都是阶级斗争史"的观点，□□□□中国历史的根据和指南。然而《中国通史简编》从事实的分析出发，而不从最后的结论开始，从具体的中国历史上一定的社会形态及其过渡阶段出发，而不从抽象的一般公式开头，它通过了广博的历史材料来描画和论证中国社会各阶段的真实状况。所以，它能够克服了过去研究中国历史的那种忽视具体历史事实和材料而去机械的搬弄公式的缺点。同时，通过具体的社会形态，以胜于雄辩的事实证明中国历史的发展有它的一般性，而揭发民粹的国情论者底错误，这些民粹主义者曾经把中国国情描画成"与世隔绝"的特殊，好像中国是处在另一个星球上似的，以便愚蠢地寻找反对唯物史观的藉口。

第二，正确地处理民族问题和民族斗争问题，不是主观主义的处理它。即是说，《中国通史简编》的编者们认为中国历史是中国境内各个民族共同创造与发展的，中国历史是各民族的历史，而不仅是汉族的历史。然而，《中国通史简编》从具体的事实出发，分析历史上的民族斗争，当没有找出是那个野心家侵害其他民族的生存与发展的时候，绝不武断地谴责任何民族。所以，《中国通史简编》重视占有人口最大多数的汉族的功绩，同时在历史上扫除了大汉族主义者的观点，这些狭隘民

族主义者曾经把中国境内少数民族描画成"劣种"民族,好像生来就是
"没出息"似的,以便"巧妙的"寻找压迫少数民族的根据。

第三,正因为《中国通史简编》有这样的优点,所以它对于中国社会
发展阶段问题、对于中国历史许多事件和悬案,都有明析的唯物的解答
和总结,它放射着令人神往的光彩。例如:

《中国通史简编》依据许多材料,作出这样的结论:

在夏以前,"生产工具仅仅是石器和弓箭,生活资料仅仅是吃半生
肉,着粗布衣,刑罚止有道德上的惩戒作用,大酋长由部落公选,没有特
殊权力"。所以,"中国历史同任何民族的历史一样,也就是说,依照历
史一般的发展规律,在上古时代,存在过原始公社制度(也称为原始共
产制度)。从中国历史开端(黄帝)到'禅让'制度崩溃,正是实行着这个
制度的时代"。

其次,"由于生产力的进步,由于俘虏的增加,私有财产制度逐渐发
展了。达到一定的程度,私有制度就代替公社制度,这表现在夏后启的
开始世袭帝位。……私有制度在夏代继续发展着,衰败的公社制度益
趋崩溃。东方新起的商,生产力比夏前进,利用夏桀内部的阶级矛盾,
攻灭夏邑,建立相当大的王国。这个王国是建立在奴隶占有制度上面
的。……"

再次,"重农是周立国的特点。周农业也确比夏殷发达"。"周初农
具如钱(耜)、镈(短镰刀)都用金属制造。……殷周间即使没有铁,金属
犁是确已使用了"。"文王施行裕民政策,招致附近各地的平民。……他
们领公家土地耕种,缴纳税租,剩余物品得私有自享,这种人数增大,就
成为封建社会的开始"。

又次,它将长期停滞的封建社会,逐朝叙述,按照社会和政治发展
的状况,赋予每个朝代以一个显著的特点。仅举第二编来说:秦朝的特
点是官僚主义中央集权的封建制度的成立;两汉,对外发展时代;三国,
内战时代;两晋,外族侵入时代;南朝,中国文化南迁时代;北朝,异族同
化时代。它在封建经济的叙述中,随时指点出资本主义生产方式的萌
芽形态及其被摧毁的情形。它指出中国封建社会长期停滞的原因,应
在长期的阶级压迫与阶级斗争中,在残酷的民族斗争与落后民族统治

下对先进民族生产力的破坏中，去找寻。

又如，它对于如下问题作这样的解答：

（一）尧舜"禅让"——"所谓'禅让'制度，实际就是氏族社会的会议选举制度。这种制度在后世落后种族中如乌桓、鲜卑、契丹、女真、蒙古都曾行施，有记载可以考见"。"尧舜'禅让'就是黄帝族许多部落的联盟，共同选举一人当大酋长"。

（二）秦统一天下及其灭亡的原因——秦统一天下，不是凭秦始皇愿望所能做到的，"秦政治经济都比较好，所以兵力也特别强。山东（指其他六国）比不上秦，又不能合纵团结，终于贫弱而亡"。"单凭嬴政个人愿望，是不能做到中央集权的。正因为历史推动他这样做，所以顺利的完成了他的愿望"。春秋和战国时代的人民，都不愿望做小国的人民，因为做小国的人民有双重的负担，除本国的一切负担外，还要对强国缴纳贡赋徭役。同时都不愿意打仗，不愿意受列国间战争的损害，所以"谁能统一中国，人民就希望从他那里得到和平。这就是秦完成统一、完成中央集权的原因"。同样的，秦的亡，是亡于它在统一之后，给人民的不是和平的生活，而是残暴的刑罚、严重的徭役，"伐胡越，筑长城，求神仙，造宫室坟墓，耗费极大人力财力，全国人民被暴政迫胁作皇帝一人的牺牲，止有起义反抗"。

（三）刘邦为什么能战胜比他强大的项籍（项羽）——"刘邦的兄弟妻子都耕田治产业，是中小农，这在秦朝是农民中最广大的阶层。项籍出身贵族世家，这是已经没落了的阶层。胜利属于刘邦，因为他有广大阶层的拥护"。虽然刘邦也不过是利用农民起义□□□□而已，"历史上农民起义，总被野心家利用，起义的果实，总归他们享受，他们彼此间又相互欺诈残杀，最后一个就成为皇帝"。

（四）汉武帝的开疆拓土——雄才大略固有作用，但决定他们的志愿的是经济的发展和阶级斗争，"刘启的儿子刘彻（武帝），是个仿佛秦嬴政那样雄才大略的皇帝。他想和缓国内的阶级矛盾，利用雄厚的财力、穷人的生命，发动大规模对外长期侵略"。

（五）王莽的变法——企图调和当时尖锐化的阶级矛盾，"西汉社会问题：第一，土地集中在少数人手中；第二，贫民被迫，沦落当奴隶。

阶级斗争尖锐地发展着,使统治阶级感到很大的危险"。"西汉末年王莽企图解决问题,提出了许多办法,可是他没有坚决执行的勇气,被统治阶级反对,就动摇而屈服"。"解决问题的王莽,成为被问题解决的王莽"。

（六）三国的争雄与吴蜀的失败——三国是封建军阀内战时代,"统治阶级的军阀们,却借皇室统治权动摇的机会,拥兵争夺权利,烧杀掳掠,无恶不作。户口骤损十分之九,良田全成荒地,人口密集的中原地区,千里不见烟火,军阀内战的罪行,真使人伤心惨目。他们屠杀人民,还说自己替人民除暴乱"。吴蜀失败是因为反魏统一战线破裂,"吴蜀合作,努力抗魏,是吴蜀必须采用的策略。孙权贪私,破坏联盟,弄得本身狼狈不堪,诸葛亮'恢复汉室'的计划也被他毁灭"。同时,一反庸俗的见解,以政治眼光判断周瑜不如鲁肃,"鲁肃认清谁是共同敌人,所以诚心帮助刘备,不像周瑜狭隘妒忌,止顾自己的利益,忽视曹操的强大,不惜用卑污方法——想用美女玩好,腐化刘备——阻止刘备的发展,实际是替曹操造灭吴的机会。鲁肃识见,比周瑜远大得多"。这种创见在全书到处都有。

又如,它认为各个封建朝代的变换,不是由于天意,也不能归之于末代皇帝的荒淫,而认为是阶级斗争（或者在一定条件下与阶级斗争结合着的民族斗争）的必然结果。

其次,它涤洗了历代御用学者诬蔑农民起义军为盗匪的侮辱。它指出,西汉末的赤眉、东汉末的黄巾、唐末的黄巢,都不是盗匪,而是被饥寒驱迫而起义的农民军。以黄巢来说,"黄巢起义凡十年败死。他从山东到河南,转入安徽,又转湖北,从湖北回到山东。从山东到河南,从河南到江西,转浙东入福建,从福建到广东,转广西、湖南、湖北,又转江西、安徽、浙江,转江苏入安徽渡淮河入河南,克洛阳,攻破潼关据有长安。又从长安入河南回到山东。这样伟大的行军,在历史上是空前的。他经过的地区,农民纷纷响应,成立许多较小规模的起义军,使唐朝官吏顾此失彼,手足无措。巢行军不掳掠,这在统治阶级的历史家,也不能否认这个事实"。

再次,它宣扬各民族壮大与发展,但对于侵略其他民族的,却加以评斥,对于抵抗侵略的则加以称赞。如,秦始皇、汉武帝的对外侵略,五胡之侵入中原,屠杀与压迫汉族,都受到谴责。汉族之抵抗北方落后民族的侵略,少数民族之抵抗汉族的杀伐,却得到崇高的评价。

第四,正确地阐述各代的思想文化,讲解得非常生动,每每有独到的见解。例如:

儒家思想为什么能在中国封建社会中长期占支配地位呢?因为孔子认为"天命是固定不变的,所以道德、政治等等都是固定不变的。政治的根本是礼乐,亲亲、尊尊、长长、男女有别,是礼乐的真义。那些疏者、卑者、幼者、女人等被压迫被轻贱是合理的"。"孔子教人立身处世的大道理,可说是中庸主义和家族主义。处世以中庸为主。庸言庸行,寡悔寡尤⋯⋯立身以家族为主。孝为仁之本,身体发肤受之父母,不敢毁伤,自然不会犯上,更不会作乱"。这正合乎封建主的口胃,封建皇帝需要尊宠和利用这种思想来巩固自己的统治权。

佛教为什么盛行于南北朝呢?因为"西晋统治阶级生活极端腐化,表面清谈放旷,不屑尘俗,实际穷奢极欲,怠惰贪鄙,无恶不作。终于五胡侵入,政权崩溃,一部分逃窜南方,回想昔日洛下(西晋都洛阳)盛况,感受深刻的痛苦,需要更有效的麻醉剂来解脱烦恼,佛法谈无常、苦、空、无我四大原则,无疑地应该是当选了。侵入中原的五胡,本是野蛮被压迫种族,文化方面,一无所有,又是佛教乘虚而入的好机会,北朝两次灭佛兴道,南朝始终尊信佛教,说明在失败柔弱的社会里,佛教应该有更巩固的基础"。

无论从观点和论断,材料和处理各方面说起来,在中国史研究领域中,《中国通史简编》是空前杰作。

这是中国人应该读的一本书。

(注:本文所引用例子,仅限于《中国通史简编》上册,因为下册还没有看到。)

(《新疆日报》1942 年 3 月 27、28 日,第 4 版)

三部中国史的新著

一　文

　　我们正处在新的还没有完全长成、旧的正急趋死灭的时期，许多人一方面在人民事业的号召下，开始接受着新的东西，倾心于民主自由的新生活，另一方面却给旧社会的旧观念牵制和约束着，纠缠着，痛苦着。这儿有三部中国史的新著，在这三部新著中会使我们了解中华民族与整个人类社会共同的前途。革命者没有个人事业的成败，在没有最后完成任务以前，他的事业只是革命中的一段过程，是成不足骄，败不足馁的。这和历代以牺牲大众、用大众血肉来创造个人的荣誉与地位的英雄们是绝然不同的。为了顺利推进社会向一定的目标前进，我们应当为创造历史而研究历史。这三部新著，便是在这样的任务下编纂的。

《中国思想通史》

　　杜守素、侯外庐、纪玄冰三氏合著的《中国思想通史》是一部长达一百二十万言，最详尽、最完整的中国思想史。上起殷周，下迄科玄论战，共分四卷的巨著。第一卷内容由殷周到战国，推究古代诸子思想的源流学派。第二卷，由秦汉到五代，叙述中古上期的儒玄思想的分流与中印思想的接触和斗争。第三卷由两宋到鸦片战争，阐明古中下期的儒道释三种思想的合流和所谓道学的发展，以及初期启蒙之反道学思想的意义。第四卷，由太平天国到科玄论战的近代思想，说明社会变革的前夜，新□思想怎样演变而到达科玄的论战，以及迎接新思潮的意义和准备。

它从思想自身的发展中发现历史规律的具体相貌,并客观地证实思想的高潮每与社会的变革血肉相结,它揭出中国思想第一个高潮发生于殷末周初之际;第二个高潮发生于春秋战国之际;第三个高潮发生于明末清初之际;第四个高潮发生于清末民初之际,并预示着,在当前民主与反民主之际,行将发生第五个思想史上高潮的必然到来。

《中国通史简编》

范文澜氏著《中国通史简编》计六十余万言,共分三编,上自邃古传说的原始公社,下迄鸦片战争前闭关封建停滞时代,其间生产方式的发展,阶级关系的变化,政治制度的演进,王朝的兴衰与更替,种族的斗争与同化,人民大众的负担与痛苦,学术的派别与变异,以及秦汉以降历代的农民起义等重要历史现象,并充分利用甲骨钟鼎、经传诸子、史书地志、小说笔记、哲学宗教、诗文考证、歌谣戏曲等全部资料加以融合贯通,分析各时代人民大众的生活境遇。作者系统的分析,指示出中国社会循着怎样的道路向前发展,在历史发展的必然性上,给予读者以正确的努力方向。

《中国古代史》

侯外庐氏《中国古代史》是中国古代社会法则之研究和国家起源的理论探讨,由世界学者的论战中得出一个新的看法。分析历史材料,打破一切成见,重新把握材料加以检讨作为主要依据。

在历史发展规律中评断社会意义与逻辑的正误,追求思想递变动力,指出承前启后的脉络。(以上三书,均将于七月间由上海新知书店先后印行)

(《时代日报》1947 年 5 月 24 日,第 3 版)

《中国通史简编》

少　若

　　要求一种好的历史课本（实不止历史课本，这里只单说历史），是眼前大中小学的当务之急。很多人已讨论到目下编制课本的问题，尤以国定本最易受到物议。实在说来，编"课本"本不是件容易的事。集体合作易失于芜杂而欠联贯，一人专著又病所见狭隘，不免陷于主观。不过国定本既为万目共瞩，当然易受指责。说句公道话，功过大都相去不远，初不仅国定本为然也。

　　抗战以来，大学用的通史教材，就区区所知有三四种比较普遍，且多出于私家著述。计张荫麟先生遗作一种，翦伯赞先生一种，钱穆先生一种，和这里所要说的，范先生所编的一种。张先生的文笔很流畅，内容也极扼要。可惜待商榷处正多，未竟全功，便已去世。翦先生的材料是广博的，眼光是犀利的，只是取予之间往往狃于己见，有些断语也嫌下得太早。钱先生的一种，立论较中庸，叙事较质实，虽少精采，却成体系。只是头重脚轻，前详后略；时代愈近，材料愈少，此书本名"史纲"，作来作去，只腌了一副骨骼，不惟肌肉全亏，即筋节脉络也不见了，真称得起是"纲"也。

　　治学问似乎不宜讲党派，故撇开立场不谈，范先生这本书确是相当可取。此书初成于一九四一，殆是左派大学的"国定本"。我所看到的是三十五年六月再版本，只有上册。纸糙墨劣，犹存抗战时印刷品的本色。最近由希望书店重印一种《中国历史简明教材》，实即此书异名。不过此书原是上下两册，上册由原始公社至五代末年，希望书店本改装成三册而已。现在大约刚出了一册，将来当不难窥其全豹的。

本书序里阐明这本作品的特点:"首先是从史料中选择真实材料,组成一部简明扼要的、通俗生动的、揭露统治阶级罪恶的、显示社会发展法则的中国通史。"第一,我认为本书材料的选择,确乎够得上"真实"。起初我以为这是左派人作的书,先入为主,想着一定有地方豪强附会,或擅改史实。孰知其书所记,不但踪迹分明,证据确凿,而叙述剪裁,实在够得上紧严平实。比起翦先生的作品,尚较客观合理,甚少歪曲武断的痕迹。其次,简明扼要的条件,也足够标准。至通俗生动一层,则到底因为是"历史"课本,不见得十分成功。然而却能从此得一反证,即文化的程度是多少有点高下之分的。强高者以就下的"大众化",毕竟难行得通。像这本书所表现的成绩已经很不错,但去所谓"普罗体"还距离很远。左派的人每好唱高调,不想提高大众程度,却一味使知识分子去牵就他们,这只是变相的摧残文化而已。此外,显示社会发展的法则,也嫌不能深刻与清楚。然而究竟这是历史书,不是社会学,我们的要求也无须十二分苛刻,有这样成绩已经很好了。

不过,有一点不能不引为遗憾。那就是编著者仍为了宣传与辩护,在"观点"(viewpoint,俗叫作"看法")及批评上有着很浓烈的主观色彩。往往有些史实,和左派的路数原是风马牛不相及的,编著者却偏要硬拉过来为自己的"道统"说法。可是,前面说过,本书对史实的记载甚少歪曲武断之处,于是这些看法与批评,就有了显而易见的扞格。例如说历代帝王专制的制度,及藩镇跋扈、流寇猖狂等事实,总不免有我田引水之嫌。盖中国毕竟是中国,传统也到底是中国的传统,古今初无二致。即以我国现存的几种党派,与其党中的大小人物而言,不论其短长优劣,明眼人是不难一目了然的。正不必宣于语言,形诸楮墨,更无须用历史来解释,愈解释则其自相矛盾处也愈显著,正所谓"欲盖弥彰"。只用客观的记载便已足够。要知历史上的是非善恶美丑,无论过去现在,是永不会磨灭的;正如今日国内局势,所表现的是非善恶美丑一样,只要中国不亡,将来也永不会磨灭的。准此,则一时代之得与失,其最公允的裁判,莫过于千秋万岁之后的评骘。因之,本书抱着专以"揭露统治阶级罪恶"的宗旨,来做为写书编课本的大前提,也就正暴露了自己的器度与弱点,诚不能不引为遗憾。这大约就是国定本的毛病了。

　　从编制与取材方面而言,这书也长短互见。其长处,如对历代人口户籍的统计,均有确切的推算与记载,对工商经济问题,亦较以往历史书籍所说为详;对于历代王朝兴亡的关键,尤能须眉毕现地和盘托出,简括而明确。其短处,如述一代经济状况在其政局演变之先,使人不易看出线索。要知问题的轻重不是单靠层次之先后而已。又如对文化的史实与演变,稍嫌说得不够多。更有一点最使读者感到不便,这里合亟提出。即自汉代以后,每一个在位的皇帝,皆书姓名而不书帝号(仅于第一次书于括弧内注出,亦有径不注出者)。揆其用意,当为了废除阶级高下的畛域,而以"一律平等"视之。其实帝号也罢,姓名也罢,总之都是一种符号标识,事过境迁,初无所谓尊敬与崇拜。而书面的记载,则以用那些便于读者阅读与记省者为合宜。比如说项羽、刘邦是姓名,楚霸王、汉高帝是谥法,不拘说那一种,人们都知道是指谁,当然不妨用项羽、刘邦而不说其帝谥。至于说汉灵帝是刘宏,唐宪宗是李纯,则不如径呼其帝谥之为愈,因读者并无此兴趣与义务,去背诵那些历代君主的尊姓台甫,和家谱出系也。这岂非一大不便乎?何况秦以前仍多称谥,汉以后乃称姓名,也有点自乱体例,故虽属小事,却值得商榷也。

(《天津民国日报》1947 年 6 月 7 日,第 6 版)

《中国通史简编》评介

时考文

中国历史研究会编著,范文澜主编,新知书店出版(上海四川北路八号),每部六万六千元。

本书在目前新史学著作中,有其独立的特点:

第一,与郭沫若、侯外庐诸人的著作之侧重于"古代社会"者有别,本书是"通史",上起邃古传说的原始公社时代(纪元前三〇〇〇年?),下迄鸦片战争以前的严格闭关封建经济停滞时代(纪元一八四二年),从上下约五千年的历史长流中,显示了中国社会发展的基本规律,并依此而指点出中国社会发展的客观前途。

第二,与郭沫若、侯外庐诸人的著作之侧重于"专门研究"者有别,本书为"简编",简者,"简明易解"之义,在这一点上,本书十分成功。例如,全书六十一万言,对于甲骨钟鼎、经传诸子、史志诗文等,凡初学者不易了解的史料,一一运用了古文今译的方法;其偶有引征"原文"或古籍"成语"时,也随处注明"今语"。在史学大众化一方面,本书可称为相当的成功。

第三,从一九三〇年郭沫若的《中国古代社会研究》出版以来,中国古代社会史的阶段性,始终是一个未决的问题。本书关于此点,有其独立的看法。即从黄帝到"禅让"制度崩溃,是原始公社时代;从夏禹创始"传子"制度到殷末,是奴隶社会时代;从周初到战国末年,是初期封建社会时代;从秦汉到鸦片战争,是中央集权的封建社会时代。

上述三点是本书的最大特色。就中第三点,关于先秦部分的社会史阶段性看法,与郭侯两家鼎足而三,其间的异同,自不容忽视。但是,这里的歧异,确乎也不应过分强调。这是因为:其一,从史观来看,彼此殊无不同,"歧异"只是生于史料的理解与处理的技术。因而,这里的"歧异",客观上没有"学派性"的意义,只有史料的再认识与处理技术的再熟练,才是必要的事体。其二,从治史态度来看,彼此亦无不同,都是要从具体史料中发现史观原理的特殊形态,都没有离开史料拥护自己看法的主观主义流弊。因而,这里的"歧异",只是新史学创造过程中的暂时现象。其三,从一九三〇年到现在,虽不过是短短二十年时光,新史学的水准已经超过了仿效西欧语言的阶段,开始在自己土壤上用自己语言,驱使着新的史观,发掘自己历史的发展规律。因而,这里的"歧异",一定可能在不远的将来求得科学的解决。耐性的读者,正不必苛求早熟的结论。

本书作为新史学著作之一,而有着光辉成就者,在于左列几点:

第一,社会史每一阶段的转捩点上,本书都明白的指出新制度战胜旧制度的必然性。例如,在夏初由"禅让"到"传子"的转化关键点上,本书叙述了太康失位与少康中兴的经过以后,马上指出两种制度长期斗争的结果,新制度"传子"必然战胜旧制度"禅让"。(页一七)在殷周之际由奴隶社会到封建社会(依郭说是周因于殷礼的奴隶社会本身的发展,依侯说是由氏族社会到奴隶社会转化的亚细亚的特殊途径)转化的关键点上,本书又指出:"周是新兴小国,几十年工作,居然灭殷,造成一个大朝代,这固由于殷代统治阶级极端腐化,势必崩溃,同时也由于周已经形成新社会,而新社会必然要战胜旧社会。"(页三〇)从旧制度(或社会)中必然产生出新制度(或社会),而新制度(或社会)又必然战胜旧制度(或社会)。这一历史规律,在本书中有着具体的大量的范例。

第二,所谓"新制度必然战胜旧制度",这一历史规律在本书中不是一条死板的公式,而有其活生生的内容。这就是新制度比旧制度更能适应人民的要求,更能保证人民的利益,否则,如果在剥削人民、压迫人民上所想出的新花样,本书则绝不名为新制度,因而也就无所谓"战胜"与否的问题。例如,在分析"秦统一的原因",亦即由初期封建到中央集权的封建制度转化(依侯说是由奴隶社会到封建社会转化)的起点上,本书首先指出秦在疆土与经济方面占绝大的优势,其次指出:"秦国人民止有多斩敌首,才能得爵赏。不像山东各国,说空话,当食客,有侥幸的途径。"又次指出:"秦国政治风俗,比山东朴素严明,不能不说是一种优势。"复次指出:"山东各国互相猜忌,不能合纵。"最后又详尽的指出:

> 山东国家,各造堤防,天旱争夺水利,天雨放水到邻国。……壅水和放水,给地主、农民以生死的威胁,从灌溉事业说来,他们希望有统一的管理。战国盛用牛耕。……秦改革亩制,是适合生产力的进步制度。山东国家生产力进步了,还保守旧制度,人民在实际生活中,对守旧是不会满意的。秦国各种设施比山东诸国进步。……山东各国……下层民众在水深火热的境遇里,不能生活下去。……又加以横征暴敛,土地愈削小,赋税愈苛刻,人民负担,将是不可想象的繁重。齐都临淄、赵都邯郸,居民生活非常腐化,其他都会,大概相类。这种不生产的寄生者,当然也是间接剥削劳苦民众的。民穷财尽到不可维持的时候,国家非灭亡不可。……秦国的兵力、经济力和政治影响都远胜六国,这样,势必产生前所未有的统一大帝国。(页七八至七九)

在这一观点之下,"人类创造了自己的历史",而人民大众是创造历史的主体。

第三,从"人民是历史的主体"这一观点出发,本书的主要内容,便不在于叙述皇帝、贵族、豪强及士大夫等少数特权人物的言论与行动,而在于分析各时代人民大众的生活境遇,亦即以人民大众的生活境遇为本位,而依照着社会构造的程序,逐次解释了各时代生产方式的发展,阶级关系的变化,政治制度的演进,王朝的兴衰与更替,种族的斗争与同化,学术的派别与变异等等历史现象。例如,本书从原始公社的邃古时代起,到封建末期的鸦片战争止,都对于人民大众的生活境遇有详尽的分析。兹随便举其关于汉代的一例如左:

> 农民怎样生活下去呢? ……照西汉大儒董仲舒所说:"衣牛马之衣,食犬猪狗之食。"……出卖自身及妻子做奴婢,街上有木栏,像牲畜一样,放在栏里买卖。普通奴婢价值钱一万五千文。有时被豪强劫掠或强迫出卖作奴婢。……饿死或人相食,史书记载许

多次。流亡或逃匿山泽做盗贼，因而被杀受罚，妻子没入官府做奴婢，更是习见的常事。两汉农民生活就是这样，号称太平的文景时代，也并不例外。（页一一二至一一三）

第四，由于着重在人民生活，所以从秦汉以降，对于历代农民起义，亦均有周详的叙述。例如关于元明两代，其叙述农民起义部分，均将万言，且均是专节分析，字里行间，充满着高度的同情。不过，虽然如此，本书却绝对不是农民主义的著作。恰巧相反，举凡农民意识的缺点，及其失败的原因，本书亦均着重指出，作为历史的教训而教育着读者。例如，其一，关于秦末的农民起义，本书指出："这是中国历史上第一次农民起义，也是第一次说明没有到现代无产阶级领导革命时代，农民本身永远不能找得出路。"（页一〇五）其二，关于王莽末年的新市、平林与赤眉的失败原因，本书指出："他们纯是农村饥民，被贪污残暴的统治者逼得无路，不得不起义求生。他们没有政治军事知识，缺乏组织和纪律。贪财物，想回家，老皇帝姓刘，必得找个姓刘的做皇帝，不知道联络其他阶层，利用他们的力量，充分表现农民的纯朴性、保守性、自私性、狭隘性。……刘秀胜利的原因，主要是军队有纪律，不掳掠害民。"（页一二七）其三，关于东汉的农民起义，本书指出："同道教关系很密切，原因是农民生活困苦，穷极无聊，不得不向鬼神寻求援助，野心道士利用时机，妖言惑众。他们既没有政治理想，又没有真实技能，所以开始时风动一世，稍久就不能支持。黄巾式的起义，东汉以后，历朝继续出现，农民愚昧无识，一次又一次地受他们的欺骗，牺牲极大，成就很小，完全证明农民没有进步阶级领导，起义决不会有好的前途。"（页一三三至一三四）

此外，本书编著于团结抗战及民主争取时代，所以关于三国的内战时代，对于诸葛亮与鲁肃的"吴蜀合作，协力抗魏"政策，竭诚赞扬。而对于孙权的贪私妒嫉、破坏联盟，则攻击不遗余力。（页一四一至一五二）关于东晋外族侵入时代，特别强调冉闵、冉智父子，而攻击不顾种族大义的东晋君臣。（页一六六至一六七，及一七二）关于两宋，则赞扬宗泽、岳飞与杨么，而攻击高宗与秦桧。（页三九四至四一三）关于清代，特别强调华侨罗芳伯在乾隆四十二年（一七七七）所建立的兰芳民主共和国,而对出卖民主共和的汉奸刘鼎与叶汀凡则严厉呵斥。(页六八九至六九三)凡此皆可证明:本书是从历史的分析中,执行了现实的变革任务。

但是,本书似仍有左列各点,值得商量:

第一,对于历代帝王,皆直书其名,例如称汉武帝为刘彻,称清康熙为玄烨等等,不一而足,且往往略去帝号,不加注释。此对一般读者,极为不便。即从民主观点来看,似亦无此必要,苏联著作以"彼得大帝"名其书而不删其帝号,即为范例。

第二,关于古代部分,径引《尧典》《洪范》《礼运》等篇(页一三、一四、一六、二六),对于前人考证只字未提。关于周初用铁及牛耕,并无积极资料,径予肯定,而对于意见相反的说法,例如郭沫若的金文研究与徐仲舒的耒耜考辨,亦未有确据明证其误。(页二九)凡此数点,似均应重加考虑。

第三,春秋战国的养士制度,与诸子学术血肉相关,此史家立敌共许的结论。本书对于诸子学术并未一概抹煞其价值(页八〇至九二),而对于养士制度,则斥为"和养狗同样的意义",并且指出:"这些策士,依靠统治阶级,容易求得富贵,再也不想领导痛苦的人民反抗暴政。战国时代没有农民起义,这也是原因之一。"(页七二至七三)不仅有失公允,且亦未免矛盾。

上述三点,如果不是笔者一己的偏见,希望再版时能斟酌加以订正。

(上海《大公报》1947年7月13日第8版、20日第9版)

中国史研究的新果实

高　宁

范文澜等著《中国通史简编》，新知书店版。

用新史观的科学方法来研究中国历史，自一九三〇年郭沫若先生的《中国古代社会研究》开其端以来，历史界都认定用这新方法的正确，十七年以来，不断地在沿着这条研究路线行进。

最近范文澜等七人合著的这部《中国通史简编》更为这中国史的研究得到了新的发展，收获了新的果实。

序言中，说出了我们学习历史的重要性，"我们要了解整个人类社会的前途，我们必需了解整体人类社会过去的历史；我们要了解中华民族的前途，我们必需了解中华民族过去的历史；我们要了解中华民族与整个人类社会共同的前途，我们必需了解这两个历史的共同性与其特殊性。止有真正了解了历史的共同性与特殊性，才能真正把握社会发展的基本法则，顺利地推动社会向一定目标前进。这样，研究中国历史，是每一个进步中国人民应负的责任"。

我们知道了这学习历史的任务，当然必需地要去懂得这些。中国史资料的浩如烟海，一个学习者简直无从捉摸，单是一部《二十四史》已足够麻烦了，甚至穷毕生之力，也无从清楚了解这些史书，因而，我们中国的广大读者，"需要的首先是从广泛史料中选择真实材料，组成一部简明扼要的、通俗生动的、揭露统治阶级罪恶的、显示社会发展法则的中国通史"。有了这一部历史，才能完成我们对历史学习的任务。

现在，这样的书是有了——那就是这里所介绍的这部书。

第一编原始公社到中央集权的封建制度底成立——远古至秦，它

分成六章来加以说明:

(一)原始公社时代——黄帝至禹,它首先讲述了黄河流域最早的居民,次则驳斥了关于远古的传说,从而就告诉我们黄帝及其后裔,及关于尧舜禹的传说,及至原始公社制的确立。这里面,明确地告诉了我们中国历史,应该从黄帝开始,关于黄帝以前的传说,或系假传,或系推想,并述明了黄帝族的来源,及自黄帝到禹的社会制度——原始公社制度的一切情形。

(二)原始公社逐渐解体到奴隶占有制时代——夏商,这里说明了夏代传说,商代事迹及商代生产方式,商代的制度与文化,对于夏商均作明确之论述。

(三)封建制度开始时代——西周,它讲出周初生产方式,周如何灭殷,及至周初大封建,社会阶层的分化,最后论到种族间斗争及西周灭亡。

(四)列国兼并时代——春秋,它很详细地说出这一阶段间的:王室衰微,大国争霸,从对外兼并转变到对内兼并,弱国对强国、人民对国家的负担,种族间的斗争,土地制、赋税、阶级,以及新旧制度的演变。

(五)兼并剧烈时代——战国,这是上一节的紧密继续,述明了:七国形势,七国兴亡,合纵连横,养士制度,经济状况,及至秦统一的原因的说明。

(六)周代文化概况,这是很盛极一时的文化情形,包括孔子、儒家及其所传经典、墨子及墨家、老子及道家、孟子与荀子。这些文化先哲,是我们必需要去了解他们的,例如孔子在教育观点上某些地方可取,而学说上的维护统治者理论的必需摒弃,是我们后一代青年必要懂得的。

第一编里面,将上述的范围,作了明白的述说,使每一个读史者,对各个时代,均有一个基本上的认识。

第二编,是讲到了中央集权的封建国家成立后,对外侵略到外族的内侵——秦汉至南北朝。

在这里面,本书先从官僚主义中央集权的封建制的成立者——秦说起,经两汉、三国、两晋、南朝、北朝,及至最后论述秦汉以来的文化概况。

关于秦代，它讲出了秦的统一，及其如何建立新制度，秦朝的事功，农民大起义及楚汉战争。嬴政——秦始皇这个独裁者，我们可深看出历史对它的制裁。

至两汉，本书所述颇详，对两汉的政治概况及农民生活，工商业，两汉疆域之扩大，王莽变法，农民起义，东汉的政治及党祸诸项，均有很适当的阐述。

内战时代的三国形成，孙吴、蜀汉、曹魏的始末，所述明确，它讲出了他们的各项情形（限篇幅，不能详举内容），和一般对三国的传说、小说、演义之类是绝不同的。看三国小说演义的人很多，我们更应该一读这里的指示，以改正过去不正确的认识。

两晋腐朽的统治阶级，人民的流亡与外族侵入，十六国大混乱，南北朝兴亡，与文化、经济状况，所述也很明白。

最后，是讲秦汉以来的文化概况，包括儒家、道家、佛教，及儒佛道的斗争，这里是讲了一个概况。关于儒家，"五四"新文化运动已严格批判了它底错误，而佛道的余毒，仍需要现时的文化界们来批判新究的。

读了此书，对远古一直至南北朝，有了一个基本上的认识。

在读了这书之外，附带的，我还介绍翦伯赞先生的《中国史纲》给诸位（以前《文汇报》上曾对此书有很详细的评介），以与此书相辅，可加深我们对中国历史的了解。

（《时代日报》1947 年 7 月 14 日，第 2 版）

介绍一部历史奇书(节选)

陶希圣

共产党盘踞延安的时代，延安也设立一座"中央研究院"，以范文澜为"院长"。现在国军光复了延安，范文澜和"中央研究院"也收了场。但是范文澜的"中央研究院"编辑的一部中国通史，却以历史研究会的名义，即将在上海出版。

……

《中国史纲》第一个目的，在曲解和附会中国历史的材料，证明中国从古以来是一个不争气的民族，可厌恨的国土。没有一个朝代是清明的，没有一种学说是正确的。要使青年读者误认中国是一个毫无存在于现代世界的价值的国家。唯一的出路只是农民暴动，如王弥、孙恩、黄巢、王则、方腊、李闯、张献忠一流之残杀。这样就替共产党寻出历史上的渊源——农民暴动。

这部书第二个目的，在曲解和附会历史材料，说明中国从古以来就没有统一。中国永远是割据分争的，没有组织的国家。这样就替共产党割据称雄寻出历史的根据，而反对国民革命外求独立、内求统一的民族运动。

……

不错，历史上有多次的农民暴动。然而我们须知，广泛而强烈的农民暴动，常给予外来侵略以有力的策应。西晋之末，永嘉之乱，王弥与石勒合兵剪灭晋室，其结果是五胡十六国割据中原，汉族只得偏安江左。南宋李全之乱，动摇金宋两国，给予蒙古侵入中原的机会。李闯、张献忠之乱，坐令满族入关。而满族在入关前，曾致书李闯相约亡明，其书信还流传史籍。内忧常为外患之策应,这是历史上惨痛的回忆和教训。

　　说到统一,上古统一王朝纵令不可征信,秦汉三百年的统一,载明史册。唐代统一,至少百年。自宋代之三百年,明代之三百年,清代之三百年,都是统一国家,中间没有长期的割据。这是历史的事实。

　　……

　　　　　　　　　　《中央日报》1947 年 7 月 17 日,第 2 版)

评《中国通史简编》

荒　野

　　范文澜等所编的《中国通史简编》的成功,毫无疑义的是中国新史学上的一大胜利,虽然正如编者序言所说,这书距离尽善尽美的途程还远,但他在新史学的研究领域里,已经展现了一块新的天地,却是谁也不能否认的了。

　　我们知道,中国的一些新史学家用新的科学史观和方法来研究中国的历史,时间虽不算长,但也并不很短,可是因为他们对于科学史观和方法的运用,由于实践经验的不够,使他们始终只能在教条上绕圈子。所以,他们研究历史的一般现象,都不能到实际史料中去从事史的科学的分析,而只从空洞的理论教条出发,企图以合于理论教条的部分史料,来机械的拼凑或公式的填充。所以,使人在其著作中,只能看到中国的历史发展过程上,有这样社会或那样社会的出现,但究竟成为这些社会的每一历史阶段实际现象怎样,社会的特质如何,那就茫然无所知了。所以中国历史阶段的分期,直到今天还无定见,原因也就在此。因为他们并不是从史料的分析中去得结论,而只将先知者所研究人类社会史的结果所得的结论,生拉活扯的来在中国的部分史料上去硬套,你看这样,怎不使人各见一面、各持一端而去各说各的呢。

　　范文澜等所编的这本《中国通史简编》,在这一点,算是完全克服了,他们的研究方法,确实是以实事求是的科学态度去从事的,所以,我们从这书里,所见的都是些真实的事实,没有一点教条式的空论,因之,表现在这书上的每一历史阶段的社会特质和现象,都眉目清楚,而使人读了之后,好像真有一旦豁然贯通的情势,觉得中国过去二千多年的历史，原来只是这么一回事情，对于那些一向以歪曲史实来欺人的史家所津津乐道的什么圣人、圣祖、圣朝或圣绩等等，都一下将其原形毕露出来了。使人明白作为历史活动的真正主人翁，并不是什么天子贤臣之类，却是终日劳苦而被剥削的人民自己。所谓圣世或武功也者，只不过是统治者将人民血汗的总合放在自己手里来表现罢了。同时也看到了这些人类历史活动的基层力量，在那些暴君的压杀之下，如何地受着迫害，过着牛马一样的生活，但从这些迫害过分所激起的反抗中，又看出了他们是如何的有力量。我们从这书里，看到每次农民起义的结果，虽因缺乏政治认识与中心领导而失败或者被野心家所利用了，但是每一统治阶级的权力，经过他们的反抗之后，便因此而动摇而崩覆了。尤其使人更清楚的，是中国这部历史，也如其他各国的历史一样，是一部阶级斗争的历史，无论统治者与统治者之间，或统治者与被统治者之间，总是充满了不可调和的矛盾，而这些矛盾的表现，不是你压倒我，就是我推翻你或反抗你，使我们从这些矛盾的斗争中间，认识了阶级社会的罪恶，也由此而击破了那些御用学者所谓的中国历史上没有阶级斗争的欺人言论。

尤其值得注意的，是编者处理这些史实态度的严正。我们知道，资产阶级的学者研究历史，他们之中不但也有人以客观求真的态度去分析史实，而且分析的结果，也同样承认客观事实的存在，不过，他们态度却止于探求事实，而对于这事实的是非，却多置之不理或有意曲解，所以，使我们看到资产阶级的部分学者，虽也承认阶级斗争的事实存在，但他们对于这斗争的看法却不同了，他们不是认为斗争中的被压迫者反抗压迫者为不合理，就是根本不置可否，站在科学的真理这一方面来看，这两种态度当然都是错误的，我们应当不但要承认阶级斗争的客观存在，而且还要站在被压迫的方面，认为压迫者的行为根本就不合理，范文澜等对于这点是把握得非常紧的。所以，他们写到农民起义反抗统治者的时候，便不称暴动而称起义，写到统治者对他们压杀的时候，便不称平乱而称镇压。对于每个皇帝不称庙号而直呼名字，这些，虽不能说寓有褒贬，但他们以自己的立场来批评历史事件的是非，却是必要的。尤其是他们对于人民的正当需要和历史发展的必然要求给予正确的肯定,实是更属必要。因为一部好的历史书,不但要使人读后知道是非,并且还应让他们站在是的方面去反对非的不合理,而使这意识形态成为行动的物质力量。

再有,编者在搜集史料时特别注重统计数字,这点更是重要。一般人研究历史的结果,所以不能得其正确结论,原因固多,但不注重统计数字,亦是原因之一。因为这些数字,无论是人丁户口也好,或是捐税租额也好,它们都是具有真实的社会意义的,只要统计数字不错误,我们很可以从这些数字里看出社会的实质来。比如我们如能根据每一时代土地面积的大小和税收数目的多少与人丁户口的增减,以及全国财政的出入等等来作比较的研究,便可以从中看出社会生产的荣衰与人民负担的轻重和统治者剥削程度的深浅以及国势的强弱来,甚至更可由此而看出历史的变化。其次,对于人民反抗的记载,他们也极重视,这也是研究历史者值得注意的。我们知道,在旧史学家所写的帝王本纪里,他们为了表扬帝王的功业,便有意的将历年镇压人民反抗的事情记了上去,名为大事纪,据我所知,像这样被统治者视为如此重大功业的大事纪,却从没有人作为史料好好利用过,这是多么可惜的事。但在这本《中国通史简编》里,编者不但利用他们作为史料,而且研究之后还得到了历史上应得的结论,使我们明白统治者与被统治者之间,确实没有一天是安宁的,所谓国泰民安,在这阶级社会里,只不过是在血腥的苦痛上披上一件纸做的彩衣罢了。再如对于贪官污吏抄家时所有财产数字的看重,和统治者倒行逆施行为的列引,都是极重要的。总之,这部通史完全是从实际的史料出发,所以,给予我们的,都是真实的血的事实,并不是空洞的议论或描写。而且对这些史料的处置,也并不如旧史学家那样只是罗列事实或注重条目类纂而已,因为他们搜列史料的目的是在采花酿蜜呵。

再次,就是一般人写历史,对于每一历史事变的发生,总是只看一端而忽略了另外的一端,比如有些人研究每一朝代的兴亡,不是只看腐败便是只看新生。其实,一兴一亡都不能如此孤离去看的,因为这所谓的一兴一亡,却是相互为因而为矛盾统一的表现。在这本书里,编者处理这些问题,不但交代清楚,眉目了然,而且使我读了之后,觉得一切历史事变的发生，都是必然发展的有机表现。其次，编者对于历代的所谓政治改革，也给了一针见血的剖析，使人明白这所谓的政治改革，不但不是统治者仁慈的恩赐，而实是由于人民力量逼迫得他不得不以这种欺骗行为来作暂时的妥协，以求缓和人民的反抗。所以，这改革也还是人民用自己的血争取来的，并不是统治者的心甘意愿，更况他们的改革内容，虽然表面上好像在为人民兴利，然而实际上则人民是得不到半点益处的。就以减税为例吧，但所减的却只能减到拥有土地的地主身上，对于从事土地生产的农民，根本就无一点益处可言。这一点，不但旧史学家不能了解它的实质，就是许多新史学家，也被弄得头昏眼花，而使我们在这以前的历史书上，所看到的什么变法之类，都被列在赞扬之列而视为历史上莫大的仁政，其实，这之间却大有人民哭笑不得的酸楚之泪在流呵！

总之，这本《中国通史简编》，无论从那一方面说，他都具有了新史学的新面目，如果不嫌过分的话，很可说它的出现是史学上的一大革命。我这样说，并不忽视过去许多新史学家努力的心得和抹杀他们的贡献，而只觉得他们的心得，是部分的，支离的，至于史的完整形态，却并没有探求出来。但是，话又得说回来，今天这本书的成功，也不是一蹴即至的，它的成功，正是所有新史学家研究结果的进步发展，如果没有其他新史学家的努力探求，这本书也不致现在就出现。我之所以开头就说这书的成功是中国新史学上的一大胜利，原因也就在此。

不过，这书的缺点，据我的理解也是有的，比如他们虽然注重史料而从史料出发去作史的分析，但是，我们总嫌对于这些史料分析结果的解说还欠深刻，相互关系的有机构通也欠紧密，所以，有很多地方，史料虽然搜集起来了，但给予读者的却只止于史料的知道，对于这史料所具有的史的教育意义，便因没有提高而使人缺乏深的了解，所以，使我们觉得多少有点材料主义之感。如果我们将它与陈伯达的《窃国大盗袁世凯》来比，便自然看出了他们的长短。其次，关于每章末尾的结论，我们也嫌不够，因为这结论，应该是编者根据这些史料的分析，将其活动经验总结而使之提高成为理论才对，不应该只是简单的重述。其三，关于一个历史人物或一件历史事件的全面性质的解说，更应该明白清楚，不容混淆，不然，会使人觉得你所说的有互相矛盾之弊。举例说吧，比如有些统治者的行为，虽然多是穷凶极恶，但有时却又被人民所迫而施以小惠，并且有时这点小惠还在社会生产上起了作用，像这样的史实，如不分别清楚，交代明白，那便容易混乱读者的认识。在这书里，关于这一点，虽然多有解说，但仍嫌模糊。其四，关于意识形态部分的研究，这书的编者虽已根据它的产生基础而对它做了史的批判，但总觉不够深刻。其五，关于统治阶级相互之间的矛盾，也嫌简略，我们虽如这书的序言所说，而不能像那些旧史学家只是"连篇累牍，无非记载皇帝、贵族、豪强、士大夫少数人的言语行动"那样只写帝王传，但他们之间有些不应略的矛盾史实，却不能随便忽略。其六，关于生产工具的改进，这书虽也述之较详，但生产工具的改进对于社会影响如何，却又嫌其缺少说明。其七，关于促成各件史实发生的条件，这里确有很多宝贵意见，如对形成五代十国地理条件的分析，那确是极正确的，但可惜的是有时却又忽略了。再如叙述农民起义的发生某地，其原因虽偶有说明，如谓统治力薄弱，灾害最重，或官逼民反等等，但亦嫌不够。

　　总之，这本书的缺点还是有的，不过，这些缺点，却只是研究尚欠深入罢了，并不是什么错误，所以，只要再加努力，从现有基础上进一步发展下去，不久以后，一部更合实用的中国通史定会出现的。实在说，我们虽不以这书为满足，但在今天能读到它，实在也是够幸运的了，尤其使我感谢编者的，是我从这书所分析的两宋历史里，知道了出卖国家民族的却始终是统治阶级，也知道了忠心谋取国家独立、民族解放的却又始终是人民，更知道了统治阶级为了能使向外妥协投降得以实现，往往不惜以残酷而卑劣的手段来阻止人民抵御外侮的行动。我想："宁与外人，不给家奴"的典故，也许就出自宋代吧，至于"攘外必先安内"的口号，我也很疑心是赵构提出来的。尤其南宋的历史，真使我越读越痛心，越读越气愤，然而使我越读越兴奋的史实也有呵，那就是推翻元代异族统治压迫的却又是人民起义的结果。

一九四七，八月十八日三次定稿

评《中国通史简编》

白寿彝

范文澜主编，三十六年七月上海新知书局出版。

《中国通史简编》，共分三编。第一编底标题是"原始公社到中央集权的封建制度的成立"，时间是从远古到秦（公元前三〇〇〇年［？］到公元前二二一年），共有九章，九十二面。第二编底标题是"中央集权的封建国家成立后对外侵略到外族的内侵"，时间是秦汉到南北朝（公元前二二一年到公元五八九年），共有七章，一四四面。第三编底标题是"封建经济的发展到西洋资本主义的侵入"，时间是从隋唐统一到鸦片战争（公元五八九年到公元一八四二年），共有九章，五三〇面。全书共二十二章，七六六面，实际字数当在五十万字左右。编撰的人，除范文澜外，尚有谢华、佟冬、尹达、叶蠖生、金灿然、唐国庆。

这书在分量上说，是近年史部撰述中的一部大书。在集体写作上说，七个人共同写一本书，也是近年史学界底一种创举。在内容上说，这是一部有强烈的战斗意识的书。（说的虽都是过去，但也可以说，都说的是现在。）吴晗批评《二千年间》说："本书底主体是二千年来的人民，二千年来统治人民的政权，二千年来人民所受的困难，是从人民的立场来了解历史，而不是从少数统治者的事迹来曲解历史。"（原载《文汇报》三十五年八月二十七日《史地周刊》，今据《开明》新一号转载者引用）如想拿这几句话送给本书，恐怕还要说得更积极一点，才更合适些。在写作方法上，这是用立体的写法来写的，和一般之面的甚而是线的写法不同。在整个形式上，这是一部史书，和一般之"史论""史考""史钞"而冒称为"史"者也不同。

　　本书虽有这些特点,但它自己所悬的目标,却很少作到,至少是很少明白地作到。本书开卷的序说:"我们要了解整个人类社会的前途,我们必需了解整个人类社会过去的历史;我们要了解中华民族的前途,我们必需了解中华民族过去的历史;我们要了解中华民族与整个人类社会共同的前途,我们必需了解这两个历史的共同性与其特殊性。止有真正了解了历史的共同性与特殊性,才能真正把握社会发展的基本法则,顺利地推动社会向一定目标前进。"这段话应该是本书底理想。但甚么是中华民族与整个人类社会"这两个历史的共同性与其特殊性",在本书里并看不出来。不只这一点看不出来,甚而至于不能看出中国历史在世界历史中的地位之模糊的影子,甚而至于看不出来本书所谓中华民族和大汉族究竟有甚么分别。书中虽反复地强调"推动社会"的"一定目标",但我们并不能从本书中看出这种目标是从"了解这两个历史的共同性与其特殊性"而来。在这一点上,我们却不能不说,本书是失败了。它的实际表现,没有能够把它的理想表达出来。

　　序文中又说:"我国广大读者需要的(一)首先是从广泛史料中选择真实材料,(二)组成一部简明扼要的,通俗生动的,(三)揭露统治阶级罪恶的,显示社会发展法则的中国通史。"这应该是在说明本书的(一)取材,(二)做法,和(三)内容。本书底取材究竟真实到甚么程度,这需要有史料来对勘,是不能立刻就说出来的。本书底作法,虽史体上已不是史钞、史考、史论式的形式,但还不能作到"简明扼要"和"通俗生动"。粗粗地说来,大概第一编写得较好,第二编就差了,第三编就更差了。我们读第三编的时候感觉到作者似乎对于史料驾驭的能力不够,对这一大堆更杂乱更繁重的史料尚不能愉快地抓得起来。例如第一章里,用了九面的地位记述隋末的"人民大起义",把累年发生的事件按先后排列起来,不只处理得太机械化,实在也是过于浪费笔墨;写出的字数虽多,记述的内容并不多。又如第八章在述"清朝的制度与政治"后,又把顺治帝到道光帝间的世系列出来,这在本章中不只是多余的,而且破坏了本书底体例。(本书中对于别的朝代,未见详列世系)又如第六章述"蒙古族的武功"占十一面,第八章述"入关以前的满洲"占十一面,第七章记郑和下西洋而详记七次往返年月,第八章记和珅抄家而开出他的财产清单，这都不能说是"简明扼要"。第九章记佛教，直录佛家话头，不作解释，也不能说是"通俗生动"。本书底内容，在"揭露统治阶级罪恶"这一点上，虽是作到了，在"显示社会发展法则"这一点上，却还没有作得好。（一）它所记述的社会制度，以封建制度为最主要的。它似把封建制度分为三期：第一是封建制度开始时代，从西周到秦；第二是中央集权的封建制度，从秦汉到南北朝；第三是封建经济的发展时代，从隋到鸦片战争。这种分期法，不只在划分的时间上有问题，在特质的理解上也有问题。封建制度并不完全从西周开始，本书自己就已说过。（页二五）新的封建制度也并没有在秦时就已经建立起来。汉底诸侯王"大者跨州兼郡，连城数十，宫室百官，周制京师"（《汉书·诸侯王表序》），以及晋南北朝底宗王帅臣之强大，也都证明秦汉南北朝时并没有甚么中央集权的制度。（二）它所要阐明的阶级斗争，依它所记述的史事说，也有许多地方不能达到它所要达到的结论。本书有好几节专标"农民"或"人民大起义"，但内容所记却有许多是豪强底起事，而这些豪强往往是利用时机来夺取自己的地位的。又如本书最末一章底结论，说："整个历史止是阶级间、阶层间互相斗争、联合的历史，而联合也是为了斗争。取隋唐以来文化史作例，也丝毫没有例外。南北朝至唐，佛教大量输入中国，儒家战败了。道教与佛教战斗，也没有获得胜利。"（页七六四、五）究竟儒家代表了甚么阶级或阶层，佛教和道教又代表了甚么阶级和阶层，而甲为甚么战败了，乙为甚么战胜呢？我们虽在结论里看到上引的话，在正文里却找不到这段话底根据来。诸如此类的地方，我们也不能不说，本书是失败的。

　　如撇开本书自己的观点，而从一般学术的观点看，本书可商量的地方就更多了。最显著的，如（一）本书三编在量上的分配，第三编是第一编底五倍强，是第二编底四倍而弱。虽说史书通例，是详近略远，但不能篇幅悬殊的这样多。（二）写政治军事的太多，写文化的太少，文化可记者也不只于哲学、宗教和文学。（三）第二编第五章和第六章，都说的是同一时代的事情，不应该称南朝是"中国文化南迁时代"，称北朝是"异族同化时代"。（四）本书于各时代底文化，照例专列一章，放在每编底末尾，第二编第五章不应专辟一节谈"南朝文化的发展"。（五）秦以前的诸侯王用称号,秦以后的皇帝用本名,不只不需要,而且前后不一致。(六)议论的话,也嫌多些。

　　大概地说来,这是一部有血有肉的东西,但血肉都还嫌不充实,发育得也不平衡。而且近半百年史这一段更重要更接近现在的历史,没有写出来,这也使本书之可能的更大的特色不能表现出来。

三六,八,一九

(《文讯》第 7 卷第 3 期,1947 年 9 月 15 日)

评范文澜主编《中国通史简编》(节选)

杜呈祥

《中国通史简编》是由所谓"中国历史研究会"编辑的,主编是范文澜,另有谢华、佟冬、尹达、叶蠖生、金灿然、唐国庆等六人参加编辑工作。上海新知书店发行。全书六十一万言。因为编辑此书的"中国历史研究会"是由中共的一批文化人所组织,范文澜是中共的"中央研究院长"……在此书到达南京之后,我抢先买到一本,连续翻阅了月余之久,深深感觉到这本书的出版,仅只是替中共平添了一部宣传品,对史学界和一般读者不但毫无贡献,反有所毒害,是不能不加以批评的。

意在"标新立异",结果"画虎类犬"

从纯学术的观点上看,这本书并没有任何地方可以超过坊间流行的几本中国通史,反大有逊色。就是说本书的作者虽然有意在"标新立异",结果是"画虎类犬"。据本书序文中批评《二十五史》《资治通鉴》一类现成的旧史书的缺点有三:第一,这类旧史书的字数太多了,学习者没有时间和精力去读;第二,这类旧史只记皇室贵族及一般豪强士大夫,对于人民大众不大注意;第三,这类旧史书竭力湮没社会发展的事实,尽量表扬倒退停滞阻碍社会发展的功业。其实,这部六十多万字的新书,一般读者也还是没有时间和精力去读的,《中国通史简编》里面对于人民大众的纪载,还是少得可怜,而且都是从旧史书中抄下来的,绝没有新材料,说旧史书是"湮没社会发展的事实,尽量表扬倒退停滞阻碍社会发展的功业",读了《中国通史简编》的人,当然更会看得出这本书故意湮没社会发展的事实和尽量表扬倒退停滞阻碍社会发展的功业的地方,实在较任何旧史书为多。即以尽量表扬农民暴动(本书称为农民起义)一事而论,本书已经是足称"尽量表扬倒退停滞阻碍社会发展的功业"了。因为现代一般中国史的研究者(无论国内或国外),早就一致承认中国历史上周期性的农民暴动,是破坏资本积蓄和妨碍生产技术进步,以致使中国无法走上产业革命途径的重要原因了。

缺乏史学编撰经验

从本书的纪事和取材上看,处处表现出本书的编者(至少是有一部分编者)是缺乏史学编撰经验,因而影响到本书的内容,使本书呈现出诸多残缺和讹误。最明显的一个例子,本书的编者们,普遍的忽略了"历史学"是极注意"时间"的科学的基本事实,不肯在历史时间的标注和考订上多下点工夫,以致使一般读者绝对没法在本书中理出一条历史时间的线索。人是有了,事是有了,孰先孰后? 究在何时? 读者们如果只看本书,是绝对弄不清的。例如本书第四章"列国兼并时代——春秋"中第二节"大国争霸",讲到春秋时代有楚、齐、晋、秦、吴、越六国争霸。这个次序便错了,根据历史的时间去排定次序,第一个霸主是齐桓,次为晋文,中有宋襄公,何来楚列第一? 在这节"大国争霸"的纪述中,仅略叙各国争霸的事实,从无一处注明事实发生的年代。稽诸史籍,从齐始霸(公元前六七九年)到越入贡,命为伯(公元前四七三年),中距两百余年,时间如此之久,撰史者何能于此一段历史之悠长时间竟不著一字,使一般读者只能有横的认识而无纵的观念呢? 正因本书的编者不大注意历史年代,所以往往把年代弄错。最明显的一个例子,秦将王翦灭楚,本在秦始皇二十四年(公元前二二三年),本书却把这件事情列在二十五年。(六九页)

取舍不当,买椟还珠

其次,本书虽有六十多万字的篇幅,却未经编者充分利用,甚至有极重要的问题,都被忽略过去,以致令人感到本书编者的取材,大有"买椟还珠"之概。例如周代的宗法制度,是和周代的政治、社会、宗教等方面都保持着一切关联的一种制度,一般研究周代历史的人,都必须彻底了解这个制度的内容及其影响。一般撰写周代历史的人,更必须详细把宗法制度解释介绍一番,使读者得藉以明了周代的政治组织、社会组织和以祖先崇拜为教条的宗教内容。本书的编者,在第三章"封建制度开始时代——西周"中第三节"周初大封建"一节内,仅说了些"封建和宗法是不可分离的","周天子算是天下的大宗","一国里面的国君算是大宗"的话,对整个宗法制度并没有系统的说明,让一般读者从何去彻底了解"宗法"和"大宗"诸名词的涵义呢? 等到后来需要藉助宗法制度来说明各种历史问题时,又被迫零星解释,使读者看了,更感觉茫无头绪。例如本书除在讲"周初大封建"时,说过上引几句"封建和宗法是不可分离的"一类的话而外,又在第四章"列国兼并时代——春秋"的第一节"王室衰微"中写道:

> 衰乱到这样的东周,何以能免于灭亡呢? 这是由于春秋时宗法组织还很有力量,天子被认为"天下宗王",好比家族里的宗子一样。谁要企图篡夺,其他别子(同姓诸侯)联合起来反对他,野心家要受到极大的危险。(四二页)

在同章第六节"土地制度与耕具"中写道:

> 周王是天下的大宗,土地全归他所有,他分给诸侯土地。在国内诸侯是大宗,诸侯又分给卿大夫土地作采邑。卿大夫在采邑内是大宗。有采邑才能收族聚党。族党就是首先受封者的子孙,聚集在宗子(采邑继承人)管理下,结成一个团体。族人对宗子很恭敬,有富余的财物,应该献给宗子一部分,穷乏时,也可以得到宗子的补助。(五二页)

这些话仍不足以说明"宗法制度"的全部内容。像这样不在讲"周初大封建"的时候,开头就把宗法制度解释明白,偏陆续零零碎碎地说出"宗法制度"的重要性及其内容,终于不能把这个制度讲个明白,至少是不懂得著述体例,甚或令人怀疑本书的编者根本对"宗法制度"没有彻底深刻的了解,无力作系统说明,所说的话,则是由其他历史读物(指坊间流行之中国通史)上整段抄来。

完全忽视中国的史学

此外最足以表现本书的残缺的地方,莫过于本书在叙述历代文化发展的时候,竟对中国的史学过分忽视。向来列为乙部的中国史籍固浩如瀚海,中国史学的发展又堪称源远流长,叙述中国文化而不详叙中国史学,实为一大缺憾。

复次,本书的序文(《中国历史研究会序》)中说:"我国广大读者需要的首先是从广泛史料中选择真实材料,组成一部简明扼要的、通俗生动的、揭露统治阶级罪恶的、显示社会发展法则的中国通史。"这是说写"中国通史",第一步要能"选择真实材料"。这种重视史料的观点是对的,因为只有根据"真实材料"而组成的"揭露统治阶级罪恶"和"显示社会发展法则"的"中国通史",才真能够达成"揭露"和"显示"的任务,否则,便只有乞灵于口号式的评语或结论,那是无法"揭露"出统治阶级的"罪恶"并"显示"出社会发展的"法则"的。最不幸的,是本书的编者们并未认真从"选择真实材料"方面下工夫。从本书的内容上,稍有史学素养或多读过几本中国史的人,都不难看出本书杂抄其他现成历史读物的文字,要占全书的最大部分,由本书的编者们自行根据原始史料组成历史的地方,实在太少。间有一二处根据史料推论史实的地方,也往往弄得支离怪诞,令人不敢置信。例如本书的编者在第四章第五节中提到春秋时代鲁卫等国的人口,估计是"约有十六七万,充其量当在二十万左右",根据呢,是依照鲁卫都是千乘之国而当时人民服兵役的比例是五比一。按春秋时的兵车一乘,步卒七十二人,甲卒三人,共七十五人,如果鲁卫有兵车千乘,即有兵七五〇〇〇人,再以五倍计,可得三七五〇〇〇人,较本书的估计,正好多一倍。同时,本书第四章的"简短的结论"即写道:"大国的土地扩大,人口也增加了。墨子(春秋末年)说,齐晋各有人口数百万,秦楚越一定也不少。"根据这种估计,齐晋既在春秋末年各有人口数百万,鲁卫是当时的二等国,他们的人口,在春秋末叶,至少有百万人左右了，即在春秋初叶，也不会只有十六七万到二十万哪！

编章划分的不妥

复次讲到本书的划分编章问题。一般中国历史读物的分编，多分上古、中古、近世，或即以朝代为划分编章的标准。本书共分三编：第一编原始公社到中央集权封建制度底成立——远古至秦，第二编中央集权的封建国家成立后对外侵略到外族的内侵——秦汉至南北朝，第三编封建经济的发展到西洋资本主义的侵入——隋统一至鸦片战争。本书虽名为"中国通史"，而缺乏中国近代史的编章，实为一大缺陷。此等分编法，既不以时间作限，又不专以经济发展或政治变革作历史断限标准，更失"通史"之义。各编中之分章与标题，尤多欠妥，例如第二编之第二章标称"对外发展时代——两汉"，第三章标称"内战时代——三国"，第四章标称"外族入侵时代——两晋"，都欠妥。因"对外发展""内战""外族入侵"等历史现象，绝非上述三朝代之特征，言对外发展之远，则两汉不如唐及元，言内战之烈而久，则三国绝不如唐末五代，言外族内侵之频繁，则两宋最剧，以此等字样，冠诸一个时代，实欠妥善。

违反历史事实的论点

现在，再从本书的议论部分，去观察本书的政治宣传作用。第一，这是一部鼓吹阶级斗争的历史读物。本书第三编第九章的结论中说："整部历史止是阶级间、阶层间相互斗争、联合的历史，而联合也是为了斗争。"这是本书编者们的史观，他们如此看历史，也自然是如此写历史。他们把中国历史上的人物分成"统治阶级"和"被统治阶级"（有时称为"人民"或"被统治者"），并且经常使用极富有刺激性的语句，来表示对历史上的"统治阶级"的厌恶和对"被统治者"的同情。他们暗示读者"统治阶级"必定压迫剥削"被统治者"，"被统治者"应该也必定实行"阶级斗争"，阶级间绝没有调和以及合作的可能。本书中这类标语口号式的语句，触目皆是，现在只抄几条在下面：

　　　　统治阶级一开始就依靠暴力压迫被统治者。(二七页)

　　　　统治阶级对付庶民一向用残酷的刑法。(三五页)

　　　　就是说人民与统治阶级存在着不可调和的矛盾。(四九页)

　　　　事实上却是君子(统治阶级)剥削,小人(主要是农民)被剥削。
(五六页)

　　　　农民对统治阶级是何等憎恶。(五九页)

　　　　统治者无往而不行暴,也就是无往而不要钱。(七七页)

　　　　阶级斗争尖锐地发展着,使统治阶级感到很大的危险。(一二
○页)

　　　　统治阶级善于诈伪欺骗。(一三二页)

　　　　统治阶级罪恶无限,遭大祸的却是人民大众。(一五九页)

　　　　统治阶级造祸因,人民食恶果,人民不能阻止造祸因,自然止
得食恶果。(一七一页)

　　第二,本书是配合目前中共的实际行动,积极展开思想斗争的宣传
武器。本书的编者们,把历史上的农民暴动和所有一切民间反抗政府
的叛乱,都称作"起义"。他们在这本历史读物中还说过这类的话:"人
民不断起义,能说是犯上作乱吗? 当然不能!"(一三二页)"被压迫的人
民,说假话骗谁呢? 除了实行起义,总不会有其他生路。"(同上)

　　当然,我们不会否认历史上某些农民暴动是富有革命意义的,但也
绝不同意本书的编者之完全否认历史上也真有些堪称作"犯上作乱"的
行为,并且主张人民非起义便"总不会有其他生路"的说法,这是违反历
史事实的议论,也是别有用心的鼓吹!

　　在这本书中,对秦汉以下各朝,几乎都设有"农民大起义"的专节,
陈涉、吴广固然是"起义",黄巾、闯、献也是"起义",最奇怪的,在南宋时
代反抗政府,破坏政府抗金运动,终被武力剿平的钟相、杨么等也是"起
义"。总之,凡是反抗政府的,都算是"起义"!

　　历史上无数的"起义",为什么都多数失败了呢? 本书的编者们很
公开的告诉读者:"黄巾式的起义,东汉以后,历朝继续出现,农民愚昧
无识,一次又一次地受他们(按:指野心的道士)的欺骗,牺牲极大,成就
很小,完全证明农民没有进步阶级领导,起义决不会有好的前途。"(一

三四页）又说："止有在无产阶级革命时代,农民才能得正确的领导,才能得到真正的出路。"（一〇四页）

这不是正面的宣传无产阶级革命吗？

显明的宣传作用

在这本书中,不但把"农民暴动"称作"起义",更把历史上许多乱臣叛将称兵作乱的行动,称作"内战"。例如第三编二章五节（一）"内战",是将唐代安史之乱和藩镇之祸包括在内的。

这本书的现实宣传作用,在下列的语句中,更表现得异常明显而具体：

> 内战是最可怕的罪恶。（一四〇页）
>
> 人民需要统一,更需要和平。（一〇〇页）
>
> 军阀贪一时便宜,借外力进行内战。（一六〇页）
>
> 看人民都是可怕的敌人,想用碉堡政策、屠杀政策来巩固地位。（二五九页）
>
> 这里又完全证明甘心对外屈服,一定要加紧对内的压迫。（三九三页）

这是本书编者在叙述历史时所加的评论,令人看了好像不是在读历史,而是在看最近中共的宣传品。当然本书对历史的评论是不客观的,有些话是完全武断,有些话完全是指桑骂槐,有些话则不合逻辑,例如：

> 南宋四个大奸相秦桧、韩侂胄、史弥远、贾似道无不提倡程颐、朱熹的学说。韩侂胄因与赵汝愚争权,压迫朱熹（朱与赵同派）,称为伪学,但仍尊信程颐。（四二〇页）

既曰南宋的四大奸相"无不"提倡"程朱"的学说,又曰韩侂胄"压迫朱熹"称为伪学,显然是矛盾的。……

（《中央周刊》第 9 卷第 45 期,1947 年 10 月 26 日）

《中国通史简编》批判

丁　山

　　范文澜主编，卅六年上海新知书店印。

"历史的动力，不是批判而是革命。"

　　当此"积急公民"垄断一切的国计，宰制全国的民生，国家方努力步入资本主义的末路，我们毫无勇气去作革命的动力以创造中国历史的新章回，而闷在屋里，运用个人狭隘的见解来批判范文澜先生所主编的《通史简编》，由新历史学家观之，当然是愚蠢的反动。然而，从"不是意识决定生活，而是生活决定意识"的原则看中华民族的发展，笔者承认这部《通史简编》确是夏曾佑《中国历史教科书》（今名《中国古代史》，商务印书馆已升为大学丛书）以后的第一部成熟之作。

　　我首先要赞颂这部通史的材料，不是钞取杂志论文，或自坊间出版的通史展转传钞，以讹传讹，杂凑成篇，而是从人所必读旧的史料直接选录出来。

　　因为语文有古今之变，本书所取古代材料，都译为现代语，而且译笔都很忠实，化腐朽为神奇，这就是很大胆的革命尝试。

　　第二，近来编通史者，往往犯考证学的毛病，好在古代圈子里兜转，对于较近的史迹反而不暇详叙，显出头重脚轻，距离现代太远。本书叙上古不如秦汉之详，叙六朝不如唐宋之详，叙辽金不如明清之详，这还严守那"《春秋》三世"的传统精神，足证编者对于中国史学有精深的修养，决不可与盲目的前进者比类，这也很值得我们赞许的。

　　第三，历史的分期，过去的作者，好以上古、中古、近古、现代来区划五千余年中华人民的活动阶段，这是钞袭西洋史学的。有的，以史前时代、商周、秦汉、魏晋南北朝、隋唐五代、宋辽金元、明清分为七个阶段，这大体上是按政治制度的改变而划分的，比较三古为合理，但不一定抓着人民生活的核心问题。本书的分期，概划为三大阶段：

（一）原始公社到中央集权的封建制度底成立（远古至秦）

（二）中央集权的封建国家成立后对外侵略到外族的内侵（秦至隋）

（三）封建经济的发展到西洋资本主义的侵入（隋至清中叶）

这种政治、经济兼顾的分期，显然受了苏联科学院历史院所编新历史的影响，也算是中国新历史的尝试工作。

第四，过去的史籍名著，不是帝王家谱，便是贵族教科书，很少注意为人民生活写照。就是时下的通史专家，有的注意政治人事的进退，有的注意典章制度的沿革，有的空发些知今而不知古的策论，千篇一律，写些秦汉之政治，秦汉之经济、社会、文化、外交……隋唐之政治、经济、社会、文化、外交……自成片段的断代史缩编，很少能抓着古今人民生活而通观其变化的。本书以人民生活为中心，由经济基础论到历代的社会政治问题，这才是青年们所急需了解的中华人民史。

然而，"天下没有抽象的真理，真理总是具体的"。现在，若从具体的事实检讨中国数千年来兴亡得失之故，我对于这部大著的"史观"，不揣谫陋，敢提出几个问题向著者请教。

我很惭愧，至今不曾读过马克思的亚洲生产方式，不知道他对于中国的生产事业如何分析？如何批评？

中国社会之分士、农、工、商四种职业性阶级，大概是从春秋时代开始的。[①]但是，从春秋末期的文献看：

晋赵简子曰："克敌者上大夫受县，下大夫受郡，士田十万，庶人工商遂，人臣隶圉免。"（哀公二年《左传》）

晋，公食贡，大夫食邑，士食田，庶人食力，工商食官，官宰食加。（《国语·晋语四》）

---

① 详郭沫若先生《十批判书》中《古代研究的自我批判》篇。

士，介乎大夫、庶人之间，决非如《国语·齐语》所谓士以专门教学孝、悌、义、敬为职业的，他们都是低级公务员，相当秦汉以后的小吏。士的来源，从《周书》的"多士"和《诗经》所谓"士也执殳"看，当如胡适之先生说作"武士"解，都是贵族的卫队。欧洲封建时代的武士，可以封爵胙土，当然春秋时代的"武士"可以食田。由于武士必须养成忠义的品德，而以古代忠烈之士为榜样，所以他们于射御技击等战斗技术之外，还得要学习孝、悌、义、敬那套高尚的品德。这种品德很接近儒家所谓士，士乃渐渐成为四体不勤、五谷不分的智识分子专门名词。

战国时代，国际战争愈演愈烈，没落的贵族只会居移气，养移体，纵情享受，他们智能应付不了那末复杂的国际形势，不得不假手一群出身卑贱的智识分子。稷下先生不事而议论，孟尝、平原、信陵、春申四大公子门下食客常数千人，一技之长便可邀贵族的青睐，贵族的统治权遂逐渐转移到草莽之士手里，士的身价乃渐次形成统治阶级的候补者，渐次实现孔子所谓"学优则仕"了。两汉的官吏，除了开国之初，颇用功臣外，布衣卿相多由选举出身，就是县令郡守也多自儒生起家，三代以前贵族世袭的统治方式，这时皇帝而外，多已有名无实。国家的最高统治权，不在外戚手里，便落到宦官集团，大体说来，一般政权属于智识分子。士，大部分够得上称为统治阶级。

东汉末年，社会上又逐渐产生一种新世家（犹今言书香人家）。魏晋以后，由于世家的风气，养成强烈的门阀观念。"上品无寒门，下品无世族"，国家政权落在王、谢、桓、陶、顾诸大家掌握，士的地位日见低落。这种风气一直遗传到唐朝，还是韦、郑、崔、卢诸甲姓互相代兴，霸持朝政，那毫无凭藉的寒士，尽管有科举制度稍加拔擢，终推翻不掉世家豪门。自三国至于隋唐，虽是封建社会的复活，但其统治阶级不尽是天潢贵胄，而多属于豪强世家。

因为科举制度的发达，两宋以后的政权又渐转到读书人手里。只有元朝厉行种族阶级，比儒生于娼妓乞丐，曾经一度严重的打击智识分子。明清两代，又非翰林出身，不能入阁拜相，"十年灯下寒窗苦，一举成名天下知"，智识分子才完全把握着国家统治权的大部分，社会上除了帮会的组织，谁也不敢与士抗衡，农村社会往往都受举人、秀才支配了。

　　穷则统治乡里,达则统治郡国,宋明以来的士,总是站在统治地位。但是,这种统治权力,不是先天的遗传,全凭各人自己学业的努力和幸运。穷乡僻壤的天才,有时为贫苦的家境环境所埋没,也有极贫寒的天才儿童,得着宗族的扶持,或亲戚的赞助,在社会互助的环境之中,崛起而为一代大政治家或大学者,这在史籍所记和民间传说不乏其人的。这群统治阶级,固然不少的书香子弟或权贵世家,但是来自田间的劳苦农工大众也不在少数。由无产阶级的发愤读书而可递升为统治阶级,这是中国政治社会中一个极大的转捩点,现今史学家往往忽视这个重要性,轻以"封建社会"目之,我们不敢随声附和了!

　　选举制度的优点,所举者的行为优劣,往往要推举者负其全责,所举不贤,在法令上推举者相当的坐罪。这样一来,推举的官吏,站在统治先进的地位,惧怕株连,不得不处处回护所举者,举主、门生势所必至的结为集团,或者因缘为利,或者上下其手的争取政权。汉魏以来,所谓党锢,所谓牛李党,所谓元祐党人,所谓道学,所谓东林、复社,所有的君子(?)小人之争,总免不了师生之谊与同年之谊为其干流。明清两代座主、同年的关系,往往重于伯叔兄弟,延至今日,社会各面所在闹着"校友"问题,都是数千年来官僚集团的余毒,决非专讲人事关系的新官僚集团所能肃清。

　　就中国的统治阶级者出身来检讨秦汉以后的历史,隋唐以前,诚为封建社会;宋元以后,我们应该改称为官僚集团时代。历史的分期,应该将秦汉至隋唐划为中古,宋元明清划为近古,《通史简编》以隋唐为历史时代的分界,似乎沿袭夏氏《历史教科书》史观之误。

　　统治阶级必赖商人金钱的支柱,不自今日始。周室东迁之际,官商联盟以建设郑国,后来商人弦高又支柱郑国抵御秦国的侵略,这是最有名的事实。①到了战国末年,阳翟大贾吕不韦居落泊的王孙为奇货,为之倾家荡产争取王位,凭借这宗大资本居然封侯拜相,一跃而为秦国的统治者,造成商业史上空前投机的大胜利。汉高祖由亭长(约当今日的

―――――――――――――――

① 详郭沫若先生《十批判书》中《古代研究的自我批判》篇。

乡保长)夺取到世界最大的产业——帝位,他大概受过商人资本的压迫,而最同情农民的痛苦,所以开国的时期就制定了"重农贱商"的政策。可是,商人挟其雄厚的资本,坐获贷款囤积的厚利,依旧享受豪华的生活;并且,"以其富厚,交通王侯,力过吏势,以利相倾"(晁错语),金钱的势力,居然压倒一般官吏,成为"超统治的阶级"。晁错说得好:

> 今法律贱商人,商人已富贵矣;尊农夫,农夫已贫贱矣。故俗之所贵,主之所贱也;吏之所卑,法之所尊也。上下相反,好恶乖迕,而欲国富法立,不可得也。①

超统治的阶级,用其金钱与技巧,左右政治,支配社会,由两汉至隋唐,尽管是踏入封建时代,毋宁说是官商一体的官僚资本统治了国家的一切。我们的史学祖师司马迁特在《史记》里写了一篇《货殖传》,很强调的说:

> 是以廉吏久久更富,廉贾归富。富者,人之情性所不学而具欲者也。

把战争的罪恶,和盗贼豪强的兼并夺取,都归到"皆为财用"。他又说:

> 无严处奇士之行,而长贫贱,好语仁义,亦足羞也。……夫用贫求富,农不如工,工不如商,刺绣文不如倚市门,此言末业,贫者之资也。

硬是根据人类的物欲,发扬资本主义,字里行间,显已透出"金钱万能",也就是"金钱万恶",穷措大的智识分子不必厚着脸皮侈谈仁义,仁义与富贵是永远的南辕北辙,积不相容的。

受了财用的压迫,智识分子抓到政权之后,不能不尽力剥削人民。为法令所限制,官吏不能经商,但是,官吏的子弟和亲戚,假借政权的保护,或者在家乡放高利债,或者大量贩运货物,这是不犯法的。"一人成佛,鸡犬升仙"这句谚语,正反映出一人升官六亲同享的社会本质来。像孔觊焚毁弟弟货船,顾恺之焚毁儿子的高利债券,至今传为美谈,可见其他的豪门世族都会倚仗官势,兼营商业,以垄断市场。隋文帝时,

---

① 详《汉书·食货志》。

中央大员,咸置廨钱,放高利债,以弥补政费的不足,假公济私,与民争利,官僚资本的声势,当然是盛极一时。宋朝,是中国史上有名的贪污时代,御史张白公然以公帑做买卖,被杀;其他官吏,兼营商业,当然是很普遍。沿至明清,官吏的俸给和赃款,交给大商店,明是存款,暗中就是投资。资本家即官吏,官吏即商店大老板,恐怕是自古如此,于今为烈。商人的本领,正如晁错所言:"大者积贮倍息,小者坐列贩卖,操其奇赢,日游都市,乘上之急,所卖必倍。"不事生产,专以资金操纵物价,除了运输失事,或意外灾害外,政府加一分税,他们就加一倍价。凡是正当营业者,很少蚀本的。"农人吃贵米,工人穿破衣",直接生产者,敌不过官僚资本的剥削,永远过着悲惨的生活。商人,自古以来就站在"经济统制"者地位,有时候即以他们的经济力量支配统治阶级。王莽、王安石所想施行的国家资本政策,全盘失败的缘因,即由官僚资本作祟。我们对于这两位儒家信徒的政策,现在应该重新估价,不当以成败论英雄。王莽,读书时代学孔子,初握政权时代学周公,既握政权时代学尧舜,做了皇帝之后学黄帝,一生过着虚伪的生活,这正是中国统治阶级者的典型人物,《通史简编》认为他"似乎是神经病者,又似乎是个巫师",那未免浅视乎王莽了。王安石变法,志在肃清官僚的中饱,以减轻人民担负,增加国库收入,用非其人,遭遇贪污集团的打击而一筹莫展。《通史简编》误信反对派的传说,而轻以"新官僚派"目之,那未免辜负安石的初衷,使后来政治家不敢再"反贪污"了!

从"官久自富"的谚语看,贪污几乎是中国官吏的本能!剥削了民脂民膏就去投资市场,或放高利贷,实际上多数官吏即是奸商。再以商业的利润,买田置地,富连阡陌,奸商又摇身一变而为大地主。自历史上检讨大地主的成因,我认为多半是以"官商一体"起家。汉初的萧相国,宋初的石守信,不过其中一二有名的人物罢了。官僚运用其"等因""准此"为资本,直接剥削,再利用剥削来的资本垄断全国的贸易。商人一向高居经济统治者地位,所加于生产大众者的压迫,更有甚于统治阶级的官僚。司马迁所谓"农不如工,工不如商"的发财术,无异说明工人、农人都是永久的被压迫阶级。

封建社会,工人、农人本是贵族的家奴,大概是分工的。西周的"人鬲""夷臣"之类，都是俘虏来的奴隶；辽金元入主中国之后，也常俘虏中国人去种田、织布，这当然是古代封建社会的遗俗。古代的封建制度崩溃了，贵族没落了，所有家奴因为生产的努力而逐渐解放为自由民，人民的职业并不如古代封建社会的分工之专。工人劳动的剩余利得，可以买田置地，兼营农业；农民也可以劳动剩余的时间从事蚕桑、纺织、渔牧，或者学木匠，做泥水匠，只有金工、陶工很少数的工业仍然保持纯粹的分工生产。汉以后的中国生产方式，大体以农耕为主，工业为辅；加以政治思想上不贵"奇技淫巧"，社会的经济力量也不允许工艺家精思独往发明新异的工具，我们的工业遂永久停顿在技艺阶段上，而不能有飞跃的进步。工业不能飞进，农业也跟着长期停顿在园艺时代。

深耕、易耨、粪田、加肥，天旱须灌溉，大水须堤防，一个农人终年胼手胝足之劳，五口之家，差可温饱，不幸而遭风虫之灾，收获锐减，那就全靠副业来维持全家生活了。鸡鸣而作，戴月而归，终岁勤劳，刻苦生活，或有赢余添置一亩两亩的财产，所有自贫农可进步到小农、中农者，都是凭借他们加倍的"劳动时间"换来的。其一贫到底，始终不能翻身者，多数是由"劳动时间"不善于尽量的发挥，很早的文献里就称之为"惰农"。就在现代社会里，常有弟兄分家时，两人财产相等，后来一勤一惰，惰农的财产逐渐出卖给勤农而流为穷光旦，勤农则由小农逐渐恢复中农的地位。中国社会之形成有产与无产的鸿沟，命运不齐占少数，多数则受勤惰的支配。自耕农约占现代全国农民的半数，他们私有土地的多寡，我们绝对可以"劳动时间"去衡量。除了由官僚资本起家的大地主之外，拥有三五十亩土地的自耕农，不一定是罪恶，而立锥无地的无产阶级，不一定是完全善良。善良的、向上的自耕农，一向是"完纳钱粮盖了屋，一觉睡到日头出"，十之八九是驯如羔羊，任凭官僚资本、怠惰游民们随时宰割的。

尽管多数自耕农受尽官、吏、绅、商和无赖游民的压迫，佃农又加上一层地主的巨量剥削，然而两千年来支柱中华民族者还是劳苦的农民大众。农民在"士农工商"四种职业阶级中，虽然仅次于"公教人员"，实际上是受苦最深、受压迫最重的贱民。

总而言之，由历史观察到现代社会，我们不能否认农工不是被压迫阶级,士商则属于统治阶级,前者所谓"用力者役于人",后者则为"用心者役人"。明白中国的社会、经济问题必先解放农工阶级,我们读到《通史简编》于秦、汉、唐、元、明各代之末,总是大书特书"农民大起义",确已抓着中国问题的根本。中国生产的基础完全在农业,农业的基础在土地和劳动时间,从两千年来农本社会的观点,我愿在此为《通史简编》补充一段中国治乱之原的综叙。

尽管有头脑的统治阶级都会标榜重农政策,尽管耕殖技术由粗耕逐渐进步到园艺,然而我们垦田的数量永远赶不上人口的繁殖。我们试从历史上约略考察垦地与人口数量的比较,如吴贯因《田赋私议》所说:

> 西汉盛时,全国垦田为八百二十七万五百三十六顷,隋大业五千五百八十五万四千四十顷,唐天宝一千四百三十万三千八百六十二顷,宋元丰四百六十一万六千五百五十六顷,元至元一千九百八十三万顷,明崇祯中七百八十三万七千五百顷,清光绪九百十八万一千三十八顷。以上最多者为隋,次则元唐,次汉明及清,而最少者宋。谓领土有广狭耶? 则元清广过于隋,何皆不及? 明不狭于隋,乃不及隋六分之一。谓户口有多少,田因之耶? 则隋大业户仅八百余万,唐天宝有户九百余万,数过于隋,何以田不及三分之一? 元盛时,户千余万,远在隋上,乃亦不及一半? 且隋盛时人口四千六百一万九千九百五十六,今之人口约有四万万,数增十倍,而田竟不及五分之一?……

按,隋之盛时,疆土、户口较之汉唐都有逊色,而垦田突过五千万顷之多,其数字不能无疑。拿前朝后代的垦田数字比而观之,我认为《隋书·地理志》所谓"五千五百八十五万顷",五千定是一千传写之误。以四千六百万余口,食一千五百余万顷之田,平均每人可享受三十四亩余地的生产,汉唐之盛,都望尘莫及了。因为汉时平均每人可享十四亩余地的生产,唐朝也不过人得二十七亩余,那时够得上称为"物阜民丰",所以国威也盛极今古。

可是,正史所述历代户口和垦田的数字,都是国家澄平较久、一切

发展到最高度的纪录。姑举清代的人口繁殖为例:

顺治十八年(一六六一)	二一〇六,八六〇九口
康熙廿四年(一六八五)	二三四一,一四四八口
康熙六十年(一七二一)	二七三五,五六四二口(疑当为一,二七三五,五六四二,刊本脱一亿二字)
乾隆十四年(一七四九)	一,七九四九,五〇三九口
乾隆四五年(一七八〇)	二,七七五五,四四三一口
嘉庆元年(一七九六)	二,七五六六,二〇四四口
道光元年(一八二一)	三,五五五四,〇二五八口
道光廿四年(一八四四)	四,一九四四,一三三六口

自顺治初年到了道光末年,相隔不到二百年,人口膨胀了二十倍,而所垦的土地,即以清末八百二十万顷为比例,清初每人平均的收获约有四十亩,到了道光末年每人不过二亩了。生之者寡,食之者众,加上皇亲贵族、朝野士大夫奢侈的享受,为之者舒,用之者疾,人民受了生活的压迫,就不能不到处起义了。太平天国之后,继之以捻匪,余波荡漾,一直拖到民国成立,都是民生问题在背后策动着。民国以来,军阀的割据,内乱的相寻,总因为土地生产不敷人民的生活,有过剩的劳力足供军阀们作争权夺利的工具。回顾秦汉以来二千余年的历史,总是,大乱之后,地广人稀,一夫可以授田百亩或七十亩,土地足够农人劳动时间去开发,天下自然日趋于郅治之隆。等到人口繁殖到饱和点,劳力有余,耕地不足时,国家便开始内乱了。每代的国运,由统一而太平,由太平之盛转而中衰,至于乱亡,都是循着劳力有无剩余的轨迹,乱久必治,治久必乱的顺序演进。时至今日,全国人口仍然保持四万万纪录,而可耕之田,至多不过一千三百万顷,每人平均的收获,不过三亩地。三亩所出,每年约为十二石谷子,吃去半数,剩余的供应蔬菜油盐、布帛器具、疾病老死、婚丧庆悼等等费用,我们全国的人民便永远沉沦在"衣牛马之衣,食犬彘之食"的深渊了!即使没有"贪暴之吏,刑戮妄加",连犬马般的性命也无保障。任何主义,任何政策,总解决不了"生之者寡,食之

者众"的严重问题呵!

　　然而,历代领导人民反抗统治苛政者,很少数是纯粹的农夫。即如《通史简编》所述:秦末,项羽以名将世家起于吴,新莽时,光武帝以皇亲起于宛,东汉末年,张角以太平教主起于邺,唐末,王仙芝、黄巢以私盐贩子起兵濮州,元末,刘福通以白莲教徒起兵颍州,明太祖以烂和尚从军亳州,明末,李自成以屠夫起兵陕北,张献忠以牛贩子起兵米脂,这群人物都不是农夫出身。陈涉、吴广,虽然以农夫发难亡秦,从他们"苟富贵毋相忘"的盟约看,还是为着升官发财而革命,谈不到义兵。汉高祖起兵之前,看见秦始皇的威严曾慨然道"大丈夫不当如是耶",他又何曾为解除人民痛苦而革命? 推而广之,刘裕做了皇帝,特别保留他幼年耕田的农具,也不足证明他是来自田间农民所拥护的皇权。

　　"汤武革命,顺乎天而应乎民",秦汉以来,所有的革命者,大抵由于社会上游贪之徒,利用官逼民反的机会,而欲圆其称王称帝之梦,其能实心为民众谋福利者绝对占少数。要是从人民立场看,我们作史者不必表彰那群以暴易暴的野心家,应该多多赞诵那能为人民除暴安良的循吏和舍身救世的豪侠之士。我对于《通史简编》详叙每朝末朝的"农民大起义",认为可以商讨,因为领导起义者不尽是农民。农民,多数是驯如羔羊的,谁执着统治者鞭子,就顺着谁的意志前进;谁拿着屠刀,也就向谁乞命。披星而出,戴月而归,千辛万苦所累积成功的十亩田、八亩地,还要完全负担了国家政费、社会公益费。从他们小小的私有财产观念中产生基本的生产动力,这种动力支柱了中华民族的数千年生命,统治者纵然不愿意加以保护,似乎不必予以有力的摧毁。每代之兴,必先重申"崇本抑末"的政策,虽然有名无实,但是,史实告诉我们,谁能够让农民得安居乐业,谁就能把握住百年以上的统治权。

　　革命事业,一定必经破坏到建设的过程,然后才谈享受。

　　秦汉以来,开国之君,都是英武而兼擅权谋的脚色,统治权能否巩固,完全在继体之君。假使继位者,不为外戚、宦官所包围,能够严刑峻法惩治贪墨的官吏,以与民更始,与民休息,这个朝代的政治生命,一定可以延长百年以上。汉高祖之后,继之以文景;光武以后,继之以明章;唐宋两代统一之后,继之以太宗;明太祖之后,继之以成祖;清世祖之后,继之以圣祖;破坏之后,继之以消极的建设,所以都能维持二百余年的统治权。夺取政权之后,如其本身就是声色货利的享受,或者继体之君不知开国的艰难,立即竭天下的生产以纵一人的私欲,那纵不及身而灭,也不会传之子孙的。秦二世、隋炀帝都因纵情享受而亡国的。他如北朝的齐周,南朝的宋齐梁陈,以及五代君主,哪一个不是由破坏趋建设,而直入享受的阶段? 历史的教训:任何革命家,都不能忽略这建设急于享受的原则。

太祖高皇帝开国,世祖太宗承家,三传四传之后,都是些生长深宫之中,锦衣玉食惯了的纨绔子弟,不知稼穑艰难,不问民间疾苦,一朝政权在手,自然有文学侍从之臣教之享乐。所幸,此时土地的生产力恰和农民劳动时间配合起来,物资丰盛,恰够那群统治阶级的犬马食粱肉,土木被纹绣,所以政治生命较久的朝代,必待到三四传之世,才见得歌舞升平国家文物之盛。盛极而衰,帝王过度的享受,引起达官贵人的效尤;达官贵人过度的享受,又引起士大夫全部效尤;以有限的生产,供统治阶级无穷的浪费,加上人口膨胀,土地不够垦殖,社会经济开始动摇,国家政治开始紊乱了。

国家承平既久,文官爱钱,武官怕死,遇到民不聊生挺而走险的盗贼,初则弥缝,继则征剿。征剿的方式,一向是大军所过,良民一扫而光。盗贼越剿越多,国家越战越穷,人民的生产越少而所担负的战费越重,于是变乱四起,群盗满山。而不肖的官吏,当此民不聊生的时代,还要"留盗贼以为富贵资本",这样一来,天下皆叛,堂哉皇哉的统治阶级无论怎样不能巩固他们的政权而自趋于总崩溃,汉唐元明都是沿着这条路线而自取灭亡的。前朝既灭,只待着若干群盗贼,彼此厮杀,彼此并吞,谁能够决胜战争,略施虚伪的仁政,谁就最后统一中国而为太祖高皇帝。

说到这里,我们可以假定中国治乱的第二个因素是——乱于统治阶级的过度享受,而治于政治上积极的建设,经济上消极的建设。一个革命家应该是破坏者、建设者,而不是及身享受者。凡是破坏旧政权而迫不及待长期建设的过程,直接走上享受途径,这种政权,史实告诉我们,决不会如当时统治阶级所理想的巩固。《通史简编》对于历代革命性的破坏写得很详尽，对于积极的、消极的建设，稍嫌事实不够充实。如，西汉文景两帝的节约，唐初贞观之治，都肯自吏治方面谋所以藏富于民，由现代角度看，还值得颂扬，我们不能因为他是统治阶级隐其善而扬其恶！

中华民族自古以来，就是混血种，其混合的过程，不外下述几个方式：（一）侵略者久居中国而被同化；（二）被征服者移殖国内久而自然同化；（三）域外的传教士和商人来到中国后不曾回去，久而与国人通婚媾；其同化最多者，则惟塞外侵略者。

鬼方、犬戎、匈奴、蠕蠕、突厥、回鹘、契丹、女真、蒙古、满清，此盛彼衰，前仆后继，或者割据黄河流域，或者将中国全部吞噬了。他们都是凭借沙漠的保护，度其游牧的生活，自然养成苗壮的马队，夏则背温向寒，冬则背寒向温，万里长城，永远阻遏不住这群侵略者的铁蹄。永嘉南渡，元魏饮马长江，靖康之难，蒙古灭宋之后，贱视"南人"，我们民族所受塞外马蹄的蹂躏，真是罄竹难书。汉武帝伐匈奴、唐太宗灭突厥、明成祖讨伐蒙古帝国的余裔，同是为了中华民族不胜塞外马蹄的长期压迫而取攻势的防御，我们不能轻加以"对外侵略"的罪名。宋明两代，因为国力的虚弱，不能贯彻攻势的防御，便立刻反受辽金的打击，甚至演出土木堡皇帝被掳的丑剧。民族的自卫，不能向外进攻便不能保守旧的封疆。唐太宗"以仁恩结庶类，以信义抚四夷"，也不过为中华民族想求个永久的安全保障罢了。《通史简编》对他颇多微辞，如此史观将不许中华民族产生反侵略的英雄，这未免令读者丧气。

明清之际，俄罗斯开始侵略麦嘉湖与庵雅腊河附近各地。跟着略取尼布楚城为根据地，以东侵雅克萨、南侵额尔古纳，扰害索伦诸部（详何秋涛《朔方备乘》），直等到康熙年间，才完全征服索伦，收复雅克萨，和俄罗斯订了尼布楚条约，以大兴安岭为中俄国界，我们已相当的吃亏了。咸丰年间，俄国乘我内忧外患、国力虚弱，硬将国界南移到黑龙江心，这种明目张胆的侵略，读了《爱珲条约》，我们至今犹有余恨。同治以后，帝俄又在新疆边境，到处挑拨回教徒反抗政府，乘机侵略伊犁以西地带，在外蒙也有私移界碑的事实。我们国家，由西北到东北，边氛不靖，疆土日蹙，总由帝俄侵略不已。这种侵略的严重性，不亚于匈奴入塞、突厥寇唐,中国的外患,显然还在沙漠之外。爱珲、伊犁诸约,成立于鸦片战争之后,固非《通史简编》断限所及。然而,《爱珲条约》之前,当雍正、乾隆之世,尚有两次《恰克图条约》,都带着经济性的侵略,《通史简编》连帝俄时代土地侵略和经济侵略都不落言诠,作者也未免过分胆怯了!

全书随时加强吾人的民族观念,这是我们民族所最需要的。但于塞外马队的南牧,不承认是侵略,独于中国的反攻,时加以侵略的罪名,甚至对于帝俄时代的侵略也略而不详,读者误会就难尽免了!

个人的生活常决定于社会环境。一个民族的思想,也何尝不受社会经济的支配?

我们国家生产的基础停顿在农业阶段已在二千年以上。农业,播获有定时,耕植有定地,劳动有定力,社会自然需要有定型。除非天灾、人祸,人民总不肯轻离其乡的。所谓"狐死正丘首",所谓"久不离乡是贵人",都不过表示农业社会需要永久的安定生活。儒家所揭橥"知止而后有定,定而后能静,静而后能安,安而后能虑,虑而后能得"的思想方式,当然属于农业社会生活的反映。孔子本身,虽然不屑为老农老圃,我们从他赞美南宫适话头看:

> 南宫适问于孔子曰:"羿善射,奡荡舟,俱不得其死然。禹稷躬稼,而有天下。"
>
> 夫子不答。
>
> 南宫适出。子曰:"君子哉若人! 尚德哉若人!"(《论语·宪问》篇)

孔子未尝不重视农业社会的生产和道德。周朝本以农业起家的,一代的文化,当然建立在农业基础上,我们从孔子"周监于二代,郁郁乎文哉,吾从周"的语气看,他的全套思想,当然是从农业社会推阐出来的。所以他的政治主张,首先"足食",其次"足兵"。足食的根本在重农,足兵的根本在教育,这从孔子和冉有问答的话里看得最显明:

> 子适卫,冉有仆。子曰:"庶矣哉!"
>
> 冉有曰:"既庶矣,又何加焉?"

曰:"富之。"

"既富矣,又何加焉?"

曰:"教之。"(《论语·子路》篇)

从表面看,孔子也不过一个军国主义者,可是他的最高政治理想,是希望天下的人"老吾老,以及人之老;幼吾幼,以及人之幼"。真的,现代所有的文明国,谁能做到"老者安之,少者怀之",如孔子所想象的那末圆满?

孔子的最高政治理想,也就是他教育的最高范畴,就在"修己以安人"五个字。《论语》所一再申述的,教弟子们"入则孝,出则悌,谨而信",教统治阶级们"敬事而信",都是"修己"的功夫。教弟子们"泛爱众,而亲仁",教统治阶级们"节用而爱人,使民以时",都是"安人"的基本工作。不论任何主义,任何政策,统治阶级果真能克制个人的私欲,实行以民众利益为前提,我们还要非议他吗? 孔子学说的中心——"仁民爱物",过去研究中国思想史学者,往往忽略其重要性,直到最近郭沫若先生著《孔墨之批判》,才揭发其"人民本位"的理论来。不经过这种透视,我们认识孔子思想的本体终嫌不够。《通史简编》不注意"夫子之性命与天道不可得而闻",以及"子不语怪力乱神"的明文,硬说"孔子所谓天命就是君主专制,鬼神就是卿大夫",这未免为初期思想史学说所误,而厚诬孔子。孔子说"性相近也,习相远也",这不是说明天性可因人生环境而改变吗?

从那原始的封建社会向统一帝国迈进的过程中,就产生这位"人民本位"的大思想家,尽管他的思想尚未能蝉蜕封建社会的躯壳,可是他的思想本体是绝对的、极圣洁的、为民众福利而建立政治思想的新体系,尤其是"不患寡而患不均,不患贫而患不安"两个经济建设的原则,当今之有国有家者谁能彻底做到这步?

孔子思想,传到子思、孟子,越发发扬光大了! 从"修己安人"的根本思想里推演出来修、齐、治、平的系统理论,再从修、齐、治、平的理论推演出来"大同""小康"的具体政策,以充实孔子的"老安少怀"思想。贾谊的《治安策》,晁错的《令民入粟受爵疏》,董仲舒的《举良贤对策》,尽管他们杂有法家、阴阳家的思想,大体说来,都不曾改变孔孟学说的本质。汉武帝罢黜百家而定儒学于一尊，总因为儒家学说，足以涵盖百家之长，而不像诸子的偏狭。王莽的王田制度和解放奴婢令，正是西汉经学思想的实践，不能因为他篡位的失败而罪及儒家思想。自东汉古文经学抬头，现实的政治开始与儒家思想脱节，从此以后，儒家政治变成统治阶级的幌子。儒家思想，初搀杂些老庄之道成为魏晋的玄学，再搀杂浮屠之学成为宋元明的理学。"内圣"之学日密，"外王"之道日疏，儒家思想永远受着异学的影响，跟着时代的变迁，而存其躯壳，变其本质。后儒的行动之与思想，常相矛盾，那不是孔孟的罪恶，正是社会环境所造成。黄宗羲《原君》的一套议论，明是导源于孟子的"民为贵，社稷次之，君为轻"民本思想。《通史简编》但称孟子学说"颇有革命的意味"，而盛赞《原君》为"透澈地发挥了民主主义"，这种批判，不一定公允吧！

理学的宗传，陆王与程朱对立，朱子之后，有吕祖谦、真德秀诸家为之揄扬，加以元明两代统治阶级竭力崇敬，他的学说遂成明清两代的官学。陆子主张从实践中提撕省察悟得本心，这显然是唯心论。阳明"知行合一"，"致良知"，都是从静坐中得来，唯心论遂发展至更高的境地。朱子主张"格物致知"。格物者，假于物也（此郭沫若先生说），假于物以明理，就是说一切智识，都是物质的反映，这种理论，太与前进分子所宣传唯物论相近了。《通史简编》充分的发挥唯物史观，独于宋明理学，反对接近唯物论派的程朱学说，转而表章陆王派的唯心论，这也是个无可讳言的矛盾。

有中国的生产方式，才产生中国式的社会组织；有中国的社会组织，才产生中国式的学术思想。不论从何角度看，儒家思想既然支配了两千年来中国的社会与政治，不能因为后儒的行为偶然失检，或者因为历代的统治阶级都好利用"尊王"为幌子就抹杀孔孟思想的本体，并且随波逐流把儒家学说整个的予以鄙视。这显然否定"生活决定意识"的原则了。时代有古今，新陈相代谢，史学的要义，就是要抓着时代的背景，说明代谢的因果，昔日所是，今日所非，安知今日所非，将来不惊为是？我不愿把隐身的帽子，紧遮着自己的耳目，说没有魔鬼，但是，我相信魔鬼决不会长期的显形于光天化日之下。孔孟思想，有其"人民本位"的根据，所以能随俗雅化，日月常新！

如上所论,从历史上展望中国的问题:(一) 地旷人稀则天下易治,人众地狭则天下必乱;(二) 先破坏而继以建设者,天下比较可以久安,刚破坏而统治阶级即图享受者必速覆灭;(三) 中国的外患,自古以自漠北来者为严重,长城天险,永远抵御不住沙漠的侵略;(四) 儒家思想,为中国农业社会的产物,在工业尚未发达、社会组织尚未彻底改造以前,我们打不倒孔家店。即使经济基础变更了,也推翻不掉孔孟思想中心——人民本位的本质。区区之见,姑妄言之,敢以请教《通史简编》诸位作者。

尚有几个小问题,必请作者加以删订者,如:

24 页:臧字,应作执戕的奴隶解,不能解为"戕杀奴隶就算善"。

25 页:董作宾先生的《归矛说》,完全误解卜辞,郭沫若先生已有初步的修正,本书所谓"武丁时代赐矛给各国、各地、各人,及守护人凡四百余支……"可以删去。

35 页:"康王贪色,周政从此衰退",此说出于《韩诗》,证以西周金文,决对无稽。多数的皇帝皆短命,都由酒色荒淫,不必周康王也。

36 页:周召共和,纯出《史记》传说之误,应据《纪年》及金文改为共伯和干王政。

38 页:獯鬻、猃狁诸字从犬,都是汉以后人用以丑诋异族,在两周直接文献里虽有"戎狄豺狼"的说法,国名并不从犬。

39 页:富从畐声,畐象釜形,富字本谊,就是"乃积乃仓",应该作农业社会私有财产看,不能作商业货物解。

44 页:墨子生于战国初年,非春秋末期人。

49 页:杨向奎先生考订春秋时代兵制,是革车一乘,步卒十人,合计一车为十三人。据车数以推测古代人口,《司马法》之说,最多可以代表战国中期后的事实,不能用以推测春秋以前。

55 页:税以足食,赋以足兵,汉朝尚且如此。鲁国"用田赋",当然是按田亩征兵费,不按人口,足见此时鲁国的人口加多,无法调查了。中国人口不能作确实的统计,似乎自春秋末期开始。

108 页:西汉农民的痛苦,晁错、董仲舒说得最深刻,应加补充。

179 页:圆周率的发明,始于刘歆,不自祖冲之始。

331 页:印板自民间发明,当然先从民间通行的书籍印起,然后政府利用推广到经籍方面,这正适应工业推广的程序,并不搀杂什么阶级问题。

415 页:《文献通考·国用门》曾说宋代政府的浪费,是"养兵也,宗俸也,冗官也,郊赉也",这比高斯得说得更彻底,也当据以修订。

609 页:全书称皇帝的名字,独于南明隆武、永历称帝,为的是亡国之君值得尊敬吗? 那末,刘邦、朱元璋都是解放人民的英雄,都该尊以帝号了。庙号、年号,都不过历史上一种年代的尺度,写中国史,不必因为他们是统治阶级而废弃这些尺度。人类文化,除非进步到无政府时代,一切的执政,谁不是统治者?

　　工业革命以前,中国文化老是站在世界的前面,所以国人可以文明古国自豪。就是因为旧的文化束缚,一切不许推陈出新,标奇立异,而所有的学术思想受着克己复礼的支配,老是向着唯心论方面发展,硬将中华生民束缚成行尸走肉、毫无向上的勇气。等到西洋科学工业打开中国之门,堂堂的中国,便如《通史简编》所说:"好比紧密封闭在金字塔内的木乃伊,一朝与外界新鲜空气接触,不可避免的要腐烂,腐烂的媒介物,正是这些原已腐烂不堪的奸官们。"奸官不去,民族决对不能新生。我一口气读毕《通史简编》,再展望中华民族的前途,不禁风雨飘摇,感慨万端!

三十六年十月八日写于青岛鱼山路

(《〈中国通史简编〉批判》,中国人文研究所 1948 年 1 月出版)

揭开它的伪装显露它的真相

——评范文澜等《中国通史简编》（节选）

缪凤林

这不是一部什么《中国通史简编》，是一册道地的中国共产党的——或者说是中国马克斯主义者和布尔希维克主义者——大胆的宣传品。我在本刊九卷四十九期批评周谷城著《中国通史》时曾说：

> 这部书充满了错误并蕴藏着毒素。错误，由于著者缺乏国史素养；毒素，由于著者以史事为其所信奉的某种主义之奴隶。

拿这几句话来批评这册《中国通史简编》，实在最恰当也没有。以周著和这部《简编》来比拟，尤令人有小巫见大巫之感。本书卷首有著者自序说：

> 我国广大读者需要的是一部简明扼要的、通俗生动的、揭露统治阶级罪恶的、显示社会发展法则的中国通史。

这是范君等编纂这册书的目的。我看完本书后，发觉上面两句话"简明扼要"和"通俗生动"——是它的伪装，下面两句话——"揭露统治阶级罪恶"和"显示社会发展法则"，易言之，即大胆地歪曲地宣传中国共产党主义——是它的真实用意所在。因之，我的评文亦分上下两篇，上篇偏重在它的伪装方面，下篇则偏重在它的思想方面。

讲到本书的伪装，最显明的一点，即全册自始至终，以语体文写成，不但遇到史迹繁复之处，概用快刀斩麻的手腕，随心所欲地用简短的语体文作概括性的叙述，即在需要引用旧史籍的场合，亦概由作者将引用的原文译成语体文，乃至偶有一二在《平民千字课本》中没有的单字，也注明音读。由范君等看来，用这种体裁编纂通史，可以达到简明扼要和通俗生动的两项目标了！

不幸的很！由于范君等对于国史乃至普通国文程度的幼稚以及了解力的缺乏，不但在全书中几乎每章每节甚至每页每行每句充满着严重的错误，即在引用极普通的史料时，亦每每不明原文的含义，翻成语体文后，往往弄得牛头不对马嘴。我现在依次略举一二，以见一斑。

一，页三十二叙"周初大封建"云："据说，周公成王建立七十一国，其中兄弟十六人，同姓四十人，周子孙不是发狂生病，都有封做诸侯的权利。"又页六十"周初大封建，凡立七十一国，其中兄弟国十五，周姓国四十。"

按《左氏》昭公二十八年传成鱄言"武王兄弟之国十有五人，姬姓之国四十人"。《荀子·儒效》篇谓："周公立七十一国，姬姓独居五十三人。"《儒效》篇又云："周之子孙，苟不狂惑者，莫不为天下之显诸侯。"这三段文字即为前引两段译文的根据。成鱄言武王，荀子言周公，各有专属，译文改称"周公成王"，误一。荀子以"立七十一国"归之"周公"，译文于周公下妄加"成王"，误二。成鱄言"武王兄弟之国十有五人"，译文改为"十六人"，误三。荀子言"狂惑"，范君等翻为"发狂生病"，误四。荀子言"莫不为天下之显诸侯"，"显诸侯"意云"有名的诸侯"，范君等翻为"都有封做诸侯的权利"，误五。

二，页三十五"周公制礼，照春秋战国时代儒家说，大礼有三百，小礼有三千"。

据《礼记》孔颖达疏："《孝经》说云，《礼经》三百；《礼器》云，经礼三百；《中庸》云，礼仪三百；《春秋》说云，礼义三百；《孝经》说、《春秋》说及《中庸》并云，威仪三千；《礼器》云，曲礼三千；《礼说》云，动仪三千。"此为上文三百和三千的来历。前人皆以三百指《周官》，三千指《仪礼》，从无以大小分者。范君等翻为大礼小礼，误。

三，页七十六叙战国时代经济状况，谓"战国时代似已废除了官贾制度，商贾得自由买卖。《周易·系辞》（孔子以后儒者所记）说，日中做市，招集天下的人民，聚会天下的货物，交易而退，各得其所"。

按《周易·系辞》谓"包牺氏没，神农氏作……日中为市，致天下之民,聚天下之货,交易而退,各得其所。"","日中为市"云云,显系指神农氏而言,即云《系辞》系孔子以后儒者所记,亦绝不能取以为论述战国时代经济状况之资料。上所云云,可说毫无时代观念。至翻"为"为"做",翻"致"为"招集",亦皆欠妥当。

四,页七十七论"秦统一的原因"云:"秦始皇即位时候(二四六),秦地有巴蜀、汉中、宛、郢、上郡、河东、太原、上党等郡……关中地本肥沃,郑国渠造成后,农产更丰富。巴蜀出铜铁,滇僰出奴隶,西北戎狄出牛马。秦连年用兵,经济力量能够支持,因为拥有重要资源的缘故。司马迁说,关中土地约占天下三分之一,人口不过十分之三,财富却占十分之六。这种估计,未必确实,但经济方面,秦确占优势。"

这一段错误多极了,今试细细分疏如下:

(一)秦王嬴政即位,在西历纪元前二四六年,即位第二十六年(前二二一),尽灭六国,李斯等始上"皇帝"的尊号,嬴政自号曰"始皇帝",后人则省称为秦始皇。上文"秦始皇即位时候(二四六)","即位"应改为"即王位"(《史记·秦始皇本纪》亦云:"庄襄王死,政代立为秦王。")二四六,至少应在"二"字上加一"前"字。

(二)"秦地有巴蜀……"云云,本于《史记·始皇本纪》"秦地已并巴、蜀、汉中。越宛、有郢,置南郡矣。北收上郡以东,有河东、太原、上党郡。""巴"与"蜀"本为两郡,范君等在中间未加一逗点。又据《匈奴列传》言"秦昭襄王时,有陇西、北地、上郡",则北边于上郡外,尚有陇西、北地二郡,本节既侧重关中立论,此二郡亦应叙入。

(三)"巴蜀出铜铁"以下云云,系译自《史记·货殖列传》,与原文出入尤巨。《史记》云:"关中……因以汉都,长安诸陵,四方辐凑,并至而会,地小人众,故其民益玩巧而事末也。南则巴、蜀,巴、蜀亦沃野,地饶卮、姜、丹沙、铜、铁、竹木之器。旄南御滇、僰,僰僮。西近邛、笮,笮马旄牛……天水、陇西、北地、上郡,与关中同俗;然西有羌中之利,北有戎翟之畜,畜牧为天下饶……故关中之地,于天下三分之一,而人众不过什三;然量其富,什居其六。"

按《史记》作于汉武帝时,本节所言,亦直贯注到武帝时。文中所言"天水郡",据《汉书·地理志》班固自注,即云"武帝元鼎三年置",此外如"滇""僰""邛都""筰都"亦皆至汉武帝通西南夷后,始有可考,详见《史记·西南夷列传》。范君等乃取而置于秦代,抑思"长安"之名,以及诸陵云云,皆至汉建都后始有乎?时代之不明,一至于此,真是"不通"之至,尚有资格配编"中国通史"否?又《史记》言"巴、蜀地饶卮、姜、丹沙、铜、铁、竹木之器",《集解》于"铜铁"下引徐广曰:"邛都出铜,临邛出铁",是皆在蜀郡之地,今乃翻云"巴蜀出铜铁"。《史记》言"南御滇、僰、筰僮",僮与奴隶既略有区别,筰僮亦与"滇"无涉,今乃翻云"滇僰出奴隶"。《史记》言"西近邛、筰,筰马旄牛",今乃翻云"西北戎狄出牛马",皆与原文有很大的出入。

五,页——五论"汉代工商业"云:"与皇帝争利的大商人,他们也有工业。刘彻以后,盐铁钱收归国营,但如罗褒结交权贵,专利盐井。其他如翁伯卖脂,张氏卖酱,浊氏卖肉干,王君房卖丹药,樊少翁卖豆豉,都成巨富。他们有工场大量制造,所以能积累财富。"

按《汉书·货殖列传》言:"……成哀间,成都罗裒訾至巨万。裒賂遗曲阳、定陵侯,依其权力,赊贷郡国,人莫敢负,擅盐井之利。""自元成讫王莽,京师富人……长安丹王君房,豉樊少翁,王孙大卿,为天下高訾……其余郡国富民,业兼颣利,以货赂自行,取重于乡里者,不可胜数。故秦杨以田农而甲一州,翁伯以贩脂而倾县邑,张氏以卖酱而隃侈,质氏以洒削而鼎食,浊氏以胃脯而连骑,张里以马医而击钟,皆越法矣,然常循守事业,积累赢利,渐有所起。"前面一节的叙述,大抵根据这段《汉书》,但其中犯了一个严重的错误。范君等在"刘彻(汉武帝)以后",历举了罗裒等六人,实际上只有"罗裒""王君房"和"樊少翁"是汉武以后的人,其余"翁伯""张氏"和"浊氏",皆非汉武以后的人。原来《汉书》"其余郡国富民"以下云云,大抵本于《史记·货殖列传》。我现在且把《史记》原文抄在下面:

> 若至力农畜,工虞商贾,为权利以成富,大者倾郡,中者倾县,下者倾乡里者,不可胜数。夫纤啬筋力,治生之正道也,而富者必用奇胜。田农掘业,而秦扬以盖一州;掘冢,奸事也,而田叔以起;博戏,恶业也,而桓发用富;行贾,丈夫贱行也,而雍乐成以饶;贩脂,辱处也,而雍伯千金;卖浆,小业也,而张氏千万;洒削,薄技也,

而郅氏鼎食；胃脯，简微耳，浊氏连骑；马医，浅方，张里击钟。此皆
诚一之所致。

"翁伯"（《史记》作雍伯）"张氏"和"浊氏"三家的时代，今已不能确考，但
子长《史记》作于武帝世，三家既具见《史记》，其时代至迟亦必在武帝之
世。现在范君等将他们和成哀间的罗褒，元成迄王莽时的王君房、樊少
翁叙在一起，并冠曰"刘彻以后"云云，真可说是大错特错了。

　　不仅此也，司马迁叙述的对象，是"诚一"而"用奇胜"者，范围较广；
班固虽加以简别，像掘冢的田叔，博戏的桓发（《汉书》作稽发），及行贾
的雍乐成，已不复齿列，然所述亦以"循守事业，积累赢利"者为范围。
现在范君等任意截取了"翁伯"等数人，说"他们有工场大量制造"，不悟
《史》《汉》明明说"贩脂"，"贩"只是贩卖，并不一定有工场，亦系文不对
题也。

　　又"胃脯"据《史记索隐》引晋灼云："太官常以十月作沸汤煮羊胃，
以末椒姜粉之讫，暴使燥，则谓之脯。"范君等译为"肉干"，亦误。

　　六，页一五八"名士胡毋彦国关房门饮酒，被儿子谦之窥见，大声
叫道：'彦国老儿，不该独乐。'彦国欢笑，呼入共饮"。按此段译自《晋
书》胡母辅之传。《晋书》云：

　　　　辅之字彦国，……子谦之。辅之正酣饮，谦之窥而厉声曰："彦
　　国！年老不得为尔！将令我尻背东壁！"辅之欢笑，呼入与共饮。

谦之对他父亲讲的三句话，如勉强译为语体文，其大意如下：

　　　　彦国！有了年纪的人不该像这种样子！你像这样子早晚死
　　了，要我做儿子的尻背东壁，居丧行礼，那我可吃不消呢！

范君等不明"尻背东壁"的意义，既省去不译，又将"彦国！年老不得为
尔"读成"彦国年老，不得为尔"，复将"为尔"误为"为尔自己"，遂译成
"彦国老儿，不该独乐"。史文之不明有如是者！（又"胡母"，范君等改
为"胡毋"，亦误。）

　　七，页二四五谓"鲜卑族侵入中国，北境常被新起野蛮种族柔然、
蠕蠕侵扰，后来两族衰灭，突厥代兴"。据《北史·蠕蠕传》"……始有部

落,自号柔然;后太武以其无知,状类于虫,故改其号为蠕蠕"。范君等竟将"柔然"与"蠕蠕"分成两个种族!幸也,范君等尚不知《南齐书》又名"蠕蠕"为"芮芮",否则不又将"芮芮"与"柔然"及"蠕蠕"分而为三乎?

八,页三〇四论唐代宗教云:"会昌五年……李瀍毁寺……佛教以外,大秦、穆护、祆三教僧二千余人也被李瀍勒令还俗。"页三二二又云:"唐朝,回教、景教、祆教、摩尼教、穆护教都先后传入中国。"按《旧唐书·武宗纪》:"会昌五年,勒大秦、穆护、祆,三千余人还俗,不杂中华之风。"所云"穆护",即系"摩尼教徒"(祆为火祆教徒),已成为一般的常识,范君等却以"穆护教"与"摩尼教"并立!又书中"二千余人"亦系三千余人之误。又"瀍"虽系武宗本名,然会昌六年已改名为"炎","李瀍"亦宜改为"李炎"也。

九,页三五三叙宋代科举云:"宋分进士为三等,一等称及第,二等称赐进士出身,三等称赐同进士出身……从宋到清一千年,这种制度大体沿用不变。"页六四六叙明代科举云:"殿试榜分一二三甲,一甲止三人,二甲若干人,赐进士出身(翰林),三甲若干人,赐同进士出身(进士)。"

按《宋史·选举志》云:"太宗太平兴国二年,御殿复试……命李昉亟蒙第其优劣为三等,得吕蒙正以下一百九人,越二日复试诸科得二百人,并赐及第;又阅贡籍,得十举以上至十五举进士诸科一百八十余人,并赐出身;九经七人不中格,亦怜其老,特赐同三传出身。凡五百余人……八年,进士始分三甲……真宗景德四年……定亲试进士条制……其考第之制凡五等,学识优长,词理精纯为第一,才思该通,文理周率为第二,文理俱通为第三,文理中平为第四,文理疏浅为第五。然后临轩唱第,上二等曰及第,三等曰出身,四等五等曰同出身。"《明史·选举志》则云:"……天子亲策于廷,曰廷试,亦曰殿试,分一二三甲以为名第之次。一甲止三人,赐进士及第;二甲若干人,赐进士出身;三甲若干人,赐同进士出身。"

根据上面的记载,我们可以知道明代的科举,确有因袭宋制之处,"三甲"及"及第""出身""同出身"之名亦多始自宋代,然如前文所引范君等云云,则所谓宋制者,绝对不是宋制,而是百分之百的明制。清制差不多完全因袭明制；但"从宋到清"云云，那又大错特错了。又范君等叙述明制，"一甲止三人"之下，不知何以无端省去"赐进士及第"字样？又进士出身者不必皆为翰林，范君等于"赐进士出身"下，用括弧加上"翰林"二字，既属错误，"赐同进士出身"者当然是进士，范君等却又在其下加上"进士"二字，亦可说"画蛇添足"了。

十，页六五一"玄烨对群臣说，了解光地的止有朕，了解朕的止有光地"。据章炳麟《检论》李光地别录"玄烨常曰，知光地者莫如朕，知朕者亦莫光地若也"。拿这两段话作一比较，虽初中程度的学生亦可以看出范君等译文的错误。

上面所列的十条，不过在千百个错误中仅仅举了十个例子而已。倘若一句一字地推敲起来，一定可以写成比原编更厚的一册批判书。我现在试再概括地另举两个例子：

一，石敬瑭割让幽、蓟、瀛、莫等十六州给契丹，见于本书三三四页；周世宗柴荣于显德六年北伐，恢复了十六州中的瀛莫两州，见于本书三三八页。北宋代周而兴，历次北伐，虽没有恢复其余的十四州，但瀛莫两州亦始终未再沦于契丹。欧阳修《五代史·四夷附录》云："周师下三关（益津、瓦桥、淤口）、瀛、莫，兵不血刃……不幸世宗遇疾，功志不就！然瀛、莫、三关，遂得复为中国之人！而十四州之俗，至今陷于夷狄！"这也可说是国史的一个小小常识。但在本书三四五页，范君等却说："北宋初年，中国除十六州外，又成统一的国家。"

二，本书页四六二"忽必烈灭宋（一二七三—一二七九）"："忽必烈至元十年，破宋襄阳城。十三年破临安。十六年，宋主赵㬎死，宋亡。"至元十年即西元一二七三年，十六年即一二七九年。但在四九七页却又写着"至元十三年（宋亡后一年）"！

看了这两个例子，读者们可以想象这册披了美丽伪装——所谓简明扼要和通俗生动——的宣传品内容是什么样子！作者不惮为读者们报道的，这又不过千百处错误的两个例子而已！

本篇的目的，只在揭开它的伪装，为了节约起见，我不愿多费纸张笔墨，我不想再写下去了。

范君等以及任何人如有不服，倘蒙提出质询，我愿意义务地耳提面命地逐字逐句指正它的错误!

揭开了《中国通史简编》的伪装,现在且看它的真相。

……据本书卷首自序,它的目的之一是显示社会发展法则,所谓法则,亦即指马克思主义的历史观念。本书页七六四说:

> 整部历史止是阶级间,阶层间相互斗争,联合的历史,而联合也是为了斗争。

这和一八四八年马氏《共产党宣言》首行所言,简直是一鼻孔出气。又页一〇四云:

> 楚汉战争,说明了没落的贵族世家,敌不过新起的农村庶民;说明了保守旧制度,违反人民愿望,旧制度总归于破坏。

这又是马氏唯物史观因袭黑智儿氏辩证法则之一,所谓"新陈代谢律"的大胆应用。

复次,马克思主义的历史观,以某一时代的生产关系,决定某一时代的历史形态。人类史上生产关系的基本形式,据马氏死后的徒党研究所得的结论,大致分为"原始公社制""奴隶制""封建制""资本主义制""社会主义制"等五者。本书的编纂与组织,完全为此一公式的实际应用。我们且看它的目次:

第一编　原始公社到中央集权的封建制度底成立——远古至秦

第一章　原始公社时代——黄帝至禹

第二章　原始公社逐渐解体到奴隶占有制度时代——夏商

第三章　封建制度开始时代——西周

第二编　中央集权的封建国家成立后对外侵略到外族的内侵——秦汉至南北朝

第一章　官僚主义中央集权的封建制度底成立——秦

第三编　封建经济的发展到西洋资本主义的侵入——隋统一至清鸦片战争

第二章　封建经济发展时代——唐

人事的演进,并无任何前定的轨辙,因之纪录人事的历史,亦不能先立若干原则以为之范畴。历史学者的可贵,端在各别地虚心研究人类的陈迹,考索其真象,推求其因果,而为之解析说明。马克斯主义者先立了若干原则,以概括人类历史演进的程序,信奉马克斯主义者复将是种原则,毫无条件地分别应用于各国家各民族的历史。像这样,它们先有结论,历史只不过曲解或臆造一部分的史实以证明其已具的结论;它们先有普遍的公式,各别的民族或国家的历史,只不过是这普遍公式的各别地和机械地应用;它们先有主义,历史只不过是先已信奉的主义的奴隶。这是玄学,不是科学,是宗教,不是学说,是迷信,不是研究,是宣传,不是历史。我对于这种机械的公式派的谬误,将在另一文中详加批判,本篇内不拟多费篇幅,兹惟在《中国通史简编》中选择其特加曲解或特有用心者略加述评,以显示它的真相。

(一)页十二至十五"原始公社制度"节云:

> 中国历史同任何民族的历史一样,也就是说,依照历史一般的发展规律,在上古时代,存在过原始公社制度(也称为原始共产制度)。从中国历史开端(黄帝)到"禅让"制度崩溃,正是实行着这个制度的时代。

> 什么是原始公社制度? 就是对于生产资料的社会公有制。……那时候,没有生产资料私有制,没有剥削,没有阶级。

> 刑法是阶级压迫的表现。那时候既没有剥削,也就没有阶级,因之不需要残酷的刑法。

> 禹在军事胜利中,自己财富增加了,氏族社会也就开始破坏了。

从黄帝到禹的社会制度，是原始公社制度。

根据国史的记载和现在所已发现的史前遗存，我国古代根本没有所谓"原始公社时代"的存在。（至未有记载传说或遗存发现的时代，是否有类似共产党徒所宣传的原始公社时代，则置之阙疑之列。）右所云云，全是信口胡说，毫无批驳价值，但我仍加以征引者，乃是在本书中寻得一"原始公社"的定义，以便了解下列两段关于原始公社荒谬绝伦的附会：

（1）页四九八云："至元十四年，汀漳民军首领陈吊眼及畲族（蛮族，即汉朝的山越，也称社民，大概因保持原始公社生活得名）女酋许夫人起兵响应张世杰。"

（2）页六九二云："罗芳伯建立民主共和国，正与北美反英民众建立亚美利加合众国同时。由于资本主义已经发展到一定的程度，才产生北美合众国，资本主义在兰芳大总制，止是微弱的萌芽，封建主义却占了统治的地位……资本主义社会产生的北美合众国，在那时候，一定有它发展的前途；原始公社制度的残余（《尧典》），混合封建思想产生的兰芳大总制，一定趋向衰落的末路。同时产生的两个民主共和国，一兴一亡，原因就在这里。"

以"社民"为"保持原始公社生活"而得名，《尧典》为"原始公社制度的残余"，像这样的信口胡说，我委实不能在通行的词典中寻觅适当的句语来形容它了！

（二）本书目的在以全部国史为宣传马克斯主义——共产主义——的资料。然马克斯主义建基于无产阶级的产业工人之上，必先有强大的无产阶级产业工人，共产主义所企求的无产阶级专政始有实现之可能。而所谓"无产阶级的产业工人"，又为资本主义的生产制度发达后之产物。易言之，必先有资本主义，而后有大规模的生产技术与生产组织，而后有大批以售卖劳工得生活的无产阶级，而后方可能有共产主义。过去中国历史，全为农业社会，农民占全人口十分之八以上，既无所谓"资本主义"，亦无由资本主义产生之无产阶级的产业工人，中国共产党徒既以"马克斯的信徒"自诩，以"中国无产阶级自己创造的党"自诩，欲以中国历史作宣传的资料，实有"格不相入"之感。又在马克斯的经典中,从来不把共产革命寄托在"自私"和"守旧"的农民身上,甚至很少讨论到农民问题,"以农业社会的中国历史供共产主义宣传之用",怕马克斯在梦中亦未想象及此吧!

从马克斯以后,农民问题在共产主义的战略上始渐占重要的地位(恩格尔发表他关于田地问题的著作,一般共产主义者也大致承认农民的帮助是必需的事情),到了一九一七年十月,列宁在产业落后而充满农奴的帝俄进行共产革命,提出了工人与农民联盟的口号,一面宣传无资本的工人和无土地的农民利害相共,一面彻底地破坏了富农和贫农间的关系,使贫农明白社会的阶级组织,遂产生工农联合团结的革命运动而获得成功,马克斯期望在资本主义发达的先进国家产生的共产主义,竟在产业落后农业为主的俄国先期实现。这样,就由马克斯主义变质而成了所谓马列主义,稗贩至中国,遂有所谓"马列主义的中国共产党"。中国过去虽全系农业社会,亦无所谓"农民革命",然每届各代末季,因灾害流行,因生产不足,因政治腐败,官吏横征暴敛,因豪暴侵陵,贫富分配不均,亦时有由智勇辩力之徒领导农民号召农民乃至裹胁农民的所谓"民乱";中共既以在中国实现马列主义为职志,遂以此历代之"民乱"为宣传马列主义无上的法宝,范君等编纂这册《中国通史简编》,也就以这一点为全书的核心。我们且看它的目录:

第三编第一章(秦)第三节　农民大起义

第二章(两汉)第五节　西汉农民起义

第三编　第一章(隋)第三节　人民大起义

第二章(唐)第八节　唐末农民大起义

第六章(元)第四节　农民大起义

第七章(明)第十节　农民大起义

我细观全书,数千年的国史,虽然异常复杂,但在范君等笔下不但不加丑诋,且时露欣赏赞美口气者,只有右列七节"农民起义"的文字。易言之,中国过去的国史在范君等心目中,惟一可取者,仅仅农民起义一点而已。所以者何? 中共标榜马克斯主义的无产阶级革命,但中国过去固无马克斯心目中的无产阶级,现在也依然没有;倘若中共是真正马克斯主义的信徒，那就无异自己否定了自己。所幸列宁既以帝俄的农奴作十月革命大部分的资本，在农业社会的中国，中共自更可以农民为唯一的革命资本，历史上有的是"农民起义"，如何肯轻易放过这一绝好的宣传法宝呢？

前面七节所谓"农民起义"，由纯正研究国史的人看来，并不是真正的"农民起义"或"革命"，就"起义"或"革命"的分子言，诚然其中有不少纯粹的农民，但是领导这批农民，号召这批农民，乃至裹胁这批农民的，却不是真正的农民。试以唐末及明季两次最大的"起义"言，唐末的领导者黄巢及秦宗权、明末的领导者李自成及张献忠是怎样的身份，正史上都有明白的纪载：

《旧唐书》卷二百："黄巢，曹州冤句人，本以贩盐为事。乾符中，仍岁凶荒，人饥为盗，河南尤甚……时多朋党，小人谗胜，君子道消，贤豪忌愤，退之草泽。既一朝有变，天下离心。巢之起也，人士从而附之。或巢驰檄四方，章奏论列，皆指目朝政之弊，盖士不逞者之辞也。""秦宗权，许州人，为郡牙将。"

《明史》卷三百九："李自成，米脂人，世居怀远堡李继迁寨，幼牧羊于邑大姓艾氏，及长，充银川驿卒，善骑射，斗狠无赖，数犯法，知县捕之，将置诸死，脱去为屠。""张献忠，延安卫柳树涧人，与李自成同岁生，长隶延绥镇为军，犯法当斩，主将陈洪范奇其状貌，为请于总兵官王威释之，乃逃去。"

他们全是苏东坡所谓"夫智、勇、辩、力此四者，皆天民之秀杰者也，类不能恶衣食以养人，皆役人以自养者也"的典型人物（详见《志林战国任侠》篇），他们诚然领导农民，号召农民，乃至裹胁农民"起义"或"革命"，但他们本身却绝对不是农民。……

（三）中共既师法列宁，以农民为革命的资本，但马列主义始终坚持以工人为主体的无产阶级专政。当年列宁虽大胆的把农民当作工人的"朋友"，提出了"联盟"的口号，然所谓"朋友"，并不是自家人，所谓"联盟"，并不是一体。中共在中国的都市，虽找不出它生存的根据，但毛泽东辈亦开口便说"中国共产党是中国工人阶级自己创造的党，是代表工人阶级的党"，中共的口号是如此，而历史上除了所谓"农民起义"

外,又绝对找不到其他任何革命的根据。且所谓"农民起义",又无一不是彻底失败。这在现在的中共,如何能取以为法呢?为弥补这一个缺口,范君等在《中国通史简编》中表现了卓越的宣传天才。我们且看下面几段最精彩的议论:

> 楚汉战争,说明了封建社会农民起义,只能推翻旧的地主政权,起而代之的依然还是地主政权,对农民不会有什么好处。止有在无产阶级革命时代,农民才能得到正确的领导,才能得到真正的出路。

> 这是中国历史上第一次农民起义,也是第一次说明没有到现代无产阶级领导革命时代,农民本身永远不能找得出路。(页一〇四至一〇五)

> 新市、平林、赤眉他们纯是农村饥民,被贪污残暴的统治者逼得无路,不得不起义求生。他们没有政治军事智识,缺乏组织和纪律。贪财物,想回家,老皇帝姓刘,必得找个姓刘的做皇帝,不知道联络其他阶层,利用他们的力量,充分表现农民的纯朴性、保守性、自私性、狭隘性。所以击破王莽政权后,起义果实,却落在豪绅地主兼知识分子刘秀的手里。(一二七页)

> 黄巢号召广大农民,反抗统治者,他虽然想讨灭奸臣,革新政治,但在封建社会里,还没有先进的工人阶级领导他们,农民起义绝对不会获得真正的出路。农民起义的领袖们,不是出卖农民,自己变成大地主,取得皇位,就是被地主势力击败,牺牲无数生命。(页三一九至三二〇)

……

(四)末了,范君等在本书目录上,虽写着第三编"封建经济的发展到西洋资本主义的侵入——隋统一至清鸦片战争",但本书的内容,却只到第八章"严格闭关封建经济停滞时代——鸦片战争以前的清朝"为止。不仅鸦片战争以后的近百年史,连鸦片战争的本身,书中皆一字不提。中共初成立的时候,是以反帝为口号的,反帝,鸦片战争以来帝国主义者对于中国的侵略,无疑地是最好的资料,范君等何以在本书中竟加以省略?……近百年中帝国主义者对于中国的侵略,最阴鸷狠毒者,无疑是帝俄的《瑷珲条约》《天津条约》《北京条约》,以及《伊犁条约》《旅大侵占条约》等等,我国国土沦亡最巨者,亦首推帝俄侵夺我东北黑龙江以北外兴安岭以南乌苏里河以东以暨西北之广大领域。这在列宁等革命初期,也是同样看为帝国主义者无理侵略的。……《中国通史简编》遂独缺鸦片战争以后帝国主义侵略中国的历史。否则,以范君等曩日宣传反帝之热忱,在延安中央研究院多年集体研究之辛勤,对于近百年来那样丑恶的宣传资料,何以竟肯轻轻放过,令人对这册《中国通史简编》兴"有头无尾"及"丑中不足"之感呢!

(《中央周刊》第 10 卷第 5 期,1948 年 1 月 29 日;

第 10 卷第 14 期,1948 年 4 月 4 日)

许立群《中国史话》书评

介绍《中国史话》

金灿然

华北书店出版，许立群编著，定价五元。

在延安，差不多同时，有两本中国历史的著作出版，一是《中国通史简编》，一是许立群同志编的《中国史话》。这两本书，在基本观点及历史分期上，是完全一致的；在材料运用上固有简繁之分，但大体却无甚出入。不过前者是比较专门一点的著作，分量较重，不是一般人所能接受的；而后者则是一个良好的通俗读物，很适合一般青年学生及文化程度较低的人们的胃口。

吴玉章同志在序言中说本书的优点是"简单明了"，这个评语是异常恰当的。"简单明了"四个字，说起来很容易，做起来却是要费些力气。偌大一个民族的数千年的历史发展过程，要在一个七八万字的小册子中给它画出个明显的轮廓，着实需要些本领。要"简单"，便难以"明了"；想"明了"，便不易"简单"。这本书二者都能兼顾到，而且做得相当成功，的确是难能可贵。

譬如，仅用六百字上下的篇幅，便叙述了春秋战国时代的政治经济概况，并说明那时的一些战争的性质。用七八百字叙述明白中国文字的起源及其演变的经过，并简明的解释了什么是"六书"，"鼎足三分"共用了八百多字，"宋代抗战派投降派的斗争与学生运动"只用了九百余字，"黄祸"只用了七百余字，"十全武功"只用了不到六百字……字数虽少，但却已将每个历史问题的主要内容刻画出来了。

在每个历史时代，作者都能把它的主要问题抓出来，给以说明。四百多年的两汉，他用"霸王别姬"叙述楚汉之事及刘邦之所以得天下；

"富者田连阡陌、贫者无立锥之地"叙述西汉的社会矛盾;"对内的压迫与对外的封建帝国主义"叙述汉武帝的内外政策;"复古的改革家"叙述王莽变法;"赤眉、黄水"叙述两汉的农民暴动。只这五项,不是已将两汉发生、发展、灭亡过程中的主要历史内容指示出来了吗?此外,如在"繁盛的长安"、"薛仁贵征东"、"唐三藏取经"、"天下英雄入吾彀中矣"、"女皇帝"、"天宝之乱"、"黄巢造反"等七个标题下,描写了丰富的唐代历史;在"庞大的官僚群"、"变法"、"梁山泊好汉"、"以夷制夷的结果"、"李纲和陈东"、"八字军与红巾"、"莫须有"等八个标题下,叙述了南北宋……

因为是一个通俗读物,所以每一个历史问题的标题往往异常醒目,异常形象化,不惟可以吸引人读下去,而且使人看了标题可以大体估计到正文的内容。看了"大鱼吃小鱼",你可以知道那是写的春秋战国时代的兼并故事;看了"揭竿而起",你可以想到那是指的陈胜、吴广的起义;看了"女皇帝",你可以知道那是写的武则天;看了"留头不留发,留发不留头",你可以猜到那是满清初年剃发留辫的血史。此外,如"卧薪尝胆"、"唇枪舌剑与慷慨悲歌"、"霸王别姬"、"活书与死书打架"、"皇帝做和尚"、"唐三藏取经"、"梁山泊好汉"、"莫须有"、"话说与且听下回分解"等等,都是非常生动的标题。作者的文字,写得活泼流畅,将枯燥的史实,叙述得饶有兴趣。如:

> 传说文字是黄帝的臣子仓颉发明的。有人把他的像画了出来:一个生着四只眼睛的老头陀,大概没有那两只比别人多出来的眼睛,是不能造出文字来的吧?这当然是个疑问了。(页二三)

又如:

> 岳飞班师以后,兀术给秦桧的信中说:"必杀飞,始可和。"秦桧便忠实地实行敌人的意旨了。在岳飞"谋反"的罪名下,岳飞父子便被关进了监牢。可是,这种荒诞的理由是谁也不会相信的。韩世宗便去质问秦桧,所谓岳飞谋反的证据何在,秦桧回答得妙,他说"其事莫须有"。(页七八)

这类的例子很多,细心的读者随处都可以碰到那些富于文学气味的段落与句子。

　　然而，作者知道他是在写历史，并不是在做小说，他并没有在不必要的地方浪费自己的笔墨。在掌握史实上，很多地方可以表现出作者的聪明，他能用了了几笔，包揽一段复杂的历史过程。如：

　　　　徽宗宣和七年，金人借口说宋收了一个辽的降将，进兵攻宋。紧急文告相继而来，太原被围，大将郭药师降敌，汴京危在旦夕了。徽宗吓得连忙禅位给儿子钦宗，自己到镇江逃难去了。（页七四）

又如：

　　　　宋的统治者的昏愦糊涂，可以用宰相贾似道作代表。他卖官鬻爵，贪污腐化，宁可和爱妾蹲在地上斗蟋蟀，却懒得管政事。派他带兵到湖北去增援，他不敢和元兵作战，却派了人到忽必烈军中去求和，答应每年给元银绢各二十万两疋，以长江为界。这时蒙哥死了，忽必烈因要回去争夺汗位，便答应和议退兵了。贾似道并不公布他所签定的卖国条约，却反而向宋理宗报告说：我们打了个大胜仗，你看蒙古兵不是已经被我们打退了吗？（页八〇）

　　也许有人要说，作者是在说故事，不是在写历史。对的，在作者笔下，确实把繁琐、枯燥的历史材料写成了生动的故事；然而，这又有什么值得非难的呢？历史本身不就是一场活泼生动的故事吗？况且，作者在"后记"中曾经声明过："这本小书绝不是企图在中国历史的科学研究的成果里添上一些东西的，它只是写给饥渴于我们民族历史知识的广大的劳苦群众或初学者阅读的常识书。"对于这种性质的书，要求它板起面孔来一朝一代的说下去，那只是笑话，而且是罪过。最后附录的"中国历史大事简要年表"，尽可以作一个纲，把全书的故事在纵的方面贯穿起来。

　　　　　　　　　　　（《解放日报》1942 年 4 月 3 日，第 4 版）

《中国史话》

轻　鸿

许立群著，江淮出版社翻印。

在一般关于中国历史的著述中，《中国史话》是值得向教育界同人推荐的一本好书。

第一是作者治史方法的正确，不停留于现象的叙述，能够深刻地对社会问题的本质加以把握与分析。历史本来是最真实的东西，但因过去统治阶级御用"史官"与学者的篡改粉饰，结果便成了一篇胡涂账，弄得是非莫辨，真相不明。而大家也就随声附和，嘲骂赤眉、黄巾，仇恨黄巢、李闯，把明亡诿之"流贼"，称清为"国朝"，连以"革命正统"自居的蒋介石竟盛赞"有清一代建国规模之宏远"，其居心也就难说了。至于为汉奸曲为开脱的也不乏人，从前某些历史书籍上曾有这样奇怪的论调：秦桧主和是另有苦衷，王猛仕秦不忘存晋等。这些学者不但为本国的反动统治阶级作辩护，而且还代异族主子立言了。但是《中国史话》却扫荡了这些谬说，平反了历史的功过，判明了历代祸乱兴亡的责任。作者以唯物史观的方法来论述中国历史发展的行程，从社会基础的变动说明历史和每一个波澜浪花，对于每一时代的意识形态，也把握特征，扼要地写出。

第二是文字通俗晓畅能照顾对象，完全改变过去史学书籍艰涩深奥的作风，遣词造句非常通俗，并且插入一些民间熟知的传说以助长读者兴趣，确能符合深入浅出的要求。

自然本书并非最完备的著作，正如作者所说："许多的论点都还是暂时假设,并非最后的结论。"但在历史读物饥荒的今日,《中国史话》要算一本好书,大可作为中等学校历史教材或补充读物。

(《苏中教育》第 6 期,1945 年 5 月 20 日)

《中国史话》

孔　扬

本报大众读物评选委员会推荐

出版者：野草出版社

发行者：新光书报社

代售处：二马路大陆商场本报营业部

编者：许立群

特价：七折实售八百四十元

推荐辞：孔扬

　　《中国史话》是以新的立场，简述我国自远古时代，直到鸦片战争为止的适合群众学习的一部通史，同分三编，其划分年代，是依据延安中国历史会编著的《中国通史简编》为依据，作者以单元叙事的方式，简要的记叙着某一时期的重要的社会动态，其性质略似于房龙《人类的故事》。每一小节都可独立成篇，惟各节的排列是仍有系统，所着眼者为该一阶段的社会经济和政治的演变，及其社会意识与文化进展的大概的轮廓。

　　作者因为要使读者发生兴味起见，于标题方面颇有诙谐之趣，如写春秋战国时互相吞并的情状，题着"大鱼吃小鱼"；写楚汉刘项相争一事，题为"霸王别姬"；写汉代儒绅今古文之争，题为"活书与死书打架"；写佛教东来我国的情形，题曰"皇帝做和尚"。凡此等等，虽似含有滑稽成分，却不能不说是巧妙的，除"霸王别姬"一词稍觉空泛些外，其他几句是很适当的。我们看到标题，即会明了那时的时代活动的轮廓，在这以青年初读者为对象的史书，这样做可说是合式的。

本书每一节前有简明的提要，说明此一阶段历史现象的一般动态，使读者于斯先有一个明晰的轮廓，可说是很需要的。在每一分期中也有几节说到文化工具和思想界的概述，这与笼统记述有朝代变更、战争起伏的旧式的史传要进步多了。中学方面的青年，用此书作枯燥的历史教科书的参考读物，是非常适当的。

本书末附大事年表，应为读者所需要。这书的别一作用，在想提高我们民族的自尊和自信，使我们于史的兴衰表演中，了解其进展的规律，而教训我们知所奋力，这是现时代环境所需，是一种自然的流露和警觉，也是值得提出的。

（《正言报》1946 年 5 月 27 日，第 6 版）

《中国史话》

日 木

本书序言中,有这么一句话:"我们提高民族的自尊心和自信心,就须要知道自己民族底历史,因为一切有生物都能够爱护他自己的本身和自己的根本。"

诚然的,征服自然,继往开来,民族的自尊心和自信心,是"常常从历史中动人的事实得来"。

作为中国人民,简单地明了本国的历史,当然是需要,尤其是劳苦大众、广大的职业青年群,很多是不能做到这项应知工作的。那么,最适合读的,是这册通俗明尽的《中国史话》。

这本书的作者许立群,用科学的、唯物史观方法来叙述中国历史过程。虽然有许多地方不很详细,而作为要明了中国历史的初步读者,这本书是唯一可读的一本。

本书所讲述的范围是:

一、原始公社到中央集权的封建制度的成立——远古至秦。

二、中央集权的封建国家成立后,向外侵略到外族内侵——秦汉至南北朝。

三、封建经济的发展到西洋资本主义的侵入——隋统一到清鸦片战争。

这本薄薄的小书,包括了上述三点广泛的内容。作者用最简明的笔调,描绘出中国史上的每一时代。

读过一些沉重的历史著作,再读到这册简明的史书,便觉这册书写得非常成功。它不拖泥带水,而告诉了整个中国历史过程,所费的又是那么小的篇幅。

　　我觉得，这本书是应介绍给这里的广大劳苦大众，以及一般读者们。

　　　　　　　　　　（《时代日报》1947年3月14日，第2版）

《中国史话》

良　石

　　吴玉章序，许立群著，华夏书店经售。

　　人类底历史就是人类自己发展底过程，我们看到古人兴衰成败的各种画图，就可以了解他发展的规律，并且得到许多经验和教训来作我们行动的指针，如果不能利用前人心思才力底成果，不但不能发扬光大已有的文明，甚至往往重蹈覆辙，陷入不能自拔的泥坑而自取灭亡。所以古人常说："前事不忘，后事之师。"因此，我们要应付现在复杂的环境，明白将来发展的规律，就不仅要精通现在的一切的事实，而更要熟悉过去的种种历史底情形。（序言）

读了上面这段话，我想我们就可以明白历史的重要了。

　　既然历史是这么重要，那么我们对我们的历史就不能不力求彻底明了，要明了我们的历史，除从先辈口头叙说中得到一小部分外，最主要的当然是靠"书本"，也就是说要从书本中明了我们的历史。今日中国关于历史的书本，无论新旧实在不算少，但是这些"书"作者的态度都算公正，是站在第三者的立场客观地写它们吗？写的方法都是最新的科学的吗？假如作者不是用第三者的公正的态度和新的合乎科学的方法，那写出来的"书"很可能歪曲事实而离开了真理，这类的书，如果才开始学历史的人读了，就很容易受作者和"书本"的骗，无形中跟着书本走；如果以前读过写得好、意见态度都算公允的书的人盲目地读了，那他又极可能为作者的花言巧语所动心，而动摇以前的观念，你想这类的书对你是多么有害！反之，能够真正用最新的科学的唯物史观的方法来叙述我们的历史的书对你又多么有益！然而，今日中国的历史书虽多于牛毛,但能有益于我们的有几本?

《中国史话》就是极少数对我们有益的书本中的一本。全书共分"原始公社到中央集权的封建制度的成立——远古至秦"、"中央集权的封建国家成立后向外侵略到外族内侵——秦汉至南北朝"和"封建经济的发展到西洋资本主义的侵入——隋统一到清鸦片战争"等三编,每编的开头有一个"简明的提要",把编内各小节作一个简明的总的叙述,使读者对这一阶段的历史先有一个概括的和有系统的了解。提要之后,再分为许多小节,每节都可以独立成篇,但各节的排列是有系统的。大致是先说这一大阶段里社会、经济和政治的发展,其次则及于意识形态、文学及其它等等。

这本书诚如编者所言,是着重反对旧历史教科书的成见,注意广大的下层人民生活的斗争,及其反抗外族侵略者的英勇抵抗,同时也注意毫不留情的暴露统治阶层的荒淫、无耻,对于民间流行的历史故事与传说也偶有提及。

因为作者能够真正站在公正的立场,用严肃认真的态度和最科学的唯物史观的方法,所以读者读了之后,既可对历史有个正确的概念,改正过去的错误,又可以进一步揭破旧历史教科书作者的阴谋,知道他们是拿文字来替他们的主子尽忠——骗住别人,而你也不合盲从。

并且一般的历史书极大多数总是咬文嚼字,故意写得堂皇高雅,只能给一般文人士子欣赏,而广大的劳动群众是无法看懂的。但是这本书却的确做到了通俗化、大众化的地步,使人容易了解,不致感到"高深莫测",这一点也是值得赞许的。

（《生活与时代》第 1 卷第 4 期,1948 年 10 月 1 日）

辛安亭《中国历史讲话》书评

读了《中国历史讲话》的意见

燕　庐

编者同志：

《中国历史讲话》(辛安亭编著)中"关于昭君出塞"的一段历史(该书廿三页)，作了如下的叙述："昭君是出色的美女，为了挽救民族的灾难，远离祖国，嫁给匈奴……"

著者对中国这一段历史，作如此的评价，是非常不恰当的。王昭君是西汉末年汉元帝的宫女，由于汉朝统治阶级无限制地加重对人民的剥削，连年发动对外侵略战争，使得人民生活极端恶化，造成统治阶级的腐朽无能；到西汉末年，不仅没有能力再发动对外侵略战争，而且也不敢抵御外族的侵略，就采取了最卑鄙的手段——"和亲""送美女"去向匈奴讨好，在这种政策之下，被压迫者——宫女王昭君就不得不远离祖国，作了牺牲品。这段历史，适足以说明当时统治阶级的无耻与无能，这是汉族历史上的耻辱，决不能说是"为了挽救民族的灾难"来加以表扬。

除此以外，《中国历史讲话》还带有极浓厚的旧历史观点，我只看了秦汉一段，就感到有很多地方不适当。他着重了对历史人物(特别是统治阶级人物)的描述，对于社会经济发展状况则很少介绍，如秦汉时代，中国经济无论在农业上或工业上，都有了重要的发展，而该书却只字未提。

秦始皇是中国历史上有名的暴君，秦国的暴政刑罚在中国历史上也是很有名的，该书对这些没有着重介绍，反而说秦始皇是个"大政治家"，强调了他的历史功绩。

　　听说教育厅规定边区各中等学校在没有课本以前,当以《中国历史讲话》作教材,因此这些错误的地方就特别值得注意。

　　我对中国历史的知识懂得的很少,所见也未必正确,特写出来提供商讨,作为我个人的学习。

(《解放日报》1945 年 4 月 29 日,第 4 版)

对《中国历史讲话》再提几点意见

燕　庐

（一）关于王莽的历史鉴定问题

王莽究竟是个怎样的人？《中国通史简编》第一〇七页（上册）上是这样写的：

> 王莽出身贵族，利用地位、阴谋、伪善、复古、鬼神各种方法，夺取汉朝皇帝的位号。当时上书颂莽功德的有四十八万人，上自贵族，下至吏士，大概整个统治阶级都拥护他。

> 像王莽那样行为怪诞，历史上是罕见的。他似乎是个神经病者，又似乎是个巫师，同时还是个博学好古的儒者。他想发动对外战争，来和缓国内的危机，凭空制造事端向外族挑衅。

再看王莽新法实行的结果，和它是怎样失败的：

> 以前十年中，所谓王田私属，在似禁非禁的状态下，贫民被官吏上下其手，吃亏受屈，不言可知。总之，贫民遭灾，官吏发财，是一定不易的原则。

> 王莽新制度，既被统治阶级反对，贫民一无所得，反增官吏侵扰的痛苦，王莽变成独夫，社会问题更严重化了。

《中国历史讲话》第十九页上，对王莽的历史鉴定是这样作的：

> 从此，王莽这一位热心的社会改革家，一直被统治阶级痛骂了两千年，说他虚伪奸诈，祸国殃民。

　　我认为给历史人物作结论,应该从他终生所作所为的结果是否对人民大众有利这一点去评价,即所谓"盖棺论定"。决不可片面的凭他一时的言论表现,或较进步的纲领来作结论,主要的是要看实际行动。譬如汪精卫在大革命时代虽然也曾作过几次漂亮的讲演,但历史却已经证明他是个虚伪奸诈、祸国殃民的汉奸。

　　王莽新法主要的是为了安定统治阶级的统治秩序的。他主观上为了贵族,并且依靠着贵族、官僚,去推行他的新政,而不是依靠人民大众的,这就是他新法失败的基本原因。王莽新法实行的结果,对人民毫无好处,反增加许多痛苦,这是历史事实,谁也不能否认。所以我认为《中国通史简编》给王莽所作的结论完全正确,而《中国历史讲话》认为王莽是热心社会的改革家,被历史骂错了,是错误的观点。旧历史所骂的人物,我们新历史并不是毫无分析的一律给以表扬。新历史应该根据史实,站在新的立场,用新的观点给历史作正确的评价。我们骂王莽与旧历史的骂王莽在立场、观点上,是不相同的。

(二)表扬班超不愿做文书的问题

　　《中国历史讲话》第廿六页上对于通西域的班超的生平是这样介绍的:

> 　　班超本来是一位勇敢有志气的少年,原先在机关里做文书工作,一天叹口气说:大丈夫应当替国家立些功劳,怎么能永远做这种无聊的文书工作? 于是他就入了伍。

班超的"投笔从戎"完全是一种个人英雄主义的思想,这种思想在当时的社会里曾是合理的、必然的,因为那时的机关文书也不过是统治者的一个佣人,确没有什么意思。现在边区的情况和汉朝的社会完全不同,现在边区人民已经自己掌握了政权,知识分子只要为人民服务,做文书工作,或别的革命工作都好,都是有意思的,有发展前途的。这就是历史时代不同,对问题的看法也不相同。

　　我不了解,作者把班超这一段历史写出来表扬是什么意思。我认为写历史和现实是不应该分开的，现实应该向历史好的方面学习，坏的方面批判。因此把班超这一段历史写出来表扬就毫无意义，而且是有毒的。因为它迎合了一部分小资产阶级的不愿做埋头的实际工作，一心希望出风头，往上钻的个人英雄主义的思想心理。如果一定要表扬班超的话，那么，他在西域的卅六骑劫杀匈奴大使的那种勇敢行为，倒是比他"投笔从戎"这一段历史光荣得多，但《中国历史讲话》上却没有提到这一段的故事。

我希望作者在该书再版的时候考虑一下我的意见。

（《解放日报》1945 年 6 月 27 日，第 4 版）

吴泽《中国社会简史》书评

介绍最近出版的两种中国史著作

翦伯赞

邓初民著:《中国社会史教程》(文化供应社出版)

吴泽著:《中国社会简史》(学艺出版社出版)

最近有两种新出版的中国史著作,其一为邓初民氏所著之《中国社会史教程》,其一为吴泽氏所著之《中国社会简史》。

邓著据他自己在序言上说,是由他以前在中山大学所编的《中国社会史讲义》改编而成;吴著据他自己在序言上说,是他正在写着的《中国社会史大系》的缩本和通俗本。因此,这两种书都是以大众教育为目的而写的一种中国史读本,故其写作体裁及技术皆在企图以通俗而简明的文字描写出中国历史发展的轮廓。这两种书,在某些地方,虽然尚有值得商量之处,但一般地说来,两书均能选用科学的方法剖析中国的历史,而且各自形成其自己之体系,故均不失为极好的中国史读物。

就写作的体裁而言,两书各有其自己之特点。邓著的特点,就正如他在自序上所云:"在每一章每一节前冠以概说,而在概说中指出每一章每一节中要叙述的特点。在每一章每一节后,殿以问题研究,而在问题研究中引起学者读者对于每一章每一节内容的复习与开发。"这样的写作体例,诚如著者所云,对于初学诸士女,尤其是初中、高中的青年学生,对于中国历史的学习,是有很大的帮助。因为邓著中的概说,其内容实即社会发展史之一般的理论之叙述,这种一般的理论,对于了解个别民族的历史,是必要的基本知识。在邓著中,当说到中国历史上任何一个发展阶段时,都预先给以这一历史阶段之社会经济构造之一般理论的智识,然后才展开他对于这一阶段的中国史之说明。这样的写法,当然可以加强读者对中国史之自发的理解,因而引导他们走向研究的道路。但是在另一方面,这样的写法也有缺点,即理论的历史与具体的历史相关,切断了对具体的中国历史叙述的体系,从而使读者有顾此失彼之感。此外,如每一章后都有问题研究,和详细的注解,这都是邓著在写作体裁方面最好的特点。

吴著的特点,就在于他有一篇很好的"绪论"。在"绪论"中,他一面把秦以前的史料和参考资料,作了一个简略的介绍,使读者可以由此而获得自己研究之门径。因为秦以前的史料,不比秦以后的史料,完全可以从文献上找得到的。如殷以前没有文字的时代,其史料就完全要依靠地下出土的实物。殷周虽有文字,但当时的文字,早已成为死体文字,然而殷周之真正可靠的史料,则完全依靠这种死体文字的纪录。但无论是地下出土的实物抑或是殷周的死体文字,现在都成了一种专门的学问,因而关于这一方面的参考书目,也不是一般图书目录上所能找到的。吴著中将中国晚近出版的发掘报告书及有关于甲骨文、金文研究的书籍,作了一个简要的介绍,这对于初学历史的读者,至少不致再在传说中翻来覆去,再把神话当作中国的真正古史。在这里,无形之中就把中国历史的研究引向科学的方向。不过吴氏在"绪论"中没有提到中国南部出土的新石器时代的文化,在正文中也始终没有提到这一部分文化创造者的历史活动,而这种新石器文化,晚近在广东海丰,在香港舶寮洲已有大批的发现。这是一个缺陷。虽然如此,吴著并不因此而失去其完美,反之,他在描写原始公社制社会的一章,有许多聪明的发现,尤其对于传说应用之适当而熟练,是值得赞佩的。

就理论的系统而言,两书皆有其完整之系体。邓著把中国划分为五个阶段。邓氏在序言上说:"我则大胆地分为原始共产社会,约自太古至夏初(在这一大段里,又分为原始社会与氏族社会来叙述);奴隶社会约自夏初至殷末;封建社会,约自西周至清末(鸦片战争);半封建社会,约自清末(鸦片战争)至现在。"此外邓氏又把中国封建社会划分为四期:自西周至春秋战国为第一期,秦汉为第二期,三国魏晋南北朝隋唐(天宝年间为止)为第三期,唐宋元明清为第四期。

吴著的分期，则以传说中之禹以前为无氏族社会，夏为氏族社会，殷为奴隶社会，西周迄鸦片战争为封建社会，鸦片战争到七七抗战前为半封建半殖民地社会。此外吴氏又把中国封建社会分为三期：两周为初期，秦汉魏晋南北朝隋唐为中期，宋元明清为晚期。同时又把中国半封建半殖民地社会再细分为四期：鸦片战争到甲午中日战争以前为半殖民地开始形成时代；甲午中日战争到辛亥革命为正式形成时期；第一次欧洲大战到十五六年大革命为深化时期，一九二九世界经济危机爆发时到七七抗战为最后期。

邓吴两氏对中国历史之阶段划分，在大体上几乎是差不多的，所不同的，只是邓氏以中国奴隶社会开端于传说中夏代之中叶，而吴氏则主张开始于殷代。此外对于封建社会之分期，邓氏分为四期，而吴氏则分为三期。

关于中国历史阶段的划分，至今尚无定论，尤其关于殷代与西周的社会性问题，至今学者之间各执一说，主张纷纭。即因殷代与西周的社会性没有得到统一的结论，因而中国封建社会的起点也就成了问题。此外关于封建社会的分期，也有各种的说法，有分三期的，也有分四期的，更有分为五期六期的。至于殷以前的历史，过去的学者很少提到。近来由于考古学之迅速发展，旧石器时代和新石器时代的文化遗址及遗存，渐有发展，才有人提到。但是直至现在考古学的发现也还没有达到足以说明这一历史阶段的程度。因之直至现在，学者说到殷以前的历史不是拿空洞的原理原则来代替现实的具体的古史，便是把许许多多的传说神话编纂起来，作为真正的古史。从而对于这一史前时代的历史阶段，更谈不到真实分期的问题。邓吴两氏的著作都根据考古学的资料与传说的暗示，上溯到中国历史的出发点，这是难得的。至于两氏之中国史的阶段划分，我在大体都同意，惟邓氏把夏代中叶以后即划入奴隶社会，与我的见解不同。（以后再专文商讨）不过我以为在现在，历史研究者尽管根据各人的见解去研究，我们不必亦不应强不同以为同，因为真理是在彼此的辩论中发见的。但是有一个条件，即我们各人都要用可靠的史料来证明自己的论点，而不要用空话去原则地作划阶段性。因为研究历史不是用既定的一般理论去套具体的历史,而是从具体的历史中去发现他的阶段。因此我对于邓吴两氏之阶段划分,不置一词。

(《新华日报》1943 年 4 月 12 日,第 4 版)

侯外庐《中国古典社会史论》书评

论《中国古典社会史论》

佩　巽

侯外庐著，一百七十面，民国三十二年，重庆五十年代出版社发行。

关于周代社会性质的问题，古典还是封建，至今仍是悬而未决的一个问题。最近郭沫若、侯外庐两先生因讨论关于屈原思想的问题，又涉及周代社会性质的问题。郭、侯两先生都认定周代为古典社会的，不过侯先生对这一问题的研究和郭先生略有不同。侯先生本着他对于这一问题十余年之研究，写成了这部《中国古典社会史论》。

全书共分五章，十七节。第一章论中国古典城市国家的成立与发展，第二章论周代城市国家及其亚细亚性，第三章论中国古典社会的生产方法及其亚细亚性，第四章论周代的商人与自由民，第五章则论述中国古典政治与思想概说。

本来，我们要看一个时代是否为古典社会，就要看那时代是否是大规模的奴隶从事生产，是否以奴隶生产为其主导的一面。不过，单只是这样还是不够，还不能把握住一个社会的性质；我们还应当从它的发展上，即从没落的民族社会中看出形成古典社会之第一次的城市与乡村的分裂，城市国家的建立，和城市与乡村的支配关系上，来把握古典社会的本质。

侯先生这部书最大的特色就在于此。他除了同意郭先生的"民"和"人鬲"就是当时的生产奴隶以外，关于周代的城市国家的形成，如何城市与乡村作了第一次的分裂，如何由城市来支配乡村，以及生产奴隶为什么是族有的，他都作了一个转化过程的历史的论述。因而他的结论是:"西周以至春秋,'体国经野''都鄙有章'是城市与农村的第一次分裂,'作邦、封国''维城、为宪'是城市支配农村的历史;曾孙公田,封树赐田,是氏族贵族的土地国有制;族奴专有,家室分赐,是集体劳动力的所有制……"(见第三章)

而当时的所谓"国人",也就是当时的自由民。侯先生说:"在贵贱有序的社会中,接近于'士'而未列等的一等人,叫做'国人'。因为'国'既然是城市性质,则'国人'便无疑地是市民,即自由民。"(见第四章)因为"国人"在一国中有他们的相当的地位,又有他们的言论思想之自由,于是产生了周代的悲剧诗歌之发达。侯先生说:"没有自由民,不会产生希腊的悲剧艺术;同样地,没有'国人',不会产生西周末春秋初中国的古代悲剧诗歌(变风、变雅),其原因在于相对的民主。"(见第四章)

以前据郭先生的研究,在西周可靠的文献中,如周金、如《诗经》等典籍中,均不见有关于铁的纪载,可见那时还没有铁器的发明。固然,我们要研究一个社会的性质,不能完全以技术的发明为主,但它不无极重大的关键,则是事实。所以在这一点上,侯先生就这样说:"没有铁器的发明而进入奴隶社会的西周,因其有利的环境(黄土生产手段)与条件(满布四围的万国繁殖人力),是可能产生城市与农村的分裂,因而产生城市支配农村的历史,尤其在政治上二者不可分裂的历史。然而没有铁耕而进入封建社会,以农村为出发点,以自然经济的农业与手工业的结合而支配城市,以尽地力而实现地租,则是奇谈。"(第三章)

侯先生的这一部书,可以说是在史学界中继郭先生的《中国古代社会研究》之后的优秀作品之一。第一,他不是从主观的意见去寻材料,而是从具体的历史研究中来把握客观社会性质;第二,他所根据的历史材料,如周金、如《诗经》等,都是一般所认为可靠的材料,这可见作者是好严守考证学的家法的。

当然,侯先生这部著作不无尚可研究的地方,如怎样从没落的氏族社会向古典社会转化,如怎样才是东方古典社会发展的特殊性,都欠更进一步的详细的论述。还有一点,侯先生把《孟子》上的"兼金"当作金子,因而认为金子在当时已"当作权力手段跳上历史舞台",似乎不是事实。所谓"兼金"只是好金,即是当时好的铜,当作货币来使用而已。

（《新华日报》1943 年 3 月 21 日,第 4 版）

吕振羽《中国原始社会史》书评

《中国原始社会史》略评

孔令毅

吕振羽著,耕耘出版社印行。

本书为吕君《中国社会史纲》的第一分册,所叙为我国古代民族社会的研究问题,我国古史研究,因为受到世界原始民族的史实的影响,以及唯物史观的史的辩证法的启示,已从旧的儒家思想所虚构的轮廓中解放出来。因为这是开辟的工作,所以各个学者的议论,容有不相符合之处,但这是古史启蒙时期新的古史面目,将就在这一个主潮中产生比较可靠的模样,可无怀疑。

吕君以我国古籍中的神话传说的记载,以仰韶各期出土之物作研究的依据,一方面依据莫尔甘的《古代社会》、恩克斯的《家族私有财产及国家的起源》、卢森堡的《经济学入门》等探讨史前期一般特征,使这一时期得一个比较整齐的系统。吕君的方法是可称道的,这无疑比通常以《尚书》《五帝德》等一作根据,自以为前进的史学家要进步得多。虽然我国古史,因为材料不够,及各单位的论据,尚不能到确然无疑的地位,因之从这些原料推演出来的结论,未必一定可靠。但这总是新形式的,有异于传统的一种试探,是值得一读的。

吕君把中国史划做六个阶段。㈤段为秦代至鸦片战争是变种的封建社会时代,㈥为鸦片战争至今日是半殖民地半封建时代。这一分段是大胆的,但值得称扬的。这里颇可以见到作者是有识的史家,与一般放足的学者似乎解放,而仍是一脑子旧观念的人,不可同日而语了。其他四时期为:

㈠ 传说中的"尧舜禹"时代,为女性中心氏族社会时代。

　　㊁ 传说中的"启"时代,为女系转到男系本位时代。

　　㊂ 殷代为奴隶制社会时代。

　　㊃ 周代为初期封建社会时代。

　　这是属于古代史的分段办法,吕先生承认我国也有女性中心制度,也有奴隶制度。绾诸世界古初民族发展的现象当无问题,奴隶制是社会组织变易时,由于经济条件而产生的,在《孟子》上,"民"是诸侯的重要财产之一,与台奴仆的名目,有诸种的阶级,则我国奴隶制的存在似乎可信,而其产生也是甚古的。惟世代的排列,吕先生仍没有脱出古典籍所记的范围,仍旧承认尧舜禹的禅让,与禹子的家天下。从这据点划分了两种社会,这一点尚须有讨论之处。我国古史年代朝代问题,我以为此时尚无法排列成系统,我们现在只能在传说故事中找寻我国也有所谓女性中心,也有所谓图腾制度。于地下的实物中证明人类生物情状的与世界各民有共同前进之处,但不能用世界各原始民族的形式,镶嵌于我国原有古史记录的框子内,唐虞夏商的编排是不是可靠,现在还成为问题的。

　　库斯聂在《社会形势发展》一书中说"图腾制度后来就发展到了母系制度",则母系制度应当与图腾制有密切的关系。我国夏殷时代都有图腾的痕迹,夏殷是否已为男系本位时期不无疑问。这一问题非三言两语可明,于此不能多表意见。

　　吕君于我国古代社会的一般状态,用诸子与《山海经》《竹书纪年》,甚至一向被人视为应当被焚毁的纬书作研究的张本,而不大着眼于"粤若稽古"等类稽出来的文典,这是可称道的一种新试探。前进的古史家渐渐把他们从儒家托古的□围中脱出,不复受其毒害,这是可喜的现象,是值得称羡的。但那些材料若只是直接采用,不免还要发生似是而非的危险。我们在这些材料如能再加一番整理检验的工作,则其所得一定更有可观了。

　　本人于图腾的研究发生浓厚意趣,因此对于此书所示图腾制度存在的形迹一节,特别发生兴味。吕君提出我国民族意识中,龟、犬、鸽、蛙诸种动物,可能成为我国古民族的图腾,这一意见,除了鸽外,龟、犬、蛙正是本人所研究的中心。吕君所示,虽未列出详细的凭证,但本人却已得有许多材料,可帮助说明吕君的见解,于此更令人觉得吕君的推断力的可佩,是超越寻常的。

本书于仰韶各期出土地域及出土物件的记述和论断,以及我国人种来源问题,这二事本人以为前者的实物提示尚嫌不够,后者此时离结论期尚远,都不欲有所列论。吕君以殷商为东土一大族,周族是夏族的一支派。

这与本人的立论相同,而谓夏是商前支配黄河上游的一大族,则未能同意。此亦非一二语可说明,于此不复多谈。

我国古史问题,今正在开掘、胚胎酿成时期,吕君此书中间尚有许多问题有待解决,但这是部新的态度正确的好作品,则无可怀疑的。

（《正言报》1946 年 7 月 1 日,第 6 版）

我国史学的新著

赵家运

中国历史的科学研究,还是近一二十年的事。经过许多学者的努力,虽也有一些成绩,但到现在还没有产生一部完整的、大家认为满意的中国通史。唯其如此,所以我们不能够"一卷在手,千古了然"!假如你是喜欢历史的话,请你到书店内去看一下,就明白在许多新出版的历史著作中,有许多问题,历史家还没有取得同一的解答,一个有兴趣研究历史的人,绝对不能读一两部著作,就可以得到一个明确的概念。

提起中国史,一定会使人想起什么《史记》《汉书》《资治通鉴》等等,真有一部二十四史不知从何处读起之感!固然我们不应该否认这许多著作的固有价值,但是叫一个初学者去读那些皇皇巨著,不但不会收预期的效果,而且会得越读越糊涂,结果是困于一隅不知其他三隅,终于摸不着方向。不但如此,并且这些著作,都完成于帝王专制时代,受了作者的时代环境、阶级身份等影响。另外或多或少地、有意无意地把事实加以歪曲。如果不先把握了科学的历史哲学,更难免不中其毒素。所以我们把它认作史料,用科学方法加以提炼则可,用来作历史读物则不可,而我们最需要的却是历史家在沙砾中取得的金子——他们研究的成果。

中国历史科学研究的开始,首推梁任公。梁先生的《中国历史研究法》是合乎现代科学的历史方法论,但梁先生受着时代的限制,只能拿所谓"实验主义"的历史方法来处理中国史。而"实验主义"的历史观,在大革命以后,因为新兴历史哲学的输入——唯物辩证法——已遭到无情的批判。之后胡适之、陈援庵、钱玄同诸先生,在研究历史方面,具有崇高的地位,特别是疑古、考古诸方法,的确为新史学界做了一番清道的工作,九册《古史辨》可说是这"一点一滴"的疑古结晶,但受了方法论的限制,只能把握了中国历史上的个别现象,而没有联系起来作统一的处理。

日本侵略者除用武力侵略我国而外,在学术思想上也创造了一部歪曲的理论,贯串在许多历史著作中,从保卫中国固有文化的观点来说,我国当然要起来揭穿这种虚伪,所以我国史学界对秋泽修二、早川二郎都展开了严正的批判,给他们一个彻底的打击。在这方面各位历史家都有相当的贡献,吕振羽先生的《中国社会史诸问题》,除了他的历史论著也有几篇外,对日本侵略主义的思想家,也做了有系统的批判,该书是耕耘出版社出版,现在有售。

提起吕振羽,他还有两部著作,我们不能不读。一部是《中国原始社会史》,另一部就是《殷周时代的中国社会》,这两部书是吕先生整个《中国社会史》的两个分册,虽然吕先生整个计划还没有完成,但这两部书可算是整个中国通史的概论或最先著作,尤其是《中国原始社会史》,作者以我国的神话传说为材料,来写蒙昧、野蛮时代的中国古代,更属新颖。从前《穆天子传》《山海经》多认为是荒诞无稽之谈,但作者在其中都提炼了可贵的历史资料。该书亦由耕耘出版,现在也可买到。不过《殷周时代的中国社会》恐怕也和出版的"不二书店"同一命运而绝版了。

抗战期间虽然丧失了不少文物,加以参考资料的缺乏,印刷纸张不够,各种客观条件都给史学界遭遇了很大的困难,但中国历史学家从未停止过自己的工作,放下过自己的手。成绩表现在两大著作上,一是范文澜、尹启明等合著的《中国历史简编》,一部就是翦伯赞的《中国史纲》,前书的价值不但由于它把中国历史系统化起来,而且写得非常通俗化,后书虽还没有完成,但已奠定了它在学术界的地位。

郭沫若对史学也有贡献,他出刊《沫若文辑》的三册巨著——《青铜时代》《十批判书》《屈原研究》——收集十年来关于秦前社会和学术思想的研究文字,虽然在写作年代上上下相隔十年,意见前后也有出入,但我们知道,一般都认为周代已开始了封建社会的今天,"经过种种方面的检讨,愈加证明这是正确的"。

　　以上是作者把近一二十年来中国史学界重要著作,作了一个简短的介绍。其他如吕振羽的《中国政治思想史》,侯外庐的《中国古典社会史》、《中国古代思想学说史》,杜守素《先秦诸子思想》,翦伯赞的《历史哲学教程》《史料和史学》,以及最近出版的《中国历史的翻案》,其中或为意识形态之研究,或为哲学方法之探讨,或简短而通俗,都值得一读。

（上海《益世报》1947 年 1 月 13 日,第 6 版）

翦伯赞《中国史论集》书评

读翦伯赞著《中国史论集》

陈　桑

　　新的历史学要研究人民的历史,也应力求为人民所接受。历史学上普及的工作与提高的工作同样重要。

　　本书包含二十篇论文,按其性质分类,可以分成四组。第一组是关于历史研究的方法论的,共二篇。第二组是研究中国史前史的,共四篇。第三组是对于封建时代的中国历史的一些专题研究,分量最多,共十篇;其中关于晋代史的一篇,关于宋代史的二篇,关于元代史的一篇,关于明代史的五篇,关于清代史的一篇。第四组是关于近百年史的一些专题研究,其中并有一篇是从中国史的发展上来看现在的抗战的。

　　据作者自序中说:"入蜀以来,余之精力,大半消磨于中国史前史之研究。"本书内四篇,这一方面的论文中关于古代夏族与殷族的起源与分布确是包含许多可贵的研究与发现。但对于一般读者而言,更易发生兴趣的显然是属于上举第三组的那十篇论文。作者自述其喜攻古史的原因是:"以古史去今日已远,而范围又至广大,大有吾人驰骋之余地。"但其实在我们看来,中国长期的封建社会史;倘以为始于西周,已有三千余年之久,纵以为始于魏晋,也有一千七百年之久,在这样长的年代中的浩如烟海的史料,至今还未经过完善的整理,在这中间,实在更是大有可供历史学家"驰骋之余地"。而正因为这个时代的历史距今日较近,其对于当前的社会生活的关系也倍加密切,更是值得大家来下一番功夫的。本书作者虽是在研究史前史之余,"涉猎"及后代的史籍,但所写成的这十篇论文确已提供了一些值得赞美的成绩了。

　　这十篇论文,虽然所涉及的时代不同,所论问题不同,但有一个根本精神贯串在内,就是它们都从不同的侧面,把那向来被传统的历史家所隐蔽、抹煞的人民大众的作为与力量再现了出来。抹煞掉人民的作为,那也就是取消了在历史上的真正主角。中国封建社会中的农民大众在被压榨与欺蒙之下,虽然并不能经常地用显明的行为来站到历史的主角地位,但一到了紧急危险的时机(比如在外寇入侵时或专制王朝濒于崩溃时)常断然地起来了。于是在向来好像是平静无波的人民的大海上掀起了滔天的巨浪,成为那推进封建社会历史的船舶向前进行的力量;而另一方面,被歌功颂德的专制统治者则在外寇与人民的面前充分表现出了其懦怯与反动的面目——这些正是旧历史家所不愿也不敢指出,却是新历史家所必须面对的中心课题。

例如在一千六百多年前时,匈奴、鲜卑诸族侵入中国,逼得晋室南渡,把北方的中国委于外族的统治。关于这时期的历史,在传统的历史书中如何论述,且不去说它,拿较近出版的钱穆教授著的《国史大纲》来看,其中固然也暴露了当时晋室统治者的无能与苟安,描写了当时的南渡的士大夫的生活荒淫与意志消沉,而在另一方面,却大大地恭维了一番进占北中国的异族统治者的良法德政。至于在这一时代,广大的人民群众对于本族统治者的堕落和异族统治者的入侵有何表示与作为呢,却一点也看不到。但翦伯赞先生收在本集中的《论西晋末年的流人及其叛乱》一文,虽然简短,却把这被忽略了的,然而重要的一面提示了一点出来。原来当时在皇室与士大夫抛弃了人民与土地逃遁,到南方去享福的时候,北方人民并没有一转而在异族统治下求生活,却到处自发地武装了起来,自推领袖,建立"坞屯壁垒",保卫家乡。东晋时,先后还能有几次北伐,略见功效,也不能不说是由于北方人民的助力。

在别的时代,凡有外寇入侵的时候,大体上都有同样的现象。如在宋代,固然我们对于宋室统治者的投降卖国政策都很清楚,对于岳飞、韩世忠这些"孤臣"都很钦佩。但当时一面有投降的政府,一面却有坚不降敌的人民大众,而岳飞等人之所以仍能建功立业,也还是因为有这些决不降敌的人民大众的力量为其支持的原故。假如我们不知道这些,那么我们对当时历史的认识还是不完全的。这本论文集中《南宋初年黄河南北义军考》就给这一时代的人民斗争的史料做了一番初步的整理。这使我们知道,在歌颂宋代的民族抗战英雄时,固不应忘记背刺"精忠报国"的岳武穆,但对于那千百万自动集聚在山寨水寨中,面刺"赤忠报国,誓杀金贼"八字以示与民族敌人决不并存的无名英雄,更是不应该忘记。风波亭的故事,固然使人愤慨,但那千百万无名英雄,一面被本族的统治者诬为贼盗,一面为异族的铁骑的残酷的杀戮,这更是千载之下使人痛心的悲剧。

此外,对于元代的人民反鞑靼统治的斗争,明末反专制政治和反对满族侵略的人民斗争,本书也有专文论述到。

对比着广大人民的英勇斗争,就更显出了封建专制统治者的卑劣与无耻。本书作者对于这些统治者的性格是把握得极其深刻的。他指出了,为什么他们害怕民众的力量,而为了保持自己的政权,宁可向外敌采取妥协与投降的政策。这在分析晋宋各代历史时都有所说明,尤其在关于明代的几篇论文更是慨乎言之。他指出了,因为统治集团本身的腐败堕落,就必会使那最卑贱的阉宦爬上政权的顶点(《论明代的阉宦与阉党政治》),而由于这种腐败的政治就终不能完成战胜外族侵略的任务(《论明代的倭寇与御倭战争》)。在内是阉宦当权,对下是以"安内攘外"的名义杀戮民众,对外是使真正抗战的将领不能安于其位,结果就只能是开门揖盗让满清进了关(《辽沈沦陷以后的明史》)。直到满清已入据中原,偏安的南明政府虽仍没有失掉光复的可能,但是终于因为它不能信赖民众的力量,不去和反清的人民义勇军合作,结果还是自趋灭亡(《论南明第二个政府的斗争》)——在这样过程中间,专制统治者的性格是再清楚也没有地显露出来了。

正如本书作者所说,"历史决不是循环的",但是旧时代的"沉痛历史,总是我们中国民族一个深刻的教训,我们决不能漠视这种教训,反之,应该以这种可宝贵的历史教训,提高我们的警惕"。(页一二六)因此,对于作者之特别提出这些历史事实来重加分析研究的苦心,确是值得感激的。也因此,我们评论这本书,就独详于这一组的论文了。

最后要略一提及的是在本书中关于历史方法论的两篇论文,其中有一篇提出了好几点研究方法的要点(《略论中国史研究》),确有很多可贵的提示。尤其在文中指出应力求如何"把中国史从死板的文字纪录，变成有血肉有灵魂的历史"，这是很可发人深思的。传统的史籍本只是"死板的文字纪录"，对于一般的人民大众是非常陌生的，人民只是从那些包含着坏的说教的《三国演义》一类的小说评书中获得历史知识。新历史学家所从事的工作既是记载人民的历史，也必须使他们的著作为人民所接受。因此，如何从正确的立场观点把人民所已习闻或喜闻的史实整理出来，写成"有血肉有灵魂的历史"，这样的历史学的普及化的工作正可以给提高历史学的研究水准打下基础。本书中分析具体史实的论文可说已初步走上这条道路，不过因为是学术论文的性质，多直接引用原始史料，当然还不能满足通俗化的要求。深望还有别的历史学家也来做这工作，翦先生另有《中国史纲》之著，最近将出版，我们更愿拭目以俟。

（《新华日报》1943 年 12 月 20 日，第 4 版）

《中国史论集》读后

陈思伊

　　二十年前我们所读的中国史，上迄"三皇五帝"，下至"缔造共和"，并未摆脱传统历史学——封建统治下御用史官的历史学的观点。梁启超的《中国历史研究法》（商务版）曾是比较科学的著作，而间接的或直接的影响着我们；顾颉刚等的"疑古""辨古"和"考古"，虽然不无功效，却依然没有系统的显示出来中国史的真实面貌及其精神。较新的历史教本，也不过是将"三皇五帝"等等归入了传说时代，在朝代兴替中，加入了经济变迁与文化发展而已。

　　中国史的科学的研究，是始于一九二五年至一九二七年北伐革命以后的时期，距今也不过十多年。一方面，有着考古学上的新发现，有着金文、甲骨文的新研究，有着郭沫若的诸著作的发表；一方面，关于中国社会性质的问题，曾展开了热烈的论辩。跟着，一些"看不见历史人物的名字"的"新的中国史著作"（引自《中国史论集》，页九，下引仅注页数）出现了。姑无论这一工作曾达到怎样的结论，至少，它使我们找到了中国史研究的正确方法或康庄大道，使新的历史家，可能"带着他们已经知道了的方法，走进中国历史资料的宝库"（页三），而无须叹息"一部廿四史从那里读起"了。

　　翦伯赞即是在这中国史的科学的研究中出现的新的历史家之一。他的著作历年来散见各种期刊，如今，汇印的这册《中国史论集》给我们一个系统的认识这一历史家和他所达到的成果的机会。

　　历史家有其自己的方法论。方法论不仅是某一个人主观幻想的产物，而是历史家所属的集团与集团意识的反映。从《略论中国史研究》

与《评实验主义的中国历史观》中,我们便可以明白的比较其间的差别。对于后者,他曾这么指出:"实验主义者的历史方法……第一,是从主观观念论出发,因而否认历史发展之客观的规律性。第二,是以陈死的进化论为中心,因而否认社会经济在历史发展中有任何质的突变。第三,是以机械的因果律代表历史发展之一般的全面性,因而他只能看到个个的零碎的现象,而在现象之间,无力建立其联系。第四,他强调历史发展中之主观的创造作用,而无视客观条件对主观作用之制约性或规律性。第五,他强调历史的偶然性,并且把偶然性提高到必然性的地位,因而他们以为整个的历史,都是偶然事件的碰巧与凑合。"(页三三)他主张:"研究历史的方法就是从历史事实中发见历史发展的原理原则,再用这种原理原则去说明历史的事实。"(页二)他要求看看大汉族以外的中国,再看看中国以外的世界,认清中国史没有奇迹,也不是西洋史的翻版,注意客观的倾向,也不要忽略主观的创造,不要看不起小所有者,也要注意宗藩外戚与宦官的活动,在研究内乱时不要忘记了外患,应该从文化中找反映,但不要被他们迷了。虽然《中国史论集》还不是完整的中国全史(这有待于将出版的他的另一巨著《中国史纲》),在部分的研究中,我们也可以窥见他怎样用着这种方法来研究史料,从而获得若干结论了。

对于一般读者,关于史前期的一部分,也许是比较枯燥的。在《论夏族的起源与史前之鄂尔多斯》《诸夏的分布与鼎鬲文化》《殷族与史前渤海系诸氏族的关系》与《论中国的母系氏族社会》四篇中,作者的叙述并不艰深,为我们勾出了一幅古代民族移动、分布与蔓延的图画,并根据了安特生的考古上的发现,指出了日本人鸟居龙藏的"从考古学上把渤海的文化与中国古代文化分开,而达到分离中国各民族团结之目的"(页七三)的企图。

自《论西晋末年的"流人"及其叛乱》以下,作者所研究的对象,逐渐与我们有着更密切的关系了。首先,他在写着人民的历史。如东晋末年,"随着河北壁垒坞屯之扫荡,蛮族势力便在中国北部获得更大的扩展,因而施于中国人民之种族压迫日益加甚。于是中国北部的人民,便不能不开始其逃亡的生活,而形成中国史上空前的民族大迁徙"。(页一〇一）而"流人之中,迫于生计,难免不有强暴之徒挺而走险,流为盗贼"(页一〇四),招致了广泛的叛乱,削弱了抵御蛮族的力量。如《南宋初年黄河南北的义军考》所论及的动员义军,"忠义巡社"之发展,"八字军"和"五马山寨",以及遍于山西、山东、淮北、辽东与湖北的"山寨",黄河以北的"义士"与太行山上的"红巾",都是不甘被异族役使的人民大众的武装力量,"这些不顾生死以捍卫民族国家的忠义之士,都是今日中国民族儿女的最好的榜样"。(页一二四)如《元代中国人民反对鞑靼的斗争》,于叙述鞑靼统治者如何剥夺汉将的兵权,解除中国人民的武装,严密的武装镇压,不许汉人参加政治,人格的侮辱等政治的压迫,土地的收夺,寺院的收夺,江南豪族的侵占,高利贷的剥削,徭役的繁重,官僚的贪污横暴等经济的榨取后,就以弥漫黄河南北的"弥勒白莲教匪",相挺而起的"江南群盗",证明着"普通的叛乱,是当时中国人民用以回答鞑靼虐政的唯一方式"(页一四八)。如《论南明第二个政府的斗争》中所列举的江南人民义勇军,也有他们的悲壮的战绩。但是,在当时的政府的政策下,人民的力量并未得到好好的领导,是作者一再惋惜着的,"以如此庞大数目的流人,而当时政府不能把他们的力量引向抵抗蛮族的方向,反而使他们崩溃决裂,扰乱自己的后方,岂不可叹"(页一〇五),"可惜宋代政府竟以红巾为盗贼,而不腾播赦文"(页一二三),"这些人民义勇军,由于没有获得当时政府的支持……以致都先后为满清所消灭"(页二四八)。不过,他们的血所写成的史篇,因为有了作者的笔,今天却在我们面前闪烁着光辉了。

"阉宦用事,在中国整个封建制度时代,几于无代不有,而汉唐尤甚,然而从未有如明代的利害的。"(页一八〇)关于中国史里的这一特征的现象,作者在《论明代的阉宦及阉营政治》里有着精辟的分析。阉宦掌握政权的原因是这样的:"每当君主欲施行绝对专制主义之时,往往任用阉宦以抑制官僚。再则每当人民叛乱之际,君主深恐士大夫中的失意者勾结人民,于是也多任用阉宦以削夺士大夫之权,从而镇压人民的异动。"(页一八一)这是较诸"主昏臣暗"或归究于阉宦的"阴险"的解释明确得多多的论断。

对于今日中国人民在创造着的新的历史有着更密切关系的史实,

是《两宋时代汉奸及傀儡组织史论》与《论明代的倭寇与御倭战争》两部分。诚如作者所说:"中国今日的历史,在形式上虽与宋代历史颇有类似之处,而在本质上则是在新的历史基础上所形成的新的历史局面。不过,无论如何,宋代几百年的沉痛历史,总是我们中国民族一个深刻的教训,我们决不能漠视这种教训……尤其当着我们民族内部的汉奸、卖国贼汪逆等正在进行组织统一的傀儡政府的时候,我们提出宋代的历史,是具有深刻而重要的意义的。"(页一二六)他指出了秦桧的"大奸似忠",藉着好听的言词取得人民的信仰,建立政治上的威望,以取得敌人的重视。根据史实的分析,他的结论说:"在反对侵略的斗争中,第一必须从自己的民族的阵线中,肃清汉奸、卖国贼以及妥协、动摇与投降的分子,其次必须巩固抗战的武装组织,并提高对敌人汉奸之残害的警觉性。最后而又是最重要的则是必须要巩固民族内部之团结与统一,一心一德,对付共同的民族的敌人。"(页一三六)同样的,明代的倭寇与今日的日本法西斯有着本质的差异,而明代终于驱逐了倭寇,"即使这种胜利,是由于倭寇国内的政治变化所引致,而明代政府与人民之抗战,仍为胜利的主要原因……学习明代抗倭战争的优点,而避免重复其弱点,对于今日中国的抗日战争是具有重要的意义"。(页一九七)国防设备之废弛,奸佞当权,借御倭战争,残害异己,培植私党,商人的汉奸作用,官兵不睦,将帅不和,人民与政府不和……正是使倭寇猖獗的原因。

最后四题,《论辛亥革命与中国历史之新的转向》,说明了"辛亥革命实是一个承先启后的革命运动"(页二八二),"只是中国民主主义革命的绪言"(页二八三);《论"五五"与中国宪政运动之史的发展》,提出了这一个纪念日给与我们的历史的教训,"对于我们今日的宪政运动,还是有着指导的作用"(页二九七);《略论十八年前的"首都革命"》,"要给与那些曾经在'十二三'被膺惩者以再膺惩"(页三〇〇);《泛论中国抗战的历史原理及其发展的逻辑》,指明"抗日战争,他所担负的任务,是把中国从一个历史阶段转化到另一个更高的历史阶段,因此,他是进步的、革命的战争。就因为他的性质,决定了他在其发展过程中,必须扫除一切陈旧的腐败的历史因素,创造进步的、崭新的历史因素,把旧的中国转化为新的中国。为了达到这样的目的,决不是短期的武装暴动,而是长期的革命斗争"。(页三一二)——这些都是可以使我们完全同意的见解,它们说明着正确的历史方法的运用得当,必然可以从纷陈的史实与现实中得到正确的结论。

历史的学习与研究,决不是为了怀恋往日的盛世光荣或"反古""复古"而获得其意义的。"前事不忘,后事之师",这分明是为了现在,为了我们正创造新的历史的现在。因此,"当今之世,余之史论,不过虫鸣而已"(序),实系自抑之词,从这"虫鸣"中,我们看见了历史的真实与历史的教训。由于作者的精湛、渊博与正确,使这册《中国史论集》,不仅是历史学上的一部专门性的著作,同时,对于智识青年,对于战时文化工作者,也是一部良好的读物。

三二,十二,廿七,渝

(《文风杂志》第 1 卷第 3 期,1944 年 3 月 1 日)

读翦伯赞《中国史论集》

——兼论古典学派与社会学派的史学

周　桓

　　翦伯赞先生继《中国史纲》以后，又刊印了两本《中国史论集》。第一辑包括论文廿篇，早于一九四三年出版。而我最近读到的，则是本年上海文风书局刊印的，第二辑包括论文十八篇，本年五月与第一辑沪二版同时问世，印刷的机关则是上海国际文化服务社。这两本史论集，内容尚称丰富，就量的方面讲，可以说是近些年史学界的巨著。现在我先介绍它的内容，第一辑主要的论题是：（一）略论中国史研究，（二）评实验主义的中国历史观，（三）论夏族的起源与史前之鄂尔多斯，（四）诸夏的分布与鼎鬲文化，（五）殷族与史前渤海诸民族的关系，（六）论中国母系氏族社会，（七）论西晋末年的流人及其叛乱，（八）南宋初年黄河南北义军考，（九）论两宋的汉奸及傀儡组织，（十）论元代中国人民反对鞑靼的斗争，（十一）论明代海外贸易的发展，（十二）论明代的阉宦及阉党政治，（十三）论明代的倭寇与御倭战争，（十四）辽沈沦陷以后的明史，（十五）论南明第二个政府的斗争，（十六）清代宫廷戏剧考，（十七）论辛亥革命与中国历史之新的转向。第二辑的主要论题是：（一）略论中国文献学上的史料，（二）论司马迁的历史学，（三）论刘知幾的历史学，（四）论史前羌族与塔里木盆地诸种族的关系，（五）吐番人种起源考，（六）论陈涉吴广的起义，（七）两汉的尚书台与宫廷政治，（八）杜甫研究，（九）杨家将故事与杨业父子，（十）元曲新论，（十一）桃花扇底看南朝，（十二）南明史上的弘光时代，（十三）南明史上的永历时代，（十四）论中日甲午之战。在第一辑的著者自序里，有这样简短的几句话："余素喜攻史，尤喜攻古史,以古史去今日已远,而范围又至广大,大有吾人驰骋之余地。故入蜀以来,余之精力,大半消磨于中国史前史之研究,然间亦涉猎其他史籍,尤喜读明史,以其亡国覆社,感人之深且切,而其史实之足以资吾人今日之鉴戒,又至多也。"因此在这两本史论集,以讨论古史和明史的较多一些,几占全部篇幅的半数。

翦伯赞是以提倡科学的唯物史观来研究中国史而著称一时的,他对于今日古典派的史学的攻击,异常猛烈,还记得在本年一月间上海《文萃》杂志(第十五十六两期合刊)曾刊载过翦先生一篇文章,题目是《正在展开中之史学的反动倾向》。他首先指出,在中国史学的领域中,近来发现了一种复古的倾向,这种复古的倾向,表现于有人企图把中国的史学研究,拉回古典学派的道路,而这种复古的倾向,是中国史学向前发展中的一个反动。他认为古典学派(即乾嘉学派的本身)对于史学的贡献,是有不朽的劳绩的——特别是对于史料的搜集考证——就史学而言,他们并不反动,只是在两百年后的今日,重新回到这个学派,才是反动。而且,今日的古典学派已然没有他们先辈那样的智慧和学问,进行大规模的史料的辑补和考证,只不过是抓剔糟粕,吹求阙失,或是企图剿袭陈说翻为新论而已,正如一大旧货摊,破铜烂铁,无所不有而一无可用,可以说今日之古典学派实已由史料的整理堕落到史料的玩弄,已然是腐烂不堪了。那么,翦先生所主张的史学应该是怎样的呢?他认为:任何学问都要依从正确的方法,才能得到正确的说明,历史也是一样,没有正确的方法,也不会成为说明历史的资料。现时代的史学的任务,决不是史料的玩弄,亦不止于史料的整理,而是以科学方法去辩证史料,综合史料,写成完整而有系统的历史。

翦先生批评今日的古典学派的史学,不仅缺乏科学的史观,而且尚不如他们先辈治史的方法(即史料的搜集与考证),认为他们是乾嘉学派末流的末流。但他本身治史的方法是否健全而正确呢?举个例子来说吧,他那篇《论明代海外贸易的发展》,有很多地方,我们就不同意翦先生的说法。他说:"中国与南洋的关系,早在五六世纪魏晋的时代,便与印度有佛教的来往。"其实呢,早在汉代以前,中国就与南海发生关系了,《秦始皇本纪》:"始皇三十三年(B.C. 214)略取陆梁地为桂林象郡南海。"我们再把《汉书·地理志》仔细读一过，不是在汉武帝的时候（B.C. 140—87），就有译长入海到南洋去了吗？到元帝元始中，王莽辅政，因为欲耀威德，曾厚遗黄支王到日南、象林界，日南、象林不也是南洋地方吗？到三国时，康泰、朱应等也曾奉使扶南（今柬埔寨与下南圻地方），《梁书·海南诸国传》有记载，都可以说明五六世纪魏晋时代以前，中国已然与南海发生来往了。他又说："《明史》记载：'成祖疑惠帝亡海外，欲纵迹之，且欲耀兵异域，示中国富强。'并不足以说明郑和七下西洋的原因。非常明白，郑和之七下西洋，乃是中国当时商业资本发达的结果，中国商人已经不能满足于国内市场，而需要寻求海外的市场，郑和等之出使西洋，乃是充任中国商业资本的代表。"翦先生硬把郑和解释成中国商业资本的代表，不知是根据旧有的记载呢？还是根据新发现的史料？我遍检《明史》《明实录》《天妃之神灵应记》（见钱谷《吴都文粹续集》卷二十）和伯希和教授的《郑和下西洋考》、向达先生的《关于郑和下西洋的几种资料》（见一九二九年四月号《小说月报》），都没有找出有甚么史料可以证明郑和下西洋与商业有甚么关联。虽然，《明实录》记载着，郑和出使时，曾带去了不少的金织、文绮、彩绢等珍贵物品，但这是赠与南海各国国王的，并不是拿去到南洋做买卖的。此外，翦先生还详细的记出郑和七次奉使和归还的年月，但以《明史》《明实录》和《天妃灵应记》（此文详载郑和七下西南洋的年代和事迹）来核对，除去极少数两三个年月说对了以外，其余多数的年月都是错误的。其实，翦先生只说郑和奉使是十五世纪初叶的事也就够了，又何必求其详呢？除了这一篇以外，还有几篇，都足以证明翦先生治史的方法和论史的见解并不科学，而且远不如所谓"古典学派末流"的史学，来得谨严来得细密，但因篇幅有限，我们这里不详举了。

固然，古典学派的史学，缺乏思想，缺乏史观，但是古典派也不无长处，他们治史的方法是极其细密的、谨严的，对于史料也极能用力搜集，不辞劳苦，只不过在选择问题时，有时显得太偏僻太苛碎罢了，因此，他们的著述对于国计民生没有影响，对于一个时代文化的了解，也没有甚么贡献，但是如果他们若能注意现代史学的潮流，去研究些社会经济典章制度的重要问题，那对于史学的贡献一定会得到更大而宝贵的效果。

所以我觉得翦先生对于今日古典派的批评，有些太主观，太偏激，因而歪曲了不少的事实，何况翦先生本身治史的方法并不健全呢！齐思和先生在《现代中国史学评论》一文里（见民三十五年《大中月刊》一卷一期），有这样一段话，对于社会学派的史学，批评得最洽当，他说："至于社会学派的先生们，我又以为他们太重史观，往往但有史观、理论，而缺乏材料。他们似只要史观正确，便算尽了史家的能事。至于材料的搜集，不过是一种机械工作，并不重要。所以他们颇有先固定的理论，而后再找材料以证明之的嫌疑。我们知道，依照科学方法，结论须由归纳材料而来，而且材料愈完备，则结论亦愈可信。万不可先有成见，而后再找点材料以证明自己的假设。所以我希望社会史家们少谈些理论，多搜集些事实。事实既得，结论自明，许多无谓的争论便可以省去了。"此话诚然，翦先生论史的文章，有些篇就是只有史观而缺乏材料的，不然，他不会把郑和解释成中国商业资本的代表，不仅材料缺乏，而且根据毫无。简单的说，我们对于翦先生注重史观的主张是赞同的，但对于他的治史的方法和论史的见解，则不敢苟同。

三十六年十一月五日于燕园

（《益世报》1947 年 11 月 18 日，第 6 版）

看了翦伯赞《中国史论集》第一面之半(节选)

缪凤林

　　我对一般和国史有关的书籍,大致抱开卷有益和读完为幸的态度,但翦君这册《中国史论集》,我却仅仅看了第一面之半,因为在这短短的半面六行之中,我在开卷阅读时,即已直觉地发现了六个错误,实在没有勇气再继续看下去了。

　　谓予不信,请看下文:

　　　　"一部廿四史,从那里读起?"这是中国历史研究者发出来的一声浩叹。

　　　　诚然,中国留下来的历史典籍,的确是非常丰富,一部廿四史还不过是九牛之一毛。所谓廿四史,只是历代增凑起来的一部官史(唐只有三史,宋增至十七史,明增至二十一史,清增至二十四史),此外在史部之中,还有汗牛充栋的私人著作,并未收入。若广义的说,则……历代以来私人的文集、诗集、画集……无一非史。

　　以上即《中国史论集》第一面之半的原文,我只略加省节,一字不易地抄了下来,并校对了两遍,没有任何更动。现在且略论它的错误。

　　一,一部廿四史,从那里读起? 原文加了括弧,表示引用而有所本的意思。从前文天祥回答蒙古博罗丞相"你道有兴有废,且道盘古到今,几帝几王"的问话,曾有"一部十七史,从何处说起"之语(见《文文山文集》第十五卷)。翦君廿四史云云,大致脱胎于文山那语(翦君是否知道原系文山所言,姑不深究),但浅学如余,却不知道何人何书有过"一部廿四史，从何处说起"的话，作者加上括弧，疑误。

二，"九牛一毛"云云，本于司马迁《报任安书》"假令仆伏法受诛，若九牛亡一毛，与蝼蚁何异？"（见《汉书》迁本传）颜师古注云："蝼，蝼蛄也，蚁，蚍蜉也，皆虫之微小者。"李善注《文选》同，盖喻轻微不足重之意。吕延济注《文选》，虽有"迁假令受诛死，若九牛亡失一毛，不减其少，命之轻贱与蝼蚁不殊，盖恨俗所轻之也"之言（见《六臣注文选》四十一卷），以量之寡与质之轻并论，疑失子长原意。翦君原文以"非常丰富"与"九牛一毛"对举，只有量的多寡，没有质的轻重了。国史典籍，虽极丰富，廿四史不论就量言与质言，绝非九牛一毛之比。原文云云，可说引喻失伦。

三，"廿四史只是历代增凑起来的一部官史"云云，真太离奇了。我国官修之史实始东汉班固等之撰世祖本纪、功臣列传载记，次则刘珍等本之，以撰《东观汉记》，皆奉时君之命，鸠集多人，共修一书。魏晋南北朝之世，尤不乏斯例。但现存廿四史中撰于唐代以前者，若《史记》《汉书》《后汉书》《三国志》《南齐书》，无一非出私撰；若沈约《宋书》，魏收《魏书》，虽系南齐永明中、北齐天保中被诏纂修，但一则奋笔一室，不假众手，一则众手分纂，一人裁定，名为官修，实同私史。至唐人修《晋书》及《五代（梁陈齐周隋）史》，开设史馆，置官修撰，历代因之，由是官撰之史代私撰之史而兴，但如唐李延寿的《南史》《北史》，宋欧阳修之《新五代史》，依然为私撰的作品。根据上面简短的分析，廿四史中共有私史十部，如何能说它"只是一部官史"？

四，"唐只有三史"云云，更令人大吃一惊。

"三史"之名，始见三国《吴志·吕蒙传》注引《江表传》，其时尚未有《后汉书》，据王鸣盛解释，谓"似指《战国策》《史记》《汉书》"（《十七史商榷》卷四十二）；次则司马彪《续汉书·郡国志》亦称三史，据王鸣盛解释，谓"《史记》前后汉书，而后汉则指谢承或华峤书"（见同书卷三十二及四十二），以时未有范晔书也。至唐人始盛言三史，确指马、班、范三书，又以三史为一科，以此科应举得第者颇多（见《唐书·选举志》及各传），但绝非谓唐代只有此三史也。如上所明，廿四史中成于唐以前者七史，成于唐人者八史，如何能说只有三史？也许翦君可引王鸣盛"自唐以前,通行人间者,惟马班范三史而已"(见同书卷九九)之言以解释,姑不论王氏以三史三国并举,刘知幾《史通》自叙篇亦言"少时读《左氏》《史》《汉》《三国志》",《新书·柳仲郢传》又云:"仲郢尝手钞六经,司马迁、班固、范晔史皆一钞,魏晋及南北朝史再。"魏晋南北朝诸史,唐时固亦通行。因此,不论就任何方面观察,"唐只有三史"一语,是绝对谬误的。

五,"此外在史部之中,还有汗牛充栋的私人著作,并未收入"云云,窥翦君原意,殆以廿四史皆系官史,廿四史以外则皆系私人著作。果尔,又大错特错了。自唐而后,官修正史,代私撰正史以兴,有志修史之士,遂多转出他途,除少数仍撰纪传体之正史、别史外,或撰编年体之通鉴,或撰以事为纲之纪事本末,或撰属于典志之专史通史。私人著作,确属汗牛充栋,但官修史籍,除了纪传体之正史外,若编年体之实录以及典礼方志等,又何尝不汗牛充栋? 翦君若欲略知梗概,可参阅金毓黻先生著的《中国史学史》第六章"唐宋以来官修诸史之始末",本文不一一详举了。

六,"历代以来私人的文集、诗集、画集"云云,以画集与文集、诗集相提并论,并冠以"历代以来"字样,亦属错误。"画集"是近代的产品,近代以前,并无所谓画集。画集不能与文集、诗集相提并论,亦不能冠以"历代以来的"字样。

在抗战以前,我曾批评过两位薄负时誉著者的作品,大致每页有一个错误,我慨然太息,认为突破出版界的记录。相隔十年,看了这册《中国史论集》,竟平均每行有一个错误,这样下去,再过十年,也许那时的出版品,每句要有一个错误了。我在字典辞书中,委实不能寻得适当的语句形容这样的出版物,但在某君介绍本书的文中,却赞作者为新派的历史学者。学术界还有什么是非可言呢?

　　……

历史只是过去事实的叙述,此过去的事实,虽全能的上帝亦不能加以丝毫的更改。因之是是非非,皆有客观的准则,绝非隐蔽在某一旗帜之下,或受某一祖国某一主义的庇护,即可仰天而谈信笔胡说也。从前赵高指鹿为马,一时颇售其奸伪,但时越两千年鹿依然是鹿,马亦依然是马。听说翦君尚编有中国史,余愧未见其书,不知其对赵高往事有若何论列也。

　　请看今日之域中,是否赵高之天下!

　　　　　　(《中央周刊》第 9 卷第 52 期,1947 年 12 月 22 日)

人民的力量

——介绍翦著《中国史论集》

维 宽

一位哲人说:"人是创造历史的,历史是人创造的。"这肯定了主观的创造精神,肯定了人的创造力量。人,当然不是指少数的个人而是广大的人民。

历史有发展的规律,但假如没有广大人民的不断劳动,规律从何而体现? 世上固有成功的英雄,但假如没有广大人民的英勇的斗争,英雄从何而产生? 研究历史,固然应该注重社会经济对历史的决定作用,尤不应忽视人类的主观斗争在历史上所尽的任务;固然应该注意英雄人物的业迹,尤不应忽视人民大众用血汗写下来的历史纪录。

从一九四〇到四五年间,著者写了三十多篇历史论文,先后集成一二辑出版。在这三十多篇论文中,内容是多方面的,但最瞩目的是对中国历史上人民斗争事迹的发掘和整理。他第一辑序言里说:"历史为有感性之科学,读史者往往因有所感而不能已于言,则著之为文,余入蜀以来,先后所著史论已有二十余篇,虽所论列,皆过去之陈迹,然而前事之不忘,后事之鉴也。"可知他的史论皆有感而发,有为而发,民族奋斗和历史推进,须依赖人民的力量,历史上人民斗争的业迹,有着丰富的教训和激动的意义,作为一个真正的史家,也就不能不竭力做发掘和整理的工夫。

陈涉吴广的起义,是中国农民第一次和专制独裁者宣战。对于这一段史实书中有详明的描写。秦皇的暴政,农民的起义,暴动的发展,贵族的政治阴谋,革命的最终失败,经由史家的生动的叙述和正确的说明,使我们犹如读一篇时事分析一样的感到亲切和激动。

从西晋末起,终东晋之世,这在中国历史上是一个蛮族大侵入的时代,也是一个中国民族大移动的时代。书中告诉我们,在晋代政府南迁建业之后,人民的堡垒依然屹立于大河南北,他们常以巧妙的方法,刺探敌情以密闻于政府。可惜东晋君臣餍于偏安,使他们遭受蛮族的扫荡,不能不开始其逃亡的生活。又以行动抗议安然南渡的中原仕族的荒淫奢靡,史家在这里又写下一段血泪史。

"南渡君臣轻社稷",忠义之士也多受掣肘,而人民是不屈的,他们以血肉来发扬民族的正气。史家写了《南宋初年黄河南北的义军考》,讲述普遍全国的"忠义巡社",王彦的"八字军",马扩的"五马山寨",山西、山东、淮北、辽东、湖北的"山寨"和"水寨",黄河以北的"义士"和太行山上的"红巾",使我们在千载而后还能依稀看到当时人民斗争的悲壮的画图。

南宋政权覆灭而后,鞑靼对中国人民的种族压迫和经济榨取,达到疯狂的程度,但如《元史》所载黄河南北的"弥勒白莲教匪",相机而起的"江南群",或从事以宗教运动为外衣的叛乱,或从事以争取活命为目的的叛乱,而同具种族革命的性质。这种斗争继续在血泊中发展,竟与鞑靼在中国的统治相始终、终于演成元末中国人民反对异族统治的大斗争。这一段为御用史家所曲解或隐没的历史,我们一读《元代中国人民反对鞑靼的斗争》,便得到清楚的了解。

跟着便是明代了。史家在序言里说:"入蜀以来,余之精力,大半消磨于中国史前史之研究。然间亦涉猎其他史籍,尤喜读明史,以其亡国覆社,感人之深,而其史实之足以资吾人今日之鉴或者又至多也。"集中明史论文凡七篇,当中三篇为南明历史勾下轮廓,鲜明地比照了君子和小人,忠义和奸邪。讲述"永历时代"时,他指出在桂王政府中,虽然是官僚士大夫主持大政,但以英勇的斗争支持这个政府的,却是爱国的人民:人民义勇军,反正的伪军,最后是张献忠的残部。即因有这些人民力量的接踵继起,所以能把斗争支持了十六年之久,终顺治之世,中国西南还有一个"自由中国"存在。

一方面是广大人民的为祖国而斗争,为生存而斗争,一方面是统治者的荒淫、贪污、顸颟、残暴。二千年来的封建时代的历史,就这样的充满着人民的血迹和封建统治者的污秽,史家表露了历史的光辉,同时在很多篇文字里揭发了历史的污点,鲜明的反衬,使我们知道必须由人民来掌握历史。辛亥革命该是一个预告,史家因此写下了《论辛亥革命与中国历史之新的转向》。然而中国人民依然受着内外暴力的压迫煎熬,于是迫出一个自求解放的对日抗争,史家因此又写下了《泛论中国抗战的历史原理及其发展的逻辑》。作为一个史家,他的最高任务,原就是从历史的探索来照明人类创造历史的道路。

作者认为历史是一种感性的科学,因为历史上有的是人物事件,通过文字的研读,可以如见其人和如历其事,鉴往以知来,又使我们不能不感于心。不过,一些庸俗枯燥的历史教本,事实上不大能使人感到亲切,专门的历史考证,又往往以其无限精深之态度吓倒我们。然而这里的三十多篇论文,却能使我们如读故事一般的读下去,在他是"有所感而不能已于言",在我们则是诵其言而不能无所感了!

（《新时代》第 8 期,1948 年 8 月 7 日）

从古代史到近代史

——推荐翦伯赞先生的《中国史论集》

怀　湘

一

　　读历史或研究历史科学,往往是最能引起兴趣的一件事。原因不但在历史的内容复杂变化,超过其他科学,而且是在它和我们本身的现实生活的关联性。我们的生活就是历史的内容,我们自己就是生活在历史的进程当中的。我们读历史,是读我们自己的生活,读我们自己的过去、现在和将来;我们研究历史,也正是研究我们自己的现实生活的发生与发展,研究与我们现实生活最有密切关联的事。一种知识或一种科学,越和我们本身有密切联系,就越容易使人产生兴趣。因为人总是不忘记自己,总是关切自己,对自己的一切感觉兴味的。我们读历史容易有兴味,理由在此。

　　"以铜为鉴,可正衣冠;以古为鉴,可知得失。"——这是古人的历史哲学,就是把历史当作一面镜子,来对照现实;从历史的纷繁现象中,找出它们的相互关系,发展方向,变化的规律,即找出历史的发生与发展的规律,来说明历史,并且顺应这规律来改进历史——这是现代人的历史哲学,就是把历史科学当作一种认识历史与改进现实的方法。不论从前一种观点(消极的)出发也好,从后一种观点(积极的)出发也好,总之历史是和我们现实生活关系最密切的东西。明白历史,不但是最有兴味的,同时也是有此必要。

　　举例来说,历史上有过不少"英雄豪杰"式的人物,论本领,他不能算弱;论才智,他不能算愚蠢;论力量,他往往拥有最强最大的武力;论机会,他也曾风云叱咤盛极一时;然而失败起来,却往往如摧枯拉朽,土崩瓦解,有意想不到的脆弱,意想不到的崩溃的迅速,欧洲的法西斯希特勒和墨索里尼,近代中国的西太后、袁世凯和曹吴之辈,就是这类失败人物的典型。他们为什么会有这样的结局呢?就因为他们没有看清现实,也就是不明白历史:一不知道把历史来当作镜子,二不知道认清历史的进程、历史的方向、历史的规律,所以他们走尽一切错路,做尽一切坏事,然后在历史的坚壁前倒下去。拿这些人物最典型的袁世凯来说,以他的阴谋险谲,以他的风云际会,何尝没有最好的成功条件呢?然而就因为他不明历史,把辛亥以后的中国还当作辛亥以前的中国,不知道历史已经变了,还睡在鼓中作为王称帝的春梦,摆在他眼前有一个维持独裁统治而不可得的满清,在历史上更有许许多多野心家阴谋者的失败史,但是他不肯回头去看一看,把他们当作镜子,以为鉴戒,而一意孤行,要作中国的独夫民贼。所以他失败了,而且失败得很惨很惨。

所以不明白历史(不读历史和不研究历史)的人,不但失去一件最有兴味的享受,并且也是一件最危险的事。

二

如此看来,研究最接近我们现代生活的历史,应当是最有兴味和最有意义的事了。譬如近代史要比古代史更觉亲切,中国史要比世界史更能够引人入胜,然而就现在的情形来看却不然。我们的新历史家大抵"喜攻古史",以"大有吾人驰骋之余地"为乐。我们翻一翻新出版的历史著作,称得起研究两字的,就很少是有关于近代史的。

为什么会有这个现象呢?我们可以从客观中去找出几个理由:例如客观上不允许谈近代史,因为它和现代的关系太密切了,也就太容易与现实问题混在一起,谈起来颇有未便;又如现代史的史料,浩如烟海,都没有经过搜集整理,研究起来实在太麻烦;再如中国的新史学,建立的时期并不长,至多也不过二十年左右,以这样短的时间,要应付繁重复杂的现代史,不但时间所不许,力量上也有所不逮。

就这些理由来说,除开第一个理由,是一个现实的问题,需要打破这个障碍,才能够解决之外,其他两个理由,与其说是属于客观的困难,倒不如说是属于主观努力的范围。譬如就历史的繁重复杂来说,这只是一个搜集与整理的问题,比起古代史来,说它是复杂毋宁说是单纯。因为历史研究的材料——即所谓史料,不限于文献,还包括了器物,在古代史的研究范围内,文献和器物的研究就是最繁复不过的问题;古代史料和现代史料在数量上虽是湖泽和海洋之比,但古代史料中问题的复杂,却往往超过现代史料多少倍。中国古代史的新史学的开辟者郭沫若先生在他的《古代研究的自我批判》中,就曾道出其中的痛苦。根据郭先生研究古代史的十几年的经验,他说:"研究中国古代,大家所最感受着头痛的,是仅有的一些材料却都是真伪难分,时代混沌,不能作为真正的科学研究的素材。"这里面就包括了许多问题:材料多,固然研究起来感觉困难,材料少,又何尝不研究困难? 凭一枝一叶要断定一棵树的形态,凭一砖一瓦断定一个城市的内容,这是何等渺茫而危险的事? 其次,对于文献的认识和辨伪工作,对于器物的剔别取舍审定考察的工作,其间所涉及的科学知识,范围的广大,是无限度的。这工作更不是几个专门的历史家坐在书室中,向故纸堆中可以做得完、弄得好的工作。

再讲到新史家的方法和能力的问题。一种方法只要是科学的,它的研究对象,自然不会限制于古或今、难或易。我们说新史学的方法还不能够研究近代史,这当然是一个笑话。新史学的创始者——唯物史观的创造者——就是从研究近代的欧洲资本主义社会开始,而不是从研究欧洲的原始社会开始。从中国现在研究古代史的条件说来,抗战以前在大的都会中如北平、上海,是文物荟萃之地,我们可以看到许多书籍文献,可以接触到甲骨钟鼎一类的古器物,作实物的研究考察;虽然这些书和物还不能集于一时一地让我们研究,但是得到它们的机会究竟要多些;在中国史料看得不够,我们还可以到外国的图书馆、博物馆去搜寻。可是这些条件,到抗战以后,一件也不存在了,存在的是公家极少的一部分收藏,这不是平常人可以得到的,此外是私人的一些劫余之物。研究历史而不用史料,或史料不足,是不行的。然则我们此时凭什么来研究古代史呢?

更就有限的一些史料来说,也是就新史家本身的能力来说,我觉得我们现在研究古代史的问题实在太多。卜辞是一种上好的史料,但是对这种史料的研究,却并不因为它好就成为容易。因为这个研究的本身,还在发展变迁之中,而一鳞半爪,更增加着研究的困难。新史家如果不是直接参加这种研究的工作,而且确有所成,只是仰给于前人的一些研究成果,用它来作历史判断的根据,是极容易发生错误的。郭沫若先生是对卜辞有过直接研究,而且是有所贡献的,然他在自我批判中,却很客观的承认“把路引错了”。这实在是对那些生平没有摸触过甲骨而从事古史研究的人,一个当头的棒喝。对青铜器的研究,问题尤其复杂,因为青铜器作为一种史料来研究,已经有千年以上,这其间它们本身的变迁发展固然很大,器物上面所留存的遗象(包括文字、花纹、形式、质料)可供研究的也很多,需要的知识更广;尤其困难的工作,是分别时代,辨别真伪。只就这两项就足以造成一片混乱,条件不够的新史家要来对付这样一片混乱,得到真正的科学的结论,实在不是容易的一回事。为了解决这些问题,一件器物、一段文字或一句话、一个字,即使化去毕生的精力和时间来研究也是不为过的。如果我们只就前人的一些成果,来草率地作研究下判断,不仅没有意义,而且也根本失去历史学的科学精神,认真态度。至于文字中的史料,包括一切文献,其麻烦复杂的研究工作,是不用说明了,中国文字的变移和伪造书籍的繁复,所给与研究者的困难,是无穷尽的。一切文献,离开近代愈远,问题就愈多,研究就愈困难。所以就史料研究的难易来说,近代史要比古代史容易得多。

此外近代社会离我们的时代不远,以我们现实生活作根据来研究较接近的近代史,更加上容易搜求的文献器物,实在比研究古代史更有把握。

这是只就研究工作的一方面来说,研究近代史更比研究古代妥当可靠,容易着手些。

三

这并不是说研究古代史是不必要的或没有价值的。作为历史科学来说，古往今来全部的历史过程，都应当是研究的范围。问题是研究的条件，研究的时期。

研究古代史，据我这个非历史家来看，至少要有这几个条件：有研究和辨别古文献古器物的一切充分的准备知识。这是一个前提，没有这个前提我相信不可能有成绩。不作历史学家仅仅作一个读过历史的人，自当别论。

有充分的资料，包括文献和器物，而且对这些文献器物，经过严密精确的辨别考定的整理阶段。这不是一人或一时的力量所能够完成的，一方面需要社会的集体的努力，有这样的环境便利，另方面更需要史学家认真而严肃的民主的科学的精神，愿意作一点一滴的小工作，而不急急于作"伟大的表白"、操切的判断。郭沫若先生在中国古代社会研究上的地位，是无人可以比拟的，他的贡献也是无人可以否认的，然而他在自我批判中的认真与□抑的态度，实在值得史学家们的学习。他一再的谴责他自己过去的成就是"太草率，太性急了"，一再认为他自己"把路引错了"，然则跟在他后面很远很远的人，能够不谨慎些吗？

有学术研究的充分自由。这是任何科学发展的一个基本条件。如果钦定了一些条例不能逾越，地球本来是圆的却只能说是方的，中国本来是多民族的国家，却只能说是一个大民族包括小宗族，那就没有办法研究下去了。充分的资料与集体的研究工作，也只有在学术自由、研究民主的情形下才有可能。

在这些条件不具备的情形之下，据我的看法，研究古史不如研究近代史。研究近代史有以下的便利：一、文献容易搜集，二、近代的文献容易辨别，三、生活相隔不太远，器物也比较多，赝造的东西比古器物要少，甚至于没有。我们几曾见过明清以下的假骨董呢？即使有，也是较易辨认出来的。四、更重要的是近代史和现代的关联是密切的，我们从近代中国社会发展中来找寻历史的规律，对我们更有用处。

　　我们常说秦汉以后的中国社会是在长期的封建社会中，近百年来的中国是沦为半殖民半封建社会，其中的变迁递嬗，实在大有研究的必要。而第五，我们好好的整理出一部近代史来，让大家把最近这几十年来或几百年反复不已的历史认识清楚，作为教训，不走或少走错路，少做错事，甚至不做错事，意义岂不更大，价值岂不更高？

　　读历史或研究历史，本来不是消遣或"象牙塔"（借用这名词吧）内的工作，它的意义是要在现实生活中起作用。这并不是功利主义，实在是一切科学的最后目的。我们自然不能要求每一个历史家都成为社会改革的实践家，但是至少我们要求历史家成为改造社会的指导者，要求历史著作成为改造社会的参考书。要求这并不是过分的。

四

　　就因为这一个理由，我要推荐翦伯赞先生的《中国史论集》。

　　我特别要推荐的，不是这本书的前一部分，而是这本书的后一部分。全书三百页中，前一部分约占三分之一，后一部分占全书的三分之二以上。

　　这是一本"史论集"，论史的成分多，与一般历史著作不同，但这还不是最大的特色，最大的特色是它超过近年来的一些历史著作，把历史的巨眼，从古史看到了近代史。打开全书的目录，就可以看到，扑面的二十篇史论，除开前面两篇是一般的历史学的评论之外，其他的十八篇，是从古到今依着序列排出来的。其中《论夏族的起源与史前之鄂尔多斯》到《论中国的母系氏族社会》，一共只有四篇是属于古代史的范围，从《论西晋末年的"流人"及其叛乱》的一篇起，就逐篇移向近代，直到《泛论中国抗战的历史原理及其发展的逻辑》，一共十四篇，不仅是属于近代史的范围，而且除开《清代宫廷戏剧考》一篇以外，大部分是集中在中国民族与异族的斗争史，还有一部分是论中国的辛亥革命与中国的宪政运动史。中国当前的两大问题——民族解放问题和民主自由问题——翦先生都在本书中作了一番历史的考察。这正是本书的第二个特点。

　　这些历史的内容与我们现实生活的关联实在是太密切了。我们要知道中国民族招致外患招致异民族侵略的原因，我们要知道在异民族侵略的当中，各阶层的反应如何，动向如何，我们要知道汉奸的社会基础是什么，汉奸的表现形态是什么，我们要知道人民在民族解放战争中的地位、作用与教训，我们更要知道中国民族解放斗争成败的关键在什么地方……总之我们要知道在中国历史上，中国民族斗争的一切经验和教训，中国民族斗争的历史发展的规律。这些内容，当我们打开翦伯赞先生的《中国史论集》，从第七篇《论西晋末年的"流人"及其叛乱》以后，我们可以得到一个全面的解答。

　　关于中国的民主运动，在本书的第十七篇与第十八篇《论辛亥革命与中国历史之新的转向》、《论"五五"与中国宪政运动之史的发展》中，有精确的叙述和评论。在后一篇中，指出当时的立宪运动有改良派与革命派之分，改良派是失败了，革命派终于在辛亥革命推翻了满清的封建王朝，建立了中华民国。本书更指出辛亥革命以后的历史，是反动的军阀专制主义势力与中国民主势力的斗争史：一方面是反动军阀毁弃中国的第一部宪法——《临时约法》而代以袁世凯的《约法》、段祺瑞的《宪草》、曹锟的《宪法》——这一连串的伪宪，另一方面是孙中山先生护持约法的奋斗，和他在护法斗争中的逐步进展，由消极的护法，进到彻底铲除宪政与民主的敌人——帝国主义与军阀。

　　在这一篇中，最重要的地方，是回顾了中国宪政运动的史的发展之后，他根据孙中山先生在民主奋斗中所留下的遗教，归纳成六个结论。这些结论我们不必一一引述，不过其中最重要的一点，却值得特别提出来：

　　　　第四，他（孙中山先生）指出要实行真宪政才能打倒假宪政，中山先生说："中国共和垂六年，国民未有享过共和幸福，非共和之罪也；执共和国政之人，以假共和之面孔，行真专制之手段也。故今日变乱，非帝政与民政之争，非新旧潮流之争，非南北意见之争，实真共和与假共和之争。……今日之患，非患真复辟者之众，正患伪共和之多，心复辟而伪共和者。"这实在是当日孙中山先生的民主斗争中一针见血的大教训。

有了真宪法，是不是民主就有了保障呢？本书也同样引述了中山先生的金石之言：

> 宪法之所以能有效力，全恃民众之拥护。假使只有白纸黑字之宪法，决不能保证民权，俾不受军阀之摧残。元年以来，尝有约法矣，然专制余孽，官阀官僚，僭窃擅权，无恶不作，此辈一日不去，宪法即一日不生效力，无异废纸，何补民权？迩者曹锟以非法行贿，尸位北京，亦尝借所谓宪法为文饰之具矣；而其所为，乃与宪法若风马牛不相及。故知推行宪法之先决问题，首在民众之拥护与否。舍本求末，无有是处。不特此也，民众果无组织，虽有宪法，即民众自身亦不能运用之，纵无军阀摧残，其为具文自若也。

宪法能不能有效？民主能不能实现？"全恃民众之拥护"；民众如何才能够拥护宪法，保证民主呢？"民众"要有"组织"，就是说民众要有组织的权利，民众要有言论集会结社的自由。

这还不够明白吗？中山先生所领导的民主运动，这运动的经验和教训，都精粹的提炼在翦先生的《中国史论集》中了。在本书中反映了中国民主运动中的主流和逆流，反映了真共和与假共和的斗争，更提炼了中国民主运动斗争史中的全部经验和教训。这些教训正是我们今日在民主运动中值得的学习和值得警惕的。

只有这样的历史，才是活生生的历史，也才是和我们的现实生活最关切的历史。中国的新史家一定要这样紧贴着现实生活，他的研究才有意义，他的工作才有前途。

我不是说中国的古代史不要研究，我是说在研究的条件不具备的时候，在研究的工作还不能直接产生有益的成就的时候，我们的新史家应当把目光从古代移到近代，贴紧中国人民的现实斗争！

（《群众》第 10 卷第 11、12 期合刊，1945 年 6 月 25 日）

翦伯赞《中国史纲》第一卷书评

人的历史，真的历史

——评《中国史纲》第一卷

吴　斯

《中国史纲》（第一卷），翦伯赞著，五十年代出版社发行，一九四四年四月初版。

新历史学在近些年间的进步不是偶然的。由于科学的历史观的把握与运用，由于地下史料的出土与研究，由于旧的历史学中的优良部分的继承与发扬，由于革命任务的迫切要求，进步的历史学者已经能够摆脱传统历史（封建统治中"史官"笔下的帝王家谱）的影响，逐渐的显露了中国历史的真实面目。翦伯赞的《中国史纲》，虽然今天我们还只能读到第一卷，但显然是一个可贵的收获。对于中国历史研究方法，翦伯赞的意见，必须看看大汉族以外的中国，再看看中国以外的世界，明白中国史没有奇迹，也是不是西洋史的翻版，要注意客观的倾向，也不要忽略主观的创造，不要看不起小所有者，也要注意宗藩、外戚与宦官的活动，在研究内乱时不要忘记了外患，应该从文化中找反映但不要被他们迷了（详见他的《中国史论集》页三——二〇）；对于中国历史家的任务，他认为："就在于对一切歪曲的历史观作理论的清算，把中国历史从封建的云雾中，从市民的烟幕中洗刷出来，使中国的历史在严正的科学方法之前，得到正确的说明。"（前书页三三——三四）。根据这样的认识，他以流畅的文体写出了这本《中国史纲》，遂行着他的任务。

《中国史纲》第一卷，"上起开天辟地，下迄殷周之世，其所论述的范围，是秦以前的中国古史"。（《中国史纲·序》，页一）他将这期间分为四个阶段：一、前氏族社会（分章论述中国人种的起源与历史的序幕、前氏族社会的经济构造、生产关系与家族关系、意识诸形态);二、氏族社会(分章论述中国人种的分布与氏族社会的形成、氏族社会经济构造、家族关系与社会组织、意识诸形态);三、古代社会(分章论述殷族的起源与中国古代国家的成立、殷代的社会生产力、社会经济构造、社会关系及其发展、家族关系、意识诸形态);四、前期封建社会,包括西周——初期封建社会的形成(分章论述周族的起源与西周封建国家的创立、西周社会的经济构造、社会关系、意识诸形态),春秋战国——初期封建社会的发展及其转向(分章论述春秋战国时代的世界与中国,春秋战国时代历史发展的倾向,春秋战国时代的社会经济构造社会关系、意识诸形态)。

在真实的历史面前,我们看见了,所有主观的解释历史的并歪曲历史的企图,只是徒劳,颠倒黑白的武断是何等的灰白!

传统的历史学曾不问真伪的记载着三皇五帝,称道着唐虞盛世;在"疑古"的影响下,中国古史又变成了神话和传说,剩了一张白纸。《中国史纲》则给与"有巢氏"、"燧人氏"、"伏牺氏"的传说以一定的内容,随便举一个例子:"……在传说中之'伏牺氏'时代,一方面由于劳动工具制作技术之发达,另一方面,由于作为生产主体之人类的肉体型,已经发达到接近于现代人的肉体型的程度,由此两者的结合而发挥出来的生产力,便是采集狩猎经济之高度的发展。"(页四三——页四四)至于"尧""舜"的禅让,"实则'尧''舜'之不传子而传贤,并不是因为他们的儿子不肖,也不是因为他们是'允恭克让'的圣人,而是因为,他们的儿子必须嫁到外族,不能被选为酋长的继承人。"(页一三〇)(正如作者自己所说:"这本书,我虽不敢说它已经把殷周及其以前的古史,从神话的霉锈中洗刷出来,但至少它已使这一段古史,显出了他本来的面目。一言以蔽之,从神的历史还元为人的历史。"(序,页六)

"为了给读者以具体的概念,这本书对于各时代的古器物,均附有图片。为了给读者以空间的概念,这本书对于各时代的历史活动范围,都附地图。为了给读者以时间的概念,这本书对于各时代的历史发展,都附有大事年表。"(序,页六)这也是《中国史纲》的一个特点,弥补了同类的书向来的一个最大缺点,对于读者给了很大的便利。

这样的一部中国古史，于科学的、客观的论述中，曾明确的告诉读者：我们的民族是进行着不断的斗争，在一定的经济发展中逐渐进化的，没有万世不变的文物制度，也没有什么维系几千年的道统。而且向前进化的历史，是不会被任何人的主观观念倒拖回去的。直到今天还被某些人迷恋着和推崇着的政治思想，在阶级社会中，原是与封建领主的利害相结合的。例如："降至春秋时代，随着天道观念的动摇，代替天道而成为统治工具的，便出现了'礼'与'刑'。"（页三九一）"所谓礼者，实即等级制度的教条，亦即封建社会制度的大经大法，所以别贫富，差贵贱，明上下，正身份者也。""所谓刑者，乃是封建领主制对农民行使统治的超经济的强制的权力的表现。"（页三九三）这些话不仅富于历史的兴趣，而且有着现实的意义。

人民是历史的主要动力。在数千年的不断的斗争中，人民尽了最大的力量，却没有得到过真正的幸福。撕去了帝王家谱的表皮而显出了真实的历史，必然的是人民的历史。《中国史纲》很明显的表现了这一点。作者不仅在历代经济关系变化中指出人民被奴役的地位，如殷代"一般自由民，则已陷于饥饿线上，而奴隶大众的生活，则比牛马不如"。（页二五八）从甲骨文字中不见自由民及奴隶祀祖的记载，他结论着："至于奴隶，则以其生时被剥夺了'人格'，故死后亦被剥夺了'鬼格'，所以在殷代，奴隶无祖，而以主人之祖为祖。"（页二五八）殷亡于周，被奴役的奴隶的叛变，与有力焉。"前徒倒戈，以攻于后"的结果："殷代的奴隶大众，打开了朝歌的大门，他们和西北的革命联军在胜利的呼号中，冲进了朝歌。现在，奴隶的大众怒吼了，绵羊变成了狮子，牛马变成了人。他们粉碎了他们的锁链，捣毁了他们的土牢，打开了巨桥的谷仓，散发了鹿台的宝藏。并且在神的面前，公然地侮辱了他们的主人。"（页二三五）到了春秋战国时代，广大的农民的遭遇则是："当时七国的领主，就用一种高度的政治强制，把农民从田野驱上战场，又从战场召回田野。用农民的鲜血，开拓土地，又用农民的劳力，耕种土地。"（页三六三——三六四）

历史研究不是为了夸耀往日的光荣，更不是为了再造一个历史上的太平盛世。从烟雾中显示出历史的本质，从中汲取经验与教训，乃是为了现在的战斗。一部好的历史书应该具有这种用处:告诉读者过去几千年的人的历史、真的历史,并且导引着你从过去想到现在。读完了这第一卷,我们更迫切地等待着那继之而来的叙述和现代更有密切关系的封建时代的历史的各卷。

（《新华日报》1944 年 6 月 19 日,第 4 版）

《中国史纲》第一卷

佚　名

蓟伯赞著，三十三年四月重庆五十年代出版社出版，六加一四加四〇七页，附表八张，无定价。

历史本身一经消遣，便不重新表演，史家记述可以重新改写至于无穷。写古代史，史料之不足是一困难。据仅有之史料而下解释判断更难。由于近代经济史、社会史之研究，吾人对古代社会之看法与估价，与过去之看法估价不复相同。历史之记述是以不惮改辙更张至于无穷也。

蓟君此书现仅出第一卷。此卷分四部分：前氏族社会、氏族社会、古代社会、初期封建社会。第四部分又分两编。每部分或每编复分四章至六章，每章复分二节至四节。此卷之特色，略如下举：

（一）蓟君将过去史家所说之有巢氏、燧人氏、伏牺氏、神农、黄帝等等，皆解释为时代的名称，并将所谓某氏时代比傅文化史、社会史、经济史上之时代，例如以下期旧石器文化与原始采集经济比傅有巢氏时代，以中期旧石器文化与采集狩猎经济比傅燧人氏时代，以上期旧石器文化与采集经济之发展比傅伏牺氏时代，以下期新石器文化与畜牧种植的发明比傅神农黄帝时代，以中期新石器文化与畜牧种植经济的发展比傅尧舜的时代，上期新石器文化与田野农业之出现比傅夏代；又如原始群与血族群婚比傅有巢氏时代，性别年龄社会与亚血族群婚比傅燧人氏时代，氏族社会的萌芽与亚血族群婚家族向对偶婚家族之过渡比傅伏牺氏时代。层次井然，确是大胆的尝试。

（二）蓟君对历史之演变，皆用经济的社会的因素解释之，并不重视历史上所谓大人物之活动。故全卷中皆被贵族、地主、农奴、商人充塞其间,却难过见周公、管仲、商鞅、李斯。

（三）过去写古史者,多数人将上古看成且写成太平盛世,以唐虞三代为不可及。近数十年来,此种观念虽渐有改变,但一般人尚多存崇古薄今之心理。翦君此卷写古代农奴、奴隶之悲惨景况,则使读者感觉到古代社会未必如今日,甚至各方面皆不如现在。

翦君所写之古代中国,有数处有讨论余地。例如"新的人种之外来"一节（页一九）,谓中国南部原无人类生存活动痕迹,有一新人种从南太平洋出发,沿马来半岛海岸,向北推进,而达中国南部。此一学说,似乎只是一种假定,尚有待充分证据。按战国以来之西南夷、百越,现今之傜族、黎族、番族,究为从北向南迁移,或从南向北推进之民族,似有待于史家、人类学家之研究。又如将蒙古高原系比傅黄帝,南太洋系比傅蚩尤（页二四）,至多亦不过一种假定。又如旧说"天皇十二头""地皇十二头""人皇九头",翦君以为正暗示有巢氏时代原始人群的组织（页四六）,亦太费解。又如周口店出土之鹿角与卵形石,翦君以为是"指挥杖"与"珠灵卡"（页五五、五六、六五、六六）,以澳洲土人社会上之法物相比较,未免孤证下断。又如蚩尤之蚩字,翦君以蚩为氏族图腾（页八四）,而未解释明白"蚩"究系何物。翦君解释图腾之处甚多（页一四三）,亦未见"蚩"图腾之满意解答。又如殷虚出土之石器多于青铜器,解释纷纷（页一八四）。发掘尚未普遍,自是一种解释。按石器一经残毁,即不易修补改造,因失效用而被人弃去,不若铜器可以销镕改铸。石器残部保存于地下者多而铜器少,此要是一个原因。又如周初有无铁之应用,只可据《诗·公刘》"取厉取锻"一语作推测,但不可据此孤证下断语。又如断定《国语》"美金"一词为铜,"恶金"一词为铁（页一八九）,亦有同样危险。若据春秋末期,特别战国末期冶铁事业之繁盛,而推论冶铁事业必系长期发展之结果（页二九一）,恐亦不确。按古代青铜器亦由冶铸而成,铁为金属之一,被发现应用后,何独不知摹仿冶铸铜器之术以冶铸铁器,必待长期而后兴起乎？是据铁器之繁盛而推测其发现最初应用之时期,非其单纯之问题若翦君之所见也。

与其名此卷曰史纲,无宁名之史论。

（《图书季刊》新第 5 卷第 4 期,1944 年 12 月）

《中国史纲》第一卷（史前史、殷周史）

容　嫒

　　翦伯赞著，民国三十五年七月生活书店出版，新中国大学丛书之一，报纸排印本一册，四〇八面。

　　我国研究上古史者，自来多以唐虞三代即属文物礼义之邦，不惜引经据典，飘浮于神话与传说之中以求助证。及至近五十年来，河南安阳县殷墟获殷商甲骨、鼎彝、陶器、人骨、鹿骨……河北房山县周口店发现北京猿人头骨盖及石器，河南仰韶村发现新石器时代遗物，陕西宝鸡县斗鸡台又发现新石器时代文化……等。因为这些先后发掘，不只将中国历史延长了若干年代，且可从新石器时代遗物以及甲骨金文文字中以印证若干洪荒蒙昧的史迹。本书即根据最新出土之史料以为出发，打破循循相因的藩篱。如谓：

　　　　中国古史之能更进一步的发展，乃是由于近年以来考古学之不断的发现。由于考古学之不断的发现，于是埋藏于地下的远古遗物，到处出土，此种远古器物之出土，因而提供了中国古史研究以新而又新、真而又真的资料。这些新的真实资料，不但可以考验文献上的史料之真伪，而且还可以补充文献上的史料之缺失。（见"自序"，页三）

又谓：

　　　　我们生于今日，得睹古人未见之古史资料，孔子所不能征之夏礼与殷礼，吾人已能征之，司马迁"靡得而记"之太古时代，吾人已能记之。然而直至今日，中国还有不少的历史家，对于近千年来固有文化的成果并不接受;对于科学的发现,而视若无睹,而仍然昏迷于神话与传说之中,以至近来许多历史的巨著,不是把史前的社会避而不论,便仍然以神话的汇编,当作真实的古史。(见同上,页四)

又谓:

这本书,我虽不敢说,已经把殷周及其以前的古史,从神话的霉锈中洗刷出来,但至少他已使这一段古史,显出了他本来的面目。一言以蔽之,从神的历史还元为人的历史。(见同上,页六)

全书约二十余万言,以时代的演变画分为四阶段,每段分若干章,每章分若干节,眉目清晰,次序整然。首冠"自序",末殿八表。关于图表的功用,著者说得亦极清楚:"为了给读者以具体的概念,这本书对于各时代的古器物,均附有图片;为了给读者以空间的概念,这本书对于各时代的历史活动范围,都附地图;为了给读者以时间的概念,这本书对于各时代的历史发展,都附有大事年表。"(见同上)

(一)前氏族社会:第一章"中国人种的起源与历史的序幕",第二章"前氏族社会的经济构造",第三章"前氏族社会的生产关系与家族关系",第四章"前氏族社会的意识诸形态"。

(二)氏族社会:第一章"中国人种的分布与氏族社会的形成",第二章"氏族社会的经济构造",第三章"氏族社会的家族关系与社会组织",第四章"氏族社会的意识诸形态"。

(三)古代社会:第一章"殷族的起源与中国古代国家的成立",第二章"殷代的社会生产力",第三章"殷代的社会经济构造",第四章"殷代的社会关系及其发展",第五章"殷代的家族关系",第六章"殷代社会的意识诸形态"。

(四)初期封建社会:

第一编,西周——初期封建社会的形成:第一章"周族的起源与西周封建国家的创立",第二章"西周社会的经济构造",第三章"西周社会的社会关系",第四章"西周社会的意识诸形态"。

第二编,春秋战国初期——封建社会的发展及其转向:第一章"春秋战国时代的世界与中国",第二章"春秋战国时代历史发展的倾向",第三章"春秋战国时代的社会经济构造",第四章"春秋战国时代的社会关系",第五章"春秋战国时代的社会意识诸形态"。

综观上述各章,可知著者侧重氏族社会之演变与封建制度之形成,及农业经济之发展与私有财产制度之产生,循自然之演变,渐次形成社会之阶级。推陈出新,为研究上古史者辟一新途径。惟校对欠精,鲁鱼亥豕,比比皆是,如"自序"页三,"钱大昕"之"昕"字误作"晰","瞿仲容"之"容"字误作"客","而且学者如孙诒让",误作"而学且者……"。此虽小疵,无关宏议,亦盼著者能少留意焉。

(《燕京学报》第 31 期,1946 年 12 月)

评《中国史纲》第一卷

安志敏

翦伯赞著,生活书店发行,三十五年七月初版,十月再版。

一

近年来关于通史新著,如雨后春笋,此诚学术界之好现象,惜多尚未能脱离传统之治史方法,专用书本上的材料,对中国史前史鲜有述及,间或有之,亦语焉不详,识者憾之。近翦伯赞氏之《中国史纲》第一卷,对史前史、殷周史,颇能用考古材料,故出版后,颇获大部人士之赞许,或誉为近年来罕见之通史著作,此固由翦氏用心之勤及态度谨慎之所致也。

余对史前史,素抱莫大之兴趣,每憾无以著足以供研究参考之需,及闻翦氏此书,欣喜过望,遂急购之。细读一过,对翦氏治史之精神,不胜钦佩,而于其内容,则觉错误累累,触目皆是,又不禁大失所望。仅就史前史部份,略加评论,字亦逾万。盖翦氏之书,以此部较为精采,至于殷周春秋战国部分,错误更多,顾非作者之专门,置之不论可矣。

翦氏过于注重史前之社会状态,故其所采用史前考古之资料,皆用以证明古代文献之所载,而用以解释史前社会者,翦氏精力,泰半集中于此。其得失如何,余亦不拟加以批评。惟翦氏对中国史前文化之状似甚隔膜,对考古资料亦未能加以鉴别,兼以囿于个人成见,遂致解释失当,错误层出,瑕不掩瑜,殊为可惜。兹以本周刊篇幅有限,仅讨论一二大端,以供作者重订时之参考,凡所评论,皆以客观态度,纯为学术上之检讨,想蔚氏必能谅其率直也。

二

　　蔚氏所采用之治史方法,史学界自有定论,余亦不拟表示意见。惟蔚氏将古代传说并入史前期,则余诚不敢赞同。如谓旧石器时代初期之北京原人为有巢氏时代,旧石器时代中期之鄂尔多斯文化为燧人氏时代,旧石器时代末期之山顶洞文化为伏羲氏时代。并谓新石器时代初期之齐家期(?)为神农、黄帝时代,新石器时代中期之仰韶期、马厂期(?)为尧舜禹时代,新石器时代末期之辛店期、寺洼期、沙井期(?)为夏代。牵强附合,令人喷饭。夫中国史前考古仍有甚多之问题,未尝解决,如新石器时代初期、中期之遗迹,迄今犹一无发见,史前史之编年,尚缺正确。则蔚氏之如此分期,系何所依据乎?再如谓旧石器时代于历史上的时代为蒙昧下期、蒙昧中期、蒙昧上期,谓新石器时代于历史上的时代为野蛮下期、野蛮中期、野蛮上期(附表三、四),此种名称似不如旧石器时代之通用,且易使人了解。而下期、中期、上期之分期,似亦不及初期、中期、末期之较为妥当也。

三

　　第一章第四节论"新人种之外来",有所谓"南太平洋系"人种于旧石器时代之末北上,与所谓"蒙古高原系"人种混合,成为中国人种构成中之一新的要素。夫中国史前人种中,可能有南洋人种之血统,惟在考古学上、人类学上尚无良好之证明。蔚氏云:"R. Maglion 把海丰出土的新石器文化遗存,依其出土的小地名,而别为二十一种名称。又依其文化制作技术之发达水准,而别为若干相续发展的阶段。在最早期文化中,有旧石器文化的存在,在最晚期文化中则出现了青铜器乃至铁器。由此足证海丰的史前文化,实代表一个悠久的时代,而且从此也可看出'南太平洋系'的新石器文化之发展的大概过程"云云(二一页)。广东海丰之发掘报告,余虽未尝获读,然据裴文中先生语余曰:"海丰之史前遗迹,实属于新石器时代末期。"其他之证据若云南附近有新石器文化之遗存,四川发现大石环,广东海丰、香港舶辽洲发现石器、陶器,当此等遗迹之年代及性质未解决以前,不能谓其为"南太平洋系"文化,而"南太平洋系"人种之问题更无从证明也。

　　吾人研究史前文化,对其"时间性""地方性"之观念,务须认识清楚。不能因发见一块石器,即谓其相当于西历纪元前若干千年。更不能因发见一片彩陶,即谓其属于仰韶文化。盖新石器时代之结束,迟速不一,如埃及新石器时代之结束,还在西历纪元前五千年左右,而今日南洋群岛之未开化土人中,犹有使用石器者,由此可谓新石器时代之结束,并无一定年限。今再举日本新石器时代之结束时期以为例证,废止石器之使用,日本南部及中部约在西历纪元前后,东北部则在纪元后第七世纪左右,北海道自纪元后第十四世纪迄第十七世纪始逐渐废止,桦太、千岛则在纪元后十七世纪左右(据清野谦次《日本石器时代人类》十三页)。由此观之,以石器为年代标准,危险性甚大。由今日考古学上之知识观之,中国南部之石器文化结束年代,似较迟于中原地方,北部亦然,不能因有石器之发见,遂谓其于远古□有崇高之文化矣。

　　剪氏其他有力之证据,为刻纹陶器。"在南方,最特征的陶器,是一种'刻纹陶器'。陶器上具有精致的浮雕,而浮凸各种形式之几何花纹。此种'刻纹陶器',在海丰史前遗址中,发见最多,香港舶辽洲遗址中,亦有发现。……在中国北部,虽亦偶见刻纹陶,如沙锅屯遗址中曾发现一片,但极为幼稚,当系由南方传入。"(二二页)夫中国陶器之装饰,可分为蓝纹、席纹、绳纹、篦纹、划纹、印纹、刻纹、布纹等,中国北部之史前陶器多属蓝纹、席纹、绳纹。篦纹者于甘肃齐家坪、热河赤峰、辽宁锦西沙锅屯、长山列岛以及朝鲜、日本皆有之。划纹者,山东省龙口史前陶器,周代陶器中亦甚盛行。刻纹者,多见于黑陶。印文者,汉代陶器多用此法。刻纹者为殷墟白陶。布纹者为战国以后之瓦等。据剪氏之解释及吾人之知识,剪氏所谓之刻纹乃系印文之讹,其年代约在周汉之间。至于剪氏所谓沙锅屯之刻纹陶器,乃系绳纹陶器之误。剪氏又称:"在南方的史前陶器中,已有釉彩陶的出现。"(二二页)实则此彩陶之年代恐亦大有问题也。(据裴文中先生之意见,谓广东海丰之彩陶,仅早于周汉。)

四

中国史前考古之发掘仍不充分,故欲为之编年甚感困难。安特生(J.G. Andersson)氏民国十三年于甘肃考古后,发表一种分期编年如左,并谓其为由新石器时代末期迄金石并用之遗迹。

齐家期　　3500——3200B.C.

仰韶期　　3200——2900B.C.

马厂期　　2900——2600B.C.

辛店期　　2600——2300B.C.

寺洼期　　2300——2000B.C.

沙井期　　2000——1700B.C.

自此分期发表后,颇为治中国史前史者所采用,然日后安氏发见于沙井期遗物中有斯基泰(Scythian)文化存在,遂将沙井期之年代改订为纪元前六〇〇年——一〇〇年。至于仰韶期之年代,各家说法不一,O. Menghin 氏谓为纪元前二〇〇〇年,李济氏谓为纪元前一八〇〇年以前,徐中舒氏谓为纪元前约二二〇〇——一八〇〇年,董作宾氏谓为纪元前二千年以前,梁思永氏谓为纪元前二六〇〇——二三〇〇年。众说纷纭,莫衷一是。总之,安氏所定之史前编年,除沙井期外其他之年代皆有问题也。

翦氏于书中亦颇怀疑安氏之说曰:"我以为安氏这种年代推定,大有问题,因为把每一文化期,平均为三百年,殊少充分之理由。根据人类文化发展的原理,愈古的文化期,所占的时间愈长。其时间上的差度,有时一倍、数倍,乃至数十倍,因而决不能以三百年之平均数字,推定此等史前文化所占领的时间。我们在时代的关系上可以确说的,只是甘肃出土的史前文化之最晚期的文化,亦较殷代的文化为古。至于甘肃最早的新石器文化,究竟起于历史上之若干年代,在今日实无推定之可能。"(九二页)然翦氏于附表四谓齐家期之年代为纪元前九〇〇〇——六〇〇〇年,仰韶期、马厂期之年代为纪元前六〇〇〇——四〇〇〇年，辛店期、寺洼期、沙井期之年代为纪元前四〇〇〇———一七〇〇年，蔚氏亦未述明其决定年代之理由，吾人诚难知其究何所根据也。

　　安氏之分期及其所定之年代，虽为大部人士所采用，然自今日考古学上之知识观之，则可怀疑之处颇多，虽无新发掘之证明，而其渐呈动摇，已为不可否认之事实。例如新石器时代末期齐家期之年代，安氏定为纪元前三五〇〇———三〇〇〇年，然安氏之证据仅为仰韶期之彩陶破片，为散见于齐家坪文化层之上部。然所发见之彩陶片，领部绘有细长之三角纹，与沙井期之彩陶甚为相似。□纹陶片上有似模仿自金属制之钉头印存在。再者安氏近著（"Researches into the Prehistory of the Chinese", *Museum Far Eastern Antqiuities*, *Bull*. No.15，1943)中，安氏所列举之甘肃齐家期之陶器中，有一异形陶器似模仿自铜壶。由以之诸点观之，则齐家期之年代恐有降至周汉之可能，即使余所举诸点不能成立，而齐家期之年代亦决不能超过纪元前三五〇〇年。然则蔚氏谓齐家期为野蛮下期（新石器时代初期）年代为纪元前九〇〇〇———六〇〇〇年，未知蔚氏有何种根据而作如是推定？夫史前编年之推定，须根据实物，并非根据想象即可以解决者。安氏之分期与编年，虽未尽能令人满意，若根据之尚无大失，于一九四三年安氏又重订其前说，而谓齐家期之绝对年代为纪元前二五〇〇———二二〇〇年也。对其他各期之年代亦皆行降低，此说虽未为世人所周知，然颇值注意也。

　　除齐家期外，对蔚氏其他五期之编年亦皆不可从。要之安氏所分之五期，非若蔚氏所谓之野蛮下期（新石器时代初期）、野蛮中期（新石器时代中期）、野蛮上期（新石器时代末期），而为新石器时代末期迄铜器时代之遗迹。

　　再者"只是甘肃出土史前文化之最晚期的文化，亦较殷代的文化为古"（九二页）。若蔚氏根据安氏之初说，尚非其本身之错误，然安氏因于沙井期中有斯基泰遗物之存在，乃将沙井期之年代推迟一千年为纪元前六〇〇———一〇〇年。此说李济氏及梁思永氏皆尝引用，蔚氏不能不知，然所以坚持在殷商以前者，想为受吕振羽氏之影响。吕氏甚反对安氏重订之说（《史前期中国社会研究》，二八九页），然斯基泰文化于纪元前六〇〇年左右已侵入中国，于考古学上为绝无疑问之事实，沙井期之铜镞亦确为斯基泰式者，若不能推翻斯基泰文化，则安氏重订之沙井期年代恐亦不易推翻也。

五

彩陶文化为中国史前文化之一重要关键，自安特生氏于河南省渑池县仰韶村发见以来，遂将持有此种文化者谓之曰仰韶文化。关于其年代各家之说法已如前述，自此以后遂发生一种共同之错误观念，即无论于何地发见一片彩陶，即谓其属于仰韶文化，而谓其绝对年代为西历纪元前二千余年以前。此种错误观念务须矫正，而需认清其时间性与地方性。中国彩陶文化之发生，西方学者多谓其由西方传来，中国学者则多谓其发源于河南省。此问题之解决，尚待将来之发掘工作，目前尚难断言。翦氏云："诸羌与诸夏，同为夏族之苗裔，他们创造了以鼎鬲与彩陶为特征的新石器文化。"（八二页）又云："彩陶文化之由甘肃东播于河南。"（一〇八页）则翦氏之意见，似以中国彩陶发源于甘肃，然并未举出其证据。翦氏并云："在中国发现于仰韶与马厂两文化期遗址的艺术品，正是属于'尧''舜''禹'时代（氏族社会中期）的艺术。"（一五〇页）"当'夏族'的彩陶与鼎鬲文化，风靡于中国西北的时候，殷族的黑陶与卜骨文化，亦掩袭于中国的东北。"（九〇页）"因为'夏族'的东徙，遂使仰韶文化，远播山东。"（八六页）因翦氏所知之彩陶产地，仅为甘肃、青海、山西、河南等地（八二页），故易于敷会为尧、舜、禹时代器物，并谓辛店期属于夏代初期（一一一页），寺洼期属于夏代中期（一一二页），沙井期属于夏代晚期（一一三页），至于其他之产地，除广东海丰外，则殆未有所言及。今以所仅知之彩陶产地例举于左以供参考：

新疆省：吐鲁番、哈密、且末。

青海省：碾伯、西宁、贵德。

甘肃省：洮沙、宁定、狄道、□□。

陕西省：横山、府谷、宝鸡。

山西省：夏县、万泉、□□州。

河南省：渑池、河阴、安阳、濬县。

热河省：赤峰、林西、大庙、朝阳、凌源、承德。

辽宁省：锦西、抚顺、貔子窝、长山列岛、普兰店、望海埚、金洲、大连、旅顺。

广东省：海丰。

其他：朝鲜之雄基、京城、台湾（尝闻发见彩陶，惟未获见报告）。

以上各地之彩陶，其年代当然不能一致，故不能谓其皆为仰韶文化，亦不能谓其皆属于夏族文化。

鼎、鬲于中国史前文化中，亦为一重要之问题。盖鼎、鬲为中国民族特有之文化，凡遗迹中有鼎、鬲之发见，即可知其尝受汉民族文化之影响。翦氏云："诸羌与诸夏，同为夏族之苗裔，他们创造了以鼎鬲与彩陶为特征的新石器文化。"（八二页）则翦氏承认鼎鬲与彩陶同为夏族文化。

然对鼎、鬲之发生，及鼎与鬲之关系等并未言及。翦氏云："当夏族的彩陶与鼎鬲文化，风靡于西北的时候。殷族的黑陶与卜骨文化，亦掩袭于中国的东北。"（九○页）"如鼎鬲文化之西播于甘肃，东播于山东，彩陶文化之由甘肃东播于河南。"（一○八页）等诸理由并未述明。要之翦氏承认彩陶与鼎、鬲为一种文化。安特生氏于一九二三年，以为不召塞与仰韶村所代表之时间及文化相同，故读其《中华之远古文化》者多误解鬲为彩陶文化之产物，安氏每称"河南诸遗址"或"仰韶时期"，始终未将不召塞及仰韶村分述之。裴文中先生之意见以为："鼎鬲等出现于仰韶村，非其原有（彩陶）文化之产物，而为受他种（黑陶）文化影响之结果。"（《中国黑陶文化概说》，《中国学报》第三卷第三期）先生并有《论中国古代之陶鬲陶鼎》一文，近将发表，当有为详细之讨论。总之，鼎、鬲之产生，似较迟于彩陶文化，若仔细读安氏之《中华之远古文化》，则发觉除不召塞外，仰韶村之陶鬲甚为稀少，至于不召塞安氏于一九四三年亦承认其较迟于仰韶村。

甘肃省诸遗迹中，陶鬲于早期中亦颇少。安氏云："甘肃仰韶期之陶器，其与河南异者，为单位之粗陶器极不丰富，而陶鬲、陶鼎之属则付阙如，但无论如何，此种陶器非常之稀少也。"（《甘肃考古记》，十页）其他如李济氏于山西西阴村之发掘,无陶鬲之存在。董光忠氏于山西荆村之发掘,彩陶遗址中之陶鼎为黑陶。徐旭生氏于陕西斗鸡台之发掘,陶鬲在仰韶文化层之上部。由此可证陶鬲恐非彩陶文化之产物。再尚有一良好之证明,即日人滨田耕作氏于热河赤峰红山后之发掘,发见两期文化,第一期为彩陶文化,第二期为红陶文化。于第二期之红陶文化中,出现甚多之陶鬲,而于第一期之彩陶文化中,则绝无陶鬲之存在,由此可益为证明陶鬲非彩陶文化之产物。则翦氏谓夏族云:"他们创造了以鼎鬲与彩陶为特征的新石器文化"之说,恐亦不能成立也。

六

中国北部于史前时代,除彩陶文化外尚有一特殊之文化,即细石器文化(Microlithic Culture)代表之工业为一种细小精制的石器。其年代据裴文中先生之意见"约为中石器时代至新石器时代末期及我国历史上的古时期(商周或商周以后)"。(《中国史的文化之传布及混合》,《大公报·文史》第十一期)其分布地域,东自朝鲜北部,沿长城地带,西迄新疆,占据我国之北部向南传布,东北方面迄于铁岭,华北方面迄于长城附近,与黄河流域文化接触,形成一种混合文化。此种混合文化于长城附近,形成犬齿交错,互相出入之现象,最好之例证即为锦西二沙锅屯与赤峰红山后。

如上所述,细石器文化于中国史前史中,实占一重要之位置。而翦氏对其则毫无一字言及,不能不谓翦氏书中之缺点也。如氏谓"如水洞沟的文化,大半都是带着奥利那的特征。在沙锅屯文化中,也曾发现类似'梭留特式'的石矛(《沙锅屯洞穴层》,第六版,第四图)。此外在山顶洞文化中,也有不少类似奥利那期及梭留特期的文化遗物。由此足证这一时代之初期的文化,在中国也曾存在过的,假使继续从地下搜求,必能有更多之发现"(三九页)。于安特生氏发见沙锅屯文化之当时,尚无细石器文化之名词,故氏谓:"系制后复经修凿者,其形与奥斯榜氏在《旧石器时代人类考》中所绘之穆斯特力期之石锥颇相似,惟较小耳。"(《奉天锦西县沙锅屯洞穴层》,五页)惟安氏对其并未加以肯定,而于翦氏书中则似视其为旧石器,沙锅屯遗址为新石器时代末期之遗迹已无疑问,若果如翦氏所言,则其年代恐不易解释。再者此器长仅寸余,原图亦按原物大小,翦氏谓其为石矛,若为石矛则此器不能如此细小,则石矛名称亦当不能成立。

翦氏对存在于中国北部之细石器文化未尝言及,反对沙锅屯之细石器未能与以解释,则吾人不能过于指摘。惟翦氏谓沙锅屯之细石器及磨石器为尧、舜、禹时代的石器(一○四页),而又谓沙锅屯出土之石盘、石环、石珠、兽骨雕刻物、陶制人像等为夏代之艺术品(一五四页)。虽时间相去不远,然已有前后之别,根据何种理由,翦氏尽未解释。

七

黑陶文化亦为中国史前文化之一重要关键。然吾人对黑陶之定义亦需认识清楚,黑陶包括"标准黑陶",即陶器之表里漆黑,其薄如蛋壳,表面有光亮者;及"黑色陶",表里色黑,陶壁之心色灰(或黄或红),表面亦有光亮。吾人谓黑陶当以标准黑陶为限,此种标准黑陶尝大量发见于城子崖,故谓之曰黑陶文化,曾为新石器时代末期(龙山期)居于山东半岛之史前人类大量使用,其分布地域亦甚广泛。翦氏对黑陶之性质及特征,毫末加以说明,谓:"而在同时中国之西北,则为彩陶,在中国之东北,则为黑陶。"(二二页)又云:"以周口店一带为出发点而东徙之殷族,到这一时代的初期,已分布于今日之渤海沿岸,他们在渤海南北,留下了不少的文化遗存。(注六)这种文化是以黑陶与卜骨为其特征。注六:新石器时代的文化遗址之发现于渤海沿岸者,在山东有济南的城子崖,有黄县的龙口,在辽宁者有锦西的沙锅屯,有旅顺的老铁山、郭家屯,大连的傅家庄柳树屯及抚顺等处。"翦氏不惟对黑陶本身之性质未曾分析清楚,即对分布地域亦多误解,以为凡在渤海沿岸者皆为黑陶文化遗址,今试指摘其误谬。山东省之黑陶文化遗址除城子崖外,尚有藤县、临淄、两城镇、青岛等处。至于龙口之遗址,由鸟居龙藏发见褐色陶器及打制石器,余对此项遗物尝做详细之观察,其中绝无黑陶之存在,先生之报告已在整理中,不日即可发表。沙锅屯之黑灰色陶器为细石器文化之代表物,绝非黑陶,抚顺者亦非黑陶,所谓标准黑陶于东北仅辽东半岛有少许之分布。翦氏又云:"就今日已发现之黑陶文化及卜骨文化之遗址而论,其分布区域,大概以山东半岛及河南东部为中心,北延及于辽东半岛,西播止于洹水及淇水流域。至于中国西北部之仰韶文化遗址中,则至今毫无痕迹可寻。由此而知此种文化,实为与'夏族'之彩陶与鼎鬲文化东西对峙之一个独立的文化系统。"(一六五页)然实际上于河南西部之仰韶、不召寨、山西之西阴村、万泉及浙江之良渚、金山卫、太湖附近等地皆有黑陶文化之存在,虽梁思永氏于后冈之发掘为白陶、黑陶、彩陶之上中下三层,然安特生氏谓于仰韶彩陶与黑陶混合于同一地层中,而鸟居先生之经验,则谓山西省之彩陶与黑陶亦混杂于同一文化层中,则翦氏所谓"东西对峙之一个独立的文化系统",当亦不能成立也。

八

翦氏于书中附以甚多之插图、地图、年表等,此举于国内著作中极为稀见,此诚为翦氏之卓见也。然不幸者,书中所附载之插图间有错误,影响全书至巨,今指摘之以供参考。

翦氏谓:"插图四'有巢氏'时代(蒙昧下期)的燧石器,周口店山洞发现之最原始的燧石器。"(二七页)此图误以山顶洞(旧石器时代末期)之石器为北京人(旧石器时代初期)的使用者,其间相去数十万年,安可混为一谈。其他各图殆皆注有采自何书,此图则未尝注明,而翦氏所谓伏羲氏时代(蒙昧上期)即旧石器时代末期之遗物插图,皆注明采自《周口店山顶洞文化》,而翦氏所谓周口店山洞发现之最原始的燧石器,亦见于裴文中先生所著《周口店山顶洞文化》(插图二、六),此恐系翦氏之无心错误,亦为必需更正者也。

翦氏对甘肃省各期之遗址,山西省西阴村,辽宁省沙锅屯等地所出土之遗物插图皆附以详细之说明,并注明采自何书。而于插图二七、二八、二九、三十,则未注明采取何书及其产地,由此点即使本书减色不少,何况尚有错误。

因翦氏未注明产地之故,致生出极大之错误。如"插图二七夏代彩陶上的几何花纹图案之一(见阿恩《河南石器时代之着色陶器》及巴尔姆格之《半山及马厂期赙葬陶器》)"(一五二页),余初睹此图所举之七片彩陶即甚为怀疑,因其既不似河南者又不似甘肃者,而与近东者相似。急取《河南石器时代之着色陶器》(插图五二—六、五九、六〇)对照之,乃悉此七片彩陶原产于苏萨附近之帖钵摸囊之遗迹中(原书二〇页,英文二四—二五页)。又"插图二八夏代彩陶上的几何花纹图案之二"(一五二页)所举之六片彩陶亦甚可疑,余亦于《河南石器时代之着色陶器》(插图三二—六、五七)觅得之。其中五片为近东阜路芝斯坦若布所发见者(原书十六页,英文二〇页),其他一片则为苏萨附近帖钵摸囊所出土者(见前)。何故翦氏谓近东之彩陶为夏代之彩陶,则吾人须想象其原因,翦氏当然不能视近东为夏族之遗址,可能误认其为河南所产者。因"插图十九夏代彩陶上的植物花纹"为河南秦王寨所出者(《河南石器时代之着色陶器》,第九版三二,第十版三六、三七),可能为翦氏未曾详读原书,以为既名为"河南石器时代之着色陶器",则录诸图当皆为河南所产者,遂致生此错误。惟翦氏独于此数图未注明其产地,则又似故意如此者。想翦氏必有卓见,惟未曾解释,则吾人亦无从获知也。再者"插图三〇夏代彩陶上的动物花纹"(一五三页)一为辛店期之彩陶瓮,一为绘有犬纹之彩陶钵,此钵由其花纹形式上已可知其非中国所产,余亦于《河南石器时代之着色彩陶》(插图四六)觅得之,此器为苏萨所产(原书十九页,英文二三页)。于翦氏书中此器既与甘肃辛店期之彩陶□共列,当系误认其甘肃所产者,或亦系故意如此也。

再者尚有一错误亟需更正者,如于桑志华(E. Licent)神父于书中既未注明原文,而又前后矛盾,前作李生特(十一页),后作桑志华(三七页),极易使读者视其为二人。因桑志华为其汉名,当以后者为是。

九

抗战期间,参考书籍之搜求极属不易,而翦氏能有如斯巨著出版(第二卷秦汉史亦同时出版),诚具超人之精力,实为吾人所当钦佩。惜史前考古之资料,翦氏所见者极少,且迄今尚无一本中国史前史可供参考,翦氏既非专家,则间出错误,诚在所难免。评者因鉴于作者,每因片言之失,而致贻误全局,实属可惜。故不惮辞费,将其较重要者,为其指出,以供商榷,而于作治史之精神,则殊为钦佩也。

史前部分,似为作者精力所瘁,故评论亦以此为限,至于殷周部分,则作者所论甚略,且错误益多。如引《尚书》而不明今文与伪古文之分,引《竹书记年》而不知之别,周赧王避债之事首见于《汉书》而作者却引《通志》,足见作者于旧史料益属隔膜,置之不论可矣。

(《益世报》1947 年 2 月 25 日,第 3 版)

读翦著《中国史纲》第一卷后

蒋　钟

　　我国的历史文献数量之大，为各国之冠。一部廿五史，就有三千多卷，正史以外的诸史，如六经、诸子百家等有史料价值的作品，更是浩若烟海，千百倍于正史，其繁复足以使学者穷毕生精力，莫着涯际。可是廿五史非出于一人之手，形成的时间先先后后千余年，其叙述方法均以断代史中特出的个人为中心，基于各作者的环境不同，观点不一，于是前后矛盾之处，举不胜举。同写一人，可是在此人未成功时为叛逆，暴虐残酷，上台后竟变为神圣，《明史》中的燕王棣就是最好例子。同叙一事，但也因为事者身份不同而评价互异，皇帝荒淫无道，不顾民命无所谓，但老百姓不甘压迫，反抗暴政，却成为万恶的匪徒寇贼。一般正统史家，恨不得将张献忠、李自成打下十八层地狱。此外更有不少史官，不学无术，作不出写不好，于是只得抄袭或甚至全部"重印"别人的作品。如《汉书》之部分抄自《史记》，《南史》中宋齐梁陈书全部重复于《北史》中之魏齐周隋书，又若《新唐书》之于《旧唐书》、《新五代史》之于《旧五代史》全是如此。所以要想从这样不可靠而散乱的廿五史中去认清中国历史的真面貌，简直不可能。虽然非正史的文献里有不少未经窜改的宝贵史料，但也因太零碎支离而不能起作用，假如不用新方法，只花很多时间去背诵，不可以有收获，有，也只是增加一点所谓"渊博"而已，并没更大价值。因为那只是堆砌着死去已久的，对我们毫无关系的古人的事情。可是，我们不否认人类对生活的实践就是历史，也就因为历史是人类生活的实践，所以真正的历史科学应该是真实的记载人类的生活实践情形及其发展过程，特别是找出它发展的规律，并由此抽出原理原则，进一步的去指出历史未来的途径,加强人类实践的一种科学,它是有指导性的积极的东西。但是旧的历史文献没有这种效能,若不加以科学的扬弃、整理、分类的话,这多值得眩耀的"国粹"史料,也只是一堆堆的字纸而已。

似乎无例外,历史上所有的帝王,以及他们的扈从者,全是想永远统治"天下",将"天下"占为己有,也就是说要一切均属于帝王,尤其是传诸后代的历史书籍,审查得特别严密,定得适合于他们的帝王本位同专制的政策。他们不吝以重典来维系他,触犯者,就是不能配合帝王脾胃的作家们,轻则下狱,重则杀身,甚至灭九族。但是帝王们也不愿意有扼杀历史的罪名,可是又不允许替人民说话,于是蓄养了一批专门治史的官吏。在这批御用的史家笔下帝王们都成了天人,全是尽美尽善的人格。"食君禄,报君恩"的奴才作风最为提倡,完全忽略了广大的人民群众的力量,根本也看不见人民群众的力量。可是真正创造历史的,并不是几个特出的个人英雄,更不是帝王,而是在不断的劳作斗争中的群众,旧的正统历史家忽略了也抹杀了这主要因素,这给了帝国主义的作家们歪曲史实的方便。为了加强帝国主义者的侵略理论基础,于是,在这群历史学者的笔下,中国成了一个永远不会自动进展的落后社会,帝国主义的侵略只是促进中国社会进步而已,甚至不惜荒谬地说中国民族起源于外国。既是外来,中国人就该做外人的子孙,听受外人的剥削压迫!帝国主义者在这错误到极点的理论基础,加强了他们的侵略。可是今天正是民族解放的时代,也正是人民翻身的时代,反封建反帝国主义胜利的时代,我们需要有我们自己的历史,需要有一部完整的、有体系的正确的历史著作。虽然,现代已有不少学者注意及此,可是现有的几本历史著作中,除了极少的部分是用新的科学方法写作外,大部还是只做到旧史料的汇编整理之地步,并未能更进一步的升华,抽出历史发展的原则,配合此发展,积极指导历史正当的步骤,加强广大人民实践的,所以无论从历史的本身来讲,或时代的需要来讲,都应有一部伟大的,有完整体系,站在人民立场用科学方法写作的历史著作。我们庆幸,翦伯赞先生的《中国史纲》就在这前提下,"顺天应人",划时代地出现在历史领域中,它不但填补了历史的空白,也同时启示了光明的前程。尤其是使我们无上钦佩的翦先生能不受动乱的战事影响,沉着的写作，使《中国史纲》第一卷在民族解放的战争中出版，第二卷在这胜利的时日中出版，此后将第三卷、第四卷、第五卷、第六卷……一直出到第九卷，将陆续的脱稿。现在我们就来看这本巨著的第一卷。

"这本书，上起开天辟地，下迄殷周之世，其所论述的范围，是秦以前的中国古史"（《中国史纲》第一卷序，第一页），这段古史，一向是因为文献不足而被轻描淡写，尤其是殷以前这段史前史，更是光怪陆离，神话充溢，见不到一点真面貌。旧的历史方法除了知道用文字记述作史料外，更不知有其他方法。但是文字出现在人类的场合中，成为人类的工具不过千余年光景，可是人类出现在地球上何啻几十万年之久，难道除了有文字记述的时间外，剩下几十万年就没有历史吗？决不是，今日之文明非天上掉下来，更非上帝替人类给安排的，是我们亿万代祖先在不断的艰苦为生活斗争中创造的，今日的文化正是几千万代文化的集垒。譬如仅仅的由禽兽中分出，我们伟大的人类祖先已作了无数次的斗争、牺牲才能站立，用手，用工具，用语言。这都是人类文化之基础，可是这多伟大的摆脱朦昧而作的种种奋斗情形，在文献中却完全没有。由于近代考古学的发掘，这一段埋没的历史过程已逐渐生光了。常识的判断，发掘出之具体的生活资料，如工具、骨件等，是比一切文献更有价值的，因为它是一点也没染有主观的成分，纯客观的代表着古代文化出现的，更正确更实在，足以充分而又具体的说出那时人民实践生活的情形。可惜这宝贵的史料，未为一般所谓"正统"史学家所注意，他们依然是盲目的追随神话，或一概抹杀的不谈古史。虽然近来郭沫若先生首先注意及此而加以应用，并且写出了《中国古代社会研究》，但由于初创，未能尽量发挥应用，所以也只起了倡导作用。此后吕振羽先生及吴泽先生在《史前期中国社会》及《中国原始社会史》及《中国古代史》（吴泽著，已脱稿，尚未付印）中，有了更大的成就，更深入到地质学及人类学中去考据，但吕振羽先生及吴泽先生只是断代地刻画了那时之面貌，尚未应用到整个体系中去。所以我们可以说翦先生本书的对史前史的贡献是集各家大成者，他应用了地质学、古生物学、人类学、考古学、民俗学一切的成果来对这段遥远的太古时代，加以正确的说明，并且把它系统的放在全盘的中国史中。这是翦先生最大的贡献，尤其是他不但没有抹杀旧的神话传说,并且加以整理,授予了科学的根据,"有巢氏"、"燧人氏"、"伏羲氏"不再是几个神话似的英雄了,而有科学的根据了,"古者禽兽多而人民少,于是民皆巢居以避之……故命之曰有巢氏之民"(《庄子·盗跖》篇),"燧人氏钻木取火,以化腥臊"(《韩非子》),以及出土的工具,世界的文化发展情形分成了:"有巢氏时代=中国的下期旧石器文化与原始采集经济"、"燧人氏时代=中国的中期旧石器文化与采集狩猎经济"、"伏羲氏时代=中国上期旧石器文化与采集狩猎经济之发展"三个时代,适当又具体的指出当时的经济构造以及社会的生产关系与家族关系,然后加以生动活泼的描写。这是超越一切历史书籍独到之处,使我们折服翦先生的文艺天才。他不但是一个文艺的描述者,同时又是个科学的批判家。在探讨中国的人种起源时,他将种种的考古发掘报告以及世界人类演变情形作了精细的研究后,指出了北京猿人就是中国人的原始祖先,并且说:"'北京猿人'的发现,就无异是中国人种起源于中国的一个宣告,因而对于中国人种'外来说'是一个现实的批判"(《中国史纲》第一卷,九页),于是一批"月亮是外国的好"甘作"外来"人子孙的学者受了无情的打击。翦先生不但确立了中国人种起源于"本土说",并且更进一步的将人种起源与民族分布加以贯穿联系,一向是空着像谜似的问题解决了,"……这样一个变革的结果,于是过去中国的原始人群之'伊甸乐园',现在已一变而为万里奇穷的沙漠之地了。为了求生,生活于蒙古高原的原始人群,不能不离开他们住了几十万年的故乡,走向新的世界……流浪于内海东南的原始人群,在这一时代,仍然继续向河北平原的北部移徙……至少已扩展到周口店东南二百公里以外之渤海沿岸。这一支走向渤海沿岸之旧石器末期的人群,就是后来渤海沿岸新石器文化创造者的祖先,亦即后来殷族的祖先。流浪于内海东北的原始人群……这就是中国史上所谓'东夷'的祖先。流浪于内海西南鄂尔多斯一带的原始人群,到这一时代,也有一个新的迁徙……是为后来传说中的'东夏'之祖先……'西夏'之祖先。'东夏'后来又分化为'诸夏'……'西夏'后来又分化为'诸羌'……流浪于内海西岸阿尔泰东麓一带的原始人群……便是后来新疆一带新石器文化的创造者,亦即有史以后的'西域诸种族'的祖先……还有一部分则始终徊徘于这个荒废了的故乡,是为后来中国史上所谓'北狄'的祖先。由于这样一个四方八面的大迁徙,于是'北京猿人'的族类,便布满了中国的北部,而中国历史活动的范围,也就获得了广大的扩张。"(《中国史纲》第一卷,十六页至十八页)这叙述多扼要明了,它给了我们一个深刻、易了解人类起源同民族分布的鲜明轮廓。此外,翦先生还提出了一个崭新的意见,说:"……蒙昧晚期之末,大约与'蒙古高原系'的人类之大迁徙同时,另一个系统的人种从南太平洋出发……向北推进,而达到了中国的南部……成为中国人种构成中之一新的因素。"(同书,十九页)这"南太平洋系"人种是否正确,尚有待历史学家的论证,但翦先生能根据既得的考古报告,做更新的开拓,由此可见翦先生决非仅是史料编纂家,而是一个有卓越眼光、超人天才的创造家、发明家,是历史作者的领域中凸出的人物。

一向的中国历史著作,多半是孤立的去研究中国史,忽略了中国史与世界史的关连性。历史的发展是一源的,这是铁的事实,为了正确的认识中国历史,定得把孤立的中国还原到世界中去,把中国的历史配合着世界的历史去研究。翦先生就做到了这点,他由人类起源起一直到春秋战国止,每阶段都插入了同时的世界形势的叙述,他指出了中国的形势,又同时比较了世界形式,"当春秋战国的封建文化成为东方世界史之动力的时候,希腊的奴隶文化,也在地中海北岸,放出了灿烂的光辉,成为西方世界的历史动力"(同书,三三一页),使得历史有了全盘面貌,特殊形态,并且更具体的给出了各时代的世界地图,使有明显印象。

此外,本书将古代社会划分为:前氏族社会、氏族社会、古代社会与初期封建社会四阶段。在划分的阶段讲,翦先生大致都同意于吕振羽先生与吴泽先生的意见。但翦先生应用了渊博的知识,广泛的史料,更充实了这理论的内容。他用出土的文物,配合了历史的文献给予了新的生力,尤其是大量的应用图表,这方法是非常新颖有力的。我们可以说翦先生这本书开广了历史领域,启示了光明正确的途径。最后我们热盼着《中国史纲》的第三卷、第四卷……第九卷早日出版,奠立中国史尤其是中国通史的新基础。

(《历史社会季刊》创刊号,1947 年 3 月 1 日)

《中国史纲》

余 由

翦伯赞著,生活书店发行。

现在所介绍的《中国史纲》系指第一卷而言,是属于秦以前的古史。翦伯赞氏这部书虽名为史纲,实则是一部大书,全书完成有六卷之巨,第二卷为秦汉史,亦已出版,当另文介绍。

我国一般通史对于古史的论述,不是传统的史料之编撰,就是一般理论之生硬的敷陈,以致不先之于令人昧于历史发展的规律,即先之于令人觉得牵强附会,毫无亲切之感。翦氏的著作系从有关中国历史材料中,引出确定的历史趋势,以体现中国古史的真面目,显然是站在"立"的意义上,把中国古史推进了一大步。

本卷所表现的主要特色约有三端:第一,著作根据考古资料,把历史文献本身系统化,明确指出中国社会从原始公社制通过奴隶制,再通过长期的封建制,以达于现在的状态。第二,在殷周两个不同的社会构成的论述上,对于中国古代社会之谜有合理的解答,特别值得提出的是西周领主经济到春秋战国时代向地主经济转化这一论点。第三,对于向称错综复杂、来踪不明的中国古代民族的分布系统与嬗递发展,有着崭新的一贯说明。现在让我们来看看著者在这几方面的手法。

关于中国社会发展的时代划分问题,是迄未获致妥当解决的古老争论。著者主要以考古学上的发现基础,同时把神话与传说看作一定历史时代的特征,指明"有巢氏""燧人氏""伏牺氏"时代为中国历史的出发点,并定式为前氏族社会。其次把"神农""黄帝""尧""舜""禹"乃至整个"夏代"定式为氏族社会。再次把"殷代"定式为进入最初大分裂的奴隶制度阶段的古代社会。最后则确定"周代"为初期封建社会，并划定西周为领主经济时代，春秋战国为领主经济的转形期。这一社会时代划分与历史家范文澜等著的《中国通史简编》完全吻合。笔者觉得其可贵处还不尽在确立系统的形式，而在对于各个社会时代提供了具体生动的内容。著者运用科学方法，把史料和有关文献严密组织起来，体现出某一时代的社会形态，而不着公式主义的痕迹，使我们看来不仅不与旧有的古史知识相隔膜，且感觉是进一步被引入一种合理化的新境界，很容易因此获得近乎真际品古代社会发展的系统画面。

其次，关于殷周社会性质问题，现在一般历史科学研究者大致都已同意吕振羽氏最先提出的殷代是奴隶社会的结论。翦氏对于这一社会构成论证虽很丰富，但残留下来的问题是：殷代奴隶制若与希腊、罗马时代的典型奴隶制比较，显然有着极大的殊差性，为什么中国奴隶制度发达的程度会远不及希腊、罗马呢？环绕着这一问题的社会条件乃至自然条件的特质是值得讨论的。关于周代，翦氏断定西周为封建领主经济制度，春秋战国时代则向地主经济制度转化。据笔者所知，这一点亦如吕振羽、王亚南诸氏所积极主张，地主经济制度为封建社会提供了集中的经济基础，从而就产生了秦汉的专制集权政治形态。对领主经济与地主经济有明确的理解，是可以克服古史上许多暗礁的。

最末谈到中国古代民族源流问题。著者首先肯定"北京猿人"是我国人种的祖先，然后根据人类学、考古学和地质学的现有知识，对"北京猿人"族类在太古时代的发展加以描述。他认为这种原始人群原聚集在蒙古高原太古大内海周围，到冰河期停止，内海混竭以后，分支流浪，成为后来"殷族""东夷""夏族""诸羌""西域诸种族""靼旦""北狄"之祖先，而总称之为"蒙古高原系"人种。另由出土之新石器文化，判定中国南部的人种不是"蒙古高原系"人种之移殖，而是属于从南太平洋出发，沿马来亚半岛到达中国南部之"南太平洋系"人种；一支到达滇川，为"西南夷"——亦即今日"夷族""苗族"的祖先；一支流入粤桂，为"百越"——亦即今日"猺族""黎族""番族"的祖先。这两大系统人种历经长期战乱，互相混合交流，才渐渐中和起来。这一民族系统的新说明，尽管还有商榷待证的地方，但已找出真正有价值的端绪来，则是不言而喻的。

总之，著者在本书所表现的成就，不仅为中国古史确定了一个完备的系统，而且已赋与有血有肉的内容，使人们感觉到这确实是我们社会发展的历史。作为一部中国通史，这无疑是杰出之作，值得我们向一般学人推荐。

（《国民日报星期增刊》第 1 卷第 9 期，1947 年 7 月 27 日）

侯外庐《中国古代思想学说史》书评

评《中国古代思想学说史》

契　伊

侯外庐著，三十三年六月印行。

侯外庐先生继《中国古典社会史论》之后，又写了一部《中国古代思想学说史》，这是从他对于古代的历史的见解上来把握中国古代思想之发展的一部大著，是值得绍介的。

全书共分十三章。在第一章里面，就把中国古代思想分作三个阶段，由西周的官学到私学，再到子学的思辩，这里已将中国古代思想发展之轮廓与路线明显的道了出来。于是再论到当时学说的主潮——孔墨，和反主潮的老庄，以及后来儒墨两家思想之发展，最后归结到怎样由中国古代思想的综合者荀卿的思想而演变出法家的思想来。末论屈原的思想。从目次上看，古代思想发展程序是非常明白的。

西周□为官学时代，这是大家所一致公认的，然而很少人道出其中的秘密，为什么西周是官学的呢？侯先生第一次把这道理明白地说了出来。这是因为西周自建城市国家以来，"是以'氏所以别贵贱'做城市与农村的纽带。社会的分工，首先是基于过时的氏族传统之遗制，即一种人类是以血缘结合的公子公孙，另一种人类是以血缘结合的黎民顽民，在古文献的术语讲求，即所谓君子与小人。在这一社会分工的前提之下，事业家和观念家是没有分裂的存在条件，因此，'政教合一'，观念的东西亦是专式的，所谓'学在官府'。"（见第一章）其后由官学到私学，在侯先生看来，这是在"氏族范篱与鸿沟向'国民'的地域性转化过程中，意识界当亦必然趋于分裂"（见同前）的结果。

由官学到私学，平日一般写中国古代思想史者，首先论述老子的思想。在我看来,这种写法,不仅缺乏辨伪的知识,不明了老子的思想产生于何时,而受了司马迁一般人的影响,以为孔子曾问礼于老子,老子应在孔子的前面,是孔子思想的前导,并且还不明了中国古代思想发展的程序,和当时思想的主潮的所在。侯先生在这一点上就作了有力的批判,除在第一章里就说明老子的思想是产生于战国中叶,不能把它作为私学的起源以外,并把孔墨两家作为当时思想的两大派,是当时思想的主潮,我以为这是非常正确的见解。

至于孔墨为什么都成为当时的显学? 在侯先生看来,因"孔墨的思想路线,在于追求当时社会内容与形式的异同,生活内容与古代仪式的矛盾;在于追求人类史上当时'人'之类概念的异同,'仁与不仁''易与不易'相反的解答;在于追求人类头顶上天道和人道生活的异同,意志天与思想人的正反。这正是春秋末到战国初的历史发展的古今变迁,反映于思维过程的同异纠葛(消长)"(见第六章)又谓:"孔子批评了春秋的仪式社会,暴露了客观的悲剧矛盾,墨子与孔子时代相接,描写了战国初年贵族生活的腐朽,贵族政治的没落,否定了古代仪式,攻击了社会的现实。显学之显学,是有优良传统的。"(见同前)这已分别道出了孔墨成为当时显学的具体所在。知道了这一点,才能知道孔子为什么要"复礼",墨子为什么要"非礼",才知道孔墨之间之互相攻击是为了什么。

侯先生把老子视为战国中叶的思想,是对于孔墨显学批判的思想,这是很卓越的见解。侯先生这样说:"老庄是孔墨显学的批判者,是没有问题的。后人多传说老子与孔子的对话,主要是老子责备孔子,显然是托其人以批评孔子,按传说的故事看来,老子是那样圣者,孔子又是那样恭而敬之听他责骂而唯唯然,没有一句反辩,天下岂有此理的孔子人物?《老子》书名因其伪托,所以没有直接批判孔墨的话,但仔细研究,则针锋相对。孔子责实正名,墨子举行予名,这是一个时代的异变(形式与内容的估定),老子在这样私学建立之时才反对了他们可名之名理,曰'名可名,非常名,无名天地之始,有名万物之母'。孔子尊贤,墨子尚贤,这亦是一个时代的变异,但老子则曰'不尚贤,使民不争'。"(均见第七章)可见老子处处在向孔墨作批判,只是没有题名罢了。

最后论到法家,侯先生把法家韩非思想的渊源分而为三:(一)源于老子,(二)源于墨子,(三)源于荀子。源于老子,因《韩非子》中有《解老》《喻老》诸篇,并且韩非的自然人道观,先王的否定论与仁义无是非论,均表示他受老子的影响很深。其源于荀子,韩非本荀子的学生,法治思想实渊源于他,殆无疑义。至说韩非思想一部分渊于墨子,则为侯先生的创见。侯先生说:"墨子《尚贤》与《非命》二篇,在理论上同情了国民的新人类,而主张赖劳力以生,反对了旧氏族的'非所学而能'之'面目姣好'者所谓'亲戚',而到了法家,以'尽地力'出发,倡为'利民荫,便众庶'之道,实践上则和氏族贵人形成所谓'不可两立'的政治矛盾。"(见第十二章)这样说来,墨家所给予的影响是相当深的。

本书的特色与创见甚多,以上只是介绍一个大略而已。至若本书立论之严整,则适如著者在自序里所说的:"过去研究中国思想史者有许多缺点,有因爱好某一学派而个人是非其间者,有以古人名词术语而附会于现代科学为能事者,有以思想形式之接近而比拟西欧学说,从而夸张中国文化者,有以历史发展的社会成分,轻易为古代人描画脸谱者,有以研究重点不同,执其一偏而概论全般思想发展的脉络者,有以主观主张而托古以为重言者,凡此皆失科学研究的态度。"本书的确无此蔽病,确是学者研究的谨严态度。最令人特别满意的,是在全书中处处能于历史的秘密深处,把烟雾迷漫的古名古语揭开,解答了历史最辣手的问题。侯先生治学修养之深,以及由其学力所能驾驭的理论运用手法,是可以从本书中看出来的,因此,这本书是可以称为近代著作中的一本模范读物。

此文不过介绍了本书的几点大意,至于详明评介,有待专题研究。这里,我个人不但希望侯先生的《中国近世思想史》早日出版,而且深深期待他能够把中国中古思想史亦早日完成,使我们有一部完整的学说史参考!

(《新华日报》1944 年 10 月 16 日,第 4 版)

《中国古代思想学说史》

佚 名

侯外庐著,三十三年六月重庆文风书局出版,八加三三八页,定价熟料纸本一八〇元,生料纸本一二〇元。

是书所指古代,上起殷商,下迄战国之末。书分十三章,第一章"中国古代思想底三阶段",为全书绪论。著者谓中国古代思想之发展递变,可分三阶段:第一阶段学在官府,官学内容即后来所称之"经"。所谓经者,未必书于简册。著者又同意钱穆君诗书类别之说,谓诗言其体、礼乐言其用。第二阶段为《诗》《书》传授,又名显学的阶段。显学派别有孔墨两家。由其对天地之观念,断定老子之书较为后起。第三阶段为私人撰著,又名百家争鸣的阶段。百家大别有儒家孟、荀,后期墨家,形上学家老庄,名家与法家。第二章以后,为依此三阶段而分之分论。

第二章论殷代历法与下中之意识,第三章论周人思想。著者创为"国有思想"一词,谓国有即土地为氏族贵族所有。土地国有、宗法制度、学在官府,为西周之三特征。第四章论周人思想之第一次变迁,即"共和"以后之周,当时社会之情状多见于《三百篇》中之诉说。以上为著者所称第一阶段之古代思想。第五六两章论孔墨两家知识论之特点与两家学说体系之异同。以上为所称第二阶段之古代思想。第七章论老庄学说,第八章论思孟儒学,第九章论后期墨学,第十章论诡辩学者。著者谓名家为老庄支派而非别墨。谓中国论理学思想,在名家最为发达,尚不免对人生哲学有从属关系(页二五三)。第十一章论荀子,谓为中国古代思想的综合者。第十二章论韩非。第十三章附论屈原。以上为所称第三阶段之古代思想。

侯君是书大体以时代先后为论叙次第。惟较后起之老庄学派,叙次在思孟以前,则又不尽然也。侯君书中多驳近人学说,于梁启超、胡适、冯友兰诸氏尤甚。但侯君之说,似乎未有以胜于诸氏。侯君自序谓过去治中国思想史学者有许多缺点,有以古人名词术语附会现代科学为能事者,有以思想形式之接近而比拟西欧学说者,侯君自信无此积习。案前一积习,本书似未能免,而比拟之处又不一而足。其实比拟有助读者之了解,未必是病,要看是否正确与是否不穿凿傅会耳。侯君是书文字艰涩,若能加以芟除整理,当更便于读者。

(《图书季刊》新第 5 卷第 4 期,1944 年 12 月)

思想史研究的新果实
——评侯外庐著《中国古代思想学说史》
纪玄冰

在中国的社会史或思想史的研究上,运用着科学的方法论而从事于论著,是一九二七年以还就已经开始了的工程。但是,当一九四二年侯外庐先生写作他的《中国古代思想学说史》的时期,却正是"学术中国化"工程的伟大发端,因而本书也就属于拓荒期的著作。

历史上一切的拓荒期著作,有一个发乎共同的特点,那就是其学术价值与通俗效果往往发生偏差。这是因为:其一,在学术处女地上拓荒的学者,其自觉的首要任务是解决问题与建立体系,从而他的产品就不能不是专门性质的著作。其二,在拓荒阶段上,旧有语言与外来语言都不能直接使用,往往不得不通过了接种方法,脱胎换骨的驱使着它们,甚至有时还需要另起炉灶的创造新的语言,于是专门的著作又不得不通过新的文体表现出来。

本书出版以来,时常听到"其文难懂"云云的批评,似乎可由上述"拓荒期著作的特点"这一事实中寻得其秘密。在这里,笔者想指出一些自明的标帜:全书充满探索性的口吻,过分慎重的语法,从古籍里提炼出来的范畴性语汇而又随文引用,前后段内部联贯而文字形式间断的叙述体裁,在理智的严肃的论证中忽然跳出被发现的兴奋心情所激动了的诗样的断案,凡此等等,都说明着著者的工程是在拓荒。并且,正由于拓荒的工程占据着全幅的精力与意志,所以也就不可能同时顾及到文字的通俗与说明的周详。关于此点,著者本人似乎也完全知道。请看他说:

我们万不可太重视着梁启超派今文家的写作方法，以言语来动人耳目，而应该特别关心于解决历史的疑难。关于本书……著者委实试着讲我自己的语言。……至于以难懂二字抹煞拙著的评断，我只笑一笑而已。……重在决疑，这是基本的研究……故关于史料的辨伪，书籍的引证，治史方法的究明，以及历史发展（规）律的严格应用，评论古人思想的步步深入，占了主要的篇幅，实在来不及在书里插花……重在通俗，这是教育的工作……我不相信，历史上主要的疑难未决，就能自由其谈，编成有益于青年而无毒素的东西来。（《再版序言》）

单就文字来论，笔者以为，本书在文字方面的过失，不是疏忽，更不是文无根柢，而是由于高度的文字素养与过分忠实于典籍成语的偏好相结合，嫌得过分的简炼。例如：

古典（代）社会氏族贵族的专政，从"乃穆考文王肇国在西土"，"武王嗣文王作邦"，成立了中国的"城市——国家"以来，是以"氏所以别贵贱"做城市与农村的纽带。"（页二）

这一由五十八个字组成的长句，其中包含着《周书》与《金文》的成语的直接引用，以及马恩关于古代社会国家起源理论的文献的无形依据，简炼至此，不论青年的读者，或国学根柢与社会科学素养尚未兼备的成年读者，恐怕都不免发生"难懂"或"读起来太吃力"的感觉。

然而，总括的看来，本书的文字，在一个拓荒期思想史家的专门著作里，似乎甚少值得非议的处所，而且并世的志同道合的学人，也不应斤斤于文字形式而将学术本体置于次要地位。这是因为：拓荒期创造性的专门化著作，只有理论上的敌人才忍心丢开学术本身单从文字方面吹求。《资本论》的著者，在"第二版跋文"中所以不得不为了"文体"特别有所辩明，其意义即渊源于此。在这里，笔者不禁要引用周知的名句来结束这一问题："走自己的路吧，不要管别人说的话。"

然则，当作拓荒期的专门著作来看，本书的价值究竟如何呢？据笔者的看法，它是"学术中国化"号召以来，思想史研究上一颗最硕大最肥美的新果实。关于此点，可以分左列三层来证明：

第一层，就解决历史疑难方面来看，本书确有着独创的论断。例如：

（甲）西周以前"学在官府"，私门著作起于春秋而盛于战国，这是从刘向歆父子、章实斋、刘光汉以来的定论，但是却未曾有人揭穿这一思想史的秘密。著者指出，西周所以学在官府，是因为"所有形态的土地关系是国有的"（页三四），春秋战国之际所以完成由官学到私学的转变，则是因为由"土地多元所有"（页一二），"逐渐生长的土地向私有转化"（页一九）。

（乙）关于孔墨异同，著者指出："如果说孔子是以内容为先，形式为后，而复活西周文化，则墨子是以内容高于一切，形式实可唾弃，而发展西周文化。这是孔墨显学争持的要点之一，没有对于时代现实提出解决问题之真实意见，便不会弟子遍天下，为后学所尊。"（页八三）

（丙）关于孔子的知识论，著者指出："孔子论知……都不是纯粹知识的研究，宁可说是君子作人的手段。"（页九五）

（丁）关于墨学衰微，著者指出："原中古经院学派所笺注者为神学，决不能笺注古希腊之自然科学与艺术。后期墨学所发展者乃思惟方法的概念科学，与中古的黑暗愚昧适相反对，注经大师的今古文学之争，争乎神秘的专利者有之，未闻要争科学，争乎超现实的谶纬迷信者有之，未闻要争判断之合乎科学。辩者名学为言语科学，而不是言语符咒，所以中国的注经大师当然要排斥。所谓定一尊，是中外封建的共同精神，而墨学可尊么？"（页二二四）

（戊）关于《墨经》言变化所以与孟庄有别，著者指出："生产者看见麦种变化而为新麦，从木头变化而为轮与鸢，没有一个能想到麦子和木头是无，没有一个否定了他的手。墨学的意识在此。"（页二三六）

据此五例，可证本书对于思想史上诸多久悬未决的疑难，大多数场合都能作出独创的诊断。就这一层来说，本书自有其不朽的价值。

第二层，就建立体系方面来看，本书更有独到之处。这是因为：著者在写作本书以前，即已据其关于"亚细亚"社会性质的独特的创见，完成了他的《中国古代社会史论》，这一"研究中国思想史，当要以中国社会史为基础"的著作程序的本身,就是被科学的方法论所渗透了的缘故。并且,正惟如此,本书遂在古代社会发展的规律支配之下,成了条理缜密的左列的体系:

(甲)由殷末到西周,通过维新路线创出了中国的古代社会。但同时也正因为是"维新"不是"革命",所以古代思想的生产,也就表现为"学在官府"。

(乙)春秋时代,仍然是难以转变性的过渡时代,所以仍以管仲、子产等执政大夫为思想生产者;直到了春秋战国之际,才显示出"学术下私人的痕迹",在孔墨显学对立中,形成了"严密意义的学术史开端"。

(丙)战国时代逐渐生长的郡县制,便是土地向私有转化的运动,这样就出现了不完全典型的古代显族阶段,以不完全的共和而对抗专政,以此为基础,"各为其所欲焉以自为方"的诸子思想,所谓"百家之学"乃沛然莫之能御。至于战国末世,劳动力的再生产成为社会的主要恐慌,逐渐要求生产手段向农村作支配性的转移,凌驾城市,于是学术已经损失了古代思想最好的传统,诸子的理想主义。

这样,畴官贵族的"官学",缙绅先生的"显学",文学之士的"私学",这三个古代思想的顺序阶段,都在亚细亚的古代社会发展规律之下,发乎其所不得不发,止乎其所不得不止,而结成一有机的思想体系。所以就建立体系来说,本书的贡献尤为可贵。

第三层,拓荒期著作,最忌脱离文献学基础而驾空立说,亦忌对于前人业绩"述而不作"。本书则绝无此失。例如:

(甲)时贤的新史学论著,颇有对于清儒考证定论熟视无睹之势,举凡《尧典》《禹贡》《盘庚》《洪范》,以及周知的秦汉伪书,均不惜定为信史,以致授理论的敌人以抹煞轻视的口实。本书则独无此失:于殷末思想,仅以卜辞为据;于周初思想,则只取金文、《周书》及《雅》《颂》,而不滥引所谓"六经"之文,于《易》之"经""传"则只字未用。在这一点上,充分显示出著者高度的文献学造诣。

(乙)于卜辞方面,著者大体以董作宾、郭沫若两专家的研究结论为据,但本书是"接着"董、郭的研究走自己的路,而不是"照着"董、郭的研究走重复的路。这就是说,著者从卜辞中得出的结论完全是自己的新的心得,而与董、郭的结论则不相雷同。此外,关于"老子晚出",是清儒汪中与崔述以来的成说,著者另提新证重为说明,其中最为新颖而有力者,计有左列两则:

> (一)在孔墨的代表著作中,讲"地"的观念,是普遍的以社稷代替,社稷二字……不但不和天对立,而且反是还原于天的人格神。然而,《老子》一书,天地对立的理想则成了家常……这种形而上学的天地观,与其说是发明,毋宁说是战国诸子的同点。(页一〇至一一)

> (二)《老子》一书,没有一个人名与地名,比一切诸子书为最奇怪的地方,这大有作者故意避露马脚之重大嫌疑,然他提到什么左将军名词,则显然看出时代之用语。(页一一)

这样看来,清儒说"老子晚出",著者也说"老子晚出",其"肯定晚出"虽同,其"所以肯定晚出的理由"则不同,本书作为拓荒专著的价值,于此得窥见一斑。

(丙)著者的研究态度,一以把握真理的高级形态为旨皈,对于一切的成说,不苟异亦不苟同。例如郭沫若先生是著者异常敬重的古史专家,但在论到西周的天道观念时,却侃侃而谈的直抒其有异于郭先生的所见:

> 周人的"天命论"即国家起源论,一方面是"天命不僭",他方面又是"天命不于常",都是头头是道,郭沫若氏注意了这个矛盾,他的解释是:"极端尊崇天的说话都是对待殷人或殷的旧时的属国的,而有怀疑天的说话是周人对着自己说的。周人之继承殷人的天的思想是政策上的继承。"(《先秦天道观之进展》)这个分析,颇难成立,姑不论"天命"在《周颂》、"上帝"在《大雅》中毫无对殷人说话的样子,(金文"大丰敦"更云"衣祀于王,丕显考文王,事熹上帝")即以一切唯天命出发而言,亦不仅是政策而已。……周人的这一矛盾是一个两刀论法……"僭""常"同时皆是天命的规定,但是周人亦只进步到这一论断,因为维新是和革命不相同的。(页四三至四四)

从这里,充分透露着拓荒期学者唯知探索真理的精神,同时也适如其分的表现出商量异同的良好态度。

但是,笔者以为,本书似乎仍有应行商量的地方。兹分别叙述如次,希著者与读者予以指教。

第一,本书名为"古代思想史",此"古代"二字自是指"奴隶制社会"而言。同时,著者关于中国古代社会的起讫,认定了是起于西周而终于战国。依此,则本书第二章"殷代的主要意识生产",便不得不发生存废问题。纵令任其存在,亦只能作为古代思想的"探源"而编于"绪论"或第一章,如今作为"本论"而编于"古代思想三阶段"之后,"周人国有思想"之前,从形式上看来,殊与"古代"的概念外延相枘凿。

第二,著者以为,殷周之际由氏族制到古代制的社会性质转化,与希腊由革命路线而到达典型的古代者有别,是由维新路线而到达亚细亚的古代。如此,则思想上的"周因于殷礼",便只在形式上同为"学在官府",而内容上即不能不具有阶段性的种差或本质的区别。本书对于此点,即对于殷周思想内容上阶段性的差别,似尚未能作出充分而必要的强调。

第三,著者既认定了严密意义的思想史开端于春秋战国之际,迟至孔墨对立才看见了"学术下私人的痕迹"(页一三),则不但殷周思想,即春秋前期的管仲、子产等的"官学思想",似乎统应根据着"亚细亚古代的难以转变性"原理,一并列为"古代思想的探源"工程以内。这样的改编,对于著者的整个中国古代史理论体系,当能更为符合。

第四,关于二百四十二年的春秋,著者非常强调的肯定为"反动时代",但同时又详尽的证明其为由官学到私学转变的"过渡期间",而这一"过渡",著者并未曾证明其思想上的反动实据,反之,却对于此期间的孔墨显学,给予了异常高的评价。并且关于孔墨的时代特征,又明白的说:"历史不是上向(向上?)的发展,不会产生这样真理自信的研究态度。"(页一一三)这些论断至少会予读者以混乱的观念。

第五,著者以战国时代为古代社会末期,所以关于此时代的子学评价,亦似失之过低。最显著的例如:

　　末期学术在社会危机的潮流中,已经损失了古代思想最好的

> 传统……他们在这儿，走了两个相反的路线，一种是顺应现状的爬
> 虫主义，纵横家；另一种是歪曲现实的无稽之谈，阴阳五行家。（页
> 二一）

"这个分析，颇难成立"。因为战国末年的思想家，以荀卿、韩非为最大
的代表，而他们则走了这"两个相反的路线"以外的向上大道，他们的态
度不是"顺应现状的爬虫主义"，他们的思想也不是"歪曲现实的无稽之
谈"。这一事实，本书第十一与十二两章对荀韩思想评价之高，即为有
力的明证。在笔者看来，战国末年的思想，殊不当一概而论，而应该区
别出"新生的"与"腐烂的"，"前进的"与"保守的"。否则，清代的子学复
兴，其思想史意义即不易说明。

第六，著者在分析战国末年的社会危机思想中，曾延长及于秦汉二
代的"黄老""经学""博士""经师""今古文学笺注主义""燔诗书""定一
尊"等事，似乎秦汉二代的思想与战国末年的思想，同为"社会危机"的
"一脉相承"。然而，又说它"类似西洋中古的经院学派，烦琐地解释圣
经"（以上均见页二一）。如此，从前段说，秦汉是战国古代危机的延长，
而从后段说，秦汉又是中古社会的起点，论断颇欠明确。至于由古代向
中古的转化，是历史的进步，应有新生的中古思想与之相应，而作为中
古起点的秦汉，一开始即表现为"中国古代思想之花的雕残"，亦颇
费解。

第七，本书取材，严守文献学基础，已如前述，但亦不无千虑一失之
点。例如第四章"周人思想第一次变迁"，引《诗》多依顾炎武及《毛诗
序》旧说，往往将春秋时《诗》认为夷厉时代作品。具体言之，如《大
雅》的"桑柔""抑""瞻卬"等篇，据近人陆侃如考证，皆平王时所作，用
以说东周适如其分，本书则用以说明西周的夷厉社会，颇有年代不符
之失。如此之处，全书虽属仅见，然笔者也颇欲本责备贤者之义，望
著者考虑改正。

右举七点，也许是笔者的偏见，且纵令本书确有此失，而小疵不掩
大纯，固无损其拓荒著述的光辉成就。笔者于此，尤其不敢以高明自
居，因为千丈巨练里偶然混入了最弱的一环，虽是最平庸的儒夫也可以
把它拖断的，初不足以证其为力士。

　　笔者愿意用一句话来表明对于本书的总评价：在"学术中国化"工程的赓续进程中，本书应当有三十年的学术寿命，以备思想史研究上的参考。

一九四七，二，一五于困知书舍

（《读书与出版》第 5 期，1947 年 5 月 15 日）

罗仲言《中国国民经济史》书评

评罗仲言著《中国国民经济史》

秦佩珩

出版者：商务印书馆，出版日期：三十三年九月，定价：国币四元八角，页数：二百五十二页。

罗先生这本《中国国民经济史》是我国学术界值得珍贵的一本书，从本书编纂上看来，可以看出是著者积年辛苦之作。这书完成于三十三年九月，可是我在报上见到预告是在三十四年五月。我写信去商务印书馆函购一册，结果没有消息，我本愿先睹为快，可是直至去年九月间我在华西大学教书，罗先生也由城固来成都，蒙他送我一本，始得遍读此书。又可说是相见恨晚了。这本书上册共分五篇：第一篇导论，第二篇原始经济（史前期至夏），第三篇封建王国经济（殷与西周），第四篇自王国经济到帝国经济之过渡时代（春秋战国），第五篇秦汉帝国经济。

这书如其说是一本单纯的中国经济史的论著看，勿宁视作为"东亚经济与西欧经济所以分歧的重要标志"。本书颇受德国诸大儒如桑巴特（W. Sombart）诸人之影响。是书取材的丰富、规模的宏大、叙述的周详、条例的明晰，实非森谷克己等人之著作可以望其项背。这书实是申述罗先生在经济史论上的主张。我们已经看出了一个倾向，自然，这个倾向我们认为是极好的。关于这一方面我曾和罗先生作过许多次讨论，双方见解大体一致。例如罗先生主张（一）欧洲经济史特征即希腊、罗马经济发展阶段先后平行。是颇同意于蒲莱西（Preysig）教授，而中国经济发展则因历史悠久，有广泛的经济因素，故国民经济运行不息，而有极灿烂的光辉历史，关于此点我很同意。又（二）中国自隋唐迄于有清中叶，形成伟大的亚洲经济圈，而在此亚洲经济圈中，中国处于主人翁地位。为维护此帝国经济之统一，而又继续努力于四裔的开发，而"综此帝国经济扩展工作之繁重程序几与全部欧洲之开发相埒"。关于此点亦极为同意。盖中国经济之发展极合于西人经济发展阶段之说，Hilde Frand 认经济之发展有所谓自然经济、货币经济、信用经济诸阶段，换言之中国经济由农业而工业而商业，此种联续形式极合于经济科学的正常法度。

自然正如我以上所言，本书目的在于建立一个独立的中国经济史研究体系，尤其是说明中西经济史发展的关系。这层关系是一般研究中国经济史的人所忽略的。过去一般研究经济史者不是把西洋的经济史发展公式硬套在中国经济史实上，便是忽略了经济发展过程上一些动的因素。本书对于经济重心之深度开发，给予有力的说明。所谓经济重心的深度的开发，据罗先生之意即研究经济重心的创造与演进，所谓经济重心的创造者，也就是指资本的积蓄、技术的传统等等比较重要的问题。

在今日研究经济史尤其是研究中国经济史，必须具有许多深厚的条件。除了中国旧书籍的整理以外还要具备一些近代社会科学的知识，罗先生这本书是用崭新的写法，写出了史前期至汉末的经济史的发展与变动。无论在材料的罗致和章节的排比方面都可以看出作者治学的艰苦！把世界诸国的经济循环与发展拿来和中国比拟一下，把人口数量的增值及品质的淳固拿来解释经济活动的许多重要因素，把经济技艺的演变状况拿来解释中国手工业的特质，以及把信用问题拿来窥察资本的供给与流通关系，这些都是超人一等的看法。

可是罗先生虽然在中国经济史的研究方面是一位饱学之士，但也并非完全无可议之处，我愿提出几点与罗先生商讨。

第一观念方面，罗先生这本著作是以研究欧美经济史的观点来研究的，这种场合，我很同意，不过仍须加以小心的考虑。因为我们过度着重欧美经济史的观念来研究或处理中国经济史的史料，则似嫌不足。我们可以拿"商业勃兴"作个例子。在欧洲城镇的兴起据威廉士（Williams）等人的说法（参看其 *The History of Commerce*）大抵始于中世纪。而城市兴起以后其居民殆完全从事于商业与制造业，而工商业即因之发达,定期市场如 Leipzig 及 Novgorod 等皆其著者。但在中国则情形不同,《左传》所谓"百雉之城",《国策》所谓"万家之邑",是否即认为城市业已发达之惟一根据,仍极值得考虑。如近人王孝通著《中国商业史》亦认在春秋战国时代"城市"业已兴起,"工商"业已发达,而美人 N.S.B. Gras 最近于一九三九著 *Business and Capitalism* 一书竟认中国远在春秋战国时期,商业资本主义便已在中国发现。我现不反对这种观念,但也不确认这种观念。盖所谓城市(Town)与村落(Villaze)之不同者,不在于其大小(Sige)而在于其职能(Function)。我们中国在春秋战国时代尚为农业阶段,多数居民以专事买卖与专从事于工业者恐所占比例极少,如认"万乘之国有万乘之贾,千乘之国有千乘之贾"或"东贾齐鲁南贾梁楚"(《史记》),便认有大量之商业资本主义或认商业之勃兴为本期经济进步之特征,未免为主观的见解所蒙蔽了! 因为就目前来说,我们还没有更丰富的材料,或较确实的统计数字,来判断当时(指春秋战国)的贸易数量。

第二,工具方面,关于金石方面或方志一类的书,我觉得罗先生用的太少,我可举些例子,在《灌县乡土志》中就有关于从古碑文中工费的记载。从《金石索》中便可找到许多有关于秦汉工业品的记载。在《关中金石记》中就有关于汉代建筑工程的记载(如"汉中太守䥽君开石道碑")。在《广元县志》就有关于汉代租税的记载。在这方面,我知罗先生已经下了极大的工夫,但我还希望再有更多的努力。

第三,材料方面,关于本书整个内容,我愿提出几个意思以就正于罗先生。(1)本书讲"蜀之水利事业"部分还应该参考灌县县志(《华阳国志》罗先生已参考过);(2)关于"改善土地利用及耕种技术等"一节,我们除了《齐民要术》以外还要引用《农政全书》,盖考订代田法,徐光启氏可算在这方面努力的第一个人;(3)"园艺"一节除《货殖传》外仍可参看《西京杂志记》;(4)渔业部分在汉代材料不好找,今可能找到材料者,即从汉代渔税以推求当时渔业之盛衰,如《百官表》少府属官有海丞主海税,又《食货志》载耿寿昌请增海税租三倍,武帝时垄断商民之利,曾实行国营渔业,均可参考《食货志》;(5)黄金部分要点,在说明黄金之生产及流通以及对于当时社会之影响,仍可参看《日知录》诸书;(6)铜器部分如铜灯等仍可参看《金石索》《金索》及《鼎录》(此书为最有工艺史料价值之书等);(7)文化器材部分(如纸)仍可参看 Clive Day 之 *A History of Commcrce*;(8)对印度及南洋诸国贸易部分,中国物品输入西洋,仍可参看 T.G. Williams 之 *The History of Commerce*;(9)算学部分最佳之书,当推《畴人传》,似可酌量引用;(10)墨的部分仍可参看《墨史》及《墨经》,前书尤为重要;(11)秦与西汉之币制部分,仍可参看《古泉汇》;(12)度量衡部分,仍可参看吕祖谦及吴大澂等人著作,而后者尤要;(13)榷酤部分,在汉代酒的问题引起御史大夫及贤良文学之纷争(见《盐铁论》),或对酒之观念之演变,后人所论则较详,仍可参看明冯时代之《酒史》。

以上都是我零零碎碎看得到的,很希望能得到罗先生之指示。回忆往年我在天津工商学院讲授此课的时候,光阴匆匆已六七年,以后因为偏到货币与信用等问题的研究,也就再没有工夫来留心新的材料。罗先生博学多才而致力甚勤,本书时见有此种痕迹,如"笔"一节,罗先生即引民国二十年西人考古家贝格(Bergman)之于蒙额济纳旧土耳扈特旗所发现的居延笔,又如"汉中城固五门堰"一节,罗先生即引用陕西《城固县志》,俱是极好的材料。

说到治学的精神,就本书所能看出的都是有一种极好的倾向,如加入"算学"等节,是以近世统计学之观念,而看经济史者也,又如加入"上计"一节,是以近世政府会计学之观念,而加入经济史料之整理者也。俱见作者用心之专及用力之勤,所以我便以很诚恳的态度来批评我的朋友的著作。有些部分只能略微论及,我们很希望不久还可以看到下册的出版,在这方面我们寄着无限的希望。

(《经济论评》第 5 期,1946 年 12 月 16 日)

侯外庐《中国近世思想学说史》书评

接受遗产与知人论世

——介绍近刊侯外庐著的《中国近世思想学说史》上卷

林　柏

孟子曾经和弟子万章说过这样的话：

> ……天下之善士斯友天下之善士。以友天下之善士为未足，又尚（上）论古之人——颂（诵）其《诗》，读其《书》，不知其人可乎？是以论其世也——是尚友也。（《孟子·万章》篇）

这就通常所谓"知人论世""尚友古人"两个成语的出典。尚友古人的目的，无非是要以古人做榜样，向他们学习。用时行的话说，就是接受遗产。据孟子看来，仿佛"尚友"的方法只在于"诵其《诗》，读其《书》"（其实古人的遗产不只《诗》《书》，此等处不可拘泥），但要把他们的《诗》《书》切实地读通，就必得彻底了解"其人"的生平和其所处的社会（即所谓"世"）。因为作品要通过作者的主观，同时也反映着当时的社会，这中间是有不可分离的关系的。"不知其人"固然无从彻底了解其作品，不"论其世"也无由真正了解"其人"。所以说："诵其《诗》，读其《书》，不知其人可乎？是以论其世也。"着重点是放在最后的"论其世"上面的。

孟子这一知人论世的"尚友"思想，无疑的是有着天才的光辉的，但是，要真正做到十全十美的地步，那它就非受过新的最高级的哲学的洗礼（而成功为新的最高级的历史观）不可。这是近代产业发展的成果，我们不能苛责古人的。可是，时至今日，若还放着正确的历史观（可以说是一种武装了的知人论世的方法）不顾，而抱残守缺地到处运用着原始式的知人论世的方法去研究古人思想（像有些人极力在考证一些琐事,替古人争门户争著作权之类)而自以为"史",那就未免天真得可爱了!

最近出版的侯外庐先生的《中国近世思想学说史》上卷,它的第一个特点就是运用了这种新的最正确的历史观从事研究中国近世思想而写成的。这一特点,不但导出了本书其他值得重视的特点,同时也保证了它的结论的正确性。依我个人看来,在已有的中国近世思想史中,这是最优秀的著作。用特略加说明,推荐于有意接受学术遗产的,尤其是有志从事研究中国思想史的青年。

第一,著者在本书中,是运用着正确的历史方法的。他处处注意于从社会的存在去说明社会的意识,注意于"社会史的时代认识"等等。他在《自序》中声明说:

> 古代思想史已经问世,本想将过去的研究大纲扩充范围,按照次序,继写秦汉……中古……宋明……最后至近世思想史,惟有一个先决难题实须研究清楚,即社会史的时代认识是。中古至近世的中国社会颇易辨析,而古代至秦汉的中国社会则颇难于研究,学者间至今犹无共认的定论。著者在写《中国古代思想学说史》之前,曾写一部《中国古代社会史论》,以为根据,不如此而研究古代思想,必流于附会臆度,故秦汉思想史的工作,亦须先之以秦汉社会史论始能朴实说理。因此……先关于十七世纪以至清末民初的思想史整理出来……

著者这一研究方法的声明,在本书中是确实做到了的。因此,认识了中国社会史的两个时代(变革时代——笔者)惊心动魄的文化遗产,"中国先秦诸子思想之花果,固然可以比美于希腊文化,而清代思想之光辉,亦并不逊色于欧西文艺复兴与宗教改革以来的成果"。(自序,一页)而于叙述各家思想的时候,也每先为时代的规定。现在举它一个显著的例子。他在论黄梨洲章说:

> 这个时代是世界史的天翻地覆时期,经过十六世纪的宗教革命而跃入近代商业资本主义的世界,在他生世前十年,英国东印度公司已成立,中国亦早在商业与科学(天文数学)方面和欧洲联结

起来；同时，他经过了中国农民二十年的叛乱，经历着外族（满清）统治中国的压迫，饱尝了他和当时魏阉与马（士英）阮（大铖）黑暗势力斗争的教训。凡此种种多面复杂的生活，增实丰富了他的血液，改变了传统上对于世界的观念。（一〇四页）

下文他对于梨洲的"工……商……盖皆本也"的认识，即本于这一"社会史的时代认识"的。又云：

> 前人研究清初儒师，多云"经世之学"，这是不错的，然而问题之更要者，在于经其何世，世系何经，世如变世，所变者安在？经非常经，应经者安指？研究梨洲经世之学的"世"，是十七世纪，经过了农民战争时代的暗中摸索，而开始意识到近代……而近代初期经世之学的"经"，则复有种种的形式，梨洲所理想者近似于十六世纪以后的平民异端……故梨洲的民主主义思想，更有细密研究的价值，不是一句话便可交待的。（一〇五页）

这里的"世"，是变动的，是有它的历史阶段的。而最后一句尤表现出了他的从具体事体出发的研究精神。

第二，由于把握正确的方法，导出了他的时代学术的支配的主潮的认识——即是认识明清之际诸老学说的创造价值，而乾嘉时代的学术则系"退休状态"，是余波，不是主潮。他说：

> 清初大儒以经世之务为主干，以考据之学为手段，无所谓汉学的专门研究，而专门汉学的成立始于吴之惠栋、徽之戴震。但溯源清代考证、训诂的来历，则有开风气的前驱者为之先导。这里，我们不能因了顾亭林、黄梨洲在音韵学、易学上的贡献，便以为烦琐，自此有其历史阶段，而不知学术中心是有支配性的，顾黄之学的支配内容是新世界的启蒙运动，绝非退休状态的汉学。在当时种族矛盾上而言，清初大儒都不接收清代鸿儒的羁宠，保持着独立个性发展的研究精神，而汉学之抬头却正在泯除种族仇恨的康熙文化政策方面得到现实意义。……正因为汉学的精神把清初大儒的经世致用之学变质，才成了后来章实斋的抗议。故我们研究汉学的前驱者，应分开时代，不追源于顾黄诸子。（三五五页）

又说:

> 在这个时代(指惠戴时代——笔者)的中国学术支配的潮流,
> 名之曰汉学。(三六六页)

这样"分开时代"的见解,是正确的:它一方面有着"比英国圈地时代的原始蓄积的无法犹有过之"(二页)的"社会史的时代认识"的根据,另一方面也有着发展的历史观的理论根据。所以,他在下面引文中强调地反对梁任公的均衡理论:

> 第十七世纪清初学者的反理学潮流,实在不是梁任公所谓"生、住、异、灭"的循环论。……这是建设——破坏——再建设之均衡理论,不能规定思想过程"质"的发展史,故他误把清初学者的学术运动归入于破坏期或启蒙期(生),而把乾嘉学者的考据学归入于全盛期(住),实在讲来……清初学者,不仅破坏,而且建设(虽然建设有时代的局限),他们的宏大规模,是基于近世时代全人格的发展,远超过于乾嘉诸子,戴东原、章学诚不过是他们的学术余绪,已经因了乾嘉的封建暂时安定而减退了全人格的探求,泯除了新社会的光芒,实在没有清初哲人的气象风韵之博大……。即以哲学成就而论,近人好研究戴东原,实则东原哲学比之船山哲学犹东山之于泰山。(二四〇页,参看三六五页以下王戴思想的比较)

这一见解,要影响到近代思想的全般研究,尤值得重视,在本书中也是最光辉的。

第三,由于把握了正确的方法,故能够透过事物的现象而把握到它的本质。试举几个例吧。例一:

> 我们在清初学者间除船山外常逢到"复古制"之说,梁任公先生谓之"复古即解放",颇以文艺复兴的观点来比拟,命题虽不正确,但已接近真实。原西洋宗教革命时代,改革者……三派中虽有区别,但上帝的解释自由,则为他们中间的共同特点。例如……孟彩尔……,"在基督教形式的大衣之下,传布一种泛神论,这种泛神论酷似近代的思维方法"。清初学者的复古说,亦有区别,但他们

的三代观念确是具有近代的思维方法,与十六世纪以来的泛神论价值相当。……梨洲……是披着古代帝王的服装,而说着近代人的要求,启蒙学者亦只能如此;而表里如一的思维方法,则是工业革命以后的历史。(一一〇页)

在二四二页中,他认为:"外表与内容的矛盾,恒常在启蒙学者身上找寻到深厚的刻印,清初学者以降,为王学支持门面者大有人在,但这是外表,而底里则是否定了外表,另外走了一条大路。"又说:"在当时,设若东原不是披着经师的大衣,讲着战国亚圣的语言,就是不用'绪言'而用'字义疏证'发表他的义理,亦是不可能的。"(三八二页)

例二,发掘了"理论背后的时代实质"。他说:

> 他(指黄梨洲——笔者)之所谓"浑然一体",不过是指浑然一序,本末终始的一种条理罢了。然而,这里却有一个最值得注意的理论背后的时代实质,若不讲明这一实质,则他的理论便无趣旨。它是什么呢? 即浑然一序的平等观。……为什么要把这一平等观隐蔽于实践伦理背后呢? 这是启蒙学者的一个通例。(一六二——三页)

例三,区别出同中之异,明白地规定了各家反理学的具体的内容和意义。他说:

> 人们都知道这一理学反动的时代,是有一个中心问题贯串于各家,但中心问题却不是随便可以规定的,在最广泛的意义上讲来,是人类开始探寻新的世界,开始设计人类社会的整个计划,所谓《天工开物》(科学先进宋长庚书名),但这里是具有着多方面的角度去窥察,船山走的路线是知识形式的解放,有浓厚的理性哲学精神,梨洲走的路线是政治理想的乌托邦,而亭林更走了一种特异路线,即经验主义的倡导,至于颜李学派,强调劳动,尤趋向于科学思想的实践。(一六五页)

这是由对象的具体内容出发的,所以能够远离了抽象的机械的公式主义泥坑。又云:

　　按东原之反理学，持义与习斋绝异，习斋持论从实践有用方面出发，而东原持论则从民情施受方面出发，时代不同，注意亦异。前者，太炎谓之"明之衰，为程朱者痿弛而不用，为陆王者奇觚而不恒，诵数冥坐与致良知者既不可任，故颜元返道于地官，以乡三物者德行艺也，斯之谓格物。"(《检论·正颜》)后者，东原已至清朝统治安定时代，他亦感受了李光地代圣祖讲理学的荒唐滋味，尤感受了雍正皇帝的杀人理学，对付反理学者，故太炎又云："晚世戴震宣究其义，明理欲不相外，所以悬群众理民物者，程氏之徒莫能逮也。"(《检论·通程》)……故东原在晚年所著《疏证》，一方面是反映汉学的前途有限，另一方面亦反映乾嘉时代和珅秉政以来所表现的社会矛盾。(参看章实斋的上书)(三八二——三页)

这就表现了著者从社会生活去说明社会意识的作风。

　　第四，重视着学者对于"政治社会前途的认识"，因而启示了接受中国思想遗产的一种良好法门。他说：

　　凡政治社会的前途认识，皆最具体的知识。这不论理性派与经验派，在十七世纪的设计都为一种憧憬或梦想，而重要的是研究：他们的梦想本身如何勇于对问题的提出(解决是另一件事)，他们所提出的时代最棘手的问题是否同情于人民，他们的理想给予后代社会运动是什么可承继的传统，他们的政治道德怎样做了后代政治改革的启蒙作用。

　　复杂多面的社会问题，比较书本上的死文字，是更富于活的内容，一个伟大思想家只能够提出他所能够提出的问题，而不是卧在旧现实的说教中给旧制度冠带其神圣衣帽，这就值得我们高扬，清初学者的精神便在这里。(一九五页)

这种见识也是值得高扬的。因为中国历史上许多特出的政论家(如贾谊等)，是没有专门的哲学著作的(并不是说他们没有哲学)，如果像某些公式主义者流，仅拿着什么主义之类的模子，硬往古人身上套，套不上的就弃而不顾，就是勉强被套上了的，也未必即是古人的真意。又如胡适之论《荀子》，谓："大概《天论》《解蔽》《正名》《性恶》四篇全是荀卿的精华所在。其余的二十余篇，即使真不是他的，也无关紧要了。"（《中国哲学史大纲》卷上，三〇六页）这样慷慨地置而不论，势必使荀卿的学说变成半身不遂的东西，因为离开了他的礼乐政法的学说，他的哲学也变成"虚花"的哲学了。（我在他文已证明那二十余篇确系荀子的著作）只重抽象的"理论"而轻视"具体的知识"的毛病，对于思想史的研究也是绝对有害的。

　　以上几个特点，都是荦荦大者。其他如说明十七世纪学者反命题之意义，辨析颜李知识论的异同（二七六页以下），说明唐铸万高调"悦入"系出于晚年的消极（三五三页），指出戴东原的观照论并以权论去补救他的哲学体系的裂痕（三一四——五页）……等等，都显示着著者的心细如发、读书得间的。

　　著者在本书自序里说："本书所采用的研究方法，仅'朴实'二字。"在全书中，他确是做到了。但是，因为过于守"朴"，故在说明上往往压缩得太甚，以致邻于晦涩，使读者得自己去引申补充（这在一般初学者颇不易做到），不免吃力。这是一。又云："……惟我们在万卷丛书中淘拣金粒，势不能不有所剪裁，有所剪裁则易生断章取义之毛病，故本书引证各家自己的言论，尽可能求其详尽，即使评述有疑问的地方，读者当可审辨原文，自作判断。"这自是作者慎审谦虚的态度，但因对象范围广大，引文力求节约，结果仍不免有些地方，不能做到"详尽"，可能发生"疑问"的。这是二。这两点都是本书美中的不足，希望将来改版时能够有所补充修改，使广大的读者更容易接近。并希望本书下卷早日出书，以惠学人。（编者按，侯著此书上卷闻即再版，下卷于下月出书）

三四，三，十一

《近代中国思想学说史》介评

守　素

　　侯外庐著，生活书店出版。

　　认真地写一篇新书介评，并不是怎样容易的事。它要对于所介评的书忠实：不歪曲，不夸张，切切实实地勾画出该书的真相，不埋没其著者的用心。它尤要对于读者负责，因为介评原是为了便利读者的，不是敷衍，更不是捧场；要紧的，能够联系着该书所研究的对象告诉读者怎样地去阅读。但在今天我们的学术界里，还没有把健全的批判作风建立起来，往往为了一些书评引起了不必要的葛藤，结果增加了批评的不少困难。

　　侯外庐兄这部一千多页的力作——《近代中国思想学说史》，上卷在重庆出版时，承他送我一部，读后颇感兴趣，曾写一短文介绍（登载《青年知识》），下卷在排印中，也获得"先睹为快"的机会，原想写一总评，因复员而未果。以是机缘，我们遂常作思想史研究上的商榷，因而知道他的研究颇多深入之处，对于学术著作尤具真挚态度。现在这部书在沪刊行，觉得由我来写介评，或许能够说出它的真意所在，至少可以不至惹起无谓的纠纷。至于写了出来是否能达到上述的准鹄，只好留给读者去批评了。

　　著者在自序中，声明过："本书所采的研究方法，仅'朴实'二字"，又云："治学应'实事求是'与'自得独立'二者并重，二者看起来，好像相反，而实相成。"通观全书，确能遵守着这一"朴实"的"实事求是"的方法，而其成就也颇有"独立自得"之处。

　　他的"实事求是"的作风，首先表现在对于社会史的确实把握，所以他说：

> 古代思想史已经问世，本想……按照次序，继写秦汉思想
> 史……惟有一个先决难题实须研究清楚，即社会史的时代认识是。
> 中古至近世的中国社会颇易辨析，而古代至秦汉的中国社会则颇
> 难于研究，学者间至今犹无共认的定论。著者在写《中国古代思想
> 学说史》之前，曾写一部《中国古代社会史论》，以为根据，不如此而
> 研究古代思想，必流于附会臆度，故秦汉思想史的工作，亦须先之
> 以秦汉社会史论始能朴实说理。因此，我把写作的程序变更，先关
> 于十七世纪以至清末民初的思想史整理出来。（自序）

这段话是著者声明：继其中国古代思想学说史之后，不依时代顺序竟先
写这部书的理由，同时也表现了著者治思想史所采取的方法。这一正
确的科学方法，著者在这书中处处忠实地遵守着，而一些"独立自得"的
成果也正从此得来的；读者幸勿以为这是"老生常谈"而忽视了它，应该
随着书中所处理的问题的展开，看看著者怎样地在运用着这一方法，尤
其是遇到著者的结论和一般人的见解不能之处，必须详细地比较一番。
又由上面的引文，可以知道著者怎样极力地避免"附会臆度"，而他所谓
"朴实"的研究法之一面，也就在于避免"附会臆度"的。

　　本书的标题为《近代中国思想学说史》，其范围固不限于狭义的哲
学，这正适应于中国过去思想家的实在的情形，但著者对于科学的哲学
早有甚深的研究，这是他所以能够那样刻入的原因。由下面这段引文，
可以看出著者关于哲学的意见：

> 一个哲学家不是站在一切人类之上给人类分类的人，如果他
> 把各种科学的实际知识一边一边地分给别人，而剩下来的空洞"真
> 际"是他的知识领域，则这种知识是"莫须有"，无怪乎有些人说科
> 学发达到分离独立的一定程度，便无哲学了，在前些年胡适之便这
> 样说过的。这里，便产生了对于哲学的看法，原来哲学是在科学之
> 中，一样地说明科学的实际，而不限于一种角度，如数学的"量"概
> 念，物理学的机械概念，然而这些"述器"的日新认识，使哲学可能
> 渐进于媒介实在的真实，是无疑问的；同时它又不和科学完全一

样,它是理论的科学,所谓"理论"也者,是综合人类知识形式,而在历史实践中去具体检证,例如对立统一的法则,科学是不管的,哲学即在这"理论化"了的科学上执行范畴学的任务。然而这又不是完全形式的,哲学愈和科学分离而结合,愈能在实践中得到准绳,即愈能达到事物发展的具体媒介之检证,反之,哲学愈是和科学混合(例如古代)而玄远,愈不能指导人类的行为,即愈不能成为科学。(本书页六五)

因此,本书便注意了学者们的知识论,并作为思想过程去把握,因而形成了它的一个特点,是值得注意的。把握了这样犀利的哲学的武器,使著者好像解剖了人体的器官之后,回头去看那些存在于其他动物,而还未达到完全发展状态的器官,格外得到明了的观念;同时也充分了解人体中的萎缩了的器官,过去曾起过怎样的作用。而由于紧紧地把握住"社会史的时代认识"的方法,这又使他不至于依照了现代人的风貌,去替前人画出各色各样的脸谱,即是不至"流于附会臆度"了。这两种方法,交替着乃至交织着运用在本书之中,因此,读者就必须时时从这一角度去阅读它。现在让我们先就本书中举出两个实例来说明吧:

例一,关于清代思想史,著者在本书页二四〇云:

理学在宋代建立了一个所谓"析之愈精,逃之愈巧"(梨洲语)的玄学体系,支配了中国思想界宋元明三代五百年……第十七世纪清初学者的反理学潮流,实在不是如梁任公所谓"生、住、异、灭"的循环论,谓:"启蒙者对于旧思潮初起反动之期也,旧思潮经全盛之后,如果之极熟而致烂,如血之凝固而成瘀,则反动不得不起;反动者,凡以求建设新思潮也,然建设必以破坏,故此期之重要人物,其精力皆用于破坏,而建设盖有所未遑。"(《清代学术概论》,三页)这是建设——破坏——再建设之均衡理论,不能规定思想过程"质"的发展史,故他误把清初学者的学术运动归入于破坏期或启蒙期(生),而把乾嘉学者的考据学归入于全盛期(住),实在讲来,这种划期是错误的。按清初学者,不仅破坏,而且建设(虽然建设有时代的局限),他们的宏大规模,是基于近世时代全人格的发展,

> 远超过于乾嘉诸子，戴东原、章学诚不过是他们的学术绪余，已经
> 因了乾嘉的封建暂时安定而减退了全人格的探求，泯除了新社会
> 的光芒，实在没有清初哲人的气象风韵之博大……即以哲学成就
> 而论，近人好研究戴东原，实则东原哲学比之船山哲学犹东山之于
> 泰山。

关于清代思想史的这样看法，是著者这部书的最大特色。由于这一看法的不同，使出现于书中的人物的估价，也就不能和普通学人一样了。而这不同，则由于著者对于明清之际的"社会史的时代认识"。因此，他规定了"清初学者……的宏大规模，是基于近世时代全人格的发展，远超过于乾嘉诸子"，而"戴东原、章学诚（之所以）不过是他们的学术绪余"，则是"因了乾嘉的封建暂时安定"，即是满清的专制帝政获得"暂时安定"而加强压力于学术方面，使得学者们转注其精力于考据训诂之学。就考据训诂本身说，固然发皇一时，若就整个思想说，则不免于"碎义逃难"。梁任公既陷于"建设——破坏——再建设之均衡理论，（便）不能规定思想过程'质'的发展史"，于是以偏概全，固由于哲学的理解不足，而离开了社会史去谈思想史，实也为其致误的一大原因。

著者同时也指出了"清初学者反理学潮流，亦不是如胡适之所谓高明与沉潜二种性格的交替史论"。胡适之根据詹姆士之分哲学为"心硬心软二派"，以为"高明一派"，"乃是詹姆士所谓心软的一派"；"沉潜一派"，"乃是心硬的一派"，以为"两宋时代高明之病太深……五百年来的玄学病，到此（清初）已成强弩之末……费氏父子，一面提倡实事实功……一面尊崇汉儒，提倡古注疏的研究，开清朝二百余年汉学的风气。"（详见本书页二四〇——二四一所引）著者认为：

> 胡氏此论，是思维发展史的横的人性还元，而不是纵的历史说明。这是不合思想史的，宋明二代亦有沉潜之士，为什么不能完全避免高明（之病）？清初学者甚多高明性格的人如王船山与傅青主其显著者，何以反对高明的玄学？其实连詹姆士这一人性的分类，亦属机械的类概念，哲学家是有时代的条件，虽极端的一种性格亦不能违背时代而自由提出问题，正如在理学空气中，性格强者亦不

能避免玄学(如王安石),在清初反理学思潮中性格软者亦且重因求实。这是研究清初思想所应知道的常识。(本书页二四一)

例二,论戴东原的"自然与必然的分析"时,著者指出了戴氏的"观照论"使他"仅能部分地接近真理",颇为深刻:

> 此论(指戴氏分析自然与必然的理论,引文见本书页四〇八)有部分地相似"自由乃必然之把握"这一命题,大体上他说,如果放任自由,而不把握必然并占有自然,则人类是自然的奴役,而非自然的主人,反丧失自由,这道理是接近科学的。但东原是观照论者,不是实践变革论者,故亦仅能部分地接近真理而已。

> 什么是观照论呢?这是形式逻辑较低级的认识论,不是说完全错误,而是说对于真理认识的有程度的反映。中国有句谚语,"当局者迷,旁观者清",这句话的应用程度是有限的,问题越深刻下去,则反乎这一命题,而是"当局者清,旁观者迷"了。因为真理是具体的,在历史过程中,只有经实践躬行的检证,才能一点一滴把自然占有而为必然,从而不断地批判了旧的媒介认识,更新了活的媒介理论……所谓观照论,即以裁判者的资格代替践履者的资格,对于认识论上的反映论是远离开了的。(本书页四〇九)

在这样的"观照论"与"反映论"的区别和把握之下,著者深入地分析了"戴东原的知识论",而指出了它不像胡适之"所夸大者,(所)谓完全合于科学"。因为"东原所谓'条理得于心,其心渊然而条理,是为智'(《原善》卷上),这是合于科学的。惟他言'同然'则并非历史方法的,而是抽象的千古不易之则,例如'天下万世皆曰不可易也,此之谓同然',科学上没有这个天下万世皆曰不可易之则。东原没有如船山的认识过程的学说,故他把事理作为平剖面去看待,在平剖面上知义理之极者,谓之圣智之事,在这里最无'发展'的概念。"(页四一一)"为什么东原的知识论强调了不易之则,就是因为上面所讲的观照论是他的基本立场,所谓'中理者乃其光盛,其照不谬'。他没有研究人类知识的历史发展,不知道'此光'是一个能动的过程,光照与所照二者之间媒介'必然'是一个可变可革的运动,在人类实践检证中还有认识即自性与对自性的扬弃。"（页四一二）末了,著者更指出了东原的观照论成为他的体系的危机,说:"东原的绝对不易的法则真理论,回头一看,实在和他的自然哲学生化不息的运动论,相去愈远,这是观照论在体系上的大危机,所以他在疏证结尾处,忽然提出一个'权'字来补救体系上的裂痕"（页四一四）,而结论到东原的哲学,以天才起而以非天才终,"原因在于'权字'是超出他的哲学体系,很不自然"的。（页四一五）

戴东原的哲学在近年来颇受到学人的注意和研究,但从他的整个体系指出其理论的这一裂痕,并指出他的病根在于他的观照论,则以本书为始。

为了篇幅的关系,我想不必一一详悉征引了。现在只就个人认为著者"自得"而值得读者多多注意之处,略举几则以供读者参考（依照页的顺序）:

一,关于顾亭林所提出以反理学的命题——"古之所谓理学,经学也",指出顾氏所述"经学即理学"的失真（页一六七至一六九）,此处须和页二一五至二一六说明宗教改革处参看,著者一般地指出了在新旧交替之际,"一个新人物所提出的反命题,常是主词不变,而以相反的述词代替旧的述词,其实主词已经另作解释了"。这些地方,不但对于一样反理学的顾亭林和颜习斋有不同的看法,也可以说是从正确的宗教改革观说明中国明末清初的反理学很合历史的时代性。

二,自页二一五至二一八,大体上可说是启蒙思想的历史规定。

三,关于唐甄晚年的"悦入"的见解,与梁任公所认为这是唐氏"一生得力的所在"并赞为"极有理致"相反,著者认为唐氏的"不得不由'衡'而'潜'"是他晚年的"悲剧歧路",这一认识也由于把握住唐甄的时代背景才有可能。

四,"著者认为变法与洋务是一贯的重商主义之内容,二者不可分离,惟变法则企图以制度的动力而推行洋务罢了。"（页六四九）这样说明了中国的重商主义与康梁变法的关系。同时也说明了谭嗣同的《仁学》有其重商主义的根源（页七六九以下）,是对于《仁学》一种新的看法。

五,著者指出康有为的《大同书》的反动性,他说:"康氏的好像社会主义的理论，既没有土地政纲，又怕有人民性，在《大同书》中没有一丝一毫此两方面的说明，则此书是反动的空想，其中最有害的思想，是用观念的游戏以损伤现实的民主运动。"（例证具见页七二八以下）这种翻案是值得注意的。

六，著者论"观堂（王国维）的治学精神"里，指出他的时代矛盾："他的思想矛盾，即可信的方法论与可爱的世界观之间的矛盾"（页九六一），很中肯，而其对于他的史学的推崇也颇公允。

以上六则，不过信手拈来的例子，并不是说这书的优点已尽于此；即只拿这几则来说，也可以看出著者怎样地忠实于他自己的研究方法的了。这是著者成功的原因。

然而，"智者千虑，必有一失"，一部千页出头的大书，包括三百多年的历史，近二十位有名的硕学宿儒，其间头绪纷繁，情形复杂，实超出于想象之外，要说它已经达到尽善尽美，稍有写作经验的人一定不会相信，稍有学术良心的人谁也不敢自信。因此，作为本书的弱点也有可说的。一般说来：

一，有时引用多而说明简。这在著者自有他的用心（自序云："……我们在万卷丛书中淘拣金粒，势不能不有所剪裁，有所剪裁则易生断章取义之毛病，故本书引证各家自己的言论，尽可能地求其详尽，即使评述有疑问的地方，读者当可审辨原文，自作判断。"），力求对于所评述各家忠实，对读者负责，但因说明过简，往往使初学的读者无法了解引文的意义，或前后引文的联系。这对于读者便现为晦涩难懂的了。

二，有时运用成语不及加以说明（如上引页四一二"在人类实践过程检证中还有认识即自性与对自性的扬弃"之类），对于初学的读者也便现为艰深难懂的。关于此点，应该要求读者多用一点工夫多做一准备的工作，要知这类著作，不是学校讲章，不能详加通俗的解释；而且学术"通俗"原也有其限度，加以中国语言术语不够，写起来真不容易。（这由本书较著者的《中国古代思想学说史》好懂，可以看出研究对象的性质确能影响写作通俗的程度。）

三，有人认为本书不合著作的体裁，没有更好的融化资料，使成有机的整体。关于此点，我认为所谓"体裁"本来不是一成不变的东西，著

作的内容原可决定它的形式;除了上引作者的用心不说,在学史中也不
是没有类似的先例,如中国《四朝学案》、西方《剩余价值学说史》之类,
或罗列儒者言论略加案语,或带钞原文只加标题(必要时也发为长篇
议论)。

　　总而言之,读者如果能耐心阅读下去,我相信对于近代三百年来的
思想史,一定能够得到一种新的似真的理解,至少也可以撷取书中丰富
的暗示,学习著者的思考方法,跟踪着所引的资料,更进一步地深入研
究,建立自己的新见解,那才算是读书有得的。

　　"在科学上面是没有平安的大路可走的,只有那在攀登上不畏劳苦
不畏险阻的人,有希望攀到光辉的顶点。"凡是有志研究学术的,都应该
记住这句格言。

七,一九

　　　　　　　(《读书与出版》第 8 期,1947 年 8 月 15 日)

慢谈思想学说且先通达文理

——评侯外庐《近代中国思想学说史》

缪凤林

侯君此书原名《中国近世思想学说史》，三十四年六月重庆三友书店出版，共一〇〇二页，分订两册。三十六年五月，由上海生活书店以"新中国大学丛书"名义发行，改题今名，内容则仍旧。我在渝时，曾于友人某君处翻阅三友书店印本，发觉侯君所引王船山、黄梨洲、顾亭林、颜习斋，下及章学诚、汪中、阮元、章太炎等氏著作，颇多不通文理、句读错误之处，某君询余对此书有何意见，我的答语是：

> 论述中国近世思想学说，虽非易事，王船山以下诸氏之书，却并不难读。现在侯君对于他们易读的著作，尚多不通文理，句读错误，如何配谈他们的思想学说？

我并劝某君转告侯君："慢谈思想学说，且先通达文理。"未几，倭人投降，余亦复员返京，忽忽两年，侯书又以新姿态行世，并于书末附印勘误表七页，于书中引文句读错误处虽有若干改正，但其不通文理处尚指不胜屈。兹特就每一思想家略举数例，并一一加以纠正。

一、王　船　山

（1）页二引船山《噩梦》"惟疆豪者乃假与墨吏猾胥相浮沉以应，无艺之征"。按疆应作彊，疑手民之误，惟"以应"连属下文（以应无艺之征），侯君加逗点，误。

（2）页三至四引船山《黄书》"……（按本篇引书凡连点占三字地位者,系作者所加,占两字地位者,则系原书本有）行旅履霜酸,悲乡土,淘金采珠罗翠羽……而以是……大官赹封,门荫层縈,封垤以于无穷……天地之奥,田区蚕所宜……河南大梁陈睢,太康东傅于颍……而流死,道左相望也。汉法积粟多者拜爵,免罪"云云,全文共有十误,三友本与生活本同,生活本勘误表仅改正二处,兹并正于下。

（甲）"行旅履霜,酸悲乡土",侯君以酸字属上读,误一。

（乙）"淘金采珠",侯君于珠下不加逗点,误二;勘误表已正。

（丙）《黄书》原文为"而以是鼓声名,市奏最,渔猎大官,赹封门荫,层縈封垤,以至于无穷",侯君将"渔猎"属上读而省去,误三。以"大官赹封"为句,误四。以"门荫层縈"为句,又讹"縈"为"繫",误五。以"封垤"属下读,误六。

（丁）原文为"天地之奥区,田蚕所宜",侯君"奥"下加逗点,误七。（区田互易,疑手民之误。）

（戊）"太康"当属上读,曰:"河南大梁陈睢太康,东傅于颍。"侯君以"太康"属下读,误八。（又易颍为颍,疑手民之误。）

（己）"而流死"属下读,不宜加逗点,误九。（勘误表已正）

（庚）原文为"汉法积粟多者,得拜爵免罪",侯君无端省去"得"字,又以"拜爵"为句,误十。

（3）页三四引船山《思问录》内篇"方乱而治,人生治法未亡乃治,方治而乱,人生治法弛乃乱",原文应读为"方乱而治人生,治法未亡乃治;方治而乱人生,治法弛乃乱"。照侯君句读,真不通之极了。

二、黄　梨　洲

（1）页一〇八引梨洲《明夷待访录》"三代以下用者,粟帛而衡之以钱"。按"用者"属下读,应作"三代以下,用者粟帛,而衡之以钱",侯君将"用者"属上读,误。

（2）页一〇九引同书"京省各设官鼓铸有铜之山,官为开采"。按原文为"京省各设专官鼓铸,有铜之山,官为开采",侯君既无端省去

"专"字,又将"有铜之山"属上读,皆误。

(3) 页一二七引《南雷文案》"间或有之,间如五百年,其间之间"。按"间如五百年其间之间"应作一句读,语本《孟子》"五百年必有王者兴,其间必有名世者",侯君裂而为二,则不通矣。

三、顾 亭 林

(1) 页一八七论亭林重广求证据云:"他(亭林)自己亦说:'……列本证旁证二条,本证者诗自相证也,旁证者采之他书也,二者俱无,则宛转以审其音,参伍以谐其韵。'(《音论》七)"按亭林《音论》中卷《古诗无叶音》一篇中尝引陈第《毛诗古音考序》,上所云云,皆陈第序中之语,亭林明言之曰:"已上皆季立(陈第字)之论。"侯君读其所引陈氏之说,不知何以不顾前后,凭空截取中间数语,误为亭林之说也。

(2) 页一九七引顾氏《日知录》"保国者其君其臣,肉食者谋"。按原文为"保国者,其君其臣肉食者谋之","肉食者"与"其君其臣"为同位辞,不能分割。侯君无端省去一"之"字,又将"肉食者"与"其君其臣"分割为二,且以"其君其臣"属上读,是一语而三误矣。

(3) 页二〇〇引《亭林文集》"法不变不可以救今,已居不得不变之势"。按"今"字当属下读,侯君属上读,误。

四、颜 习 斋

侯著论述颜习斋部分,不通文理处最多,凭我一时的翻阅,直觉地发现的错误,不下数十处之多。兹试举一极端不通之例以概其余。页二五六至二五七云:

> 习斋谓书本上的方法是"见观法",本身亦靠不住的,他说:
> 书本上所穷理,十之七分舛谬不实。朱子却自认甚真,天下书生遂奉为不易之理也。如鄘诗、蠮蜍,朱子注,天地之淫气,不知却是一虫为之。……天下扫尽书生见观法,孔孟以前道可传也。(《记录》卷六)反乎"见观法",便是证之于天地的实际,他有释"系"

字一段话,颇能看出他的治学方法:

> 系字义千古无人发明,予……夜观天象,忽有流星……摇移,须叟乃定,如有所系状。(《正误》卷二)

予曩于颜氏书,亦曾圈读数种,脑海中从无"见观法"之印象,乍翻侯君此段,真有莫名其妙之感。及稍一凝思,顿悟"见"字当属上读,"观法"二字当属下读。再取颜氏原书阅之,本作:

> 总之,愿天下扫净书生见,观法孔孟以前道传可也。

侯君在"天下"上省去"总之,愿"三字,改"净"为"尽",又不知"观法"二字原本《易传》"俯则观法于地",以"见观法"为一名词,复将"道传可也"改为"道可传也",真一语有四误矣。又按该段尚有数误。颜氏原文为"天下书生遂奉为不易之理,甚可异也",侯君无端省去"甚可异"三字,文义不完,误一。原文为"忽有流星自南来,触五车口大星,摇移须臾乃定",侯君乃以摇移属上读,误二。然较之"见观法"云云,又微末不足道矣。

颜习斋那有所谓"见观法"!

只有像侯君这样不通的人,才有所谓这样的"见观法"!

余见今世妄人之著述,亦不鲜矣! 盖未有如侯君上段之甚者!

五、章　实　斋

章氏《文史通义》文章浅显,是一册中学生程度的读物,但侯君引用时亦每有错误。例如页四三三及四六九引《答客问上》篇云:

> 史之大原,本乎春秋之义,昭乎笔削……数例之所不可得而泥,而后微杼抄忽之际……及其成书也……此家学之所以道也……是则整齐故事之业也……岂可语于专门著作之伦乎? ……是则所谓整齐故事也……以待后人之论则可矣,岂所谓语于专门著作之伦乎?

按原文作"史之大原,本乎春秋,春秋之义,昭乎笔削",侯君无端省去

"春秋"二字,以"本乎春秋之义"为句,误一。原文作"类例之所不可得而泯",侯君易"类"为"数",误二。原文作"而后微茫杪忽之际",侯君易"茫"为"杼",误三。原文作"及其书之成也",侯君改为"及其成书也",误四。原文作"此家学之所以可贵也",侯君易"可贵"为"道",误五。原文作"是则所谓整齐故事之业也",侯君在四三三页省去"所谓"二字,在四六九页又省去"之业"二字,误六及七。原文作"以待后人之论定则可矣",侯君则省去"定"字,误八。原文作"岂所语于专门著作之伦乎?"侯君初易"所"为"可",继又加一"谓"字,误九及十。我所据的是嘉业堂刊《章氏遗书》本,也许侯君所据者为坊行一折八扣的书,致有这样的错误,然观其前后矛盾,或由侯君不通文理,信笔乱改,抑或其中有手民之误,那就只有侯君自己知道了。

六、汪　容　甫

页四七七引阮元容甫诗集序云:

> 生平多谐谑凌轹,时辈人以故短之。

按此文应读为"生平多谐谑,凌轹时辈,人以故短之"。侯君对于如此浅近文字,犹不明白,以"谐谑凌轹"为句,故于页四七八又云:

> 又按容甫"谐谑凌轹"的个性。

于页四八五又云:

> 而在乾嘉学术封锁时代,却是甘冒不韪的凌轹,"时辈以故短之"。

若侯君者,真可谓不通文理之妄人矣。

七、阮　　元

页五三六引李元度《先正事略》阮元传云:

> ……各搜讨书传,条对不用扁诗糊名制。

按"条对"应属上读,侯君属下读,误。

又页五四〇引《研经室四集》云:

> 元尝博综遗经,仰求往哲行藏,契乎孔显微言,绍乎游夏。

按原文"元尝博综遗经,仰求往哲,行藏契乎孔颜,微言绍乎游夏",虽初中学生亦能句读,不知侯君何以又不通至是也!

八、章　太　炎

侯君于太炎思想学说言之颇详,实则毫无所知,兹亦不暇细诘,惟于书中引章氏《检论·清儒》篇有误者,略举数则如次:

(1)页三五六云:"始……顾炎武,为《唐韵正》《易诗本音》……太原阎若璩,撰《古文尚书疏证》,定东晋晚书,为作伪学者宗之。"按"顾炎武"上原有"故明职方郎昆山"七字,侯君即欲省去官名,"阎若璩"之上既不省"太原"字样,则"昆山"二字万不可省,侯君竟省去,误一。"顾炎武"与"阎若璩"皆系主辞,其下皆不宜加逗点,误二。(全书中句读之误类此者,无虑数百处。)"定东晋晚书为作伪",侯君将"为作伪"属下读,误三。惟页三六六又以"为作伪"属上读,则此误或出手民,然既有勘误表,何不加以更正乎?

(2)页三六六"而王鸣盛、钱大昕亦被其风稍益发舒……渊乎故训,是则者也"。按"亦被其风"下应加逗点,"渊乎故训"当连下读;后一误勘误表已改正。

(3)页三六七"玉裁为《六书昔一表》……念孙疏广以经传诸子,转相证明……与苏诸学殊矣"。按"昔"为"音韵"之讹,误一。原文作"念孙疏广雅",今省去"雅"字,误二。"以经传诸子"当属下读,侯君属上读,误三。"苏"下脱"州"字,误四。

(4)页三七七"单篇通论,醇美塙固者不可胜数……唯古史亦以度制事状,证验其务,观世治化"。按"单篇通论"系主辞,侯君于其下加逗点,误一。"证验"当属上读,"其务"当属下读,侯君截取上下文,拼为一句,页五九四复以"唯古史亦以度制事状征验其务"为句,是又两误矣。

（5）页五九六"自晚明以来熹为文辞……故求学深邃直窍,而无蕴藉……视天下文士渐轻……于是常州今文之学务为瑰意眇辞,以便文士。""始武进庄存与与戴震同时,独熹公羊氏,作《春秋正辞》,称说《周官》。其徒阳湖刘逢禄专主董生、李育为公羊释例……乃思治古文为名高。"这一小段有十几处错误。原文为"自晚明以来,熹为文辞比兴",侯君改"熹"为"熹",误一。截去"比兴"两字,归入下句,误二。"自晚明以来",不加逗点,误三。原文为"故求学深邃","言直核而无蕴藉",侯君无端省去"言"字,误四。又改"核"为"窍",误五。"深邃"下不加逗点,误六。将"直窍"属上读,误七。原文作"天下视文士渐轻",侯君改"天下视"为"视天下",误八。原文作"于是有常州今文之学,务为瑰意眇辞以便文士",侯君省一"有"字,误九。以"务为瑰意眇辞"属上读,误十。原文作"独熹治公羊氏",侯君改"熹"为"熹",误十一。又省一"治"字,误十二。原文作"犹称说《周官》",侯君省一"犹"字,误十三。原文作"其徒阳湖刘逢禄始专主董生、李育,为公羊释例",侯君省去"始"字,误十四。"李育"下又不加逗点,误十五。原文作"乃治今文为名高",侯君妄改"今"为"古",误十六。

我上周评翦伯赞《中国史论集》,发觉每行有一个错误,曾作不幸的预言:"再过十年,也许那时的出版品,每句要有一个错误。"不料相隔仅仅十天,我评述侯君这部《近代中国思想学说史》,竟在上述一段引文中发见每句有一个以上的错误,我除咋舌以外,真不想再作什么预言了。

文字、纸张、印刷,是中国文化的三大发明,我们躬受这几种发明之恩赐的,对于发明的圣人,永远馨香祷祀;不幸遇到了妄人,利用文字作这样不通的书,并利用印刷纸张从事出版行世,毒菌所至,真使谬种流传,伊于胡底! 又岂独著者之不幸——永蒙不通之名——而已!

我不想再说什么话了。我只重复申述两年前初翻本书时的印象:

> 论述中国近世思想学说,虽非易事,王船山以下诸氏之书,却并不难读。现在侯君对于他们易读的著作,尚多不通文理,句读错误,如何配谈他们的思想学说?

并郑重告诫侯君曰:

慢谈思想学说,且先通达文理。

这是何等胆识之命题!(引侯著二三页)

这是何等光辉的命题!(引侯著四五三页)

附记(一) 一周来批评侯著,日阅不通之妙文,哀矜之余,亦颇有习与之化之势,爰借用二语以作结论,初非有意讥刺,侯君见之,想不以为忤也!惟原文仅有句点,惊叹号系余牵就文义而改加,并不算入纠谬之列,合并声明。

附记(二) 本篇草就后,友人某君又出示侯君新著《中国古代思想学说史》,并询余意见,我因侯君连章学诚《文史通义》亦不能读懂,委实不再信任他配论述古代思想学说,惟某君情意难却,姑取叙言一阅,又引起了许多感想。在渝时某君曾告余,某国大使馆特设文化参赞,手握大量卢布,凡渝地无行作家,只要他作品中含有牛格司、马格司的理论,不问通否,皆可领受分享。余虽不欲对侯君作此推测,故篇中曾不言及,但本书序文中明说:

尤其郭沫若先生去年在苏联报告"中国战时历史研究",过奖我在思想史研究上"能力很强,成就甚大"……使我……因勉励而更努力。

某君之言,宜若可信,否则侯君写此数厚册不通的著作,其动机究何在乎? 序文中又说:

我不相信,历史上主要的疑难未决,就能自由其谈,编成有益于青年而无毒素的东西来。

我敬易一语曰:

我不相信,像颜习斋的白话文及章实斋的文言文都读不懂的人,就能自由其谈,编成有益于青年而无毒素的东西来!

郭沫若《青铜时代》书评

《青铜时代》

佚　名

郭沫若著，三十四年三月重庆文治出版社出版，四加二七九页，无定价。

郭沫若君将其十年来所著有关先秦社会与学术思想之文字编成《青铜时代》与《十批判书》两集。此集先出，收论文十二篇，附录三篇。《先秦天道观之进展》，论殷商时代至战国时代人对"天"、"帝"观念之演进，与种种不同之看法，此文连带论及《道德经》的时代与其纂者，认为纂者为环渊；又论及《周易》纂成的年代，假定《系辞传》与《荀子·尧问篇》为同一人所作。《〈周易〉之制作时代》，论八卦系从文字简化而来，最明显者如坎从水出；又论《易》与伏羲、文王、孔子无关，《易》之构成时代当在春秋以后，作者当是馯臂子弓；《易传》构成当在秦汉之际，其思想富有南方色彩，当出于荀门。《由周代农事诗论到周代社会》，由《风》之《七月》，《雅》之《楚茨》《南山》《甫田》《大田》，《颂》之《臣工》《噫嘻》《丰年》《载芟》《良耜》诸篇推论周代田，又以保罗之现行制度比较周制。《驳〈说儒〉》，论胡适《说儒》一制文中论点之误；郭君提出三年之丧并非殷制之说，提出高宗谅阴之新解释，论正考父鼎铭之不足据，论《玄鸟》并非预言诗，附带述及殷末的东南经略，并论《周易》的制作时代。郭君谓儒在孔子以前已有之，后来渐渐职业化，实为历史趋势不得不然的结果。《墨子的思想》一文斥墨子思想有反动性——不科学、不民主、反进化、反人性，名虽兼爱而实偏爱，名虽非攻而实美攻，名虽非命而实皈命；谓墨子至多不过一宗教家，其学派所以衰亡亦因此。郭君此文与晚近一般论墨学者之见解大异。《公孙尼子与其音乐理论》，推论《礼

记·乐记》一篇及《荀子·乐论》当出公孙尼子。《述吴起》一文说明吴
起传说之可信程度;附带讨论吴起传《春秋》一事。郭君疑左丘明即楚
左史倚相,疑吴起与史起是一人。《老聃、关尹、环渊》一文论老聃为孔
子之师;《老子》书为老聃之语录,纂集者当是楚人环渊。郭君谓《庄
子·天下》篇与《吕氏春秋·不二》篇之关尹即是环渊,亦即《汉志》道家
之蜎子,其异名凡十数云。《宋钘尹文遗著考》论宋钘即《孟子》之宋牼,
《荀子》之宋子,《韩非》之宋荣;宋钘之书久佚,郭君于今存《管子》书中
发见《心术》《内业》《白心》《枢言》诸篇为宋钘、尹文之书。《韩非子初见
秦篇发微》,论容肇祖、刘汝霖假定初见秦为蔡泽或其徒所作之说不能
成立,郭君则推测是篇为吕不韦所作。《秦楚之际的儒者》,大意述此时
期中儒者或任秦官职,如叔孙通辈,或埋头著书,如荀卿等;或参加革
命,如孔鲋、张良、陈余、郦食其、陆贾诸人。又谓道家、阴阳家、纵横家
亦有积极活动者。《青铜器时代》一文,论中国青铜器时代下界在周秦
之际,上界因现时考古材料不足,尚难论定。殷周两代青铜器,郭君大
略分为四期:一曰鼎盛期,当于殷代及周之文武成康昭穆诸世——此期
器制多凝重结实,无轻率倾向及取巧用意,花纹多全身施饰,不则纯素,
花纹大率为夔龙、夔凤、饕餮、象纹、雷纹,文字亦端严不苟;二曰颓败
期,约起恭懿孝夷诸世,迄春秋中叶——此期器制简陋轻率,花纹多粗
大之几何图案,文字亦异常草率;三曰中兴期,自春秋中叶至战国末
年——此期器物呈精巧气象,适用且多变化,花纹主要为精细之几何图
案,且每以现实性之动物为附饰,铭文多韵文,且文字成为器物之装饰
成分,南方器皿上所见尤为显著;四曰衰落期,战国以后——此时器物
复归简陋,更轻便朴素,花纹几至全废,铭文多刻而非铸,且只记斤两容
量或作者之名而已。郭君并于社会的生产方式求出此四期演变之故。
此四期之说与郭君十年前旧说(见本书附录三)稍有出入。

　　附录三篇:《两周金文辞大系序说》《周代彝铭进化观》(录自《古代
铭刻丛考》)、《彝器形象学试探》(录自《两周金文辞大系图录》)。

　　本书以论文末篇篇名为全书之名,殆以各篇所讨论皆秦以前事,秦
以前为中国之青铜器时代,故以《青铜时代》概括之欤?

(《图书季刊》新第 6 卷第 3、4 期合刊,1945 年 12 月)

评郭沫若《青铜时代》

李长之

郭沫若著，三十四年三月，文治出版社出版，无定价，页二七九。

我们虽不敢确说百分之几的郭沫若先生是科学家，然而我们几乎可以这样说，郭先生之为科学家，是较之他为诗人更有资格些的。他有科学家之寻找问题的先见，他有科学家之证实自己的假定的方法，他有科学家之决断地自信，却也有科学家之一旦发现了错误时而放弃旧说的勇敢。细密、切实，有发现问题的能力，这是我们读了这部书时所重新感到的。

说是重新感到，一点也不错，因为其中的文字大部分在别的书（如《蒲剑集》《今昔集》，以及原来刊载的杂志如《东方》《中原》《群众》等）里都早读过，现在读来不啻是一个温习——也许不只是第二次第三次的温习了。书编得很纯粹，全是学术性的文章，一共十五篇。照序文所说，这和《十批判书》是相辅而行的，不过一偏于考证，一偏于批评而已——其实这也是就大体说如此罢了，如《墨子的思想》一文，说墨子不科学，不民主，反进化，反人性，名虽兼爱而实偏爱，名虽非攻而实美攻，名虽非命而实皈命处，这不仍是偏于批评么？

很有意义的，是这书的各篇文字虽然原先各自独立，但彼此都很关连，大都可以互相参照。只是同时却也有一个缺点，就是其中不免有些重复，连语句都有时一段段的雷同。例如荀派学者之寄托于医理卜筮，既见于《秦汉之际的儒者》（页二四六），又见于《周易之制作时代》（页七五）；孔老之关系，既见于《老聃、关尹、环渊》（页二〇三），又见于《先秦

天道观之进展》(页三三);老子之异说,也并见二文(页二七,页二〇
〇);墨子可靠的十篇,除见《先秦天道观之进展》(页三八)外,兼见《墨
子的思想》(页一三六);《驳说儒》中多有和《周易制作时代》与《天道观》
二文重复处(如页一三三与页二〇之同论金文中之传统思想,如页一三
〇与页二五之同论天官之式微,如页一二七与页一四之同讲纣兵倒戈,
如页一一七与页五九之同论《周易》成于战国前半)。这些地方似乎都
可删并,这是有待于体系的论著时所可考虑的了。

　　作为书中的主干,同时却也是最精彩的,当推《两周金文辞大系序
说》和《先秦天道观之进展》二文。次之,要算《青铜器时代》《彝器形象
学试探》和《周易之制作时代》三文。其他各篇大半是这几篇或者另外
的文章的补充以及枝节上的初稿而已。

　　我们统观全书,觉得在方法上可说有三个特点:一是由演化中而找
出体系,他在这方面运用得最有成就的,就是对于金文的研究。他对于
这个方法,自己也有很详细的说明:"我是先选定了彝铭中已经自行把
年代表明了的作为标准器或联络站,其次就这些彝铭里面的人名事迹
以为线索,再参证以文辞的体裁,文字的风格,和器物本身的花纹形制,
由已知年的标准器便把许多未知年的贯串了起来;其有年月日规定的,
就限定范围内的历朔考究其合与不合,把这作为副次的消极条件。我
用这方法编出了我的《两周金文大系》一书。"(页二五八)又说:"整理之
方将奈何? 窃谓即当以年代与国别为之条贯。此法古人早已创通,《尚
书》《风雅》《国语》《国策》诸书是也。《尚书》诸诰命,以彝铭例之,颇疑
录自钟鼎盘盂之铭文。"(页二六五)大凡一种学术的成果固然可贵,但
它的方法尤为可贵。虽说这方法像古已有之,但郭先生所用的却精密
多了,也科学多了。原始的方法只能单纯地列入年代和国别而已,并不
曾找出联络站和标准器,这个方法上的进步可说是中国迈入科学的考
古学的纪程碑。他的方法的第二特点,是善于比较。凡是记载同一事
实的文字,他都并列在一起,往往即在差异的一二点上即有着大发现。
他作《驳说儒》,关于正考父鼎铭之不足据,就是用的这个方法,由《史
记》《左传》《檀弓》《庄子》比较,于是发现了作伪的由来了。他方法上第
三点是应用读金文的本领来读一般古书,换言之,即是读别字的本领。

本来读中国古书是缺不了这一项方法的，但没受过金文训练的人往往不能这样大胆。郭先生仗了这种方法，发现出环渊的许多异名。郭先生的第一种方法可说是进化论的方法，重在找已失的连环（Missing Link），其第二种方法可说是比较研究的方法，第三种方法是古文字学的方法。三者并用，所以便时有创获了。可是他的方法上也有缺点，这就是常因爱求统一之故，而把矛盾的事实予以想象的解释，这样便往往露出了郭先生之另一方面的性格——诗人了。举例说，既已谓周人文化本低，又说《周书》和《文王之什》很进步，于是便说乃是周公授意，而殷人执笔了（页二〇），这不能叫人心服。科学家的保留态度，似乎郭先生有时还不耐烦牢守。又常常以传说攻传说（如关于吴起杀妻，页一八一），为行文之快意而流入形容（如谓秦始皇是真墨，受了墨家的衣钵，页一五四），这都是诗人的性格之常常跃跃欲出处。

倘若对全书的内容也作一个总括的看法的话，那是这样的：郭沫若先生用了许多崭新的方法和观点，对于中国的传统见解又来了一个重新肯定。此中最重要的如对于井田制的肯定（见《由周代农事诗论到周代社会》一文，但他并非同意孟子所说的八家共井，乃是说有十进位的百分田法），对于周公的高度智慧的肯定，对于孔子的价值的肯定（作者不赞成墨家，又将表彰儒家对音乐的贡献），对于老子在孔子之前的时代的肯定，对于子思作《中庸》并为孟子思想所从出之肯定，都是。但作者这种肯定并不是昔日素朴的肯定了，乃是经过了更巩固的考验。这不只是"正"，乃是"合"。同时作者也不是没有他的大反案的文章，此中最重要的是对于殷人之经营东南的赞许（页一三，页一二五），以及对于"殷尚质，周尚文"的旧说的推翻（页二六七）。然而无论如何，郭先生的论点，都是偏于建设性的，他的疑古也不是五四时代之素朴地疑古了。从这里，看出中国学术进步的一面，看出时代精神的变换，更看出中国的确在走向"文艺复兴"的大道。说到这里，便真是太令人兴奋鼓舞了！

书中精彩，是不一而足的，总论时容易漏落，下面再逐篇记出，但已提及者则不赘。

在《先秦天道观之进展》里，说天之初义只是顶颠；禅让一幕史剧应搬演在天上；帝字来源为巴比伦文，兼有天神和人王二义，殷人特用与之相近的字形和字音译出；关尹为环渊之音变；孔老都是泛神论者；《易传》之言变化乃对秦皇万世一系而发；《易传》中子曰乃指荀子或子弓；凡此七点都是很精彩的。但如说老子本不信鬼神，特为愚民时则仍加以肯定（页三二），实则《老子》一书并非成自一人一时，此种矛盾尽可不必曲为之说；以孔子不怨天为孔子之天乃自然之天之证（页三七），这也是太看重了孔子之思想统一（孔子之天可能为有时系自然之天，有时系人格之天），而轻视孔子之人格修养（他不怨天是一种自反态度，未必即表示否认人格之天）；《中庸》为孟子先驱（页四五）似不如认为系由孟子演绎（冯芝生先生说）；再则此文何以遍论先秦而不论及法家天道观；凡此四点，却是可讨论的。

在《周易之制作时代》里，精彩处则有八卦为既成文字之诱导（页五四）；八卦之晚，可以青铜器中并无八卦花纹为证（页五七）；《易传》之晚，可以六马驾车为战国末年之事为证（页七四），子弓对卜筮是真迷信，作《易传》的荀门学者是借迷信而掩蔽自己的思想（页七七）等。

在《由周代农事诗论到周代社会》里，谓谥法为战国中叶以后之事（页七九），三正论之造说当在春秋末年（页九二），都是值得叫人注意的。译《诗》十首，也令人重提起觉得根据学术研究而翻译古书的急切。

在《驳说儒》里，谓"谅阴"为不言症（页一一四），谓儒之意固为柔，乃卜史之类的贵族因不事生产而有的筋骨之柔，非胡适所谓柔（页一三〇），都是新意。

在《墨子的思想》里，很有许多地方破除了一般人之惑，如谓科学智识并不碍其有宗教思想（页一三七），"非命"乃是对必然性或偶然性之否认，而使皈依上帝鬼神和王公大人（页一四六），墨学与暴秦有关，田鸠入秦为墨学中心移秦之始（页一五二），陈胜、吴广等之奴隶革命，无墨者参加，可见墨家与秦同时而亡（页一五五）。

在《公孙尼子与其音乐理论》里，虽推定公孙尼子即七十子中之公孙龙字子石，令人觉时间太早，而阐说《乐记》之理论处，亦尚不足，但也仍有精彩处：如指出《乐礼》篇之可疑（页一五九），天理人欲之说重在节与不节，并非宋儒析而为二之理学渊源（页一六二），礼为阿波罗精神，乐为地奥尼索斯精神（页一七〇），都是。

在《述吴起》里，谓吴起所事之曾子为曾申（页一七八），吴起可能有商鞅之成功，商鞅可能受吴起之影响（页一九二）；左丘明乃左丘盲，其盲当是被刑，其人则系楚国左史倚相，《左氏春秋》可能为吴起就各国史乘而纂集者，吴为卫左氏人，故书冠以左氏，而后人以左丘明当之（页一九五——一九六），都新颖可取。我疑心这篇是作者因为要写一个关于吴起的历史剧而先作的预备工作。

《老聃、关尹、环渊》一文，本多创见，但就此集论，要点已见他文。

在《宋钘尹文遗著考》里，从《管子》一书中发现宋钘尹文的著作，方法颇可取，但精义不多。且称宋钘尹文为调和派，而非调和派的庄周、环渊即为由此而发展（页二二七），似不甚合理。调和派多半是后起，不先有极端，如何有调和？《管子》中此各篇文意虽与宋钘尹文接近，怕仍是后人的手笔，说是"遗著"，恐怕不见得。

在《韩非子初见秦篇发微》里，根据秦昭王五十一年五月间的合纵运动以赵为首盟一史实，断为吕不韦由赵入秦之作，这是那主要的发现。文末谓《喻老》《解老》恐非出自一人，前者出自韩非，后者出自佚名氏，却很惹人兴味，可惜因非本文主旨之故，"理由此处从略"了。

在《秦楚之际的儒者》里，除说到《史记》写陈涉太少之可惜（页二四七），许多论点已见他文。

《青铜器时代》及书后附录三文（《金文大系序说》《彝器进化观》与《彝器形象学试探》），都是郭氏更专门的领域的绪论，处处精彩，不能遍述。即小处如"宝书"指铭，也就够使人耳目为之一新了。只是在论青铜器的分期时，除用社会科学观点解释其花纹的变迁外，似乎也可再加艺术品本身进化的原则作为说明，不知作者以为然否？

三十四年六月五日

（《时与潮文艺》第 5 卷第 4 期，1946 年 1 月 15 日）

《青铜时代》

容　媛

郭沫若著,民国三十五年上海群益书社出版。

郭沫若先生对于中国古代社会思想与古器物学的研究,其成绩卓越,见解新颖,学术界早有定评。至于最近出版的姊妹作——《十批判书》(见本刊第三十期,书评栏页三一〇)与本书,系郭先生将十年来关于先秦社会和学术思想的研究成绩集合而成。两书的内容勉强把它们划分,《十批判书》偏于批评,《青铜时代》偏于考证,而读者是必需并读的。

郭先生说:"本集所收文字有的在写作年代上相隔十年,因此在见解上每每有些小有出入的地方。在这样的场合自当以年代较晚者为准。"(见序言)

本集除前冠序言,末附附录和后序外,共收论文十二篇,兹录目如下:1.先秦天道之进展,2.《周易》之制作时代,3.由周代农事诗论到周代社会,4.驳《说儒》,5.墨子思想,6.公孙尼子与其音乐理论,7.述吴起,8.老聃、关尹、环渊,9.宋钘尹文遗著考,10.韩非《初见秦篇》发微,11.秦楚之际的儒者,12.青铜器时代。附录1.《两周金文辞大系》序说,2.周代彝铭进化观,3.彝器形象学试探。内容新的见解颇多,兹摘要如下:

1. 关于殷人的帝,郭先生略说:"近人王国维证明了帝俊当是帝喾,但在我看来,帝俊、帝舜、帝喾、高祖夔,实是一人。《山海经》中帝俊传说与帝舜传说相似之处可无庸论,此外如《国语》和《礼记》便各有一条足以证明舜即是喾。《国语·鲁语》'殷人禘舜而祖契。'《礼记·祭法》'殷人禘喾而郊冥,祖契而宗汤。'舜与喾分明是一人。还有《楚辞》的《天问》也有一个绝好的证据,在那儿舜的传说是叙在夏桀之后殷的先公先王之前的。从前的人不明这个情形,总以为是文字上的错误,或简编的错乱,其实断没有错得这样凑巧的。总之,根据这些资料我们可以知道卜辞中的'帝'便是'高祖夒',夒因音变而为喾为俈,又因形误而为夋为俊,夋后又由音变而为舜,后世儒者根据古代传说伪造古史,遂误帝俊、帝舜、帝喾为三人,这是明白地可以断言的。"(见页二二)

2. 关于《道德经》的作者,略说:"老子即老聃,在秦以前本来是没有问题的,而在秦以后便生出了问题来,这是什么原故呢? 这是因为秦以前都知道《老子》成书甚晚,那是老子的遗说而为后人所纂集的,就和《论语》是孔门弟子所纂集,《墨子》是墨家弟子所纂集的一样,那自然是不会有问题发生的;而在秦以后的人以为《老子》是老子自己所作,故而在一发现到书中饱和着战国时代的色彩的时候,便对于老子的存在发生了问题。其实老子的《道德经》是纂成于战国时人的环渊,环渊即关尹,即蜎蠉,即便嬛,即玄渊,古音同。"这话是很有理由的。他以为:"环渊是文学的趣味太浓厚的楚人,他纂集老子遗说的态度却没有孔门弟子那样质实,他充分地把老子遗说文学化了,加了些润色和修饰,遂使《道德经》一书饱和了他自己的时代的色彩。因此我们对于《道德经》所应取的态度,虽不是完全的不信,然而不可全信。便是文章的词藻多半是环渊的,而所言道德的精神则是老子的。"(见页三八)

3. 关于《周易》的作者,略谓:"据汉人的记载,关于《易》学的传统有两种:一种出于《史记·仲尼弟子列传》,另一种出于《汉书·儒林传》,照这两种传授系统看来,我觉得这位作者就是楚人的馯臂子弓;子弓生于楚,游学于北方,曾为商瞿的弟子,孔子再传弟子,这些当得是事实。但是《易》的传统更他突出而上溯到了商瞿和孔子,那一定是他的后学们所闹出来的玩意。因为孔子是儒家的总本山,凡他的徒子徒孙有所述作都好像是渊源于那儿,而子弓作《易》的事迹也就湮没了。"(见页七三)

4. 驳胡适《说儒》"高宗谅阴三年不言"不能作三年之丧解,谓:"一个人要'三年不言'，不问在寻常的健康状态下是否可能，即使说用坚强的意志力可以控制得来，然而如在'古之人'或古之为人君者，在父母死时都有'三年不言'的'亮阴'期，那么《无逸篇》里所举的殷王，有中宗、高宗、祖甲，应该是这三位殷王所同样经过的通制，何以独把这件事情系在了高宗项下呢？但在某种病态上是有这个现象的。这种病态，在近代的医学上谓之'失言症'（Aphasie），为例并不稀罕。据我看来，殷高宗实在是害了这种毛病的，所谓'谅阴'或'谅暗'大约便是这种病症的古名。'阴'同'暗'是假借为'瘖'，口不能言谓之'瘖'，'亮'和'谅'虽然不好强解，大约也就是明确与真正的意思吧。那是说高宗的哑，并不假装的。得到了这样的解释，我相信比较起古时的'忧宅''倚庐'的那些解释要正确得多。"（见《驳〈说儒〉》）这种见解的确新而又新，如果不是医学内行的人，恐怕难以发出这番高论呵。

5. 关于墨子的思想，郭先生的见解也与众不同，他略说："墨子始终是一位宗教家，他的思想充分带有反动性。"何以见得呢？第一，不科学，"他信仰上帝，更信仰鬼神，上帝鬼神都是有情欲意识的，能生人，能杀人，能赏人，能罚人。但是你如要问他何以证明上帝鬼神是存在，他便告诉你：'古书上是这样说，古史上有过这样的记载。'这种见解，我们能够认为它是科学吗？"第二，不民主，"他是承认着旧有的一切阶层秩序，他把国家、人民、社稷、刑政都认为是王者所私有，不许你有思想的自由，言论的自由，甚至行动的自由，简直是一派极端专制的奴隶道德。"第三，反进化，"人类社会的一切现象由质而文，是一般进化的公例。对于过分的繁文缛礼，如厚葬久丧，而要加以反对，这是应该的，但如一味的以不费为原则，以合使用为标准，而因陋就简，那只是阻挠进化的契机。"第四，反人性，"墨子的见解有许多地方不近人情，譬如他主张无情欲，同时又是主张兼爱的人，这矛盾也不知道应该怎样解决。大约对一切都爱了也便是等于没有爱了的吧？但是最不近人情的是他所定的男女婚嫁之年。他说：'丈夫年二十毋敢不处家，女子年十五毋敢不事人。'（《节用（上）》）丈夫二十处家都还可以说得过去，女子十五事人，那实在太说不过去了。人事未通，自身的发育都还没有完全的女子便要叫她去做母亲。墨子真可以算是没有人情的忍人！"第五，名虽兼爱而实偏爱，"墨子的兼爱的主张最是动人，也最为特色。在我看来，墨子只是在那里唱高调骗人。他的最大的矛盾是承认着一切既成的秩序的差别对立而要叫人去'兼'。兼爱了，则'强不扰弱，众不劫寡，富不侮贫，贵不敖贱，诈不欺愚'（《兼爱（中）》）。请问这所谓兼爱岂不就是偏爱。"第七，名虽非命而实皈命，"墨子的主张最能引起现代人的同情的可以说就是他的'非命'。他的'非命'是对抗儒家学说而发的，但是儒家主张有命说的本意和墨子所非难的却正相反对。儒家说：'死生有命，富贵在天'，那是教人藐视权威而浮云富贵。在这样的信念之下，一个人可以保持着他自我的尊严。但有命说一失掉了本意便会流为宿命论，也正是它的流弊。墨子抓着了这一点而加以反对。然而墨子的非命其实就是宗教式的皈依；在他看来上帝鬼神是有生杀予夺之权的，王公大人也有生杀予夺之权的。'非命'说就是叫人要对无形的权威彻底的皈依，对于有形的权威彻底的服从。这样会引出什么样的结果呢？他可以使人贪生怕死而患得患失，后世帝王如秦皇汉武之企图长生，应该也就是由这种'非命'论导演出来的呀。"（见《墨子的思想》）

6. 关于《韩非・初见秦》篇的作者，略谓："容肇祖和刘汝霖氏所假定本篇作者为蔡泽或其徒之说既不能成立。则其作者应当是谁？"郭先生以为便是后来为秦庄襄王和秦王政底丞相底吕不韦。第一，吕不韦早就在做子楚的傅的，他早就是秦的属吏，故尔他尽可以称臣而效忠，内秦而外六国，以秦国为自己的国家。第二，他在五十一年的入秦虽不是初次，但他的得见昭王可以是初次，甚至是一直没有机会得见昭王。而在四十八年前初次入秦时，他仅仅是以珠宝商人的资格从事秘密活动的，那时是更没有资格得见昭王的了。第三，吕不韦是由邯郸的重围中脱出，由赵归秦的，赵的现状和军事活动在他当然明了，这和《初见秦》篇作者的条件也恰恰相应。作者过于熟悉赵国，而且秦赵当时正纠缠不清，故尔一开口便是"天下阴燕阳魏，连荆固齐，收韩而成从，将西面以与秦强为难"，把主动者的赵竟至"心照不宣"了。第四，怎样"以成霸王之名，朝四邻诸侯之道"，文中虽然没有说及，但说到"战者万乘之存亡也"，又说到"战战栗栗，日慎一日，苟慎其道，天下可有"，可见作者并不反战，而却主张戒慎，与《吕氏春秋》里而所表现的思想颇相符合。

（见《韩非〈初见秦篇〉发微》）

以上所举为其荦荦大者，可见郭先生想象力之强，时作推陈出新的见解；更兼文笔流畅，一气呵成，大有引人入胜之感。

（《燕京学报》第 32 期，1947 年 6 月）

郭沫若《先秦学说述林》书评

《先秦学说述林》

任心叔

郭沫若著，重庆，永安，东南出版社，三十四年四月初版。

我国近代的考证，学者有两种几乎相反的态度：有些人在方法上用工夫，有些却只注意结论，游离武断，互有蔽短。郭沫若属于后者，从《中国古代社会研究》一直到如今，这态度在他不曾有丝毫变化。他以一种社会进化的看法过分地煊染了"亚细亚的"氏族制度的情况，以此结构成他的扣定了的结论，而考证不过成为他做文章的材料而已。偏是他的态度往往动摇了结论的安稳，因此文章没有给他好的帮助。这本书是他十五年来考证文字的最近结集，他先给了一个拒人千里的申明。他说："如有愿意批评的人，最好请他从头至尾看它们一遍"，而不愿看到"性急的一鳞一爪的批判"。我是从头到尾看过了，而我的批判仍是一鳞一爪的。我觉得对于此书并没有伤害。

第一篇"周易之制作时代"，是早已用三种文字发表了的。我手边没有商务版的《周易的构成时代》和陈梦家的跋文，但十年来作者对于这篇文字竟没有什么修正是甚可惊骇的。作者以为八卦是既成文字诱导出来的东西，先用坤坎为说，再用乾离为说，再用震兑为说，而巽艮不容易说，便约略一说，这些其实不过是旧说新用。我的见解是八卦的产生必然在已制文字之后，但文字固不本之画卦，而画卦亦不能本之文字。水字不从坎卦出，坎卦亦不必出自水字，因为秦以前的水字便不曾有一定的写法。就甲骨文字偏旁来说，简直不妨把乾卦、坤卦、离卦全都归于水字，不单是坎卦而已。那时是可能的已有了八卦，而那时的人并没有给坎卦和水字找什么关系。后来说坎卦的术数家看到奇偶重合偶然的相似,才将水与坎卦傅合为一了。作者在《驳说儒》(页七七)里讥笑胡适以需卦说儒字为"有趣",今以作者之说卦象与胡氏相较,却仅仅是排八字与相五形的分别而已。即如作者用钱玄同对于中古文的猜测来说明山川至坤的字形变化,我不知道除了汉人的(而且是东汉之末的)石刻之外,尚有更早的材料可据否?就算坤字是刘歆所伪造的吧,而刘歆也在这些石刻以前!又如乾卦,作者没有采用那些草书天字的说法,但如作者所说,则乾卦是原于天字呢?金字呢?玉字呢?——甚至于王字呢?三字呢?

我不和经学家一样的迷信"更三圣历三古"之说,但《易经》是术数家卜祝的古书必然可信。因为是术数家的书,它的来源便无从考实,它的名称、说明、文字、用法、传授,也必然不止于一二种而已,无从归之一人一时一事。孔子当然可以利用其中一种来论学(或者是较流行的,或者尚有其国族文化的原因),正如他利用《诗》三百篇和并不正确的古史一样。荀子也不妨因儒家的传习而治理它。《易经》里其实没有阴阳的说法,阴阳二字见于《易传》,又是后起的易学中的某一派的东西,不代表孔子或儒家。作者反对文字原于八卦之说,而其实翻来覆去,没有逃出这一说的牢笼。怀疑经传,而其实是信从了它,而且将术数阴阳的书说成了儒家的书,真非始意所料。凭偶合的《左传》中行之号定了《易》的时代,凭《荀子》子弓之名定了《易》的作者,都是在方法上蹈了极大的危险。在这里我无法细细辩论,读者自有明眼。

再看"公孙尼子与其音乐理论"(页一七九)。作者第一件事是将《乐记》断归了公孙尼子,但我们读它的时候,"大约"两个字却特别引起了注意:

> 张守节《正义》亦云:《乐记》者,公孙尼子所撰也。张说大抵根据皇侃。

> 刘向的《乐记》与王禹的怎样不同,可惜没有详说,大约以一篇为一卷,只是少一卷的原故吧。

> 大约公孙尼子原书在梁时尚为完具。

> 班固说是七十子之弟子,大概是根据《宾牟贾》《师乙》《魏文侯》三篇所得到的推论。

这些"大约"无一不是很危险的。比方说,如果《宾牟贾》《师乙》《魏文侯》三篇起初并不在公孙尼子书中,则班氏是怎样推论的呢?而郭氏并没有充分证明三篇必在尼子之书。《汉书·艺文志》著录《乐记》《王禹记》《公孙尼子》《公孙尼》,而并无出入之文,则《乐记》之出于公孙尼子而班氏为之推论者便很少可能性。刘向和歆、固,都曾并见这四种书,当然是不会弄乱的。

而且刘向的《乐记》里,"季扎"出于《左传》,便是一段不合事实的纪载,予别有考。"窦公"献乐是汉朝的《周官》学者造出来的故事,即使是真的,也是汉朝的事,不能见于孔子门人之书。作者引钱穆《诸子系年》关于公孙尼子的一段而驳之,我们不必相信《缁衣》诸篇与《乐记》是一人之作,但仅以文体相远为说,恐怕非刘瓛、沈约以至钱穆所能承受。而且作者无故拉上一个与沈约同时的皇侃来证实沈约的说法,却为什么反不肯相信比沈约还早些的刘瓛的说法呢?

《庄子与鲁迅》(页一〇七)的断章取义的作法,我几乎疑惑不出于作为考据学家的郭沫若之手。

而要特别介绍的是《先秦天道观的进展》(页二九)、《墨子的思想》(页一五七)、《吕氏春秋与秦代政治》(页二三三)这几篇的体段是方正学、钱竹汀、陈兰甫、梁任公诸人所未曾有的。

往日有一位朋友告诉我,郭沫若是有和康长素一样的固执的,批评对于这两位先生是同样的无用。我不知道这话的真实性有多少,但一位富有社会意识的学者无疑的不必如此。至于我这篇依然一鳞一爪的批判,当然不是作者所望于施诸其书的了。

三十四年五月廿六日

(《江苏学报》第 1 辑,1945 年 12 月 12 日)

杨荣国《中国十七世纪思想史》书评

《中国十七世纪思想史》

施　盈

杨荣国著,东南出版社出版。

十七世纪的中国思想界,是中国思想史上异常蓬勃进步的一页。"由于当时的社会经济有了变动,已出现着资本主义活跃的前期形态,因而反映在思想的斗争上,一方面否定着旧的静止的繁琐的和专制的思想,另一方面则在创造着新的实践的民主的思想。"(见该书第一章末节)这就是本书著者对于清初的一些学者们的进步性的估计,但同时他也并没有忘记指出他们的时代的限制所造成的思想上的局限。

本书计有六章,第一章为绪论,就当时社会经济发展的情况作有系统的叙述,同时又叙述到这之前思想界的一般情况及外来文化的影响,从各方面讲这些进步思想产生的根源。以下分别五章把黄宗羲、颜习齐、李恕谷、王船山、顾亭林、陈乾初、吕留良、费此度、唐铸万诸人的思想作详尽的论述,除了论到他们思想的体系之外,并论到他们的思想的发展和变化。同时对于每个思想家的思想,都给了确当的批评。

杨先生的这本书是值得称赞的,但就我自己一点敷浅的意见,以为杨先生在对当时社会经济发展以及政治文化等所给予这些思想家的影响分析时,忽略了当时的农民运动这个壮大的社会实际对于他们思想的启发性。这也许可以说是一个小疵吧!

我们知道十七世纪的这些思想家们,大都生活在甲申前后的一段时期当中,他们都听到或看到当时的农民运动。虽然这次农民运动并没有一个完整的政治纲领,但是"反对专制集权","反对经济垄断",要实行"均田",这些都是他们的口号,像这样广泛的运动,这样浩大的势力,无疑地会影响到这些人的思想的。这些比较有良心的士大夫和学者们表面上虽然是在说"贼"啦"寇"啦的,其实他们目击当时政治的腐败,社会经济的动摇,不由地受到农民运动的影响。这由他们"均田""限田"的主张中可以看得出来。只不过因为他们毕竟是士大夫和学者而不是农民运动的领袖,不由地在他们的思想上披上了一层复古的外衣罢了。所以我说当时的农民运动对于十七世纪诸家的思想,是具有其启发的意义的。

这一点浅陋的意见,大胆地写在这里,希望作者和读者给以指正。

(《新华日报》1945 年 8 月 1 日,第 4 版)

郭沫若《十批判书》书评

批判《孔墨的批判》

陆复初

　　郭沫若氏近著《孔墨的批判》小册子可以说是大胆而尝试的作品。其中最值得批判的是"孔子同情乱党，帮助乱党"，而郭氏这一本著作的核心，也就是为了这一句话作注脚，所以不能不加以批判。

　　郭氏首先说到，孔子的事迹和学说，"不免有不少的美化和傅益"。这里到要先来看看孔子的学说，究竟是什么东西？ 又何以不免于后人的"美化和傅益"。

　　孔子是中国历史上头一个以学者、思想家的姿态献身的。他的学前无所承，只有祖述着尧、舜、禹、汤、文、武、周公，而从礼乐典章文物制度上去找证据。惟其孔子的学说，是无所绍述，无所继承，而是赤裸裸的创造，所以平易近人，浅鲜而简单，惟其一切建筑在历史——现实的文物典章上面，所以包容得广，含蓄得多。这不是后世的理学家们所以能懂得的，这也不是故弄玄虚的公羊家所能懂得的。孔子之道，以身作则，由微之著，而所谓"三世三统""为后王立法""托古改制"，根本都不是孔子想象所得到的，廖季平、康有为的说法确实是歪曲了当时的事实。

　　人们不懂得孔子的缘故，只是不能还孔子于孔子，而妄以其杂糅于古今中外的歧异思想来附会孔子。岂但后人，就跟孔子同时的人，也不仅荷筱文人之流在一旁讲空话，就是孔门高弟也不能不受社会新事物的刺激，而怀疑孔子之道何以若是之剀切而又单纯。《论语》里面许多地方都有这种资料可发深省：

　　一、子曰："莫我知也夫！"子贡曰："何为其莫知子也?"子曰：

"不怨天,不尤人,下学而上达,知我者其天乎?"

　　二、子曰:"二三子,以我为隐乎? 吾无隐乎尔。吾无行而不与二三子者,是丘也。"

　　三、"吾有知乎哉? 无知也。有鄙夫问于我,空空如也。我叩其两端而竭焉。"

　　四、子曰:"予欲无言。"子贡曰:"子如不言,则小子何述焉?"子曰:"天何言哉? 四时行焉,百物生焉。天何言哉?"

由此可见,孔子之学不矫激,不造作,赤裸裸的,活生生的,就因为这样,所以他的基本立场实在浅鲜易明。而从孔门高弟到后代儒者终不能明之,反而加以"不少的美化和傅益",都是由于其"挂羊头,卖狗肉"的办法,根本没有以孔子还孔子的心思而已。

　　郭沫若氏说他苦恼于"从什么资料去探求他们的基本立场",这到也是事实,然而不管后人如何加以"美化和傅益",而孔子之中心思想到还不是俯拾即是、反求即得的。《论语》所载,千言万语,语语不离其经,都是平易易解的。然而这在别有会心的郭氏就难了,他以为在各自门户内的资料都不免美化和傅益的,于是郭氏的方法拿出来了:"很庆幸的是可以从反对派的资料中去看。"这我们却要问一问:反对派的资料如何? 固然,"毫无疑问不会有溢美之辞",可是如果认为"即使有诬蔑溢恶的地方,而在显明相互间的关系上是断然正确的"的,这个"断然正确",果然是"断然正确"的么?

　　这到是很可庆幸的,郭氏翻遍了反对派的言论,也只替"孔子帮助乱党"找到了注脚而已,而谈到孔子的思想的体系,却仍不能不求之于"各自门户内"的《论语》。郭氏没有"断然"抹杀了"各自门户内"的东西,那么就可以有所质疑和问难了。

一

　　第一,郭氏说"仁"字是孔子思想体系的核心,他解释道:"这也就是人的发现,每一个人要把自己当成人,也要把他人当成人,无宁是先要把他人当成人,然后自己才能成为人。"

　　所谓"要把自己当成人，也要把他人当成人"，自无问题。而如说先要把他人当成人，然后自己才能成为人，这却与孔子之道不合。孔子是讲先修己而后治人的，所谓"仁"，所谓"忠恕"，完全是"泛爱"、"亲仁"的事情，建筑在"修己"的上面，而互相依存着，所以孔子特别强调修己。

　　　　一、君子为己而已矣。

　　　　二、古之学者为己，今之学者为人。

　　　　三、不患人之不己知，患不知人也。

　　　　四、不患无位，患所以立，不患莫己知，求为可知也。

　　　　五、君子躬自厚而薄责于人，则远怨矣。

这些话翻开儒家者流的所有著述看来，是俯拾即是的，郭氏忽略了这一点，简直就是把孔子由内而外的思想体系整个倒置了。孔子谈做人，不是以此为出发点吗？孔子最崇拜的就是尧舜了，尧舜是怎么样的人物呢？他说："无为而治者，其舜也与？夫何为哉？恭己正，南面而已矣。"舜不是以思想的控制，反抗的斗争取天下的，完全是以个人的德行道艺来感化，所以他只是恭己正南面而已矣。孔子谈作事，不是以此为出发点么？"子路问君子，子曰：'修己以敬人。'曰：'如斯而已乎？'曰：'修己以安人。'曰：'如斯而已乎？'曰：'修己以安百姓。修己以安百姓，尧舜其犹病诸！'"连着几个修己，可见"安人""安百姓"都必须依存于此的。孔子最懂得生活的趣味，他的生前是不怎么得意的，可他还是"饭疏食饮水，曲肱而枕"，"乐以忘忧，不知老之将至"。他的门弟子，多言其志以后，他却赞许那个要在风和日暖的春天里，在沂水沐浴，在坛墠树木里吹风的曾点，可见优游涵泳的工夫是孔子入手处，那么后儒所讲陶融鼓铸、潜移默化的话，未见得不是孔子之真脉络。

　　郭氏固然也提到"为仁由己"，"无终食之间违仁，造次必于是，颠沛必于是"，然而他引这些话不过是为了强调他那"克己而为人的一种利他的行为"的定义。郭氏极口称赞孔子的"仁道"，郭氏不是"各自门户内"的人，自然谈不上美化和溢词，然而朱熹所谓"弥近理而大乱真"，到近于是了。

二

第二,郭氏又说要"养成为大众献身的牺牲精神,视听言动都要合乎礼",这句话是根据"克己复礼为仁"而来的,一点没有错,并且依照"礼"的规律而行"仁道",是有等次的。说到这里,而郭氏这个"弥近理而大乱真"的孔子思想体系就又穷了。

我们晓得的孔子对于"礼"之一字所下的定义是郭氏所最不喜欢的,所以他故意忽略了这一点,而求曲解。孔子说得好:"礼之用,和为贵,先王之道,斯为美,小大由之。"

以一个"和"字,把一个社会秩序安排得平坦正直,由"老者安之,朋友信之,少者怀之",到"君君,臣臣,父父,子子"。所以又说"不患寡而患不均,不患贫而患不安","均无贫,和无寡,安无倾"。可见其对于"和"与"安"之重视,"和"与"安"也就是"礼"的主要内容。孔子之道,不尚联合,而道融和,不谈斗争而讲安定,和则社会无分裂,"安"则集团无斗争,无怪郭氏讲到这里故意忽略过去。

三

第三,郭氏说:"立人立己,达人达己,不是专凭愿望便可以成功的事情,因而他又强调学。""究竟学些什么呢"? 因为当时的所谓"士",指的起自田间,半耕半读的分子。儒家所说"学而优则仕""学古入官",墨家所说"士者所以为辅相承嗣也",道家所说"士生乎鄙野,推选则禄焉",从这些话里都可晓得贵族因为士都是从民间产生的,并不是受一种特殊的贵族的教育的,所以对于农、工、商的学问至少都不会像如今的知识分子出身,一跃而为名流学者的人那么外行。譬如孔子吧,他自己就说"吾少也贱,故多能鄙事",又说"吾不试故艺",孔弟子贡是一个长于经商的人,就因为他们对于稼穑啊、工啊、商啊并不外行。

樊迟请学稼,孔子说"吾不如老农","请学为圃"。孔子说"吾不如老圃",子贡曾经说:孔子说他"不受命而货殖",并不能证明农商为孔门所不学,孔子所不知,不过这些基本知识在当时"生乎鄙野,推选则禄",植其根于民间的士人早就知道了的,所以孔门专以"学为士"教人,以士的真精神鼓励人。郭氏说:"士根本就是一些候补官吏",似乎是对的。然而说当时的士植根于鄙,不如说是一些乡社自治员。又因为"这些乡社自治员生乎鄙野",必须"推选则禄",所以郭氏谓"为士的阶层所制约"这句话也有问题,士只是人民中间的先锋队,无所谓"阶层"的。

"学些什么呢?"郭氏于六艺之中,独说:"他对于古礼古乐特别尊重,对于理想化了的古代人物尧、舜、禹、汤、文、武,尤其周公特别心醉",仿佛这就是孔子学问的核心了。于是郭氏就又说到:"礼偏于文,乐近于质,他把这两者交织起来,以作为人类政治生活的韧带",而忽略了孔子所说的"行有余力则以学文"的"行"字。孔子认为"治人"必先"修己",所以教人也是"笃行"先于"多闻",翻开《论语》到处可以找到孔子对于士道的发扬、士气的鼓舞的言论:

  一、士志于道,而耻恶衣恶食者,未足与议也。

  二、笃信好学,守死善道。

  三、三军可夺帅也,匹夫不可夺志也。

  四、行己有耻,使于四方,不辱君命,可谓士矣。

  五、志士仁人,无求生以害仁,有杀身以成仁。

  六、志士不忘在沟壑,勇士不忘丧其元。

  七、士不可以不弘毅,任重而道远,仁以为己任……死而后已。

孔子的这些话,才是他学道、教人的核心。所以子张问行,他说:"言忠信,行笃敬,虽蛮貊之邦行矣。言不忠信,行不笃敬,虽州里行乎哉?立,则见其参于前也;在舆,则见其倚于衡也。夫然后行。"这些话太重要了,故"子张书诸绅",礼制是后起的,是要因时而为损益的,只有这"言忠信,行笃敬"的士道,虽蛮貊之邦也可以行的。

在孔子的看法,执德不弘、信道不笃的人,就是他的智识、学问多么好,也是不中用的。一个执德弘、信道笃的人,未尝不可以和人民在一道。而标奇立异、自作聪明的人,准保没有"蹈仁而死"的决心。"柴也愚,参也鲁"却是孔门的高弟,而所谓"小有才",所谓"小知不可大受",所谓"智及之,仁不能守之,虽得之必失之",所谓"巧言令色鲜矣仁",这些话是常挂在孔子的口边,而引为深戒的。

由于孔子对于人生行谊的重视,他是绝对不像后世的"文士""书生"那么柔弱的。《礼记》所载孔子射于瞿相之圃,贲军之将,亡国之大夫,拒绝参观,这一段故事不是见于"反对派"的著述吗?郭氏一定以为不足为据。夹谷之会,他有胆量,有气魄,在千钧一发的时候向强国争胜利,以为靠不住吧。但我们从《论语》的千言万语里面,所谓"正色立朝"、"君子不重则不威"里,我们可以证明他是一个不委随、不苟且、健康而有勇气的一个活人,到是"断然正确的"。那么,郭氏认定孔子为"文士",只根据"军旅之事未之学也",就说"他对这方面没有充分研究过",其正确性也不见得"断然"吧。

至于礼乐,郭氏讲的很多,说是孔门教育的中心科目,也是"人类政治生活的韧带",也是"他的政治哲理的一个特色"。其实我们晓得所谓礼乐,指的是根据于历史的传统的文物典章而言,就如同现在对于高深的、科学性的、学术性的知识的提倡和探讨,不是一天半天的工夫,也不是一人一家的力量,所能办得到的。所以孔子说"为政必先正名":

> 名不正则言不顺,言不顺则事不成,事不成则礼乐不兴,礼乐不兴则刑罚不中,刑罚不中则民无所措手足,故君子名之必可言也,言之必可行也,君子于其言,无所苟而已矣。

在政治上,礼乐之兴在正名以后,在教育上呢?孔门弟子也何尝是对礼乐制度有着深刻探讨的人,大概孔子弟子平日所学习的礼制不过是一种普通的仪节,如民权初步之讲授、开会秩序而已,所以说"不知礼,无以应"。至于科学性的、学术性的东西,如夏之时、殷之辂、周之冕以及乐则韶舞等,必须专门的探讨和研究,不能受政治力量的拘束和利用。孔子弟子是"学为仕""学干禄"的,第一步是要以其弘毅的气魄、蹈仁而死的精神把人类拯救出来,礼乐制度孔子固曾研究,然而无与于孔门的微言大义,也算不得"他的政治哲理的一个特色"呢。

四

第四，郭氏说"为政总要教民"，强调一个"教"字，殊不知孔子的为政，和他的修己、笃行的思想是相联系着的，所以他不谈德治，不谈法治，更不主张神道设教，而独标一个"正"字。

一、苟正其身矣，于从政乎何有？不独正其身，如正人何？

二、其身正不令而行，其身不正虽令不从。

三、季康子问政于孔子，孔子对曰：政者正也，子帅以正，孰敢不正？

前面我们说过，孔子不尚联合，而道融合，不谈斗争，而讲安定。惟"正"可以融合多方的意见，惟"正"可以安定一世之人心。孔子曾经打过譬喻，说是："为政以德，譬如北辰，居其所而众星拱之。"又举过例子，说是："舜何为也哉，恭己正南面而已。"政治要办得好，必须有人民共同拥戴的领袖以其德行陶融鼓铸，融化各方面的意见，转移一世的人心，所以说："上好礼，则民莫敢不敬；上好义，则民莫敢不服；上好信，则民莫敢不用情。夫如是，则四方之民，襁负其子而至焉。"

必须四方之民，都背着孩子来了，才谈得上富之和教之。社会需要公平和安定，政治上的"富之"也不是争夺，而是和之，安之，教之。不是加强什么"党性"和"控制"，而是"举善而教，不能则劝"，是和平的，是安定的。孔子警戒冉有、季路说："远人不服而不能来也，邦分崩离析而不能守也，而谋动干戈于邦内，吾恐季孙之忧不在颛臾，而在萧墙之内。"其致力于"劳来"与"安定"是如何的，不已深切著明了么？

郭氏又说："究竟教些什么呢？可惜他没有说。"其实，孔子屡次三番的说过了：教的态度是"临之以庄"和"孝慈"，教的手段是"举直错诸枉"，教的目的是"有耻且格"，一切都视其身"正"与"不正"而已。

五

第五，郭氏又说："离开实际的政治之外，还有一种理论的主张，便是'祖述尧舜'。"

他说："尧舜的故事很显然是古代的神话，是先民口传的真正的传说，但也有确实的史影，那就是原始公社时的族长传承的反映。"其实孔子的憧憬，绝对不是郭氏的憧憬，孔子所憧憬的是"作之君作之帅"的真正领袖。尧对舜说："允执厥中。四海困穷，天禄永终。"舜也对禹说："帝臣不蔽，简在帝心。朕躬有罪，无以万方。万方有罪，罪在朕躬。"也就是能够融化各方之意见，陶铸一世之人心的"民无能名"，"惟民则之"的意思。而郭氏所憧憬的只有禅让，或者是如舜禹之有天下而与夫恭己正南面。做天子的人不要管事，让贤者能者来管事，而忽略了尧舜本身的伟大。而且孔子认为"我欲仁斯仁至矣"，所以不论任何人只要反身而诚，都是可以为尧舜的，所以对于诸侯，对于卿大夫，都不轻易拒人于千里之外，所以说"如有用我者，吾其为东周乎"。郭氏则以为孔子是"否认地上的王权"的，那么，他的周游列国，事君尽礼，难道都是别有用心吗？说得孔子连苏秦、张仪都不如，简直是土肥原第二了。

六

第六，郭氏又说："孔子既否认鬼神，但有一个类似矛盾的现象，他却承认'命'。"

孔子是一个积极的人，不像一个宿命论者。孔子言命，不过是他的积极主义的另一面。孔子言忠信，行笃敬，孔子忧道不忧贫，孔子富贵如可求虽执鞭之事亦为之，如不可求，从其所好，他既然不投机，不取巧，直道而行，中道而立。那么，到了"道之不行"的时候，也是"不怨天不尤人"的，或者埋头于"下学而上达"的工作，遭遇多大的挫折，也不改悔，这就叫"其命也夫"，与所谓"世运"，所谓"必然论"无关，与什么"毁弃旧命而创造新命"尤不相类。孔子不过是一个"发愤忘食"的活生生的人，孔子的学说不过是"立己立人，达己达人"的补充而已。

七

第七，综合以上所说，就可以得到孔子思想的中心环节。孔子的政治以"仁"为本，"除掉一切自私自利的心机，而养成为大众献身的牺牲精神"，很简单，很明了，所以鲁哀公那里，齐景公那里，卫灵公那里，季氏那里，他都去谈一谈，就是楚昭王要以书社地封之，他也决定去，佛肸以中牟畔召之，他也要去，只要如有用之者，就把他的政治主张拿出来举而措之天下之民。然而他对于一切人虽都不很拒绝合作，可是在政治主张上是绝不假借，而与以严厉批判的。

一、孔子谓季氏，八佾舞于庭，是可忍也，孰不可忍也。

二、三家者以雍彻，子曰：相维辟公，天子穆穆，奚取于三家之堂。

三、夷狄之有君，不如诸夏之亡也。

四、子曰："管仲之器小哉！"或曰："管仲俭乎？"曰："管氏有三归，官事不摄，焉得俭？""然则管仲知礼乎？"曰："邦君树塞门，管氏亦树塞门。邦君为两君之好，有反坫，管氏亦有反坫。管氏而知礼，孰不知礼？"

虽然这样，对于人有寸长，他也要赞美他的。晏婴是他的政敌，他还说一句："晏平仲善与人交，久而敬之。"管仲是他看不起的人，还说："微管仲，吾其被发左衽矣。"由此孔子的气度，如日月之昭昭，绝对不能与苏秦、张仪之流等量齐观的。

他对于人民呢？也是投下一个"仁"字去，融合他们，扶助大众向上发展，绝对不是一味和人民大众去拥抱，"众好之必察焉，众恶之必察焉"，所以说："政者正也，子率以正，孰敢不正。"

因此，我们就可以知道，郭氏断然的说：孔子帮助乱党反对王权，这就是一偏之见了，从孔子自己的话里，就可以证明。如管仲和邦君分庭抗礼，孔子尽力的讽刺他，三家以雍彻，孔子也不赞成，同时对于诸夏之亡君，深致其太息痛恨。

那么,郭氏所举的许多例证,不也持之有故而言之成理吗? 我们晓得,当时的士,都是"生乎鄙野",没有受过贵胄子弟的高深教育的,他们唯一的出路,就是回到民间去做乡社自治员,而唯一提升的希望就是给卿大夫作家臣。孔子不是一个极端的革命家,他的愿望就是希望他的门弟子,都把握"从政"的机会,从基层起,风行草偃,蔚成一种善良的政治根基,孔子一天到晚在研究从政的事。

> 子路、曾皙、冉有、公西华侍坐。子曰:"以吾一日长乎尔,毋吾以也。居则曰:'不吾知也!'如或知尔,则何以哉?"子路率尔而对曰:"千乘之国,摄乎大国之间,加之以师旅,因之以饥馑;由也为之,比及三年,可使有勇,且知方也。"夫子哂之。"求,尔何如?"对曰:"方六七十,如五六十,求也为之,比及三年,可以使民。如其礼乐,以俟君子。""赤,尔何如?"对曰:"非曰能之,愿学焉。宗庙之事,如会同,端章甫,愿为小相焉。"

这可看出孔门弟子那种跃跃欲试的神情。要入仕又只有从下层开始,这一条路,冉有、季路、樊迟、子贡、子由等等走的都是这条路。然而这时的政治是十分黑暗的,这在后世的"士大夫"是绝对不肯来屈就的,然而他们不能。既然走了这条路,就不能不帮忙到底,所以子贡、季路辅孔悝乱乎卫啊,阳货乱乎齐啊等等,就被"反对派"作为攻击的目标了。

至于孔子本身呢? 不但根据他那"君子和而不同""群而不党""有教无类""三人行必有我师"的主张,不能不与孟、仲、季三卿等等交游声气,田常、阳虎、公山弗扰,佛肸也就不为孔子所深闭固拒。孔子讲得明白:"知其不可为而为","鸟兽不可与同群,吾非斯人之徒而谁与?"为了达成他的政治主张,非如此不可,真是没有办法的事。

所以我们可以断然的说,他并不像郭氏所向往的是一个制造变乱的专门家。鲁哀公、齐景公、卫灵公、楚昭王如果用他,他也都并不拒绝。他只是言忠信,行笃敬,不怨天,不尤人,去躬行实践,感召大家,所以说:"君子无入而不自得","虽蛮貊之邦行矣"。不要忘记孔子是一个自信而又自重的人,从匹夫、匹妇到天下国家,他整个的要负起责任来,勿亿勿闭,毋固,毋我,条条大路可通罗马。我们宁可以说孔子是找寻

"治者",并没有施阴谋术数以帮助"乱党"的事实。

八

第八,关于墨子,郭氏说:"承认天老爷的存在,就是地上王的投影。"

我们知道孔子并没有什么"反对地上王权"的论调和行动,只是他学无所承,所谈简单而剀切著明。墨子在后,有孔子的思想在前面领路,有社会剧变的实际情形供其证验,所以他的思想实较孔子臻于严密切实。岂但墨子,就是孔门的子思,已经在孔学之上,建立了由天到人、由远到近的一个如网在纲的缜密组织,像《中庸》上面说的:

> 人道敏政,地道敏树。夫政也者,蒲卢也。故为政在人,取人以身,修身以道,修道以仁。仁者,人也,亲亲为大;义者,宜也,尊贤为大。亲亲之杀,尊贤之等,礼所生也,在下位不获乎上,民不可得而治矣。故君子不可以不修身;思修身,不可以不事亲;思事亲,不可以不知人;思知人,不可以不知天。天下之达道五,所以行之者三。曰君臣也,父子也,夫妇也,昆弟也,朋友之交也,五者天下之达道也。知、仁、勇三者,天下之达德也,所以行之者一也。

如孟子也说:

> 徒善不足以为政,徒法不能以自行。《诗》云:"不愆不忘,率由旧章。"遵先王之法而过者,未之有也。圣人既竭目力焉,继之以规矩准绳,以为方员平直,不可胜用也。既竭耳力焉,继之以六律,正五音,不可胜用也。既竭心思焉,继之以不忍人之政,而仁覆天下矣。故曰:为高必因丘陵,为下必因川泽。为政不因先王之道,可谓智乎?是以惟仁者,宜在高位,不仁而在高位,是播其恶于众也。上无道揆也,下无法守也,朝不信道,工不信度,君子犯义,小人犯刑,国之所存者幸也。故曰:城郭不完,兵甲不多,非国之灾也。田野不辟,货财不聚,非国之害也。上无礼,下无学,贼民兴,丧无日矣。

对于具体的政治问题，已经刻画出来一个如身运臂、如臂使指的画图。

而墨子呢？

> 处大国不攻小国，处大家不篡小家，强者不劫弱，贵者不傲贱，多诈者不欺愚。此必上利于天，中利于鬼，下利于人，三利无所不利，故举天下美名加之，谓之圣王。力政者则与此异，言非此，行反此，犹幸驰也。处大国攻小国，处大家篡小家，强者劫弱，贵者傲贱，多诈欺愚。此上不利于天，中不利于鬼，下不利于人，三不利无所利，故举天下恶名加之，谓之暴王。子墨子言曰："我有天志，譬若轮人之有规，匠人之有矩，轮匠执其规矩，以度天下之方圆，曰：'中者是也，不中者非也。'今天下之士君子之书，不可胜载，言语不可尽计，上说诸侯，下说列士，其于仁义，则大相远也。何以知之？曰：我得天下之明法以度之。"

子思、孟子与墨子学说虽各不同，但是在客观现实上，要求政治社会组织力量的加强则一。我们可以说孔子是中国学术思想的根株，而到子思、孟子和墨子则已由萌蘖而长叶了。

至于墨子的"法天"与儒家"事天"根本没有什么分别，儒家说"天视自我民视，天听自我民听"，"天聪明自我民聪明。天明畏自我民明畏"，而墨子说："天亦何欲何恶？天欲义而恶不义。然则率天下之百姓，以从事于义，则我乃为天之所欲也。我为天之所欲，天亦为我所欲。然则何欲何恶？我欲福禄而恶祸祟。然则我率天下之百姓，以从事于祸祟中也。然则何以知天之欲义而恶不义？曰：天下有义则生，无义则死；有义则富，无义则贫；有义则治，无义则乱。然则，天欲其生而恶其死，欲其富而恶其贫，欲其治而恶其乱，此我所以知天欲义而恶不义也。"

"明鬼"就是儒家的"敬祖"，儒家说："祭如在，祭神如神在。"鬼神之德其盛矣乎。"慎终追远，民德归厚"，而墨子说："今若使天下之人，借若信鬼神之能赏贤而罚暴也，则夫天下岂乱哉？今执无鬼者曰：'鬼神者，固无有。'旦暮以为教诲乎天下之人，疑天下之众，使天下之众皆疑惑乎鬼神有无之别，是以天下乱。是故子墨子曰：'今天下之王公大人士君子，实将欲求兴天下之利，除天下之害，故当鬼神之有与无之别，以为将不可以明察此者也。'既以鬼神有无之别,以为不可不察已,然则吾为明察此,其说将奈何而可?子墨子曰:'是与天下之所以察知有与无之道者,必以众之耳目之实知有与亡为仪者也。'"

墨子的"法天",本与儒家的"事天""敬祖"都归本于人事,大同小异,不过墨子特别强调了这一点,这是什么缘故呢?孔子的道理是"知其不可为而为",所以道不行就乘桴浮于海,而富贵如不可求,从吾所好,所以忠信笃敬,树之风声,转移一世之人心。墨子的道理是投下"兼爱""非攻"的药饵,马上就要起死回生。为了给他的"法仪""尚同"立一个标准,在当时就不能不以神道设教。连子思、孟子都张嘴就是"天之生物""天斯昭昭之多",闭嘴就是"大哉圣人之道""唯天下至圣",把孔子的道理讲得玄而又玄,为说教者立极,何况墨子这么一个急功好利的人呢?郭氏说:"墨子在孔子稍后,作为反对命题而出现,未免附会。而与其说"天老爷的意志是地上王的投影",应该修正为"老天爷的意志是新的社会秩序与政治纪律的投影"。

九

第九,郭氏又说:"墨子的重心不在人而在财产,墨子是把财产私有权特别神圣视的。"又说:"他的劝人爱人,实等于劝人之爱牛马。"

其实孔墨思想的歧异,其核心就在于"泛爱"与"兼爱"出发点之不同。"泛爱亲人"是以"人"的觉醒为出发点,由自己到天下国家,无人而不自得。"兼爱""非攻"是以法仪、尚同为手段,强制人民去兼相爱而交相利。因之,孔子是号召"生乎鄙野"的士、庶人一致奋起替人民服务,"如有用我者,吾其为东周"。墨子是要以一国为中心据点,"与其百姓兼相爱,交相利,移其分,率其百姓,以上尊天事鬼"。然而其为禁制暴乱,严和淫僻,尊尚贤能,齐一政教,扶持社会的安定与和平秩序则一。

墨子讲的是"兼"以易"别",是"加利于民",《非乐》一节,讲得最为剀切。

今王公大人,虽无造为乐器,以为事乎国家,非直掊潦水、拆壤垣而为之也,将必厚措敛乎万民,以为大钟、鸣鼓、琴瑟、竽笙之声。

　　古者圣王，亦尝厚措敛乎万民，以为舟车。既以成矣，曰："吾将恶
　　许用之？"曰："舟用之水，车用之陆，君子息其足焉，小人休其肩背
　　焉。"故万民出财赍而予之，不敢以为戚恨者，何也？以其反中民之
　　利也。然则乐器反中民之利，亦若此，即我弗敢非也；然则当用乐
　　器，譬之若圣王之为舟车也，即我弗敢非也。民有三患，饥者不得
　　食，寒者不得衣，劳者不得息。三者，民之巨患也。然即当为之撞
　　巨钟、击鸣鼓、弹琴瑟、吹竽笙而扬干戚，民衣食之财，将安可得乎？

可见墨子处处是在主张保障人民的生存权利，"使各从事其所能"，"赖
其力者生，不赖其力者不生"，而限制君主淫靡享乐。

　　至于"贫"和"富"，"贵民"和"贱民"的差别性，孔子、子思、孟子，那
一个提出了反对的话呢？那么所谓"尊重私有财产权"，又怎么能为墨
子诟病而说他作为孔学的反对命题而出现呢？当时的需要，只是一个
公平、安定而和平的社会秩序，墨子能够提出来，已为人民所欢迎，所以
墨子之学遍天下。

　　郭氏又说"墨子显然是用手段"，因而把那种"摩顶放踵利天下"的
墨者精神，又一笔抹杀了。总之，由郭氏之说，认孔子帮助"乱党"，"墨
子弄手段"，天底下好像就没有一个言忠信、行笃敬之人，就不应该有一
个有节气有廉耻的人。歪曲事实取快一时，此其对于天下后世之影响
为如何乎！

　　　　　　（《中央周刊》第 7 卷第 23、24 期合刊，1945 年 6 月 22 日）

《十批判书》

佚　名

　　郭沫若著,三十四年九月重庆群益出版社出版,二加四三一页,基本订价十一元五角。

　　《青铜时代》与《十批判书》两书为郭沫若君近年研究古史之论文集。前者本刊新第六卷第三四合期已有文介绍。是书收论文十篇,皆讨论先秦思想之文字,因各篇皆以批判为名,故总题曰《十批判书》。撰著经过,详见卷末郭君自撰后记。

　　(一)《古代研究的自我批判》一文中,郭君自己检讨过去研究古代史之得失。郭君首先论及古代资料之处理,如文献、甲骨、铜器等,尤着重其时代。次提出古史上重要问题数事,加以探讨,如封建制、井田制之有无及其真象,人民身份之演变,与工商业情况等事。郭君所得结论,与晚近研究古代社会史者所见颇有不同处。(二)《孔墨的批判》,以两家互相攻击之材料试探两家之关系,求得比较真实之真象。郭君谓孔子的整个思想体系,在主观的努力上抱定一个仁,在客观的世运中认定一个命。在主观的努力与客观的世运相调适时,孔子主张顺应。在主观的努力与客观的世运不相调适时,孔子主张固守自己。谓墨子思想核心为兼爱与非攻,此两主张为一个提示的正反两面,积极方面为兼爱,消极方面为非攻。墨子的重心不在人而在财产,将私有权认为神圣,而人民亦是一种财产。(三)《儒家八派的批判》,据《论语》《荀子》等书阐述各派特点。郭君以子张氏之儒在儒家中为极左翼。以为子思之儒、孟氏之儒、乐正氏之儒,应为一系,事实上亦即子游氏之儒,《礼运》一篇为此一系之主要典籍。颜氏之儒当指颜回一派,有避世倾向,因之庄子书中保存此派资料较多。漆雕氏之儒为孔门中任侠一派。仲良氏之儒或系陈良一派。孙氏之儒即荀卿一派,为战国后期大宗,郭君别有文评论。(四)《稷下黄老学派的批判》一文,论齐国所以养士之故,主要目标在以杨老学说化除人民异志。郭君分析道家为三派:宋钘尹文派、田骈慎到派、环渊老聃派。郭君以宋钘为杨朱之直系,其学说保存于《心术》《内业》《白心》等篇。慎到、田骈一派将道家理论向法理一方面发展。以上两派一志在救世,一学贵尚法,皆未脱离现实;而关尹或环渊几乎完全脱离现实而独善其身。郭君于老聃,并未确指为《道德经》作者,但谓《道德经》保存有老聃遗说,其书为环渊即关尹发明老氏旨意而作;现行《道德经》篇章字句又经后人窜改,但大体上仍保存先秦面貌。(五)《庄子的批判》,郭君于此文中怀疑庄子为颜氏之儒,谓庄子书中征引颜回、孔子对话极多,且多关紧要。庄子之尊重个人自由,否认神鬼权威,主张君主虚位,服从性命拴束,此数基本思想接近儒家而超过之。其蔑视文化价值,强调质朴生活,反对民智开发,采取复古步骤,此数基本行动接近墨家而亦超过之。(六)《荀子的批判》谓荀子集百家之大成。其性恶说实好胜之辩辞,与其心理学说及教育主张皆无一定联系。荀子的社会理论,认定群体的作用,以能群为人类所以能克服自然界而维持生存之主要本领。此种认识,为荀子思想之一大特色。(七)《名辩思潮的批判》一文中所提出"辩者"之代表人物,有列御寇、宋钘与尹文、儿说、告子与孟子、惠施与庄周、桓团与公孙龙、墨家辩者、邹衍、荀子,评论各家之方法与要点。郭君谓惠庄之辩与其政治或生活见解有关,公孙龙则几乎是观念游戏,但亦有其社会意义。郭君于墨子《经》上下、《经说》上下,及大小《取》六篇,认有至少有不尽相同之两派作品,并非一家之书。(八)《前期法家的批判》,以李悝、吴起、商鞅、申不害为代表人物,阐述诸人学说之要点。(九)《韩非子的批判》一文中,郭君谓韩非为主张法术兼用者。郭君指出韩非辩论之方法,为摘取一二变例,扩大为一般道理,以证明其学说。(十)《吕不韦与秦王政的批判》,首论始皇为吕不韦私生子之说为莫须有之事,并谓始皇与不韦为相对立之大政敌,亦为思想上相对立之两大敌。郭君谓《吕氏春秋》一书,虽向被人目为杂家,但有其一定标准,于儒道两家尽量摄取,于墨法两家则加批判。始皇思想及政见,皆与不韦相反。不韦为无神论者,始皇为有神论者。不韦为主张卫生节欲者,始皇为极端纵欲者。不韦为相当重视人民者,始皇为极端反对民主者。不韦与始皇思想政见上之差异,郭君列为一表显示之(页四〇〇)。本文不独阐明两人之关系,并说明秦代统一前后之功业及秦代在中国政治上之地位。

郭君是书之价值,在对先秦诸子作一种新试探,以求对诸子有比较真确之认识。又重新估定诸子价值,如对墨子之估价,与梁启超、胡适诸氏所见异趣。其谓荀子可谓杂家,谓韩非之思想以现代眼光看,不能谓为真正之法治思想,皆与晚近一般推论不同。《吕不韦秦王政》一文抉出战国末期思想及政治上之隐微,为是书中最精辟之一篇。

(《图书季刊》新第 7 卷第 1、2 期合刊,1946 年 6 月)

《十批判书》

齐思和

文化研究院丛书之一,郭沫若著,民国三十四年重庆群益出版社出版,四三〇页,定价十一元五角。

《十批判书》者,(一)郭氏之自我批判,(二)孔墨的批判,(三)儒家八派的批判,(四)稷下黄老学派的批判,(五)庄子的批判,(六)荀子的批判,(七)名辩思想的批判,(八)前期法家的批判,(九)韩非子的批判,(十)吕不韦与秦王政的批判。后记,我怎样写《青铜时代》和《十批判书》,全书共四百三十一页,约二十余万字。

郭氏为当代大文学家,其想象力之富,与著述之勤,均极可佩。而其研究范围之广博,尤足惊异。郭氏于新文学方面,无论小说、散文、戏曲,皆有极精深之造诣,其所翻译各书,论质论量,皆有可观。近十余年来更由文学而究心古代文字,由文字而研究古代社会制度,近更由制度而推究古代思想,亦多所创获,有盛名于当世。然郭氏本为天才文人,其治文字学与史学,亦颇表现文学家之色彩。故其所论,创获固多,偏宕处亦不少,盖其天才超迈,想象力如天马行空,绝非真理与逻辑之所能控制也。如此书置自我批判于孔子批判之前,且以自我批判起,以自我介绍终,无不表现文人自夸心理也。

此书专为研究古代思想而作,若以哲学眼光观之,则远不如冯友兰《中国哲学史》创获之丰、思想之密。冯氏之书,胜意层出,悬解独得,如其以庄学释惠施,以墨家释墨辩,蹊径独辟,妙悟自得。吾人阅举郭氏之书,颇难得新见,而郭氏之所矜为新见者,如以孔子为乱党(页七二),亦多非哲学问题。且多有已经前人驳辩,而郭氏仍据以为事实者(如佛胖招孔子事）。故是书于先秦诸子之考证,远不及钱穆《先秦诸子系年》之精,论思想则更不及冯友兰氏之细,二氏书之价值,世已有定评,而郭氏对之皆甚轻蔑,亦足见郭氏个性之强与文人气味之重矣。

《十批判书》

佩　弦

郭沫若著,一九四六年群益出版社,二十三开本,目录二面,正文四〇六面,后记四〇七至四三一面。

约莫十年前,冯友兰先生提出"释古"作为我们研究古代文化的态度,他说的"释古",是对向来的"尊古"、"信古"和近代的"疑古"而言,教我们不要一味的盲信,也不要一味的猜疑,教我们客观的解释古代。但这是现代人在解释,无论怎样客观,总不能脱离现代人的立场。即如冯友兰先生的中国哲学史的分期,就根据了种种政治、经济、社会的变化,而不象从前的学者只是就哲学谈哲学,就文化谈文化。这就是现代人的一种立场。现代知识的发展,让我们知道文化是和政治、经济、社会分不开的,若将文化孤立起来讨论,那就不能认清它的面目。但是只求认清文化的面目,而不去估量它的社会的作用,只以解释为满足,而不去批判它对人民的价值,这还只是知识阶级的立场,不是人民的立场。

有些人看到了这一点,努力的试验着转换立场来认识古代、评价古代,中国古代社会史论战就是这样开始的。这大概是二十五年前的事了,但是这个试验并不容易。先得对古代的纪录有一番辨析和整理工夫,然后下手,才能有些把握,才不至于曲解,不至于公式化。而对人民的立场,也得多少经过些实际生活的体验,才能把握得住;若是只凭空想,也只是公式化。所以从迷信古代、怀疑古代到批判古代,中间是得有解释古代这一步工作才成。这一步工作,让我们熟悉古代文化,一点一滴里的将它安排在整个社会来看。我们现在知道若是一下子就企图将整个古代文化放在整个社会机构里来看,那是不免于生吞活剥的。

　　说到立场,有人也许疑心是主观的偏见而不是客观的态度,至少也会妨碍客观的态度。其实并不这样。我们讨论现实,讨论历史,总有一个立场,不过往往是不自觉的。立场大概可别为传统的和现代的,或此或彼,总得取一个立场,才有话可说。就是听人家说话,读人家文章,或疑或信,也总有一个立场。立场其实就是生活的态度,谁生活着总有一个对于生活的态度,自觉的或不自觉的。对古代文化的客观态度,也就是要设身处地理解古人的立场,体会古人的生活态度。盲信古代是将自己一代的愿望投影在古代,这是传统的立场。猜疑古代是将自己一代的经验投影在古代,这倒是现代的立场。但是这两者都不免强古人就我,将自己的生活态度,当作古人的生活态度,都不免主观的偏见。客观的解释古代,的确是进了一步。理解了古代的生活态度,这才能亲切的做那批判的工作。

　　中国社会史论战结束的时候,郭沫若先生写成了他的《中国古代社会研究》。这是转换立场来研究中国古代的第一部系统的著作,不但"博得了很多的读者",也发生了很大的影响。抗战以来的许多新史学家,似乎多少都曾受到这部书的启示。但是郭先生在《十批判书》里,首先就批判这部书,批判他自己。他说:

　　　　我首先要谴责自己。我在一九三〇年发表了《中国古代社会研究》那一本书,虽然博得了很多的读者,实在是太草率,太性急了。其中有好些未成熟的或甚至错误的判断,一直到现在还留下相当深刻的影响。有的朋友还沿用着我的错误的征引,而又引到另一错误的判断,因此关于古代的面貌,引起了许多新的混乱。

我们相信这是他的诚实的自白。

　　但是他又说:

　　　　关于秦以前的古代社会的研究,我前后费了将近十五年的工夫,现在是能达到了能够作自我批判的时候,也就是说能够作出比较可以安心的序说的时候。

我们也相信这是他的诚实的自白。在《后记》里又说:

> 秦汉以前的材料,差不多我彻底剿翻了。考古学上的,文献学上的,文字学,音韵学,因明学,就我所能涉猎的范围内,我都作了尽我可能的准备和耕耘。

有了上段说的"将近十五年的工夫"和这儿说的"准备和耕耘",才能写下这一部《十批判书》。

最重要的,自然还是他的态度。《后记》里也说得明白:

> 批评古人,我想一定要同法官断狱一样,须得十分周详,然后才不致冤曲。法官是依据法律来判决是非曲直的,我呢是依据道理。道理是什么呢? 便是以人民为本位的这种思想,合乎这种道理的便是善,反之便是恶。我之所以比较推崇孔子和孟轲,也因为他们的思想在各家中是比较富于人民本位的色彩的。

这"人民本位"的思想,加上郭先生的工夫,再加上给了他"精神上的启蒙"的辩证唯物论,就是这一部《十批判书》之所以成为这一部《十批判书》。

十篇批判,差不多都是对于古代文化的新解释和新评价,差不多都是郭先生的独见。这些解释和评价的新处,《后记》中都已指出。郭先生所再三致意的有两件事:一是他说周代是奴隶社会而不是新意义的封建社会;二是他说"在公家腐败,私门前进的时代,孔子是扶助私门而墨子是袒护公家的"。他"所见到的孔子是由奴隶社会变为封建社会的那个上行阶段中的前驱者",而墨子"纯全是一位宗教家,而且是站在王公大人立场的人"。这两层新史学家都持着相反的意见,郭先生赞同新史学家的立场或态度,却遗憾在这两点上彼此不能相同。我们对于两造是非很不容易判定。但是仔细读了郭先生的引证和解释,觉得他也是持之有故,言之成理的。在后一件上,他似乎是恢复了孔子的传统地位。但这是经过批判了的,站在人民的立场上重新估定的,孔子的价值,跟从前的盲信不能相提并论。

联带着周代是奴隶社会的意见,郭先生并且恢复了传统的井田制。他说"施行井田的用意","一是作为榨取奴隶劳力的工作单位,另一是作为赏赐奴隶管理者的报酬单位"。他说:

> 井田制的破坏,是由于私田的产生,而私田的产生,则由于奴
> 隶的剩余劳动之尽量榨取。这项劳动便是在井田制的母胎中破坏
> 了井田制的原动力!

这里用着辩证唯物论,但我们不觉得是公式化。他以为《春秋》宣公十五年"初税亩"三个字"确是新旧两个时代的分水岭","因为在这时才正式的承认了土地的私有","这的确是井田制的死刑宣布,继起的庄园制的汤饼会"。

传统之所以为传统,有如海格尔所说"凡存在的总是有道理的"。我们得研究那些道理,那些存在的理由,一味的破坏传统是不公道的。郭先生在新的立场上批判的承认了一些传统,虽然他所依据的是新的道理,但是传统的继续存在,却多少能够帮助他的批判,让人们起信。因为人们原就信惯了这些传统,现在意义虽然变了,信起来总比较崭新的理论容易些。郭先生不但批判的承认了一些传统,还阐明了一些,找补了一些。前者如《吕不韦与秦王政》,阐明"秦始皇与吕不韦,无论在思想上同政见上,完全是立于两绝端","吕不韦是代表着新兴阶层的进步观念,而企图把社会的发展往前推进一步的人,秦始皇则相反,他是站在奴隶主的立场,而要把社会扭转"。这里虽然给予了新评价,但秦始皇的暴君身份和他对吕不韦找冲突,是传统里有的。

后者如儒家八派、稷下黄老学派,以及前期法家,都是传统里已经失掉的一些连环,郭先生将它们找补起来,让我们认清楚古代文化的全貌,而他的批判也就有了更充实的根据。特别是稷下黄老学派,他是无意中在《管子》书里发现了宋钘、尹文的遗著,因而"此重要学派重见天日,上承孔墨,旁逮孟庄,下及荀韩,均可得其联锁"。他又"从《墨经》上下篇看出了墨家辩者有两派的不同":"上篇盈坚白,别同异","下篇离坚白,合同异","这个发现在《庄子》以后是为前人所从未道过的"。对于名家辩者的一些"观念游戏"或"诡辞",他认为必然有它们的社会属性。如惠施的"山渊平,天地比","是晓示人民无须与王长者争衡",离低原只是相对的。又如公孙龙的"白马非马",可以演绎为"暴人非人",那么杀暴人非杀人,暴政就有了藉口。

郭先生的学力,给他的批判提供了充实的根据,他的革命生活、亡

命生活和抗战生活,使他亲切的把握住人民的立场。他说"现在还没有达到可以下结论的时候,自然有时也不免要用辩论的笔调"。他的辩论的笔调,给读者启示不少。他"要写得容易懂",他写得确是比较容易懂,特别是加上那带着他的私人情感的《后记》,让人们更容易懂。我推荐给关心中国文化的人们,请他们都读一读这一部《十批判书》。

(《大公报》1947 年 1 月 7 日,第 11 版)

读《十批判书》小记

张　智

　　郭沫若的近著《十批判书》，其立论有不能成立者，故余在这里指出两条：一他确定先秦是奴隶社会，二他确定孔子是革命家。

　　他说先秦是奴隶社会，引证了当时许多关于奴隶的资料，余举反面的理由如下：

　　一、有奴隶并不就是奴隶社会。例如秦以后一直到清朝都有奴隶，而且很多，然而秦以后并不是奴隶社会，为众所周知公认；所以不能单因为先秦有奴隶就说先秦是奴隶社会。奴隶社会必须是奴隶成为当时主要产业部门的劳动者，先秦却不是。

　　郭认当时有井田制，有井田制就不可能配合奴隶劳动，其所承认的恰恰与其所要立论的相违反。

　　二、郭引证当时的奴隶有十等。若是奴隶劳动配合在生产关系里，奴隶的身份是不可以分得这样复杂的，虽然奴隶不比现代工人站在机器面前那样的平等一律。奴隶的身份分得这样复杂，证明他们乃是家庭奴隶，像汉朝卓王孙的有家僮八百人，家庭奴隶不能构成奴隶社会，自然也有用在城市手工业里的，从事手工业的奴隶因其技术可以分出许多等身份，然而当时的经济主体是农业，单是城市手工业里有奴隶劳动也不能构成奴隶社会。

　　三、郭说当时奴隶市场上一个奴隶的身价只值现在的两个铜板。奴隶社会里奴隶当然不可以太贵，如同买耕牛太贵了生产成本不合算；但也不可以太贱，贱到只值两个铜板，证明奴隶劳动在生产关系里简直没有用，这便不能构成奴隶社会。

其次,郭说孔子是革命家,引孔子多与叛徒有往来,且以孔子竟敢说他的学生也可以南面为王的话为证,亦殊不然,余说如下:

一、"天下者唯有德者居之"这样的话,是当时的人平常都说的,《国语》里就有位大臣回答周天子,说边人弑其君是暴君咎有应得,并非孔子大胆。

二、当时像秦汉那样的君权并未形成,而是在趋向形成中的过渡期。因为并未形成,从前也没有过,所以孔子也不过和当时一般人一样,有后人看来认为冒犯君权的交游关系和说话。

而因当时是在趋向形成秦汉这样君权的过渡期,孔子代表这趋势,所以他又努力在建立"君为臣纲"。

这样看来像是孔子自身的矛盾,就容易明白了。孔子并不是革命家。郭为要确定孔子是革命家,才不能解释这矛盾,对于孔子的另一面只好回避。

说孔子是革命家,这是郭沫若新近才发明的,高兴得且不理会到这种矛盾的回避。他发明先秦是奴隶社会则在十五年前,发明时的高兴渐渐过去,回避矛盾的苦恼便渐渐而来。他在《十批判书》里惶惑地说:我怀疑先秦的民究竟是不是自由的,不知道在那一点上错出了? 其实他的错出之处很容易找到,是在他的命令先秦必须是奴隶社会,奴隶社会的民当然不该有自由,因此他见了相反的资料而苦恼了。

郭说先秦是奴隶社会,只因为西洋史里是经过奴隶社会的。但是,西洋史在奴隶社会之后经过农奴社会,中国却没有经过,这不比先秦史的年代久远需要考证,若是中国一定也要经过奴隶社会,为什么不接下去也经过农奴社会,原来,历史从石器时代到铜器时代、铁器时代的行程大致是相同的,但东方的历史,不遵守西方的历史,中国就没有过奴隶社会,也没有过农奴社会。并且现在也已发见有些民族是从石器时代直接到铁器时代的,有的又铜器铁器并用,不能分做两个时代的。

因为他治学的态度不好,所以许多地方竟有意曲解。例如他引《诗经》里的"十千维耦",说是两万人在集体劳动,要证明当时大规模的榨取剩余劳动。在一个大平原里有两万人在耕作,这原很平常,虽有两万人,却是各人种各人的井田,这又怎么可说是集体劳动呢?

经济学上的集体劳动,不是这样的。

又如他计算当时七个田五个奴隶统共只值几手把米,为要证明奴隶的下贱,用当时的几铢铜来折算成现在的两个铜板,这种折算就不合经济学上的价值论。他又把田价也牵了进去,若是田也那么贱,其产量之低可知,百亩之田又怎能养活八口之家?《汉书·食货志》里引有魏李悝关于百亩田的产量很详明的数字说明,郭明知而不顾。

他又把上农食九人,中农、下农食七人六人曲解做供给榨取者的食粮,不管事实是说的供给农人自己一家九口六口的食粮。

如其所说,田的产量既然那么低,百亩之田又怎能供给六个七个乃至九个榨取者的粮食?

又若一个农民要供给六个七个乃至九个榨取者,则当时榨取阶级的人数为被榨取阶级人数的六、七乃至九倍。若这上农、中农、下农不是指的一个农民,而是指的八口之家的农户,则当时榨取阶级的人数与被榨取阶级的人数同等。然而依照经济的规律与历史的事实,总是少数的榨取阶级榨取多数的被榨取阶级,若是前者的人数比较后者还多,或与后者同等,榨取与被榨的关系便不能成立了。

还有,他把田价说得这样低,若果如此,则当时不有土地问题发生,然而先秦又为什么起了破坏井田制度的大变动呢?

余说先秦并没有过奴隶社会,理由便是郭等也都承认的井田制,井田制社会不可能是奴隶社会。

中国因为没有经过奴隶社会,所以先秦虽多战争,却没有那一个民族或那一国的人民被集团的俘虏了去做奴隶。像以色列人在埃及那样的,便也不会产生像以色列人那种哀叹呼吁救世主的感情,所以中国没有西洋史里的那种宗教。

中国因为没有经过奴隶社会,所以也没有从奴隶主对奴隶的威权而来的,像罗马皇帝的君权,始皇的专制与罗马皇帝的君权,和后来俄皇尼古拉、法帝路易十四的性格都不同,而且站不住,很快就倒了。因为中国的历史是这样来的,所以至今中国人民没有养成法西斯独裁的观念,训练也训练不好,因为没有这样的背景。

中国因为没有经过奴隶社会,所以后来也没有经过农奴社会,中国封建制度里农业与手工业与商业资本的相互关系,便和西洋封建制度里的大不相同。

以上三点是治中国史的人必须明白的,故特于此揭出。

(《地方新闻》1947 年 3 月 24 日,第 2 版)

史学方法的推翻

——读郭沫若作《孔墨的批判》

鲍　公

一

　　近几年来,郭沫若君像是不治金石甲骨,而研究先秦学术思想去了。他出版了《青铜时代》与《十批判书》两部论文集,这两本书可以代表他对于先秦学术思想研究的成绩,同时也表明他的研究方法与观点。郭君自言在这两部书里是以新史学家的观点,并且是站在人民的立场的。关于这些,我们无话可说。他的两部大著虽然充满了新奇的说法,或非常异义可怪之论,我觉得他在这方面的成就似乎远不如在金石甲骨方面的贡献。例如他的《古代研究的自我批判》(《十批判书》的第一章)虽然"清算"了他过去的不少错误,却又造下不少新的错误。原因是金石甲骨之学是以实在的材料为根据的,这里很难逞玄想;而在学术思想上的研究,郭君有意无意的要推陈出新,或出奇制胜,而纸上材料只有这些,不用奇想,不能胜人,于是乎不知不觉的陷于方法上与态度上的错误。本文只举他的《孔墨的批判》(《十批判书》第二章)为例,其余各篇,见仁见智,大家的看法自难一致,可不必一一批评了。

　　在这篇文章里,郭君首先提出孔墨的基本立场,他的结论是:"孔子是祖护乱党,而墨子是反对乱党的人!"(六七面)这无疑是一篇动人的翻案文章。我们生在二千余年后的今日,既非孔党,又非墨派,对于孔墨二家的立场如何原是毫无成见。不过以研究历史的眼光去看二家,应当先认识其本来面目,不可加以曲解。这一点之客观态度,我想郭君是有的,不过他的方法太成问题。他用的是什么方法呢? 他说:"我们最好是从反对派所备的故事与学说中去看出他们相互间的关系。反对派所传的材料毫无疑问不会有溢美之辞,即使有诬蔑溢恶的地方,而在显明相互间的关系上是断然正确的。因此我采取了这一条路,从反对派的镜子里去找寻被反对者的真影。"(六三面)

"从反对派的镜子里去找寻被反对者的真影",这当然也是一种研究方法,但用这种方法是很危险的,是有条件的,因为反对者的镜子里所反映的被反对者,常常不是"真影",而是"假影"。两派对立,此方对于彼方常是尽量"诬蔑溢恶",而真能十分客观的记载对方的却非常之少。应用这种方法至少须备两个条件:其一,反对者所述的故事须能证明其确实;其二,反对者所述对方的思想须与对方的基本思想符合。必须如此,反对者的镜子里始能映出对方的"真影",否则便是假影。这是史学考证的基本信条,如将这基本信条推翻,便无所谓史学方法,无所谓史实的考证,那末一切是非真伪便无从说起了。

二

关于孔子的基本立场——郭君从墨子的《非儒》篇中举出三个故事,当作反映孔子的镜子,现在为了读者的方便,把这三个故事写在下面。

第一个故事是:"齐景公问晏子曰:'孔子为人何如?'晏子不对。景公曰:'以孔丘语寡人者众矣,俱以为贤人也。今寡人问之而子不对,何也?'晏子对曰:'婴不肖,不足以知贤人。虽然,婴闻贤人者入人之国,必务合其君臣之亲,而弭其上下之怨。孔丘之荆,知白公之谋而奉之以石乞。君身几灭而白公僇。婴闻贤人得上不虚,得下不危。言听于君必利人,教行于下必利上。是以言明而易知也,行明而易从也。行义可明乎民,谋虑可通乎君臣。今孔丘深虑周谋以奉贼,劳思尽知以行邪,入人之国而与人之贼,非义之类也。知人不忠,趣之为乱,非仁之类也。逃人而后谋,避人而后言,行义不可明于民,谋虑不可通于君臣,婴不知孔丘之有异于白公也,是以不对。'景公曰:'呜呼! 贶寡人者众矣,非夫子则吾终身不知孔丘之与白公同也。'"

这个故事根本是伪造，一望便知。孔丛的《诘墨》篇早加驳斥。郭君也说："这个故事在年代上有些大漏洞。楚白公之乱见《左传》哀公十六年，这一年的四月孔子死，七月白公胜发难。齐景公已经死去十二年了，晏婴比景公还要死得早。因此以前的人便都说这是墨子的诬罔之辞，那自然是没有什么问题的。"（六四面）实在说，这个故事里的孔子，晏婴与齐景公都不会知道白公之乱这件事，更不用说参加。墨子也不会荒唐到如此，应当是墨子后学反攻儒家因而造出来的淫言。这种淫言本来无一顾的价值，可是郭君却"觉得很有意思，因此说：我们从这儿可以看出：墨子是赞成'入人之国，必务合其君臣之亲，而弭其上下之怨'的，孔子呢，则和这相反，'劝下乱上，教臣杀君'。更说得质实一点吧，便是反对乱党，而孔子是有点帮助乱党的嫌疑的"。（六四面）

第二个故事是："孔丘之齐，见景公。景公悦，欲封之以尼谿，以告晏子。晏子曰：'不可。……孔丘盛容修饰以蛊世，弦歌鼓舞以聚徒，繁登降之礼以示仪，务趋翔之节以观众，繁饰邪术以荣世君，盛为声乐以淫愚民，其道不可以期世，其学不可以导众。今君封之，以利齐俗，非所以导国先众。'公曰：'善。'于是厚其礼，留其封，敬见而不问其道。孔丘乃恚怒于景公与晏子，乃树鸱夷子皮于田常之门，告南郭惠子以所欲为，归于鲁。有顷闻齐将伐鲁，告子贡曰：'赐乎！举大事于今之时矣。'及遣子贡之齐，因南郭惠子以见田常，劝之伐吴。以教高国鲍晏，使毋得害田常之乱，劝越伐吴。齐吴破国之难，伏尸以亿术数。孔丘之谋也。"

孔丛子驳这段故事，说与晏子思想不符。本来这是墨子之徒藉晏子之名来攻击孔子，伪《晏子春秋》外篇抄入书中，晏子何尝有这话。郭君也承认这是在做小说，但他却以为孔子之"帮忙田成子，恐怕倒近乎事实"。（六六面）他又引《庄子·盗跖》篇"田成子常杀君窃国而孔子受币"的话，来作旁证。但是他对于与此完全相反的说法，即《论语·宪问》记载陈恒弑其君，孔子请讨之的话，却不肯相信。郭君的态度是"宁肯相信墨子和庄子，而不肯相信一些孔门后学的。因为三占从二，我们当从多数，这是一。凡是扶助乱党或同情乱党的人，他的子孙后进是谁也要替他掩盖掩盖的,这是二"。(六六面)郭君不相信与孔子思想相符的《论语》,而相信诬蔑造谣的墨子与庄子,而他的理由只是三占从二,或是子孙掩盖,这是凡是稍微懂得史学的人不能相信的。

第三个故事是:"孔丘为鲁司寇,舍公家而奉季孙。季孙相鲁君而走,季孙与邑人争门关,决植。"季孙出走的话,根本靠不住,郭君相信伪《列子》与《吕氏春秋》的话,说"孔子之劲举国门之关而不肯以力闻"。孙诒让注引《左传》襄公十年,晋军伐偪阳,"偪阳人启门,诸侯之士门焉,悬门发,聊人纥抉之,以出门者。"证明这是孔子父叔梁纥的故事,墨子之徒竟按在孔子的头上,于是孔子竟由学者一变而为大力士,而郭君也信以为实,说孔子辅助季孙出走。那真是笑话。

除了这三个荒唐故事之外,《墨子·非儒》篇继续攻击孔子的门徒,说:"子贡、季路辅孔悝乱乎卫,阳货乱乎齐,佛肸以中牟叛,漆雕刑残,□莫大焉。"郭君据此,便说孔子之徒也是帮助乱党的。其实这几句攻击孔子之徒的话,无一不是诬罔荒谬的。

第一,子贡、季路辅孔悝乱乎卫的话,在先秦书中是不见子贡参加,只有汉代的《盐铁论》里有"子贡遁逃"的话,不知其所本,不敢信以为真。至于子路则《左传》哀十五年有详细的记载。据《左传》,卫太子蒯聩作乱迫孔悝订盟,孔氏之老栾宁闻乱,使告子路,奉卫侯辄来奔,子路入,与太子之党斗而死。子路还有"食焉不避其难""利其禄必救其患"的话,足见子路是忠于孔悝和卫君的。孔子书中所说"死悝乱乎卫"根本是谎话,说子路辅孔悝作乱,更是妄说。郭君也承认"和当时的情形不甚相符,但是仍以它为反映墨家态度的镜子"。至于阳货乱齐,不见经传,阳货又非孔子弟子,郭君则袭韩非子的无根之谈,说他是"主贤明则悉心以事之,不肖则饰奸而弑之",并加以断语道:"这确实是含有些革命的精神在里面的。这种精神不失为初期儒家的本色。"(七〇面)不知这话从何说起。

至于佛肸以中牟叛,以及公山弗扰以费畔的故事,清儒崔述在《洙泗考信录》里已斥其妄,不必我们再费话了。关于漆雕刑残的故事,我们毫无所知,即使他就是漆雕开,也不能即断言其必因叛乱而刑残。再退一步言,即令漆雕因叛乱而刑残,也只能说他个人或其一派,即所谓

"漆雕氏之儒"是有任侠的作风,而不能断言孔子和所有儒者都是"帮助乱党"的。

三

以上所说是说明《墨子·非儒》篇中所说关于孔子与其弟子的故事全属子虚。试进而与孔子的思想作一比较,关于孔子的思想,我们只须从最能代表孔子思想的《论语》中举出几个例子便够了。

定公问:"君使臣臣事君,如之何?"孔子对曰:"君使臣以礼,臣事君以忠。"(《八佾》)

子曰:"不患无位,患所以立。"(《里仁》)

子曰:"危邦不入,乱邦不居,天下有道则见,无道则隐。"(《泰伯》)

子曰:"主忠信。"(《子罕》)

子曰:"所谓大臣者以道事君不可则止。"子曰:"弑父与君,亦不从也。"(《先进》)

子曰:"非礼勿视,非礼勿听,非礼勿言,非礼勿动。"子曰:"克己复礼为仁,一旦低己复礼,天下归仁焉。"齐景公问政于孔子,孔子对曰:"君君,臣臣,父父,子子。"

季康子问孔子,孔子曰:"政者正也。"(《颜渊》)

子曰:"上好礼则民敢不敬,上好义则民莫敢不服,上好信则民不敢不用情。"

子曰:"其身正,不令而行,其身不正,虽令不从。"子曰:"居处恭,执事敬,与人忠,虽之夷狄,不可弃也。"子曰:"行己有耻,使于四方,不辱君命,可谓士矣。"(《子路》)

君子哉蘧伯玉,邦有道则仕,邦无道则可卷而怀之。(《卫灵公》)

孔子曰:"天下有道则礼乐征伐自天子出,天下无道则礼乐征伐自诸侯出。……天下有道则政不在大夫,天下有道则庶人不议。"(《季氏》)

> 子路曰:"不仕无义,长幼之节,不可废也,君臣之义如之何其废之? 欲洁其身,而乱大伦。君子之仕也,行其义也。"(《微子》)

以上随便举几个例子,便可以看出孔子、子路立身处世与事君的态度是很一贯的。田常弑齐简公,孔子请鲁哀公讨之。此事不仅见于《论语》,也见于《左传》哀公十四年。说《论语》是孔门后学所记,《左传》则不定是孔门后学所作。再如孔子答齐景公问政,说"君君臣臣父父子子",郭君解释道:"认清了孔子的讴歌禅让,也才能够正视他的'君君臣臣父父子子'的那个提示。那是说:'君要如尧舜那样的君,臣要如舜禹那样的臣,父也要如尧舜那样的父,子也要如舜禹那样的子。'"(八九)这种解释不太正确,因为孔子虽然希望后世的君臣都如尧舜禹。他的"君君臣臣父父子子"的说法,至少暗示给齐景公,为君的不要像齐襄公、陈灵公,为臣的不要像州吁、宋万、庆父,为父的不要像晋献公,为子的不要像楚商臣,这总说得过去吧! 那末,以《墨子·非儒》篇中的故事,和孔子的思想来比较,无一点不相凿枘。假如我们以《非儒》篇的故事为能代表孔子的基本立场,那末《论语》以及一切儒家著作都得完全推翻,只好当他们是孔门后学的伪作了。

前面我提到,从反对者的镜子中反映被反对者的真影,必须具备两个条件,而这两个条件在《墨子·非儒》篇里全不存在,所以郭君说孔子帮助乱党的说法,根本不能成立(《非儒》篇的谬妄,伪《孔丛子》的《诘墨》篇已加驳斥,孔丛子儒虽伪,可代表魏晋间者的思想。郭君未能提出新的证据以驳倒孔丛子,而阳货、佛肸与公山弗扰都不能认为孔子弟子)。至于郭君说,从这些故事里可以反映墨子及其门徒之反对乱党,或拥护王公大人,我觉得也大有商量的余地。先秦诸子虽派别不同,立说各异,但公然反对政府,反对当时社会制度,主张暴力革命者似乎尚无其人。难道我们便可因此说诸子百家都是拥护王公大人的吗? 若说儒家拥护乱党,我觉得与其取材于《墨子·非儒》篇,倒不如引证孟子的汤武革命论,也许郭君不相信儒家传统的说法,认为汤武不是站在人民立场的吧!

郭君在《十批判书》的后记里,也承认他对于孔墨的基本立场的看法,很受朋友的责难,但他自己仍然非常坚持,可是他的证据却异常薄弱。郭君对于孔子的思想的认识大体上是不错，但是说孔子"企图建立一个新的体系，以为新来的封建社会的韧带"（七五面），这是一种新的"托古改制说"，其正确与否尚须经过客观的检讨。

最后我希望郭君还是多研究史实，不要把历史考证的方法根本抛掉，而将学说建筑在沙滩上，否则学说无论如何新奇，终久是站立不住的。

（《经世日报》1947 年 4 月 2 日，第 3 版）

《十批判书》

少 若

郭沫若作，群益出版社刊行。

（一）前　　言

很久以前，对《十批判书》已有着热诚的怀念，主要的动机，乃在于想知道一点郭沫若先生近来的思想。最近读到佩弦先生的书评，略悉原书梗概，更想一观全豹，同时，吴晗先生也曾恳切地介绍过不止一次了。

十天的时间，总算逐字地读了一过，其粗忽处当然仍兔不掉，但大致的情形已经了然。浅陋如予，写一篇文字来"批判"《十批判书》，是万难胜任的；这里只是所谓"简评"，略事剔抉出几处短长，当作一种求教式的商榷而已。世之贤达，倘能由之作更进一步的研讨，则区区补苴罅漏之微劳，也就不算白费。明知吹毛索疵，所言过当，必见讥于大雅；然而愚者千虑，或有一得，虽说蚍蜉撼树，也许能邀得读者的原谅吧。

郭先生这本巨制，其唯一长处，就是从汪洋千顷的古代思潮中，掘发出若干值得讨论的问题。这些问题太有研究的必要。虽说问题之来不免突兀，问题之批判不免"凿空"（吴晗先生语），给问题下的结论不免有过早之嫌，而且把应该假定的看成了绝对肯定的，也有点操之过急；然而，能够把问题提出，而明晰地摆在人的眼前，这眼光与魄力，就非常值得崇拜，何况还有深厚的学识作基础。所以我敢为《十批判书》下一断语：即"为研究周秦诸子者开一新纪元"是也。这与晚清的爬罗剔抉，从考据上费工夫,民初的字斟句酌,从疑古上找问题,又截然不同,而是百尺竿头更进一步的办法了。

至于短处,当然不是没有。上述的许多小疵,都要算作白圭之玷。还是用作者自己的话来说明一下的好;后记里说:

> 我比较胆大,对于新史学阵营里的多数朋友们每每提出了相反的意见。……我对于儒家和墨家的看法,和大家的见解也差不多形成了对立。(页四一〇)

有些地方使人看了,总不太感到发现真理般地熨帖与愉快,那许就是作者"大胆"的原因吧。作者又说荀子:

> 大抵荀子这位大师和孟子一样,颇有些霸气。他急于想成立一家之言,故每每标新立异,而很有些地方出于勉强。(页一九四)

更说韩非是"绝顶的聪明人,他的头脑异常犀利,有时犀利得令人可怕"(页三〇五)这些话,在读完本书之后,很觉得这都是极忠实的"夫子自道",而其结果,也和那本《中国古代社会研究》相似:

> 虽然博得了很多的读者,实在是太草率,太性急了。其中有好些未成熟的或甚至错误的判断,一直到现在还留下相当深刻的影响。(页一)

这并不是一己的独断与私见,只要看过这本书的人,都难免有这个感觉吧?

复次,郭先生所用的方法,无疑是采取比较新颖的唯物辩证法,后记里有这样的话:

> 尤其辩证唯物论给了我精神上的启蒙,我从学习了使用这个钥匙,才认真把人生和学问上的无门关参破了,我才认真明白了做人和做学问的真义。(页四〇八)

同时,书中许多结论,有的是"否定之否定"(如肯定地承认井田制之产生),有的是从内在矛盾看出了事实的真相(如论孔墨的立场),和理论方面的冲突(如指明荀子性恶之不能自圆其说)。总之,"正""反""合"

方式的应用，是随处可以看得到的。

至于"看法"呢，我个人的偏见和佩弦先生略有不同。佩弦先生认为作者是有着"人民本位"的思想的，比"知识阶级"释古的看法更进一步。我却感到在今日的中国，写这样书的作者，看这样书而能了解其涵义的读者，总还是站在"知识阶级"立场上的人，并非客观地、百分之百地"人民本位"化了；不用说别的，就以"唯物辩证法"这工具来说，也还是被知识阶级专利着。所以我只能说，这本书的看法当然是更进一步的，至少比仅仅"释古"要深入一层；然而，他还是"知识阶级"，决非整个"轻快的卸下了一些精神上的担子，就是这五十年来的旧式教育的积累"。（后记，页四一一。）相反，作者依旧未脱尽传统观念的血素，同时，也绝对不会脱尽的。

下面，我把原书中所有的创见与值得商榷之点撮要说出。也附加上一己的小小意见，这意见并不太客观，只是一种依据经验而产生的管窥蠡测而已，既踏实而又老实，可谓了无新见。至于正确的批评与介绍，当以佩弦先生的话为更近情合理。这篇文字虽稍冗长一点，其实并没有跳出佩弦先生的圈子也。

（二）《古代研究的自我批判》

作者对甲骨文与青铜器方面所贡献的功绩，似毋庸再来饶舌。这里，作者很科学地把这些材料处分了，从处分中也就有了正确而新颖的发现。这部分批判中最独到的见解有二：一是对王国维先生的"殷周礼制论"加以修正，在作者认为殷周之际的礼是没有什么剧大改变的。再有便是对井田制的肯定，占去了很大的篇幅，阐明了这制度的始末，前因与后果。

作者所谓殷周间的"礼"之无大更改，大约指的是殷周二代的奴隶制度。在反驳王先生的理论里也没有说出顶具体的例证。假如要把"礼"解作"文化"，我不知王先生原意如何，即以殷之甲骨文与周代的金文而论，其变续之迹，虽说大体相近，但周代是否仍有甲骨文存在，到今日也不能清楚地知道。又如殷的兄终弟及制，与周代的宗法社会，其情势也不尽相侔；而殷尚鬼的礼俗到周朝也大为减色，这些种事实，鄙意也未尝不可包括在"礼"的范围之内。那么，"周因于殷礼，所损益可知也"，其损益处也不尽如作者所想象的简单吧？

对井田制度的阐释，确如佩弦先生所言，是充分地用了"唯物辩证法"的。对井田之所以必有及其所以破坏的道理，可以说是说得头头是道，论证精确。用以说明奴隶制之详情，也能充分得到科学化的证明。虽然，实施井田的痕迹在今日已难断定（详见范文澜等著《中国通史简编》上册），然而这由来已久的记载，到今天才算找到了一个归根结穴，是非的问题我不敢谈，至少这个学说是极精到而健全的。如果要我投票表决的话，我宁愿站在郭先生这一面。

不过在证明井田制的过程中，作者对《周礼·考工记》的估计，我却嫌他稍为武断。作者"断定"《考工记》确为春秋时书，且为齐之官书，而谓孟子的井田说是本自《考工记》。他说：

> 《考工记》毫无疑问是先秦古籍。且看那开首的叙记里说到"有虞氏上陶，夏后氏上匠，殷人上梓，周人上舆"，可知时已不属西周，而书亦非周人所作。又说到"郑之刀，宋之斤，鲁之削，吴越之剑，迁乎其地而弗能为良"，郑宋鲁吴越等国入战国以后都先后灭亡，其技艺亦早已"迁乎其地"，可知这所说的还是春秋时代的情形。又说到"粤无镈，燕无函，秦无庐，胡无弓车"，或"燕之角，荆之干，妢胡之笴，吴越之金锡"，作者之国别连燕秦荆楚妢胡都是除外了的。当时重要的国家所没有提到的只是齐和鲁。"妢胡"，旧注以为"胡子之国在楚旁"，这样的小国不应有被举的资格，我疑妢即是汾，指晋国，胡仍是"胡无弓车"之胡。如此则只剩下齐国一国了。再看书中所用的度量衡多是齐制，如冶氏为杀矢的"重三垸"，垸据郑玄注即东莱称重六两大半两的环；如粟氏为量的釜豆等量名都是齐制，又如"梓人为饮器，勺一升，爵一升，觚三升，献以爵，而酬以觚，一献而三酬则一豆矣"，即所谓"齐旧四量豆区釜钟，四升为豆"（《左传》昭公三年）。据此我们尽可以断定：《考工记》是春秋年间的齐国的官书。（页二四—二五）

�国之为晋国，这个湾子拐得未免太硬，而且也太远。《考工记》中多齐制，然也不尽齐制，故谓是齐之官书也只能假定之。粤、燕、胡这些国家，在春秋时似不如战国时更与华夏接近。且郑宋鲁吴越这些国名及其器用，也不见得必由当时人记载。何以能断定必出孟子之前，而为之强分先后呢？"尽可以断定"云云，似乎太冒失一点了。

末两节谈工商业的分化与奴隶之解放，都能言之成理，眼光极犀利，见解也很得当。对于士的范畴与定义，说得都很好。承认老聃在孔子先（因为先秦诸子皆不否认此说），而谓老子书为晚出，其说尤为可取。但说"窃比于我老彭"之老彭即老聃，则终嫌臆测（郭先生书中未举证明。据陈元德《中国古代哲学史》谓彭聃二字古音可通假是无根据的）。

（三）《孔墨的批判》

这章书里谈到孔墨立场的问题，是作者最独到的见解，但也最值得商榷，为了节省篇幅，已别出另文发表。不过我对作者认为《墨子·非儒》篇是可靠的，始终怀疑，据梅贻宝先生谈，十九是靠不住的，而用来作为证据，则未免突兀一点了。

还有一层，就思想内容而言，儒家是能包括墨家的。现存墨子书中，时而尚有同情儒家的话流露出来。即使墨与儒对立，而孔子在墨子之先，似不能说孔子与墨子对立（后期的儒当然与墨比较对立）。故假定墨子立场为保守的，不能即断言孔子是拥护乱党也。

（四）儒家八派及稷下黄老学派的批判

这是原书三、四两篇，都很有价值，它为自孔之孟自老而庄中间承绪的晦而不明处，都用现存古籍中材料为之作成两条比较合理的桥梁。谈稷下比谈八儒材料既多，因而也更近情理。这两篇可取之点，如从《庄子》中寻绎颜回的修养法，子游为孟学之始，《大学》亦孟学，《管子》中有宋钘、尹文遗作等，皆有其相当理由。惟说子张，说《周易》，均嫌理欠圆到。对《礼记》作者之拟定,如《中庸》即断为确是子思遗书,多未确示证据,稍嫌模棱。又以五行说附于思孟名下,但以《洪范》《尧典》及《孟子》等书附会言之,其证据只凭章太炎先生一说,稍觉突兀一点,他如断《道德经》出自关尹,亦似未及钱穆先生说得精到。

(五)《庄子的批判》

郭先生在讨论庄子师承部分,说明庄子与颜氏之儒的关系,确有见地,至于说庄子宇宙观、社会观等,则窃谓无甚新见。最后说由于庄子的带有神仙色彩及其夸大的幻想,加上五行的附会,与阴阳家相互影响成为末流修仙求寿的方式,也比较可取。

(六)《荀子的批判》

作者分析荀子,剖为宇宙观、性恶说、社会理论、政治理论等部分,颇为科学化。但大抵依据荀子原书,无甚新见。惟从心理及生理方面,乃及荀子自己"有义""有辨"的理论,说明性恶说的不能自圆,可谓鞭辟入里。惟作者认为谈"术"的部分是伪书,如《仲尼》篇的,"持宠处位终身不厌之术","求善处大重,理任大事,擅宠于万乘之国必无后患之术",以及《致士》篇的"衡听显幽重明退奸进良之术"(页二一五),作者皆以为伪。但在论名家时,别引《非相》篇一段,来承认荀子是有着心理揣摩的兴趣的。我以为"与世偃仰,与时迁徙",而"缓急嬴绌"适得其度(页二七〇),和前者所谈的"术"应有因果关系,像"曲得所谓为,然而不折伤",不也还是术么?何作者不察于此而专责于彼耶?所以我认为在荀子的时代谈术,也正是大势所趋,正不必强为之辨真伪也。

(七)《名辩思潮的批判》

这一篇的特点,除掉把诡辞演绎成为有社会性的意义,如"白马非马",可演绎为"暴君非君"之类,已为佩弦所指出外,还把《墨经》上下大取小取等加以客观的分析，说明它们有的为"公孙龙派"，有的非公孙龙派。并又指出有例外之处。惟认为《大取》篇中的"二世"是秦二世，不免臆测了。

还有一点，前面忘记说明。郭先生对于古书的文字，往往狃于私见，来随便予以改定，又往往以现代的看法来揣度古人，像此章中证明"儿说"就是"貌辨"，似乎犯这毛病尤重。固然这种大胆的假设，或为获得新的观点，未尝不可采取，但研究古代学术，还是要站在古人立场，来替他设想一下的更为妥当，张东荪先生就强调这个主张。在我看来，至少这二者不可偏废。

（八）前期法家与韩非子的批评

这是书中八、九两篇，此处亦归并言之。法家虽以晋□□□为根据，但其本身究竟是"政治思想"。郭先生用现代人的看法来批判古代法家思想，从而决定取舍的价值，在学术本身虽不免贻人以"戴眼镜"之讥，但若从实际说，只要所见比较客观，立论不太偏颇，也未始无益于用世。故我对这两篇书，和下面吕不韦那一篇的看法，都很满意。对商鞅、申不害□家，郭先生指出商是法而申是术，法可贵而术可鄙。韩非则是法术兼用，用法御下，用术媚上，并且修正了梁任公先生的见解。尤其是说明了韩非子的来踪（道家中的老子）和去迹（以治天下的美名作装饰，实则施行专制政策，还有曲解社会人情的毛病等），可称透澈之至。

不□此也，□□也显明地表示出郭先生自己的主张，反对网罗告密制，反对言论不自由，反对屠杀反对破坏。这些弊端，在今天某种旗帜下都还找得到它们的面目，而人民也正在饱受着这些莠政的凌迟。郭先生是赞成民主的，如果有人顶了民主的美名，却有着上述的毛病，郭先生又将为之奈何呢！

（九）吕不韦与秦王政

如果问《十批判书》那一部分，最为作者用心力的表现？无疑地应该指出这一篇来。作者把《吕氏春秋》整个分析一下，一部不为世重的杂家之言，竟豁然呈现了一副全新而无隐的面目。他把吕不韦的抱负与政策，和秦王政的设施与作风，极清楚的摆在读者眼前，不但可以了解《吕氏春秋》的价值，还可知道秦国所以兴亡的前因后果。不过，郭先生把吕不韦的身价略嫌高抬，似乎也犯了主观的毛病吧。

（十）尾　声

这篇文字就这样草率地告一结束。一般人对这书的看法，也可以说是"毁誉参半"，但"好作奇论"一语，却是人所公认。这毛病除掉前面所说的原因之外，还有一点。后记里说：

> 秦汉以前的材料，差不多被我彻底剿翻了，考古学上的，文献学上的，文字学，音韵学，因明学，就我所能涉猎的范围内我都作了尽我可能的准备和耕耘。（页四一○）

由这话便可看出作者唯一的遗憾，那就是缺少一点心平气和的冷静，"剿翻了"和"涉猎"的态度不是作学问最高的境界，而是须要更深刻更坚实更辛苦地去钻研。作者说"人生如登山"，而这本书的写成，其态度无宁说是"如旅行"，更为贴切。其最大缺欠也就是病在"走马看花"般去批判古人。同学陈熙橡君说："发现问题的人，不见得是能解决问题的人。郭先生把问题发见了，便以为他已把问题解决，未免不太虚心。"我希望作者能更虚心一点，一定会有更高远的功绩，其加惠于后人者，又岂止《十批判书》而已耶？

丁亥二月写于燕郊，三月十八日改讫

（《天津民国日报》1947 年 4 月 3—6 日，第 6 版）

《十批判书》

张季同

　　郭沫若著,一九四六年群益出版社印本,目录二面,正文及后记四三一面。

　　本书在《图书季刊》新第七卷第一二期已有介绍,故本文侧重于批评,关于书中各篇内容之介绍,一概从略。

　　为方便计,仍将篇目介绍如下:一、古代研究之自我批判,二、孔墨的批判,三、儒家八派的批判,四、稷下黄老学派的批判,五、庄子的批判,六、荀子的批判,七、名辩思潮的批判,八、前期法家的批判,九、韩非子的批判,十、吕不韦与秦王政的批判。

　　第一篇《古代研究的自我批判》,著者重申其殷周时代为奴隶制度之主张,而肯定井田为史实。著者以为春秋战国时代之社会大变革为由奴隶制度转变为封建制度。西周时代的社会是奴隶制度呢,还是封建制度呢？这是现在尚在争论中的一个问题。争执的根源,恐怕有一部分是在于名词的界说不一致。此书关于井田的解释,却是一个对于古代史极其重要的新说。

　　第二篇《孔墨的批判》,是本书中最主要的一篇,也是最有意义的一篇。郭先生从《墨子·非儒》篇考定孔墨的基本立场,认为孔子是拥护人民利益的,墨家是拥护王公大人的。关于孔子的批判,实为民国以来所有关于孔子的批评之最客观最正确者。自五四运动以来,大多数学者认为孔子在当时是个守旧派。但如认为孔子在当时是守旧派,有两项事实很难解释。㊀如孔子是守旧派,当时并无革新派与之对敌,更非政权在革新派手中,何以孔子竟会度流亡的生活,处处遭受排挤刺议? ㈡ 孔子思想自汉以后奉为正统,何以汉代新社会秩序成立之后,反而崇奉反对新社会秩序之守旧派首领之言论为指导原理? 就孔子生前死后之遭遇来说,我们实不能认为孔子是守旧派。孔子固然是表面上拥护周制,但乃是对待夏商制度而言;孔子赞美尧舜,则不免是托古改制。《论语》中明载当时贵族叛徒公山、不狃、佛肸等欢迎孔子,而执政之贵族则逐孔子甚或欲杀孔子,则孔子在当时之立场甚为显然。崔东壁认为《论语》中《公山》《佛肸》诸章都后人伪作,不过是守旧的经师之见解而已。

郭先生认为墨子拥护王公大人,却有可商榷之处。然而郭先生讲墨子注重私有财产之保护,却是一个重要发现。不过这仅足以证明墨子并非企图消除阶级制度而已,似尚不足以证明墨子积极的拥护阶级制度。墨子的尚同论,实为一种反民主的思想,而可谓全体主义之思想统制之宗祖。要之,墨子思想之全系统,尚须从新检讨。今日以前,许多人都认为墨子思想有消除阶级之倾向,经过郭先生的发现,可以证明这种见解是谬误的了。

第三篇《儒家八派的批判》,阐发了为汉宋以来学者所不注意的先秦儒家孟荀以外的各学派。儒家八派之中,最为后人所忽略的为子张之儒、漆雕氏之儒,郭先生考证之颇详。惜乎史料不足,先秦儒家之全貌,是难以再现了。

第四篇《稷下黄老学派的批判》,可商榷的问题最多。1. 先秦是否有一个黄老学派? 稷下先生是否可称为黄老学派? 似乎都很有问题。黄老一词,屡见《史记》。但在现存的先秦诸子书中,似乎并未见过。较早的书不必说,在《庄子》《荀子》《韩非子》《吕氏春秋》中,都未尝以黄老并称。司马谈叙六家,有道德家而不称之为黄老。黄老一词,似起于汉文景之时。窦太后好黄帝、老子,于是黄老并称,成为流行用语了。在汉代以前,却是没有的。司马谈虽然是汉初黄老学派的主要人物,却于六家之中,列道德而不命之为黄老,实较为近古。黄帝老子并称始于汉初,则先秦时代便不得说有一黄老学派了。2. 稷下学者不尽属于道家。田骈、慎到、环渊可谓道家,宋钘、尹文的学说是杨墨之综合,一方面固近于杨,一方面亦近于墨。据《庄子·天下》篇所叙述,宋尹之学确然与老聃、庄周不属于同派。而《荀子·非十二子》,更以墨宋并列,便尤其显然了。我们实无理由认为《庄子·天下》篇所说有误,更不能认为荀子所说一无是处。3. 关于老聃、环渊,问题更多。郭先生认为《史记》所谓环渊著上下篇,即今《老子》上下篇,说甚可喜。但郭先生又认为老子是孔子的前辈,其遗言口耳相传,到环渊乃笔之于书,而环渊所笔之于书者又属发明意旨之作,其中只有一部分是老聃遗说,这未免太曲折了。《论语》为孔门再传弟子所纂集,但乃是根据当时弟子之所记。如仅系口耳流传,经百年之久,其可靠性恐无多了。而且,今本《老子》既属环渊发明指意之作,则其中何者为老聃遗说,何者为环渊之发明,更无法分辨。于此,郭先生以《韩非子·解老》篇、《喻老》篇为分辨之根据。凡《解老》《喻老》所解过喻过者,为老聃遗说,此外便是环渊的议论。这个分辨的标准,未免可怪。《解老》《喻老》在年代上晚于环渊,假若环渊的编著不足信,则《解老》《喻老》的作者便可信么? 在此项公案上,《解老》《喻老》的作者,有作证人的资格么? 我认为假如今本《老子》即环渊所述,则环渊与《解老》《喻老》的作者,其可信或不可信,至少是处在同等地位的。关于此点,我认为不如直接了当承认《汉书·艺文志》的话,认为老聃、环渊有直接的师承关系。而《老子》的年代,也就确定了。4. 环渊与关尹,郭先生认为是一人,其实证据不足。关环尹渊,在今日音固相近,但我们找不出关环通假及尹渊通假的例证。且据《天下》篇,关尹之名列于老聃之前,似非老子之晚辈。我以为不如仍承认关尹与环渊为二人,比较有据。

　　第五篇《庄子的批判》,第六篇《荀子的批判》,第七篇《名辩思潮的批判》,三篇中新见解较少。《庄子的批判》认为庄子出于颜氏之儒,虽是新说,惜证据不甚充足。认为庄子本是悲观厌世的,看不惯"窃钩者诛,窃国者侯",于是想过一种超现实的生活。此见解实甚公允而正确,《荀子的批判》,关于荀子的政治思想,阐释甚详。考证《仲尼》篇不是荀子所作,亦甚精审。《名辩思潮的批判》,旁搜博征,不以惠施、公孙龙二子为限。惟认为惠子是观念论者,恐不正确。据我看,惠子的学说,无宁可谓近于唯物论,他讲大一小一,毕同毕异,注重物的研究,而不作超现象的玄想,其态度实与唯物论为近。郭先生又认为《墨经》上下议论相违,《经上》学说与惠子、公孙龙相反,《经下》则赞成惠子、公孙龙之学说。这是一个前人未曾道及的新见解,可惜证据不算充分。《经下》所谓"坚白说在因",《经下》所谓"无坚得白,必相盈也",如解为与公孙龙相反的意思,比较通顺;如解为与公孙龙意思相合,便比较勉强了。《庄子·天下》篇谓墨家各派"俱诵《墨经》,而倍谲不同",似乎所诵《墨经》是一致的,而解说推衍则相背反,并非诵读不同之经。

第八篇《前期法家的批判》,第九篇《韩非子的批判》,俱甚精湛。《前期法家的批判》中,考论李悝、吴起之政治思想,可谓发前人之所未发。论申商之异同,亦甚透辟。《韩非子的批判》中,对于韩非的评论,甚中肯綮。郭先生认为韩子的文笔极其犀利,而郭先生批判的笔墨,亦极犀利,读起来令人爽快。

第十篇《吕不韦与秦王政的批判》,是书中最长的一篇,也可谓最精彩的一篇。阐明吕不韦的思想,尤为发前人之所未发。《吕氏春秋》一向被人认为杂家,被人认为无有中心思想。经郭先生之研究,乃发见其中实有中心思想,对于各家学说,实有所去取,并非杂糅无择。大体可谓儒道之一种综合,而于墨家学说,摈弃独多。这实乃是一项新发现,值得特别赞扬的。论列吕不韦与秦始皇在思想上的对立,亦精辟之极。

通观全书,创辟的见解甚多,虽也不少证据不足,近于武断之处,然而证据凿确,精审不移之见解更多。著者本是文学家,所以文笔极其流畅,虽是考据文字,而生动活泼,引人入胜,尤属不可多得。

(上海《大公报》1947 年 4 月 6 日,第 9 版)

《十批判书》之批判

丁　山

　　病中,时断时续将《郭沫若文集》第一辑的《青铜时代》和《十批判书》读了一过,古代思想,经过这样的彻底清算,茫茫的先秦时代,已建立了深厚的新基础,获得了新认识,中国古代史学已跃进另一新阶级了!

　　自从顾颉刚先生《古史辨》猛力扫荡层累的伪古史系统之后,一部上古史只剩些零简残编和不成体系的断烂朝报了。王国维《古史新证》虽然运用新史料积极证明传说的故事有本有源,限于文献,终不能完全说明古人生活的实况。等到郭沫若先生《中国古代社会研究》出版了,从古代社会学观点才完成上古史的新体系。

　　震撼一时史学界的《古代社会研究》,因为所用初民社会学的术语,距离故书雅记相传的定型名词太远,表面上显示了思想上的枘凿,颇引起传统史学界的反感。然而,肯构肯堂,这部书已为中国古代史料树立了一架庄严的栋梁,虽在反对者心里还是一致公认的。运用商周时代的直接史料,加以直接的解释,不为两汉以后展转传统所迷蒙,不为今古学派经师学说所笼罩,高瞻远瞩,独往独来,遂获得若干重要的结论。如,自卜辞证明:商代是牧畜最繁盛时代,禾黍在当时也很视为重要生产,贸易行为必始于商人;自《周易》中归纳周初所谓大人君子就是王公仕宦,小人就是一般平民;自《三百篇》里看出周人对北取守势,对南取攻势,因为北地苦寒,不适于农业,南土膏沃,特别便于农业的发展;这都是颠扑不破之论。商周两朝距离现代究已远隔两三千年以上了,那个时代人的生活习俗、宗教思想、语言文字,距离现代太悬远了。那个时代所流传下来的书本子史料,竭尽清代朴学大师的智慧尚不能豁然贯通,现在,我们要想完全理解无余,当然不可能。举个例说,商周时代有献羊血为祭品的制度,如卜辞云:

> ……来庚寅,酒,血三羊于妣庚……(后,上,廿一)

血三羊,大概就是《山海经》中《山经》所谓:"薄山,刉一牝羊,献血。"郭璞注:"刉犹刲也。"在《国语·楚语》里也有"诸侯宗庙之事,自射其牛,刉羊,击豕"的纪载。那末《周易·归妹》上六爻词云:

> 女承筐,无实;士刲羊,无血;无攸利。

应该是叙述新婚夫妇拜见家庙的典礼,而且是游牧社会的遗俗。郭先生在《古代社会研究》理解为:"这是牧场上一对青年的牧羊人夫妇在剪羊毛的情形,刲字怕是剪剔之类的意思。"还保留一种谨慎的怀疑态度,解释虽然差误,显然留有修改的余地,假使有人因袭这种不定的解说,认真拿来讲草原上剪羊毛的恋爱故事,那就错了!

《古代社会研究》出版以后,郭先生深自悔悟,如《十批判书》开卷的《自我批判》道:

> 我首先要谴责自己。我在一九三〇年发表了《中国古代社会研究》那一本书,虽然博得了很多的读者,实在是太草率,太性急了。其中有好些未成熟的或甚至错误的判断,一直到现在还留下相当深刻的影响。有的朋友还沿用着我的错误,有的则沿用着我错误的征引而又引到另一错误的判断,因此关于古代的面貌引起了许多新的混乱。

这种忠实学问、勇于自责的态度,真值得我们无上崇敬。目下的学术气雰,较有地位的学者,只许人们恭维他"某先生之说是也",决不许批评他半个"非"字。假如有人不识趣轻率的揭出"以权威学者自命"的著作错误,那末,你在学术界就会随时遭受意外的打击。权威就是真理,批评权威等于背叛真理,整个学术界渐为权威的政治铁幕所笼罩,谈不到真理了!当此国家的学术思想渐渐踏入欧洲的中古时代,像郭先生这样肯勇于自责,决非等闲之事。我们检讨他所以能"自我批判"的缘因,更不能不崇敬他求真的态度,天天前进,直向古代学术全面去追踪。

在甲骨文方面,继《古代社会研究》之后,有《甲骨文研究》《卜辞通纂》《殷契粹编》诸作,一步步的踏进艰深的专门研究,而论定芎甲、芎丁,即《殷本纪》的沃甲、沃丁,象甲即旧史相传的阳甲,子癸即康丁之子,帝丁即文丁,帝五丰臣,犹《秦誓》云"一介臣",《封禅书》云"九臣,十四臣",都是千真万确,一定不移之论。以言古文奇字,郭先生所识的岁字、黄字、舞字、雩字、咼字……往往是一字疏通,各辞冰释,可以看出郭先生对于古文字学修养之深。尤其《通纂》里将若干残碎的甲骨臣子,拼成完全的片子,以追踪商代的祭典和殷王的政伐踪迹,发现武丁时代,王朝的政治向西北发展,文丁帝乙时期转向东南进攻,更见得郭先生胆大心细,见人目所不见,言人所不能言,他的甲骨学已深入很高的境地。

在金文方面,继《古代社会研究》之后,有《殷商青铜器铭文研究》《金文丛考》《两周金文辞大系图录及考释》诸书。由于令簋、令尊的发现,郭先生自《尚书·洛诰》中发掘出沦没二千年的《伯禽》篇佚文,如此劳绩,不亚于伏生壁藏古文经。尤其金文考释之学,有清一代,都沿袭器形的分类,或者以字数多寡编次,甚无当于铭文的研究。郭先生的《大系》,首先打破传统观念,而以《尚书》体例部勒两周的铜器铭文精华,这又将金文研究划入新阶段了! 除了邵鬯,效父簋、羿父鼎三器所见休王应释为成王(见《召诰》),郭先生误为孝王之外,其余三百多件铜器的年代,郭先生所厘定者,简直可奉为两周铜器年代绝对的新准绳。毛公鼎铭,一向疑为成王时代所作,郭先生自鼎的形制花纹证以《尚书·文侯之命》的文章风格,确定为宣王中兴之初的作品,真是石破天惊之言,可以称为定论。在图录序里阐述彝器形象的演变,以本身的铭文相印证,更突过东西学者研究中国铜器的皮相形制学了。无论自形制学、金文学、经学、史学、文字学各方面,检讨《金文辞大系》,凡是精通旧学而对古器物学又有深刻研究者,都会承认这部书是个划时代的进步!

在《金文丛考》里,已有几篇文章注意古代思想。等到一九三五年《先秦天道观之进展》出版了,我们才知道郭先生的学问兴趣,又转到思想方面。五四以来,关于中国古代思想的著作,多半蒙受胡适之先生的影响,断自孔子,春秋以前,大抵有搢绅先生难言之之感。惟有郭先生熟读《诗》《书》《易》《春秋》,而又有卜辞金文学的湛深的修养,才敢由殷商的天道观念直讲到孔子伦理思想的构成,与夫老庄、墨翟、申韩、名辩诸派的相互影响,将古代思想的因缘上溯一千年,将儒道以后的思想清理出新体系来。拿我外行眼光看,这才是中国古代思想史的第一部成熟著作呵!

追踪古代思想的研究,郭先生又沉浸到先秦诸子里面。如考订韩非子《初见秦》篇为吕不韦见秦昭襄王之作,固已远胜古今学者之说。自《管子》书里发掘出《心术》《内业》《白心》《枢言》诸篇为宋钘、尹文的遗著,更其是一语破的,凿破鸿濛了。在《述吴起》篇的结论,点出魏文侯时代的史起也就是吴起,重申吴起作《左氏春秋》之说,都极重要。一部《左氏春秋》,好言军旅之事,与孔子所谓"足食足兵"思想相近,前半正说"礼乐征伐自天子出",后半部道的是"陪臣执国命",应该成于儒家而兼兵家的吴起之手。郭先生《青铜时代》的《墨子思想》篇以下,正由《先秦天道观之进展》逐渐推阐出来的。

《十批判书》第一篇《自我批判》,是修订《古代社会研究》旧说,也许就是郭先生对于古代史所下的最后结论;其余九篇,还是《天道观之进展》篇的具体申述。

自《先秦天道观之进展》一直写到《十批判书》,一贯的表彰儒家,推崇孔孟学说。他通观先秦诸子的思想,认为:

> 大体上说来,孔孟之徒是以人民为本位的,墨子之徒自以帝王为本位的,老庄之徒是以个人为本位的。孟子要距杨墨,庄非儒墨,并不是纯以感情用事的门户之见,他们是有他们的思想立场的。(《青铜时代·后叙》)

"有心哉,击磬也!"郭先生不能忘情现代问题,也就不能不皈依以人民为本位的孔孟学说。这在批判后记里,曾有坦白的申明:

> 批评古人,我想一定要同法官断狱一样,须得十分周详,然后才不致有所冤曲。法官是依据法律来判决是非曲直的,我是依据道理。道理是什么呢? 便是以人民为本位的思想,合乎这种思想

的便是善,反之便是恶。我之所以比较推崇孔子和孟轲,也因为他们的思想在各家中是比较富于人民本位色彩的,荀子已经渐从这种中心思想脱离,但还没有达到后代儒者那样下流无耻的地步。

后代儒者,"在思想成分上不仅有儒有墨,有道有法,有阴阳,有刑名,而且还有外来的释",实际上融会百家之言构成到地的杂家,这在《后叙》里,郭先生已明白的道破了。以孔孟还孔孟,以荀卿还荀卿,不以后儒的曲说傅会或诬蔑孔、孟、荀卿的学说,这种谨严的态度,加上他阐扬孔孟的以人民为本位的思想,谁说郭先生是中国思想的叛徒,无异供言他自己是不学无术了!

有学者不必有术,有术者不必有学,封建制度的崩溃,中国政权一向落在术家手里。君以术御臣,臣亦以术欺君,"法出而奸生,令下而诈起",数千年来,治世少而乱世多,总由申韩之术——权谋作祟。善于运用权谋者,可以使"不贤而为贤者师,不智而为智者正",于是指鹿为马,大官皆大圣,小官皆大贤,狗才号智囊,奴才尽显要,凡是不在其位,无权无勇的人,当然是至愚至不肖了。郭先生站在孔孟立场批判,"韩非之学,实在是有秦一代的官学,虽然行世并不很久,而它对于中国文化所播及的毒害是不可计量的"。回顾二千多年的历史,谁家不是权谋得之,权谋失之?"法令滋张,盗贼多有",谁能举出坚强的证据,以否认郭先生的批判?

不入于杨,则归于墨,孟轲时代的学术思想,黄老、墨翟两大潮流泛滥于国际间,研究古代哲学者,都不曾弄清楚那种形势的。郭先生在《墨子思想》篇(见《青铜时代》),特别指出墨学的中心在秦惠王时代即移到秦国,始皇还是继承墨学的衣钵,儒家思想自然不能浸润关中了。在东方的齐国,稷下先生中,田骈、慎到、环渊、接子、尹文、宋钘,都是道家掺杂少数的阴阳家和儒家;而且阴阳家的驺衍、驺奭,儒家的孟轲、荀卿,都是游学的过客,不曾安下身去,可见稷下先生们,还以黄老学说为主体。南方的楚国,是道家的策源地。楚与宋迩,又接近墨学的大本营,在道墨两派互相消涨之下,也不允许儒家发展了。孟子以前的学术国际,只有魏国盛行儒学,不幸梁惠王几次败仗堕落了国际地位,当孟老夫子游梁的时候,魏国的思想界也为惠施、庄周两派思想渗透了。放

眼战国的中期,西方的秦国几乎为墨学独占,东方几个大国的思想大半
为道家或名家所支配,仅有泗上的邹鲁剩几个小国信仰儒学,小国的没
落,儒学也跟着困顿。尽管孟老夫子拼命的距杨墨,杨墨学说托庇于大
国政权之下,依然猖獗。战国时代,学术思想的国际分野,待到郭先生
《稷下黄老学派的批判》才指点清白,这也是极重要的贡献。

孔子之后,儒分为八,八儒的特征,过去的人也都不曾分辨清楚。
孙氏之儒,郭先生认为即是荀子,"他的思想相当驳杂,汉武以后儒家成
为了百家的总汇,而荀子实开其先河"。这篇批判,特别指出荀子所说
的民和孔孟所说的民不尽相同,可谓辨察秋毫之末了。漆雕氏之儒,
《显学》篇言其行径流而为任侠,其思想则传于公孙尼子,有《乐记》传
世,郭先生疑即陈良。陈良的弟子弃儒习墨,近于子张氏之儒了。八儒
的批判,最重要的发现,是将子思、孟轲、乐正氏三家并为子游学派,将
《礼记》中《礼运》《大学》《月令》诸篇,定为子思、孟轲的学说。这样清
算,思孟的五行支配一切的原理,搜寻多年不见痕迹的僻违幽隐理论,
被郭先生寻到下落,这当然是非常可喜的事。另一个重大发现,便是颜
氏之儒,"三月不违仁",即《庄子·人间世》所谓"心齐",《大宗师》所谓
"坐忘"。因此,郭先生认为庄子思想出于颜氏之儒,所以《庄子的批判》
篇特别考出庄子赞美孔子的议论。这种看法硬是改变二千年来传说的
道统了,似乎值得我们重加研讨。

孔子以前,不但无私人著作,就是典册,也非私家所得收藏,所谓学
术,都是大夫王公大人的专利品。周公告诫商馀的官吏多士说:"惟尔
知,惟殷人有册有典。"那个时期的高文典册,经过战火和时间的洗劫,
今虽流传无几。就拿殷虚出土的文物看,铸造铜器精美到了那末样的
程度,不会没有《考工记》一样的官书。从甲骨文看当时祭礼之繁,祭品
之杂,也就不会没有祭典一流的规程。"商有乱政,而作《汤刑》",荀子
也说"刑名从商",商朝王府里也就不会没有李悝《法经》的一流刑书。
再从甲骨文看,有闰月的纪载,有中星的观测,也就不能没有《天官书》
一流的历书。有贞有卜,也就不能没有《师春》一流的占筮书。《楚语》
和《孟子》都引武丁之书云:"若药不瞑眩,厥疾不瘳",那时也就不能没
有《本草》一流的医药之书。周人灭商,商朝的太史僚向挚、辛甲之流先

后降周,周朝遂得沿袭商朝的典礼。《易象》《春秋》传于鲁,《周志》《军志》传于列国。从《国语·周语》的宣王不籍千亩的一段文章看,当时也就不会没有《后稷》一流的农书。从《国语·晋语》所引的瞽史之记和《左氏春秋》所引的训语、夏训之类的故事看,春秋以前,也就不会没有《穆天子传》一流的小说书。由地下出土的实物参验到经传的传说,现在,我们决不能将孔子以前士大夫以上贵族的专利品——官书和官学,一笔抹杀。《礼记·学记》所传古代教育制度虽不可尽信,在盂鼎铭里有"小学"名词,在静簋铭里有"学宫"名词,这都是教育贵胄子弟和王朝的官吏所在,有这些直接证据,我们能否认春秋以前学不在官吗? 因此,我们敢于决定,《汉书·艺文志·诸子略》所说:

> 儒家者流,盖出于司徒之官。
>
> 道家者流,盖出于史官。
>
> 阴阳家者流,盖出于羲和之官。
>
> 法家者流,盖出于理官。
>
> 名家者流,盖出于礼官。
>
> 墨家者流,盖出于清庙之守。
>
> 纵横家者流,盖出于行人之官。
>
> 杂家者流,盖出于议官。
>
> 农家者流,盖出于农稷之官。
>
> 小说家者流,盖出于稗官。

关于思想的体系,虽未免出于影响、傅会,然诸子学说,由于王朝的官学逐渐传布出来,所谓"天子失官,学在四夷",那是必然的。郭先生批判诸子的学说的渊源,但从孔子以后的派系着眼,而忽略孔子以前的官学,这显然囿于胡适之先生诸子不出于王官的陈言,转不如《先秦天道观之进展》篇推本思想于商周时代的体大思精。

我对于先秦诸子学说不曾彻底研究过,对于郭先生所批判的诸子,不能作湛密的批评。即就郭先生批判墨子的思想体系说:

> 孔子否认传统的鬼神,而墨子则坚决地肯定传统的鬼神;这神有意志,有作为,主宰着自然界和人事界的一切。

墨子的思想,以《天志》《明鬼》为脊梁,这种神道设教的脊梁,不就是《礼记·表记》所谓"殷人尊神,率民以事神"的精神吗?商人鬼,越人魅,无论从那方面看墨子神道设教的脊梁,总未脱离原始的神权政治观念。神权思想,只有教主们善于夸大的宣扬。原始的教主,就是巫觋,商朝有巫咸巫贤,都会说鬼神之必有的。在周朝,由于周公"敬德"而怀疑天道,巫的地位降低了,另设太祝宗伯,管理宗庙鬼神之事。鲁国夏父弗忌为宗伯,将僖公神主升在闵公之上,宗有司以为不可,这位宗伯答以"吾见新鬼大,故鬼小"(详文公二年《左传》),可见宗伯专以"明鬼"为职责。卫国有位祝佗,当皋鼬之会,引经据典向苌弘申说一大套周初封建的掌故,可见太祝之官更需要学术的修养。有位朋友告诉我:墨子,是宋桓公的庶子公子鱼之后,鱼字目夷,《世本》作墨夷,世为宋国的左师(似乎是童书业先生)。左师,是听政的大官,地位虽在宗伯巫祝之上,然观于春秋时代,宋国大夫好言山川鬼神,致招"宋征于鬼"之讥(详定元年《左传》),很可证明墨子思想的脊梁,正是"殷人尊神"思想的遗存,正是保守神权政治那套落伍的商代官学。《艺文志》言,墨学出于清庙之守,那是错的。

孔子,也是殷人之后,应该发扬商代官学的,他老人家偏好戴周人的冠冕去梦见周公,讲肄周公之典,注重周代的文献,《诗》《书》执礼;在思想上,除了赞成商代刑罚尚中的态度之外,则极力推崇周人所提倡的"德行"之为人标准。由"德行"标准推演出中国哲学最高原理的"仁"学来;由刑中的态度又推演出中国最高伦理标准的"中庸"之道来。大体说,孔老夫子生长在鲁国,自幼就读《易象》与《春秋》,浸濡于周代官学者甚深,所以不知不觉而好从"周人尊礼尚施,事鬼敬神而远之";这由笃守商代官学的墨子看,当然是民族的罪人、思想的叛徒。孔墨思想的冲突,不妨暂借荀子所尝用的术语作简括的批判——一个是法后王,一个是法先王的。"先进于礼乐,野人也;后进于礼乐,君子也。"孔子所以告诫弟子说:"汝为君子儒,毋为小人儒。"那种"小人儒",大概是暗指墨学祖师晏婴的法先王。樊迟请学稼穑,颇有墨学的意味,所以孔子骂他"小人哉"。《墨子·非儒》篇所举晏子批判孔子的两个故事,显然骂孔子是"伪君子"。晏婴本来也是宋人(详北平研究院《史学集刊》中第四期《齐叔弓钟铭跋》),与孔子同属亡国奴阶级,当然不免故国之思,孔子则忘其所以的都弃先王官学,而要僭拟周朝的贵族,发扬周朝的官学,所以墨子要借晏子的口吻痛骂他是"伪君子"。孔子主张"文之以礼乐",乐的主体,钟鼓为主,而殷虚出土的器物,至今还不曾发现钟镈,因此,我们可以明白墨子"非乐"的主张正由反对雅颂派的周乐为基点而扩大范围至于一切的音乐,都要反对。说到这儿,我对于孔墨的冲突,认为民族思想是根本的因素。墨子株守神权政治的商代官学反对接受周代官学以人民为本位的孔子思想,固然错误,若自思想发达程度看,墨子是原始的,孔子是前进的,墨学思想的体系该先儒家而成立。郭先生在《孔墨的批判》篇,已经看到两家冲突的因素,而忘记这两大学派皆出于官学,在此,我不能不为之略加补充。

楚国的左史倚相所读《三坟》《五典》《八索》《九丘》,现在是片纸不存了,前此解释纷纭,莫衷一是。我的看法,《九丘》,可能就是《九歌》,《八索》可能就是《庄子》所引的《法言》之类,《五典》无疑的就是藏在楚国官府的训典、祭典、鸡次之典之类,《三坟》可能就是婆罗门教口说流传的三吠陀(Neda)。吠陀典认为宇宙间最高无上的原力就是 Tad,音译为"道",意译就是"太一"。《道德经》所传"道生一,一生二,二生三,三生万物"的原理,显自《梨具吠陀》创造赞歌直译而来。(详齐鲁大学《国学季刊》第三期《吴回考》)换句话说,老子思想的本体,当溯源于印度的婆罗门教,而国内一班讲思想史的学者,在儒墨所传商周的官学里探寻老子思想的来源,无异于缘木求鱼。《五典》既然是楚国的官学,《三坟》也就不能例外了。因此,我对于"道家者流",认为"盖出于楚国的官学",官学大部分掌于国家太史,《艺文志》说"道家,盖出于史官",那有一部分理由,不可否认。道家思想出于楚国官学,楚国官学先孔子而成立;孔子学于老子,在《庄子》和《吕氏春秋》里更有不少的纪载,那末,孔子那套知天命、耳顺、从心所欲的内圣之道,当然是受道家清静的影响。他的弟子颜回,能够修养到"心齐"、"坐忘"的境地,正得道家的薪传,所以庄子特别表彰颜子。《庄子的批判》认为庄子的思想出于颜氏之儒,似乎为近来一般论调——《道德经》成书在战国中叶之说所误。

《汤刑》久已散佚了。从铜器和甲骨刻辞里面看,有用斧钺斩首的大辟之刑,有用锯子断腿的刖刑(即罗振玉以来所误释的陵字),有用绳索系颈的�杀之刑(即罗振玉以来所误释的緵字),还有用鼎镬煮人的烹刑,凡周秦之世载籍所传极残酷的刑罚在商朝通用的文字里,随时可以发现,我所以说殷商时代不会没有刑书。"周有乱政,而作《九刑》",《九刑》的序录,尚存于《逸周书》中,就是我们所常读的《皇门》篇。到了西周末年,诸侯之国开始作刑书,《尚书·吕刑》篇可为代表。春秋后期,郑子产铸刑书,晋国也铸刑鼎,遂开李悝《法经》的先河。由这堆零星材料论中国刑法历史,可以探源于商周之世。《前期法家的批判》,但断自"郑人铸刑书",嫌太晚了。《吕览·孝行》引《商书》曰:"刑三百,罪莫大于不孝。"可见《汤刑》的条文,不过三百条,到了《吕刑》,条文加了十倍,遂有"五刑之属三千"的规定。"百行孝为先",从《汤刑》一直变到《大清律》,都不曾变更这种传统精神,孔子伦理观念以孝为基础,显然又出于《汤刑》。《汤刑》的条文,有所谓"其恒舞于宫,是谓巫风"(《墨子·非乐上》引汤之官刑),有所谓"弃灰于公道者断其手"(《韩非·内储说上》引殷法),其词甚略,俨然后世律文的雏型。周人以所作的《九刑》,也还有一部分律文传世,如文公十八年《左传》引用周公《誓命》曰:"毁则为贼,掩贼为藏,窃贿为盗,盗器为奸。主藏之名,赖奸之用,为大凶德,有常无赦,在《九刑》不忘。"以《誓命》解释《九刑》,正是刑名学的开山。孔子所谓正名,应该作确定犯罪的定义解。请看他们的原文说:"名不正则言不顺,言不顺则事不成,事不成则礼乐不兴,礼乐不兴则刑罚不中,刑罚不中则民无所措手足。"因为罪行的名词不确定,则法官可以"乱狱滋丰,贿赂并行",或者异罪同罚,或者同罪异诛。小百姓一举一动,可以构成罪名,而被置死地,所以孔子有治国必先正刑名之感。

　　　　子产治郑,邓析务难之,与民之有狱者约:大狱一衣,小狱襦袴,民之献衣襦袴而学讼者不可胜数。以非为是,以是为非,是非无度,而可与不可,日变。所欲胜,因胜;所欲罪,因罪;郑国大乱,民口谨哗。(《吕览·离谓》)

像邓析这流恶讼师,好争锥刀的之末以难法官,法官有时因为刑名的涵义不确,反为讼师所穷,厘定刑名,也是听讼折狱者所必需。郑国的刑书,晋国的刑鼎,以至于李悝《法经》,大概都是做的"正名"工作。可是,刑名定了,恶讼师仍然利口翻案。名有定而辩无方,《艺文志》于法家之后,继叙名家,名家者流,又首叙邓析子,很显明的指出名辩学派出于法家。法家者流,信罚必罚,当然"出于理官"。《名辩思潮的批判》篇认为这种潮流导源于儒家的"正名",还是上了"名家者流盖出于礼官"的当。

"邹衍深观阴阳消息,而作怪迂之变",他的《终始》《大圣》之篇,瀛海之外大九州之说,都是自天文学推演出来的。(详《齐鲁学报》第一期《九州通考》)天文历算,在商代已不如现代人所想像的那么样子简陋,甲骨文曾有日月食的纪录,又有:

> 贞,翌戊申,婎其……(甲骨七集,B43＝12)
>
> ……躬星,三月。(前,七,36,3)
>
> ……皀卯鸟星。(院十三次发掘)

所谓婎,大概就是织女宿,躬就是觜宿,卯就是昴宿,鸟就是朱鸟,所谓鹑首,鹑火鹑尾是也。我们相传很久月行黄道的二十八宿,在武丁时代已有明确的纪载,那个时期历算之学必有重要的官吏日常的在那儿观测推算。测算星历,两汉以来,大抵掌于太史令;在周朝,相传"天子有日官,诸侯有日御",《周官·大宗伯》则谓太史之下,有冯相氏,保章氏,一个管理星辰宫度,一个管理星辰变动的吉凶,实际上还由太史总其成。那末,甲骨文有这样的纪载:

> 贞,于来丁酉,大史易日。(续,二,六,四)

应该作太史占日解,大概在殷商时代,测算天象的大事,早就定为太史的职责。《艺文志》所谓"阴阳家者流,盖出于羲和之官",我现在要正式的改订为"阴阳家者流,盖出于史官"。有太史,也就有阴阳灾变之学,阴阳家的思想,似乎导源于殷商前世,其来有自矣。现在研究古代思想的人,受梁任公先生的影响,总是奉邹衍为阴阳五行学的祖师,都是不曾彻底了解古代学术的。郭先生对于商周两代的专门学术,了解比任何人彻底,研究也比任何人精博,而于阴阳家邹衍,不曾另列专篇批判,一探其学说渊源之古,反将邹衍附在名辩学派里批判,这未免目穷千里,失之眉睫了!

《艺文志》说"小说家者流,盖出于稗官;农家者流,盖出于农稷之官",都也没有问题。我们看《国语·郑语》史伯讲述训语神化为龙的故事,《御览》引《汲冢琐语》子产讲述共工沉渊的故事,那不是《封神榜》一流的小说吗? 小说家者流,当然出于史官的训语。农家者流,相传的神农之言,略见于《管子·揆度》和《吕览·爱类》,大概是讲些生产技术和积谷救灾的要道。"民之大事在农",西周时代,司徒之下,有后稷,有农大夫,有农师,有田畯,都是教民耕稼的,积这群农官的经验,也就不会没有《农政全书》同样性质的著作传世。我们试读《尚书·贡禹》所述九州的田品和土壤情形,显然是节录司徒之官所藏的版籍;战国时代的农家如许行者流的学说尚存于《吕览》末卷《上农》《任地》《辨土》《审时》诸篇,虽然偏重耕稼技术的叙述,也曾提到安定农业生产的政策。所谓"民舍本而事末则好智,好智则多诈,多诈则巧法令",不就是墨子学派所主张安定奴隶以安定帝王本位的思想吗? 因此,墨学的渊源,我认为是以商代为主体,又掺杂了农家和名家的思想。

总而言之,晚周诸子学说,都导源于商周以来的传统官学,秦汉之世,"以吏为师"的作风,不是始皇的新发明,而是承袭伊古以来的政治传统。《诗》《书》《礼》《乐》都是王朝的文献,墨翟宪章商朝的神权政治,辅以农家、名家的学说,所以有《天志》《明鬼》《节葬》《非乐》《大取》《小取》帝王本位的复杂思潮。孔子宪章文武周公,而又撷取《汤刑》的伦理观念,《老子》的内圣之功,所以有仁民爱物从心所欲的人民本位的最高理想。孔墨俱道《诗》《书》,而其理想不同的根本缘因,就是在孔子法周道,墨子法商王。老子的学说,纯粹传述楚国的官学《三坟》《五典》,带有浓厚的婆罗门教色彩,所以造成庄子超乎现实的"坐忘"境界。名辩思潮出于刑名,刑名思想出于理官;理官自商有之,不始于管子、商鞅。小说、阴阳,固然出于史官,放宽尺度说,墨、道、儒诸派何尝不是出于官学? 何尝不是出于太史僚? 其所从来久矣! 只有法家、名家出于理官,与墨儒异源而已。郭先生批判诸子,对于各派思潮独特的精神,和其相互的影响,分析极其透彻,极其正确,用不着我为之申述,但在溯源方面,也许因为赖家桥头,白果树下,喔喔警报声中,不暇充量的翻阅参考材料,为流行的"诸子托古改制"或"诸子不出王官"的学说所蔽,遂忽略源头的清算,在此,我敢为略略的补充一段。

在《自我批判》篇,承认井田制度在青铜极盛时期是断然存在过的,这种制度配合那种奴隶社会。因为公卿大夫榨取奴隶的剩余的劳力,开垦草莽山林先成立私有财产,跟着"公田"也可以买卖,贵族的没落,他们的财产,也就渐渐的转售到奴隶手里,遂促井田制度的崩溃。这是郭先生对于《古代社会研究》自我的修正和补充,古代社会经济史得到这次重要的修补,才得到正确的结论。我的朋友徐中舒先生在《中国文化研究汇刊》发表一篇《井田制度探原》,他的结论与郭先生说法不谋而合。古代文化,因为卜辞金文大量的发现,多数学者的研究,逐渐的祖裼裸裎于我们的眼前,这种飞跃的进步,就从民国二十年以后郭先生一部一部的著作像剥蕉样子追踪出来,无论从那个角度看,他才是真正领导中国古代文化研究的前进者。《十批判书》正是研究先秦思想史的前进站。

话又说回来了,现代的文化界,又回复到"不贤而为贤者师,不智而为贤者正"的时代。一群忠实学问研究的学者,受着以政论起家的权威学者宰割,总得不到研究资料与助手的方便。那些政论权威者,自己无暇读书无暇再做纯学术性的工作了,但在"非敌人即奴才"的心理上,阻碍"学敌"的前进,甚或凭借他的政术,予"学敌"各个打击,以巩固他学术的地位。今日学术界,已做到不学有术的境界了。凡是读到郭先生各种著作的人,都会发生领导学术前进者有在野不在朝之感吧!然而,我们盼望郭先生本其"不知老之将至"的精神,领导纯学术的研究继续前进。政治有术而无学,学问有学而无术,术如弄得不巧,会自焚其身,唯有真理是永远不灭的。"阿门"!

三十六年三月廿九日,写于沪滨竹棚里

《东南日报》1947 年 4 月 9、16 日,第 7 版)

读《十批判书》

涑 之

　　《十批判书》是最近十年来出版界的一本好书，是值得精读的一本书。这本书的特点是在作者大胆地发掘了前人所未发的论断，无论他的结论的正确性若何，我们总应该佩服作者的苦心，并从这里得到一点新的认识。

　　这本书中最有意义的一章为论孔墨的一章。孔子自汉以后便成了中国学术界的权威象征，一直到五四运动时，才有打孔家店的事，但不久之后孔子又被捧起来。反对孔子的人说他是反动思想的代表，他的学说是维护封建势力的工具，拥护孔子的人说孔子是王道主义的创始者，他的学说适合中国国情民性，他的学说足以挽救人心、挽救祖国。

　　郭沫若先生是一位热中政治的学者，他的私人生活与基本思想是浪漫与动摇的。他很乖巧，经常在利用历史、歪曲历史，给反国家民族利益的人找哲学上或理论上的根据。过去他曾写过一本《甲申三百年祭》（这是仿日本习惯，把祭字当"纪念"意义用），强调流寇李自成为农民革命的领导者而影射今天的共匪，把满清比成日冦，把明廷比成政府，推论谓明亡于明廷之勦流寇，而非亡于满清的入侵。这样大胆地歪曲历史事实，以前我们还很少听到。

　　孔子在中国人心上所占的地位极重，任何中国人多少都受着他的影响，郭先生体会到这一点，便搜集了许多材料，说明孔子是前进的，是反抗现实环境的，是时代的反叛者。郭先生的兴趣并不在学术上，而是在这样一证明、这样一论断，会给中国的智识分子以如下影响，即孔子是同情反政府的，因而信仰孔子的人不该来拥护政府，应该站在反政府的这一方面。郭先生为了这个目的用了很大的工夫,在故纸堆里发掘,来寻找其论断的根据。

孔子的思想是前进的,这一点我们不能否认,是反现实的,这一点我们也不能否认,但是孔子的基本思想在救世救人,为他人不惜牺牲自己,为主义不惜牺牲自己,"志士不忘在沟壑,勇士不忘丧其元","志士仁人无求生以害人,有杀身以成仁"。孔子的一生行为也正是如此,正名分,别善恶,以富贵不淫、威武不屈、贫贱不移的精神,来为天下人创新的幸福环境,但在这一艰巨工作中决不杀一不辜。这种精神和今天的共匪的残暴不仁,与一般给共匪作尾巴的失意政客和军阀的进退无据,简直是风马牛不相及。

郭先生的论断目的别有所在,但我们读起他的论断却觉得孔子的学说、主张与奋斗经历,根本与现在反政府的人们根本异趣。郭先生的目的未达,但他给我们推论出孔子并不是反动思想的代表。

认真走孔子道路的人是时代需要的,不应该说他是封建余孽,穿着孔子外衣而别有所图的人才是应该掊击的。

(《甘肃民国日报》1947 年 9 月 13 日,第 3 版)

韩启农《中国近代史讲话》书评

《中国近代史讲话》

何　其

韩启农著，新知书店印行。

中国社会经济行将走上什么道路？这该是每一个中国人民所关心、所需要解决的问题，然而要明确估计将来的动向，对于近百年来（中国开始从封建社会转变为半殖民地半封建社会）中国社会经济发展的规律性，必须能够深深地了解。这样，中国近代史的研究，对于关心"中国向何处去"的问题的人们，自是特别重要。

许多人对于中国历史，尤其是中国近代史的常识特别缺乏，即使有知道一些近代大事之类，大多还属于歪曲的事实、错误的观点。正因为他们对于中国革命的发展的规律性及其历史的趋势不了解，于是随着某一时期的高潮、低潮，而盲目的乐观，或者苦闷、彷徨，以至于丧失了信心，这种现象普遍地发生在青年群中。

也有明知道研究近代史的重要性，但是苦于不得入门，打开几本革命史、民族解放运动史来看，里面全是些难解的术语，而这些非要有点理论修养的人方才能读得下去，于是乎都知难而退了。

本书的作者，显然地，已注意到这个问题，因此用通俗、简洁的笔调写出这本书来。一直到目前为止，这大概是最通俗，同时也是较为正确的近代史。从鸦片战争讲起，一直写到卢沟桥事变（1927年大革命结束后，历时十年的土地革命的叙述，一般近代史多未提及）一百年来的大事，分廿章来叙述。每一章末尾，并且加上简明的结论。

很清楚的，中国社会自鸦片战争以后，即开始走上半殖民地半封建的道路。第一次中日战争的结果，中国社会的半殖民地半封建完全形成,就此确定了中国人民革命反帝反封建的任务。一百年来,中国人民为了反对帝国主义与封建势力,与他们展开了强烈的斗争,一部近代史就是记载其中可歌可泣的事实。每一次伟大的斗争,不是给帝国主义者和封建地主、官僚联合摧残下去,就是胜利的果实被另一批帝国主义者和封建军阀所剽窃了,留下来的是,给予后人的宝贵的经验和教训,同时也埋伏下了大量的种子……

今天,横在中国人民面前的任务,仍然是反帝反封建。历史不会开倒车,广大的人民已经空前强壮起来,他们已经接受了过去"太平革命""辛亥革命""五四""五卅""一二九"的经验和教训,不再会重复过去的各种错误,胜利必将属于他们! 独立、民主、和平的新中国必将建立起来!

（《时代日报》1947 年 8 月 18 日,第 2 版）

吴泽等《中国历史论集》书评

《中国历史论集》

佚　名

东方出版社印行，作者吕振羽、翦伯赞、华岗、吴泽、哲夫。

诸先生的对于中国史，是以辩证法的立场，以社会演进为出发点，记叙我国的一般的史的动态。其观点无疑是比以前的历史记叙者为进步。他们主张历史应向每个一定的时期中从社会所实行的生产方法去找，从社会经济中去找。这是世界学者尤其是苏联的学者已有详细的正确的理论。我国的史之演进，也不会独异于世界，方法问题大约是不需怀疑的。尤其对于古代史方面，我们不能不求世界原始民族的旁助，这也是不须怀疑的正当的办法。

我们现在所需讨论者是怎样去整治我国古史，怎样去研察古籍所记的传说，怎样确定出土所得的古物，决定其时代和应用，怎样去实证某时代是游牧、农业、奴隶、封建时期而渗合于世界古代史？在先秦如何确定其时代系统，在汉后唐前怎样去探讨文化和制度形成的缘由，唐宋明代决定社会意识的主潮是什么？元清二代于民族思想方面的动态是怎样的，鸦片战争与东方文化的交错迎拒的情状是怎样？这些在计划编排中国通史之前，是一一应有所研究，使其得有小体的轮廓。如果不加深入的似是而非的直接的应用，则在文字上虽似可以说得有头有绪，而一经分析，则都有问题，不能自立。则这样的记叙，只能说是假定的试探，而不能即以为正确的史实。各派的相互批评，其实都是盲人摸象，未得正观。这一点诸位工作者是不能不注意及之。

中国史尤其是古代史，离真面目尚远，此书各文都有助于新史的创立，这却值得称颂的。笔者却即因为如此，所以知其伪作《尚书》的伪古典文字,与甲文的形象,显非一时代物,甲文作伪者,不曾虑到,郭沫若、顾颉刚先生等会以新的方法来研究古史,因而不着限于此一漏洞。而郭顾诸先生于此,乃非惟不加怀疑,且从而以之作证,岂不可诧。新史观的编者,普通犯着一个绝大错误,就是以未成熟的材料,作平面的引用,以单词片语引出一番大文章,他们先从国外借来历史的雕型,再用我国古籍所载作平面对照。这一方法,外国所借的雕型大致可立,然在我国安放于那一时期则很有问题,非经研讨,不能直用,因为古籍上记录,十九须加以编订,不能即刻引用,譬如《五子之歌》梁任公已认为不足信,我人如以"万姓仇予,予将畴依"句,证明夏代有联合民族全体公意选举领袖的事实,其论断何能使人置信。又如甲文中字,如所谓"象一人结着颈子,投到火上","象一人跪在地上,两只手吊着他的头","象一人跪地,用刑架梏着两只手","象一个梏着手,关在牢里的囚犯",诸形我们即承认甲文可信,而那些解释还颇有问题,以次而证殷代确为奴隶制时代,其论的不坚实不言可知。这等双重不可信的材料,须经过双重审核方可采用,是毫无疑问的。顾颉刚先生研究古史,提出辨伪问题,实是当然的途径,古史的第一步还未到系统叙述时期,犹之建屋,材料的选择集中是当务之急,地基的整治也所需要,这些弄清楚了,屋子兴起是很便当的。

吴先生此书与吕振羽先生《中国原始社会史》立场相同,这里所提出的问题,不是专指此书而言,此书每编后有社会意识形态一章,值得称颂,大体方面也较一般史书为新颖,所以仍应提出介绍于读者,使知我国的历史,现正在酝酿构成之中,而此等酝酿乃是进步,而非淆乱。

（《正言报》1946 年 9 月 30 日,第 6 版）

杨荣国《孔墨的思想》书评

《孔墨的思想》

H.

杨荣国著,生活书店发行。

对孔家与墨家学说的估价,在抗战时期学术界中曾引起过一番争论。郭沫若先生对于这问题的意见在《十批判书》的《孔墨的批判》一篇中说得非常清楚。郭先生认为,在从奴隶社会到封建社会的变革过程中,"孔子的立场是顺乎时代的潮流,同情人民的解放的,而墨子则和他相反"。但别的学者,如翦伯赞先生和《孔墨的思想》一书的作者杨荣国先生的看法,则恰恰与郭先生的相反。杨荣国先生在这本书中认为,孔子生在"奴隶制正趋没落,封建制则正在那里开始发芽"的时代,而孔子的立场则是:"出身于旧的贵族,他非常不甘心旧的社会就这样没落下去,总在想方设计把这一旧社会维护住。"(页五)至于墨子呢,他"和孔老夫子成了敌对派,孔老先生是在如何维护贵族,墨子则反是,他就甘和下层社会为伍,来反对贵族。"(页六一)

当然不能把郭先生的意见和复古派的歌颂孔孟并为一谈,郭先生是企图从封建专制时代的儒家的烟瘴下恢复孔子思想在当时时代中的真实的地位。当然也不能以为翦杨诸先生的意见就是把墨家的思想看做是完整的革命思想,他们也是企图把墨家在当时时代中的本色揭露出来。

这一个争论在学术界中可说并没有十分展开,所以也还未得到一致公认的结论。现实的许多迫切需要人们去解决的问题使得学术界不可能多化精力在这类问题上。但这显然不是一个小问题,这里不仅是有关在三千年来的历史上极有影响两大学派的估价问题,而且是从这一问题上接触到如何总结中国的思想史,如何估价历史上的种种思想学派的根本问题。

杨荣国先生这本书可以代表对于这问题的一方面的意见。又因为这是用很通俗的笔调所写,对于所引用的古典文献都翻译成了白话,所以极便于初学者。我们并不以为,现代青年绝对不必要去接近中国古代的思想,不过一方面,我们应该训练批判的眼光,以避免拢统的接受,一方面还要能减少文字上的困难,以免化太多的精力而影响对新知的接受。所以本书引证古籍一律译为白话的办法是值得采取的。本书是根据一定的批判标准而写出来的,假如拿来和郭先生的著作并读,同时研究各种不同的意见,一定大有助于我们来训练自己的独立进行批判的能力。

*

郭沫若先生关于孔墨思想的论文见于《十批判书》及《青铜时代》二书的有:

1.《孔墨的批判》

2.《儒家八派的批判》

3.《荀子的批判》(以上在《十批判书》中)

4.《驳〈说儒〉》

5.《墨子思想》

6.《述吴起》

7.《秦楚之际的儒者》(以上在《青铜时代》中)

(《读书与出版》复第 4 期,1946 年 7 月 15 日)

介绍《孔墨的思想》

漓　波

杨荣国著，生活书店发行。

一

　　我们不应该要一般中学生去阅读经典，但对于影响我国思想界最深的孔子的思想，以及孔派时加攻讦的墨子的思想，却应该有一个明确的有系统的认识。杨荣国先生的《孔墨的思想》，是可以帮助我们这方面的了解的。

　　近来研究孔墨的思想的人渐渐多起来了，郭沫若、杜守素、杨荣国诸先生在这方面的见解尽管各不相同，但却有相当成就的。郭沫若先生在《十批判书》中对孔墨这样写道："在孔子的整个思想体系上我们可以看出，他在主观的努力上是抱定一个仁，而在客观的世运中是认定一个命。在主观的努力与客观的世运相调适的时候，他是主张顺应的。在主观的努力与客观的世运不相调适的时候，他是主张固守自己的。所以他的立场是顺乎时代潮流，同情人民的解放的。而墨子则和他相反，墨子始终是一位宗教家，他的思想充分的带有反动性——不科学，不民主，反人性，名虽兼爱而实偏爱，名虽非攻而实美攻，名虽非命而实皈命。"杨荣国先生的意见恰和郭先生的相反，这从《孔墨的思想》一书中很明显的表现了出来。现在让我来作一个简略的介绍。

二

《孔墨的思想》共分上下两篇。上篇是孔子的思想,本篇又分成七节,将孔子的生平、世界观以及巩固社会的方法、教育宗旨等作了扼要的论列。孔子是一个没落的贵族,非常保守,将阶级的界限划得很清楚:贵族就是贵族,奴隶就是奴隶,贵族属于君子,君子忧道不忧贫,奴隶属于小人,小人则穷斯滥矣。因为这样,所以他主张正定名分,恢复原有的阶级,这是孔子的世界观。作者在第二节中阐述得很透彻。

由这种世界观出发,孔子在维护贵族的政权上,提出了两个积极的办法;一个是忠,一个是恕。忠就是要把意志和力量向最高的统治者集中,意志和力量集中了,叛乱就不会有,奴隶也就不会起来反抗,服服贴贴,听主子们为所欲为的宰割;恕就是国君施点恩惠给奴隶,奴隶就可以归向于国君。孔子恐怕这还不能达到统治的目的,更提出了命运支配论。贵族、奴隶都是命运决定了的,反抗也是无益,只有安分守己的好。这是孔子思想的精华所在,所占的篇幅也就较多。

"有教无类",许多人根据这句话,说孔子是一个平民教育家,但作者却告诉我们,孔子只认为中等阶级的人才能施行教育。上等的天才,下等的奴才,一个绝对的善,一个绝对的不善,一个属于支配阶级,一个属于被支配阶级,这两个阶级无论怎样没有法子把他们更改,也就是说教育对他们不发生作用,上等阶级的人本来很好,用不着教育,而下等阶级的人是不堪教育的。

一般想要拖着时代往后走的人,总是要巩固到底的,孔子就是这样的人。

下篇是墨子的思想,本篇共分八节。在里面,作者告诉我们墨子是一个刻苦的,属于奴隶群的人,他对于一件事情,反对从形式上去检讨,而应该注意他的实际。他了解事物有三条方法:第一条是从前人所经历的成果中了解事物;第二条是把自己的主观化为大众的客观,把个人来服从大众;第三条是所有一切创制,均应以一般大众感受到的利益为前提。由于了解事物的方法如此,所以他主张兼爱,他认为只爱自己的亲属的一方面,不爱大众,结果不免要剥削大众,来维持少数的统治者的利益。只有兼爱的人才能兼顾大众的利益。

作者从墨子的人类爱这一观点出发,指出了墨子是反侵略的,反抗大国的侵略来养肥自己。

在教育方面,墨子是着重实践和个性,认为人人可以受教育,因为人的天性是无所谓善恶的。关于这点,作者也很扼要的告诉了我们。此外,对墨子的非乐、节用也作了介绍,而且还特别指出他的选贤能政治,是走上民主政治的道路。

全书仅一百二十面,但对孔墨的思想却很清楚、很扼要地介绍了给我们。

三

孔墨的思想检讨,现在还没有得到结论。我们能够把各种不同的说法,加以比较、研究,那一定能够加强我们的思考力,使我们对问题能作更深刻的了解。

杨荣国先生的《孔墨的思想》,确是一本研究孔墨思想值得一读的好书,文字写得非常通俗、轻松,看起来是不太吃力的,尤其是将深奥的原文,译成了通俗平易的语体文,更是本书的特色。而且这样一来,使初学者减少了学习的困难,增加了研究的兴趣。

也许是由于作者力求文字的通俗,在结构上似欠整严,使我们读后有点把握不住重心。这不能不说是美中不足了。

一九四六、十一、三

（桂林《民主》第 31 期,1946 年 11 月 8 日）

蒲韧《二千年间》书评

《二千年间》

孔 杨

作者：蒲韧，出版者：开明书店，售价：九折实售一千七百十元。

我国的历史记叙，大致分为编年、纪事、列传、书志等几种形式。所记的对象，大都偏向于帝皇家事，所谓史官，犹之皇帝的起居注官，皇帝的一言一动，天天有人在旁记叙，每个皇帝记有实录，国史的来源，大部分即依此实录，增增减减，纂辑成书，所以愈是官史，愈是死板，而历代文人所写的野史，一方面虽足补官史之短，一方面却也颇含官史臭味，很少有记述着有关民生经济的著述，推究着历史演进的所以然之故与诸种纠纷的、必然的、发见和消灭的所以然。古代史册在现在人看来，那不过是一大堆史料，那许多东西只是绸布庄的样柜内的东西，还不曾经裁缝之手制成用品。

从前的学人如顾亭林《日知录》赵翼的《二十二史札记》，或者是王船山史论之类，他们也曾经计划，想把古来的史料，加以修理，加以调整，但因为他们的为古圣贤王的栏楯，所以只重于错简的矫正与事类的汇聚，很少在思想方面有所阐明。船山民贵君轻的说法、顾亭林《郡国利病书》，很有经济的见解，但这些只是治国安邦的一家言，并不曾把吾国有史以来的诸般制度，作一综合的批判。这种工作顾、王当时自然不会想到，那时的环境也无法加以整理，然在现在却应向这一方面有所致力，使我国的历史从皇帝家谱的形式，开拓到着眼于社会情状的这一点上。

蒲韧先生《二千年间》，就是把我国二千年内所谓封建时代的形形式式，用纵剖面来，指点出那一时期的政治、经济、思想、文化方面的诸种特色和基本的意义,以鸟瞰的方式使读者与过去所获得的零星智识,作一种综合的认识。我们读完此书,然后再回头来看史书上所记叙的千方百态的变化,则种种的纷扰,原原本本,朗若列星,不会像以前那样的只记事实,而不注意那所以然之故了。

本书可说是我国历史分析的一个尝试。蒲先生以我国二千年间史上的人物,像舞台上的角色,分为生、旦、净、丑,一一推究他们所负的工作所演的脚本,以及他在剧中所影响于全剧的是什么,一一分门别类加以推考,这一方式显然是新的办法,古人是不想做而且也不能做的。

本书把我国二千年间舞台上的角色,分做若干阶级和动态,㈠是万人之上的皇帝,㈡官僚族,㈢兵士,㈣小农民,㈤农民的反抗,㈥北方外族,㈦目前我们的命运等。

对于君主专制,蒲先生指出诸侯王和宗室的互相残杀情形,并说明外戚的权力足以支配皇帝,如汉代的吕氏、西汉末的王莽,直至清末的慈禧的垂帘听政,表示有时皇帝的权力,实操在太后,即外戚那里。别一种有权者则为宦官。宦官的权力表现于三国开始和唐明两代,是人所知悉的。而文彦博向神宗采行新政的谏净,说皇帝是与士大夫同治天下,而不是与百姓同治的,这明白的说明了专制时代皇帝所以得存在得安享的所以然。各朝除很少英明之主有自主之力外,其他只是官僚的挡箭牌而已。

从别一方面看,官僚的所以成立,除了汉代的察举与征辟,以及魏晋的九品中正法外,唐宋元明一直以科举取出,唐太宗初行考试,他高兴的说,"天下英雄都入彀中"。在这话里可以看到皇帝怎样在笼络士子(即官僚材料),士子也怎样去利用皇帝。我国的政治,只是在这形式中变化翻覆,一幕幕展开而已。

兵士们是皇帝和士大夫的侍卫,农民是他们的奴仆,农民的造反,如赤眉、黄巾、黄巢、李闯、张献忠,以及最近的太平天国,这只因受不了压迫的生活争斗,但这一种争斗决无成功之望,为什么?因为黄巢、张献忠之流他们决不是代表农民的有思想人物,他们如果成功,也只是从一个专制别换一个专制而已。

中华的历史是这样结成的,我们读了这本书,再去详读古史,我可

确定的说,你一定会格外明白史实,格外明白所以会产生这史实的
道理。

(《正言报》1946 年 8 月 12 日,第 6 版)

《二千年间》

陆　骥

蒲韧著，开明书店出版。

打破普通断代史的体制，把秦以来二千一百年当做一个整体，而给以深刻的分析，通俗的表出的历史读物，这可以说是第一本。

历史书，照一般的看法，总是事实的纪载，然在这本书里，没有按年代的或按事件的或按人物的纪载。拘泥于那种看法的，也许不相信这是一本历史书。可是，把历史书限于事实的纪载的见解，实在是错误的。我们之所以要知道历史的事实，并且最好熟悉它，决不是为了可以夸耀自己的渊博，而是为了要理解它，领会它的意义，发现出人民活动的规范和方向。所以，有了详实的纪载，没有精到的分析的历史书，供史家采集史料之用则可，历史书的目的却不应该在这里。而我们随手可以翻到的历史书，能有详实的纪载而不为荒谬的历史观所制限的，已不多见，何况像本书这样正确的分析的呢。

这里我说正确，当然不是书中没有值得商讨的问题了。作者把这二千年称为封建专制主义时代，而这就还是今日中国历史学界所争论未决的问题。有的学者以为中国封建社会开始于殷周之际，有的学者则反对此说，认为要到汉代才确立。若持后说，则这二千年固然是封建制阶段，可并不都能称为封建专制主义。不过，作者的分析是根据事实作的，他承认在春秋战国和唐宋，社会生产力有显著的发展，而由于本书的通俗的目的，不遑深论其所以持二千年封建专制主义说的理由。

顺便在这里把我的一个见解说说。我以为，划分社会发展阶段的标志，不一定就是旧皇期的倾覆，如拘泥于此，将何以解释英日等国资本主义社会的建立？同理，以殷周或周秦的更迭为封建制建立的标志，是否妥当，殊属可疑。

本书所分析的是这二千年的几个大问题——农村经济、农民战争、官僚机构、皇权、保护皇权和地主官僚的军事组织、外族的影响和对外政策，以及历史变革的要求——都能够破除荒谬的历史观的成见。他握紧着解释历史的键：人民的力量（这人民主要是指小农）、生产的发展。他指出了对于皇帝，对于地主官僚存着幻想，曾带给人民怎样的祸害；至于那种替古人打扮现代的新装的历史理论，更不用说违反历史的真实的。他又指出封建制度下农民的反抗运动一进入城市为什么便失败，而农民战争并不是无目的的破坏和旧秩序的回归的循环过程。曾经流行一时的，关于历史上对外敌和战的议论，读者也可由本书而懂得进一层的批判。

我之所以说本书正确，就在这种地方。

不过，我希望读本书的青年朋友，最好先读一点纪载事实的历史书，至少也当把这种书放在手边（我建议可以用吕思勉编的《白话本国史》，商务版），否则，知道史事太少的读者会只得到一些拢统的观念，那就不是作此书者的本意了。

（《读书与出版》第 5 期，1946 年 8 月 15 日）

读《二千年间》

吴　晗

蒲韧著，一八四页，开明书店印行。

在溽暑中读《二千年间》，对于我是一帖清凉散。

恰恰在战争爆发前一年和亡友张荫麟先生计划写三本书，讨论了多少次，也征求了许多朋友的意见，拟好了每本书的内容和目录，并且也写好了大部分的草稿。战事一起，荫麟仓卒南下，稍后几天，我也由安南入滇，全部稿件都随北平沦陷了。

到昆明后，搜辑已发表在报章杂志上的论文十多篇，雇人抄录。次年春荫麟从广东来，把这部分稿子整理出版，标为《中国史纲》。打算有一天能重回北平清华园，再发愤共同完成过去的计划，不料荫麟又病殁遵义！接着几年来的不安定和意外的变化，这类太高太美的理想，连做梦都不敢想到。其实，就是大胆梦想一下，即使写成了，还不是替禁毁书添一新名目，多替出版人找麻烦！何况，压根儿也不会有这样不识时务的出版家胆敢接受！在一个什么都是国定的国家。

一个美丽的梦，十年战争把它毁灭了。

梦中的第二本书就是蒲韧先生这本《二千年间》。

十年前，我们在想，为什么这个历史古国，有过司马迁、班固，有过司马光、李焘、李心传，有过刘子玄、郑渔仲、章实斋的国度，有过几百千种史学名著，使后人享用不尽的国度，今天的青年人，会对过去的历史如此无知、淡漠？

理由是很多的，其中之一是学校所用的历史教科书应负大部分责任。

我和荫麟都是吃过教科书的苦头的。

先进小学,小学历史教本从神农黄帝三代一直下来到宋元明清,一笔流水账,满纸人名、地名、年代和战争。五千年的史实缩在一册或两册小书里,一面凹凸不平的小镜子里。

一个七八岁到十一二岁的孩子,即使他禀赋特强,胃口好,也无论如何消化不了这一套无血无肉无灵魂的骷髅。

中学了,十三四岁到二十岁左右的青年,能力大一点了,给他一面中号的镜子,依然是坏镜子,全走脱了相貌。还是那一套,还是从五千年前说起,一朝代以后又一朝代,还是更多的人名、地名、年代和战争,分量多一些,武则天、杨贵妃及五胡十六国、五代十国之类全上了舞台,当然也会有杨国忠、严嵩、和珅一类人物。

更细的流水账,更坏的镜子。

到大学了,二十多岁越发吃得消,厚厚的几大本,依然是这一套,更大的一个分光镜。除了历史大事以外,还加进了这时代的文化思想唎,更新的还有社会经济唎,疆域表、职官表唎,之类之类。只是,一代一代都是横切面,都是一橛一橛,正如一棵树被硬截断了,再也接不上气,通史其名,不通史其实。

血多了,肉也有,可惜是行尸走肉,没有灵魂。

当然,也不能一笔抹煞,有本把是有一个所谓灵魂在的,一个戈培尔式的阴灵!

小镜子之后是中号,再是大号,简笔流水账之后是细笔,是工笔。

青年人的脑子被挤疲了,背口也倒了,本能的反对感对所谓本国历史由畏惧而厌恶而麻痹,完全不感兴趣。

硬要使孩子使青年读一本不可读的书,记忆一大串甚至成仓成库的名词,这是虐待,这是苦刑。

如此,又何怪乎青年人对本国历史无知、淡漠?

对症的办法是适合读者的年龄和兴趣,写三套内容不同,而又可以互相配合的、可读的补充历史读物。

如此,则第一免得浪费读者的精力,读十几年历史还是那一套老调。第二方面多一些,不必在某一套中说尽了一切,而又说不到家。第三有一个中心的看法,像一根绳子可以串拢散钱,使读者可以充分明白历史内容,同时也了解历史的发展法则。

开头的一套以人为主,故事式的写法,选择每一时代的代表性的人物,例如孔子、秦始皇、唐玄奘、孙中山等人物,附带的烘托这时代的大事。

第二套是纵剖面的,以事为主,大者如政权,如军队,如教育,如人民生活,小者如衣食住行,要源源本本具体说出了每一所涉及的事物的衍变、发展,是人的生活的历史、进步的历史。

第三套是横剖面的,以时为主。从横的方面去看这一时代,去看这一时代的各方面。该注意的这横剖面并不依据旧的王朝起迄来划分,而是依据历史发展的具体阶段。例如鸦片战争是一个历史计程碑,秦始皇推翻世卿政权,建立封建专制政权又是一个明显的界石。计程碑不是孤立的,后面有路,前面还有更长的路。

第三套只印出了第一册。一二两套原稿沦陷了。

十年前的理想,十年后在昆明读到了翦伯赞先生的《中国史纲》第一册,不但完全符合我们第三套的要求,而且更向前进了一步。也读到了许立群先生的《中国史话》,近似我们的第一套。最近读到了《二千年间》,完完全全是我们所设想的第二套。而且,这十年战争的一方面,摧毁了我们的计划,另一方面却使蒲韧先生综结了经验,向前迈进了一大段,比我们十年前的梦想更成熟、更精练,更有积极的意义。

这本书分为九章,每章分四至五节。

第一章"二千年的鸟瞰",是总论。第二章"在'万人之上'的人",说政权,从皇帝皇室到外戚宦官。第三章"一种特殊职业——做官",畅论两千年来官僚政治、封建专制政权的两个轮子之一。第四章是另一个轮子,武力,标题为"又一种特殊职业——当兵"。第五章"一切寄托在土地上",谁养皇室,养官僚,养军队呢? 是农民,又出谷,又出钱,又出力,可是报答呢? 是千灾万难。忍受是有限度的,到了饱和点,便爆发了农民战争。第六章的标题是"大地的撼动"。第七章"不安静的北方边塞",指出了历史上的对外战争。有的是侵略的,更多的是被侵略,不论前者后者,受苦难的总是人民。当被侵略的时代,"当胡骑踏进中原的时候"第八章的内容是儿皇帝和贰臣,是南渡君臣轻社稷,是不死的人民力量。儿皇帝出卖了民族,人民解放了自己。

最后一章是"逃不了的灭亡命运",封建专制主义统治内部所包含和外面所遭遇的各方面的困难和危机,内在的矛盾发展,决定了灭亡的命运,"历史又一度证明了统治者无论用怎样顽强的努力来守旧不变,但客观的形势、人民的力量终究会变掉了它"。

最后的一节是"历史不会回头","历史的车头轰轰隆隆地前进,把旧的时代撇在后面,产生了新的事物,出现了新的情势,提出了新的问题,向着民主化、现代化的前途猛进,这是谁也违拗不了的前进的主潮,一切眼光向后看,留恋旧的时代,走着倒退的路的力量,都不能不被辗碎在历史的车轮下面。"

这是一本有血有肉有灵魂、活生生的书。

这本书在开宗明义第一章就指出了关于中国封建专制主义时代的历史的一本书。作者集中全力阐明这主题,分析封建专制主义的统治权力及机构,这种权力所凭藉的经济基础,农村,和农村中常常发生的叛乱和骚动,以及异族入犯和侵占的现象。

时代是从秦到清末的两千一百年,历史上封建专制主义的时代。

这本书没有足够的篇幅可以谈关于文化思想上的问题,关于工业的发展也没有专门谈到。

没有求全,因为像过去那种包罗万象的书本只是一间杂货铺。

没有往上滚雪球,虽然愈往上可写的就愈多。也没有往下拉,因为下一时代,我们这一时代是半封建半殖民的时代。过去的统治者是单纯的道地的地主,而今天,不止是地主,还有地主镀金的买办和纯粹来路货的外国大亨。地主,买办,同时又是官僚,加上外来的统治力,造成今日中国的新灾难,这和过去两千年间是有其截然不同的意义的。

也没有琐碎的考证,因为这本书是叙述的书,是采取已定的论证而综合叙述的书。正如蜜蜂酿蜜,是经过消化的,融会贯通,所以可读,也所以不可不读。

从"无"的方面说,除偶一引用例证以外,这本书几乎做到了和旧式的教本恰好相反的一个地步,第一人名极少,第二地名极少,第三年号等专名更少。因为本书的主体是二千年来的人民,二千年来统治人民的政权,二千年来人民所受的苦难,是从人民的立场来了解历史,而不是从少数统治者的事迹来曲解历史的。

从"有"的方面来说,作者的叙述是主体的,不是平面的。例如他着重指出二千多年中,虽然一直维持着专制政体,不过在各个朝代,君主专制的程度是有强弱的。由弱趋强的过程,是官僚和军队两个系统的形成和加强。其次作者引用宋神宗和文彦博的问答,文彦博提醒他的主子,是和士大夫共治天下,而不是和老百姓一起治天下。士大夫是靠剥削老百姓生活的,两个敌对的阶层,而皇帝本身又是大地主,是士大夫集团利益的代表人,由此可以明白封建专制主义的经济基础,可以明白两千年间多少次和人民有点点利益的新政,为什么不能推行的原因,可以明白为什么农民变乱无代无之的理由,也可以明白贪污政治的根源。

地主势力统治全国,其具体的表现,就是皇帝个人的专制独裁。那末,今天呢?

作者也指出了没有一个朝代不劝忠教孝,愈是满嘴仁义的大地主代表,如隋炀帝是杀父的凶手,却建立了"孝为天经"的天经宫;有名的仁君唐太宗,不但逼父,而且杀兄杀弟乱伦;除开这些伪君子以外,两千年来的皇帝大半是在精神上不健全、在智力上低能的人。两千年来的人民,就被这样的人——伦理道德堕落到极点的模范——所统治!

在论官僚政治的时候,作者也清楚地指出秦之统一,是官僚政治的始露头角,代替了分权的世卿政治,不过要一直到唐代,官僚政治才达到成熟的阶段。可是官僚虽然大部出身于布衣,却并不代表最下层的劳动人民,而且,平民一入仕途,就立刻变质成为地主,成为官僚了,和"平民政治""民主政治"完完全全不相干,勉强的说也只能是"官主政治"!

军队和官僚,两支封建专制主义的支柱,君权由上而扩张加强,皇朝凭上而建立、持续。同样,军队和官僚的膨胀也招致了君权的衰弱,皇朝的崩溃,矛盾的发展,构成了过去的历史。

这样一种看法是别的先出的书本所无的,而在这本书中却以一贯的看法来剥层理肌,清洗出被涂抹被歪曲的历史真相。

读了这本书,虽然它尽情暴露了历史上的黑暗面,却不会使人悲观,固然它并没鼓励人盲目乐观。它指出从世卿政治到官僚政治,新历史的观点说是前进了一步。从职业军队到人民的军队又大大迈进了一步。这种种进步显示了我们的历史并非春水,在新的经济基础的社会变革中,大地的撼动是会改变历史、会创造历史的。

作者从历史的研究对民族前途具有信心。

读者从这本书的体会,也加强了前进的信心。

这本书把现实和历史联系,从历史来说明现实,也从现实去明白历史。

一本活的史书,经过精密的消毒手术,健全而进步的史书。

在溽暑中,我愿意挥汗向读者介绍、推荐这一本可读的书。

八月十二日

（《文汇报》1946 年 8 月 27 日,第 8 版）

《二千年间》

振 甫

　　中国的历史书大都是按朝代写的，或把几千年的历史划分为几个阶段来写，像这种横剖面的历史书，很容易使人得到片段的印象，不容易连贯起来，这是缺点之一。历史上的记载，不论是政治上的理乱兴衰，文化上的兴革损益，都是记载表面上的现象，究竟造成这种现象的根本原因是什么，大都没有谈到。因为过去的历史家即使对历史现象有种种解释，也只在剪裁和编排上表示一点微意，从不直说。这种客观的精神虽可宝贵，但就初学说，究嫌不够明白，只认识一些历史上的表面现象，不能透过这些现象去把握核心，这是缺点之二。看过去的历史书，或是只见一个个的人物，或是只见一段段的琐事，或是只见一种种的政治制度，这些都是迷乱读者的眼睛，使辨认不清历史上的重要事象，这是缺点之三。《二千年间》这部书，恰好足以补救这三个缺点。

　　《二千年间》是蒲韧先生用新的观点、新的手法来写的一部历史书。他一变横剖面的写法，从纵剖面来看中国历史，把历史上的事象，通贯古今来看，使人得到有系统的知识。看惯横剖面写法的历史书，再来看这部书，更可把片段的印象连贯起来。蒲韧先生不但对历史上的事象通贯古今来看，并且更进一步追求它所以造成的原因。不仅使人认识事象的表面，更使人把握住事象的核心。正因为蒲韧先生能够把握住历史的核心，所以能够透过历史上种种表面的现象，发掘重要的问题。从这些问题中一个个追求进去，发现内在的矛盾，把握住这个矛盾用来解释历代的治乱兴衰，使人得到正确的认识。凭着这种认识，再来看当前的现象，便可认清那一种是历史上的逆流，那一种才是推着历史轮子前进的正路。所以我们看这部书，觉得一层推进一层，愈进愈深，愈转愈紧，一直把握到核心为止。看了这本书，再来看历史上的种种事象，既可以把片段的连系起来，更可对种种事象得到解释，更可辨别那一种是正确的发展，那一种是逆转了。

《二千年间》这书中所讲到的，第一是二千年的鸟瞰，讲纵剖面的看法，讲时间观念的认识，再来给这二千年间的治乱兴衰来速写出一个轮廓。第二是讲专制皇帝，从专制皇帝的产生和神化，到帝位世袭和换易朝代，再涉及到皇族内部的纠纷，使我们认清它的特性和原因，以及朝代变易的必然性。第三讲官僚政治，从君主专制政治和官僚制度的密切连系，推究官僚的产生和神化，以及官僚的膨胀贪污，推求君主专制的必须依赖官僚，官僚的腐蚀专制政治终于使它崩溃的内在矛盾。第四讲职业兵，从历代兵制的变迁到职业兵的造成，以及军权的集中分散，推究到专制政治必须赖大量的兵来维持，和兵所以职业化的必然性。可是在专制政治下，要是君权集中在皇帝手里，一定是腐败得不够保卫国家。分散在各个地方政府，又容易造成割据，像这种内在的矛盾也是造成专制政治崩溃的因素。要维持官僚制度和职业兵，不得不向民众剥削，于是第五讲到个体劳动的小农经济。地主和统治阶层的层层剥削，剥削到农民不能生存时，便是第六所讲的农民暴动。统治阶层为了维持官僚制度和职业兵不得不剥削，农民为了生存被逼起来暴动，又是专制政治内在的矛盾。农民战争一走进城市，便给城市的生活所腐化，因而失败。或者从农民中又产生一批新的官僚和统治阶层，使农民革命陷于失败。第七讲到塞外各民族的兴替，辨别侵略到被侵略，指出历代羁縻控制政策的失败，造成外族的入侵。第八讲到媚外降外的汉奸和抗战的民族英雄，指出只有把握住人民的力量的才能抵抗外敌。可是专制政治就怕这种人民力量的起来，宁可加以镇压而对外屈伏，结果只有灭亡。最后讲到专制政治灭亡的命运，因为它本身所具内在的矛盾无法消灭，即使是改良主义的变法运动，也因了和地主官僚的利益发生冲突而无法实行，所以只有坐待灭亡。

末了，我们对于《二千年间》这部书，还须有两点认识：一，这书所讨论到的诚如著者所说，不过是几个比较重要的问题，中国历史上还有许多重要的问题，如文化思想上的问题就完全没有讨论到。即就已经讨论到的说，还是一个概论，所以我们要是真的要研究中国史，这部书好比是一根绳子，我们拿了好去贯穿许多历史上的片段材料使成系统。也可说是给我们指示一种研究的方法，我们根据了这种方法可以去发掘问题把握核心。再则这部书只是对于中国历史上弱点的暴露。中国经过了几次的灭亡而终能复兴，具有这样悠久的历史而不被淘汰，一定有其特具的优点，对于这些优点的认识，足以加强我们爱国家爱民族的热情，所以认识优点的重要，并不次于弱点的暴露。在本书中，只有暴露弱点，并不叙述优点，似乎读中国历史只是消极地防止专制政治复活的作用，没有积极的继承先民伟大事业的作用，这是使我们微微感到不足的地方。本书开明书店出版，定价一元九角。

（《中学生》第 179 期，1946 年 9 月 1 日）

《二千年间》

静　之

蒲韧著,开明书店,卅五年六月初版。

这是一本历史研究书,拨开从秦统一中国后的二千一百年间的史实记载的纷纭的表面,从纵断面提出了几个大问题分析研究。虽然并非全摄诸多问题,如文化、商业等都未提及,但凡是提出的,都是今天中国人民当前急切忧虑的,政治、外交及人民力量等。所以我们有一读此书的必要和价值。

这二千年间的政治都是由一个寡君作主而行使的,没有法律,只有圣旨。所以为了巩固个人的地位和个人的享受,设立科举制度,成立官僚机构,愚弄有才能的人,整天死读书而跌进贪污的泥沟。建立租赋征收,剥削农民劳力,更以拉夫征丁,驱使农民放下农具参加个人荣誉、个人兴趣的不义战争,使人民疲于奔命,满足个人。

但若正当强敌入寇的时候,无耻的寡君及其帮凶,以和亲纳贡,以赔款割地以至偏安乞怜来作最高妙的最上策,使人民在愚弄、在剥削、在弱微的不堪痛苦下,还要来忍受胡骑的蹂躏。

在不胜的痛苦、无限的压迫下,人权的觉醒是必然的,农民革命了!在这里,作者曾以明确的简短而坚定的解释:为什么一开始就是武装斗争,因为没有政治上的发言权,没有"要求的合法"可依据,说任何一句话就是有罪的。

广大土地上的人民力量是巨大的,人民翻身的火炬烧毁了旧有罪恶的王朝,但是专制的恶势力羁占住——隐匿在魔窟——城市,所以,当坚强的人民政权走进城市的时候,开始被包围,被腐蚀,终于被迫上当,缴械,最后悲剧出现。封建的王朝又带着狞笑从废墟上建筑起来,变本加厉的压迫,压迫……人民苦痛着,呻吟着……复仇的火焰再燃起,一次又一次。

　　像这样残酷无耻的统治继续了二千一百年,最后,当西欧的洋枪、洋炮轰开了这古国的闭关大门,自由的风也是经过古老的闸门吹进智识分子的心中,他们开始觉悟,响往自由,反抗人为的愚弄的命运。于是专制封建的王朝在历史必然的命运下化为幽灵,然而这幽灵也是必然失败的,人民必须粉碎它的作祟,虽然因此必须偿付巨大的代价。

　　所以这本并不完善的书,是已经完善的解释了几个问题。因此在出版后的二三个月中,即有几种报章杂志刊载了赞美的介绍辞。而且文字平易,很适宜一个中学生自修。

(《夕芒月刊》1946 年第 14 期)

《二千年间》

童　方

著者：蒲韧，出版者：开明书店，出版期：三十五年六月。

一般人都把历史书看做历代皇帝的家谱，写法几乎千篇一律，一年接一年的记载着每年发生的大事，或者一个朝代接一个朝代的记叙下去。比较新的写法是将整个历史分成若干阶段，一个阶段接一个阶段地写。实际上，这些写法都不是最理想的，因为历史是整个的、继续的。我们即使要把它划分为若干时代和阶段，也不过是为研究的便利，我们决不能支离破碎地去看历史。

最近，蒲韧著的一本《二千年间》可说打破传统写历史的方法，他给我们划出了一个二千一百多年中国封建专制时代历史的轮廓。著者从全部五千年的中国历史中选出较近的二千年来叙说，是因为这段历史对于我们现在的人的生活影响特别大。至于写法则绝不同于他书。它把这二千年当为一个整体，就其中提供一些值得研究的问题。

从东周开始直到清的灭亡二千余年的历史，虽然每个朝代都有很大的变动，我国可能把它分成若干阶段，研究每一阶段政治、经济、文化、思想的特质，可是基于社会经济性质和政治形态的观点来看，却都是属于封建专制时代。著者便把握着各个阶段的基本的共通性，舍了横剖面的看法，从纵剖面来检讨这段历史发展的过程。为了矫正一般人对于历史上的模糊的时间观念，这本书根据公历纪元，给中国历史上的时间观念整理了一番，并在第一章"二千年的鸟瞰"中列了一个表，就书中所谈到的一些大事填入"大事记"一项，这样可以帮助我们对于时间过程获得一个比较清晰的印象。

　　书中叙述的二千年的封建专制主义时代,中国并非一直保持着统一大帝国的规模,相反的,由一个统一的政权统治全部国土时期并不多。有时一部分国土为外族所侵占,或是形成几个政权对立国土分裂的情势,不过这时期社会政治经济的本质却是一直停滞在封建专制主义的阶段的。溯其成因自然有它的社会经济政治的背景。长期的封建专制主义时代,广大的人民所遭受的是外族侵略、战争、分裂所遭致的痛苦。真能维持和平统一,真能促进文化发展经济繁荣的时期实在少得很。假如要问为什么会如此,那在本书中到处强调着:由于社会经济政治的不健全,不合理。

　　看了这本书,我们会从著者所暴露出来血淋淋的史实,体察到中国处于封建专制主义时代的人民,是怎样的呻吟于统治者侵略者的压迫下怎样的为争取自身的自由与解放而奋斗,怎样的期待未来的历史展开一条新的生路。同时,因为封建专制主义内在的矛盾,怎样的显示出它崩溃灭亡的必然性,也在著者的笔下深刻地刻画出来了。他给我们分析出封建专制主义的统治权力及其机构,再讨论到农业社会组成的单位——农村,如何成为统治者的权力所凭藉的经济基础。由于农民的自觉,种种叛乱和骚动便接连地发生,而异族入犯和侵略也便成了无法遏阻的一种势力了。

　　本书包括着下面几件重要的叙述:㊀专制皇帝怎样产生,怎样世袭,怎样换朝易代,怎样惹致皇族内部的纠纷。㊁官僚制度怎样腐败,怎样违害民族国家的利益。㊂皇帝为了巩固自己的宝座。怎样担心着兵权被人民所夺,怎样利用兵权以维持统治者的特殊地位。㊃历史上中国的农民怎样依土地生活,地主,官僚贵族,怎样以农民的劳动,如地上的收获来供养自己,而土地的耕耘者农民是怎样过着被奴役的生活。㊄农民怎样自觉地站起来发动战争,并指出他们失败的原因及其在历史上的意义。㊅从塞外各族的怎样兴替,说出我们边塞的不平静的原因,侵略和被侵略的分别,以及历代羁縻政策的怎样仍旧避免不了失败。㊆胡骑踏进中国以后,"儿皇帝""二臣"和救国的英雄怎样应运产生,南渡君臣怎样轻视"社稷。"㊇变法运动怎样不能真正解决当时的政治经济问题,以及封建专制怎样逃不开失败的命运。

从这里我们得到不少有力的启示：历史的发展应该有它的必然性的古代的史事和我们今日的现实生活，实在是有着紧密的关联的。就像这本书所写的二千余年的社会的变动，和目前的社会的情形不谋而合。今日广大的中国人民所需要的也正像历史上中国的人民所需要的一样，迫切地期待着一个合理的健全的社会的产生。同时我们也有着这样的坚强的信念：背叛人民离开人民的人，必难逃避崩溃的命运。过去是如此，目前还是如此。人民的力量像一支热流，它将成为推进历史创造历史的主力。

（《申报》1946 年 10 月 24 日，第 10 版）

《二千年间》

梁　纾

蒲韧著，开明书店印行

　　处在这个新的时代，作为一个新生的动力单元，对于这时代的深切认识，对于它的来纵与去向，对于每个个体、每个集团所须负起的职责和使命的具体了解，是一个不能推拒的要求。为要得到这些认识和了解，历史的研究是一个必经的步骤。

　　然而以往历史的教材，委实琐碎紊乱到令人望而生畏的地步。偶尔有几个靠故纸堆的咀嚼而谋生立命的，也多数因为没有新颖的见解和手段而陷入了传统史学家的臼穴。时代和大众不需要这些史学家，是很明显的事。因为凡不能对时代的主人有所启发和推动的，必然会遭受厌弃和淘汰，虽则披上了学者的外衣，道德的面幕，亦将无济于事。人们所要求于历史的是它的有系统的法则，和因此而推论到的必然趋势和应择的道路，历史即是哲学，哲学即是历史，即是此意。

　　《二千年间》是一部从任何方面看来都符合这个要求的史书。从纪元前二二一年到纪元后一九一一年——从秦朝到满清末年间政治、军事、经济的一切概况和变迁因果，都在这里面被解释尽净。里面有的是活的规律，和合理生动的叙述，然而没有烦碎的无关紧要的账单，或英雄式的传纪。这是一部大众的著作，为了大众的利益和简易的历史教育而写的。

　　在"二千年的鸟瞰"里，它把《二十四史》里所使人混缠不清的年代、皇朝分成了几个极易记忆的时期，按此分界，中国史就可与世界史作平行的比较，因而获得了一个更扩大清晰的轮廓。这是对时间之流的一个合理简便的概念。

于是论到中国两千年间所一直处于的封建官僚制度的大老皇帝的产生、维持与其本质的分析。皇帝是封建地主的代表者,它的世袭最有一切统治集团人员所渴望的便于剥削大众的"安定"的要求作为基础的,皇帝的利益和地主的利益一致,皇帝的神化是谋维持封建现状的愚民手段。历代的皇帝如何不可避免地大多是些愚徒白痴。最后又谈到了皇室腐溃与朝代更替的必然因素:内争,宦官,权臣,外戚,更迭地造成了皇室的坟墓。

士、农、工、商、兵是我国相沿的五大阶级,这中间的农、工、商三者是生产的中坚份子,社会的基础梁柱,然而在历史的演进中他们所受的创伤和抑制却最猛烈。此外"士"和"兵"二者一直构成了中国社会的二大特殊阶级:前者是统治者及其进身阶;后者则是武力统制的基本集团与历朝兴替的腐蚀的动力。

这里有从世卿政治到官僚政治的演变,有官僚的选拔演革和贪污无能的由来,以及因此造成的矛盾局面如何使国家终趋败亡,战争如何由贵族式的车战到役使大量平民的骑战和步战。历代兵制如何终于造成了军队的世袭制,军费如何使财政溃缺,以及军权的集中和分散如何都产生了统治朝代衰亡。这里有一个基本的命题:凡武力的使用不为争取人民的利益者,纵然握权者养兵千日,到了生死关头的"一朝"还是靠不住的。

封建时代的基础是土地与农民。于是本书又综论了我国经济如何始终停滞在个体劳动和小农经济的阶段上。官僚和皇室如何不惟剥削了农村的剩余劳动,并且用各种各目方式来夺取人民的必要生活资料,致使千灾百难下的农民时时遭受非人生活的煎迫,间接使整个的国家社会没有了办法。等到每次天灾人祸逼得农民无路可赴的时候,神州的大地就产生了巨大的撼动。

中国和"异族"间的冲突是在历史上占着非常重要的地位的。按照本书,这二千年间可分为三个时期,每个时期有几个主要的异族与封建的本国发生冲突、破坏、融和。历朝的苟安和政策的失败,使中国文化遭受了不必要的停滞毁损,人民多遭受无限的痛苦,一切的一切,都有明确的解释。

最后的结论是,历史永不回头,已往的"变法""改革"根本上还是与人民基本利益冲突的改良主义的作祟。今后一切还得从头彻底改变过来。辛亥革命,八年抗战,已为我们做成了坚实的根底,今后的任务是努力贯彻和防制"历史阴魂"的鬼计。每个人如果对现实和历史想有具体有用的认识,则《二千年间》是一部大可一读的书。

(《学生日报》1946 年 11 月 13 日,第 3 版)

《二千年间》

少　若

蒲韧著，三十五年六月出版，开明青年丛书。

《二千年间》是一本"谈"历史的书，以起自秦汉终至清末之间的史实作内容资料。看法当然新，曲解处也有，然而持论却精，无意气用事，或强词夺理处。全书共分九章。第一章鸟瞰，第二章说皇帝，第三章说官僚，第四章说军队，五六两章说农民及其革命，七八两章说外患侵陵，及亡国之可惨与可耻。最后一章说变法。前四章人云亦云，无甚精到。五六两章则不免有我田引水之嫌，如不佞前面所述。① 尤以说历代流寇动乱时，把赤眉、黄巾、黄巢、方腊、李自成、张献忠，与老白莲教、捻匪，下及洪杨，说成了一个系统，似嫌□夹。要知民众革命（比与民族革命尚有区别），与民众动乱，固然有它形而上与内在的相同因素，但二者之间，毕竟有一条鸿沟，过此一步，便为变质。此犹民主有真有伪，外表看去，相差无几，实质上是迥不相侔的。不过第六章在讨论反动势力所以不能成功时，有一节叫作"走向城市的失败"，是颇为透辟的议论。他说：

> 这种现象之所以产生，可以从两方面来解释。一方面是因为：在农民占领了中心大城市后，往往使他的敌对力量方面发生了变动。另一方面，更重要的，是因为：农民本身的弱点，在过着城市生活的时候，更大地发展了。

---

① 李孝迁按：此文在《天津民国日报》逐日刊登，缺 1947 年 11 月 12 日所刊文字。

　　在封建时代的城市中,农民找不到有力的同盟者。有的只是一部分小商人和手工业者,这些人并不能给农民增加多少力量。更有的是不事生产、久在城市里混的流浪汉,这些人已养成很坏的习性,他们不仅不足以增强农民力量,反会发生消极破坏的作用。何况农民本身还有许多弱点,这些弱点禁受不住城市生活的锻炼。当他们到处流动作战时,只提出几个直接的生活斗争的口号,加上理想社会的朦胧的向往,固然已能使饥饿的农民风起云涌的响应,但是没有明确的方针和办法,带着空想的色彩,究竟还是弱点。一到了城市中,应付比农村复杂得多的城市环境,那就不是从贫穷的土地上出来的农民所能做得好的了。……几句简单的口号是不够用了,空洞的社会理想也和实际格格不相入。……城市对于质朴的农民,在物质生活和精神生活上所起的腐烂作用也是不容忽视的。……农民们从贫穷的农村中一闯进城市,不免目眩神迷。他们感到自己已是支配这一切的主人,就很容易发生志得意满、尽情享受的情绪。所以农民战争停留在农村中,虽常能保持内部的纪律,但是一到了城市,组织松懈、意志涣散的弱点就发展起来,暴露在他们的行动中了。农民中的领袖们也难免受到影响……加上城市带了一批流浪汉到农民队伍中来,又加上有些没骨头的官僚,专一趋炎附势的士大夫,一看见农民得了大权,也双膝跪下,表示拥戴,他们其实是阴谋利用农民战争来图自己的利益。这些分子的加入,更加速了农民队伍内部的瓦解溃散。(页一〇八——一一一)

这里所谈,还有几点可以补充:第一,所谓农民领袖往往就是破落户或流浪汉。第二,农民的组织可能根本就是乌合之众。第三,农民起事的目的,可能就是为了攫得城市中声色货利的享受。这样,其失败更是当然的了。窃以为此一节颇足为今日时事的借镜。无论居城居乡的人,都应三思也。

七八两章说得也够好。"儿皇帝""贰臣"的描写,正为今日一干只顾利己肥家,而忘记民族邦国的人写照。这是作者有鉴于此次抗日战争中种种实情而发挥的,更提出了"不死的人民力量"之伟大,都足为我们作深刻的玩味。

说得最好的是第九章。从来谈王安石变法的,似皆无此精深周至。他指出王安石过于重"利",而对象是怎样利于政府而非利民。尤其是想从大中小资产各阶层的口内剥夺其利益以饱皇室,结果当然怨声载道了。作者又谈到……的一段,还指出历代在位的统治者因循苟安,希望维持不变的局面,和已到手的既得利益,却不曾远见于来日的大崩溃大动乱,甚至亡国灭种的惨祸。这种欲盖弥彰"猫盖屎"办法,无非是自速其死。即如宋代及清末的变法,明末的清算豪门,清末的君主立宪,也还是一幕骗局,一场悲喜剧。故作者反对敷衍的"改良",而主张彻底的"改革",难说近于偏激,却也未尝不是对症下药的救世良方。他屡引中山先生的名言议论来憬悟戒鉴读者,如说,"孙中山先生曾说,我们要做大事,不要做大官。这话是针对官僚制度而言的",都是一针见血的话。不过作者乐观地说"历史是不会回头的",不佞颇不敢妄加同意。盖"不变"的总是"不变",所谓江山好改,本性难移,又有谚云:"狗改不了吃屎"也。

作者在本书中出了几处不算太小的错误,这在写历史书的人似乎是大忌。盖征引史实,毕竟是基本工作之一,空有理论,而学问不足跗萼之,总嫌有荒疏或草率的毛病。

第十四页,作者说:"汉高祖刘邦做了皇帝之后,有一次向他父亲说,当初你以为我不行,不能够治产业,还不及我的弟弟。现在看吧,我和弟弟究竟是谁的产业多些?"

这一段话,当是抄译自《史记》高帝本纪,不过"仲"字语应释作"老二",译作"弟弟",显系望文生义,而且仿佛作者连《史》《汉》原文都不曾见过似的。同门下僧慧先生曾有一节小考据,这里特声明转录如下,以示不敢掠美:

> 《史记》卷八《高祖本纪》:"九年……未央宫成,高祖大朝诸侯群臣,置酒未央前殿。高祖奉玉卮,起为太上皇寿曰:始大人常以臣无赖,不能治产业,不如仲力。今某之业,所就孰与仲多? 殿上群臣,皆呼万岁,大笑为乐。"(少若按:刘邦字季,凡读高帝纪,起首便见到,可见作者是疏忽了)

《史记》卷一百六《吴王濞列传》:"吴王濞者,高帝兄刘仲之子也(徐广曰,仲名喜,见《集解》)。高帝已定天下,七年,立刘仲为代王,而匈奴攻代,刘仲不能守,弃国亡,间行走洛阳,自归天子,天子为骨肉故,不忍致法,废以为郃阳侯。"

《史记》卷十七《汉兴以来诸侯年表》:"代——高祖六年,初,王喜元年。九年,四,匈奴攻代,代王弃其国,亡归汉。"

《汉书》卷一下《高帝纪》:"六年春正月壬子:立兄宜信侯喜为代王。七年十二月……是月匈奴攻代,代王喜弃国,自归洛阳,赦为合阳侯。九年冬十月,淮南王梁王赵王楚王朝未央宫,置酒前殿,上奉玉卮为太上皇寿,曰:始大人常以臣亡赖,不能治产业,不如仲力。今某之业,所就孰与仲多? 殿上群臣,皆称万岁,大笑为乐。"

《汉书》卷十四《诸侯王表》:"代王喜,高帝兄,六年正月壬子立。七年,为匈奴所攻,弃国自归,废为郃阳侯,孝惠二年薨。"

《汉书》卷三十五《荆燕吴传》:"吴王濞,高帝兄仲之子也。高帝立仲为代王,匈奴攻代,仲不能坚守,弃国,间行走洛阳,自归天子,不忍致法,废为合阳侯"。(以上系卞先生原稿,不待诠释,其意自明,仲非刘邦之弟而为其兄,殆不成问题矣)

作者在第四十页上说:"唐太宗初行考试时,眼看着天下试子鱼贯进入试场,不禁高兴地说:'天下英雄都进入我的圈套了!'后来明朝的赵嘏也做诗道:'太宗皇帝真长策,赚得英雄尽白头。'"

不佞读书太少,不知作者根据何书语译。只知道唐人王定保所撰的《摭言》上有此一则:"唐太宗私幸端门,见进士辍行而出,喜曰:天下英雄,尽入吾彀中矣。时人语曰:太宗皇帝真长册(少若按,二者可通假),赚得英雄尽白头。"不论作者是否抄译自此书,总之有两大错误。第一,"时人语"云云决非明朝人,如是明朝人,唐人王定保何由知之?第二,明朝是否有个赵嘏,我不知道(大约是没有吧),我只知晚唐时有诗人曰赵嘏,而赵嘏亦决非太宗时人。其诗集全部现存全唐诗中,并无此二句。作者大约转抄某书,致有此失也。

还有一点,并非作者说错,乃是数典忘祖。作者在第四十四页上说:"清朝以异族统治中国,更尽量在科举考试上与人方便……倘若童生考不进学,也可花钱买一个监生的名义,一样能参与乡试……"却不提及这花钱买监生的制度,是沿袭明朝纳粟制的陋习,似使人觉得此法自清始开例,不知纳粟之制才是捐监滥觞,二者一而二,二而一。不提纳粟,总欠圆满。吴晗先生讲中国通史即特别注重纳粟,可说极有见识。《明史》卷六十九《选举志》云:

> 太祖虽间行科举,而监生与荐举人才参用者居多,故其时布列中外者,太学生最盛。一再传之后,进士日益重,荐举遂废,而举贡日益轻。虽积分历事不改初法,南北祭酒陈敬宗、李时勉等加意振饬,已渐不如其始。众情所趋向,专在甲科。宦途升沉,定于谒选之日。监生不获上第,即奋自镞砺,不能有成。积重之势然也。迨开纳粟之例,则流品渐淆。且庶民亦得援生员之例以入监,谓之民生,亦谓之俊秀。而监生益轻。于是同处太学,而举、贡得为府佐贰及州县正官,官、恩生得选部、院、府、卫、司、寺小京职,尚为正途。而援例监生,仅得选州、县佐贰及府首领官,其授京职者,乃光禄寺、上林苑之属。其愿就远方者,则以云、贵、广西及各边省军卫有司首领,及卫学、王府教授之缺用,而终身为异途矣。(纳粟详例,限于篇幅,从略,不录)

《清史稿·选举志》第七,亦有关于捐监之记载,首即标明"监捐沿明纳粟例",康熙雍正间,"各省监生或惮远道跋涉,或因文理不通,多请代顶冒者。世宗深知其弊,特遣大臣司考试,五年令与考者千一百余人悉引见,时以顶冒避匿者九百余人",乾隆十年,"湖广总督鄂尔达言,捐监事例,谷不如银,银有定数,谷无成价,易捐谷为捐银,倘遇荒歉,亦可动支采买,允行"。至三十九年,陕甘总督以捐监营私,"缘是罢黜者数十人,报捐监生或加捐职官者,分别停科罚俸停选,其后监捐无复纳粟遗意矣"。可见这二者之间,因缘甚深。详此略彼,难见端倪,故为补足云。

准此,不佞愿今后写历史书的人,希望他们在征引古书时,第一要注明原书出处。第二尽可能不要误译为白话。这不独予读者便利,对作者写作的态度也很要紧,盖治历史不像弄艺术,可以"大德不逾闲小德出入"的。这里所举各例,事态尚非重要,若遇大事,也任其如此含胡,则历史的价值,将一无所有了。可不慎诸。

(《天津民国日报》1947 年 11 月 13—16 日,第 6 版)

《二千年间》

沁　汀

蒲韧著,开明版青年丛书之一。

《二千年间》是一本别出心裁的历史读本,她不是一般传统的以时间朝代为写作前后的历史书可比。她是把从秦到清的二千一百余年间的足以影响后代的专制君主时代为一个大单元,从这个大单元中抽出几个比较重要而有兴趣的问题扼要而明朗的来阐发。

里面包括了九个小单元,作者先把二千一百年间的从秦的集权帝国开始到清的鸦片战争以后渐渐地踏上半殖民地半封建时代划了一个简单的轮廓与缩写。再把专制时代的在"万人之上"的人——皇帝的产生,与一般人民对于皇帝看法的曲解,帝位的世袭和换朝易代以及皇族内部的纠纷与罪恶,用细致的手法写得酣畅淋漓。作者又揭发专制时代统治者的假面具:为巩固自己的地位,造出许多神话,如康王泥马渡江的事迹,使人民相信皇帝是"天生的圣人"。再如历代的劝忠教孝,皇族自己却是伦理道德堕落到极点,隋炀帝是弑父的凶手,唐太宗是杀死他兄弟的。作者把统治者的残酷与罪恶剥层理肌地清洗出被涂抹、被歪解的历史真相。

"只许州官放火,不许百姓点灯"这句谚语,足以表明旧社会中"官"的特权。在第三章里,作者就是把特殊职业的"官"的产生,与"官僚"制度的失败,具体地描划出来。

在专制君主政治下,需要官僚政治,需要有才能而忠诚的官僚来服务,统治者更为控制智识分子的思想与行动,想出种种阴谋使普天下的智识分子尽入他们的圈套。唐太宗以后的"科举"就是最好的例子,一般人为了要做官,于是努力钻在钦定的"四书五经"里,脑子不会用到使专制政治不利的地方去。可是因官的地位崇高,入仕的途径公开,奔趋到这条路的人多到极点的时候,因此造成"官僚膨胀"的恶果,使国库支绌,加重人民负担。这里作者又告诉我怎样造成官僚的贪污与赂贿,铸成"国家之败由于官邪"的后果。

在专制政治下,必须有两个支持:一个官僚,另外一个就是军队,两者绝对不能偏废。在另一章作者把又一种特殊职业——当兵,兵的来源及军权的集中和分散,至所以军权旁落形成割据内乱,都有详细的剖析。既然官僚与军队是专制政治的两个支柱,那末养官与养兵的费用那里来呢?作者又明确地把专制封建政体下的一切寄托者——"土地"的利用加以说明。农民种皇族的地,出钱出谷又出力之外,又加上不合理的捐税及贪官层加剥削,结果,使农村破产,农民由荒灾,饥饿走到挺而走险之路。

由农民挺而走险的结果,造成大地下的动摇。自秦的陈胜、吴广揭竿推翻暴戾的秦朝,到清的太平天国的兴起,而至辛亥革命收到消灭二千年来封建的恶势力的成绩。其间每一朝代的沦亡,都是人民由忍耐到忿怒所造成的力量,但这种力量很多是失败的。作者把失败的根源发掘得很深,又清楚地解释战争的意义。

作者又阐明二千一百年间在不安静的北方边塞的各民族,由被侵略到侵略及中国羁縻控制的失败,在反动的民族政策下爆发起报复性的叛乱,而造成民族的苦难。又把在北方的各民族踏进中原的时候,中国内部引起的反应:产生了年轻的儿皇帝和贰臣,相应的也产生了以身殉国的英雄,及在异族统治下的不死的人民力量,在这本书里都有很生动的记载。

在最末一章里作者又发掘专制君主制度是逃不了灭亡的命运的根源,由变法的失败,而再没有救自己的力量,只在不变中坐候末日,提精紧要的有系统地阐明专制政治的成果。

总之,这是一本有血、有肉、有魂灵的好的历史读本。作者站在纯人民立场来解释历史,用活泼流利的笔法记叙历史,一点没有枯涩的感觉,而使人爱不释手。在今日,这确是一本值得一读的书。

（《宁波日报》1948年3月17日,第6版）

纵剖了的中国历史

——介绍蒲韧的《二千年间》

简 余

读过一点书的人都懂得我们中国是"文明古国",上下五千年,有着悠久的历史传统,更有着不少历史记载,真可以用一句老话来说,"浩如烟海"的。南宋末年便有过一个人曾经叹息:"一部十七史从何说起?"现在是廿四史,廿五史了,要说起来是更加为难了。

读过本国历史教科书的人都会有这样的经验,书读过了,临时抱佛脚的考试也对付过去了,除了记得一些"唐虞夏商周秦汉,晋隋唐宋元明清"(一些朝代的名字),"三皇五帝","五霸七雄"(一些人物的名字),"王安石变法","红丸、梃击、移宫"(一些事件的名字),此外便什么也记不起说不出了。

"事情太多了,难记得很啊!"

有办法的,并不难记。

有一本书会告诉你怎么记法,其实是告诉你怎么读法;记不住,原因就在你并未读通,不知道怎样把握要点来把握历史。

中国全部的历史虽然有五千年,但最重要的却只有最近的两千年,就是我们常常提起的封建专制主义时代,即秦始皇统一以后的中国。

封建时代最了不起的人就是皇帝了,大家都晓得的,所以这本书就先从"在万人之上的人"的皇帝讲起,而后讲到皇帝的文武百官——一种特殊的职业;"官兵,官兵",官之后就讲兵——又一种特殊职业。讨论完了这些专制主义的统治权力和机构之后,便讨论到这种统治的经济基础——农村了;封建社会是常常换朝换代的,多半是由于种田人闹乱子,如像"黄巾之乱","黄巢之乱","李闯之乱"。所以讨论完农村接着便要谈到农村的骚乱和农民革命了。有的时候换朝是为了外族的入侵。外族侵入时皇帝和官儿们多半是惧外、媚外的,因他们想"攘内",便常常"安外"来"攘内",做卖国贼。这本书有两章讨论这两个问题,最后的一章谈到了统治者的用"变"来骗人,如满清末年说要"变法"了之类,但却往往口头说"变"而实际未变,终于在不变中等来了一个末日——亡国(实际上是亡代,皇帝那一家亡饭碗)。

一般历史书都是依据时间的进行写下去的,最初一年一年写,后来有人一代一代写,更后有人一个阶段一个阶段写。这好像把一株历史的大树分别锯成了好多段,一段一段的把横切面摆在你面前。这本书却是纵剖的,从顶端剖到树脚,让你看这一纵剖面里有一些甚么两千年间都共通的东西,便是上面说过的那几个大问题。

看了这本书,你才晓得中国原来是乱多于治,分裂多于统一。皇帝多是混蛋,官吏多是蠹虫。兵怎么腐败得不能打仗,农民怎么受剥削又怎么起来反抗,外族又怎么乘内乱而来,皇帝怎么和外族打拱求饶,又怎么"坐以待毙"的灭亡。这本书里面有许多都是在教科书里没有听到过的。读了之后你才会恍然大悟,"啊,原来如此!"你的心里便从此有数了,谈起中国的历史来也大致能头头是道了。

看吧,这本书叫做《二千年间》,开明书店出版的,作者蒲韧是一个知名作家的笔名。

（香港《大公报》1948年5月18日,第7版）

评蒲韧《二千年间》

田　央

　　中国虽然是一个历史古国，史学著作虽然"汗牛充栋"，但在今天，想找一本"可读的"国史却并不容易。一般历史教师往往慨叹学生对于国史的茫昧无知，程度低落，然而谁为为之，孰令致之？国定课本的诘屈难读，满纸人名地名，而且错舛百出，笑话连篇，几乎一句一谬，已不必论。就是通史的著作，号称大学课本的，能有几本"可读"？不是表现考据，支离破碎，就是误解史文，"指鹿为马"，想学生从"无知"进为"有知"，岂非"戛戛乎其难"？《二千年间》一书可说是扫尽上述史作的毛病，虽然也不免略有可议之处，但一木之障，未足为病。本书文笔的生动，引人入胜，深入浅出，更非一般历史著述所能企及，这本书至低限度是"可读的"。

　　这本书是从历史的纵剖面去看中国的封建专制主义时代，共分九章，第一章是总论，第二章说皇权，第三章论述二千年来的官僚政治，第四章说军队——和官僚制度同为封建政治的两个齿轮，第五章说二千年来中国农民负担的繁重，生活的千灾百难，第六章"大地下的撼动"——农民战争，第七章"不安静的北方边塞"，第八章"当胡骑踏进中原的时候"，说外族入侵——儿皇帝的出卖国家和人民的守土反抗。最后一章指出封建专制主义"逃不了的灭亡命运"。

　　皇权和绅权统治了二千年的中国，官僚、士大夫和绅士其实是"异名同体的政治动物"。皇权需要倚靠绅权，绅权也需要凭藉皇权，二者是互相为用的，皇权的取得起初多数是依靠帮权和军权，换言之，就是凭藉暴力。汉朝的开国皇帝刘邦是流氓，明朝的开国皇帝朱元璋是流氓兼强盗,一条棒子打出来宋家天下的赵匡胤何尝不是流氓,但是"马上"虽然可以得到天下,却不能以"马上治天下",这个时候便不能不有赖于"士大夫"了。这本书提出文彦博对宋神宗的说话"为与士大夫治天下,非与百姓治天下",说明皇权的运用是与士大夫共治,不是与百姓共治天下是很对的。

因此可以明白为什么皇族间的纠纷残杀特别多了,皇帝是与士大夫治天下的,不是与皇族治天下的,皇族至亲反可以影响皇权的独占性和方面性,所以历代的皇帝虽然个个都"口里仁义道德",对自己的至亲骨肉,却无不加以惨酷的残杀,雍正皇帝是最能够明白这个道理的,汉文帝的宽大反而引起乱子。

皇权与绅权怎样联合运用去统治天下呢?一方面皇权通过了官僚制度去控制一切"治人"的政治机构,但是皇权的伸张却是有限度的,到了县衙门便划然而止。(看胡庆钧:《皇权、绅权、民权》,《新路》一卷七期)乡村里的人民总觉得"山高皇帝远","帝力何有于我哉",皇帝的威仪是怎样的,皇帝是怎样的神圣,他们总是漠不关心。皇权在他们的实际生活里引不起甚么波澜,统治乡村的其实是绅权的另一方面——绅士。

绅士是怎样产生的呢?简单来说这是官僚制度下的一种副产物,作过大官的叫大绅士,作了小官的叫小绅士,他的亲属在朝做官的也可称绅士,不曾做过官只要曾经中过举人、秀才之类也是绅士。"官僚制度是要到唐以后才成熟"的,唐以后才有完备的科举制度,要做官,要做绅士,就不能不由这条途径。科甲中式出而为官的,固然威风十足,"财帛进门",而且"为民父母",干儿干女多到数不清。就是没官做的,回到乡村里,也可以做个"老爷"——乡村皇帝。而且今年中举难保明年不中进士,十年八年做巡方御史,前程远大,希望无穷,实在非同小可。这是提高社会地位唯一的方法,是社会升降的唯一阶梯,难怪乎"万般皆下品,惟有读书高"了。

这种制度虽然使"天下英雄尽入我彀中",但是不是在这一种制度下人人都可以有同等的机会去参加科举呢?不是,根据费孝通先生和潘光旦先生对九百一十五本朱墨卷的研究(题目是《科举与社会流动》,

《社会科学》四卷一期），他们的结论是："凡是能登进的人多少总有一些经济的能力与攻习举业的闲暇。经济的来源自不止一端，土地大概是最大的一个。从事举业的人十九是些大小的地主，而不是自耕农，朱墨卷的履历里虽间或有上世'力田起家'的定样，但到以科举起家的那一个世代，至少是参加科举的当事人自己，可能是不再'力田'的了。"

所以没有相当经济能力的穷人，对科举进身还是"望门兴叹"罢！

官僚是地主，绅士本身也就是地主，不是绅士的地主，他的后代也成为绅士。而皇帝呢？是一个头号的大地主，他们的利益是共同一致的，所以二千年的封建专制政治，可说是地主的统治，他们运用着两把利刀，一把统治着城市，一把统治着乡村。

在地主统治的官僚制度下，升官发财是中国历来读书人的一贯看法，"书中自有千钟粟，书中自有黄金屋"，"十年窗下"吃了"苦中苦"之后，一旦做官，难道肯让自己的希望白白的走掉吗？所以贪污是官僚制度下必然的产物。明清官吏的贪污虽然官俸菲薄是一个原因，但唐宋的官俸不可谓不厚，"贪污"却依然存在，"原来有粪坑，就必有蛆虫，有官僚制度，就必有贪污"。这本书指出了这一点，可以帮助我们去明白：为什么二千年来皇权节节提高，绅权步步衰落（从汉代的三公坐而论道，到唐代的立而论政，从立而论政到明清的跪奏；从共存到共治，从共治到奴役，见吴晗《论绅权》，《时与文》三卷一期），却总不能用皇权去制止贪污。

保持皇权单靠官僚制度还是不行，没有可以控制叛变的军队，那些受尽了压迫，剥削的人民是会起来造反的，于是不能不花一大笔军费去养兵，所以官僚制度和军队是封建专制政治的两个齿轮，是缺一不可的。但当兵成了一种专门职业之后，"与一般生产人民截然分离，又因平日待遇微薄，更无自尊心，作战时，自然说不到爱护人民的军纪"，"贼来如梳，兵来如篦"，兵更成为人民憎恨和害怕的对象，反腐蚀封建专制政治的本方。

人民在专制政治的压迫下，受尽了苦难，"出谷出钱又出力"，"衣牛马之衣而食犬彘之食"，血汗给别人吸尽了，走头无路，自然不能不"挺而走险"，绿林、赤眉、铜马、黄巢之乱、王小波、李顺之乱，以至李自成、张献忠都是封建专制政治迫出来的,但是中国二千年来农民革命却没有一次成功,失败的原因虽有多种,作者在这本书里指出"走向城市的失败"却是一个很主要的原因。一般说来,农民比较散漫,少合作精神,而且保守性相当重,缺乏明确政治纲领,多靠宗教号召,所以农民革命每每是突发的,没有良好的组织,进入城市后便很容易腐化。所以未进入城市以前许多农民革命都声势浩大,进入城市以后便遭遇到很不幸的命运。中国农民革命的失败还有一个重要的原因,同样是不可忽视的,就是地域性的浓厚。赤眉入了陕西,军心思归,后来便"一溃不可收拾"。李自成的败于吴三桂,也与"军心思归"有绝大的关系。但是中国历代的农民革命在屡次失败之后已经得到若干修正,最显著的是已经渐渐用政治性代替了宗教性。西汉末赤眉、铜马的富于宗教性,没政治野心,到北宋王小波时代已经完全代替以"均贫富"的政治纲领了。

中国历史上的对外战争多数是在北方,所以北方的边塞时常是不安静的,这些对外战争有些是带侵略性的,有些是不带侵略性的,但不论带侵略性与否,"受苦难的总是人民"。到了"胡骑踏进中原的时候","儿皇帝"和"贰臣"出卖国家民族,守土反抗的人民遭遇双方的攻击和压迫,在中国历史上留下了一页页的深重的创痕,"扬州十日""嘉定三屠"……这些都是封建专制统治的结果。

但封建的专制统治者无论怎样反抗世界的潮流,无论怎样努力作最后的挣扎,最后一个封建专制主义的天朝——满清终于在历史上消失了。"历史又一度证明了统治者无论用怎样顽强的努力来守旧不变,但客观的形势,人民的力量终究会变掉了他"。"历史的车头轰轰隆隆地前进,把旧的时代撇在后面,产生了新的事物,出现了新的情势,提出了新的问题,向着民主化,现代化的前途猛进。这是谁也违拗不了的前进的主潮,一切眼光向后看,留恋旧的时代,走着倒退的路的力量都不能不被辗碎在历史的车轮下面。历史是永不回头的。"

在看了一遍之后,我觉得这本书不特是"可读的",而且确是"把历史和现实联系,从历史说明现实,也从现实去明白历史"。(吴晗先生语)

不过这本书也有些要商榷的地方,例如说汉代兵制:

关于西汉初年的兵役制度……形式上看来似乎确是征兵。但实际上却并不然，因为同时有着出钱就可免役的定制，汉初人称之为"更赋"。所谓"更"即指兵役，因为兵士是要经常更易的。其时"更"的名目有三种：一曰"卒更"，那就是按照法定期限，亲去当兵；二曰"践更"，就是富者用一定的价钱（每月二千钱）雇穷人代为从役；三曰"过更"，那是专行于戍边的，名义上虽说人人都有戍边去的义务（一说每人戍三天，又一说三月，恐以前一说为确），但实则既远去戍边，总难以立即回来，所以不去的人，都交三百钱给政府，政府拿来给予戍边的人，使他们长期干下去。

事实上汉代的兵制是这样的：人民到了二十岁（后改为二十三岁）便到政府登记，叫做"传"，开始应徭役。第一种义务是"更卒"，即人民轮流到本郡县长官那里去服务，汉初更卒是每隔几年出头服务一次，每次五个月，后来改为每年一次，每次一个月。自己愿意亲身去服务的叫做"践更"，自己不愿意去的可以用钱三百文雇人代劳，这种办法叫做"过更"，这笔过更的钱就成了"更赋"。法律上，这种义务自应徭役起，到五十六岁止。第二种义务叫做"正卒"，人民"传"了之后，就得先作正卒，正卒的服务共两年，一年到京都去作卫士，一年是在本郡县当兵，在长安作了一年卫士回来以后就在本地当兵一年，是地方的警备兵，这一年受的完全是军事训练，每年秋收以后，太守都尉令长们便把他们召集到郡的首都，"都试"一下，以定高下，训练一年完毕，还乡为农。但是到国家有战事的时候，还是要征发的。第三种徭役叫做"戍边"，也叫做"徭戍"，即是到边疆上"守徼乘塞"，从事边防。戍边的责任是全国人民都有的，西汉规定人民每人一生中必需戍边一年，但遇边防紧急时，得继续留守六个月，在原则上戍边的责任是人人都有的，高级官吏的儿子也不能免，但是有钱的可以出钱雇人代替，这笔钱大约是每年四千钱。上述只是郡县的徭役，边郡的人民只在本郡县受军事训练，防卫本郡的边疆就够，但因为外族侵乱的紧急，他们的军事义务比内郡的还重得多。国邑人民的徭役却比较内郡轻得多了，国邑的人民不必到郡县官府那儿去，他们可以在诸侯王的府第中当差，也不必到中央去作卫士，只是到诸侯王的宫廷作卫士。（参看滨口重国《践更与过更——如淳说的批

判》,《东洋学报》十九卷二号,及《补遗》,同上二十卷二号,及孙毓棠先生《汉的兵制》,《中国社会经济史集刊》五卷一期)

　　这本书讲及唐代兵制也有点欠妥善,关于府兵制陈寅恪先生已作了很详尽的研究,将府兵制分前后二期,以隋代为划分的界限,前期是兵农分离,后期是兵农合一(见《隋唐制度渊源略论稿》),作者对这点也似乎有点忽略。

(广州《南风月刊》第 2 期,1948 年 11 月 8 日)

介绍《二千年间》

雪　明　良　石

蒲韧著　开明书店印行

这是一本关于中国封建专制主义时代的历史，虽然封建专制主义时代已经过去，但这封建的二千年间的历史遗产，却仍深深地影响了我们的现代生活，甚至有些地方仍不免借尸还魂，有过无不及。这书便专门以过去二千年的历史作为研讨的对象，我们读它，作为历史，也可作为时代的镜子。

一般的中国历史课本及读物，大都是朝代纪年、帝王家谱，而且人名、地名、年月、数目字一大堆，除了索然无味，简直越读越糊涂，摸不着头脑，小学是从盘古开天一直到现代述一遍，中学加多了内容又来一遍，到大学更详尽复杂又来一通，实在是既不经济，又不科学，又无趣味。

吴晗先生和张荫麟先生有见如此，曾计划过要写一整套适合于小中大学读的历史读本，想一扫过去的流弊，用科学的观点和方法，有系统地来写三套由浅到深的读本：小学的以人物故事为中心，烘托以时代的大事，趣味生动；中学的以时代大事为中心，简明清楚；大学的则分阶段详述，分析正确详尽。但是后因张先生不幸逝世，而时局动乱，生活艰难，这计划终于未能实现；以后吴先生曾有一文论及此事，他说看到许立群先生的《中国史话》(《生活与时代》第三期有文介绍)，大致吻含他们的第一套计划；而蒲韧先生的《二千年间》，则相当于第二套计划；而翦伯赞先生尚未完成的《中国史纲》正是第三套的理想。对这三部书，他都曾推崇备至。

《二千年间》,这正是中学及中学以上的青年们最好的历史课本及补充读物。

这书的特点在那里呢?

在于他以现代正确的科学的眼光,给我们剖视了中国封建时代的特质和基本内容,而摈弃了那种糊涂视线的帝王编年史的写法。

在于他把这两千年当作一个整体,从纵剖面来看这二千年的历史,找出若干值得注意的问题,一个个来读,使我们对这二千年间历史上的某些重要问题,看得更加清楚,这是和一朝代一朝代、一阶段一阶段的横剖面写法完全两样,因为这二千年在基本的社会经济性质和政治形态上都属于封建专制主义时代,所以虽可划分阶段,但各阶段间仍有基本上的共通性。

在于文笔简明扼要,深入而浅出,排斥了历史书一贯的啰嗦繁琐,不文不白的写法。

全书分为九章:因为这是研究封建专制时代的历史,所以首先分析封建专制的统治权力及其机构,再讨论到这种权力所凭藉的经济基础——农村,于是便进而讲到农村在封建专制势力压迫剥削之下,忍无可忍拼死求生,所常常发生的叛乱和骚动,然后再谈到在这时代也常常发生的异族入犯和侵占的现象,最后谈到封建专制势力的没落与灭亡。

头一章是“二千年的鸟瞰”,把这二千年——自东周(春秋)至清鸦片战争——写一个轮廓,由此我们可以看到在长期的封建专制时代维持和平统一从而经济繁荣、文化发展的时期并不很多,常常受到战争、侵略的骚扰,这是什么原因? 你读完以下八章就可明白了。

第二章“‘万人之上’的人——皇帝”,作者说明了在君主专制政体下面,整个国家都被看做皇帝个人的私产,皇帝也是全国地主中最大的一个,他执行的政策是完全以地主的利益为依归的,同时地主们为了自己的利益为了镇压被统治的人民(大多数是农民),也必须建立一个强有力的统一政权努力去造一个无上权威甚至带有神怪性的皇帝,让一切政权力量集中在这皇帝个人身上。所以我们首先要明白国家是在地主势力支配下,其具体的表现就是皇帝个人的专制独裁。皇帝虽然也无异于常人,但当时统治集团为了提高皇帝的权威巩固他的地位,便造出许多神话来使人民相信皇帝是"天生圣人"而不能违反。历来的皇帝也没有一个不奖忠劝孝,大谈其伦理道德的,作者在这几方面,和皇帝的世袭皇族内部的纠纷,都分析得很透辟。

次一章"一种特殊的职业——做官",一句俗话"做了老爷就是天上的星宿",是宿在人们心目中是至高无上不敢撞犯一点的,人们对"官"抱着这种敬而畏的态度,正因为实际上官是享有超于常人以上的特权地位的缘故。

作者先讲述官老爷在社会中的特殊地位,然后阐明君主专制和官僚制度的密切关系和官僚产生的详细经过情形,官僚的澎胀对对于专制政治的不利恶果——官的品质降低,冗员加多,国库开支浩大,人民负担日益加重,最后谈到"国家之败由于官邪",即专制政治的败坏是由于官僚的腐化,作者认为官僚的贪污腐化也正是专制政治下必然造成的现象。我觉得这种看法很对,拿现今中国社会里的情形来说,官员贪污腐化到处都有,喊杀贪官的也比比皆是,正式在办贪官的也多,然而事实上贪风并不稍敛,这是什么原因? 显然官吏的贪污不是"杀""办"所能制止的,它与整个社会制度(现在是半封建半殖民社会)有着密切的关系,没有这样的社会制度,就不能有贪风盛行,即所谓"皮之不存,毛将焉附"。

在这两千年中除做官这种特殊职业外,还有一种特殊职业,这种职业不是中上层阶级的而是属于老百姓的,那就是"当兵"。作者特地拿一章来分段就封建专制政治下的军队难以解决的三个问题来谈,第一个是兵源的问题,第二个是军权问题,第三个是军费问题,军队的强弱、品质、士气的兴衰也就由这几个问题来决定。

我们在前几章里已经知道封建专制主义者建立了层层节制的官僚机构和职业的雇佣军队来维持其统治秩序,但当兵的人,养官养兵的费用从何而来,都是由农村中而来,农业是这个时代社会经济的根本,农村是这个时代的政治基础,换句话说"一切都寄托在土地上"。所以要明了中国的历史,必须懂得中国农村的历史,作者为此写了一章书。他先讲到个体劳动的小农经济的发展情形和小农经济制度对于封建专制时代的大益处,然后讲到两千年间农民都过着非人的被奴役的生活,整个专制帝国是由他们的血汗直接间接供养,但他们从来不是他们所耕种的土地的真正的主人。

但农民在历史上老是默默无声,甘受着统治者的压迫剥削的吗?不,在这二千年中,那沉默曾无数次被巨大的震动所打断,这些震动像疾风暴雨一样的扫荡一切,逼迫得任何历史书不得不记下这种声音,留下他们的姓名。作者说明了每一个王朝都寄生在农民身上,但他也举例说明几乎每一个王朝都是被农民的力量所摧毁的,也许你要发生疑问:这种奇迹是怎样产生的? 好几次失败的原因在那里? 历来农民战争的意义怎样? 要回答这些问题,请你去看这本书的第六章,作者讲得非常透辟,包管可以消释你的疑团,增加你不少关于这方面的知识。

不管你读没读过历史,"万里长城"这个名词想你总该听过,这就是用来防御北方民族的侵入的,有时中国的统治者冲出了"长城",凭武力做了塞外莽原的征服者,有时塞外某一个民族或国家闯进了"长城"做了中国内地一部分或全部分的主宰者,这许多许多事情对中国历史的发展都有重大关系的,所以作者接着写了一章"不安静的北方边塞"来讲这些事情。他首先分三个时期详述在塞外各民族的兴替,接着分析北方塞外各民族经常和内地发生冲突引起战争的原因,纠正我们一些不完全的错误的看法,最后他又谈到汉族统治者"羁縻"制的失败和在这许多战争中民族所遭遇到的苦难。

接后一章是讲胡骑踏进中原后在中国社会里所引起在政治上的反响。先是从那些认贼作父卖国求荣的"贰臣""儿皇帝"谈起,再讲到在反侵略民族斗争中伟大的英雄的产生和国难时统治集团的腐化官僚的只讲个人享受轻视社稷,但这些异族侵入的亡国,历史并不能使我们得到悲观的结论,因为我们在每一时代都可以看到在苦难中挣扎奋斗终于得到最后胜利的人民力量。

我们在前面八章中已经看清楚封建专制主义统治的内部所包含的和外面所遭遇到的各方面的困难和危机,那么再请你看看最后一章,看他们是如何应付这些困难和危机及其终极的失败。作者分析失败的改良主义的变法运动和在变法运动失败之后统治者在"不变"中坐候末日终究解体。在今日封建专制的残余势力还在作着最后的挣扎,然而历史不会回头，人民的力量一天天壮大，他们就要受到最后的裁判了。

当然这书不是没有缺点，有些问题也放弃了没谈，如封建时代工商业的发展，如封建时代文化思想……而有些问题，也似乎过简了一点。

然而这仍不失为一本很好的历史读物，如作者所说，"这一些并不完全的纵剖面鸟瞰图，能够帮助读者们把过去已有的比较零碎的知识，作一次有系统的整理"，或者根据这系统的了解，"更引起进一步研讨的兴趣"。

因此我愿青年朋友们，都能读一读这本有益的书。

从这书还会帮助我们了解：

封建专制主义时代虽然已经死了，"但它的鬼魂却还继续活着"，它在方生未死的年代里，仍在拖累和妨碍我们的道路。

"历史证明了统治者无论用怎样顽强的势力守旧不变"和维持它的统治，但"客观形势和人民的力量"终究改变了它，推倒了它，"走着倒退的路的力量，都不能不被辗碎在历史的车轮下面"。

"旧时代所残留下来一切鬼魂必定要肃清，一切遗毒必定要拔尽，一切老问题必定要作最后的总清算……人民的力量要使历史的车头更加紧速率地轰轰隆隆地前进，让应该死的和自找死路的赶快死去，让新的生命更无阻碍地成长起来"。

这也是我们要来回顾这两千年来封建专制时代的历史的缘故！

（《生活与时代》第 1 卷第 9 期，1948 年 11 月 21 日）

《二千年间》

钦　濂

　　《二千年间》是一本好书。从这本书里面,我们可以彻底认清二千年来的中国,在封建专制的王朝之下,是怎样的一个真面目。这之间,发生过哪些值得理解的事实? 这些事实为什么发生? 有些什么后果? 我们都可以从这本书里得到明确具体的解答。这本书的最大的优点,就是把历史看作一个整体,从这个整体里面抽出一些现象来分析、讲述。用作者蒲韧先生自己的话来说,这本书是用了纵的写法。纵的事实之间,又尽可能地讲到同时期的横的事实对它的影响。这样,读历史的人就可以同时了解一件事实发生前后的因果关系和其他事件对它的影响。这种新的写法,确是最合理的写法,蒲韧先生说这是一个尝试,事实上这尝试已经成功了。

　　以前我们学历史,除了死背死记之外,就没有第二个办法。什么府兵制哪、九品中正哪,就好像是些从天上掉下来的东西,根本不知道它的来龙去脉。至于什么五胡乱华、五代十国,更是弄得人头昏脑胀还摸不到底细。而且我们的下意识中,往往存在着若干不合理的观念,例如认为统一的王朝就是正统,因而把起来反抗的力量目为盗匪。当我读到王莽取汉天子的地位而代之的时候,心里就有一种"糟糕"的感觉。而当光武帝平定群雄、做了皇帝,就感到"不亦快哉"。这种种不正确的想法,在行动上表现出来,就形成一个够重的包袱,成为我们走向正确生活方式的一种累赘。当我们跟老妈子一块儿吃饭的时候,我们觉得有失身份,遇见了什么有地位的人,我们就起一种莫名的崇拜,这就是封建思想在作祟。

　　这是一本好历史书,也是改造意识的好书。它告诉我们中国的历史特质,还告诉我们这些特质怎样继续了二千多年。明了这些便可以认识今天的中国,建立正确的行为准则,不但对自己有益,而且对社会有益。

(《中学生》第 213 期,1949 年 7 月)

翦伯赞《中国史纲》第二卷书评

《中国史纲》第二卷

毓

翦伯赞著，三十五年七月重庆大呼出版公司出版，八加一二加七二九页，无定价。

翦君所著《中国史纲》第一卷于三十三年四月出版于重庆，本刊新五卷第四期曾为文介绍。此第二卷范围为秦汉史，翦君以秦汉为中期封建社会，秦代为其序幕，两汉为其确立开展时期。是卷第一篇秦代凡四章，第二篇两汉凡七章，两篇组织大致相同，各章首述朝代建立渊源及其历史形势，次述社会经济的构造及其转向，次述政权的性质、组织、发展及其灭亡，最后述各时代的意识形态及其变化。

翦君此卷颇能注意秦汉历史之经济因素，于农工生产事业不避烦琐，详细论述，于中国疆土拓展之经济动力——国际贸易亦予以相当篇幅，为特色之一。此卷虽讲述秦汉时代之中国史，但于同时代之世界情势，能抽出简短地位，扼要叙说，使读者能得一种比较，更使人养成一历史整个性之概念，为特色之二。第一卷极少"人物"之论述，此卷则对历史上之人物颇予重视，似有意矫正第一卷之作风，为特色之三。此卷于书册以外之材料，如金石文字，引用颇多，而于晚近数十年来考古学上之发现，如武梁祠孝堂山、两城山南阳诸石刻、吐鲁番壁画、居延简牍、乐浪漆器以及当代学人之研究成绩，皆能充分利用，为特色之四。其它如论西汉虽有奴隶的存在，但不能谓之奴隶制社会；如驳梁启超氏佛教先输入南方说，而提出佛教首先输至塔里木盆地然后由西北入中国之说，皆能言之成理，持之有故。其述秦汉意识形态两章，尤见通辟。

翦君谓秦之统一天下，得力于国际商人地主之力（页五七），自足备一说。但谓始皇能运用国际商人地主之力完成统一，乃因其英俊（页五八），则未免过分重视个人因素。又谓歌颂始皇功德之刻石为商人地主所为（页四六），恐亦不尽然，不如谓之官僚希承意旨所为，此辈谄媚者未必尽是商人地主出身也。至指献颂之仆射周青臣为商人出身（页七三），不知何据。此卷所附插图，大致可靠。惟间有一二，如图二八之西汉铜银诸币，似从《金石索》一类贪多务博之书上摹来，则未可依据矣。

此卷与第一卷相较，笔者认为此卷较着实，较前卷有进步，且文笔亦较前卷流畅许多，允为抗战结束后一年中后方出版界佳构之一。

（《图书季刊》新第 7 卷第 3、4 期合刊，1946 年 12 月）

《中国史纲》

安志敏

　　第二卷(《秦汉史》),翦伯赞著,上海大呼出版公司民国三十五年七月初版。

　　翦伯赞氏尝有志于中国通史之著述,著有《中国史纲》第一卷(史前史,殷周史)、第二卷(秦汉史),颇能利用考古材料,故出版后,曾获一部人士之赞许,其第一卷本学报于上期已加以介绍。兹将第二卷秦汉史,略加评论,以当介绍。

　　余细读翦氏此书,对翦氏之治史精神,固不胜钦佩,而于其内容,则觉错误累累,触目皆是,不禁大失所望。今于此略加讨论一二,以为翦氏重订时之参考。凡所评论,皆以客观态度,纯为学术上之检讨,想翦氏必能谅其直率也。

　　今仅择其荦荦大者,以评论如下:

　　1. 考古资料之不足。翦氏于书中,以颇能引用考古资料自许。如"如果有了新的考古学上的发现,我们便应该尽可能的运用考古学上所提供的新史料,去订正文献上的史料之缺失。接收考古学的成果,使考古学与历史学结合为一,这是历史科学的义务。"(序二页)又"著者在本书中,曾努力于考古学的资料之应用,但以考古学发现过于贫乏,在没有考古学资料可以应用的地方,仍然不能不从文献的史料中去寻找说明。"(序七页)此种精神本极可取,然综观著者书中所引用之考古书籍,仅向达氏所译之《斯坦因西域考古记》、王国维氏之《流沙坠简》、劳幹氏之《居延汉简考释》及未注出处之汉代画像石而已。至于汉代考古资料是否如翦氏所云"但以考古学发见过于贫乏",凡稍具史学常识之人,即可知其不然。盖汉代之考古,近年来已极发达,即斯坦因之工作,亦远非《西域考古记》一书所能包括。其他如日人在朝鲜及东北对于汉墓、汉城之发掘工作,苏联对外蒙肯特山汉墓之发掘,所获汉代遗物,皆甚可观,著者对此皆未言及。且据历年来之发掘研究,由汉墓、汉陶及其他遗物,已可推测汉代文化之一般状况,而著者对此似毫无所知。其他如仅略引汉简而未及封泥,是著者尚未知封泥之价值。朝鲜所发现之汉代纪年铭漆器已不下四十余器,其他如外蒙古等地皆有纪年铭之漆器发现,而著者仅引《骨董续记》所录之四器,且对漆之形状亦无所叙述。对汉代绘画则称:"在没有更多的真本汉画发见以前,历史纪录和石刻画像,仍然是研究汉画的惟一资料。"(六七五页)对所引用墓砖、漆器、壁画等考古资料,皆未作详细叙述,且亦未列入插图之中,此与翦氏所自称"曾努力于考古学的资料之应用"迥不相合。盖翦氏所言之考古资料,多未曾获见实物真本,仅道听途说,宜其不免错误累累,触目皆是也。今举其显著之例,以资商榷。如翦氏谓:"敦煌汉简,自斯坦因氏发见以后,经沙畹博士考证,已印于斯坦因氏《和阗古迹》中,以后王国维氏又辑其余汇为《流沙坠简》一书。"(序四页)案沙畹氏之考释,名 *Les Documents Chinois*,为一单行本,斯坦因氏之 *Ancient Khotan* 一书中虽著录有汉简,并未将沙畹氏之考释合为一书。至王氏之所考释,乃由上述二书中所择取者,更非辑其余。翦氏显未睹原书,遂为此臆说也。

　　2. 翦氏忽视人类学、语言学、考古学之研究,而对民种问题妄加臆断。如翦氏谓:"所以在史前时代南太平洋系人种与蒙古高原系人种,他们几乎是平分中国,完全处于匹敌的地位。"(一九页)又"南洋群岛、爪哇一带,本来是南太平洋系人种发源之地,早在史前时代,自南洋群岛,北至马来半岛,以西至于印度南部沿海,以东至于中国西南及东南沿海远及日本,都布满了南太平洋系人种的族类。"(一八一页)翦氏此种臆测,完全违背人类学、考古学常识,吾不知其究有何根据,遂发此妄说,此殆翦氏所谓之"X光线科学史观"乎? 关于其他人种之问题,误谬尚多。如"所以在后来西汉时代中国人一踏进塔里木盆地,便到处碰到陌生的深目高鼻的塞种人。塞种人者,就是希腊人种。"(二三页)又前九六四《西域传》云:"自宛以西至安息国,虽颇异言,然大同,相晓知也。其人皆深目多须髯。善贾市,争分铢。"故曰大宛为希腊人。案塞种与大宛皆系伊兰系人种,诚不知翦氏所谓希腊人种者何所根据。又"惟据《汉书》颜师古注云,乌孙人之容貌青眼赤须,故俄国学者多谓乌孙为突厥种,余以为乌孙为蒙古种族及中亚人之混种。"(一六二页)案乌孙之所属,虽其说不一,要之各学者之主张皆有语言上或考古上之根据,诚不知翦氏之"余以为"何所根据。若以"余以为"或"故曰"以完成翦氏自身之"X光线科学史观",此诚为史学上之新发现矣。

　　3. 叙述之误谬。翦氏书中所述与史实误谬之处颇多,今摘记一二于下。如"正当秦始皇为了他母亲的桃色案而迁怒于外国商人的时候,秦国的保守派也就乘机主张驱逐国际商人,所谓吏议逐客的吏,就是秦国的保守派,客就是外国商人。"(五六页)案《史记·李斯传》云:"会韩人郑国来间秦,以作溉渠,已而觉。秦宗室大臣皆言秦王曰:'诸侯人来事秦者,大抵为其主游间于秦耳,请一切逐客。'"则翦氏所言恐无所根据。又"当项羽与秦代主力军激战于巨鹿之时,怀王和刘邦在项羽的胜利前吓昏了,于是开始了政治的阴谋。一面密派政治使节,驰赴咸阳,与赵高进行妥协谈判;一面派遣大人长者刘邦,收集陈涉、项梁的散卒,扶义而西。他们知道秦代政府的军队,已经倾其所有开赴河北、大河以南及潼关以内,只有少数的地方军队,不足一击。而且既与赵高有政治的默契,秦军一定不会抵抗。因此怀王向诸将宣言,先入关者王之。"(一三四页)案《史记·高祖本纪》云:"赵数请救,怀王乃以宋义为上将军,项羽为次将,范增为末将,北救赵。令沛公西略地入关。与诸将约,先入定关中者王之。"则怀王之约,远在项羽救赵以前,不知翦氏根据何书而有以上之臆断。又"惠帝三年冒顿单于写了一封词语亵嫚的情书,给新寡的吕后……但是当时汉代朝廷,对于这个侮辱的答复,是送给冒顿单于一位漂亮的公主,是谓和亲。"(一五六页)此段记述亦有错误。案以公主和亲始于汉高祖。《汉书·匈奴传》云:"故冒顿常往来侵盗代地。于是高祖患之,乃使刘敬奉宗室女公主为单于阏氏。"吕后时并未有奉公主和亲之举。《汉书·匈奴传》云:"令大谒者张泽报书曰……窃有御车二乘,乘马二驷,以奉长驾。"又"因而得以直捣大宛国都,杀其王,降其国,掳其名马,痛饮其葡萄酒,全胜而回。"(一九〇页)案《汉书·李广利传》

云:"宛乃出其马,令汉自择之,而多出食食汉军。汉军取其善马数十匹,中马以下三千余匹,而立宛贵之故时遇汉善者名昧蔡为宛王,与盟而罢兵,终不得入城中,罢而引归。"汉军终不得入城中,而薁氏谓痛饮其葡萄酒,则未免与事实不相符合。诸如此类之误谬,实不胜枚举,此盖薁氏以个人意见为转移,不顾史实之正确与否,乃有此失也。

4. 插图方面。如汉代画象石之插图,多不注出处,且无详细之说明,使吾人无法判断其真伪,或明了其意义。且说明中亦有所错误,如谓长乐未央之瓦当为汉长乐宫瓦。案长乐未央一语,乃汉代之吉祥语句,民间亦多用之,未必限于长乐宫。如辽东半岛旅顺之牧羊城亦曾出土此种瓦当(《牧羊城》,《东方考古学丛刊》甲种第二册,图版三三),可为良好之佐证。

要之,此书共达四十五万言,著者用力之劬,固令人钦佩。惜依据资料太少,未能充分利用考古资料,兼以个人主见甚深,致歪曲事实颇多。对中外学者研究之结果既未能充分利用,而个人之见解又多无所根据,遂致虚耗精力,徒费篇幅,此古人所以深戒"不知而作"欤?

(《燕京学报》第 32 期,1947 年 6 月)

评吕翦两先生的《秦汉史》

冉昭德

《秦汉史》上下两册，八三五页，吕思勉著，民国三十六年三月，开明书店出版。

《中国史纲》第二册（《秦汉史》），七二九页，翦伯赞著，民国三十五年七月上海大孚出版公司发行。

从出版时间上计算，一年之内有大部秦汉史问世，这是中国史学界一个大的收获。吕、翦两先生又都是治通史，吕先生除写了一部《中国通史》外，有《先秦史》《秦汉史》及预告出版的《魏晋南北朝史》。翦先生的《中国史纲》第一册是写的史前及上古史，第二册是秦汉史，第三册尚未出版，这种伟大的抱负和努力，也是值得我们钦佩的。笔者费了半月多的时间，才将这两巨部秦汉史读完。因作者的立场和观点不同，两书各有短长。兹就个人读后的感想，作一比较的批评。

吕著《秦汉史》所据的史料，以前四史为主，全是书本上的材料，关于新史料概未采用，这是吕书最大的缺点；翦书则不然，除旧史料外，将最近三十年来中外考古家所发现整理的新史料——如甘、新一带古长城和堡垒的遗址，敦煌居延的汉简，两汉的石刻画像，及南阳附近的汉墓，一一分别引用，与旧史互相参证，以补记载之不足，这是翦书胜于吕书的地方。

吕书的编纂方法，一如其《中国通史》，全书分为二十章，第一章总论，第二至第十二章讲历史的演变，为上册。第十三至第二十章讲社会文化，为下册。从书的组织上看，可知吕先生是注重整个的史实，既求事迹的详明，也不忽略了意识形态。这作法是无可非议的。然每述一事,平铺直叙,轻重难分,全用旧史料堆积起来,不能给读者一个明了的概念。往往读完一章后,尚不知说些什么,很难找出一个系统和作者的意旨。简直像看一部史料汇编,而且从秦始皇一统说到晋武帝灭吴,把整个三国时代,也算作秦汉的一段,不知开明书店预告出版的吕先生的《魏晋南北朝史》,又将从何说起?翦书的系统比较清楚些,也没将三国加入秦汉史的断代,然书中往往颠倒史实,错误百出,就纪事和史料论,则远不如吕书的正确、翔实。

翦先生是站在唯物史观的立场,用社会经济的变动来说明他的主张,将秦汉时代定为"中期封建社会"。全书分两篇:第一篇是"中期封建社会的序幕"(秦),共四章;第二篇是"中期封建社会的确立与开展"(两汉),共七章。内附地图二十幅,插图五十幅,以资参考。这种作法是新颖的,也合乎时代的需要。然书中有两大缺点:一为公式化,一为史料的错误,我们应予指出和商讨。

我所谓公式化,如翦先生写"西汉政权的崩溃"一节说:

> 到成帝时,由于农村经济更加凋零,西汉政府,更无力派遣远征军支持殖民地的统治了。这样就使得帝国在殖民地的声威日益衰落,因而留在国外的商人便失掉了政治力量的保障。随着成帝建始四年"典属国"的衙门之撤消,中国的商人,因相率从世界市场回到本土,而庞大的商业资本,遂向国内倒灌。当时国内的工商业虽然发达,但并不能完全消纳这些退回祖国的资本,于是这些过剩的资本,一部分囤聚居奇,垄断人民的生活资料,另一部分则转化为高利贷资本,像潮水一样涌进农村,而且即刻就抓住了贫苦农民的头发,压迫他们把自己的土地家屋以及一切有价物都当作利息交付出来,最后把他们自己的子女和自己的身体也当作奴婢提供出来,作为债务的清算。(原书三八七页)

及写到东汉政权的崩溃,又说:

> 顺帝初年,曾因西域长史班勇之努力,恢复塔里木盆地的统治。同时羌族的叛乱,也一时平息,因而西北的国际商路又曾一度打通。即因有这一次的西北国际商路之打通,以前隔绝在西域的

中国商人，才能带着他们的财富，回到祖国。也就因为这一大批发
了洋财的商人回到祖国，于是在祖国的农村中，又出现了一批土地
收夺者的生力军。但是这一次的被收夺者，已经不是农民而是小
所有者。这并不因为他们不收夺农民的土地，而是农民已经没有
土地提供于这些来得太迟的主人了。（五七八页）

从上面两段话中，可知鄂先生认为西汉农村经济的破产，由于中国的商
人在国外发了洋财，回到祖国，用他们庞大的商业资本，一面囤积货物，
一面放高利贷，遂兼并了农民的土地及一切财产，使他们沦为发了洋财
的商人的奴婢，这就是西汉政权崩溃的主要因素之一。所根据的史料，
即"成帝建始四年'典属国'的衙门之撤消"。按，《汉书·成帝纪》"河平
元年六月，罢典属国，并大鸿胪"，《文献通考·职官十》"鸿胪卿"条下
说："秦时又有典属国官，掌蛮夷降者，汉因之，成帝河平元年省之，并大
鸿胪。"则"典属国"衙门之设立或裁并，与中国的国际的商人无关，且此
事在成帝河平元年，也不在建始四年，至于东汉社会经济的破坏，"也就
因为这一大批发了洋财的商人回到祖国，于是在祖国的农村中，又出现
了一批土地收夺者的生力军"，而东汉的政权也因之崩溃，这样解释历
史能说不是一种"公式"么？

凡稍有历史知识的人，都知道秦汉时代的交通和运输都是很困难
的，与现代的海陆空运，不可同日而语，如秦代匈奴，飞刍挽粟，率三十
钟而致一石（六斛四斗为一钟，一说六斗四升曰钟），到汉武帝通西南
夷，千里负担馈粮，十余钟致一石，而诸葛亮运粮的木牛流马，也就是现
在四川人载货的小车，当时的军事运输，尚且如此艰难，而商人怎能将
大批货物运到国外市场呢？固然两汉的国际贸易，不是笨重的粮食而
是轻便的手工业制品，诚如鄂先生所说：

他们从长安出发，带着中国的丝织物和其他的手工业制品，经
由金城、武威、张掖、酒泉而至敦煌，然后西出玉门，横断罗布泊沙
漠，贸易于塔里木盆地诸国。甚至越过帕米尔高原，周行中亚，与
罗马、印度的商人进行交易。这些商人从他们所知道的世界，吸收
了庞大的财源，先后回到长安再运货物，这样来来去去，一个个都

变成巨富。(三六九页)

假如这些来来去去的商人,能将货物运到万里之外的市场上交易,但为运输工具的限制及时间的延长,必须先要付出一笔大的运费和来往的川资,然后才有利可言。这样经营国际贸易的两汉商人,是否能大发其洋财,不无问题。其中也许有些商人真发了洋财,回到中国,侵蚀了农民经济,因而加速两汉政权的崩溃。但我们要追问蓊先生"拿证据来",若没有史实的根据,就等于做文章,而不是历史,蓊先生的证据在那里?

其次我们要指出蓊先生怎样颠倒事实,张冠李戴,以致错误百出。如述西汉的农业说:

> 《汉书·食货志》述当时农民之生活状曰:"今一夫挟五口,治田百亩。岁收,亩,一石半,为粟百五十石,除十一之税十五石,余百三十五石。食人,月一石半,五人终岁为粟九十石。余有四十五石,石三十,为钱千三百五十,除社间尝新,春秋之祠,用钱三百,余千五十。衣,人率用钱三百,五人终岁用千五百,不足四百五十。不幸疾病死丧之费,及上费用(案,费用,汉志作赋敛),又未与此。此农夫所以常困,有不劝耕之心,而令籴至于甚贵者也。"(二四〇页)

这段话在近人著述中常被引用,几乎无人不知是战国初年李悝为魏文侯作尽地力之教所说的话,距汉高祖得天下,约有二百多年,汉志上也载得很明白,怎能说是西汉当时农民之生活状况。又如:

> 到献帝时,黄巾大起,东汉的天下,已经到了末日……就是献帝,身为皇帝,看到灭亡就在眼前,也要在河间买田土起第宅,并以私产数千万,藏寄在他的家奴手中,准备亡国以后的生活。(注二〇)
>
> 原注:《张让传》云:"(献帝)又还河间买田宅,起第宅(案,宅当作观),帝本侯家,宿贫,每叹桓帝不能作家居,故聚为私藏,复藏寄小黄门常侍钱各数千万。"(四九八页)

如果蕙先生把《后汉书》宦者《张让传》从头到尾看过一遍，不致于把灵帝的恶迹硬放在献帝头上，因献帝未即位之前，张让已投河而死了。且献帝先后为董卓、曹操所胁制，作他们的傀儡，那有闲工夫到河间去买田宅呢？写安帝时农民的暴动说：

> 在这样的天灾人祸之中，农民的暴动，自然要更加增多。据《安帝纪》所载，当时的盗贼蜂起，到处攻陷郡县，杀戮长吏，甚至发掘皇陵。如：阳嘉元年二月，海盗曾旌等寇会稽，杀句章、鄞、郑三县长，攻会稽东部都尉。……（五八二——三页）

关于安帝时农民的暴动，蕙先生共举出十二条史实，但我们在《安帝纪》中竟找不到一条，岂非怪事！原来这都是顺帝时所发生的事件，详见《后汉书·顺帝纪》。最可笑的是董卓杀了二千多个宦官，蕙先生说：

> 自灵帝死后，东汉政府内部发生了政变。大将军何进诛宦官，反为宦官所杀。宦官杀了何进，劫少帝出走北芒（案，北芒当作小平津），跟着董卓勒兵入京，闭宫门，逮捕所有的宦官，无少长皆诛戮之，凡二千余人。宦官绝了种，权臣又登台。（六一七页）

凡读过《后汉书·何进传》《三国志·袁绍传》，或《通鉴·汉纪》，甚至中学的历史读本，都知道杀宦官的是袁绍，不是董卓，因董卓带兵入洛时，这幕惨剧已演完了。又如：

> 灵帝时，仲长统又倡为土地国有之议……当时官僚如侯览之兄参，前后夺人田宅三百八十一所，田百一十八顷，起立第宅十有六区。（四九七页）

这一小段里就犯了两个错误，据《后汉书·仲长统传》："献帝逊位之岁，统卒，时年四十一。"献帝在位三十一年，而统在灵帝时还是十岁以下的孩子，怎能提倡土地国有呢？夺人田宅的是宦官侯览，不是他的老兄，这事在览传中说得很明白。

　　类似上面颠倒史实的例子，真不胜枚举，因而我敢断定蕙先生在写这部《秦汉史》时，没有把前四史或《通鉴》的秦汉纪从头至尾的好好读过一遍，要是真读过一遍，就不会闹出这么多出人意表之外的笑话，不看正史而能写成一部《中国史纲》的人,岂不是天才! 然同时也是自欺欺人! 我们希望翦先生的《中国史纲》第三册出版时,不要再有这些错误,来贻误青年。

(《中央日报》1948 年 1 月 8 日,第 10 版)

又看了一册指鹿为马的史著

——略评翦伯赞《中国史纲》第二卷秦汉史

缪凤林

我前写《看了翦伯赞〈中国史论集〉第一面之半》(载本刊第九卷第五十二期)时,因为在那短短的半面六行之中,发现了六个错误,特于文末深寄愤慨,喻那书为赵高指鹿为马式的史著,结语更沉痛地写着:

请看今日之域中,是否赵高之天下!

意谓若是赵高之天下,则此等指鹿为马式的史著可以出版,否则仁人君子所宜深恶而痛绝之者也!

那时又听说翦君尚编有《中国史纲》,秦汉部分亦已出版,我觉得像他那样仰天而谈,信笔胡说,与当年赵高指鹿为马,真可说"先后一揆";翦君或竟是赵高的私淑者及崇拜者! 颇思得其《中国史纲》一阅,看它对赵高往事有若何的议论。

我的评文发表了不久,居然看到了这册翦君《中国史纲》第二卷秦汉史,匆匆地翻阅一过,虽然没有找到"赵高指鹿为马"一事的叙述和议论,但全书中却充满着指鹿为马式的叙述和议论。像这样的史著一而再的发见,今日的域中,虽尚不是赵高的天下,但赵高的确实存在,是没有疑问了! 为了使一般读者免受赵高的欺诈,又草成这一篇评文。

这篇文章只是略评,只是约略地指出书中指鹿为马式的叙述和议论;以下就是几个比较显著的例证。

(一)页三(注三)引《周语》曰:"胙四岳国,命为侯伯,赐姓曰姜氏。"按原文为"赐姓曰姜,氏曰有吕",姓与氏二而非一,翦君乃妄云"赐姓曰姜氏"。

（二）页七"秦族就在不断的征伐战争中,建立起一个强大的国家。到穆公时……并进而伸张其势力于中原。有名的城濮之战,正是秦国势力昂扬东进的开始"。按城濮之战以晋楚为主体,虽初中学生亦多知之,蒉君乃又以秦为楚。

（三）页一五（注一〇）"《管子·小匡》篇云:'西服流沙西虞。'同书《国蓄》篇云:'玉起于禺氏。'按虞氏,《左传》作虞思,《穆传》作禺知,以后《史记》作月氏,盖皆虞氏一音之转也。据《逸周书》及《穆传》所云,禺氏原在甘肃东北,而《管子》谓在流沙,而其地又产玉,故知虞氏之一支,已徙于今日之于阗"。按禺氏、禺知、昔人有谓即月氏者,然与《左传》的"虞思"实是风马牛不相及。又"流沙"及"于阗"相去不知其几何里,蒉君皆附会为一,亦可谓指鹿为马之尤者矣。

（四）页三一"武装的收夺土地,不始于秦始皇,而始于秦孝王,盖秦自孝王用商鞅变法之后,秦国的政权已经是商人地主的政权,因而秦国的武力也就是商人地主的武力,从而秦国所收夺的土地,也就是商人地主的土地"。按秦至惠文君十三年始称王,曰"惠文王",见《史记·周本纪》,蒉君乃以秦孝公（惠文君之父）为秦孝王! 又商人地主的政权武力、土地云云,亦绝非事实,其所用推理,盖与"凡马有四足,有四足的都是马,鹿有四足,故鹿为马,牛有四足,故牛为马"略同,赵高有知,当以蒉君为同志也! 页三三又有"文惠君之世,连横派的首领,亦即商人地主之国际组织的首领张仪入秦"云云,"文惠君"即系惠文君之误,以张仪为"商人地主……首领",亦指鹿为马之又一例证。

（五）页三五"蔡泽言:'商君决裂井田……'云云。又《通典》亦云:'秦孝公任商鞅为左庶长……'云云。由此可知秦在春秋时代……"云云。按此又指战国时代为春秋时代。

（六）页四二"据《史记》所载,秦始皇曾铸造重千斤或二十四万斤的钟镰和金人"。按今本《史记·秦始皇本纪》仅有"收天下兵,聚之咸阳,销以为钟镰,金人十二,重各千石,置宫廷中"之文,并无重千斤或二十四万斤的纪载。蒉君盖误千石为千斤,又以张守节《正义》所引《三辅旧事》"二十四万斤"之言为《史记》本文。

（七）页四八"秦国吞巴灭蜀，尽有今日四川之地"。按此又误以巴蜀为今日四川的全境。

（八）页五〇"徐市等之入海寻求三神山，正是当时海滨一带的商人，企图打通与日本诸岛之商业的通路"。页五二"秦始皇用了五十万人去远征南海，……表现了秦代政府对于征服海洋之热望"。按赵高复生，恐亦无此等大胆的论断。

（九）页五九"秦统一天下以后，秦始皇就向国际商人地主的政治代表，即所谓丞相御史者，提出推选元首的问题（注引二十六年议帝号令）。当时国际商人地主的政治代表，一致推戴秦王政为第一任的元首，尊称始皇帝"。按此又误以议帝号为推选元首；抑思秦王政之位早定，仅令臣下议其尊号而已，何得指为推选？（按上尊号后，始称始皇帝，以前则为秦王政，秦始皇云云，亦误。至国际商人地主之称，更是不知所云。）

（十）页六七"此外还有那道貌霭然的'三老'，催租审案的'秩啬夫'"云云。按"有秩"、"啬夫"系两个乡官，翦君读为有"秩啬夫"，可为莞尔。

（十一）页七五"秦始皇批准了李斯的建议，宫廷的盛宴散了，第二天，在天下各地，就到处点燃了焚书之火"云云。按秦时并无电报，朝廷的诏令传达各地，远近皆需相当日期，第二天云云，真是胡说！

（十二）页八一"当这些宫殿落成之日，四川山上的树木都砍光了"。按语意虽本于杜牧《阿房宫赋》"蜀山兀，阿房出"，然此乃文人想像悬拟之词，如何能当作历史的纪载？且阿房宫没有落成，始皇帝已经死了！

（十三）页一一一至一一二"《石索》中曾载秦泰山石刻、之罘石刻、琅邪石刻及绎山石刻等，其中除之罘石刻字体较为粗壮，其余皆笔致细健。我们从这些石刻残字，尚可以窥见当时文字体裁之一般"。"在纪功碑的刻词中，往往应用四字的语句，间亦杂以不规则之长短句，而且皆有不规则之押韵"。按秦世刻石，今存者惟泰山十字及琅邪台铭文十三行，其余之罘、峄山诸刻，久已亡失，今所传者，皆钩摹影印之本。冯氏《石索》乃一部俗书，其中所载秦刻石，不仅之罘、峄山等碑皆辗转摹写之本,即琅邪、泰山亦因摹写木刻,全非真相。欲研究秦刻石,自有各家著录之书及各种拓片以暨珂罗版本、石印本可据。蔪君仅知有《石索》,不自觉其陋,且以《石索》所载者为真迹,妄论秦世文体,真大胆之极。又泰山刻石十二韵,之罘刻石十二韵,全用之部字,会稽刻石亦十二韵,全用阳部韵。秦时虽无韵书,而用韵皆不越绳墨如是!且各文皆三句一韵,极有规律,蔪君"不规则之押韵"云云,真可谓无知之妄人矣!

(十四)页一二〇至一二一"据《封禅书》所记,秦有八神,一曰天,二曰地,三曰兵,四曰阴,五曰阳,六曰月,七曰日,八曰四时。(注十五引《封禅书》云:"八神:一曰天,主祠天齐,二曰地,成山主祠泰山梁父……八曰四时,主祠琅邪"云云)此八神者,他们之所职掌,皆系带有全国性的政务。因此,我以为这大概就是咸阳政府的倒影"。"又据《封禅书》云:'雍有日月星辰……诸布诸严诸逑之属百有数十庙。'这些诸神,大概就是中央政府诸官吏的幽灵之表象"。"此外有相当于三老的'社神'(注一七引《封禅书》云:"毫有三社主之祠。"),乃至相当于亭长的'最小鬼之神'。(注一八引《封禅书》云:"其在秦中,最小鬼之神者,各以岁时奉祠。")至于那些投降的贵族的灵魂,在天上也有安插。如'于湖有周天子庙',而雍菅庙的社主,就是'故周之右将军'"。

"现在秦代帝国的政治组织,照样搬到天上去了。一个帝国,变成了两个帝国。一切神灵的祭祀,都按照等级进行。皇帝祭上帝,郡守县令祭其所属的山川之神,三老祭社神,亭长及百姓祭'最小鬼之神'"。

按上列几段文字错误多极了!今试先引蔪君所本的《封禅书》原文,再略论其谬误。《封禅书》云:

> 始皇遂东游海上,行礼祠名山大川及八神,求仙人羡门之属。八神将自古而有之;或曰,太公以来作之……八神,一曰天主,祠天齐……二曰地主,祠泰山、梁父……三曰兵主,祠蚩尤……四曰阴主,祠三山;五曰阳主,祠之罘;六曰月主,祠莱山……七曰日主,祠成山……八曰四时主,祠琅邪……及秦并天下,令祠官所常奉天地名山大川鬼神,可得而序也。于是自殽以东,名山五,大川祠二……自华以西,名山七,名川四……而雍有日、月、参、辰……诸布、诸严、诸逑之属,百有余庙,西亦有数十祠。于湖有周天子祠。

于下邽有天神。沣、滈有昭明，天子辟池。于社亳有三主之祠，寿星祠。而雍菅庙亦有杜主；杜主，故周之右将军，其在秦中，最小鬼之神者。各以岁时奉祠。

以右文与翦君的叙述和论断核对，重大的错误有：

第一，所谓"八神"，本系东方齐国之神，祠地亦皆在齐国，与西方的秦国了无关涉。秦并天下，始皇东游海上，到达从前"齐国"境内，乃开始礼祠从前齐国所崇祀的八神，《封禅书》记载甚明，但翦君却说"据《封禅书》所记，秦有八神"，"大概就是咸阳政府的倒影"。

第二，八神是"天主""地主"，以至"四时主"，不是"天""地"，以至"四时"，这在《封禅书》后文记载着"天子（汉武帝）至梁父，礼祠地主"云云，可为确证。但翦君却将八个"主"字皆连下文读，于是本为"天主""地主"以至"四时主"齐国的八神，变成"天""地"以至"四时"从来所无的"八神"了。

第三，今本《封禅书》原文有"于社亳有三社主之祠"云云，小司马《索隐》谓社系"杜"误，意谓"杜亳二邑，有三社主之祠也"。《汉书·郊祀志》亦正作"杜亳"。惟《汉志》"三社主"又作"五杜主"，清儒梁玉绳《史记志疑》谓《汉志》之"五"乃"三"之讹，而《封禅书》之"社主"又为"杜主"之讹；以《汉书·地理志》杜陵有杜主祠四所，乃合杜亳三祠及下雍菅庙亦有杜主言之也。是则《封禅书》"于社亳有三社主之祠"，原文当作"于杜亳有三杜主之祠"，那里有所谓"社主"？翦君于《史》《汉》校订之学，不特毫无所知，即对《史记》句读，亦从不肯虚心寻绎，于是"于杜亳有三杜主之祠"，在翦君笔下讹成"亳有三社主之祠"，又将误就误，把"社主"变成"社神"，再将"三老"附会上去，遂有"此外有相当于三老的社神"，"三老祭社神"的论断。不仅此也，《封禅书》明曰"而雍菅庙亦有杜主；杜主，故周之右将军"，翦君既不虚心寻绎"杜主"的意义，竟将两个"杜主"皆改成"社主"，以证实其"三老祭社神"之说，不其颠乎？

第四，《封禅书》"其在秦中，最小鬼之神者"，是上文"而雍菅庙亦有杜主；杜主，故周之右将军"的下半句，意谓雍菅庙有一个杜主。这个杜主，从前本是周之右将军，他在秦中，是最小鬼之神者。（《索隐》谓其鬼虽小，而有神灵。）《史记》原文并不难解，且极明白。但翦君读之完全不解,竟将上半句"杜主",讹成"社主",以证明他的所谓"三老祭社神",又将下半句的"最小鬼之神"独立起来,"社神"既属于"三老",此"最小鬼之神",自然属于"亭长"或"百姓",遂有"相当于亭长的最小鬼之神"和"亭长及百姓祭最小鬼之神"的谬论。

我写到这里,除了请读者细心比观前面引文,委实无法再加任何评论了;至于他那一段其余荒谬的论断,和引文的错误,我也不愿再加纠正了!

我现在自己要划警戒线了! 剪君原著标明"秦汉史","秦史"约仅占"汉史"五分之一,我的评文虽只选择有代表性的各点略加述评,但秦史部分尚未完毕,已占如许篇幅,汉史部分指鹿为马之处较之秦史更有过之而无不及;照这样的写下去,非两三万言不能终篇,超出我预定的计划——五千言——太多了! 秦史部分现在就此为止;以下再就汉史部分简述十六则,足成"三十"的整数。

(十五)页一四八"于是臧荼、韩信、陈豨、卢绾、韩王信、彭越、黥布,这一大群所谓功狗,几年之间,都加以叛变之罪,斩尽杀绝"。按卢绾于高祖崩后,"亡入匈奴,居岁余,死胡中",见《汉书》卷三十四《卢绾传》。

(十六)页一六四"分布于黑龙江流域的诸夷,则已形成两个强大的种族,曰鲜卑,曰乌桓"。按"鲜卑""乌桓"皆以山得名,皆在今热河省境内。

(十七)页二〇五"元封二年,武帝便开始了对朝鲜的政治进攻,他派遣使臣'涉何谯'去招降朝鲜,但朝鲜王右渠不奉诏,并派人刺杀了为汉使作向导的朝鲜官吏。汉代的诱降,显然失败了,于是以何谯为辽东东部都尉,准备对朝鲜的军事进攻。但是朝鲜却先发制人,他们发兵攻辽东,杀了何谯,于是而有元封三年征伐朝鲜之师"。按本节根据《汉书·朝鲜传》,但错得奇离极了,原文如下:

> 元封二年,汉使"涉何"谯谕右渠,终不肯奉诏。何去至界,临浿水,使驭刺杀送何者朝鲜裨王长,即渡水,驰入塞,遂归报天子曰,杀朝鲜将。上为其名美,弗诘,拜何为辽东东部都尉。朝鲜怨何,发兵攻袭,杀何。天子募罪人击朝鲜。

"谯"是动词(颜师古曰:谯,责让也),翦君读之不得其解,于是"涉何"及"何",变成"涉何谯"及"何谯"。这已骇人听闻了！但翦君之误犹不止此！送何者朝鲜裨王长(长者裨王名)是涉何使驭刺杀的,文义明白如画,但翦君依然不能了解,却说"朝鲜王右渠派人刺杀了为汉使作向导的朝鲜官吏"！请读者们细细比观,我委实不忍再加任何评语了！

(十八)页二二五"限田政策,在武帝时虽曾施行……云云"。按除翦君此书外,浅学如愚,实未尝见有汉武时曾行限田政策的记载。

(十九)页二四〇"《汉书·食货志》述当时(按翦著本节标题为"西汉的农业",所谓当时指西汉)农民之生活状况曰:今一夫挟五口,治田百亩。岁收,亩,一石半,为粟百五十石,除十一之税十五石,余百三十五石。食,人月一石半,五人终岁为粟九十石。余有四十五石,石三十,为钱千三百五十。除社闾尝新,春秋之祠,用钱三百,余千五十。衣,人率用钱三百,五人终岁用千五百,不足四百五十。不幸疾病死丧之费,及上费用又未与此。此农夫所以常困,有不劝耕之心,而令籴至于甚贵者也"。又页三四七"照《汉书·食货志》所载,西汉时的生产力,每人只能产生粮食三十石,每人每年要吃十八石"。

按上引《汉书·食货志》之文,确见于今本《汉志》,但任何有国史常识的人,亦皆知道这系战国魏文侯时的李悝所讲的话,所指的是那时魏国的情形,绝对不是汉郡世的现象。翦君以其见于《汉书》即系汉史,可谓莞尔。

(二十)页二五八"据安特生于《西域考古记》中报告云云"。"据安特生的研究云云"。按所引者为中华书局二十五年出版向达译《斯坦因西域考古记》,翦君却指斯坦因为安特生。

(二十一)页二六七至二六八"自武帝以后,历一世纪,中国的商业资本……乘风破浪,远征朝鲜日本乃至南洋"。"那些在国外或殖民地发了洋财的商人,他们又在国内投资于土地的兼并,这样又加速了农民离开土地的过程"。又页三一六"汉高祖之成帝业……因为在他的后面,有着一个庞大的商人地主集团作他的后台老板"。页三八七"随着成帝建始四年典属国的衙门之撤消,中国的商人,因相率从世界市场回到本土,而庞大的商业资本,遂向国内倒灌,一部分囤聚居奇,另一部分则转化为高利贷资本云云"。按"日本"及"那些……"云云，全系翦君捏造。类此谬论，不下百余处，不悉举。

（二十二）页三〇九"《张骞传》云：及使失指（失指者，不至指定之地也）"。按颜师古注曰："乖天子指意。"翦君却硬改为不至指定之地。

（二十三）页四九七"灵帝时，仲长统又倡为土地国有之议……当时官僚如侯览之兄参，前后夺人田宅三百八十一所，田百一十八顷，起立第宅十有六区"。按仲长统生于灵帝光和三年，卒于献帝逊位元年（西元一八〇至二二〇），年四十一（据《后书》本传）。本传言："统参丞相曹操军事，每论说古今及时俗行事，恒发愤叹息，因著论名曰昌言，凡三十四篇，十余万言。"翦君谓统倡土地国有之议，其根据即为《昌言·提益》篇，而其撰作则在曹操为丞相后。据《献帝纪》"曹操自为丞相"，在"建安十三年"（二〇八），上距灵帝之崩（中平六年，一八九，统年十岁），已十九年，如何能说"灵帝时"？又《后书·侯览传》称"建宁二年，督邮张俭举奏览贪侈奢纵，前后请夺人宅三百八十一所，田百一十八顷，起立第宅十有六区"，翦君却硬指为侯览之兄参？

（二十四）页四九八"到献帝时，黄巾大起……就是献帝，身为皇帝，看到灭亡就在眼前，也要在河间卖田土，起第宅，并以私产数千万，藏寄在他的家奴手中，准备亡国以后的生活"。（注引《后书·张让传》云云）按黄巾大起，在灵帝时，如何说"到献帝时"？《张让传》云云，亦灵帝事，如何指为献帝？

（二十五）页五一四"在献帝时代，还有两种手工业上的发明，即'天禄虾蟆'与'翻车渴马'"。（下又引《张让传》云云）按此亦灵帝时事，而翦君硬指献帝时者。抑思张让即死于灵帝卒年，时献帝犹未立，张让已死矣，明载《后书·让传》，如何翦君一面引《让传》，一面又说"在献帝时代"？（又"渴马"亦"渴乌"之讹。）

（二十六）页五二二至五二三"东汉至中叶时，商人十倍于农夫，而流浪者又十倍于商人"。"后汉一代二百余年中"云云。按如翦君之言，东汉中叶时之农夫，仅占流浪者百分之一了！又自光武称帝至献帝被废，亦仅一九六年（西元二五至二二〇），如何可说二百有余年？

（二十七）页五八二至五八三"据《安帝纪》所载，当时的盗贼蜂起，到处攻陷郡县,杀戮长吏,甚至发掘皇陵"。(下引"阳嘉""永和""汉安""建康"诸年号间盗起十二事)按"阳嘉"以下皆顺帝年号,翦君所引,亦皆《后书·顺帝纪》事,如何可指为《安帝纪》?

(二十八)页六一七"自灵帝死后……董卓勒兵入京,闭宫门,逮捕所有的宦官,无少长皆诛戮之,凡二千余人"。按勒兵诛宦官者为袁绍,《后书·灵帝纪》《何进传》及《张让传》皆载之,翦君却又指为董卓。

(二十九)页六二七"武帝对于当时有名的儒家学派,皆为之在大学设一讲座,谓之学官。据史载,当时设立学官者,《易》有三派,曰施氏、孟氏、梁丘氏,《书》有三派,曰欧阳氏,大夏后氏,小夏后氏,《诗》有三派,曰鲁申公、齐辕固生、燕韩婴,《礼》有一家,曰后氏,《春秋》有二派,曰公羊严氏,穀梁江公。这种学官,在西汉全时代,都没有改变。直至东汉时,还是承西汉之旧,惟增设了几个学官,如于《易》则增京氏,于《礼》则增大戴氏、小戴氏,于《春秋》则罢穀梁而增公羊颜氏"。按此段指鹿为马处极多,兹略正如下:

一、专经博士之设,文景时已有之,今可考者,有《书》博士、《诗》博士及《春秋》博士等。翦君谓始于武帝,误一。

二、《汉书·武帝纪》及《百官公卿表序》虽皆言武帝置五经博士,但文景时已有《书》《诗》《春秋》博士,则武帝所新置者,《易》与《礼》而已;然现在就《汉书》所载,只有《易》博士可考,《礼》博士有无,尚未能详。翦君《礼》后氏云云,大误,因后仓至昭宣时始为博士也。

三、孝宣之末,博士增员至十二人,即翦君上文所列举者是;但翦君却归之武帝时,误三。

四、至后汉初,博士增至十四人,于《礼》有大小戴氏,但已无后氏了。翦君不除去后氏,误四。

五、两汉博士之立废,有一相当复杂的历史(读者欲知其详,可看王国维著《汉魏博士考》,见《观堂集林》卷四),翦君谓"没有改变……还是仍旧",误五。

(三十)页六三九历举明清辑谶纬的学者,有"黄奭汉"一名,我初不知道此人为谁,继思翦君所本原文必系《黄奭汉学堂丛书》,因误"汉学堂丛书"为"学堂丛书",黄奭逐变成"黄奭汉"了!

够了！我不能再写下去了！读者看了上文,发觉蒴君的著作,竟荒谬到这种地步,一定要暗暗吃惊;但我要为读者告的,这些不过千百个谬误中之三十个例子而已！回想当年赵高在秦廷指鹿为马,意在偶尔试验一下他在秦廷的权势,那时又没有纸张和印刷,充其量亦只能在口头宣传一下而已。现在竟倚仗了祖国的卢布,利用了纸张和印刷,装成厚册,大肆宣传,是可忍,孰不可忍,但我虽严加笔伐,除了称它为"指鹿为马的著作",也想不出其他适当的形容词了！

末了,我只有再沉痛地重复写着:

请看今日之域中,是否赵高之天下！

（《中央周刊》第 10 卷第 19 期,1948 年 5 月 9 日）

杜守素《先秦诸子思想》书评

《先秦诸子思想》评介

侯外庐

杜守素著，生活书店发行，三十五年九月。

《先秦诸子思想》是杜守素先生的近著，据我所知，他是在一个只容一丈五尺立方的斗室中，冒着汗流浃背的溽暑，写成了的。比我的年龄，他是长了十几岁，我也附和朋友们称他杜老，而他的辛恳严肃的不苟精神，使我觉得他年青而我衰老，在所谓"复员"之中，居然能写定诸子，至少我是做不到的。

杜先生于近数年来用力于中国思想史的研究，一般人是不知道的，因为他那种不求闻达于文坛的态度，淡泊到使人看不起，然而在我，以一个治斯学的内行工作者看来，却为他抱屈，他的《先秦诸子思想》研究一书，发见独多，而不为书局所青睐，至今没有出版。他写这本小册子，老实说是半徇坊间之意而执笔的，若以为他的研究尽于此，则大大不然。这话，不是说小看这本书，委实这样的通俗叙述的读物比掘发决疑的大书，其难有过之无不及。据我的经验讲，比如我曾把《中国近代思想学说史》早已写定，然我答应书店写的《中国近代思潮》一本通俗读物，踌躇数月，无从执笔，原因是约束总括之难，易于挂一漏万的。所以，纲要一类的著作，正需于研究著作之后写作，才能得其要领，杜著就是这样写出的。

本书连绪言共分十章，包括孔、墨、宋钘、尹文、孟、庄、荀、韩非，以及"名辩"。把先秦诸子的主要派系（未及老子）简明地交待得异常清楚，文体虽然没有动人的扬厉辞藻，但素朴的如读初级几何学。这有益于青年，不但足以引津，而且足以熏陶学风。尤其最后一章"名辩"，可以作为"先秦名学史纲"去读,作者在这一章特别用了功力的。读者有愿致力于中国逻辑史的研究者,不可不重视这章的提纲。

这本书写作的趣旨,正如著者自己说:

> 时代的落伍者,也惯会向古老的思想武库中,找着他们所喜爱的长满了锈的武器,拿来镀点金,贴上"新"的商标,到处叫卖。因此,读者如果不愿上当,就必须有点思想发展史的常识,首先弄清楚先秦诸子的思想,尤其是它们中间的关系,才不至为那些漂亮的商标所贻误,有兴趣研究思想史的人,也必须养成这种辨析思想藤葛的习惯,才能透视包裹在正教外衣里面的一些有价值的思想的真面目。

这话异常深刻,我们不做新理学主义者,也不做新东原主义者,我们是研究思想发展的流源,因此读思想史并不为古人所役,更不为近世的正教说法,主要把思想的真面目揭开,所谓"继往开来",也并非"托古改制"。这本书,是足以称得起这个主旨的。

近几年来中国古代思想史研究方面的著作出版者不下十余种,见解尽管不同,而于学术成绩的估价上,不能磨灭。这本书显然吸收了诸家研究的长处,而复经自己剪裁,成功一部便于初学的读物。我希望青年读者读详尽的思想史之前,首先把这本小书详细看一过。

（《青年知识》新第 4 期,1946 年 11 月 1 日）

华岗《中国历史的翻案》书评

《中国历史的翻案》

胡　冰

华岗著，作家书屋刊行。

作者在开头就说："为着改造现在和争取将来，必须熟悉过去。"

熟悉过去，是为着改造现在和争取将来。曾经是"现在"的过去，和即将成为"过去"的现在密切地关联着，而现在和将来也同样地不可分割。

现在从过去的基地上前进，又作为将来的基地，历史就是这行进的记录。因此，如果这记录是正确的，从这记录，就可得出经验，寻出规律，理解到我们是怎么走过来的，从而也确信应该沿着那一条路走下去，走向将来。

但由于历代的史学家们，或受主客观的限制，或被御用，前者不能透视真实，深入本质，无法记下客观的真理，后者是尽量歪曲、蒙蔽，使一切记载都和自己的主子们有利。这样，历史就被捏造、被删改，失去了本来的真面目，而使我们一直在困惑、迷茫之中。

本书共包括了三篇论文：第一篇"论中国历史翻案问题"，指出了中国历史许多被捏造的地方，批判了许多史家断代为史或划为神权时代、君权时代、民权时代之分期的不正确，而提示了新的、客观的、科学的立场和方法。第二篇《历史为什么是科学和怎样变成科学》，首先阐明什么是科学，再从多方引证，肯定历史也是科学，要求研究者和史家还他本来面目，实事求是的去研究它。而第三篇"论中国社会历史发展阻滞的基因"，是批评了历来学者错误的结论，解答了"中国历史之谜"，指出了中国长期停留在封建社会约三千年之久的真正的基因。

这是一本值得一看的书,一本研究历史的入门书。

研究历史,消极的是使你熟悉过去,而积极的意义,是教你接受过去的经验教训,使你在走向将来的路上有所适从和有所努力。而假如,这记录不够真实,本书就给你指出被蒙蔽、被捏造的地方,使我们得能说出困惑和迷茫,看到庐山的真面目了。

（《前线日报》1947 年 3 月 14 日,第 6 版）

读《中国历史的翻案》

晓　雨

历史告诉我们甚么？历史说明了甚么？我们需要怎样的记述过去指示将来的历史书籍？从历史的推动和鼓舞广大人民的觉醒上说，这不能不算是一件重要的事情。

因为历史是一面准确而又无情的镜子。

旧时代的史学家视历史为百依千顺的姑娘，可以任意浓抹淡妆，显然是犯了唯心论的错误。要知在一定的生产关系、一定的社会条件下的意识形态构成了这个时期社会历史的特质，表达了历史发展的必然性，它不但包含了旧社会的残余形态，也孕育了未来新社会的萌芽。所以历史是从过去了的客观存在中归纳而得到的一条正确不易的人类社会发展的道路。

因此我们需要的历史，也必然是一本以历史或历史本身为具体的对象，也就是以人类社会过去了的客观存在为对象加以科学说明的史书。

但是中国史籍虽浩如烟海，内容不真实者却十居八九。乾隆皇帝为了巩固他的专制统治，曾经把宋元以来有关异族交涉部分大事删改，这样的史籍显然是歪曲事实不能满足我们的要求的了。

所以欲使中国历史从伪造和歪曲的深渊之中翻过身来，从剥削者、压迫者手中拯救人民的历史，也成了一件十分重要的事而刻不容缓了。

华岗先生的《中国历史的翻案》，正是顺从了这一要求而写成的。

这本集子包括了三篇论文，即（一）论中国历史翻案问题，（二）历史为什么是科学和怎样变成科学，（三）论中国社会历史发展阻滞的基因。

《时代日报》1948年4月9日，第2版）

曹伯韩《中国现代史读本》书评

《中国现代史读本》

方　思

　　历史是人类经验的记录。我们读历史,简单说来有下面两个目的:第一,是要吸取前人生活斗争的经验;第二,利用前人生活斗争的材料作参考,使我们对当前的行动能够发挥更积极的作用。所以读历史,不单只是为了要记忆一些历史上帝皇的琐碎的事实,而是为了我们的实际生活。不懂得中国历史暴君秦始皇的种种暴政及其政权没落的经过,也就无法加强今天我们反独裁政治运动的信心。不明白袁世凯怎样推翻辛亥革命的成果,出卖当时民族的利益,那自然不会理解今天国民党独裁者种种背叛人民利益的勾当。

　　但是可惜得很,在目前要找一本通俗扼要的现代史还是不十分容易。曹伯韩先生的《中国现代史读本》,总算是在战后出版的一本通俗简明的现代史。

　　《中国现代史读本》因为是教材书的体裁,所以没有十分注意到趣味化。但是本书内容的优点,却正如作者曹先生所说:"内容本不是很深的,我没有着重在分析,而着重了事实的叙述,因为我觉得具体的史实比较抽象的史论容易了解。可是,在叙述事实的当中,仍然给了不少的理论的暗示。"

　　本书编制采取教科书形式,第一课从"鸦片战争"开始,到第廿课"战后和平建国的展望"结束。全书分量不多,简明通俗,极堪一读。

（《风下》第 83 期,1947 年 7 月 12 日）

图书在版编目(CIP)数据

史学书评. 唯物史观中国史卷 / 李孝迁编校. --
上海 : 上海古籍出版社, 2024.12. -- (中国近代史学
文献丛刊). -- ISBN 978-7-5732-1447-8

Ⅰ. G236-53；B27-53

中国国家版本馆 CIP 数据核字第 2024RW0348 号

中国近代史学文献丛刊

史学书评：唯物史观中国史卷

李孝迁 编校

上海古籍出版社出版发行

(上海市闵行区号景路 159 弄 1 - 5 号 A 座 5F　邮政编码 201101)

(1) 网址：www.guji.com.cn

(2) E-mail：guji1@guji.com.cn

(3) 易文网网址：www.ewen.co

浙江新华数码印务有限公司印刷

开本 635×965　1/16　印张 51.25　插页 5　字数 738,000

2024 年 12 月第 1 版　2024 年 12 月第 1 次印刷

ISBN 978 - 7 - 5732 - 1447 - 8

K·3769　定价：198.00 元

如有质量问题，请与承印公司联系

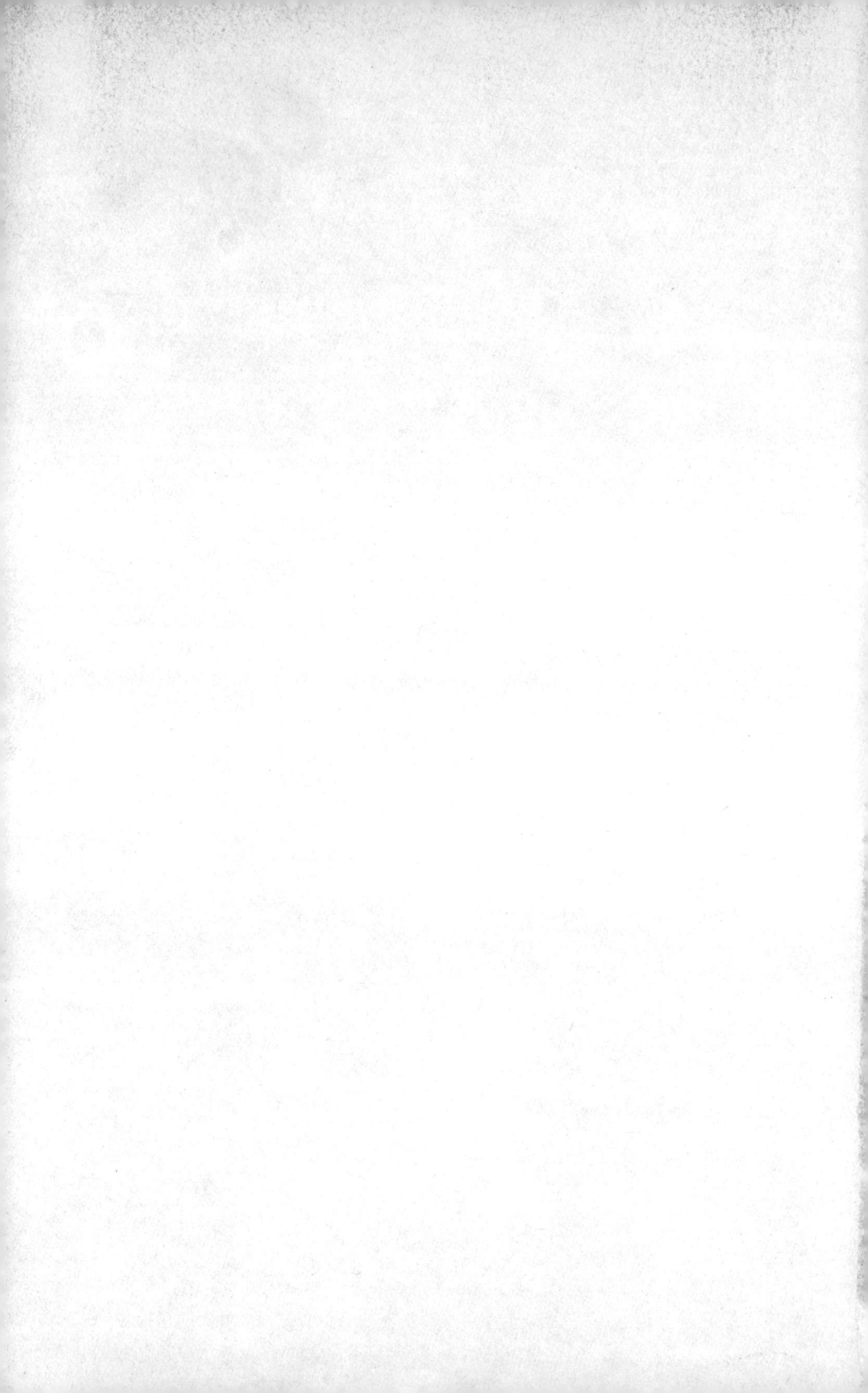